Hans Viktor Böttcher
Die Freie Stadt Danzig

Forschungsergebnisse
der Studiengruppe für Politik und Völkerrecht
Band 23

Herausgegeben von der
Kulturstiftung der deutschen Vertriebenen

Hans Viktor Böttcher

Die Freie Stadt Danzig

Wege und Umwege in die europäische Zukunft

Historischer Rückblick, staats- und völkerrechtliche Fragen

Kulturstiftung der deutschen Vertriebenen

Die Deutsche Bibliothek – CIP-Titelaufnahme

Böttcher, Hans Viktor:
Die Freie Stadt Danzig : Wege und Umwege in die europäische Zukunft; Historischer Rückblick, staats- und völkerrechtliche Fragen / Hans Viktor Böttcher. Kulturstiftung der Deutschen Vertriebenen. – 3. Aufl. – Bonn : Kulturstiftung der Dt. Vertriebenen, 1999
  (Forschungsergebnisse der Studiengruppe für Politik und Völkerrecht ; Bd. 23)
  ISBN 3-88557-181-1

NE: Kulturstiftung der Deutschen Vertriebenen / Studiengruppe für Politik und Völkerrecht: Forschungsergebnisse der Studiengruppe ...

Gedruckt mit Unterstützung des Beauftragten
der Bundesregierung für Angelegenheiten der Kultur und der Medien

3. durchgesehene und erweiterte Auflage 1999

Kulturstiftung der deutschen Vertriebenen

Bonner Talweg 68, 53113 Bonn

ISBN 3-88557-181-1

Druck: Druckerei Plump, Rolandsecker Weg 33, 53619 Rheinbreitbach

Inhaltsverzeichnis

Abkürzungsverzeichnis 15

Vorbemerkung zur 3. Auflage 20

Vorwort 21

Erster Abschnitt: Einführung und geschichtlicher Rückblick 23

I. Danzig bis zur Besiedlung durch den slawischen Stamm der Pomoranen und Beginn der deutschen Siedlung 23

II. Die deutsche Stadt Danzig (bis 1920) 27
    1. Danzig als deutsche Stadtgründung (1224/25) 27
    2. Danzig und der Deutsche Ritterorden (1309-1454) 29
    3. Danzig und die Krone Polen (1454-1793) 34
    4. Danzig und Preußen (1793-1807) 46
    5. Danzig als "Freistaat" unter französischer Besetzung (1807-1814) .. 49
    6. Danzig und Preußen/ Deutsches Reich (1814-1920) 50

III. Der Staat "Die Freie Stadt Danzig" (seit 1920) 52
    1. Danzig 1920 bis 1939 52
       a) Die Konstruktion "Freie Stadt Danzig" 52
       b) Die innerstaatlichen Bedingungen 56
    2. Das wiedervereinigte Danzig (1939-1945) und das verwaltungsbesetzte Territorium (seit 1945) 65

IV. Die Danziger in der Vertreibung 66
    1. Vertreibungslage 66
    2. Entstehung der Danziger Organe 67
    3. Die Organisationen des Danziger Staatsvolkes 68
       a) Landsmannschaftliche Organisation (Bund der Danziger e.V.) 68
       b) Staatspolitische Organisation (Rat der Danziger und Vertretung der Freien Stadt Danzig) 69

V. Die Danziger in Danzig 75

Zweiter Abschnitt: Rechtliche Würdigung 76

Teil 1: Abtrennung Danzigs und Staatsgründung (1919/20) 76

I. Entstehung des Danziger Staates 76
    1. Vertragsverhandlungen 76
    2. Protest der Danziger 80

II.	Abtretung Danzigs an die Hauptmächte	82
	1. Verbindlichkeit des Versailler Vertrages	82
	2. Übergang der territorialen Souveränität und der Gebietshoheit	82
	a) Übertragungsakte	82
	b) Zeitpunkt der Übertragung	84
	c) Erwerber der Territorialsouveränität	84
	3. Rechtsstatus Danzigs nach Abtretung von Deutschland	84
	a) Danzig als Kondominium	84
	b) Danzig als Treuhandgebiet	85
	c) Danzig unter alliierter Verwaltung	86
III.	Errichtung der Freien Stadt Danzig	87
	1. Errichtungsvorgänge	87
	a) Der Danzig-polnische Pariser Vertrag	87
	b) Errichtungsakt	88
	2. Lage und Umfang des Danziger Staatsgebietes	91
	3. Die Danziger Staatsangehörigkeit	91
	4. Die Rechte Polens in Danzig	92
IV.	Rechtscharakter der Freien Stadt Danzig	93
	1. Danzig als Staat und Völkerrechtssubjekt	93
	a) Staatlicher Aufbau	93
	b) Theorienstreit	94
	2. Der Danziger Staat und seine Verfassung	95
	3. Beschränkung einzelner Souveränitätsrechte	97
	a) Die Regelungen des Pariser Vertrages	97
	b) Die Bedeutung der polnischen Rechte für den Staatscharakter Danzigs	98
	c) Die Führung der auswärtigen Angelegenheiten	100
	d) Die fehlende Militärhoheit	104
	e) Weitere Entscheidungen des Völkerbundes	105
	4. Die Freie Stadt Danzig und der Völkerbund – Die Schutzbeziehung	106
	5. Internationaler Status der Freien Stadt Danzig	108
	a) Die vertragliche Bestandsgarantie	108
	b) Der Internationale Status im Völkerrecht	109
	c) Schlußfolgerungen für den Status der Freien Stadt Danzig	112
	6. Neutralität der Freien Stadt Danzig	115
	7. Die Freie Stadt Danzig und die Kirchen	121
	a) Evangelische Kirche	122
	b) Katholische Kirche	123
	8. Die heutige polnische Argumentation	125
V.	Zusammenfassung	128

Teil 2: Wiedervereinigung 1939 129
I. Eingliederung Danzigs in das Deutsche Reich 129
II. Staatsrechtliche Beurteilung 132
    1. Staatsrecht des Deutschen Reiches 133
    2. Danziger Staatsrecht 135
III. Völkerrechtliche Beurteilung 136
    1. Die Eingliederung als Staats-Inkorporationsvertrag 136
        a) Formelle Vertragsbedingungen 136
        b) Verletzung völkerrechtlicher Verträge durch die Vertragspartner 137
            aa) Deutsches Reich 138
            bb) Freie Stadt Danzig 139
            cc) Zusammenfassung 139
    2. Die Eingliederung durch einseitigen Gewaltakt (Annexion) 140
        a) Eingliederung als "nichtkriegerische Annexion" 140
        b) Völkerrechtswidrigkeit der Annexion 142
        c) Rechtsunwirksamkeit der Wiedervereinigung 144
            aa) Rechtsfolgen der verfrühten Annexion 144
            bb) Veränderung des Internationalen Status 147
IV. Zusammenfassung 148

Teil 3: Eingliederung der Freien Stadt Danzig durch die Republik Polen seit 1945 149
I. Vorgänge der Eingliederung 149
    1. Vorbemerkung 149
    2. Verwaltungsbesetzung durch die Sowjetunion und Polen 151
        a) Kriegsbesetzung 151
        b) Polnische Eingliederungsmaßnahmen 152
        c) Maßnahmen gegenüber der Danziger Bevölkerung 155
    3. Alliierte Maßnahmen 157
        a) Kriegskonferenzen 157
        b) Entscheidungen der Alliierten nach der Kapitulation Deutschlands 159
        c) Die Berliner Konferenz 160
            aa) Verhandlungslage 160
            bb) Faktische Gebietsregelung als vorläufige Grenzfestlegung 162
                (1) Regelung im Potsdamer Abkommen 162
                (2) Zession 163
                (3) Adjudikation 165
                (4) Annexion 165
            cc) Ausweisungsregelung 165
            dd) Verwaltungsbesetzung der Freien Stadt Danzig 167
                (1) Regelung im Potsdamer Abkommen 167
                (2) "occupatio bellica" 168

		(3) Alliierte Verwaltungsbesetzung durch Polen 169
		(4) Verwaltungszession im Rahmen der Schutzpflicht der Alliierten 169
		(5) Ausübung der Verwaltung 172
	4. Weitere grenzbezogene Maßnahmen 173
		a) Bilaterale Vereinbarungen der Sowjetunion, Polens und der DDR 173
		b) Sowjetische Friedensvertragsentwürfe 174
		c) Die Ostverträge der Bundesrepublik Deutschland 175
	5. Vereinigung von Bundesrepublik Deutschland und Deutscher Demokratischer Republik 176
	6. Zusammenfassung 178
II.	Rechtsfolgen für den Danziger Staat 179
	1. Argumentation aus polnischer Sicht 179
		a) "Rückkehr" Danzigs als historische Begründung 180
		b) Die Freie Stadt Danzig als "souveränitätsfreies" Gebiet 182
		c) Etwaige weitere polnische Rechtfertigungsgründe 185
		aa) Kontinuität des polnischen Staates 185
		bb) Das "Potsdamer Abkommen" 186
		(1) Vollziehung der alliierten Planungen 186
		(2) Alliierte Vereinbarungen im "Potsdamer Abkommen" 187
		cc) Annexion 188
		dd) Okkupation und Dereliktion 189
		ee) Adjudikation 190
		ff) Kompensationsthese 191
		d) Zusammenfassung 192
	2. Folgen für den Status Danzigs 194
		a) Einseitige Eingliederung während der occupatio bellica und Eingriff in den Internationalen Status 194
		b) Nichtanerkennung gewaltsamen Gebietserwerbs 195
		aa) Rechtliche Bedeutung – Nichtigkeit und Nichtanerkennung 195
		bb) Staatenpraxis 196
		cc) Rechtliche Wirkung der Nichtanerkennung 198
		c) Nichtanerkennung der Eingliederungen Danzigs 199
		aa) Der Völkerbund 199
		(1) Verhalten des Völkerbundes nach der Wiedervereinigung 1939 199
		(2) Maßnahmen des Völkerbundes zur Überleitung seiner Aufgaben auf die Vereinten Nationen 200
		bb) Die Westmächte 202
		(1) Vereinigte Staaten von Amerika 202
		(2) Großbritannien 205
		(3) Frankreich 206
		(4) Heiliger Stuhl 207
		(5) Weitere Staaten 208
		(6) Westliche Besatzungszonen 209

		cc)	Polen und Sowjetunion	209

        cc) Polen und Sowjetunion 209
            (1) Polen 209
            (2) Sowjetunion 211
        dd) Deutschland 212
    d) Bedeutung der Nichtanerkennung im Falle Danzigs 217
    e) Ersitzung 218
    f) Selbstbestimmungsrecht der Völker als Rechtsquelle des Volkes
       der Freien Stadt Danzig 222
        aa) Entwicklung des Selbstbestimmungsrechts und seine
            Bedeutung bei Errichtung der Freien Stadt Danzig 222
            (1) Bis zum Ersten Weltkrieg 222
            (2) Der sowjetische Einfluß 223
            (3) Die Botschaft Wilsons 224
        bb) Selbstbestimmungsrecht seit dem Ende des Zweiten
            Weltkrieges 228
            (1) Prozeß der Normenbildung 228
            (2) Atlantik-Charta 228
            (3) Charta der Vereinten Nationen 229
            (4) Entschließuungen und Verträge der Vereinten Nationen 229
            (5) KSZE-Prozeß 232
            (6) Die deutschen Verträge im Zusammenhang mit der
                Vereinigung 235
            (7) Inhalt des Selbstbestimmungsrechts und Zusammenfassung 236
        cc) Aktuelle Bedeutung des Selbstbestimmungsrechts der Völker
            für das Danziger Staatsvolk 239
            (1) Wirtschaftliches Selbstbestimmungsrecht 239
            (2) Anwendbarkeit des Selbstbestimmungsrechts für das
                Danziger Volk 240
            (3) Durchsetzung des Selbstbestimmungsrechts, Rechtsqualität
                und Träger des Selbstbestimmungsrechts 241
            (4) Mittel der Willensäußerung 243
    g) Staatliche Kontinuität 246
        aa) Rechtliche Fiktion der staatstragenden Elemente 246
        bb) Exilregierung 247
        cc) Staatsvolk als Träger der Staatsgewalt 248
        dd) Das Danziger Staatsvolk 249
  3. Zusammenfassung 253

III. Rechtsfolgen für die Danziger Staatsangehörigen 254

  1. Staatsangehörigkeit der Danziger 254
    a) Rechtslage nach 1939 254
        aa) Die staatlichen Regelungen 254
        bb) Die rechtlichen Folgen 257
    b) Rechtslage nach 1945 259
        aa) Staatsangehörigkeit der geflüchteten und vertriebenen
            Danziger 259

	(1) Gesetzliche Regelung der Bundesrepublik Deutschland	259
	(2) Rechtliche Würdigung	261
	(a) Deutsche Staatsangehörigkeit	261
	(b) Fortbestehen der Danziger Staatsangehörigkeit	262
	bb) Staatsangehörigkeit der gebliebenen Danziger	264
	cc) Unionsbürgerschaft der Danziger	265
	c) Zusammenfassung	266
2.	Das rechtliche Schicksal des staatlichen und privaten Vermögens der Freien Stadt Danzig und der Danziger	267
	a) Staatliche Beschlagnahme und Enteignungsakte	267
	b) Rechtsfolgen der Konfiskation staatlichen Vermögens	268
	c) Das rechtliche Schicksal des Danziger Privatvermögens	269
	aa) Polnische Rechtsauffassung	269
	bb) Völkerrechtliche Fragen der Entziehung von Privateigentum durch Polen	271
	(1) Haftung der Republik Polen und einzelner Verantwortlicher	271
	(2) Polnische Verwaltungsbesetzung	272
	(3) Fremdenrecht	272
	(4) Menschenrechte	273
	(5) Potsdamer Abkommen	274
	(6) Weitere Einwendungen	274
	d) Die völkerrechtlichen Folgen der polnischen Maßnahmen	274
3.	Recht auf die Heimat	278
4.	Minderheitenschutz, Volksgruppenrechte	281

IV. Rechtsfolgen für die polnischen Neusiedler 282

1. Recht auf die Heimat 282
2. Menschenrechte 283

V. Zusammenfassung 285

Teil 4: Verantwortung für Danzig und die Danziger 287

I. Verantwortung der Alliierten und der Vereinten Nationen 287

1. Überleitung der Völkerbundsaufgaben für die Freie Stadt Danzig auf die Vereinten Nationen 287
   a) Vorbereitung der Überleitung bei Auflösung des Völkerbundes und Errichtung der Vereinten Nationen 287
      aa) Studie des britischen Außenministeriums und Berichte des Völkerbundes 287
      bb) Die VN-Vorbereitungskonferenzen und -Kommissionen 288
   b) Erste VN-Vollversammlung und Schlußsitzung der Völkerbundsversammlung 289
   c) Folgerungen der Übernahmebefugnis der Vereinten Nationen für die Freie Stadt Danzig 290

  2. Frage des automatischen Überganges von Völkerbundsaufgaben für die Freie Stadt Danzig auf die Vereinten Nationen 292
   a) Völkerbundsmandate 292
   b) Palästina 292
   c) Südwestafrika 293
    aa) Gutachten des Internationalen Gerichtshofes 293
    bb) Wertung des IGH-Gutachtens 294
    cc) Meinungsstreit 296
   d) Folgerungen für die Lehre der "automatic succession" 299
  3. Rechtsfolgen für den Internationalen Status Freie Stadt Danzig 300
   a) Kontinuität der Schutzverpflichtung der Alliierten für die Freie Stadt Danzig 300
   b) Originäre Zuständigkeit der Vereinten Nationen 301
    aa) Beispiel Palästina 301
    bb) Beispiel Triest 301
   c) Verantwortung der Vereinten Nationen 301
   d) Verantwortung der Alliierten 302
II. Verantwortung der Bundesrepublik Deutschland 303
III. Verantwortung der Republik Polen 305
IV. Zusammenfassung 305

Dritter Abschnitt: Schlußfolgerungen 307

I. Gesamtergebnis 307
  1. Geschichtlicher Rückblick 307
  2. Rechtslage 308
II. Lösungsmöglichkeiten 312
III. Schlußbemerkungen 315

Nachtrag 1999 317

Erster Abschnitt: Die Eingaben der Danziger Exilorgane 317

I. Die Eingaben von 1995 317
  1. Petition an die Alliierten 320
  2. Antrag an die Vereinten Nationen 323
  3. Note an die Republik Polen 324
  4. Eingabe an die Bundesrepublik Deutschland 325
  5. Eingabe an europäische Organisationen 326
II. Reaktionen 326
III. Erinnerungen von 1998 328
  1. Petition an die Alliierten 328
  2. Eingabe an die Vereinten Nationen 329

	3. Schreiben an die Republik Polen	330
	4. Schreiben an die Bundesrepublik Deutschland	331
	5. Schreiben an den Europarat	332
	6. Eingaben an weitere europäische Organisationen	333
	7. Schreiben an die Baltischen Staaten	333
IV.	Antworten	334
	1. Europäische Kommission	334
	2. Bundesrepublik Deutschland	335
	3. Baltische Staaten	339

Zweiter Abschnitt: Das Danziger Währungsgold 340

Dritter Abschnitt: Widersprüche der deutschen Position 344

Vierter Abschnitt: Verständigungsbemühungen der Danziger 346

Anhang 349

Dokumente 351

Errichtung der Freien Stadt Danzig 351

1.	Friedensvertrag von Versailles vom 28. Juni 1919 (Auszug: Art.100-108)	351
2.	Übereinkommen betreffend die Abtretung der Gebiete von Memel und Danzig vom 9. Januar 1920	356
3.	Errichtungsurkunde der Freien Stadt Danzig vom 9. November 1920	357
4.	Beschluß des Rates des Völkerbundes vom 17. November 1920 – Danzig unter Schutz und Garantie des Völkerbundes (Auszug)	359
5.	Bekanntmachung der Errichtung der Freien Stadt Danzig durch den Stellvertreter des Hohen Kommissars des Völkerbundes am 15. November 1920 in Danzig	361
6.	Pariser Vertrag vom 9. November 1920 zwischen der Freien Stadt Danzig und Polen	362
7.	Verfassung der Freien Stadt Danzig vom 19. August 1920 idF. der Bekanntmachung vom 17. September 1930	373

Wiedervereinigung 1939 398

8.	Staatsoberhauptverordnung vom 23. August 1939	398
9.	Aufruf des Oberbefehlshabers des Heeres des Deutschen Reiches v. Brauchitsch vom 1. September 1939 (Militärische Besetzung der Freien Stadt Danzig)	399
10.	Staatsgrundgesetz vom 1. September 1939	400
11.	Telegrammaustausch (Freie Stadt Danzig/Deutsches Reich) vom 1. September 1939	401
12.	Wiedervereinigungsgesetz des Deutschen Reiches vom 1. September 1939	402

Polnische Verwaltungsbesetzung 1945 403

13. Stalin-Geheimbeschluß vom 20. Februar 1945 (Auszug) 403
14. Polnisches Dekret vom 30. März 1945 über die Bildung der Wojewodschaft Danzig 405
15. "Potsdamer Abkommen" vom 2. August 1945 (Auszug) 407

Exilorgane des Danziger Staatsvolkes 409

16. Errichtungsurkunde vom 10. Mai 1947 zur Bildung des "Rates der Danziger" 409
17. Wahlordnung vom 1. Februar 1970 zur Wahl des Rates der Danziger und Präambel der Wahlordnung vom 1. Mai 1992 410

Dokumentenanhang zum Nachtrag 415

1. Gemeinsame Erklärung von Danzig und Westpreußen vom 20.6. 1949 415
2. Patenschaftsurkunde der Stadt Düsseldorf vom 7.8.1954 416
3. Partnerschaftsvereinbarung der Freien Hansestadt Bremen mit der Stadt Danzig vom 12.4.1976 417
4. Danzig-polnische Museumsvereinbarung vom 6.9.1997 419
5. Danzig-polnische Vereinbarung der Artushofbanken vom 14. Mai 1998 420
6. Wahlordnung zur Wahl des Rates der Danziger vom 1.5.1992 422

Karten 425

Karte 1: Die Freie Stadt Danzig 426
Karte 2: Danzig – Siedlungsplatz skandinavischer Völker (ca 1800 v.Chr. bis 6. Jahrh.n.Chr.)
Vorgeschichte im Oder-Weichselgebiet 428
Karte 3: Danzig in Pommerellen
(Gründung der deutschen Stadt Danzig 1224/25)
Ost-Mitteleuropa um das Jahr 1000 429
Karte 4: Danzig unter der Herrschaft des Deutschen Ordens (1309-1454)
Ost-Mitteleuropa in der 2. Hälfte des 14 Jahrhunderts 430
Karte 5: Danzig als deutsche Stadtrepublik in Schutzbeziehung mit der Krone Polen (1454-1793)
Ost-Mitteleuropa im 16. und 17. Jahrhundert 431
Karte 6: Danzig in Preußen/ Deutsches Reich (seit 1793)
Ost-Mitteleuropa im 19. Jahrhundert (1815-1916) 432
Karte 7: Danzig als deutscher Staat "Freie Stadt Danzig" (seit 1920) 433
Karte 8: Danzig unter polnischer Verwaltungsbesetzung (seit 1945) 434

Abbildung: Ansicht von Danzig von Johann Ludwig Gottfried, 1632 435

Literaturverzeichnis 437

Personenregister 481

Sachregister 485

Abkürzungsverzeichnis

AA	Auswärtiges Amt
a.A.	anderer Ansicht
aaO	am angegebenen Ort
AAS	Acta Apostolicae Sedis
abg.	abgedruckt
ABl.KR.Erg.Bl.	Amtsblatt des Kontrollrates in Deutschland
Abs.	Absatz
ADAP	Akten zur Deutschen Auswärtigen Politik
AdG	Archiv der Gegenwart
AJIL	American Journal of International Law
Anm.	Anmerkung
ArchöR	Archiv des öffentlichen Recht
ArchVR	Archiv des Völkerrechts
Art.	Artikel
Aufl.	Auflage
azw.	auszugsweise
BAnz	Bundesanzeiger
BBIP	Bulletin du Bureau d'Informations Polonaises
Bd.	Band
Bearb.	Bearbeiter
Bek.	Bekanntmachung
betr.	betreffend
BGBl	Bundesgesetzblatt
BiOst	Berichte des Bundesinstituts für ostwissenschaftliche und internationale Studien
BMI	Bundesminster/ium des Innern
BMJ	Bundesminster/ium der Justiz
BMVg	Bundesminster/ium der Verteidigung
BRepD	Bundesrepublik Deutschland
BVerfG	Bundesverfassungsgericht
BVerwG	Bundesverwaltungsgericht
BVerfGE	Entscheidungen des Bundesverfassungsgerichts
BVFG	Bundesvertriebenengesetz
bzw.	beziehungsweise
BR-Drs	Bundesratsdrucksache
BT-Drs	Bundestagsdrucksache
Bulletin	Bulletin des Presse- und Informationsamtes der Bundesregierung
BYIL	British Yearbook of International Law
bzw.	beziehungsweise
ca	cirka
CPIJ	Cour Permanente Internationale de Justice
DA	Deutschland-Archiv
DBFP	Documents on British Foreign Policy 1919-1939, Third Series, Band III

DDP	Dokumente der deutschen Politik
DDR	Deutsche Demokratische Rpublik
DDR-GBl	Gesetzblatt der DDR
ders.	derselbe
d.h.	das heißt
Diss Op	Dissenting opinion
Diss.	Dissertation
DJM	Danziger Juristische Monatsschrift
DJZ	Deutsche Juristen-Zeitung
Doc	Document
Dok	Dokument
DÖV	Die Öffentliche Verwaltung
Dok dV	Dokumentation der Vertreibung
DRiZ	Deutsche Richterzeitung
Drs.	Drucksache
dt.Üb.	deutsche Übersetzung
DVBl	Deutsches Verwaltungsblatt
DVK	Dokumente zur Vorgeschichte des Krieges
DzGBl	Gesetzblatt der Freien Stadt Danzig
DzStAG	Danziger Staatsangehörigkeitsgesetz
Dz.U.	Dziennik Ustaw Rzeczypospoltitej Polskiej (Polnisches Gesetzblatt der Republik Polen)
Dz.U.M.Z.O.	Dziennik Urcedowy Ministerstwa Ziem Odzyskanych (Amtsblatt des Ministeriums für die Wiedergewonnenen Gebiete)
DzV	Verfassung der Freien Stadt Danzig
Congr. Rec.	Congressional Record
EA	Europa-Archiv
ebda.	ebenda
ed.	editor/edition
EG	Europäische Gemeinschaft
EKV	Entscheidungen des Hohen Kommissars des Völkerbundes in der Freien Stadt Danzig
EMRK	Europäische Menschenrechtskonvention
EMRGH	Europäischer Gerichtshof für Menschenrechte
EPIL	Encyclopedia of Public International Law
EU	Europäische Union
EuGH	Europäischer Gerichtshof
EuGRZ	Europäische Grundrechte-Zeitschrift
f./ ff.	folgende/ fortfolgende
FAZ	Frankfurter Allgemeine Zeitung
Fn.	Fußnote
GA	Archiv des Göttinger Arbeitskreises
GBl	Gesetzblatt
GG	Grundgesetz
ggf.	gegebenenfalls
HBDStR	Handbuch des deutschen Staatsrechts

HBVR	Handbuch für Völkerrecht
HKNM	Hoher Kommissar der OSZE für Nationale Minderheiten
HLKO	Haager Landkriegsordnung
hL.	herrschende Lehre
hM.	herrschende Meinung
Hrsg./hrsg.	Herausgeber/ herausgegeben
ICJ	International Court of Justice
ICJ Reports	ICJ Reports of Judgements, Advisory Opinions and Orders
idF	in der Fassung
IFLA	Informationsdienst für Lastenausgleich
IGH	Internationaler Gerichtshof
IMG	Internationaler Militärgerichtshof zu Nürnberg
IoP	Information on Poland
IRuD	Internationales Recht und Diplomatie
iVm.	in Verbindung mit
Jhdt.	Jahrhundert
JIR	Jahrbuch für Internationales Recht
JOR	Jahrbuch für Ostrecht
JurBl	(österr.) Juriristische Blätter
JuS	Juristische Schulung
JZ	Juristenzeitung
KK	Kulturpolitische Korrepondenz
lit.	litera
LNTS	League of Nations Treaty Series
LoNOJ SpS	League of Nations, Official Journal, Special Supplement
LP	Législation Polonaise
LR	Law Repports of Trials of War Criminals
KSZE/OSZE	Konferenz/Organisation für Sicherheit und Zusammenarbeit in Europa
MFA	Ministry for Foreign Affairs Republic of Poland. Doc.
MBliV	Ministerialblatt für die gesamte innere Verwaltung in den Königlich Preußischen Staaten
MuVOBl	Mitteilungs- und Verordnungsblatt des Oberpräsidenten der Nordrhein-Provinz
mN.	mit Nachweisen
mwN.	mit weiteren Nachweisen
mWv.	mit Wirkung vom
NS	nationalsozialistisch
NATO	North Atlantic Treaty Organization
Ned Tijdschrift	Nederlands Tijdschrift voor Internationaal Recht
NJurBl	Nederlands Juristenblad
NJW	Neue Juristische Wochenschrift
No.	Numero
Nr.	Nummer
NSDAP	Nationalsozialistische Deutsche Arbeiterpartei
ÖZ	Österreichische Zeitschrift für öffentliches Recht

o.g.	oben genannt
PA	Potsdamer Abkommen
Parl.	Parlament
Parl Deb HC	Parliamentary Debates, House of Commons, Official Report
Parl Deb HL	Parliamentary Debates, House of Lords, Official Report
PPD	Polnischer Pressedienst der polnischen Militärmission beim Alliierten Kontrollrat in Berlin
RabelsZ	Zeitschrift für ausländisches und internationales Privatrecht
RdC	Academie de Droit International, Recueil des Cours
RDI	Revue de Droit International
RGBl	Reichsgesetzblatt
RGDI	Revue Générale de Droit International Public
Resol.	Resolution
RIJA	Royal Institute of International Affairs. United Nations Doc.
RMI	Reichsminister des Innern
Rn.	Randnummer
ROW	Recht in Ost und West
RPL	Review of Polish Law
RuStAG	Reichs- und Staatsangehörigkeitsgesetz vom 22.7.1913 (RGBl S.583, zuletzt geändert durch Ges. vom 25.7.1986, BGBl I S.1142)
S.	Satz/Seite
s.	siehe
SBR	Selbstbestimmungsrecht der Völker
SdN	Société des Nations
SdN JO	Société des Nations, Journal Officiel
SdN l`Héritage	Société des Nations, L'Héritage de la Société des Nations
SdN Rapport	Société des Nations, Rapport sur l'oeuvre de la Sociétée
SdN Rec	Société des Nations, Recueil des Traités
SdN RT	Société des Nations, Rapport sur les Travaux de la Société pendant la guerre
SdN SP	Série de Publications de la Société des Nations
sog.	sogenannte
StAD	Stadtanzeiger für Danzig
StARegG	Gesetz zur Regelung von Fragen der Staatsangehörigkeit vom 22.2.1955 (BGBl I S.65, zuletzt geändert durch Ges. vom 18.7.1979, BGBl I S.1061)
StAng	Staatsangehörigkeit
StAZ	Das Standesamt
Sten.Ber.	Stenographischer Bericht des Deutschen Bundestages
StIGH	Ständiger Internationaler Gerichtshof
SWA	Südwestafrika
Tab.	Tabelle
u.a.	unter anderem /und andere
UN	United Nations
UN-Charta/ VN-Charta	Charta der Vereinten Nationen

UNTS	United Nations Treaty Series
UN-Doc.	Dokument der Vereinten Nationen
UNO	United Nations Organization
USA	Unites States of America
v.	von
VB	Völkerbund
VBK	Hoher Kommissar des Völkerbundes in der Freien Stadt Danzig
VBR	Völkerbundsrat
VBS	Völkerbundssatzung
VBV	Völkerbundsversammlung
vgl.	vergleiche
VN	Vereinte Nationen
VO	Verordnung
vol.	volume
VV	Versailler Vertrag
VVDStRL	Veröffentlichungen der Vereinigung deutscher Staatsrechtslehrer
WRV	Weimarer Reichsverfassung
WVRK	Wiener Konvention über das Recht der Verträge
YILG	Yearbook of the International Law Commission
ZaöR	Zeitschrift für ausländisches öffentliches Recht
ZaöRV	Zeitschrift für ausländisches öffentliches Recht und Völkerrecht
z.B.	zum Beispiel
ZfP	Zeitschrift für Politik
Ziff.	Ziffer
zit.	zitiert

Vorbemerkung zur 3. Auflage

Nach der zur Jahreswende 1995/96 erschienenen ersten Auflage wurde im Jahre 1997 eine zweite, durchgesehene Auflage herausgegeben, die abgesehen von geringfügigen Korrekturen im Text das Literaturverzeichnis ergänzte, inhaltlich jedoch keine Änderungen vornahm. Da die zweite Auflage im Laufe des Jahres 1998 vergriffen war, wurde nun eine dritte, um aktuelle Vorgänge erweiterte Auflage erarbeitet. Damit soll belegt werden, daß auch bereits länger zurückliegende völkerrechtliche Fragestellungen ihre Bedeutung für die Gegenwart nicht verloren haben.

Im Nachtrag werden die verschiedenen aktuellen Eingaben der Vertreter der Danziger Volksgruppe abgehandelt. Am Maßstab der von der Staatenwelt anerkannten Rechtsgrundlagen werden die Handlungen und Haltungen nicht nur des Auslands, sondern auch von Bund, Ländern und Gemeinden der Bundesrepublik Deutschland gewürdigt, die sich mit Problemen der Danziger beschäftigen oder es ablehnen, sich mit diesen Fragen zu befassen.

Dem Leser wird die Arbeit mit dieser Ausgabe dadurch erleichtert, daß die Seitenzahlen der bisherigen Auflagen nicht verändert werden, an die sich der Nachtrag anschließt. Personen- und Sachregister sind angepaßt worden, das Literaturverzeichnis hat einige Ergänzungen erfahren.

Bonn, im März 1999   Der Herausgeber

Vorwort

Danzig und seine Bevölkerung warten bis heute vergeblich auf eine Lösung ihrer offenen Fragen. 1920 wurde die Stadt mit ihrem Umland vom Deutschen Reich abgetrennt und auf Grund des Versailler Vertrages von den Siegermächten des Ersten Weltkrieges als deutscher Kleinstaat "Freie Stadt Danzig" errichtet, um dem wiedererstandenen Polen besondere Rechte mit dem Ziel einzuräumen, den freien Zugang über die Weichsel zur Ostsee zu erleichtern. Die Schutzbeziehung der Alliierten und Assoziierten Hauptmächte für den Danziger Staat wurde vom Völkerbund wahrgenommen. Danzig wurde 1939 nach Kriegsbeginn in das Deutsche Reich eingegliedert und vor Beendigung des Zweiten Weltkrieges von der Sowjetunion und Polen besetzt. 1945 beschlossen die Siegermächte, die Freie Stadt Danzig vorläufiger polnischer Verwaltungsbesetzung zu unterstellen, bis zu einer endgültigen vertraglichen Regelung, die bis heute aussteht. Da Danzig nicht zum Deutschen Reich in den Grenzen vom 31. Dezember 1937 gehört, ist es nicht Gegenstand des Zwei-plus-Vier-Vertrages und des deutsch-polnischen Grenzbestätigungsvertrages.

Die Arbeit befaßt sich anhand des geltenden Rechts, der aktuellen Stellungnahmen sowie unter Berücksichtigung der Argumentation polnischer Wissenschaftler und Politiker mit zahlreichen ungelösten staats- und völkerrechtlichen Problemen, die in diesem Zusammenhang für die betroffenen Menschen – Vertriebene, Gebliebene und Neuangesiedelte – entstanden sind und die Zukunftsgestaltung beeinflussen. Nach einem geschichtlichen Überblick, der sich vor allem mit den Beziehungen der Stadtrepublik Danzig zu ihrem Nachbarvolk der Polen auseinandersetzt, beginnt die rechtliche Würdigung bei der Abtrennung Danzigs vom Deutschen Reich nach Beendigung des Ersten Weltkrieges. Sie behandelt die Errichtung des Danziger Staates, seine Beziehungen zum polnischen Staat, die Wiedereingliederung in das Deutsche Reich nach Beginn des Zweiten Weltkrieges, die Beschlüsse der Siegermächte im Jahre 1945, die Vertreibung und entschädigungslose Enteignung des Danziger Staatsvolkes sowie dessen Aussperrung vom Heimatboden. Die Arbeit untersucht die Rechtsfolgen für das Schicksal des Danziger Staates, seines Staatsvolkes sowie der polnischen Neusiedler. Auch die Eigentums- und Staatsangehörigkeitsfragen werden behandelt. Gewalt- und Annexionsverbot, Verpflichtung zur Nichtanerkennung einseitiger Territorialveränderungen, Selbstbestimmungsrecht der Völker als Abwehrrecht gegenüber kriegerischen Eroberungen und die Bestandskraft eines kollektivvertraglich garantierten Internationalen neutralen Status werden an den Beschlüssen der Alliierten des Zweiten Weltkrieges sowie deren Verantwortlichkeiten aus den Versailler und Potsdamer Entscheidungen sowie an den Erkenntnissen des geltenden Völkerrechts gemessen. Zudem wird der Frage eines Überganges von Völkerbundsaufgaben auf die Vereinten Nationen nachgegangen. Die Schlußfolgerungen weisen in eine Friedensordnung der zusammenwachsenden Staaten Europas.

Die vorliegende Untersuchung schließt an die Veröffentlichung des Verfassers aus dem Jahre 1958 "Die völkerrechtliche Lage der Freien Stadt Danzig seit 1945" an und bemüht sich, Ergebnisse zu erarbeiten, die dem Entwicklungsstand des Beziehungssystems der heutigen Völkergemeinschaft sowie deren staats- und völkerrechtlichen Bindungen entsprechen.

Für die vielfältigen Unterstützungen und Anstöße, mit denen diese Arbeit gefördert worden ist, bin ich zu Dank verpflichtet. Besonderer Dank für die wertvollen Anregungen gebührt Herrn Professor Dr. Gilbert Hanno Gornig, Herrn Dr. Alexander Uschakow und für den geschichtlichen Überblick Herrn Dr. Heinz Lingenberg.

Bonn, Oktober 1995   Hans Viktor Böttcher

Erster Abschnitt: Einführung und geschichtlicher Rückblick

I. Danzig bis zur Besiedlung durch den slawischen Stamm der Pomoranen und Beginn der deutschen Siedlung

Die Würdigung der jüngsten Entwicklung von Danzig in den staats- und völkerrechtlichen Auswirkungen wird nur verständlich, wenn der Versuch vorausgeht, wenigstens in knappen Deutungen die großen Linien der geschichtlichen Prägungen nachzuzeichnen, die dem Danzig des 20. Jahrhunderts in dem bis heute politisch und rechtlich gestalteten Umfeld sein Gesicht verliehen haben. Solches Bemühen – gestützt auf die vorliegenden Forschungsergebnisse[1] – mag auch das ernsthafte Bestreben untermauern, aus dem Teufelskreis der gegeneinander gerichteten Kräfte und der oft künstlich geschürten Mißverständnisse zwischen den benachbarten Völkern auszubrechen und zum Aufspüren eines künftigen gemeinsamen europäischen Weges gegenseitiger Achtung, Verständnisses und Respektierung beizutragen. Das aufrichtige Bekenntnis zur Geschichte mit ihren positiven aber auch negativen Erscheinungen ist eine wesentliche Voraussetzung. So wird sich allmählich auch die Erkenntnis verfestigen, daß es abwegig ist, aus dem jeweiligen Bevölkerungsstand einzelner häufig wechselnder Siedlungsepochen der Vor-, Früh- und späteren Geschichte sowie aus den jeweiligen Folgen von Bestrebungen der zahlreichen zur Macht drängenden oft fremden Herrscherhäuser Gebietsforderungen herzuleiten und zu diesem Zwecke die Gewichte der historischen Darstellungen einseitig zu verlagern.

Die günstige Lage Danzigs an Ostsee und Weichselmündung hat zu allen Zeiten das Interesse umliegender Völker mobilisiert. Spuren menschlichen Lebens sind im unteren Weichselland bereits für die Zeitperioden der "Mittleren Steinzeit", deren Dauer auf sechs bis siebentausend Jahre geschätzt wird, nachgewiesen worden. Funde aus der anschließenden Zeit (4.000 – 1.800 v.Chr.) lassen Entwicklungen zur Seßhaftigkeit erkennen. Die Epoche von der Bronzezeit (1.800 – 800 v.Chr.) bis in das 6. Jahrhundert n.Chr. – also ca 2.300 Jahre – ist hinsichtlich der Zusammensetzung der Völkergruppen gekennzeichnet von einer wachsenden nach Süden gerichteten Wanderungsbewegung, vor allem von Völkern aus Skandinavien. Immer neue Stämme drängten in die von den weiterziehenden Völkern freiwerdenden Räume nach, siedelten jeweils längere Zeit im Weichselmündungsgebiet westlich der Weichsel, hinterließen ihre Siedlungsspuren und

---

[1] Die Darstellung dieses Abschnittes stützt sich insbesondere auf: Boockmann, Ostpreußen und Westpreußen aaO; ders., Der Deutsche Orden aaO; Heinrich, Geschichte Preußens aaO; Simson, Geschichte der Stadt Danzig aaO; Keyser, Danzigs Geschichte aaO; Neumeyer, Westpreußen aaO; Schumacher, Geschichte Ost- und Westpreußens aaO; Wermter, Die Reichsacht gegen Danzig aaO; ders. Das Königliche Preußen aaO; Lingenberg, Die Anfänge des Klosters Oliva und die Entstehung der deutschen Stadt Danzig aaO; ders. Die älteste Olivaer Geschichtsschreibung aaO; ders. Das pommerellische Herzogtum aaO; Cieślak/Biernat, History of Gdańsk aaO; und für die Ziff.III.-V. auf Burckhardt, Rapport aaO; ders. Meine Danziger Mission aaO; Ramonat, Der Völkerbund und die Freie Stadt Danzig aaO; Denne, Das Danzig-Problem aaO; Sahm, Erinnerungen aus meinen Danziger Jahren aaO; Ziehm, Aus meiner politischen Arbeit in Danzig aaO; Gamm, Hakenkreuz über Danzig aaO; Letkemann, Danzigs Geschichte aaO.

bildeten Mischgebiete mit einer Völkergruppe der Balten (indogermanische Tochterkultur, beeinflußt auch von der Donauländischen Kultur), später Prussen genannt[2], die hauptsächlich östlich der Weichsel saßen, und den Lausitzern (Illyrer), von deren Kultur angenommen wird, daß sie später im Süden erloschen ist.[3]

Ab etwa 800 v.Chr. folgten die Ostgermanen, die mehrere hundert Jahre von der Ostsee bis zu den Karpaten und bis in die Ukraine siedelten und sich nach Osten bis zu den heutigen baltischen Staaten ausbreiteten. Neue germanische Stämme brachen um 150 v.Chr. aus Skandinavien auf und ließen sich in den Gebieten der unteren Weichsel nieder. Es waren friedliche Siedlungsbewegungen in Gebiete, die noch gering besiedelt waren. Die Burgunder aus Bornholm und Südschweden siedelten westlich der Weichsel bis zur Oder und Warthe von Westpreußen bis Hinterpommern und in der Neumark, die Rugier aus Norwegen östlich der Weichsel bis in das Samland und die Vandalen aus Jütland im wesentlichen südlich der Netze. Etwa 100 Jahre später wurden diese nach Westen und Süden weiterwandernden Völker von den aus Südostschweden aufgebrochenen Goten abgelöst. Sie siedelten im späteren Westpreußen als Nachfolger der Burgunder westlich, ihr Teilstamm, die Gepiden, als Nachfolger der Rugier östlich der Weichsel. Mit ihnen erreichte die ostgermanische Kultur im Ostsee/Weichselraum ihren Höhepunkt.

Die Weiterwanderungen vollzogen sich meist in langen Zeiträumen, so daß im späteren pommerellischen und Danziger Raum Mischgebiete der verschiedenen germanischen Völkergruppen entstanden, die im Laufe der vielen Jahrhunderte hier ansässig waren. Ihre Ortschaften lagen damals noch nicht auf dem noch sumpfigen Weichseldelta-Boden der heutigen Stadt Danzig, sondern auf der Höhe um Danzig, wo der Baltische Höhenrücken mit seinen Ausläufern Danzig berührte. Um 200 n.Chr. begannen Teile der Goten und Gepiden abzuwandern auf ihrem Weg nach Süden und Südwesten. Die Mehrzahl folgte sehr viel später. Reste sind noch im 5. und 6. Jahrhundert n.Chr. nachzuweisen.

Im Laufe des 6. Jahrhunderts n.Chr. vollzog sich ein für die weitere geschichtliche bis in die heutige Zeit fortwirkende Entwicklung bedeutsamer Wandel mit dem jähen Aufbruch der slawischen Völker aus ihrem osteuropäischen Herkunftsgebiet. Seit dem 7. Jahrhundert sind Slawen im späteren Westpreußen archäologisch nachweisbar.[4] Die Ostslawen drängten nach Osten (später Russen und Ukrainer), die Südslawen nach Südwesten (später Slowenen, Serben, Kroaten, Bulgaren) und die Westslawen nach Westen (später Tschechen, Slowaken, Elbslawen, Polanen, diese in das später südlich von Pomoranien gelegene Polen) und nach Nordwesten (die Pomoranen in das spätere Hinterpommern sowie im Osten in das Gebiet bis zur Weichsel, später Pommerellen genannt[5]).

---

2   Zur Herkunft und Entwicklung der Bezeichnung Pruzzen, Prussen, Prußen usw., später seit dem 15.Jhdt. Preußen, vgl. Schumacher, S.12 ff. mit eingehenden Nachweisen; Neumeyer aaO S.46 f., 54 ff.; vgl. auch Gornig, Das nördliche Ostpreußen, S.20 ff.
3   Nach Rhode, Geschichte Polens, S.2, im 5.Jhdt.n.Chr. zu widerlegten Behauptung polnischer Wissenschaftler, die Lausitzer Kultur sei slawischen Ursprungs, vgl. Neumeyer aaO S.40 ff.; vgl. auch Rhode aaO, der zurecht auf die Bedeutungslosigkeit dieser "*leidenschaftlich*" geführten Diskussion hinweist.
4   Vgl. Schumacher S.10 f.; vgl. zur Slawenwanderung auch Neumeyer, Westpreußen, S.46.
5   Vgl. Lingenberg, Das pommerellische Herzogtum S.136. Die Bewohner ganz Pomoraniens, einschl. Pommerellens, werden einheitlich Pomoranen genannt (vgl. Lingenberg aaO S.136). Seit dem 16.Jhdt werden die Bewohner Pommerellens gewöhnlich Kaschuben genannt (Vgl. Lingenberg aaO S.157).

Die von der Völkerwanderung ausgedünnten Gebiete wurden zugleich von weiteren Völkergruppen angezogen. Das baltische Volk, die Ästier (später Prussen genannt) dehnte sich über die Weichsel nach Westen aus und siedelte neben den östlichen Pomoranen, in Pommerellen. Von Skandinavien kommend nahmen die Wikinger vorübergehend Einfluß auf das Ostsee- Küstengebiet des Weichsel- und Baltenlandes, einschließlich der Danziger Bucht. Über die politische Intensität des Eindringens der Wikinger gibt es jedoch keine verläßlichen Anhaltspunkte. Immerhin deuten einige Ortsnamen um Danzig auf diese Verbindung hin.

Im 10. Jahrhundert n.Chr. – um 950[6] – entstand das südlich von Pomoranien gelegene Herzogtum Polen.[7] Sein erster urkundlich nachgewiesener Herzog Mieszko I. versuchte sein Herrschaftsgebiet nach Westen auszudehnen. Er stieß 963 an der Oder auf den Widerstand des Markgrafen Gero und geriet unter Tributs-, später Lehensverhältnis zum deutschen Kaiser, das auch nach Annahme des Christentums und Begründung einer Lehensbeziehung zum Heiligen Stuhl fortbestand. Polen drängte bald auch nach Norden. Nach den friedlichen Siedlungsbewegungen der nordischen Völker von Nord nach Süd und später der Slawen in westlicher Richtung begannen die kriegerischen Eroberungsprozesse der Polen nach Westen und Norden. Auch Pomoranien wurde vorübergehend in Besitz genommen.

In 20 jährigen erbitterten Kämpfen (1102-1122) unterwarf sich der polnische Herzog Bolesław III. das im Norden Polens gelegene Pomoranien.[8] Der Pommernherzog Warcisław unterstellte sich 1128 der kaiserlichen Oberhoheit. Bolesław III. leistete auf dem Hoftag von Merseburg 1135 dem Kaiser auch für Pomoranien den Lehenseid. Polen konnte jedoch seine Eroberungen nicht behaupten. Mit dem Tode Bolesławs III. (1138) zerfiel Polen in Teilfürstentümer.[9] Herzog Bolesław IV. unterwarf sich 1157 im Heerlager von Posen dem Kaiser Friedrich I. Die Lehenshoheit über Polen wurde erneuert.

Mit dieser Entwicklung ging seit Anfang des 12. Jahrhunderts der Beginn der starken deutschen Ostsiedlungsbewegung einher, die zugleich ein Christianisierungsprozeß war und in den besiedelten Gebieten eine neue bedeutsame Kulturepoche einleitete. Der Entwicklung Danzigs ist in diesem Zusammenhang besondere Bedeutung beizumessen.

Von polnischen Historikern werden die Pomoranen unzutreffenderweise als westslawische Abzweigung eines der vielen polnischen Volksstämme bezeichnet (vgl. Lingenberg aaO S.139: *"fragwürdige Prämisse"*; Neumeyer, Westpreußen, S.69 Anm.32 mwN). Zur Behauptung polnischer Vorgeschichts- und Sprachwissenschaftler über angebliche ethnische Zusammenhänge der im 5.Jhdt.n.Chr. verschwundenen Lausitzer Kultur mit den erst 1000 Jahre später nachweisbaren Westslawen vgl. Anm.3.

6   Vgl. Rhode, Ohne Polens Freiheit aaO.
7   Pomoranen = *"Meeresbewohner"*, Polanen = *"Ackerbauer"* (vgl. Neumeyer aaO S.54).
8   Ob Pommerellen damals kurzzeitig unter direkte polnische Herrschaft geriet, ist umstritten (vgl. Neumeyer aaO S.61).
9   Nach Rhode, Geschichte Polens, S.56, waren Pommerellen und Polen Ende des 12. Jahrhunderts nur noch lose verbunden; so auch Lingenberg, Pommerellen und Polen, S.21.

Im Zuge der Erschließung neuer Verkehrswege und – stützpunkte sowie neuer Handelsbeziehungen von Lübeck, Schwerin, Stettin, Wisby, Riga und Nowgorod rückte auch Danzig in das Licht der deutschen Siedlungsinteressen.

Die erste deutsche Siedlung von Kaufleuten und Handwerkern im Danziger Weichselland bildete sich etwa zur gleichen Zeit wie die Klostergründung in Oliva. Die Initiative für dieses nahe bei Danzig gelegene Kloster ging von deutschen und dänischen Mönchen aus, die aus dem 1173 in Kolbatz bei Stettin gegründeten Mutterkloster nach Oliva kamen und dort 1184/85[10] das von Fürst Subislaus gestiftete Zisterzienserkloster Oliva gründeten. Deutsche Kaufleute siedelten – herbeigerufen von pommerellischen Fürsten – u.a. an der Weichselmündung und gründeten unter ihrem pommerellischen Landesherrn neben der slawischen Siedlung die deutsche Stadt Danzig. Die Polen eroberten das südlich gelegene Kulmerland. In Danzig und Pommerellen gab es zu dieser Zeit keine Polen.[11]

Die friedliche Siedlungsbewegung führte auch deutsche Landbevölkerung und Handwerker nach Pommerellen. Im Zuge der Christianisierung und der Ansiedlungen wurden auch immer mehr Deutsche in kirchliche und staatliche Ämter, auch z.B. am Hofe der Herzöge von Pommerellen in Danzig übernommen, so daß dem deutschen Element schon bald wesentlicher Einfluß beim wirtschaftlichen und staatlichen Aufbau des Territoriums zuwuchs.[12] Lingenberg[13] weist zurecht darauf hin, daß in den polnischen und deutschen Geschichtsdarstellungen der damaligen Epoche bisher viel zu wenig das immer enger werdende deutsch-pommerellische Zusammenwirken hervorgehoben worden ist, bei dem nationale Abgrenzungen kaum bewußt, vielmehr die Gegensätze zwischen Christen und Heiden von bedeutsamerem Gewicht waren. Demgegenüber ist über ein Gemeinschaftsgefühl zwischen Pomoranen und Polen nichts bekannt geworden.[14] Rhode[15] hält es für "*sicher, daß im 12. Jahrhundert ein lebhaft empfundener Gegensatz zwischen Polen und Pomoranen bestand.*"

---

10 Vgl. zum Nachweis dieser Gründungszeit und zur Auseinandersetzung um die Echtheit der auf den 18.3.1178 datierten Gründungsurkunde: Lingenberg, Die Anfänge, S.9 ff, 173 ff.(187), der von einer später gefertigten Fälschung ausgeht, und Neumeyer aaO S.64, der eine spätere Ergänzung der Urkunde annimmt.
11 Vgl. Neumeyer aaO S.66.
12 Vgl. Lingenberg, Das pommerellische Herzogtum, S.147 ff.
13 Ders. S.153.
14 Vgl. Lingenberg aaO S.154.
15 Geschichte Polens, S.4.

II. Die deutsche Stadt Danzig (bis 1920)

1. Danzig als deutsche Stadtgründung (1224/25)

Nach den jüngsten Erkenntnissen aus Forschungen deutscher und polnischer Wissenschaftler auf Grund von Ausgrabungen nach 1945[16] entstand die deutsche Stadt Danzig aus den seit Beginn des 12. Jahrhunderts gewachsenen Ansiedlungen[17] neben bereits existierenden slawischen Siedlungen. Sie wurde um 1224 von dem pommerellischen Herzog Swantopolk[18] gegründet[19] und entstand als deutsche Stadt auf dem Gelände des jetzigen Langen Marktes, wo Ende des 12. Jahrhunderts[20] eine slawische Siedlung bestanden hatte. Die deutschen Kaufleute hatten vorher um die im Jahre 1190 von ihnen errichtete Kapelle St. Nikolai, die spätere Nikolaikirche, gesiedelt. Dieses Gotteshaus wurde jedoch Dominikanermönchen übereignet, die, vor allem für missionarische Aufgaben bei den Prussen, aus Krakau herbeigeholt worden waren.[21] Nach Verlagerung ihres Siedlungsschwerpunktes erbauten die deutschen Bewohner in ihrer neugegründeten Stadt um 1227 bis 1240 die neue Pfarrkirche St. Marien und 1343 die endgültige Marienkirche.[22]

Die Burg der pommerellischen Fürsten am Mottlauknie stammte aus der Mitte des 10. Jahrhunderts. In unmittelbarer Nähe befand sich eine Burgsiedlung. Schließlich entwickelte sich im 12. Jahrhundert westlich der Burg der sog. "Burgflecken" oder "Marktflecken" – eine Siedlung pomoranischer Handwerker und Händler –, auch als "slawische Grodstadt" oder "Suburbium" bezeichnet, für die vermutlich bereits 1184/85 die älteste Kirche Danzigs, die Katharinenkirche erbaut wurde, zum gleichen Zeitpunkt also, für den auch die Stiftung des Klosters Oliva angenommen wird. Diese Siedlung war der Burg zugeordnet. Sie bildete sich aber zu einem für Handel und Handwerk bedeutenden Siedlungszentrum heraus, das im Laufe des 13. Jahrhunderts immer mehr abschwächend bis Anfang des 14. Jahrhunderts bestand. Sie war keine Stadt "Civitas" im Sinne der deutschen Städtegründungen. "Castrum" (Burg mit Suburbium) mit pommerellischer und prussischer Bevölkerung und die deutsche "Civitas" waren klar voneinander abge-

---

16 Vgl. Lingenberg, Die Anfänge des Klosters Oliva, S.11 ff.
17 Vgl. Keyser aaO S.20 f.; Lingenberg aaO S.12 f.
18 Seit 1220 Nachfolger seines Vaters Mestwin I.
19 Vgl. Keyser aaO S.22 f.; Lingenberg aaO S.345 f.; vgl. auch ders., Oliva 800 Jahre, S.37, wo er vom Gründungsjahr 1225 spricht.
20 Seit dem 7. oder 9. Jhdt. (Vgl. für die unsichere Zeitbenennung Lingenberg, Die Anfänge des Klosters Oliva, S.12; Neumeyer aaO S.65, unter Hinweis auf polnische Forschungsergebnisse).
21 Vgl. Lingenberg aaO S.334.
22 Vgl. für die Zusammenhänge der Siedlungs-, Kirchen- und Stadtentwicklung Lingenberg aaO S.310 ff.

grenzt. Ein organischer Zusammenhang der Entwicklung ist nicht erkennbar.[23] Immerhin wird im Fortbestehen des Namens der Stadt Danzig eine gewisse Kontinuität deutlich.[24]

Mit der Gründung der deutschen Stadt war die Verleihung wichtiger Rechte verbunden, die diese "Civitas" – "Rechtstadt" – von den slawischen Ansiedlungen unterschied.[25] Im Vordergrund stand die Selbstverwaltung, also Freiheit von der herzoglichen Gewalt und eigenständige Gerichtsbarkeit unter einem vom Herzog eingesetzten Schulzen. Hinzu kamen die Zuweisung eines Territoriums, d.h. von Grund und Boden für die Stadtsiedlung und Umgebungsnutzung und die Übertragung des Marktrechts und der Zollfreiheit sowie auch die Befugnis, Verteidigungsanlagen zu errichten.[26] Die förmliche Verleihung des Lübecker Stadtrechts geschah möglicherweise etwas später als die Genehmigung der deutsch-rechtlichen Stadtgründung. Es kann aber davon ausgegangen werden, daß die Danziger im Zeitpunkt der Gründung ihrer Stadt bereits das Lübecker Recht angewendet haben.[27] Aus dem Jahre 1263 liegt eine nachweisbare schriftliche Ausfertigung (Bestätigung) der Verleihung des Stadtrechts aus Lübeck vor.[28] Durch die Verleihung des deutschen Rechts wurde die Bürgerschaft der Stadt aus der allgemeinen pommerellischen Landesverfassung deutlich herausgehoben. Lübeck hatte entscheidenden Einfluß auf die Kaufmannsniederlassung in Danzig, zu der es in engen Beziehungen stand.[29] Entsprechend der weiteren politischen Entwicklung wurde für die städtische Verfassung Danzigs 1295 wahrscheinlich das Magdeburger Recht[30] verliehen und später, auf Grund neuerer Forschungsergebnisse 1346, unter der Ordensherrschaft, mit dem Abschluß des Wiederaufbaus der vom Orden zerstörten Rechtstadt Danzig, das Kulmer Recht.[31]

---

23 Vgl. Lingenberg aaO S.439.
24 Vgl. Lingenberg aaO S.438. Zum Streit über die Herkunft des Namens Danzig vgl. Keyser aaO S.16 f., nach dessen Ermittlungen der Name, der im Zusammenhang mit dem Durchzug des Bischofs Adalbert von Prag durch Danzig auf seiner Missionsreise in das Samland 997 in einem Bericht des Abtes Kanaparius in Rom erwähnt wurde (vgl. auch Rhode, Geschichte Polens, S.15, der von der damals erstmals genannten "*Burg Danzig*" spricht), bereits für eine germanische Siedlung verwendet worden war.
25 Vgl. Lingenberg aaO S.348, 364 f.
26 Vgl. Lingenberg aaO S.365.
27 So Lingenberg aaO S.384 ff. Er widerlegt anhand des negativen Ergebnisses seiner Echtheitsprüfung der entsprechenden Urkunde von 1235 die auf Keyser, Danzig aaO S.30 gestützte Auffassung Neumeyers aaO S.79, die Verleihung des Lübecker Stadtrechts sei 1240 erfolgt, und 1235 habe Swantopolk die Stadtrechtsverleihung angekündigt. Vgl. auch Lingenberg aaO S.343 ff., 384 ff., 339 f. und ders., Das pommerellische Herzogtum, S.142 Anm.26.
28 Übersendung einer Abschrift der Handschrift des Lübecker Rechts durch den Rat der Stadt Lübeck an Danzig auf Bitte der Danziger Bürger im Jahre 1263 (vgl. überzeugend Lingenberg aaO S.389, 393 und Neumeyer aaO S.79; anders als Keyser aaO S.26, der die Einführung des Lübischen Rechts in Danzig erst seit 1263 annimmt, diese Auffassung allerdings später revidiert, vgl. Keyser, Danzig aaO S.30).
29 Vgl. Neumeyer aaO S.79.
30 Lingenberg aaO S.244, 395 ff. nimmt an, daß Przemysław II., König von Polen und Herzog von Pommerellen, während seiner knapp einjährigen Regierungszeit der Stadt Danzig zusammen mit einer neuen Handfeste das Magdeburger Recht verliehen hat. 1232 war der Burggraf Burchard von Magdeburg an der Spitze eines Kreuzheeres zur Unterstützung des Deutschen Ordens und Konrads von Masowien bei der Missionierung der Prussen im Kulmer Land erschienen. Im Gegensatz zum Lübischen Recht waren beim Magdeburger Recht Gerichtsbarkeit und Verwaltung getrennt (vgl. Neumeyer aaO S.88 f.).
31 Anfang 1343 erließ Hochmeister Ludolf König die Handfeste für Danzig (vgl. Neumeyer, S.130; Keyser, Danzigs Geschichte, S.56 f.; Lingenberg, Handfeste 1343, S.213 ff.), im wesentlichen eine Bestäti-

2. Danzig und der Deutsche Ritterorden (1309-1454)

Nach dem Tode des letzten einheimischen Landesherrn, Herzog Mestwin II., im Jahre 1294 wurde die Aufwärtsentwicklung Danzigs unterbrochen. Ständige Auseinandersetzungen der umliegenden Herrscher, Pommerellens, der Prussen, Polen, Brandenburger und des Deutschen Ordens, in die ihr Machtkampf um die Stadt Danzig einbezogen war, insbesondere die Streitigkeiten und Kämpfe um die pommerellische Landesherrschaft, vor allem mit den nach Norden vordringenden Polen[32], beeinträchtigten Aufbau und Handel dieser Stadt und führten schließlich zu ihrer jedenfalls teilweisen Zerstörung im Jahre 1308.[33]

Im Zuge der Missionierung kam es wiederholt zu verwüstenden Einfällen der Prussen im Danziger Raum – das Kloster Oliva wurde zweimal (1224 und 1236) heimgesucht – und in dem südlicher gelegenen Masowien und Kujawien. Herzog Konrad von Masowien wandte sich 1225[34] hilfesuchend an den Hochmeister des Deutschen Ordens, Hermann von Salza, dem er als Gegenleistung für Unterwerfung und Bekehrung der Prussen mit Zustimmung Kaiser Friedrichs II. (Goldene Bulle von Rimini, März 1226) und des Papstes Gregor IX. (1230) im Frieden zu Kruschwitz 1230 das Kulmerland abtrat.[35] Auch für alle weiteren Erwerbungen im Kampf gegen die Prussen verlieh der Kaiser unter seiner Souveränität dem Orden alle Hoheitsrechte[36], vom Papst nochmals bestätigt in der Bulle von Rieti vom 3. August 1234.[37] Polnische Entlastungsangriffe auf Pommerellen trugen zum Erfolg bei. Nach dem Frieden von Christburg vom 7. Februar 1249

---

gung der bisher in Danzig geltenden Rechtsprechung und Verwaltung. Nur die Neufassung durch Hochmeister Winrich von Kniprode vom 5.7.1378 (Bestätigung und Weiterentwicklung; vgl. den Urkundentext bei Simson, Geschichte der Stadt Danzig, Bd.IV S.54 ff.) ist erhalten geblieben (vgl. Lingenberg aaO S.214). Nach Auffassung von Lingenberg ebda. wurde der Stadt nicht schon 1343 mit der Handfeste, sondern erst im Jahre 1346, also offenbar nach langwierigen Verhandlungen, das im Ordensland vorherrschende Kulmer Recht *"als Recht nach dem die Stadt sich selbst regieren sollte"*, vom Hochmeister zugewiesen (mit Urkunde über die Stadtverfassung vom 31.7.1346). Das Kulmer Stadtrecht, ein weiterentwickeltes Tochterrecht des Magdeburger Rechts, galt als das fortschrittlichste der damals geläufigen Stadtrechte und wurde Grundlage für die Städtegründungen des Deutschen Ordens (Kulmer Handfeste vom 28.12.1233). Die Stadt Kulm wurde 1232 vom Deutschen Orden gegründet und war zunächst als Hauptstadt des Ordenslandes vorgesehen.

32 Vgl. Lingenberg, Das pommerellische Herzogtum, S.136 ff.
33 Vgl. S.31 und Anm.49.
34 Oder 1226. Zur unsicheren Zeitfestlegung vgl. Rhode, Geschichte Polens, S.52 Anm.11; nach Neumeyer aaO S.83: 1225.
35 Vgl. Neumeyer aaO S.85 ff.; Rhode aaO S.52. Zur Gültigkeit dieses weiteren Erwerbes heidnischen und nach damaliger völkerrechtlicher Auffassung herrenlosen Landes vgl. Gornig aaO S.25 ff.
36 Die rechtlichen Grundlagen für diesen Ordensstaat wurden vom römisch-deutschen Reich (seit dem 15. Jhdt. *"Heiliges Römisches Reich Deutscher Nation"* genannt) abgeleitet. Der Kaiser übertrug dem Hochmeister die Regalien. Eine Lehnsbeziehung zum Reich war nicht möglich (Lehnsexemtion). Der Hochmeister wurde jedoch den Reichsfürsten ausdrücklich gleichgestellt. Die Reichsbindung bestand bis zur Umwandlung des Ordensstaates in ein weltliches Herzogtum im Jahre 1525 (vgl. Matison, Deutsches Archiv 21/1965, S.194 ff.). Unbeschadet der Oberlehnshoheit des polnischen Königs (bis zum Vertrag von Wehlau vom 19.9.1657 – Übertragung der Souveränität vom König Johann Kasimir von Polen auf Kurfürst Friedrich Wilhelm von Brandenburg) blieb der Herzog von Preußen deutscher Reichsfürst.
37 Zu den Einflußversuchen des Papstes seit 1210 (Übertragung der Prussen-Bekehrung an den Bischof von Gnesen), seinen Gegensätzen zur kaiserlichen Politik und zu den späteren einvernehmlichen Entscheidungen vgl. auch Gornig aaO S.25 ff.

mit den Prussen wurden die Auseinandersetzungen mit Swantopolk und seinen Söhnen sowie mit den Prussen (1260-1273) bald fortgesetzt.

Innerhalb kurzer Fristen ergaben sich immer neue Verbindungen, wurden wieder gelöst und führten zu wiederholten Besetzungen der Stadt Danzig.[38] Die Söhne Swantopolks, Mestwin II. und Warcisław, kämpften um die Vorherrschaft in Pommerellen. Markgraf Konrad von Brandenburg besetzte 1271 zur Unterstützung von Herzog Mestwin II.[39] (Herzog von Schwetz und seit 1269 von ganz Pommerellen) Burg und Stadt Danzig und vertrieb dessen mit dem Orden verbündeten Bruder Warcisław (Herzog von Danzig). Mestwin bemächtigte sich anschließend mit Hilfe seines Vetters, des Herzogs Bolesław von Großpolen, der Stadt Danzig.[40] Sein von ihm 1282 im Vertrag von Kempen bestimmter Nachfolger[41] der polnische Herzog Przemysław II. wurde 1294 alleiniger Herzog von Pommerellen und 1295 zugleich König von Polen.[42] Nach dessen Ermordung 1296 entstand neuer Streit und auch Erbstreit um die Herrschaft über Pommerellen. Aus der zeitweisen Fremdherrschaft polnischer Herzöge und Könige vermittels landesferner Regierung gegenüber den verbleibenden örtlichen Amtsträgern in Pommerellen ergeben sich keine Anhaltspunkte für die polnische Behauptung, Pommerellen sei im 13. Jahrhundert faktisch ein Teil Polens geworden.[43]

Die Nachfolger, Herzog Władysław Łokietek von Kujawien und Großpolen und kurz darauf (1300) König Wenzel II. von Böhmen, konnten den pommerellischen Adel für sich gewinnen. Am 29. Mai 1301 übertrug Wenzel II. den Schutz für Burg und Stadt Danzig vorübergehend dem Deutschen Orden. Wenzel III. – Sohn und Nachfolger Wenzels II. – bot 1305 seine ererbten Anrechte auf Pommerellen, einschließlich Danzig, dem Markgrafen von Brandenburg zum Tausch gegen Meißen an.[44] Inzwischen ließ sich Herzog Władysław, nach der Ermordung Wenzels III. 1305 in Polen vorüber-

---

38 Vgl. Lingenberg, Das pommerellische Herzogtum, S.154 ff.
39 Mestwin II. hatte 1269 den Markgrafen von Brandenburg als Gegenleistung für deren Unterstützung gegen seinen Bruder Warcisław sein Land zu Lehen übergeben und die Übereignung der Warcisław gehörenden Stadt Danzig angeboten.
40 Vgl. Lingenberg aaO S.145.
41 Vgl. Keyser aaO S.28.
42 Personalunion zwischen Pommerellen und Polen (vgl. Keyser aaO S.28). Damit ist die Annahme von Neumeyer aaO S.177 nicht vereinbar, nur für 1306-1308 habe eine derartige Verbindung bestanden (vgl. auch Lingenberg aaO S.154 ff.; ders., Das Aussterben des pommerellischen Herzoghauses, S.221 ff.).
43 Vgl. zutreffend Lingenberg aaO S.154 f. mit seiner zurecht kritischen Bemerkung (S.139) über die bisher zu einseitigen wissenschaftlichen Betrachtungen aus polnischer und aus deutscher Sicht.
44 Vgl. Lingenberg aaO S.155 Anm.123 mit kritischer Bemerkung zu Neumeyer aaO S.115, der von nochmaliger Abtretung spricht.

gehend wieder zur Macht gekommen, Ende 1306 in Pommerellen huldigen.[45] Die Einverleibung durch Polen mißlang jedoch wiederum. Die Markgrafen Otto und Waldemar von Brandenburg, die ihre von Wenzel III. erworbenen Anrechte in Pommerellen wahrnehmen wollten, zogen 1308 nach Danzig und wurden freundlich aufgenommen. Die mächtige pommerellische Familie der Swenza hatte die Brandenburger zur Übernahme der Herrschaft in Pommerellen gerufen und sich ihnen im Vertrag zu Lindow 1307 unterstellt.[46] Nur die Burg wurde von einer polnischen Besatzung unter Führung des königlichen Statthalters Bogusza verteidigt, der den Deutschen Orden zu Hilfe rief, eine folgenschwere Entscheidung für die Stadt Danzig.[47] Die Brandenburger zogen ab. Die Ordensritter blieben und verdrängten auch die polnische Besatzung mit der Begründung, daß die Bedingung der Erstattung der Besatzungsunkosten nicht erfüllt worden sei. Pommerellische Ritter, Anhänger Swenzas, die in dem Bestreben, die Unabhängigkeit Pommerellens wiederherzustellen, aus der befestigten Stadt Angriffe gegen den Orden und dessen Ländereien in Pommerellen unternommen hatten, unterlagen. Als die Bürgerschaft der Stadt Danzig die Auslieferung der pommerellischen Ritter verweigerte, belagerte der Orden die Stadt und drohte mit ihrer Erstürmung. Am 13. November 1308[48] öffneten die Danziger Bürger die Tore der Stadt. 16 Ritter und wohl auch Familienangehörige wurden ausgeliefert und als Räuber und Wegelagerer hingerichtet.[49]

Die später aufgeworfene Streitfrage, ob die Stadt nach ihrer Übergabe vom Deutschen Orden weitgehend oder teilweise zerstört wurde, hat bisher nicht eindeutig geklärt werden können. Lingenberg[50] sucht den Nachweis zu erbringen, der Orden habe mit der Zerstörung der Stadt eine strafgerichtliche Maßnahme verhängen und verhindern wollen, daß Stadt und Land den brandenburgischen Rivalen, einer Gruppe des pommerellischen Adels oder einer polnischen Regierung überlassen würden. Nachdem der Orden die Rechte der Brandenburger Markgrafen auf Pommerellen im Vertrag von Soldin vom 13. September 1309 mit der Zahlung von 10.000 Mark abgegolten hatte, habe er *"offenbar einige Zeit später die Erlaubnis zum Wiederaufbau der zerstörten Stadt erteilt"*.[51]

---

45 Vgl. Keyser aaO S.29; Lingenberg, Das Aussterben, S.225; ders., Das pommerellische Herzogtum, S.155.
46 Vgl. Lingenberg, Das pommerellische Herzogtum, S.156.
47 Vgl. Löschin Bd.1 S.27; vgl. auch Lingenberg, Das Aussterben, S.226.
48 Vgl. zu diesem Datum, statt 14.11., Lingenberg, Die Anfänge, S.427 Anm.90 mwN.
49 Spätere polnische Behauptungen eines an Polen angerichteten Massenblutbades (über 10.000) sind widerlegt worden, zumal es unter der ohnehin geringen Bevölkerungszahl Polen kaum gab (vgl. Keyser aaO S.31; Lingenberg, aaO S.420; Boockmann, Der deutsche Orden, S.141; Cieślak/Biernat S.36). Neueste Erkenntnisse polnischer Wissenschaftler sprechen von "an die hundert Toten" (Boockmann, Ost- und Westpreußen, S.158).
50 Vgl. Lingenberg aaO S.420 ff. mwN.; Boockmann, Der deutsche Orden, S.141: "*Die Stadt Danzig wurde zum größeren Teil zerstört*". Vgl. zur Gegenmeinung, auch polnischer Autoren, die Rechtstadt Danzig sei damals unversehrt geblieben, lediglich die 1295 neuangelegten Befestigungsanlagen seien geschleift worden, Keyser aaO S.30 f.; Neumeyer aaO S.115 mwN.
51 Vgl. Lingenberg aaO S.430.

Nach der militärischen Einnahme Danzigs am 13. November 1308 hatte sich der Orden ganz Pommerellen unterworfen, wodurch das pommerellische Herzogtum sein endgültiges Ende fand und der ohnehin in Pommerellen stark entwickelte deutsche Einfluß noch beschleunigt wurde.[52] In dem bereits erwähnten Vertrag von Soldin (1309) trat Markgraf Waldemar von Brandenburg seine Rechte auf die Gebiete von Danzig, Dirschau und Schwetz an den Orden ab.[53] Danzig wurde damit in das Staatswesen des Deutschen Ritterordens eingegliedert.

Die deutschen Kaiser unterstützten den Orden. Von Heinrich VII., dem deutschen König und späteren Kaiser, wurde die Abtretung Pommerellens von Brandenburg an den Deutschen Orden am 12. Juli 1311 bestätigt. Pommerellen wurde unter den Schutz des Reiches gestellt.[54] Während auch die noch lebenden Nachkommen des pommerellischen Herzoghauses, der Fürst von Rügen und der Herzog von Glogau, dem Herrschaftswechsel zustimmten, wollte Herzog Władysław von Polen seine Ansprüche auf Pommerellen nicht aufgeben. Der zunächst den polnischen Standpunkt vertretende Papst Johann XXII. gab 1328 gegen die Zusage der Entrichtung des Peterspfennigs nach, ebenso Papst Benedikt XII. und endgültig dann sein dem Orden wohlgesonnener Nachfolger Clemens VI. (1342). Kaiser Ludwig, der bereits 1331 alle Privilegien und Besitzungen des Ordens bestätigt hatte, bekräftigte diesen Standpunkt noch einmal am 22. Juli 1338 mit dem Verbot an den Orden, Teile seiner Gebiete zu veräußern.[55] Im Frieden zu Kalisch vom 8. Juli 1343 hat dann auch der seit dem Tode von Władysław Łokietek regierende polnische König Kasimir für sich und seine Erben und alle seine Nachfolger auf Pommerellen und das Kulmerland verzichtet.[56] Den Władysław abgenommenen Teil Kujawiens sowie das Dobriner Land (an der Weichsel) mußte der Orden dagegen zurückgeben.[57] Die späteren Provinzen Ost- und Westpreußen gehörten zu dieser Zeit wieder unangefochten zum Deutschen Orden.[58]

Danzig konnte sich wieder aufwärts entwickeln und ausdehnen. Der Orden errichtete an der Stelle der alten herzoglichen Burg eine große Ordensburg. Er nahm seine Befugnisse als Landesherr (Komtur) in Danzig wahr, ließ den Danzigern aber ausreichend Freiheit für eine eigenständige Entwicklung.[59] Die Bevölkerungszahl wuchs von etwa 10.000 im Jahre 1380 bis auf etwa 15.000 1416 in der Rechtstadt, mit ausgebauter Altstadt und der seit 1380 bestehenden Jungstadt zusammen auf etwa 20.000 Einwohner.[60]

---

52 Vgl. Lingenberg, Das pommerellische Herzogtum, S.156 f., vgl. auch ders. S.152 f.
53 Vgl. Neumeyer aaO S.116.
54 Vgl. Neumeyer aaO S.116, 119; vgl. auch Anm.36.
55 Vgl. Neumeyer aaO S.121. Vgl. auch den Schiedsspruch des Königs – späteren Kaisers – Sigismund vom 24.8.1412 in Ofen zugunsten des Ordens gegen Polen und die entsprechenden Gebietsentscheidungen Kaiser Sigismunds in Brest 1433 und 1435 (vgl. Neumeyer aaO S.165, 168 f., 171.).
56 Vgl. Neumeyer aaO S.121; Boockmann, Ostpreußen und Westpreußen, S.160. Im Frieden von Brest (Kujawien) vom 31.12.1435 hat Polen nach dem Tode Jagiełłos wiederum auf territoriale Ansprüche auf Pommerellen und das Kulmerland verzichtet und das Ordensgebiet anerkannt (vgl. Neumeyer aaO S.172; Boockmann aaO S.199 f.).
57 Vgl. Schumacher S.53.
58 Vgl. Rhode, Die Ostgebiete aaO S.103.
59 Vgl., auch zu den folgenden Ausführungen über die Ordensepoche Danzigs, Keyser aaO S.35 ff.
60 Vgl. Keyser aaO S.48.

Zu den Verfassungsorganen der Stadt gehörte der aus Angehörigen der Kaufmannschaft zusammengesetzte Rat, der nach der Ratsordnung von 1421 aus dem die Geschäfte führenden, jährlich wechselnden Sitzenden Rat – Bürgermeister, Stellvertreter und zwölf Ratsherren – sowie für wichtige Angelegenheiten der Gemeine Rat, der mit seinen auf Lebenszeit gewählten Mitgliedern zur politischen Vertretung des Patriziats wurde. Zu den Aufgaben des Rats gehörten die innere Verwaltung, die Verwaltung des städtischen Grundbesitzes, die Überwachung der Verwaltung des Kirchenvermögens und die Leitung der auswärtigen Politik. Die Rechtsprechung lag in der Hand eines Richters und zwölf vom Rat ernannten Schöffen. Der Landesherr griff in Rechtsprechung und Verwaltung nur ein, wenn innerhalb der Bürgerschaft Unstimmigkeiten zu schlichten waren.

Mit der allmählichen Schwächung der Ordensherrschaft auf Grund wachsender Gegensätze zwischen den Interessen des immer mehr staatlichen Charakter gewinnenden Ordensstaates und den Unabhängigkeitsbestrebungen der Städte und des Landadels sowie der Belastungen durch die kriegerischen Einfälle Polens und Litauens[61] und des Verbots der Fortsetzung des Heidenkampfes durch den deutschen König (1395) und den Papst (1404)[62] ging eine stärkere Beteiligung der Bürger am politischen Geschehen und wachsende Eigenständigkeit der Stadt einher. Mitte der dreißiger Jahre des 15. Jahrhunderts begannen sich die drei Ordnungen zu entwickeln: die erste Ordnung – der Rat –, die zweite Ordnung – die Schöffen – und die dritte Ordnung – die Vertretung der Bürgerschaft. Nach der Niederlage des Deutschen Ordens bei Tannenberg am 15. Juli 1410 gegen die vereinigten Litauer und Polen suchte Danzig die Verbindung zum polnischen König Jagiełło, der die preußischen Städte mit wirtschaftlichen Versprechungen an sich zu binden trachtete.[63] Zunächst setzte sich der Orden nach erfolgreicher Verteidigung der Marienburg und Abzug der Litauer wieder durch (Erster Thorner Friede vom 1.2.1411, Friede vom Melno-See vom 27.9.1422 und der sog. "Ewige Friede" von Brest vom 31.12.1435, in dem Polen alle territorialen Ansprüche gegenüber dem Ordensstaat aufgab), konnte jedoch die entstandenen und wachsenden Gegensätze zu Danzig, das weder Soldaten noch Geld für den Kampf gegen Polen bereitstellte und sich militärisch gegen den Orden verstärkte, nicht abbauen, zumal der Bürgermeister Konrad Letzkau und zwei weitere führende Danziger am 6. April 1411 in einem Überraschungscoup auf der Danziger Ordensburg getötet worden waren.

Danzigs Entwicklung als Handelsstadt hatte während der Ordenszeit einen bemerkenswerten Aufschwung genommen. Die Stadt wurde Mitglied der dem Schutz des Außenhandelsverkehrs dienenden deutschen Hanse und errang in Nordeuropa eine bedeutsame und schließlich führende Stellung innerhalb der Hansestädte, die in der Folgeperio-

---

61 Vgl. Boockmann, Der deutsche Orden, S.12 f., 171 ff., 181 ff., 197 ff.
62 Vgl. Boockmann aaO S.173.
63 Am 5.8.1410 empfing König Jagiełło den Danziger Bürgermeister Konrad Letzkau im Heerlager vor der Marienburg und erklärte sich zu bedeutsamen Privilegien bereit. Bereits Mitte Oktober 1410 unterwarf Danzig sich jedoch vorbehaltlos wieder dem Orden, der die polnischen Belagerer der Marienburg am 22. September zur Flucht gezwungen hatte (vgl. Keyser aaO S.60 ff.).

de, des Bündnisses mit der Krone Polen und auf Grund der Handelsvorteile des polnischen Hinterlandes und der in Danzig die Ostsee erreichenden Weichsel, zunächst noch ausgebaut wurde.[64]

3. Danzig und die Krone Polen (1454-1793)

Nach dem Niedergang des Deutschen Ordens und erheblichen wirtschaftlichen Einbussen verband Danzig sich nach langem Zögern und Widerstreben mit der Krone Polen. Die Stadt Danzig vermochte die drückend und schädlich gewordene Ordensherrschaft abzuschütteln und gegen eine neue Verbindung einzutauschen, die sie sicherheitspolitisch und aus Gründen der für sie günstigen Handelsbeziehungen mit Polen für vorteilhaft hielt. Danzig konnte in hartnäckigen Verhandlungen unter Ausnutzung der wirtschaftlichen und machtpolitischen Interessen des polnischen Königs im Endergebnis eine wesentlich stärkere Stellung entwickeln, als es während ihrer Zugehörigkeit zum Deutschen Orden möglich gewesen war. Für Polen war diese Verbindung von erheblicher Bedeutung, weil sie über die wirtschaftlichen und finanziellen Zuwächse hinaus die Möglichkeit bot, seinen Einfluß auf jene Gebiete – einschließlich Danzig – zurückzugewinnen, mit denen es sich ungeachtet der ständig wachsenden deutsch-pomoranischen Gemeinsamkeiten[65] seit 1294 bis 1309 nach langjährigen Auseinandersetzungen enger verbunden hatte. Der Stadt Danzig gelang es, in Würdigung der beiderseitigen Interessenlage als Gegengewicht zur Anerkennung der königlichen Stellung der Schutzhoheit einen weitgehend unabhängigen Status als deutsche Stadtrepublik in einer Schutzbeziehung zur Krone Polen durchzusetzen, diese Stellung auszubauen und gegen alle polnischen Einflußversuche, zum Teil in erfolgreichem Abwehrkrieg gegen den polnischen König (1577), zu bewahren.

Die innere Schwäche des Ordensstaates, insbesondere nach der Niederlage von Tannenberg 1410 – Konflikte und Krisen zwischen Landesherrn und Ständen, Putsch rebellischer Ordensbrüder, wirtschaftlicher Rückgang, Sicherheitsrisiken nach außen – wie der Hussiteneinfall 1433 – führten am 14. März 1440 in Marienwerder zum Zusammenschluß von Städten und Ritterschaft des Preußenlandes, zum "Bund vor Gewalt" (später "Preußischer Bund"), in dem der Abfall vom Orden vorbereitet wurde.[66] Ziel des Bundes – 19 Städte und 59 Edelleute[67] – war zunächst die Verbesserung der inneren Organisation des Ordens und Garantie der Rechte von Adel und Städten und später Erringung möglichst weitgehender Unabhängigkeit in einem eigenen Ständestaat.[68] Vergebliche Versuche der Anlehnung an Kaiser Friedrich III., den Kurfürst Friedrich II. von Brandenburg, Erzherzog Albrecht von Österreich, König Ladislaus von Böhmen und König Christian von Dänemark führten schließlich zu einer Annäherung an den König von Polen[69], eine wie sich später herausstellte, im Hinblick auf die machtpolitischen Bestre-

---

64 Erste Teilnahme Danzigs am Hansetag 1361 in Greifswald, letzter Hansetag 1669 (vgl. Hewelt, Danzig, S.31 ff.)
65 Vgl. Lingenberg aaO S.152 f.
66 Vgl. Boockmann aaO S.200 ff.; Schumacher, S.122 ff, 128 ff.
67 Vgl. Gornig aaO S.34 Anm.109.
68 Vgl. Neumeyer aaO S.172 ff.; Schumacher, S.132 ff; Boockmann aaO S.213.
69 Vgl. Neumeyer aaO S.175 f.

bungen Polens folgenreiche Entscheidung. Danzig, das sich dem Bund angeschlossen hatte, verhielt sich zögernd, vor allem abwehrend gegenüber den Anschlußbestrebungen der Kulmer Ritterschaft und der Stadt Thorn an Polen und versuchte bis zuletzt zwischen Orden und Bund zu vermitteln. Danzig hielt sich auch im Beschwerdeverfahren gegen den Orden beim Kaiser Friedrich III. und anschließend 1453 beim Kaiserlichen Hofgericht in Wien zurück. Friedrich III. entschied gegen den Bund und ordnete am 1. Dezember 1453 die Auflösung an.[70] Offener Aufstand im Bund nach Aufkündigung des Gehorsams gegenüber dem Hochmeister (4.2.1454) sowie die Erstürmung und teilweise Zerstörung zahlreicher Ordensburgen waren die Folge.[71] Die preußischen Städte wurden damit Bundesgenossen Polens, das in dem anschließenden verheerenden dreizehnjährigen Krieg[72] seine militärischen Auseinandersetzungen mit dem Deutschen Orden fortsetzte. Polen berief sich auf Ansprüche, die jedoch schon wegen der früheren Verzichtserklärungen[73] fragwürdig waren.[74] Überdies betrafen sie Pommerellen, das mit Polen nicht identisch war.[75] Auch bei den Verhandlungen des Bundes mit dem polnischen König Kasimir IV. im Februar 1454 in Krakau waren die Danziger Abgeordneten zurückhaltend, traten getrennt von den übrigen Bundesmitgliedern auf und folgten dem ihnen erteilten Auftrag, sich einem Anschluß an Polen zu versagen und ihre Unabhängigkeit durchzusetzen.

König Kasimir fertigte am 6. März 1454, ohne die Gegenurkunde des Bundes vom 15. April abzuwarten[76] und unter Verletzung der vorangegangenen mit dem Orden geschlossenen Friedensverträge, das sog. "Inkorporationsprivileg" aus. Nachdem die Stadt Danzig sich der für ihre weitgehende Eigenständigkeit wichtigen Privilegien sicher war, huldigte sie als letzte der größeren Städte des Preußischen Bundes am 16. Juli 1454 in Elbing dem Polnischen König. Der Orden hatte bereits am 11. Februar seine Danziger Burg dem Rat übergeben. Sie wurde sogleich abgebrochen, um den Plan des Königs zu vereiteln, in Danzig einen festen Stützpunkt einzurichten. Im Zusammenhang mit weiteren für Danzig ausgehandelten Privilegien (16.6.1454, 9.7.1455, 15. und 25.5.1457)[77] war das Inkorporationsprivileg auch für die neuen Rechtsbeziehungen Danzigs zur Krone Polen von Bedeutung.

Über die Auslegung dieser Urkunde und der gesondert Danzig erteilten Privilegien ist ein Dauerstreit entstanden[78], der den hartnäckigen und schließlich erfolgreichen Wi-

---

70 Vgl. Keyser aaO S.65; Neumeyer aaO S.176. Vorher – 1450 – hatte bereits der von Papst Nikolaus V. entsandte Legat den Bund für gesetzwidrig erklärt. Am 25.3.1455 verhängte Kaiser Friedrich III. "Acht und Aberacht" über den Bund (vgl. Neumeyer aaO S.180).
71 Vgl. Neumeyer ebda.
72 Kriegserklärung König Kasimirs an den Orden vom 22.4.1454 (vgl. Schumacher S.135, der Vordatierung für möglich hält; nach Boockmann, Ostpreußen und Westpreußen, S.212: 22.2.1454).
73 Vgl. S.32.
74 Vgl. Neumeyer, S.177; vgl. Anm.37. Der am 19.10.1466 geschlossene Zweite Thorner Frieden wurde in wesentlichen Teilen von Papst, Kaiser und Gesamtorden nicht anerkannt (vgl. Neumeyer aaO S.182 ff.; vgl. auch Wermter, Die Reichsacht, S.75, 87 und Boockmann aaO S.219 f., der den Kaiser für nicht betroffen hält.
75 Vgl. Lingenberg aaO S.152, 154.
76 Vgl. Neumeyer aaO S.177 f.; Keyser aaO S.66; Schumacher S.134 f.
77 Vgl. Neumeyer aaO S.181; Kaufmann, Das staatsrechtliche Verhältnis Danzigs zu Polen, S.7 ff.
78 Vgl. Neumeyer aaO S.177 ff.; Kaufmann aaO S.7 ff.; Wermter, Das Königliche Preußen, S.130 ff.; Boockmann aaO S.212 f.

derstand Danzigs gegen die Einverleibungsbestrebungen der polnischen Könige widerspiegelt. Diese Privilegien waren das Ergebnis zäher Verhandlungen, in denen die gegenseitigen Interessen abgewogen und zu einer beiderseits vertretbaren Lösung gebracht wurden. Der polnische König benötigte dringend die vor allem materielle Unterstützung der mächtigen Städte des Preußischen Bundes, insbesondere Danzigs mit dessen großen wirtschaftlichen Kapazitäten und Möglichkeiten und sah sich deshalb veranlaßt, in seinem Bestreben, Danzig enger an Polen zu binden, zurückzustecken. Danzig konnte erreichen, daß es im Rahmen einer ausgehandelten Schutzbeziehung zur Krone Polen sehr weitgehend selbstständig wurde und außerhalb des Polnischen Königreiches als deutscher Stadtstaat, als Stadtrepublik, eine starke Stellung errang, die es unter der Herrschaft des Deutschen Ordens nicht innegehabt hatte.

Nach dem Wortlaut des Inkorporationsprivilegs nahm der König die Unterwerfung des preußischen Landes an und fügte es dem Königreich Polen ein. Die Preußischen Stände sprachen dagegen in ihrer Gegenurkunde entsprechend der Ergebnisse des Verhandlungsverlaufs und der dem König unterbreiteten Angebote von der Einverleibung in den Titel der Krone Polen.[79] Schon die Bezeichnung "Inkorporations**privileg**" (nicht "Inkorporations**akt**") unterstreicht den Willen der Verhandlungspartner zur vertraglichen Regelung. Immerhin behielt Preußen seine alten Rechte, gewann an Autonomie und blieb eine deutsche Einheit.[80] Jedenfalls hat Danzig als gleichberechtigter Partner verhandelt und alsdann als für den König wichtiger Bundesgenosse an dessen Krieg gegen den Orden teilgenommen. Freiwillig nahm Danzig diese Last auf sich und kaum mit dem Ziel, das abgeschüttelte Joch gegen ein neues zu vertauschen, vielmehr in der Erwartung, seine soeben gewonnene freiheitliche Stellung zu sichern und auszubauen. Wenn man die im Dokument Danzig zugestandenen weitgehenden Rechte und außerdem die späteren Verdeutlichungen sowie die praktische Umsetzung der Beziehungen zwischen der Stadt Danzig und dem König von Polen in der Folgezeit in Betracht zieht, wird der inhaltliche Kern der beiderseits gewollten partnerschaftlichen Beziehung erkennbar.[81]

Die Stadt Danzig verhandelte nicht als Gebietsteil des Deutschen Ordens, von dem sie sich losgelöst hatte (Übergabe der Burg am 11.2.1454 an den Rat), nicht als ein Untertan Polens, zu dem es nicht gehörte und nicht für den Preußischen Bund, sondern für sich selbst, als freier Partner seiner Rechtsbeziehungen. In dieser Form trat auch der polnische König Danzig gegenüber und versuchte die Stadt in Anknüpfung an die Angebote von 1410 von der Nützlichkeit einer Verbindung zu überzeugen, die er selbst für erstrebenswert hielt. In Ansehung der dem polnischen König eingeräumten Hoheitsrechte wird man von einer vertragsähnlichen Beziehung sprechen können. Danzig hatte sich aus freien Stücken der Krone Polen unterstellt, aber nur zu den eingehend ausgehandelten Bedingungen einer weitestgehenden Unabhängigkeit. Weniger bedeutsam mag es sein, ob die Rechtsbeziehung zur Krone Polen als "Personalunion", evtl. als

---

79 Vgl. hierzu Wermter aaO S.131.
80 Vgl. Gornig aaO S.32.
81 Wermter aaO S.129 stellt für die Preußischen Stände in erster Linie auf den Wortlaut der Königsurkunde ab, weist aber auf die besonderen Vergünstigungen vor allem für Danzig hin (S.142 f.; für 1569 S.149 ff.).

"Personalunion besonderer Art" gekennzeichnet wird[82] oder wohl treffender als Schutzbeziehung zur Krone Polen[83], der allerdings zu diesem Zweck königliche Hoheitsrechte eingeräumt wurden.

Selbst wenn der – unzutreffenden – Meinung polnischer Autoren gefolgt würde, daß die deutsche Stadt Danzig damals in den Staatsverband des Königreichs Polen integriert worden sei, könnten daraus keine Schlußfolgerungen für die heutige Rechtslage abgeleitet werden. Die sowohl von deutschen als auch von polnischen Wissenschaftlern häufig zu beobachtenden einseitigen Darstellungen sind schon deshalb schwer verwertbar.[84]

Die wesentlichen Danzig zustehenden Rechte[85] waren Selbständigkeit der auswärtigen Politik und Kriegführung, auch als Mitglied der Hanse, eigenes Gesandtschaftsrecht, Verteidigungshoheit mit eigenen Truppen und Befestigungsrecht der Stadt, freies Verfügungsrecht über den Hafen (ohne polnische Mitwirkung), Gesetzgebungsrecht, Finanzhoheit, Steuer- und Zollhoheit, Münzrecht, Gerichtsbarkeit, eigene Flagge. Danzig erhielt als Zeichen seiner Souveränität und Machtstellung das Recht, mit rotem Wachs zu siegeln und in das Wappen eine goldene Krone aufzunehmen.[86] Bürgermeister und Stadthauptmann trugen goldene Gewänder.

Das der Stadt Danzig zuerkannte "Privileg" kam auch in der erheblichen Erweiterung ihres Umlandes zum Ausdruck. Die Vorburg-Siedlung und die seit 1378 ebenfalls mit deutschem Stadtrecht versehene pommerellische Altstadt wurden entsprechend ihrer deutschen Entwicklung[87] mit der Stadt Danzig vereinigt; die vom Orden begründete "Jungstadt" wurde zerstört. Die Ausdehnung des Landgebietes umfaßte nach und nach u.a. neben der Danziger die Elbinger Weichsel, einen Teil der Frischen Nehrung und die Halbinsel Hela bis Heisternest, später auch die Stadt Hela.[88]

---

82 So Keyser aaO S.66; Kaufmann aaO S.9; Kafran, S.5.
83 Nach Schweisfurth, S.83 f. *"protectionship of the King of Poland"*.
84 Jedenfalls insoweit kann Boockmann aaO S.213 gefolgt werden.
85 Vgl. Kaufmann aaO S.9.
86 Eine streng heraldische Krone mit drei Fleurons und zwei Perlen, eine Blätterkrone, nicht eine Bügelkrone, wie sie von Königen getragen wird. Das alte Wappen der Stadt Danzig – zwei weiße Kreuze auf rotem Schild (weiß und rot waren die mittelalterlichen Reichsfarben und die Farben der Städte der Deutschen Hanse), seit 15. Jhdt. gehalten von zwei Löwen – wurde durch eine goldene Krone im Oberteil des Wappenschildes ergänzt, die König Kasimir im Rahmen seiner Kompetenzen in der Schutzhoheit mit Urkunde vom 25. Mai 1457 der Stadt verlieh. Im 19.Jhdt. setzte sich der Zusatz im unteren Teil des Schildes *"nec temere nec timide"* durch (der Wahlspruch alt-Danziger Ratsfamilien). Vgl. zur Bedeutung der Krone im Danziger Wappen u.a. Hupp, Die Wappen und Siegel aaO S.39; Neumeyer aaO S.181 f.; Schaumann, Das Danziger Wappen aaO).
87 Nach Keyser aaO S.75 war die Bevölkerung der Altstadt 1495 zu 94 % deutscher Herkunft.
88 Endgültig von König Sigismund 1526 anerkannt (Keyser aaO S.75).

Die dem König vorbehaltenen Rechte waren auf die mit der Schutzhoheit zusammenhängenden Kompetenzen beschränkt. Aus dem Kreise von acht ihm vom Rat benannten Danziger Ratsherren durfte er einen Stellvertreter, den Burggrafen, ernennen. Dieser übte für den König das Recht aus, Todesurteile des Schöffengerichts zu bestätigen oder abzuändern. Die Stadt hatte eine jährliche Rente an den König zu entrichten. Er mußte Schutz und Beistand gewähren und konnte seinerseits Rat und Hilfe verlangen. Ein Königsschloß wurde nicht gebaut. Im Umkreis von acht deutschen Meilen durfte er ein Schloß nicht errichten.

Danzig war folglich im Rahmen der auf Grund der Verhandlungsergebnisse begründeten Schutzbeziehung zur Krone Polen unter Gewährung bestimmter festgelegter königlicher Herrschaftsrechte eine souveräne deutsche Stadtrepublik. Sie bildete keine Realunion mit Polen. Der König war nicht wie der Deutsche Orden Landesherr der Stadt, übte vielmehr die Schutzhoheit über das sich im übrigen selbständig und unabhängig regierende Danzig aus.[89]

Danzig war nicht in die staatliche Organisation Polens einbezogen und war trotz wiederholter Aufforderungen, am polnischen Reichstag regelmäßig teilzunehmen, nur als Repräsentant der preußischen Stände ausnahmsweise vertreten, wenn von der polnischen Politik abweichende Positionen begründet werden mußten. An den Königswahlen hat die Stadt Danzig sich nur beteiligt, wenn ihre Rechte und Privilegien zu bestätigen waren.[90]

Die Beziehung Danzigs zu Kaiser und Reich war in der Praxis noch unverbindlicher. Immerhin gab es die Verbindungen zum Reich.[91] Die Beschwerde gegen den Deutschen Orden 1453 – wenn auch von Seiten Danzigs nur zurückhaltend unterstützt[92] – ist ein Beispiel der in diesem Sinne geübten Praxis.

Vom Kaiser wurde die Auffassung vertreten, Danzig gehöre seit seiner Zugehörigkeit zum Deutschen Orden, im Jahre 1309, wegen Nichtanerkennung des Zweiten Thorner Friedens (ebenfalls durch den Papst) auch nach 1466 zu Kaiser und Reich.[93]

---

89 Vgl. Schweisfurth, S.83 f.: *"Danzig was not incorporated into the territory of the Kingdom of Poland"*. Er schlägt vor, die Danzig/Polen-Beziehung zwischen 1454 und 1793 als *"a confederation with certain federal features"* zu definieren. So erklärten die alliierten und assoziierten Hauptmächte des I. Weltkrieges zur Begründung der Errichtung der Freien Stadt Danzig in ihrer Antwortnote vom 16.6.1919 u.a.: *"Es [Danzig] wird sich nun von neuem in der Lage befinden, die der während so vieler Jahrhunderte von ihm eingenommenen ähnlich ist"* (vgl. Anm.308). Bei der Begründung des Freistaates Danzig durch Napoleon sollte die Stadt im Frieden von Tilsit am 9.7.1807 *"in ihrer vorigen Unabhängigkeit unter dem Schutze der Könige von Preußen und Sachsen wiederhergestellt und nach den Gesetzen regiert werden, die sie zu der Zeit hatte, als sie aufhörte, sich selbst zu regieren"*, nämlich zur Zeit der Eingliederung in Preußen (vgl. Keyser aaO S.202; vgl. auch unten S.49. Nach Lingenberg, Danzig wird wieder preußisch, S.249, erlangte Danzig nach 1454 *"die Stellung einer nahezu autonomen Stadtrepublik"*.
90 Vgl. Keyser aaO S.79 f.
91 Vgl. Anm.36.
92 Vgl. S.35.
93 Vgl. Wermter, Die Reichsacht, S.75, 78, 88 ff, 94 f.

Gerichtshoheit (mehrmalige Vorladung zum Reichskammergericht[94]), Kriegshilfeforderungen und Reichssteuern wurden von Danzig und Elbing zurückgewiesen. Nach langwierigen Verhandlungen über die von Kaiser Maximilian I. am 5. Juni 1497 gegen Danzig und Elbing verhängte Reichsacht und über deren Vollziehung gelang es mit Unterstützung des polnischen Königs Sigismund I. in einem Interessenausgleich zwischen Habsburgern und Jagiellonen, den Kaiser beim Fürstentreffen in Wien im Juli 1515 zur Aufhebung der Reichsacht für seine Person und zu seinen Lebzeiten zu bewegen. Maximilian gab auch seinen Anspruch auf, weiterhin als Schützer des Deutschen Ordens aufzutreten.

Danzig stand somit auch nach dem Abfall vom Orden und seiner Verselbständigung noch in einer rechtlichen Beziehung zu Kaiser und Reich. Es hatte aber zum Kaiser und zur Krone Polen eine zurückhaltende Position, die es ihm gestattete, seine weitgehend unabhängige Stellung zu bewahren. Wie stark Danzig sich auch gegenüber dem Kaiser behaupten konnte, wird z.B. aus der Lässigkeit erkennbar, mit der mehrere große Hansestädte hinsichtlich der Exekution der gegen Danzig verhängten Reichsacht reagierten.[95] Gerade dieses Beispiel, in dem der polnische König Sigismund im Danziger Interesse intervenierte, zeigt aber auch, welche Vorteile Danzig aus seinen Bindungen an Kaiser und an die Krone Polen, die Beziehungen zwischen beiden geschickt ausnutzend, zu ziehen vermochte, um seine Privilegien zu stärken.

Am Ende des seit 1454 währenden 13-jährigen Krieges bestätigte sich die richtige Lageeinschätzung der Danziger, als sie vor der Unterstützung des polnischen Königs gegen den Orden warnten. Der Zweite Thorner Frieden vom 19. Oktober 1466 war ein polnisches Friedensdiktat, mit dem unter Teilung des Preußenlandes in das Königliche Preußen (Autonomie und Personalunion mit der Krone Polen) und den beim Orden verbleibenden Teil (Treueidbeziehung zum König von Polen, seit dem Frieden von Krakau vom 18.4. 1525 Herzogtum Preußen unter der Lehnshoheit des polnischen Königs und Billigung der Reformation) Pommerellen, das Kulmerland und das Marienburger Gebiet an die Krone Polen abgetreten und das Bistum Ermland ihrer Schirmherrschaft unterstellt wurde. Die Bestandskraft dieses Friedens wurde jedoch wegen fehlender Zustimmung der Ordensinstanzen in Deutschland und Livland von Kaiser und Papst bald in Zweifel gezogen.[96] Der Friedensvertrag war zwischen König Kasimir IV. von Polen und einem Hochmeister des Deutschen Ordens, Ludwig von Erlichshausen, geschlossen worden. Die erforderliche Beteiligung der Meister in Deutschland und Livland war unterlassen und die geltenden Rechtsbeziehungen nicht beachtet worden.

---

94   Danzig und Elbing hatten die Klage des Danziger Großkaufmanns, Thomas Jodeck, in einem Rechtsstreit um Ausfuhr und Beschlagnahme preußischen und polnischen Getreides zurückgewiesen und waren auf unmittelbare Anrufung des Reichskammergerichts dessen Ladung nicht nachgekommen (vgl. Wermter aaO S.88).
95   Vgl. Wermter aaO S.89 f.
96   Vgl. Neumeyer aaO S.182 ff.; a.A. bezüglich des Zustimmungserfordernisses des Kaisers, Boockmann aaO S.220, allerdings ohne nähere Begründung im Hinblick auf die vorangegangenen Beteiligungen des Kaisers. Wermter aaO schneidet diese Frage nicht an; Rhode aaO S.157 deutet nur spätere Einflußnahmen des Kaisers an; Schumacher S.137 spricht von Herauslösung aus dem Verband des Römischen Reiches; Vgl. auch Gornig aaO S.33 ff. mwN.

Ungeachtet der Unsicherheit bezüglich der Rechtsgültigkeit war neben Thorn und Elbing insbesondere die Stadt Danzig durch diese negativen Folgen nicht unmittelbar betroffen. Danzig war zwar im Friedensvertrag hinsichtlich der Übertragung des westlichen Preußens, später "Königliches Preußen" oder "Preußen königlich-polnischen Anteils" vom Deutschen Orden an die Krone Polen ausdrücklich aufgeführt. Die Stadt Danzig – seit der Loslösung vom Deutschen Orden immerhin eine eigene Rechtseinheit – war jedoch an dem Vertragschluß nicht beteiligt worden, übrigens auch nicht der Preußische Bund, so daß für eine Bindungswirkung des Vertrages zulasten Danzigs keine Grundlage bestand. Außerdem war die Sonderstellung der Stadtrepublik durch die verschiedenen Privilegien bereits gesichert.[97]

Die Ereignisse um 1454 und 1466 sind für das politische Schicksal Danzigs von herausragender Bedeutung gewesen. Es war den Danzigern gelungen, unter höchst gefährlichen äußeren Bedingungen in zutreffender Einschätzung ihres Ermessensspielraumes in sehr geschickten und weit vorausschauenden Entscheidungen für ihre Stadt die freiheitliche Stellung zu erringen, die sie in den folgenden Jahrhunderten im Ganzen erfolgreich zu behaupten vermochte. Diese weitgehend unabhängige staatsrechtliche Stellung[98] war in den folgenden über 300 Jahren jedoch nicht immer unangefochten. Danzig hat sie in ständigen Auseinandersetzungen mit den die Erweiterung ihrer Macht anstrebenden polnischen Königen und auch gegenüber anderen Herrschern immer wieder verfechten und durchsetzen müssen.

Das Auf und Nieder dieser Entwicklung, in der Danzig in den nächsten etwa 200 Jahren eine wirtschaftliche Blütezeit erlebte, kann hier nur angerissen werden. Neuerungsbestrebungen der Bürgerschaft und Reformationsbewegung führten 1525 zu revolutionären Erscheinungen. Der polnische König Sigismund rückte – diese Schwächesituation für seine Eroberungspläne ausnutzend und dem Ruf einiger entmachteter Ratsmitglieder folgend – 1526 mit ca achttausend Soldaten und seinem Beamtenstab auf Danzig vor, hielt strenges Strafgericht und erließ am 20. Juli 1526 die "Statuta Sigismundi" mit Änderungen der politischen und kirchlichen Verfassung.[99] Eine dritte Ordnung (die Hundertmänner) wurde eingeführt, die Verkündigung der protestantischen Lehre bei Todesstrafe untersagt.

Gleichwohl bestätigte der König am 21. Juli 1526 die früheren Privilegien. Das Verbot der neuen Lehre wurde gegen hohe Geldzahlungen an den König am 5. Juli 1557 wieder aufgehoben. Diese Zugeständnisse wurden nicht lange aufrechterhalten. Unterdrückungsmaßnahmen gegen Stadt und Reformation wurden immer stärker. Vor dem Eintreffen einer vom König eingesetzten Kommission, die angebliche Mißstände in Verfassung und Verwaltung zu untersuchen hatte, ließ der Rat am 29. Oktober 1568 die Stadt mit dem Vorwurf des Rechtsbruchs gegenüber den Privilegien Danzigs die Stadttore schließen und die Kommission unverrichteter Sache wieder abreisen.[100]

---

97 So im Ergebnis auch Wermter, Das Königliche Preußen, S.142 ff., 149 ff. (151).
98 Wermter aaO S.142 f. hält sie mit dem Status der deutschen Reichsstädte für vergleichbar.
99 Vgl. Keyser aaO S.89 ff.
100 Vgl. Keyser aaO S.98.

Nach Erlaß des Lubliner Dekrets vom 16. März 1569, einer Interpretation des Inkorporationsprivilegs von 1454, mit dem die Selbständigkeit der preußischen Stände unter Verletzung des Vertrages von 1454[101] beseitigt wurde (vom Königlichen Preußen wurde dieser Einverleibungsversuch allerdings nie anerkannt[102]), wandte sich König Sigismund II. August nun auch wieder gegen Danzig, um diesen im Hinblick auf seine Pläne stärksten Gegner zu isolieren.[103] Danziger Bürgermeister und Ratsherren wurden ohne Begründung verhaftet und zwei Jahre gefangengehalten. Die von einer neuen Kommission entworfene "Statuta Karnkowiana", die die Stadt in eine wirksamere Abhängigkeit von der Krone Polen bringen sollte, wurde zwar von König Sigismund II. August am 20. Juli 1570 zum Gesetz erhoben, kam allerdings nicht zur Durchführung. Die Danziger setzten sich nachhaltig zur Wehr. Der Rat verweigerte dem neugewählten König Stephan Bathory die Huldigung und beharrte auf vorheriger Bestätigung der Rechte der Stadt Danzig. Der König verhängte am 24. September 1576 über Danzig die Acht und rückte mit einem großen Heer gegen die stark befestigte Stadt. Nach ersten Kampfhandlungen wurde verhandelt, jedoch die Danziger Abgesandten widerrechtlich verhaftet. Der Rat verringerte die geforderten Geldzahlungen und brach die Verhandlungen ab. Am 11. Februar 1577 verhängte der König abermals die Acht und setzte die Danziger Gesandten für sieben Monate fest. Die Danziger setzten sich zur Wehr, zerstörten in ihrer Empörung das Kloster Oliva, dessen Abt sich königfreundlich verhalten hatte. Das polnische Heer besetzte die Halbinsel Hela. Die Danziger erlitten zunächst eine Niederlage bei Dirschau, verteidigten dann aber ihre belagerte Stadt erfolgreich und zwangen die Polen durch Ausfälle zum Abzug. Der Danzig-freundliche König Friedrich II. von Dänemark ließ eine dänische Flotte in die Danziger Bucht einlaufen und stellte dänische Soldaten zur Verfügung. Auch eine zweite polnische Belagerung mit 17.000 Mann mußte nach für Danzig siegreich verlaufenen Kämpfen[104], insbesondere bei der Festung Weichselmünde, am 6. September 1577 endgültig abgebrochen werden. Der König zog sich nach Marienburg zurück. Eine Danziger Flotte unternahm mit dänischer Unterstützung einen erfolgreichen Straf-Beutezug gegen die Stadt Elbing, die sich auf die Seite des Königs gestellt hatte.

Danzig hatte sich behauptet. Durch Vermittlung des Kurfürsten von Sachsen kam es am 12. September 1577 zum Friedensschluß. Gegen Geldzahlungen hob Stephan Bathory die Acht auf, bestätigte alle Privilegien und sicherte die Ausübung des protestantischen Bekenntnisses zu. In einem Pfahlgeldvertrag vom 26. Februar 1585 wurden die städtischen Rechte nochmals erhärtet. Der König, dem die Hälfte des Pfahlgeldes zugesprochen wurde, nahm die "Statuta Karnkowiana" zurück. Nachdem die Beziehungen zur Krone Polen befriedet und konsolidiert waren, erlebte Danzig, das um 1600 ca 50.000

---

101 Schon der Danziger Staatsrechtler und Historiker Gottfried Lengnich hatte seit 1716 und in seinen späteren Schriften – wie vor allem in "Polnische Bibliothek – zur polnischen und preußischen Historie" (1718 und 1719) unter Widerlegung polnischer Darstellungen die Rechtsunwirksamkeit des Lubliner Dekrets hervorgehoben und nachgewiesen, daß 1454 mit dem sog. "Inkorporationsprivileg" keine Einverleibung in Polen stattgefunden habe (vgl. Neumeyer aaO S.284 f. mwN.).
102 Vgl. Neumeyer aaO S.220 ff.
103 Vgl. Neumeyer aaO S.233.
104 Vgl. Böttcher, Johann Rist und die Stadt Danzig, S.17 f.

Einwohner zählte, unter Ausnutzung des polnischen Hinterlandes und vor allem in seinen Außenhandelsverbindungen mit den Hansestädten einen beachtenswerten wirtschaftlichen und kulturellen Aufschwung und entwickelte sich zu einer sehr mächtigen, angesehenen und souveränen Stadt.

Danzig pflegte Handelsbeziehungen nicht nur mit den östlichen und nördlichen Ländern, sondern auch mit englischen, niederländischen, spanischen, portugiesischen, italienischen und französischen Städten. Heinrich IV. errichtete 1610 ein französisches Konsulat in Danzig.[105] Der enge Berater und Finanzminister Heinrichs IV., der Hugenotte Freiherr von Rosny und spätere Herzog von Sully (1560-1641), wies der Stadt Danzig in seinem für die damaligen Verhältnisse bemerkenswert vorausblickenden Plan zur Organisation Europas und zur Durchführung eines ewigen Friedens eine zentrale Funktion zu.[106] In der von Heinrich IV. (1589-1610 König von Frankreich und Navarra) auf Vorschlag von Sully gedachten Staaten-Konföderation unter dem Heiligen Römischen Reich Deutscher Nation sollte Danzig für die nordöstlichen Reiche Sitz eines der sechs Provinzialen Räte eines Europa-Rates werden, der neben einem Allgemeinen Rat als Organ dieser christlichen Republik von Europa geplant war. Sullys Memoiren, die diesen im Hinblick auf die Überwindung künftiger nationalstaatlicher Ideen visionären Plan enthielten, wurden im Jahre 1638 im Schlosse zu Sully und der zweite Teil 21 Jahre nach Sullys Tod, im Jahre 1662 in Paris veröffentlicht.[107]

Diese Aufwärtsentwicklung wurde durch die seit Ende des 16. Jahrhunderts beginnenden kriegerischen Auseinandersetzungen zwischen Schweden und Polen beeinträchtigt, in die Danzig hineingezogen wurde. Anlaß waren Erbfolgestreitigkeiten zwischen dem polnischen und schwedischen Königshause (1592) sowie Gegensätze des christlichen Glaubens. Die reformierten Schweden wehrten sich gegen einen katholischen König aus Polen. Dieser königliche Verwandtenkrieg mit epochaler Ausweitung stellte auch die Abwehrkraft der Stadt Danzig wiederholt auf die Probe. Danzig bestand diese Herausforderung dank seines ausgeprägten Selbstbehauptungswillens, seiner starken Befestigungsanlagen und seines Ansehens bei Bundesgenossen, die es geschickt zu nutzen verstand. Die Stadt war gleichwohl erheblichen Belastungen ausgesetzt.

In der Absicht, Polen von der Ostsee abzuschneiden und selbst Einfluß in diesem Ostseeraum zu gewinnen, rückte Gustav Adolf, der am 5. Juli 1626 in Ostpreußen gelandet war[108], im August gegen Danzig vor, das mit diplomatischer Rücksicht auf Polen ein Eindringen schwedischer Truppen in Danziger Hoheitsgebiet zu verhindern suchte. Mit Hilfe einer in die Danziger Bucht eingelaufenen schwedischen Flotte sowie von Stützpunkten um Danzig herum sperrten die Schweden den Danziger Hafen und behinderten den Seehandel. Auf eine Belagerung der stark befestigten Stadt ließen sie es nicht ankommen. Nach einem schwedisch-polnischen Waffenstillstand vom 26. September 1629 zu Altmark bei Stuhm hielten sie indessen die Frische Nehrung östlich Steegen noch

---

105 Vgl. Keyser aaO S.112 f.
106 Vgl. Burckhardt, Sullys Plan einer Europaordnung, S.14 ff.; Böttcher aaO S.21.
107 Vgl. Burckhardt aaO S.22.
108 Beginn des ersten schwedisch-polnischen Krieges (1626-1635).

besetzt. Brandenburg, das an der Verbindung zu dem 1618 erworbenen Herzogtum Preußen interessiert war, behielt seine Truppen im Großen Werder, in Marienburg, Stuhm und auf dem "Danziger Haupt" (Schanze am Trennungspunkt von Danziger und Elbinger Weichsel). Danzig verhinderte im Neutralitätsvertrag mit dem schwedischen König von 28. Februar 1630 zu Tiegenhof, daß die Schweden sich in ihrer Stadt festsetzten. Für die Frage der Unabhängigkeit Danzigs war bemerkenswert, daß Schweden und Danzig die Krone Polen nicht beteiligten, und daß die Ausrüstung polnischer Kriegsschiffe im Danziger Hafen nicht zugelassen wurde.[109]

Einem weiteren am 9. September 1635 zu Stuhmsdorf geschlossenen Waffenstillstand folgte 20 Jahre später, 1655, erneut ein schwedischer Angriff gegen das von Zwistigkeiten stark geschwächte Polen, diesmal aus Pommern, nachdem der polnische König Johann Kasimir dem schwedischen König Karl X. Gustav die Anerkennung versagt hatte.[110] Danzig vermochte sich zwischen den verschiedenen Kräften – Schweden, Polen, Brandenburgern – durchzulavieren und verweigerte sich angesichts der vor dem Hafen ankernden schwedischen Flotte auch dem Großen Kurfürsten von Brandenburg, dem ein kurzer Aufenthalt ohne Truppen in der Stadt gewährt wurde, für ein gegen Schweden gerichtetes Bündnis mit dem Herzogtum Preußen und dem Königlichen Preußen.

Trotz der neutralen Haltung Danzigs richteten sich die Aktivitäten der Schweden auch gegen die Stadt Danzig. Eine Belagerung Danzigs wurde wiederum verhindert. Die Danziger kämpften erfolgreich und konnten diesmal auch die in der inneren Danziger Bucht, am Putziger Wiek gelegene Stadt Putzig halten. Vor einer niederländischen Flotte und dänischen Kriegsschiffen mußten die Schweden 1656 aus der Danziger Bucht weichen. 1659 gelang es den Danzigern, die Schweden zur Übergabe der letzten von ihnen noch gehaltenen Schanze, des Danziger Hauptes, zu zwingen. Der Tod des deutschen Schwedenkönigs Karl X. Gustav im Frühjahr 1660 brachte die Einstellung der Kampfhandlungen.

Danzig, das sich 83 Jahre vorher (1577) noch gegen den kriegerischen Angriff des polnischen Königs siegreich verteidigt hatte, kämpfte nun auf der gleichen Seite wie der polnische König, nachdem dieser die eigenständige Stellung Danzigs erneut anerkannt hatte. Die Stadt hatte sich jahrelang mit Mühe gegen die schwedischen Belagerer gewehrt, die ihre Angriffe von Oliva aus vortrugen, das sie besetzt hatten. In Oliva wurde dann am 3. Mai 1660 auch der Friede geschlossen, in dcm der König von Polen gegenüber dem Großen Kurfürsten auf seine Lehnshoheit über das Herzogtum Preußen (das ehemalige Ordensland) endgültig verzichtete[111], die 1525 im Frieden von Krakau begründet worden war.[112] Außerdem erhielt die Krone Polen abermals – nun von den

---

109 Vgl. Keyser aaO S.127.
110 Beginn des zweiten schwedisch-polnischen Krieges (1655-1660).
111 Die Souveränität Preußens wurde von den großen europäischen Mächten anerkannt (vgl. Gornig aaO S.41).
112 1618 Übergang des Herzogtums Preußen durch Erbfolge auf die brandenburgischen Hohenzollern; 1641 Belehnung des Großen Kurfürsten Friedrich Wilhelm von Brandenburg; im Vertrag von Labiau vom 10.11.1656: Aufhebung der Lehnshoheit durch Schwedenkönig Karl Gustav und Gewährung der vollen Souveränität über das Herzogtum Preußen an den Kurfürsten von Brandenburg; nach dessen Frontenwechsel Bestätigung dieses Souveränitätswechsels durch den polnischen König im Vertrag von

Schweden – die Schirmherrschaft über Westpreußen, die sie 1466 im Zweiten Thorner Frieden vom Deutschen Orden übernommen hatte. Für die Rechtslage der Stadtrepublik Danzig ergab sich keine Veränderung.

Innere Glaubens- und Verfassungskämpfe in Danzig führten zwar erneut zu Eingriffsversuchen der Krone Polen, konnten jedoch durch Einsatz finanzieller Bewilligungen nach Verhandlungen mit König Johann Sobieski abgewehrt werden, deren Ergebnisse sich im "Decretum Johannis III." vom 12. Februar 1678 niederschlugen.[113]

Der seit Mitte des 17. Jahrhunderts beginnende allmähliche Niedergang Polens, der sich im 18. Jahrhundert verstärkte, hatte auch für Danzig schwerwiegende Folgen. Im Nordischen Krieg (1700-1721) gelang es zunächst nochmals den Schweden, ihre Eroberungen in Livland gegen Polen zu verteidigen. Siegreich bekämpfte der junge schwedische König Karl. XII. Dänemark, den russischen Zaren Peter und den König von Polen August II. Kurfürst von Sachsen. Die schwedische Großmachtstellung endete nach der Niederlage gegen die Russen mit dem Frieden von Nystad (1721). Danzig stand immer wieder im Brennpunkt der Auseinandersetzungen mit allen beteiligten europäischen Großmächten, die an der Neutralität der Stadt wegen der Bedeutung für den Handel ihrer Staaten in hohem Maße interessiert waren. Dank ihrer militärischen Stärke und ihres Reichtums konnte die Stadt Danzig sich letztlich behaupten. Sie wurde aber infolge der geschwächten Stellung ihres polnischen Schutzherrn immer mehr isoliert und zum Spielball der Mächte. Wiederholt wurde die Stadt ernsthaft bedroht; wiederholt konnte sie sich nur durch hohe Geldleistungen retten. Ihre Lebensfähigkeit als unabhängige Stadtrepublik sank. Der Vormachtstellung des aufstrebenden Preußen[114] konnte Danzig sich auf die Dauer nicht widersetzen.

1703 und 1704 entging die Stadt nur mit Mühe schwedischen Belagerungen. Mit Preußen unterzeichnete Danzig am 28. August 1704 einen geheimen Schutzvertrag (militärische und diplomatische Schutzverpflichtung Preußens), der die Schutzbeziehung zur Krone Polen unberührt ließ.[115] Der Plan einer Konvention der vier Mächte England, Dänemark, Holland und Preußen für eine gemeinsame militärische Besatzung zum Schutze Danzigs, der Danzig am 3. Oktober 1704 vertraglich zustimmte, wurde, wie auch der inzwischen bekanntgewordene preußische geheime Schutzvertrag, nicht verwirklicht.

Nach dem Sieg des Zaren Peter bei Poltawa 1709 rückte August II. "der Starke" wieder in Polen ein und vertrieb den von den Schweden eingesetzten Gegenkönig Stanysław Leszczyński. Danzig entging dem gewaltsamen Durchmarsch fremder Truppen, verlor

---

Wehlau vom 19.9.1657, im Frieden von Oliva vom 3.5.1660 endgültig bestätigt (vgl. Heinrich S.74 ff.; Neumeyer aaO S.250 ff.; Gornig, Der Rechtsstatus des nördlichen Ostpreußen, S.137 Anm.2 mwN.).
113 Vgl. Keyser aaO S.142.
114 Der Kurfürst von Brandenburg Friedrich III. krönte sich für den Bereich des Herzogtums Preußen mit Billigung des Kaisers Leopold I. am 18. Januar 1701 in Königsberg zum *"König in Preußen"* – als König Friedrich I. (vgl. im einzelnen Gornig, Das nördliche Ostpreußen, S.44 f.).
115 Vgl. hierzu und zu den diplomatischen Aktivitäten, Keyser aaO S.154 ff.

aber durch die Pest 25.000 Menschen. 1716/17 konnten Begehrlichkeiten von Zar Peter und von Polen durch Geldleistungen abgewendet werden. Stanysław Leszczyński, der nach dem Tode Augusts des Starken 1733 erneut zum polnischen König gewählt, jedoch von dem auf Betreiben Rußlands und Österreichs am 17. Januar 1734 zum Gegenkönig erhobenen Sohn Augusts II., August III. (Kurfürst Friedrich August von Sachsen), verfolgt wurde, fand 1734 Zuflucht in der Stadt Danzig, die eine dreimonatige Belagerung durch russische und sächsische Truppen in Kauf nahm. Leszczyński floh aus der schwer angeschlagenen und unterwerfungsbereiten Stadt, die aber wiederum durch Geldleistungen, an August III. und die russische Zarin, einen Ausweg fand. Auf der Seite der Danziger standen Franzosen, Polen und Schweden gegen Russen und Sachsen. Auch eine französische Flotte hatte den Verlust der Festung Weichselmünde nicht verhindern können. Neue Überlegungen von Bürgerschaft und Rat der Stadt Danzig, sich angesichts der wachsenden Übermacht Rußlands dem Schutz des Preußenkönigs zu unterstellen, wurden vorerst zurückgestellt. Es war abermals deutlich geworden, daß die Krone Polen nicht mehr in der Lage war, wirksamen Schutz gegen die wachsende Bedrohung der europäischen Staaten zu bieten, die um die Vorherrschaft im Osten rangen. Vielmehr versuchte der polnische König – innerpolitische Auseinandersetzungen zwischen dem Danziger Rat und der dritten Ordnung ausnutzend – nochmals, in die innere Verfassung der Stadt zugunsten der Dritten Ordnung einzugreifen und damit die Privilegien zu beschneiden. Diese Bestrebungen, die Unabhängigkeit der Stadtrepublik einzuschränken, konnten sich jedoch wegen des zunehmenden Verfalls der staatstragenden Kräfte Polens, insbesondere der Spaltung des Adels und der Schwächung der seit 1573 bestehenden Wahlmonarchie und somit des Ansehens der Krone, nicht mehr auswirken. Die Stadt hatte finanziell und wirtschaftlich große Einbußen erlitten und war im Kräftespiel der Mächte und in ihrer geschwächten Lage kaum noch fähig, ihre alte eigenständige Stellung aufrechtzuerhalten.

Die wachsende Anarchie Polens[116], die sich vor allem in zunehmenden fanatischen Verfolgungen von Protestanten und griechisch-orthodoxen Christen auswirkte[117], führte zu Verhandlungen zwischen Rußland, Preußen und Österreich über die aus dieser Lage zu ziehenden Konsequenzen. Weitere Auslösungsfaktoren für diese ausweglose Lage in Polen waren die nach dem Tode Augusts III. von der russischen Zarin Katharina II. durchgesetzte Wahl ihres Günstlings Stanysław August Poniatowski zum polnischen König, der des gespaltenen und zerstrittenen Adels und der vierjährigen bürgerkriegsähnlichen Zustände nicht Herr wurde, und die aus dem Niedergang Polens erwachsenden Gefährdungen für die Sicherheit der Nachbarstaaten.

---

116 Vgl. Rhode aaO S.306 ff.; Broszat S.33 ff.; Freund Sp.423 ff.; Heinrich S.222 ff.; Keyser aaO S.171; Mast, Zweite Teilung, S.243; vgl. auch Friedrich II. in seinem Zweiten Politischen Testament von 1768, in: Volz S.45 f., 74, 178, 199, 222.

117 Die widerrechtlichen Hinrichtungen von Glaubensgegnern, das *"Thorner Blutgericht"* vom 7.12.1724, hatten in der europäischen Welt bereits abschreckend gewirkt.

4. Danzig und Preußen (1793-1807)

Die ersten Schritte, die zu territorialen Veränderungen für Polen führten, wurden durch Österreich[118], dann durch Rußland eingeleitet. Preußen[119] folgte, konnte einen österreichisch-russischen Krieg verhindern. Mit seiner Einflußnahme auf die verworrene und unsichere Lage in Polen verband Friedrich der Große seinen Plan, eine Verbindung zwischen Pommern und dem östlichen Preußen zu schaffen.[120] Am 7. September 1767 hatten die Preußischen Stände mit Hilfe der russischen Zarin beschlossen, ihre alte verbriefte Unabhängigkeit gegenüber Polen wiederherzustellen.

In der Petersburger Konvention vom 7. Januar 1772 zwischen Preußen und Rußland, die durch einen am 5. August 1772 mit Österreich geschlossenen Vertrag ergänzt wurde[121], nahm Preußen, mit dem "Königlichen Preußen"und dem Ermland, Gebiet mit weit überwiegend deutscher Bevölkerung[122] in Besitz[123], das Polen – angefochtenerweise[124] – 1454/66 und 1569 mit der Krone Polen verbunden hatte. Die rechtliche Begründung für diese Eingliederung[125], die im wesentlichen auf die nicht anerkannten polnischen Eroberungen von Gebieten des Deutschen Ordens zurückzuführen war[126], ist aus heutiger Sicht kritisch zu beurteilen[127], weil der Deutsche Ordensstaat nicht mit dem Preußischen Staat identisch war. Auch der Orden hatte sich 1309 Pommerellen, allerdings auf der Grundlage von Vereinbarungen, gewaltsam einverleibt. Immerhin war diese ohne Widerstand vollzogene preußische Besetzung, die von den Großmächten Frankreich und England mitgetragen wurde, ein Akt, der unter Berücksichtigung der Fragwürdig-

---

118 Vgl. Rhode aaO S.312.
119 Die Entscheidungen Preußens standen unter dem Eindruck der Gegnerschaft und des Mißtrauens gegenüber Österreich und der ständigen Sorge vor dem Expansionsdrang Rußlands (vgl. das Politische Testament Friedrichs des Großen vom 9. Mai 1782 "Considération sur l'état politique de l'Europe", in: Volz S.246 ff.).
120 Vgl. die Ausführungen Friedrichs II. in seinem Ersten politischen Testament vom Frühjahr und Sommer 1752, in dem er die Trennung von Preußen und Pommern durch das Königliche Preußen in der Hand des im Wahlkönigtum gefährdeten Polen als schwachen Punkt sieht (vgl. Volz S.40, 63) und insbesondere eine Besetzung des Hafens von Danzig durch Rußland befürchtet. Er befürwortet indessen eine friedliche Lösung und will mit Rücksicht auf die Betroffenheiten Polens, das sein gesamtes Getreide über die Weichsel und Danzig ausführt, die Lösung der Danziger Frage bis zuletzt zurückstellen (vgl. Volz S.63 f.); vgl. auch im Zweiten Politischen Testament vom Herbst 1768 (Volz S.193 f., 199, 219). In diesem Testament hebt Friedrich II. auch die Bedeutung des Besitzes von Danzig für die Beherrschung Polens hervor (Volz S.213). Am 31.1.1771 schreibt Friedrich II. an den in seinem Auftrag nach Petersburg gereisten Prinzen Heinrich: *"Polnisch-Preußen würde die Mühe lohnen, selbst wenn Danzig nicht inbegriffen wäre. Denn wir hätten die Weichsel und die freie Verbindung mit dem Königreiche, was eine wichtige Sache sein würde."* (zit. bei Gornig aaO S.46 Anm.213 mwN.).
121 Am 30.9.1773 im polnischen Reichstag ratifiziert (vgl. Rhode aaO S.314).
122 Vgl. Rhode aaO S.313.
123 4,8 % der damaligen Fläche von Polen-Litauen, Österreich 11 %, Rußland 12,3 % (vgl. Neumeyer aaO S.293). Neben dem früheren Ordensgebiet gliederte Friedrich II. den südlicher gelegenen "Netzedistrikt" (Landstreifen beiderseits der Netze) ein.
124 Vgl. S.34 ff.
125 Im *"Besitzergreifungspatent"* vom 13.9.1772 leitete der Preußenkönig seine Ansprüche aus erbrechtlichen Folgen nach dem Aussterben des pommerellischen Herzoghauses (1294) her.
126 Vgl. im einzelnen Neumeyer aaO S.295.
127 Vgl. Neumeyer aaO S.294 f.; vgl. auch Rhode aaO S.306 ff.

keit der seinerzeitigen Inkorporation von Gebieten des Deutschen Ordens durch den polnischen König und des desolaten Zustandes in Polen zu einer für die betroffenen Menschen und den Schutz ihrer gefährdeten Kultur und ihrer religiösen Toleranz vertretbaren Lösung geführt hat. Machtpolitisch war die Besetzung dieser Randgebiete Polens ein damals üblicher und durchaus schlüssiger Akt der Sicherheitspolitik gegenüber dem seit Peter dem Großen immer mächtiger werdenden und nach Westen drängenden Zarenreich, dessen eigentliches Bestreben es war, ganz Polen seinem Einfluß zu unterwerfen.[128]

Danzig war ein signifikantes Beispiel für die russischen Bestrebungen. Die russische Zarin Katharina II. verhinderte eine Einigung mit Preußen über Danzig. Sie ließ auch nicht zu, daß Danzig, von der Schutzverbindung mit der Krone Polen gelöst, als freie Stadt weiterbestand. Friedrich der Große nahm aber das Gebiet um Danzig in Besitz, einschließlich des Hafengeländes an der Weichselmündung mit Neufahrwasser und der östlich des 1696 geschaffenen neuen Fahrwassers gelegenen seit 1685 durch Anschwemmungen und Aufschüttungen aus zwei kleinen Inseln entstandenen Halbinsel "Westerplatte".[129] Jahrelange Streitigkeiten mit der preußischen Regierung um die Nutzungsrechte im Danziger Hafen waren die Folge, in denen die Stadt Danzig sich nicht durchzusetzen vermochte. Auch der polnische König ließ Danzig im Stich, machte sogar den Vorschlag, die Stadt an Preußen zu verkaufen, was allerdings gegen russischen Widerstand nicht verwirklicht wurde. Rechtlich wäre es im übrigen problematisch gewesen, weil Danzig nicht zum polnischen Staatsgebiet gehörte. Wirtschaftlich immer mehr isoliert und geknebelt setzten sich allmählich die Kräfte durch, die einen Rückhalt bei der Krone Polen nicht mehr erwarteten und die eine Zukunftslösung nur noch im Anschluß an Preußen sahen.

Unter Führung des Danziger Reeders Franz Gottfried von Rottenburg, mit Georg Tönniges und Christian Heinrich Trosiner – Vater von Johanna Schopenhauer – bildete sich eine preußische Bewegung, die am 24. Januar 1788 in der Dritten Ordnung den Antrag einbrachte, den Anschluß an Preußen vorzubereiten.[130] Dieser Gedanke fand auch in Polen Anklang, das sich den Schutz des Preußischen Königs gegen Rußland erhoffte.[131] Der Rat der Stadt Danzig lehnte diese Pläne ab. An den europäischen Höfen wurde über eine Aufteilung Polens und über den Anschluß der Städte Danzig und Thorn an Preußen verhandelt. Äußerer Anlaß für diese Entwicklung waren mehrere polnische Entscheidungen, die insbesondere den Plänen der russischen Zarin zuwiderliefen, so die Verstärkung des Heeres 1788, die Verkündung der polnischen Verfassung durch Reichstagsbeschluß vom 3. Mai 1791, die Aufhebung des Wahlkönigtums und Wiederherstellung der Personalunion zwischen der polnischen und sächsischen Krone.

---

128 Vgl. Broszat S.45, 50, dessen weitere Ausführungen über die angebliche preußische Eroberungspolitik (S.43 ff.) allerdings in einem schwer nachvollziehbaren Widerspruch zu diesen Feststellungen stehen; vgl. auch Friedrich der Große in seinen Politischen Testamenten von 1752 und 1768, in: Volz S.42, 46, 50, 58, 197, 209 f., 222.
129 Vgl. zu den daraus entstehenden Zoll- und Handelsstreitigkeiten mit Danzig Friedrich II. im Politischen Testament vom 9.5.1782, in: Volz S.247.
130 Vgl. Keyser aaO S.180.
131 Vgl. Keyser aaO S.181.

Im Mai 1792 wurde das polnische Heer von russischen Truppen, von polnischer verfassungsfeindlicher Bewegung unterstützt, am Bug geschlagen. Rußland und Preußen einigten sich im Vertrag von Petersburg vom 23. Januar 1793, auf Verlangen Rußlands ohne Beteiligung Österreichs, auf Eingliederung weiterer Gebiete Polens.[132] Die Zarin, die 1767 noch die Aufrechterhaltung der Selbständigkeit der Stadt Danzig verbürgt hatte[133], gab auch ihren Widerstand gegen eine Eingliederung Danzigs und Thorns in Preußen auf.

Danzig sträubte sich jedoch zunächst noch gegen einen Anschluß an Preußen und wünschte seine unabhängige Stellung zu erhalten. Entscheidend für seine Umorientierung war schließlich die Erkenntnis, daß die Schutzbeziehung zur Krone Polen ihre Wirkung und ihre Bedeutung für die weitere Lebens- und Entwicklungsfähigkeit der Stadtrepublik Danzig verloren hatte, und daß unter dem wachsenden Druck der Danzig umgebenden preußischen Gebiete die Existenzgrundlagen der Stadt nicht mehr sicherzustellen waren. Der von König Friedrich Wilhelm II. von Preußen erwogene Plan einer militärischen Gewaltlösung wurde mit Rücksicht auf die starke Festung Danzig aufgegeben. In den sich anschließenden Verhandlungen setzten sich in Danzig letztendlich die Kräfte durch, die das Fortleben eigenständiger Stadtrepubliken inmitten der sich entwickelnden europäischen Staatenwelt nicht mehr für aussichtsreich hielten.

Der Anschluß kam zustande. Am 11. März 1793 beschlossen Rat und Bürgerschaft die Angliederung der Stadt an Preußen. Unter diesen Umständen ist die häufig zu lesende und immer wieder übernommene Sprachregelung, Danzig sei durch die Zweite Teilung Polens im Petersburger Vertrag vom 23. Januar 1793 zu Preußen gekommen oder gar von Polen an Preußen abgetreten worden[134], nicht zutreffend. In diesem Vertrag wurden sich zwar Rußland und Preußen einig, daß Rußland einem Anschluß Danzigs an Preußen nicht mehr widersprechen werde. Da die Stadtrepublik Danzig aber nicht Teil des polnischen Staates war, bedurfte es zum wirksamen Anschluß ihrer eigenen Entscheidung, die sie auch getroffen hat. Mit diesem Beschluß, dessen Wirksamkeit nicht mit dem Hinweis auf die machtpolitische Überlegenheit Preußens in Zweifel gezogen wurde, endete die Schutzbeziehung zum König von Polen, die dieser ohnehin nicht mehr ausübte und nicht mehr auszuüben gedachte, was er mit seinem Vorschlag zum Verkauf Danzigs an Preußen auch zum Ausdruck gebracht hatte. Nach Überwindung einiger innerer Unruhen rückten am 4. April preußische Truppen ohne Störungen, vereinbarungsgemäß in die Stadt ein. Die feierliche Huldigung vor Vertretern des preußischen Königs durch Danzig

---

132 Am 23.9.1793 unter dem Druck der russischen Truppen vom polnischen Reichstag in Grodno bestätigt (vgl. Meyer S.55; vgl. auch Rhode aaO S.323).
133 Vgl. Keyser aaO S.176.
134 Vgl. u.a. Boockmann, Ostpreußen und Westpreußen, S.323, 332, der gar von Annexion Danzigs durch Preußen spricht; Broszat S.61; Rhode aaO S.323; Keyser aaO S.181 f.; Meyer S.55; Heinrich S.263; Schumacher S.225 f. Auch Mast, Zweite Teilung Polens, S.243 und 244, spricht von Abtretung Danzigs durch Polen an Preußen. Vgl. dagegen die etwas vorsichtigere Formulierung bei Mast, Kleine Geschichte West- und Ostpreußens, S.7: "Als Folge der Zweiten Teilung Polens...wurde Westpreußen um Danzig und Thorn vervollständigt, ..."; zutreffende Darstellung bei Neumeyer aaO S.319 ff.

und Thorn fand am 7. Mai im Rathaus statt. Danzig wurde in das preußische Verwaltungssystem integriert und für die nächsten fast 14 Jahre, bis zur französischen Besetzung, preußische Stadt, deren Wirtschaft neuen Auftrieb erhielt.

Der polnische Aufstand im Jahre 1794, der siegreiche Vormarsch russischer Truppen und der Untergang des Polnischen Reiches durch russisch-österreichischen Vertrag vom 3. Januar 1795, dem sich Preußen am 25. Oktober 1795 anschloß, berührte Danzig nicht mehr unmittelbar.

5. *Danzig als "Freistaat" unter französischer Besetzung (1807-1814)*

Mit dem Vormarsch Napoleons nach Osten standen ab 10. März 1807 französische Truppen vor Danzig. Die Belagerung dauerte bis zum 21. Mai. Nach zunächst erfolgreicher Verteidigung mußte der preußische Feldmarschall von Kalckreuth die Stadt übergeben. Im Frieden zu Tilsit vom 9. Juli 1807 wurde Danzig von Preußen abgetrennt und zum "Freistaat" erhoben.[135] Die Stadt sollte in der *"Unabhängigkeit" "wiederhergestellt und nach den Gesetzen regiert werden, die sie zu der Zeit hatte, als sie aufhörte, sich selbst zu regieren"*.[136] Die alte Verfassung wurde wieder eingeführt, wobei der Rat nun die Bezeichnung "Senat" erhielt. Die Stadt wurde mit dem Territorium der ehemaligen Stadtrepublik und mit eigener Militäreinheit[137] unter den Schutz der Könige von Preußen und Sachsen gestellt. Die Schaffung dieses Rechtssystems ist aufschlußreich, weil es Rückschlüsse auf die Unabhängigkeit Danzigs in der Zeit seiner Verbindung mit der Krone Polen wie auch später als "Freie Stadt Danzig" unter der Schutzbeziehung zu den Alliierten und dem Völkerbund zuläßt. Napoleon wies mit dieser Souveränitätslösung polnische Ansprüche zurück und suchte zugleich, zu weitgehenden preußischen Einflüssen entgegenzusteuern.[138]

Der mit der Schutzpflicht beauftragte König Friedrich August von Sachsen wurde in Personalunion Oberhaupt des Herzogtums Warschau, das Napoleon aus den preußischen Gebietsgewinnen von 1793 und 1795 und etwas später zusätzlich aus dem 1795 von Österreich einverleibten Westgalizien als neuen polnischen Staat bildete. Diese Konstruktion einer Schutzbeziehung weist eine gewisse Anlehnung an frühere Schutzverbindungen Danzigs auf. Allerdings wurde Friedrich August von Sachsen diese Auf-

---

135 Preußen mußte seine Erwerbungen von 1793 und 1795 und den Netzedistrikt wieder abtreten (vgl. bezüglich der weiteren territorialen Auswirkungen für Preußen auch Gornig, Das nördliche Ostpreußen, S.49f.).
136 Vgl. Keyser aaO S.202.
137 Vgl. Hahlweg aaO.
138 Vgl. Neumeyer aaO S.338. Der Vormarsch richtete sich zunächst hauptsächlich gegen Preußen, später, 1812, gegen Rußland, das die gegen England gezielte Kontinentalsperre nicht unterstützte. Napoleon, der ursprünglich das Königreich Polen wiedererrichten wollte, nahm dann mit Rücksicht auf den Zaren Alexander I. von Rußland, der ein Polen unter seinem Einfluß wünschte, von dieser Planung Abstand. Dem Wunsch des Zaren, Preußen und Danzig zugunsten Rußlands zu räumen und sich vertraglich gegen eine Wiedererrichtung des polnischen Staates festzulegen, gab Napoleon nicht nach (vgl. Caulaincourt, S.17 ff., 21 Anm.1, 22 ff.), obgleich er sich letztlich gegen die Widerherstellung eines Königreichs Polen ausgesprochen hat (vgl. ebda. S.21, 27).

gabe nicht in seiner Eigenschaft als Herzog des polnischen Staates, sondern als König von Sachsen übertragen. Anzumerken ist jedoch der auch im Hinblick auf die heutige Lage noch bemerkenswerte Versuch, die betroffenen und an der Danziger Frage interessierten Mächte Preußen, Polen und Sachsen in eine gemeinsame Verantwortung einzubinden, deren vertraglich festgelegter übergeordneter Träger die Siegermacht Frankreich war.

In der Anwendung blieb es freilich bei der französischen Besatzung, die unter Führung eines französischen Gouverneurs, des Generals Jean Rapp, eine Zeit unsäglicher Leiden und Unterdrückungen für die Danziger zur Folge hatte. Hinzu kamen die negativen Auswirkungen der gegen England gerichteten Kontinentalsperre.[139] Die Einwohnerzahl ging auffällig zurück (1810 ca 31.000, 1650 77.000).[140] Nach dem Rückzug der Franzosen aus Rußland wurde Danzig ab Anfang 1813 von russischen Truppen belagert. Starke Zerstörungen und Verwüstungen waren die Folge. Am 2. Januar 1814 wurde die Stadt nach 6 1/2-jähriger Besatzung von den Franzosen geräumt.

6. Danzig und Preußen/Deutsches Reich (1814-1920)

Rußland, Österreich und Preußen vereinbarten im Vertrag zu Reichenbach vom 27. Juni 1813 die Rückgliederung Danzigs an Preußen. Der Danziger Senat unterstützte letztlich diese Konzeption als die einzig vertretbare. Die Übernahme der Stadt durch die preußische Verwaltung zog sich aber wegen russischer Bestrebungen, Danzig als wichtigen Handelsplatz zu erwerben oder unter Sicherung russischen Einflusses zumindest als Freistaat bestehen zu lassen, bis zum 19. Februar 1814 hin (feierliche Übernahme der Stadt durch die preußische Verwaltung).

Mit der Wiener Kongreßakte vom 9. Juni 1815 wurde Polen wieder aufgeteilt. Das Herzogtum Warschau wurde als Königreich Polen (Kongreß-Polen) zum großen Teil von Rußland, der Westen als Großherzogtum Posen, von Preußen übernommen.[141] Kaiser Alexander I. von Rußland nahm selbst den zusätzlichen Titel eines Königs von Polen an. Krakau wurde als "Freie Stadt" dem gemeinsamen Schutz von Rußland, Österreich und Preußen unterstellt.[142]

Für Danzig ergab sich durch den Wiener Kongreß keine Veränderung. Bis zum Inkrafttreten des Versailler Vertrages am 10. Januar 1920 gehörte die Stadt zunächst zu Preußen, später zum Deutschen Reich. Da Danzig mit Westpreußen außerhalb der Grenzen

---

139 Vgl. Anm.138.
140 Vgl. Keyser aaO S.179, 209.
141 Rußland erhielt den größten Teil der preußischen Gebietsgewinne von 1793 und alle Erwerbungen Preußens und Österreichs von 1795. Zum Territorialbestand Preußens kam u.a. neben der Rückgabe Westpreußens von 1772, des Ermlandes und Danzigs, Thorn, das Kulmer Ländchen und Posen hinzu.
142 Vom ehemaligen polnischen Staatsgebiet erhielten Rußland 82 %, Österreich 10 % und Preußen 8 %, einschließlich Westpreußens, das zur Krone Polen und nicht zum polnischen Staatsgebiet gehört hatte (vgl. Neumeyer aaO S.357).

des 1806 aufgelösten "Heiligen Römischen Reiches Deutscher Nation"[143] lag, wurde die Stadt nicht Bestandteil des im Wiener Kongreß errichteten Deutschen Bundes.[144] Mit der Verwaltungsreform vom 30. April 1815 wurde für die Provinz Westpreußen mit den Regierungsbezirken Danzig und Marienwerder ein Oberpräsident eingesetzt, der seinen Amtssitz in Danzig hatte. Ab 1824 wurden die Provinzen Ost- und Westpreußen in Personalunion von dem nach Königsberg wechselnden Oberpräsidenten Heinrich Theodor von Schön[145] regiert. Seit 3. Dezember 1829 waren Ost-und Westpreußen zu einer Provinz "Preußen" vereinigt, die seit 11. April 1848 zum Deutschen Bund gehörte.[146] Bereits am 3. Oktober 1851 wurde jedoch auf Grund des mit Rußland und Österreich geschlossenen Vertrages von Olmütz vom November 1850 der alte Bundestag wiederhergestellt und Preußen aus dem Deutschen Bund wieder ausgegliedert.[147] Nach dem Sieg über Österreich im Jahre 1866 wurde Preußen 1867 in den neugegründeten Norddeutschen Bund[148] eingegliedert und mit der Reichsgründung am 1. Januar 1871[149]in das Deutsche Reich aufgenommen.[150] Seit der Verwaltungsteilung vom 1. April 1878 waren die Provinzen Ost- und Westpreußen wieder getrennt.[151] Provinzialhauptstadt für Westpreußen war wieder Danzig.

Danzig erlebte seit dem Wiener Kongreß bis zum Beginn des Ersten Welkrieges eine 100-jährige friedliche Phase des Wiederaufbaues und des wirtschaftlichen, technischen und kulturellen Aufschwungs, in der sich diese Stadt an der Weichselmündung auf dem Wege zur modernen Großstadt mit ihrem westpreußischen Hinterland neu entfalten konnte. Die Danziger beteiligten sich auch an den außenpolitischen Zielen des preußischen Staates. 1864 mußten sie eine kurzfristige Sperre ihres Hafens durch dänische Kriegsschiffe hinnehmen. Im August 1870 vertrieben sie vier französische Kriegsschiffe, die die Stadt zu beschießen drohten.[152]

---

143 Am 6.8.1806 legte Kaiser Franz II. die Krone des Heiligen Römischen Reiches Deutscher Nation nieder (Text: Grewe, Fontes Iuris Gentium, S.695).
144 Die Bundesakte vom 10.6.1815 war Bestandteil der Wiener Kongreßakte. Sie wurde durch die Wiener Schlußakte vom 15.5.1820 wesentlich ergänzt (vgl. Gornig aaO S.52 f. mwN.).
145 1816 zum Oberpräsidenten der Provinz Westpreußen ernannt (vgl.Neumeyer aaO S.350 f.).
146 Aufnahme der Provinz Preußen in den Deutschen Bund durch Bundesbeschluß vom 11.4.1848 (Protokoll der Bundesversammlung, 31.Sitzung, § 257). Der Deutsche Bund war ein Staatenbund. Er war nicht Rechtsnachfolger des 1806 untergegangenen Heiligen Römischen Reiches Deutscher Nation (vgl. Gornig aaO S.53).
147 Bundesbeschluß vom 3.10.1851 (Protokoll der Bundesversammlung, 25. Sitzung, § 178; vgl. Schumacher S.279; Neumeyer aaO S.369; Gornig, Der Rechtsstatus des nördlichen Ostpreußen, S.137 f.).
148 Verfassung vom 16.4.1867 (BGBl. 1867 S.2). Bundesstaat zur Neugestaltung Deutschlands ohne Beteiligung Österreichs; am 1.7.1867 gegründet (vgl. Art. 1 der Verfassung).
149 Reichsverfassung vom 16.4.1871 (RGBl. 1871 S.63).
150 Die Rechtspersönlichkeit des Norddeutschen Bundes wurde vom Deutschen Reich fortgeführt (vgl. Gornig, Das nördliche Ostpreußen, S.58).
151 Vgl. Neumeyer aaO S.377.
152 Vgl. Keyser aaO S.231.

III. Der Staat "Die Freie Stadt Danzig" (seit 1920)

1. Danzig 1920 bis 1939

a) Die Konstruktion "Freie Stadt Danzig"

Die jahrhundertealten Bestrebungen, Einfluß auf die wirtschaftsstrategisch und politisch sehr günstig gelegene Stadt Danzig zu gewinnen, flammten mit der Beendigung des Ersten Weltkrieges wieder auf.[153] Die Friedenszeit der Erholung, des Wiederaufbaues, des Aufblühens ging zu Ende und machte einer Epoche Platz, in der Danzig erneut im Kräftespiel der Interessenströmungen in ständigen Auseinandersetzungen seine Stellung als bedeutsamer deutscher Handelsplatz zu behaupten suchte. Dem durch den Krieg zermürbten und erheblich geschwächten Deutschen Reich gelang es – bar jeder wirksamen außenpolitischen Unterstützung – nicht, die Abtrennung dieser rein deutschen Stadt zu verhindern.[154] Gegen die neuerlichen hartnäckigen Anstrengungen des wiedererstehenden Polen konnte aber, vor allem mit Hilfe Großbritanniens, wenigstens die Abtretung des Danziger Gebietes an den polnischen Staat vereitelt werden. Mit der Errichtung des komplexen Gebildes eines unter internationalen Schutz gestellten deutschen Stadtstaates mit Sonderrechten für Polen war der Dauerstreit vorprogrammiert, mit dem der Völkerbund sich in den Jahren 1920 bis 1939 ständig zu befassen hatte.[155]

Die Danziger, die sich gegen die Loslösung von Deutschland heftig zur Wehr gesetzt hatten, trachteten den aus ihrer Sicht und aus den Erfahrungen Ende des 18. und Anfang des 19. Jahrhunderts unnatürlichen und den Danziger Interessen entgegenstehenden Zustand sobald wie möglich wieder rückgängig zu machen. Sie lehnten sich so eng wie

---

153 Für den nachstehenden Versuch eines kursorischen historischen Rückblicks auf die staatspolitische Entwicklung Danzigs ist zu berücksichtigen, daß in der Fülle der Veröffentlichungen, vor allem über die Zeit von 1920 bis 1939 verschiedene Zeitabschnitte mit sehr unterschiedlichen und häufig gegensätzlichen Aspekten und Schwerpunkten (wie deutsche Abwehr gegen polnische Einflußaktivitäten in Danzig, Probleme der kleinen polnischen Minderheit, Beziehungen Danzigs zum Völkerbund im Rahmen der international garantierten Schutzbeziehung, Entwicklung der parteipolitischen Landschaft, insbesondere der wachsende Einfluß der NSDAP in Danzig) beleuchtet worden sind (vgl. hierzu u.a. Letkemann S.21 f.), die in dieser Darstellung komprimiert zusammenzufassen waren. Siehe auch die eingehende Darstellung des Staatsgründungsstadiums und der anschließenden Epoche aus rechtlicher Sicht, unten S.76 ff.

154 Die gefährliche Schwäche des Regelungssystems des Versailler Vertrages mit seinem Risiko künftiger kriegerischer Auseinandersetzungen als Folge der zu erwartenden intensiven Revisionsbemühungen ist neuerdings von Henry Kissinger S.258 f., 266, 271, 286, 290, 293, 299 f. herausgearbeitet worden, z.B.:"*Seine Bestimmungen*" [des VV] "*waren zu drückend, um zur Aussöhnung zu führen und nicht rigoros genug, um eine dauerhafte Unterwerfung zu gewährleisten.*" (S.259 f.). Die Osteuropa betreffenden territorialen Regelungen seien nach Auffassung der politischen Führung Großbritanniens ungerechtfertigt gewesen; "*das englische Volk*" sei nach einer Formulierung von Lloyd George "*nicht bereit, sich in Streitigkeiten verwickeln zu lassen, die wegen Polen, Danzig oder Oberschlesien entstehen könnten...*" (S.272 f.; vgl. auch S.281 f., 291, 296 f. 303, 308, 314).

155 Vgl. v.Elbe S.138; Burckhardt, Meine Danziger Mission, S.23 f.: "*man erfand die Freie Stadt Danzig,...wohl eines der kompliziertesten Gebilde ..., das jemals dem theoretischen Denken improvisierender Völkerrechtler entsprungen ist*", nach Józef Beck (polnischer Außenminister, zitiert bei Burckhardt S.24): "*Das Statut der Freien Stadt Danzig war zweifellos die bizarrste und komplizierteste Schöpfung des Versailler Vertrages*". Dieses Statut, so folgerte Beck, sei "*einzig mit dem Zweck geschaffen worden..., den Ursprung beständiger Konflikte zwischen Deutschland und Polen...zu bilden*".

möglich im Rechtssystem und wirtschaftlich an Deutschland an. Das führte im Laufe der Jahre zu schwerwiegenden Problemen, als deutlich wurde, daß die wachsenden nationalsozialistischen Kräfte später auch in Danzig mehr und mehr eine beherrschende Rolle einnahmen und diese Revisions-Konzeption der deutschen Nachkriegsregierungen[156] in ihre eigenen politischen Zielsetzungen mit hoher Priorität einbezogen.[157] Das südlich und westlich gelegene Nachbarland Danzigs, die neuerstandene Republik Polen (mit dem an Danzig grenzenden 1920 abgetrennten Westpreußen – Korridorgebiet), hingegen suchte ihre durch den Versailler Vertrag in der Freien Stadt Danzig zugestandenen Sonderrechte unter ständigen Ausdehnungsversuchen[158] nachhaltig zu nutzen, um in Danzig Einfluß zu gewinnen. Polen vermied es auch, seinen vertraglichen Verpflichtungen entsprechend die Danziger Wirtschaft zu fördern. Der Bau des unmittelbar benachbarten Konkurrenzhafens Gdingen (im Korridorgebiet) ist ein derartiges Beispiel. Die Abwehrhaltung der Danziger stieß dagegen in Polen auf Unverständnis. Der Wunsch, Danzig zu besitzen, war derart dominierend, daß er die Erkenntnisfähigkeit für den Unrechtsgehalt der Polonisierungsversuche in einem fremden Staat völlig überdeckte. Bedauerlicherweise konnten infolge dieser verhärteten Lage die für fruchtbare deutsch (Danziger)-polnische Beziehungen vorhandenen günstigen Bedingungen nicht zur Auswirkung gebracht werden.

Polen machte sich die Schwäche seiner Nachbarn Rußland und Deutschland zu Nutze. Sein 1920 gegen Rußland geführter Feldzug wurde nach anfänglichen Rückschlägen mit dem Frieden von Riga vom 18. März 1921 beendet. Die in diesem Vertrag festgelegte Ostgrenze Polens lag 200-300 km östlich der am 11.7.1920 vom britischen Außenminister Lord Curzon vorgeschlagenen "Curzon-Linie".[159] Der französisch-polnische Bündnisvertrag vom 19. Februar 1921 sicherte Polen nach Westen. Die Beziehungen Polens zur Sowjetunion entwickelten sich stabilisierend bis zum Beistandsvertrag, der am 25. Juli 1932 geschlossen wurde. Aus dieser im Osten und Westen gestärkten Stellung unternahm Piłsudski Aggressionsversuche gegen das Deutsche Reich, die ihm zugleich als Mittel der Abwehr gegen die Ostpolitik der Weimarer Regierung dienen sollten.

---

156 Vgl. Krüger S.13 ff., 74 ff., 77 ff.
157 Vgl. Andrzejewski S.22, 222, der hervorhebt, daß auch die Oppositionsparteien in der Freien Stadt Danzig für eine Revision des Versailler Vertrages eintraten, jedoch, außer der Kommunistischen Partei, zugleich staatstragend gewesen seien.
158 Vgl. die Schilderung zahlreicher von Polen initiierter Provokationen und Streitfälle, bei v.Elbe S.137; vgl. auch Ramonat aaO; Sahm aaO. Bemerkenswert war auch hier wieder die Haltung der Engländer, dem wichtigsten Alliierten. Sir Reginald Tower (Vertreter der Alliierten und vorläufiger Völkerbundskommissar in Danzig) bewahrte eine klare Abwehrlinie gegenüber den zahlreichen polnischen Eingriffsbemühungen, was ihm im Lager der Alliierten nicht nur Freunde schuf (vgl. Ramonat S.34 ff.).
159 Demarkationslinie am Ostrand des geschlossenen polnischen Sprachgebietes, am 28.9.1939 deutsch-sowjetische Teilungslinie, seit 1945 polnisch-sowjetische Grenze (vgl. Meyer S.83; Neumeyer aaO S.399).

Den polnischen militärischen Planungen gegen Danzig im Mai 1923 folgten die gegen Deutschland sowie gegen Danzig gerichteten Aggressionsvorbereitungen und – aktivitäten von 1930 und 1932/33.[160]

Polen zog seine widerrechtlich auf der Westerplatte gelandeten Truppen zurück. Auf der an der Weichselmündung gelegenen, zur Territorialsouveränität der Freien Stadt Danzig gehörenden Halbinsel "Westerplatte" hatte die Regierung des Danziger Staates den Polen einen Umschlagplatz für Handelswaren sowie Waffen und Munition – zur Erleichterung des Weitertransportes polnischer Güter von der Ostsee über die Weichsel nach Polen, im Rahmen des Polen zugestandenen freien Zuganges zur Ostsee – zur Verfügung gestellt.[161] Nach Fertigstellung des polnischen Hafens Gdingen, nahe Danzig, 1926/27[162] wurde versucht, die Zuteilung der Westerplatte zu beenden. Die Regelung wurde nach Einschaltung des VBR verlängert.[163] Jedoch wurde klargestellt, daß die Westerplatte Hoheitsgebiet der Freien Stadt Danzig war und deren Polizeiaufsicht unterstand.[164]

Nach dem polnischen militärischen Übergriff auf der Westerplatte am 6. März 1933 und dem nach Einschaltung des VB erfolgten Rückzug[165] entschloß sich der polnische Marschall Piłsudski, auf die Annäherungspolitik des Deutschen Reiches einzuschwenken. Der deutsch-polnische Nichtangriffspakt vom 26. Januar 1934[166] konnte sich indessen nicht nachhaltig auswirken, weil die Regierung Polens nach dem Tode Piłsudskis am 12. Mai 1935 zunächst erneut einen Konfrontationskurs einschlug. Den Minderheitenschutzvertrag von 1919 hatte Polen bereits am 13. September 1934 gekündigt.[167]

Immerhin hatte es eine bemerkenswerte Wende in der polnischen Außenpolitik gegeben, die zur Unterstützung Danzigs gegenüber dem Völkerbund und seinem Hohen Kommissar in Fragen der inneren Angelegenheiten der Freien Stadt Danzig führte. Auch das am 4. Juli 1936 vom VBR eingesetzte Dreierkomitee[168] unterstützte diese Linie einer allmählichen Verringerung der unmittelbaren Einflußnahmen. Doch die damit verbundene Erwartung, insbesondere auch Englands, eine Einigung in der Danziger Frage könne künftig in unmittelbaren Verhandlungen zwischen Deutschland und Polen erreicht werden, erfüllte sich nicht.

---

160 Vgl. unten S.117 f.; Meyer S.90; Neumeyer S.400 f.
161 Gemäß Beschluß des VBR vom 14.3.1924, endgültig am 22.10.1925, an Polen übergeben am 31.10.1925 (vgl. Ramonat S.199 ff.). Der Ausbau der Westerplatte und die Sicherheitsvorschriften für die Lagerung von Munition waren im Frühjahr 1927 abgeschlossen (vgl. Ramonat S.208); vgl. auch Ruhnau, Westerplatte, S.8 ff..
162 Seit dem Winter 1926/27 liefen polnische Kriegsschiffe in den Hafen von Gdingen ein (vgl. Ramonat S.215).
163 Auf seiner Sitzung vom 15.9.1927 wies der VBR den Antrag Danzigs zurück (vgl. Ramonat S.211); vgl. zu den wirtschaftlichen Auswirkungen des Konkurrenzhafens Gdingen auch Ramonat S.186 ff.
164 Abkommen zwischen Polen und Danzig vom 4.8.1928, Juristengutachten für den VBR vom Oktober 1927, Bestätigung durch den VBR am 10.8.1928 (vgl. Ramonat S.211 ff.).
165 Vgl. unten S.117 f.
166 RGBl 1934 II S.117.
167 Vgl. Schumacher S.318; Meyer S.91.
168 Vgl. unten S.60.

Hier liegt möglicherweise einer der tragischen historischen Wendepunkte deutsch-polnischer außenpolitischer Aussichten, der nicht im Sinne einer Bereinigung der beiderseitigen Beziehungen genutzt wurde, vielmehr in wachsende Verhärtung hineinwuchs. Polen stand vor der für sein weiteres Schicksal entscheidenden Frage, das Risiko einzugehen, sich mit dem Deutschen Reich zu arrangieren oder den Weg der Konfrontation wieder aufzugreifen, in der Hoffnung, Deutschland schwächen zu können und ein noch größeres Polen daraus erstehen zu lassen. Es ist heute schwer zu beurteilen, ob der andere Weg der Verständigung unter Inkaufnahme eines starken machtpolitischen Übergewichts des Deutschen Reiches, Polen vor dem schweren fünfzig Jahre währenden Schicksal hätte bewahren können, in das es damals verstrickt wurde und der Polen und Deutschland, jedenfalls nach der Ausgangslage im Jahre 1945, schließlich in die Schicksalsgemeinschaft der beiderseitigen Westverlagerung verkettete, aus der diese beiden Völker sich gegenwärtig in der Suche nach neuen Gemeinsamkeiten und nach Verständigungsmöglichkeiten zu befreien trachten.

Man weiß heute, daß Deutschland sich im Bewußtsein seiner militärischen Anfälligkeit und mit dem Ziele, einen polnisch-sowjetischen Block zu verhindern, seit der Umorientierung Piłsudskis im Jahre 1933 intensiv bemühte, mit Polen zu friedlichen Lösungen zu gelangen und hierzu bereit war, die Grenzen von Versailles – außer Danzig – im wesentlichen anzuerkennen. Ende 1938 waren die Aussichten für eine deutsch-polnische Einigung noch günstig. Die deutschen Vorschläge hatten zum Inhalt:[169]

1. *Rückkehr Danzigs zum Deutschen Reich,*

2. *Exterritoriale Straßen- und Bahnverbindung durch den Korridor,*

3. *Polnische exterritoriale Straße und Bahn und Freihafen im Danziger Gebiet,*

4. *Absatzgarantie für polnische Waren im Danziger Gebiet,*

5. *Deutsch-polnische Grenzgarantie,*

6. *Verlängerung des deutsch-polnischen Vertrages auf zehn bis fünfundzwanzig Jahre,*

7. *Beitritt Polens zum Antikominternvertrag,*

8. *Konsultationsklausel.*

Seit dem Einmarsch Hitlers in die Tschechoslowakei im März 1939 und dem anschließenden Rückgliederungsvertrag mit Litauen über das Memelland widersetzte sich Polen endgültig allen deutschen Lösungsvorschlägen.[170] Polen nahm außerdem durch Trup-

---

169 Vgl. Besprechung zwischen Reichsaußenminister v. Ribbentrop und dem polnischen Botschafter in Berlin Lipski am 24.10.1938 in Berchtesgaden, abg. in: ADAP V Nr.81, S.87 ff.; vgl. auch Neumeyer, Westpreußen, S.416, 427. Zur abwehrenden Reaktion Polens vgl. ADAP aaO Nr.101 S.106 ff. (v.Ribbentrop/Lipski); ADAP aaO Nr.119 S.127 ff. (Hitler/poln.Außenminister Józef Beck am 5.1.1939 in Berchtesgaden); ADAP aaO Nr.120 S.132 ff. (v.Ribbentrop/Beck am 6.1.1939 in München); ADAP aaO Nr.126 S.139 f. (v.Ribbentrop/Beck am 26.1.1939 in Warschau). Siehe auch die entsprechenden deutschen Vorschläge vom Mai und September 1935 (vgl. Schumacher S.317).
170 Vgl. ADAP VI Nr.101, S.101 ff., Nr.103, S.105 f. und Nr.276, S.288 ff.

penzusammenziehungen[171] an der Danziger Grenze eine bedrohende Haltung ein, verfügte am 23. April 1939 eine Teilmobilmachung und setzte mit einer ausgedehnten Kriegspropaganda ein.[172] Die Voraussetzungen für eine gemeinsame deutsch-polnische Sicht, auch im Hinblick auf Danzig, geschweige denn für eine koordinierte Politik, wurden immer aussichtsloser.[173]

Die polnisch-Danziger Auseinandersetzungen erreichten Anfang August 1939 ihren Höhepunkt. Polen drohte abermals mit militärischer Intervention in Danzig. Dem Hohen Kommissar des Völkerbundes Carl Jacob Burckhardt gelang am 11. August 1939 bei Hitler auf dem Obersalzberg in Berchtesgaden noch einmal eine Vermittlung. Der Krieg war jedoch nicht mehr aufzuhalten.[174]

b) Die innerstaatlichen Bedingungen

Nach Errichtung der Freien Stadt Danzig als Staat wurde der bisherige Oberbürgermeister, der parteilose Heinrich Sahm, vom Volkstag[175] zum ersten Regierungschef (Präsident des Senats) gewählt.[176] Vizepräsident wurde der deutschnationale Abgeordnete und spätere Regierungschef (seit 1931) Ernst Ziehm.

Die Herauslösung Danzigs aus dem deutschen Wirtschaftsverband und aus der preußischen Staatsverwaltung zugunsten der Wirtschaft des aufbauenden Polens wirkte sich bald schon für die Danziger Lebensfähigkeit sehr nachteilig aus. Noch verhängnisvoller entwickelte sich diese Lage, als Polen in Gdingen seinen modernen und leistungsfähigen Konkurrenzhafen[177] einschließlich einer Eisenbahnverbindung erbaute, über diesen Hafen einen immer größeren Teil seiner Güter umschlug und somit vom Hafen Danzigs abzog. Danzig war auf Zuschüsse des Deutschen Reiches angewiesen. Seine durch die Weltwirtschaftskrise zusätzlich erschwerte Lage wurde von einem Sachverständigen-Ausschuß des VB für änderungsbedürftig erklärt.[178] Nicht endende Auseinandersetzungen zwischen Danzig und Polen waren eine der Folgen und beschäftigten den Hohen Kommissar des Völkerbundes, den VBR in Genf und den StIGH in den Den Haag.[179]

Diese auf die Dauer unerträgliche Situation war der Auslöser für internationale Erwägungen und Vermutungen 1927/28 zur Revision der Westgrenze Polens (Rückgabe von

---

171 Vgl. ADAP VI Nr.90, S.92 f., Nr.101, S.101 ff.
172 Vgl. Neumeyer aaO S.416.
173 Am 28.4.1939 kündigte Hitler den deutsch-polnischen Nichtangriffspakt (vgl. Archiv der Gegenwart 1939 S.4048 B). Er ließ den militärischen Aufmarsch gegen Polen vorbereiten. Dort wurde offen über Ansprüche auf deutsches Reichsgebiet gesprochen (vgl. Rhode, Staatliche Entwicklung und Grenzziehungen, S.132).
174 Siehe im einzelnen unten S.62 ff.
175 Seit 6.12.1920 wurde die Verfassungsgebende Versammlung der am 15.11.1920 errichteten Freien Stadt Danzig "*Volkstag*" genannt (vgl. unten S.89).
176 Zum Übergang von der alliierten- auf die Verwaltung des Danziger Staates vgl. unten S.87 ff.
177 Der Hafen – schon bald nach Errichtung des Danziger Staates geplant – wurde ab 1924 mit französischem Kapital innerhalb weniger Jahre erbaut (vgl. im einzelnen bei Böttcher, Die völkerrechtliche Lage der Freien Stadt Danzig, S.21 f.); vgl. auch oben S.53 f.
178 Vgl. Deutsches Büro für Friedensfragen, Vergleiche, S.1.
179 Vgl. Ramonat S.255 ff., 299 ff.

Korridor und Danzig), die allerdings nicht realisiert wurde, weil Deutschland sich nicht in eine der Sowjetunion entgegengerichtete Position einbinden lassen wollte.[180] Auf diese außergewöhnlich schweren Belastungen der Danzig-polnischen Beziehungen im Zusammenhang mit der wirtschaftlichen Schwäche ist es aber nicht zuletzt zurückzuführen, daß die von Deutschland infiltrierte NS-Bewegung sich allmählich auch in Danzig festsetzen und ausbreiten konnte. Wesentlich mitverursachend waren die unablässigen militärpolitisch unterstützten Bemühungen Polens, seinen Einfluß in Danzig zu vermehren, um das Danziger Gebiet im Endergebnis einverleiben zu können. An die wiederholten Planungen und Versuche Polens in den Jahren 1918/19, 1920, 1923, 1930-33 sowie 1938/39, militärisch in Danzig einzugreifen[181], sei in diesem Zusammenhang erinnert. Zwar unterstützten alle Danziger Parteien den Gedanken der Wiedervereinigung mit dem Deutschen Reich als einzig möglichen Ausweg aus der schwierigen Lage, doch wurde die junge radikale NS-Partei, die in ganz Europa gewissen Widerhall fand[182], unter Verkennung der heraufziehenden Gefahren überwiegend für allein geeignet gehalten, die baldige Rückgliederung Danzigs zu verwirklichen.

Nachdem alle diese polnischen Bestrebungen, die Hand auf Danzig zu legen und militärische Operationen gegen Deutschland zu unternehmen, gescheitert waren, folgte ein Zeitabschnitt gemeinsamer deutsch-polnischer Politik auf der Grundlage des Zehnjahrespaktes vom 26. Januar 1934. Die in Danzig heranwachsende NSDAP stieß nicht mehr auf den Widerstand Polens. Der VBK hatte nicht mehr in erster Linie zwischen Danzig und Polen, sondern hauptsächlich über Anträge und Verfassungsbeschwerden der Danziger Oppositionsparteien zu entscheiden. Diese hatten sich in Danzig sehr viel länger zu behaupten vermocht als in Deutschland, und zwar trotz der zunehmend umsichgreifenden Rücksichtslosigkeit, mit der sie von der NS-Partei verfolgt wurden.[183] Im Jahre 1926 wurde die NSDAP in Danzig gegründet. Nach anfänglichen Mißerfolgen begann mit dem 1930 von Hitler entsandten jungen Gefolgsmann Albert Forster ein allmählicher Aufstieg.[184] Am 13. April 1933 beschloß der Volkstag mit 41 gegen 6 Stimmen seine Auflösung.[185]

Die Polen reagierten unruhig. Von einer Besetzung Danzigs war die Rede.[186] In den Wahlen am 28. Mai 1933 erzielte die NSDAP mit 107.331 Stimmen (50,03 %, 38 Sitze) gegen 106.797 Stimmen der Opposition[187] die absolute Mehrheit. Polen lenkte ein. Mit

---

180 Vgl. Ramonat S.300 f.
181 Vgl. unten S.115 ff.
182 Vgl. Burckhardt, Meine Danziger Mission, S.45 ff.
183 Vgl. Burckhardt aaO S.81 ff.; Denne S.54 ff.; Sodeikat aaO; Ramonat S.349 ff.; Gamm aaO;
184 Vgl. LR vol.XIII S.70. Hitler erwog damals, im Falle eines Verbots der NSDAP in Deutschland, seine Parteizentrale nach Danzig zu verlegen. Er vertrat wohl auch deshalb zunächst die Aufrechterhaltung der staatlichen Selbständigkeit Danzigs (vgl. Rauschning, Revolution des Nihilismus, S.40 f.; vgl. auch Ramonat S.349).
185 Vgl. Leonhardt S.47.
186 Vgl. Ramonat S.350 mwN.; vgl. auch die Note des Polnischen Diplomatischen Vertreters in Danzig an den VBK vom 15.5.1933 mit Warnungen gegenüber etwaigen Verletzungen der Rechte Polens in Danzig (vgl. SdN JO 1933 Teil I S.702).
187 Sozialdemokraten (13 Sitze), Zentrum (10 Sitze), Kommunisten (5 Sitze), Deutschnationale (4 Sitze), Polen (2 Sitze); vgl. Leonhardt S.47; Denne S.44.

Unterstützung der beiden Abgeordneten der polnischen Minderheit bildete der am 20. Juni 1933 zum Präsidenten des Senats gewählte Hermann Rauschning die erste NS-Regierung in der Freien Stadt Danzig.[188]

Rauschning hielt sich nicht lange. In der Überzeugung, daß eine Änderung der auf dem VV fußenden Rechtslage zum Krieg führen werde, versuchte er, gegenüber Polen einen konzessionsbereiten Kurs zu steuern. Er geriet jedoch bald in Konflikte mit seiner Partei[189], die eine zügige Gleichschaltung von Partei und Staat in Danzig sowie zwischen Danzig und dem Deutschen Reich mit dem Ziele anstrebte, den Anschluß an Deutschland zu erreichen.[190] Nachdem ihm am 22. November 1934 die Angehörigen der NS-Fraktion des Volkstages schriftlich ihr Mißtrauen ausgesprochen hatten[191], trat Rauschning am 23. November 1934 zurück.[192] Zu seinem Nachfolger wurde am 28. November 1934 sein bisheriger Stellvertreter Arthur Greiser ernannt.[193] Am Tag vor den am 7. April 1935 durchgeführten Neuwahlen veröffentlichte Rauschning einen offenen Brief an Gauleiter Forster mit Angriffen gegen das NS-Regime in Danzig.[194] Am 8. April nachts verließ er Danzig und begab sich nach Polen.

Es lag eine gewisse Tragik in dem Wirken der bemerkenswerten aber auch umstrittenen politischen Persönlichkeit Rauschnings[195], der wohl die Gefahren des auch in Danzig wachsenden Nationalsozialismus erkannte[196] und doch weder in den wirtschaftlichen noch in den diplomatischen Verstrickungen in der Lage war, einen überzeugenden Weg einzuschlagen oder auch nur zu weisen. Während er den von Hitler gewünschten Verständigungskurs mit Polen steuerte, erkannte er nicht die Grenzen dieser Erwartungshaltung, die ihn bald nach Abschluß des deutsch-polnischen Nichtangriffspaktes vom 26. Januar 1934 fallen ließ.[197]

---

188 Vgl. Leonhardt S.58.
189 Vgl. Rauschning, The Conservative Revolution, S.56 f.
190 Vgl. Böttcher aaO S.24.
191 Vgl. Sodeikat S.140.
192 Vgl. Sodeikat S.140, der wohl zurecht von einem durch Gauleiter Forster erzwungenen Rücktritt spricht.
193 Vgl. Ramonat S.379.
194 Vgl. Ruhnau, Die Freie Stadt Danzig, S.133.
195 Vgl. Neumeyer aaO S.411 f; Ruhnau S.130 ff.; Böttcher aaO S.24 f.; kritischer Denne S.45 ff. Vgl. auch Burckhardt aaO S.49, der die Verantwortung Rauschnings anmerkt; kritisch auch Sodeikat S.140 ff. und Andrzejewski, S.192, 212 ff.; vgl. auch Hänel, Hermann Rauschning aaO, Schieder, Hermann Rauschning aaO.
196 Es wurden sogar Pläne eines Staatsstreichs erörtert, jedoch wieder verworfen (vgl. Denne S.54).
197 Kennzeichnend für die Unsicherheit seiner politischen Zielrichtung war ein, allerdings im Lichte der damaligen aktuellen Lage relativierend zu beurteilender Antwortbrief Rauschnings an den NS-Gauleiter Forster vom 14.8.1934 nach Abschluß des Danzig-polnischen die Zollaffaire bereinigenden Vertrages vom 8.8.1934 (vgl. Denne S.105), in dem er Forster für dessen anerkennendes Schreiben dankte:"...*Lieber Parteigenosse Forster! Für die herzlichen Worte, die Sie in Ihrem Schreiben vom 12. August an mich richteten, spreche ich Ihnen als Nationalsozialist wie als Führer der Danziger Regierung meinen tiefempfundenen Dank aus. Als nationalsozialistischer Kämpfer erfüllt mich Ihr Urteil, das wie kein anderes durch die Übereinstimmung der überwältigenden Mehrheit der Danziger Bevölkerung getragen ist, mit dankbarer Genugtuung...*" (vgl. Ruhnau S.127 f.).

Der Prozeß der Gleichschaltung nahm seinen Lauf. Er fand u.a. in der Gewerkschaftsorganisation, gegenüber den Kirchen, in der rücksichtslosen Unterdrückung der Oppositionsparteien und der Presse sowie in der Verfolgung der in Danzig lebenden Juden seinen Niederschlag. Die Danziger NS-Regierung stützte sich zur Begründung zahlreicher verfassungsrechtlich bedenklicher Akte weitgehend auf das von dem im Mai 1933 gebildeten Volkstag verabschiedete Ermächtigungsgesetz.[198]

Die NSDAP scheiterte mit ihrem Vorhaben, in vorgezogenen Wahlen (7. April 1935) die Zweidrittelmehrheit im Volkstag zu erringen. Sie gewann ca 59 % der Stimmen.[199] Die Anfechtung der Wahl durch die Oppositionsparteien[200] vor dem Danziger Obergericht führte zum Verlust einer Stimme der NSDAP. Mit Unterstützung des VBK Sean Lester brachte die Opposition diese Frage vor den VBR. VBR und StIGH waren ohnehin mit innerstaatlichen Problemen Danzigs befaßt. Einige Gesetze wurden für verfassungswidrig erklärt.[201]

Polen, das die Beziehungen zum Deutschen Reich nicht gefährden wollte, hob das gute Einvernehmen seiner Regierung mit der Danziger Regierung hervor.[202] England[203] und Frankreich lenkten ein, so daß in der Januar-Sitzung 1936 des VBR ein Kompromiß erreicht wurde.[204] Das Urteil des Danziger Obergerichts wurde akzeptiert, Danzig mußte einige Gesetze und Rechtsverordnungen aufheben oder abändern und Maßnahmen zur Sicherung der Pressefreiheit ergreifen.[205]

Diese Spannungen konzentrierten sich in der Sitzung des VBR am 4. Juli 1936. Protokollstreitigkeiten bei einem deutschen Kriegsschiffsbesuch in Danzig[206] waren der äußere Anlaß für die Befassung mit intensiven Gleichschaltungsaktivitäten der Danziger NSDAP, denen die Opposition mit Unterstützung des VBK entschieden entgegentrat. Mit der Rückendeckung des in der Danziger Frage deutlicher Position beziehenden Deutschen Reiches trat der Danziger Regierungschef Greiser mit außergewöhnlicher Schärfe und die Versammlung provozierender Form auf.[207] Er verlangte die Abberu-

---

198 Gesetz zur Behebung der Not von Volk und Staat vom 24.6.1933 (DzGBl 1933, S.273), abg. bei Crusen-Lewinsky S.33.
199 Vgl. Neumeyer aaO S.415, Denne S.62.
200 Die polnische Gruppe beteiligte sich nicht an der Anfechtung (vgl. Leonhardt S.164). Die polnische Regierung lehnte es ab, zu vermitteln (vgl. Lipski in einer Besprechung des polnischen Botschafters mit Reichsaußenminister v. Ribbentrop am 24.10.1938 in Berchtesgaden, ADAP V Nr.81 S.87 ff. [89]).
201 Vgl. die bei Böttcher aaO S.26 Anm.44 aufgeführten Gesetze; vgl. auch Gutachten des StIHG vom 4.12.1935 (Serie A/B Nr.65 1935); vgl. SdN Rapport 1935/36 1.part. S.87, 91.
202 Vgl. SdN Rapport ebda S.90 Anm.1; Leonhardt S.200.
203 Der britische Außenminister Eden hatte zunächst, unterstützt von Lester, die Einsetzung einer internationalen Untersuchungskommission und Neuwahlen unter internationaler Polizeiaufsicht gefordert (vgl. SdN Rapport 1935/36 S.89; vgl. Leonhardt S.207 f.).
204 Vgl. Sodeikat S.162 ff.
205 Vgl. SdN Rapport aaO S.93.
206 Der Kommandant des die Freie Stadt Danzig offiziell besuchenden deutschen leichten Kreuzers Leipzig hatte entgegen den Regeln des Protokolls beim VBK keinen Besuch gemacht. Als Grund wurde bekannt, daß der VBK anläßlich des vorjährigen Besuchs eines deutschen Panzerschiffes zu einem Empfang der deutschen Offiziere auch Vertreter der Danziger Opposition eingeladen hatte.
207 Vgl. SdN Rapport 1935/36 2.part. S.22.

fung des VBK und Zurückhaltung des VB in den inneren Angelegenheiten des Danziger Staates. Wiederum war es Polen, das vermittelnd eingriff und gegen eine beeinträchtigende Einschaltung des VBK in die interne Verwaltung Danzigs Bedenken erhob.[208]

In dieser Sitzung wurde vom VBR ein Dreierkomitee, bestehend aus den Außenministern Englands, Frankreichs und Portugals, an dessen Stelle später Schwedens, gebildet[209], das künftig die Entwicklung der Danziger Fragen beobachten und dem VBR berichten sollte. Der in Danzig umstrittene VBK Sean Lester legte im Oktober 1936 sein Amt nieder.

Am 17. Februar 1937 wurde der Baseler Historiker Carl Jacob Burckhardt zum VBK ernannt.[210] Er ging mit dem Auftrag nach Danzig, sich nicht in die inneren Angelegenheiten der Freien Stadt Danzig einzumischen.[211] Seine wesentliche Aufgabe bei Wahrnehmung der Schutzverpflichtung des VB war nun auf Beobachtung und Berichterstattung an das Dreierkomitee und später auf Vermittlung zwischen Danzig und Polen zurückgeführt. Die Grenzen seiner Entfaltungsmöglichkeiten, aber auch Erwartungen, waren fest vorgezeichnet.[212] Das Dreierkomitee übernahm die bis dahin dem VBK zustehende Aufgabe, Fragen des Danziger Verfassungslebens ggf. an den VBR heranzutragen.[213] Burckhardt hatte sein Amt in einer Entwicklungsphase angetreten, in der der VB

---

208 Vgl. ebda. S.23. Nur mit erheblichen Bedenken und in der Befürchtung einer Schwächung seiner Rechtsposition im Danziger Staat hatte Polen den im Hinblick auf den völkerrechtlichen Status Danzigs rechtlich problematischen Auftrag übernommen, den o.g. Protokollstreit im Zusammenwirken mit dem Deutschen Reich beizulegen (vgl. Burckhardt aaO S.30 f.); vgl. auch SdN Rapport 1936/37 1.part. S.44 ff.; vgl. auch Denne S.109 ff.
209 Vgl. SdN JO 1936 S.762 f.; Burckhardt aaO S.30; Skubiszewski, Die Westgrenze, 1969, S.103; vgl. auch Denne S.109, auf S.74 allerdings widersprüchlich hinsichtlich des Zeitpunktes der Einsetzung des Dreierkomitees.
210 Vgl. SdN JO 1937, S.240 f.; Burckhardt aaO S.49; Denne S.75 f.
211 Vgl. Burckhardt aaO S.49 f.; Denne S.76.
212 Das wird wohl von Denne nicht deutlich genug gewürdigt, der den Abwendungswillen Burckhardts gegenüber der deutschen und Danziger Revisionspolitik immer wieder hervorhebt (vgl.u.a.S.76 ff, 89) und hierbei den Eindruck vermittelt (vgl. S.7 [Vorwort], 89, 173, 182), als sollten nachträgliche Rechtfertigungen für Äußerungen Burckhardts gesucht werden, die nach dem Kriege aus den vorgefundenen Dokumenten veröffentlicht worden sind. Die Problematik derartiger Bemühungen mit Hilfe nicht überzeugender Nachweise (vgl. S.89, 173, 182) zur Begründung angeblich unglaubwürdiger Aussagen damals beteiligter Persönlichkeiten wird unterstrichen durch die kritischen Untersuchungen Stauffers über Burckhardts Veröffentlichung "Meine Danziger Mission" (vgl. Stauffer 1991 S.131, 218 f.; vgl. auch die Rezensionen über diese Veröffentlichung: Grandiose Anpassung, im Spiegel 39/1991 S.256, 258 f. und von Ignaz Miller: Neigung zu großen Verhältnissen, Carl Jacob Burckhardt in neuem Licht, Neue Zürcher Zeitung vom 11.10.1991, Politische Literatur; vgl. auch die kritischen Bemerkungen von Andrzejewski, S.191 f.). Burckhardt selbst zeigte sich dieser Problematik durchaus bewußt, als er in einem Gespräch mit Norbert Sternfeld und dem Verfasser in seinem Hause oberhalb des Genfer Sees am 3. Oktober 1962 den Rechtfertigungszwang andeutete, dem er sich bei der Endfassung seiner Danziger Mission im Vergleich zur ursprünglichen Planung unterworfen glaubte. Aus dem Brief Burckhardts vom 22.1.1939 an den damaligen Staatssekretär des Äußeren Ernst v. Weizsäcker (vgl. ADAP V Nr.124 S.137 ff.), dessen Abdruck Denne S.173 tadelt, wird z.B. das kaum lösbare Spannungsverhältnis erkennbar, in dem der VBK seinen schmalen Handlungsspielraum zu finden hatte, der seine unbestreitbaren Verdienste um Danzig ermöglichte, das er verehrte (vgl. Burckhardt, Begegnungen, S.188).
213 Vgl. SdN Rapport 1936/37, 1.part. S.44 ff.; vgl. auch Burckhardt aaO S.30.

– insbesondere die Völkerbundstaaten England und Frankreich[214] – begonnen hatte, sich aus den Danziger Fragen zurückzuziehen[215] und Deutschland und Polen die Auseinandersetzungen um Danzig in der Erwartung überließ, daß es diesen beiden Staaten gelingen werde, eine Einigung über die Danziger Zukunftslösung zu erreichen.[216]

Die Hoffnungen wurden jedoch enttäuscht. Die Beziehungen zwischen der Freien Stadt Danzig und der Republik Polen, die ohnehin ihre Grundhaltung zur Danzig-Frage nicht aufgegeben hatte[217], verhärteten sich erneut. In dem Maße, in dem die Sorge Polens um das stärker werdende Deutschland wuchs und das deutsch-polnische Verhältnis allmählich abkühlte, entwickelte sich wieder die alte Kontroverse zwischen Danzig und Polen. Die wiederholten Vorschläge Deutschlands für eine Lösung der Danziger sowie der "Korridor"-Frage stießen auf Ablehnung der polnischen Verhandlungspartner.[218] Polen bestand grundsätzlich auf der Aufrechterhaltung des auf dem VV beruhenden Statuts der Freien Stadt Danzig, war allerdings bereit, die durch den VB zu vollziehende Schutzbeziehung durch einen deutsch-polnischen Vertrag zu ersetzen und in diesem Rahmen Danzig als reichsdeutsche Stadt anzuerkennen.[219]

Deutschland hielt diese Vorstellungen nicht für ausreichend. Einem Vorschlag Polens im September 1937 einer zweiseitigen Garantieerklärung für den Danziger Status war es nicht gefolgt.[220] Deutschland war nicht bereit, die Versailler Regelung anzuerkennen und ließ sich von seinem Ziel, Danzig wieder in das Deutsche Reich einzugliedern, nicht abbringen. Polen, in der Befürchtung eines wachsenden deutschen Einflusses, möglicherweise zugleich in einer Überschätzung der eigenen militärischen und diplomatischen Spielräume, widersetzte sich dieser politischen Linie.

Andererseits hatte Polen durch seine oben geschilderte vermittelnde, Deutschland unterstützende Haltung in der Periode nach 1934 nicht unwesentlich zur Schwächung der Danziger Oppositionsparteien beigetragen und damit diejenigen Kräfte in Danzig zurückgedrängt, deren Widerstand gegen das die Rückgliederung anstrebende NS-Regime seinen eigenen Interessen entsprach.

Die Oppositionsparteien wurden immer heftiger und auch unter Anwendung krimineller Mittel[221] verfolgt. Es gelang dem Parteichef Albert Forster, die NSDAP in Danzig ein-

---

214　Vgl. ADAP V Nr.5 S.6 ff. (6, 8).
215　Vgl. SdN Rapport 1937/38 1.part. S.38; 1938/39 S.20; ADAP V Nr.30 S.34 f.(35), Nr.102 S.108 ff., Nr.118 S.126 f., Nr.123 S.136 f., Nr.129 S.143.
216　Zur deutsch-polnischen Annäherungshaltung in der Danziger Frage im September 1937 und November 1938 vgl. ADAP V Nr. 1 ff. S.3 ff., Nr. 101 f. S.106 ff.
217　Der polnische Vertreter erklärte in der VBR-Sitzung am 4.7.1936 in Genf auf vertrauliche Frage Edens, Polen werde im Falle eines gewaltsamen deutschen Eingriffs in Danzig einschreiten (vgl. die Ausführungen Edens im brit. Unterhaus am 28.2.1945, Parl.Deb.HC vom 28.2.1945, Sp. 1500 ff.).
218　Vgl. oben S.55; Böttcher aaO S.55.
219　Vgl. die Ausführungen und Nachweise bei Böttcher aaO S.30.
220　Vgl. ADAP V Nr. 7 ff. S.11 ff., Nr.13 S.17 f.
221　Vgl. u.a. den in der Weltöffentlichkeit Aufsehen erregenden Fall der Folterung und Ermordung des sozialdemokratischen Volkstagsabgeordneten Hans Wiechmann nach dessen Beschwerde-Besuch beim VBK Burckhardt am 25.5.1937 (vgl. Burckhardt aaO S.90 ff.; Denne S.81 ff.; Sodeikat S.173). Vgl. zu den Details rücksichtsloser Unterdrückung und Bekämpfung von Angehörigen der Oppositionsparteien: Gamm, Hakenkreuz über Danzig aaO.

zunisten, die Opposition zu unterdrücken und schließlich ganz auszuschalten.[222] Als letzte Partei, die sich noch gehalten hatte, wurde das Zentrum am 21. Oktober 1937 vom Polizeipräsidenten wegen angeblichen Verstoßes gegen § 129 a StGB (Umgehung von Anordnungen und Gesetzen des Staates) aufgelöst.[223]

Seit 1937 setzte auch in Danzig verstärkt eine Verfolgung der jüdischen Bevölkerung ein. Auch dieser Bazillus kam aus dem NS-Staat Deutschland. Dem VBK Burckhardt gelang es über Hitler am 20. September 1937, die Verschiebung der Rassengesetze für Danzig um ein Jahr zu erreichen.[224] Er vermochte jedoch nicht zu verhindern, daß sich nach der berüchtigten "Reichskristallnacht" in Deutschland (9./10. November 1938) auch in Danzig Pogrome mit Zerstörungen von Synagogen ereigneten und ein unerträglicher Druck auf die Juden ausgeübt wurde.[225] Von den ca 11.000 Juden, die 1933 in der Freien Stadt Danzig gelebt hatten, war etwa die Hälfte bereits ausgewandert.[226] Von den noch in Danzig gebliebenen etwa 5.000 Juden konnten die meisten mit Unterstützung der Danziger Regierung nach Verwertung jüdischen Gemeinde-Grundvermögens[227] unter Mitnahme ihres Vermögens[228] in das Ausland ausgesiedelt werden[229], ein sehr schweres Schicksal, das sie jedoch von den verhängnisvollen Folgen bewahrt hat, denen die Juden in Deutschland entgegengingen.

Nach und nach wurden die in Deutschland schon bestehenden nationalsozialistischen Gesetze in Kraft gesetzt. In dem Maße, wie Forster die Initiative staatspolitischen Handelns an sich zog, entwickelte sich aber auch ein Spannungsverhältnis zwischen Partei und Staat, das einerseits vom Gegensatz zwischen staatsrechtlicher Bindung des Staatsapparates[230] und von dem von der NSDAP getragenen Revisionswillen gelenkt war, aber auch eine machtpolitische Rivalität zwischen Regierungschef und Parteichef widerspiegelte.[231] Ein für den 29. März 1939 von Forster geplanter Staatsstreich mit Anschlußerklärung an das Deutsche Reich wurde auf Einschaltung Greisers angesichts der drohenden polnischen militärischen Intervention[232] von Berlin untersagt.[233] Forster

---

222 Vgl. Böttcher aaO S.28 ff.; vgl. auch Denne S.54 ff.
223 Vgl. Denne S.78; Sodeikat S.173; Gamm S.62 f. Vgl. auch die VO über das Verbot der Neubildung von politischen Parteien, vom Volkstag zur Kenntnis genommen (DzGBl Nr.72 vom 10.11.1937); vgl. auch ADAP Nr.669 Anm.3 und 4, S.793 f.; Burckhardt aaO S.83. Am 28.5.1934 war die KPD verboten (vgl. Neumyeyer S.414, nach Andrzejewski S.73, am 28.5.), am 14.10.1936 die SPD aufgelöst worden (vgl. Denne S.75; Sokeikat S.170; Burckhardt aaO S.86; Andrzejewski S.168). Am 14.5.1937 löste sich die Deutschnationale Volkspartei selbst auf (vgl. Neumeyer aaO S.415; nach Andrzejewski S.176, am 5.5. mWv. 31.5.1937). Am 22.10.1937 wurde auch die Zentrumspartei aufgelöst (vgl. Denne S.78 f., nach Andrzejewski, S.185, am 21.10.).
224 Vgl. Lichtenstein, Ein Leben zwischen Danzig und Israel, S.80.
225 Die große Synagoge in Danzig konnte mit Hilfe von Polizeieinsatz vor der Zerstörung bewahrt werden (vgl. Lichtenstein aaO S.96 f.).
226 Vgl. Lichtenstein S.87.
227 Inventar und Kulturgeräte wurden ausgeführt (vgl. Lichtenstein S.94 ff.).
228 Vgl. Denne S.172 Anm.86.
229 Vgl. Lichtenstein S.78 ff.; Denne ebda.
230 Vgl. ADAP V Nr.77 S.84 f. und Nr.45 – Anlage – S.50 ff.
231 Vgl. Böttcher aaO S.31.
232 Die polnische Regierung hatte mehrmals ihre Einmarschabsicht für den Fall eines deutschen Eingriffes in Danzig geäußert. (vgl. Livre Jaune Français S.102, 112, 178, 209 f., 255; English Blue Book S.73, 85 ff.; Deutsches Büro für Friedensfragen, Heft 6 S.103). Der VBK Burckhardt hatte es indessen abgelehnt, im Falle einer Anschlußerklärung Polen mit dem Schutz der Freien Stadt Danzig zu beauftragen (vgl. Livre Jaune Français, S.212).

blieb, von Hitler, der offenbar die gegensätzlichen politischen Kräfte in Danzig für seine Pläne einkalkulierte, unterstützt, in seinem Parteiamt.[234] Auch ein weiterer für Mitte Juni 1939 geplanter Putschversuch kam nach indirekter Vermittlung Burckhardts in Berlin nicht zur Durchführung.[235]

Nach Erlaß der "Ariergesetze"[236] war Burckhardt im Januar 1939 durch Beschluß des Dreierkomitees des VB in Urlaub gehalten worden[237] und kehrte am 15. März kurz, dann am 26. Mai[238] und endgültig am 23. Juni auf Wunsch der Republik Polen und der Freien Stadt Danzig zurück.[239] Greiser folgte Mitte Juni 1939 der Einberufung zu einer Übung der deutschen Kriegsmarine in Pillau bei Königsberg und entzog sich auf diese Weise den Problemen, die sich aus der Lage in Danzig und aus den Konflikten mit der Parteiführung für ihn ergaben. Erst kurz vor Kriegsausbruch kehrte er nach Danzig zurück.[240] Infolge der wachsenden Machtbefugnisse Forsters war er aber faktisch in der Wahrnehmung seiner verfassungsmäßigen Funktionen bereits eingeschränkt. Forster hatte dem VBK am 16. Juli 1939 mitgeteilt, er habe *"jetzt alle Vollmachten zu jeder Entscheidung und sei der alleinige Herrscher in Danzig".*[241]

Die Märzkrise (Besetzung Prags durch deutsche Truppen am 15. März 1939) hatte eine Wende der polnischen Haltung gegenüber Deutschland zur Folge. Das Deutsche Reich hatte mit der Zerschlagung der Tschechoslowakei seine alte Zielkonzeption einer Revision von Versailles im Sinne der Durchsetzung des Selbstbestimmungsrechts der Völker überschritten. Polen konnte sich nun nicht mehr darauf verlassen, daß Hitler seine Friedensvorschläge einhalten werde.[242] Die Danzig-polnischen Beziehungen spitzten sich zu. Im August 1939 erreichten die Spannungen ihren Höhepunkt.

Hitler hatte mehrmals Anordnungen zur Vorbereitung einer handstreichartigen Besetzung Danzigs gegeben.[243] Die Grenzen zwischen Danzig und Polen wurden in Vertei-

---

233 Zur Reise Greisers nach Berlin und den dortigen Anweisungen an die Danziger Parteiführung vgl. Livre Jaune Français S.102 f.
234 Vgl. Livre Jaune Français S.112.
235 Vgl. Burckhardt, Rapport, S.11; vgl. auch ders. Meine Danziger Mission, S.301 ff
236 VO zum Schutze des deutschen Blutes und der deutschen Ehre vom 21.11.1938 auf Grund des Gesetzes zur Behebung der Not von Volk und Staat vom 24.6.1933 (DzGBl 1933 S.273) idF. des Gesetzes vom 5.5.1937 (DzGBl 1937 S.351, 358a, in Kraft getreten am 23.11.1938, § 13 am 1.1.1939); vgl. auch VO vom 2.11.1938 (DzGBl Nr.74/ 1938), die Juden als Berufsbeamten ausschloß.
237 Vgl. Kommuniqué des Dreierkomitees vom 19.1.1939 (DBFP III S.614; vgl. auch ADAP V Nr.123 S.126 f); in dt.Üb.abg. bei Burckhardt aaO S.261.
238 Vgl. Denne S.175.
239 Vgl. Burckhardt, Rapport, S.9; ders. Meine Danziger Mission, S.280 ff.
240 Vgl. Livre Jaune Français S.155; ADAP VI Nr.681 S.782 f.
241 Vgl. die Aufzeichnung des Leiters der Abteilung für Auswärtige Angelegenheiten des Danziger Senats, Staatsrat Viktor Böttcher über eine Unterredung zwischen Greiser und Burckhardt (ADAP VI Nr.681 S.782 f.).
242 Vgl. Denne S.176.
243 Vgl. IMG Bd.I S.221 f., Bd.III S.253, Bd.VII S.250, Bd.XXXIV S.200 ff.(GB 46/C30); ADAP VI Nr.185 S.186 ff.; vgl. auch Tippelskirch S.21.

digungszustand gesetzt.[244] Danzig erhöhte die Zahl seiner Polizeitruppen. Sie wurden ergänzt durch freiwillige SS-Verbände, deren Auffüllung Forster veranlaßte. Diese militärischen Verbände wurden von deutschen Offizieren ausgebildet und mit deutschen Waffen ausgerüstet. Sie unterstanden dem Oberbefehl des deutschen Generalmajors Eberhard. Über die ostpreußische Grenze und auf dem Seewege wurden deutsche Soldaten und Waffen eingeschmuggelt. Zur Erleichterung der Transporte wurde bei Käsemark/Rotebude eine Pontonbrücke über die Weichsel gebaut.[245]

Polen vermehrte die ohnehin erhöhte Zahl seiner bei den deutsch-Danziger Grenzübergängen Dienst tuenden Zollinspektoren und bewaffnete sie. Heftige Auseinandersetzungen waren die Folge.[246] Am 20. Mai wurde in der Nähe der Danzig-polnischen Grenze bei Kalthof der Danziger Metzgermeister Grübnau bei einer Demonstration vor dem polnischen Zollhaus von einem Polen erschossen.[247] In einer durch ein Mißverständnis[248] ausgelösten Note vom 4. August 1939[249] drohte Polen mit Repressalien.[250] Für den Fall der Zurückweisung, so erklärte der polnische Außenminister Beck gegenüber England und Frankreich, werde Polen militärische Maßnahmen ergreifen.[251] Die seit Monaten antideutsche polnische Presse[252] kommentierte die Aufklärung durch den Danziger Senat als Zurückweichen.[253] Mit einer deutschen Verbalnote vom 9. August 1939[254] wurden Gegenmaßnahmen angedroht. Polen erklärte in einer Verbalnote vom 10. August[255], es werde jede weitere derartige Intervention als Aggression betrachten. Ein Gespräch Hitlers mit Burckhardt auf dem Obersalzberg in Berchtesgaden am 11. August 1939 führte noch einmal zu Vermittlungsversuchen[256], die jedoch nur einen kurzfristigen Aufschub brachten.

Auch Polen hatte insgeheim militärische Anlagen auf dem Territorium der Freien Stadt Danzig errichtet und irreguläre Kampftruppen sowie Waffen eingeschmuggelt.[257] Neben dem von Polen genutzten und völkerrechtswidrig zur Festung ausgebauten Teil der

---

244 Vgl. unten S.141.
245 Vgl. Livre Jaune Français S.102; English Blue Book S.69 f., 81 f.; ADAP VI Nr.547 S.626, Nr. 599 S.689f., Nr.670 S.773.
246 Vgl. Denne S.231; vgl. den deutsch-polnischen Notenwechsel (ADAP VI Nr.471 S.525 f., Nr.515 S.593); vgl. auch ADAP VI Nr.416 ff., S.455 ff., Nr.470 f. S.524 ff., Nr.652 S.755 f., Nr.702 S.804 f., Nr.721 S.838 ff., Nr.749 S.864 f., Nr.765 S.889 ff., Nr.771 S.897 f., Nr.773 f. S.899 ff., Nr.780 S.907, Nr.785 S.925.; vgl. auch Burckhardt, Meine Danziger Mission, S.326 ff.
247 Vgl., auch zu den anschließenden diplomatischen Auseinandersetzungen um den angeblich in die Sache verwickelten und alsdann zurückgezogenen polnischen Legationsrat und Vizekommissar in Danzig Perkowski, Denne S.210 f.; ADAP VI Nr.416, 417, 418 S.455 ff.; Nr.470 S.524 f.
248 Vgl. Näheres bei Burckhardt, Rapport, S.13.
249 Vgl. ADAP VI Nr.774 S.900 ff. (901 f.).
250 Vgl. hierzu die kritischen Bemerkungen bei Stauffer S.202 f. zu Burckhardts (Meine Danziger Mission) nach seiner Auffassung einseitiger Polen belastender Beurteilung der polnischen Überreaktion.
251 Vgl. Livre Jaune Français S.209 f.
252 Vgl. Schwarz S.32 f.; ADAP VI Nr.115 S.119 f., Nr.261 S.269 f.,Nr.355 S.385 f., Nr.367 S.395.
253 Vgl. Burckhardt, Meine Danziger Mission, S.330 f.
254 Vgl. English Blue Book S.86 f.; Burckhardt, Rapport, S.14.
255 Vgl. English Blue Book S.87 f.
256 Vgl. Denne S.243 ff.; Burckhardt, Meine Danziger Mission, S.337 ff.; vgl. aber auch die Burckhardts o.g. Darstellung kritisierenden Ausführungen von Stauffer S.140 ff.
257 Vgl. Ruhnau aaO S.166 f.

Danziger Halbinsel "Westerplatte"[258] wurde als Hauptstützpunkt in der Stadt das den Polen für ihre Hafenrechte am Heveliusplatz zugestandene Postgebäude bewaffnet und in Verteidigungszustand versetzt. Zu weiteren polnischen militärischen Stützpunkten[259] wurden der Hauptbahnhof mit polnischer Bahnpost vorbereitet, die Eisenbahndirektion am Olivaer Tor, die Diplomatische Vertretung der Republik Polen, Neugarten, die Zolldirektion in der Opitzstraße, der polnische Wohnblock in Neufahrwasser, das polnische Studentenheim in Langfuhr, das polnische Pfadfinderheim in der Jahnstraße und das polnische Gymnasium am Wiebenwall, insgesamt ein sorgsam geplantes geheimes und unzulässiges polnisches Verteidigungssystem auf fremdem Hoheitsgebiet.

Trotz hektischer diplomatischer Aktivitäten[260] und Vermittlungsversuchen des letzten Augenblicks konnte der Krieg nicht mehr verhindert werden. Deutschland zeigte sich nicht fähig abzuwarten, bis die bereits weitgehend gereifte Entscheidung der Rückkehr Danzigs in der internationalen Diplomatie verwirklicht werden konnte. Polen indessen fehlte die Einsicht, daß die alte deutsche Stadt Danzig nicht auf Dauer vom Deutschen Reich zu trennen war.

2. *Das wiedervereinigte Danzig (1939-1945) und das verwaltungsbesetzte Territorium (seit 1945)*

Die geschichtliche Epoche der deutschen "Wiedervereinigung" im Jahre 1939 und der polnischen Verwaltungsbesetzung im Jahre 1945 ist wesentlicher Gegenstand der Untersuchung dieser Veröffentlichung. Wegen des unmittelbaren Zusammenhanges jener Abläufe zwischen neuzeitlicher Geschichte, aktueller Politik und deren rechtlicher Würdigung sind die historischen Ereignisse dort beschrieben worden, wo sie im Rahmen der staats- und völkerrechtlichen Prüfung erwartet werden, nämlich im 2. Abschnitt, Teil 2 bzw Teil 3.[261] In diesem Abschnitt sei nur knapp zusammengefaßt:

Am 1. September 1939 begann der Einmarsch deutscher Truppen in Polen. Zugleich wurde das bereits weitgehend militärisch besetzte Gebiet der Freien Stadt Danzig förmlich in Besitz genommen und anschließend in das Deutsche Reich eingegliedert. Die von den Polen eingerichteten neun illegalen militärischen Stützpunkte sowie der ihnen auf der Westerplatte überlassene Umschlagplatz wurden nach heftigen – auf der Wester-

---

258 Vgl. Drzycinski/ Gornikiewicz, Der Zweite Weltkrieg begann auf Westerplatte, S.19, 25 ff.; Stjernfelt/ Böhme, Westerplatte 1939, S.16 ff., letztere (S.49 ff.) allerdings mit unzutreffenden Angaben über einen angeblichen Verteidigungsauftrag Polens für Danzig durch den VB und zumindest mißverständlicher Auslegung der der polnischen Regierung übertragenen Verpflichtung zur Führung der auswärtigen Angelegenheiten der Freien Stadt Danzig (vgl. unten S.100 ff.).
259 Vgl. Ruhnau aaO S.166 f.
260 Vgl. oben S.55 und unten 130 f.; für den Ablauf der Ereignisse insbes. Hofer aaO; vgl. auch Denne S.265 ff.
261 Vgl. unten S.129 ff. (für Teil 2) und S.149 ff. (für Teil 3).

platte mehrtägigen – Kämpfen eingenommen.[262] Die Verteidiger wurden verhaftet und verfolgt. Viele sind hingerichtet worden oder sonst nach grausamer Behandlung umgekommen.[263]

In den Kriegsjahren 1939 bis März 1945 hat das Gebiet der Freien Stadt Danzig faktisch der Staatsgewalt des Deutschen Reiches unterstanden. Im März 1945 wurde Danzig durch sowjetische und polnische Truppen erobert und in dem von Stalin angeordneten Status der Verwaltungsbesetzung in die Verwaltungsgliederung des neu erstehenden polnischen Staates einbezogen. Im Zusammenhang mit den Massenvertreibungen der Deutschen aus dem deutschen Osten wurde nahezu das gesamte Staatsvolk der Freien Stadt Danzig durch Polen unter Anwendung grausamer Methoden ausgetrieben, großenteils vernichtet und nach Beendigung des mit Deutschland geführten Krieges ausgesperrt.[264]

IV. Die Danziger in der Vertreibung[265]

1. Vertreibungslage

Das nahezu in seiner Gesamtheit in den Westen geflüchtete, vertriebene und an der Rückkehr gehinderte Danziger Staatsvolk[266] hat alsbald nach der Kapitulation Deutschlands begonnen, sich zu sammeln, zu organisieren und seine Ansprüche zu vertreten[267], zunächst noch in der Annahme, daß eine Rückkehr sehr schnell ermöglicht werden würde. Die Danziger berufen sich auf ihren international geschützten Status und stützen sich damit auf die von den Alliierten vertretene Rechtshaltung. Sie bildeten Repräsentationsorgane, mit denen sie auf Grund demokratisch veranstalteter Wahlen nach Innen und nach Außen den Nachweis liefern, daß sie als gegen ihren Willen von ihrem Staatsgebiet entferntes und entferntgehaltenes Staatsvolk an ihrem Staat "Freie Stadt Danzig" festhalten. Anstelle der Verfassungsorgane des in der Vertreibungslage nicht handlungsfähigen Danziger Staates – "Volkstag" und "Senat" – bildeten sie als Parlament den gewählten "Rat der Danziger" und von diesem gewählt als Regierungsersatz das Exekutivorgan die "Vertretung der Freien Stadt Danzig".

Daneben entstand als landsmannschaftliche Organisation, in der die Danziger Landsleute versammelt wurden, der "Bund der Danziger", ein in der Bundesrepublik Deutsch-

---

262   Vgl. Ruhnau aaO S.172 f.
263   Vgl. die Berichte über die einzelnen Schicksale bei Gamm S.74 ff.
264   Vgl. Poralla, Unvergänglicher Schmerz aaO; Lenz, Die Besetzung Danzigs, in: Unser Danzig 3/1959 S.5 f.; Dok dV I/2 S.456 ff., 653 ff.
265   Dieser Überblick stützt sich im wesentlichen auf Dokumente der Danziger Organisationen, insbes. der Vertretung der Freien Stadt Danzig und des Bundes der Danziger. Zu dem Ausmaß des Austreibungsvollzugs vgl. Poralla aaO; Dok dV I/2 S.456 ff., 653 ff.
266   Zu den Zahlen vgl. S.155 f.
267   Vgl. die Darstellung bei Böttcher aaO S.41 ff.

land (derzeitiger Wohnsitz der ausgesperrten Danziger) eingetragener Verein. Diese Repräsentationsorgane der Danziger existieren bis heute und vertreten in enger Zusammenarbeit und Geschlossenheit die staats- und völkerrechtlichen, staatspolitischen und allgemeinpolitischen wie kulturellen Interessen der Danziger in der Vertreibung. Die Danziger sind fortlaufend in intensiven und in der Öffentlichkeit verbreiteten Aktivitäten dem Anschein entgegengetreten, sie würden infolge Verschweigens ihre Rechtsstellung nicht mehr vertreten und ihre Ansprüche aufgeben. Seit Öffnung des Ostens haben sie auch die in den Ländern der ehemaligen DDR wohnenden Danziger Vertriebenen in ihre Organisationen einbezogen und überdies eine enge Zusammenarbeit mit den Danzigern aufgenommen, die sich im Danziger Raum haben halten können.

2. *Entstehung der Danziger Organe*

Entsprechend der Konzentration der Ansiedlung vertriebener Danziger im norddeutschen Raum bildeten sich hier auch die Keimzellen ihrer Sammlungsbewegung. In Kiel waren es die Danziger Rechtsanwälte Sternfeld und Kewning, die 1945 eine von der britischen Militärregierung genehmigte und unterstützte Meldestelle für die Danziger errichteten. Schon damals wurden ca 6.000 Menschen dort erfaßt. Von der Militärregierung wurden Räume zur Verfügung gestellt, Ausnahmen von dem allgemeinen Versammlungsverbot erteilt und Danziger Pässe ausgestellt.

Der zweite Ort, an dem sich bald sehr viele Danziger zusammengefunden hatten, war Lübeck. Der das Danziger Bischofsamt wahrnehmende Oberkonsistorialrat Gerhard Gülzow versammelte damals bereits über 7.000 Danziger, richtete eine "Hilfsstelle beim evangelischen Konsistorium Danzig" ein und veranstaltete am 6. Juni 1945 die erste Versammlung von Danzigern in der Lübecker Marienkirche.

Bald vereinigten sich die in Kiel und Lübeck vertretenen Danziger zu gemeinsamem Handeln. Am 13. Juli 1945 richteten sie ihre erste politische Eingabe über die britische Militärregierung an die Regierung Großbritanniens. Sie erhoben Protest gegen die Vertreibung durch Polen, verlangten ihre Rückführung nach Danzig und die Anerkennung ihrer Rechte auf Wiederherstellung der "Freien Stadt Danzig".[268] Sie erbaten die Bestätigung, daß die Danziger Staatsangehörigen zu einem mit den Alliierten befreundeten Staat gehören und den entsprechenden Schutz genießen. Die staats- und völkerrechtliche Stellung Danzigs müsse in diesem Sinne geregelt werden.

Im August 1945 verlegte Sternfeld seinen Sitz nach Lübeck, das sich zum Zentrum der Sammelbewegung der Danziger entwickelte. Unter Vorsitz von Gülzow, der als Angehöriger der Kirche über die größere Bewegungsfreiheit verfügte, wurde ein Arbeitsausschuß gebildet, dessen Tätigkeit die britische Militärregierung unterstützte. Die erste Tagung der Danziger Sammelstelle wurde am 15. August 1945 in Lübeck veranstaltet.

---

268 Textauszug bei Böttcher aaO S.42.

3. Die Organisationen des Danziger Staatsvolkes

a) Landsmannschaftliche Organisation (Bund der Danziger e.V.)[269]

Die Organisationsbestrebungen und Zielsetzungen der Danziger dehnten sich allmählich aus und erfaßten auch andere Konfesssionen. In dem Bestreben, neben dem stets gefährdeten politischen Arbeitsausschuß eine soziale Einrichtung zu haben, wurde am 15. März 1946 in Hamburg und etwa zur gleichen Zeit in Lübeck[270] der "Bund der Danziger e.V" gegründet, der nach einem Rundschreiben an die vier Besatzungszonen in allen Ansiedlungen von Danzigern "Ortsstellen" einrichtete. Nach Auflösung durch die Militärregierung im März 1947 und Weiterführung durch die bisherige kirchliche Hilfsstelle wurde die Arbeit des Bundes der Danziger nach Einschaltung des Kontrollrates im Juli 1948 fortgesetzt. Nach einer von der Militärregierung genehmigten, demokratischen Erfordernissen entsprechenden Satzung wurden "Bezirksbeauftragte" und von diesen am 6. August 1948 der neue Vorstand gewählt. Die Eintragung des künftigen Sitzes in Lübeck erfolgte am 5. Oktober 1948.

Die Aufgaben der sozialen Betreuung und der Unterstützung bei der vorläufigen Eingliederung standen zunächst naturgemäß im Vordergrund bei den von hartem Schicksal getroffenen Menschen, für die das Überleben und das Weiterexistieren an erster Stelle stand, damals noch in der Erwartung baldiger Rückkehr in das Heimatgebiet. Die Danziger Landsleute waren in fast 300 "Ortsstellen" zusammengefaßt. Seit Januar 1949 erscheint das eigene Mitteilungsblatt "Unser Danzig" (heute jeden zweiten Monat), das die politischen Informationen enthält und sich mit historischen, kulturellen, landsmannschaftlichen, heimatverbindenden sowie sozialen Fragen an die Danziger und an die sonstige Öffentlichkeit wendet.

Nach nunmehr fast fünf Jahrzehnten konzentriert sich das Wirken des Bundes mehr und mehr auf die Bewahrung des Kulturgutes, der heimatlichen Gebräuche sowie der Geselligkeits- und Heimatpflege. Seit dem Umbruch im Osten sind vielfältige Aufgaben der Verbindung zur Heimat und der Zusammenarbeit mit den Landsleuten in den neuen Bundesländern und den in Danzig Gebliebenen sowie deren neuen Organisationen hinzugekommen. Bei der Pflege der politischen und kulturellen Ziele nimmt der "Tag der Danziger" einen wichtigen Platz ein. Viele tausend Danziger haben sich jährlich (seit 1991 alle zwei Jahre) in jeweils verschiedenen deutschen Städten zu Danzig-politischen Kundgebungen, verbunden mit Begegnungs-, Gedenk- und Kulturveranstaltungen, zusammengefunden. Bemerkenswerterweise nehmen auch Vertreter der mittleren und jüngeren Generation an diesen Treffen mit ihren kulturellen und heimatpolitischen Zielsetzungen teil.

---

269 Vgl. Böttcher aaO S.42 f.; vgl. zur Entstehungsgeschichte und Entwicklung des Bundes der Danziger den schriftlichen, nicht veröffentlichten Bericht von Boike vom 23.11.1991 aaO, der beim Bund der Danziger vorliegt.
270 Am 25.4.1946 beim Amtsgericht in Lübeck eingetragen (vgl. Hewelt, 30 Jahre Bund der Danziger, in: Unser Danzig 2/1978 S.2).

Der Bund der Danziger gliedert sich in Landesverbände entsprechend der Ländereinteilung der Bundesrepublik Deutschland, in Ortsstellen und Frauengruppen, die in der jedes Jahr tagenden Delegiertenversammlung und in dem von ihr alle drei Jahre gewählten Bundesvorstand zusammengefaßt werden. Die Bundesgeschäftsstelle arbeitet in dem 1983 fertiggestellten "Haus Hansestadt Danzig" in Lübeck, einem Kultur- und Dokumentationszentrum, zugleich Danziger Landesmuseum. Träger dieses Danziger Hauses ist der "Danziger Förderkreis e.V.". Der Förderung von Danziger Kulturaufgaben dient außerdem das "Kulturwerk Danzig e.V." in Düsseldorf (Patenstadt der vertriebenen Danziger) und das "Wissenschaftliche Archiv der Freien und Hansestadt Danzig" in Stuttgart. Zur Unterstützung der landsmannschaftlichen Aufgaben der in der BRepD wohnenden Danziger hat der Bund der Danziger auf Bundesebene mit dem Bund der Vertriebenen eine organisatorische Verbindung hergestellt.

b) Staatspolitische Organisation ("Rat der Danziger" und "Vertretung der Freien Stadt Danzig")

Die Danziger in der Vertreibung haben sich frühzeitig entschlossen, neben dem Bund der Danziger mit seinem landsmannschaftlichen Auftrag im Rahmen des Grundgesetzes der Bundesrepublik Deutschland ein zweites Organsystem zu schaffen, das sie zur Wahrnehmung ihrer staatspolitischen Aufgaben für erforderlich halten. Mit dem gewählten "Rat der Danziger" und der von diesem gewählten "Vertretung der Freien Stadt Danzig"[271] wünschen die Danziger das Staatsvolk der Freien Stadt Danzig zu repräsentieren und während der Zeit der staatspolitischen Handlungsunfähigkeit der Staatsgewalt die Kontinuität des Danziger Staates zu demonstrieren und damit zu gewährleisten. Mit den politischen Aktivitäten der Vertretung der Freien Stadt Danzig, die aus dem o.g. Arbeitsausschuß hervorging, wollen die Danziger erreichen, daß ihre Ansprüche vertreten und durchgesetzt werden und zugleich aber auch der Rechtsmeinung entgegentreten, die Rechtsstellung der Danziger sei zufolge eigenen Verschweigens in der andauernden Vertreibungslage unter dem Gesichtspunkt der Verwirkung verlorengegangen. Bis heute ist es manchen Angehörigen anderer in der Bundesrepublik lebenden vertriebenen Landsmannschaften nicht gelungen, die Bedeutung dieser besonderen Rechtskonstruktion zu erkennen und zu respektieren, die es den Danzigern ermöglicht, die ihnen 1920 gegen ihren Willen zurückgegebene Eigenständigkeit der deutschen Stadtrepublik früherer Jahrhunderte nun als Rettungsanker zu würdigen und als überzeugende Rechtsposition dem internationalen Forum zu präsentieren.[272] Die Ausklammerung der Danziger

---

271 Vgl. Böttcher aaO S.43 ff.
272 Vgl. die gemeinsame Erklärung der Vertretung der Freien Stadt Danzig und der Landsmannschaft Westpreußen vom 20.6.1949 über die Sonderstellung der Freien Stadt Danzig und ihrer Angehörigen, in der die Zusammenarbeit unterstützt, zugleich aber auch die Notwendigkeit eigenständiger Organe des Danziger Staatsvolkes hervorgehoben wird (abg. im Nachtrag Dok. 1; Text auch in Unser Danzig 12/1953 S.4).

Frage bei den Verhandlungen des Zwei-plus-Vier-Vertrages sowie der deutsch-polnischen Verträge[273] hat die Berechtigung dieser Haltung der Danziger erhärtet.[274]

Der erste "Rat der Danziger" wurde am 10. Mai 1947 von Gülzow als Vorsitzendem des Arbeitsausschusses gebildet und zur konstituierenden Sitzung am 17. Juni 1947 nach Hamburg eingeladen.[275] Zu Angehörigen dieses Rates wurden berufen ehemalige nicht-nationalsozialistische führende Persönlichkeiten Danzigs, der damals noch lebende ehemalige Regierungschef Ernst Ziehm, Senatoren, Führer der Fraktionen der Oppositionsparteien im Danziger Volkstag und auf Vorschlag weitere namhafte Frauen und Männer aus dem Kreis der Danziger Staatsbürger. Der Rat billigte förmlich die bisherigen Entscheidungen und Handlungen des Arbeitsausschusses. Er bildete einen "Exekutivausschuß", der später die Bezeichnung "Vertretung der Freien Stadt Danzig" erhielt.

Diese Organe wurden vorübergehend in die amerikanische Besatzungszone nach Bad Kissingen verlegt, nachdem sie von der britischen Militärregierung zunächst als ungesetzlich verboten worden waren. Durch die Vertreter der US Regierung, insbesondere dann auch der US Botschaft in Bonn erfuhren die Danziger Organe lange Jahre hindurch eine sehr effektive, sogar anspornende Unterstützung. Nach der Bereinigung von Abspaltungsversuchen einer Gruppe von Danzigern in Frankfurt a.M. übernahm der Danziger Rechtsanwalt Norbert Sternfeld bei einer Tagung des Rates der Danziger im Januar 1948 in Bad Kissingen die Präsidentschaft der "Vertretung der Freien Stadt Danzig".

Wie die britische Militärregierung, so war auch die Bundesregierung in Bonn zunächst ablehnend, dann vorsichtig zurückhaltend in der Frage des offiziellen Kontaktes mit der Vertretung der Freien Stadt Danzig. Die BRepD hat jedoch sehr bald mit bisher allen Bundesregierungen die Rechtsauffassung der Danziger grundsätzlich geteilt[276] und gegen die Tätigkeiten der Danziger Exilorgane auf ihrem Territorium keine Bedenken geltend gemacht. Die anfängliche Zurückhaltung ist einer der Gründe für die Danziger gewesen, nicht die Bezeichnung "Exilregierung" anzunehmen. Es gab aber auch noch andere Argumente, in der Sitzung von Bund, Rat und Vertretung am 28./29. Januar 1950 in Bremen die Ablehnung der Bezeichnung "Exilregierung" zu beschließen. Infolge der Vertreibung des nahezu gesamten Staatsvolkes fehlte es an einer sonst üblichen räumlichen Trennung von Bürgern und Organen. Die Vertretung sah sich als rechtmäßiges Organ des Staatsvolkes im Exil, dessen Effektivität sie für ausreichend hielt, die Freie Stadt Danzig vor dem rechtlichen Untergang zu bewahren.[277] Hinzu kamen die Bedenken gegen den Aufwand einer ordnungsgemäß tätigen Exilregierung, der von der verarmten Danziger Bevölkerung in der Vertreibung nicht gedeckt werden konnte.

---

273 Vgl. S.176 ff.
274 Die Charta der deutschen Heimatvertriebenen vom 5.8.1950 ist deshalb von den Danziger Organen nicht unterzeichnet worden. Die Danziger haben aber am 6.8.1950 öffentlich ein Bekenntnis zur Charta abgelegt. Sie haben sich somit ebenfalls zum friedlichen Weg der Verfolgung ihrer Rechte bekannt, zugleich jedoch in einer Resolution an der Durchsetzung ihrer "berechtigten" Forderungen festgehalten (vgl. Texte des Bekenntnisses und der Resolution in: Unser Danzig 9/50 S.2).
275 Vgl. Böttcher aaO Dok.Nr.8 S.176 f.
276 Vgl. S.212 ff.
277 Vgl. auch die entsprechende Meinungsäußerung der Vertretung der Freien Stadt Danzig hierzu in: Unser Danzig 21/1958 S.7.

In dem Bestreben, dem Ausland gegenüber und auch bei der Bundesregierung die Bedenken gegen mangelnde Legitimation der Danziger Organe auszuräumen, wurden Wahlen nach demokratischen Anforderungen durchgeführt. Auf Grund einer von Rat und Bund beschlossenen Wahlordnung[278] wurde am 3. und 24. Juni 1951 und in einem nach der Wahlordnung vorgeschriebenen zweiten Wahlgang am 2. August 1951 in allgemeinen, gleichen und geheimen Wahlen der Rat der Danziger mit 36 Mitgliedern (später 24[279]) und von diesen am 4. August 1951 im Lübecker Rathaus die "Vertretung der Freien Stadt Danzig" und ihr Präsident Norbert Sternfeld gewählt.[280] Zu den Ratswahlen wurden im Bundesgebiet und West-Berlin über 53.000 Stimmen von wahlberechtigten Danziger Bürgern abgegeben. Die Wahlen sind in Abständen von 10 Jahren wiederholt worden. Zwischen den Ratssitzungen wurden die dringlichen Aufgaben von einem Ältestenausschuß wahrgenommen. Seit 1991 werden nach einer im April 1991 verabschiedeten modifizierten Wahlordnung nur noch 15 Abgeordnete gewählt, und zwar nach einem vereinfachten Verfahren im Zusammenhang mit den Wahlen der Delegiertenversammlung des Bundes der Danziger. In der derzeitigen nur dreijährigen Wahlperiode hat sich der Rat der Danziger am 10. Juli 1993 in Kassel konstituiert. Präsident der Vertretung der Freien Stadt Danzig ist jetzt Helmut Roick, der seit Jahren zugleich das Amt des Vorsitzenden des Bundes der Danziger wahrnimmt.

Die Vertretung der Freien Stadt Danzig entfaltete fortan eine intensive Tätigkeit, um auf die Bedeutung der besonderen Rechtslage Danzigs, auf die Konsequenzen der Vertreibung hinzuweisen und die alsbaldige Regelung der Danziger Probleme zu fordern. In zahlreichen Eingaben hatte sich bereits der Arbeitsausschuß an die Staatsmänner der westlichen Alliierten gewandt.[281] Im August 1948 wurde eine im wesentlichen aus einem historischen und einem völkerrechtlichen Teil bestehende Denkschrift an die VN und deren Mitgliederstaaten versandt.[282] Aus der ganzen Welt gingen Eingangsbestätigungen ein, auch von den VN. Es gelang aber bisher nicht, die Danzig-Frage auf die Tagesordnung der VN zu setzen.[283]

---

278 Wahlordnung vom 20.3.1951 (Text in: Unser Danzig 4/1951 S.4).
279 Wahlordnung vom 1.2.1970 für die Ratswahlen im September 1970 (Text in: Unser Danzig 16/1970 S.5 f.; Anhang, Dok. 17).
280 Vgl. Böttcher aaO S.45 f; Unser Danzig 7/1951 S.4.
281 Vgl. im einzelnen Böttcher aaO S.47 f. Anm.146.
282 Text in: Unser Danzig 13/1968 S.6 ff.
283 Von den Eingaben/ Stellungnahmen/ Äußerungen der Exilorgane der Danziger (aus den Akten der Vertretung der Freien Stadt Danzig) seien erwähnt:
  – Eingabe der Anghörigen der Freien Stadt Danzig in Schleswig-Holstein an Churchill vom 13.7.1945;
  – Eingabe des Mitgliedes des Danziger Volkstages Frau Prof.Anni Kalähne an Churchill vom Sept.1947;
  – Eingabe von Frau Kalähne für "Free City of Danzig's women and mother's Appeal to the United Nations" vom März 1947 und an den brit.Außenminister Bevin vom 20.8.1947;
  – Eingabe der "Vertreter der Danziger im Exil", Gerhard Gülzow, ev. Bischof von Danzig, an den US Präsidenten Truman vom Juni 1947;
  – Exposée der "Vertretung der Freien Stadt Danzig" (Vertretung) an USA, England und Frankreich vom 1.7.1947;
  – das bereits erwähnte Memorandum der Vertretung an die VN und alle Mitgliedstaaten vom August 1948 (abg. in Unser Danzig 13/68, S.6 ff.);
  – Appell der Vertretung an den ehem. US Präsidenten Hoover vom 19.11.1954 (Unser Danzig 12/54, S.3);
  – Resolution der Vertretung an die VN vom 18.9.1955 mit der Forderung: "Helft uns zur Heimkehr in unser Danzig in Recht und Freiheit. Wir fordern Gerechtigkeit für Danzig!" (Unser Danzig 10/55 S.8).

Antwort der VN vom 14.2.1956, daß die Resolution wegen der Wichtigkeit ihres Inhalts allen Mitgliedstaaten der VN zugeleitet wird (Unser Danzig 3/56 S.5);
– Erklärung der Vertretung vom November 1958 über die Wahrung der Danziger Rechte (Unser Danzig 21/58 S.7 f.);
– Telegraph. Noten der Vertretung vom 15.1.1959 an die Außenminister der USA, Englands und Frankreichs und an Bundeskanzler Adenauer: Protest gegen sowjetischen Friedensvertragsentwurf vom 10.1.1959 (mit Vorschlag zur Abtretung Danzigs an Polen), zugleich Bitte um Wiederherstellung der Rechte der Danziger (Unser Danzig 3/59 S.5);
– Aufruf der Vertretung vom 14.6.1959 an alle Völker der Welt anläßlich des Tages der Danziger in Kiel, übersandt an die VN und an die Außenministerkonferenz in Genf, mit der Forderung auf Wiederherstellung der Rechte (Unser Danzig 12/59 S.1);
– Eingabe der Vertretung der Freien Stadt Danzig vom Juni 1960 an die Regierungsvertreter der Pariser Konferenz; Appell an die Westmächte: Anmahnung der Wiederherstellung der Rechte der Danziger (Unser Danzig 12/60 S.7);
– Appell der Vertretung der Freien Stadt Danzig vom Januar 1962 an die Außenminister der USA, Englands und Frankreichs unter Mitteilung an BRepD (BKzl und BMJ): Gerechtigkeit für die Danziger, die an ihrer Heimat und ihren Rechten festhalten (Unser Danzig 3/62 S.5); von den USA am 20.3.1962 beantwortet (vgl. Anm.1043 und Unser Danzig 8/62 S.3), ebenfalls am 7.2.1962 vom Ausw.Amt der BRepD;
– Bekanntgabe einer Entschließung der Delegiertenversammlung des Bundes der Danziger (Bd.d.Dz.) durch den Präsidenten der Vertretung beim Tag der Danziger in Düsseldorf am 17.6.1962: Appell an die freie Welt und ihre Staatsmänner – Danzig war nie polnisch; Gerechtigkeit für Danzig! (Unser Danzig 13/62 S.3);
– Leitsätze zur Geschichte Danzigs, zur staats- und völkerrechtlichen Lage und zur politischen Arbeit, veröffentlicht durch die Vertretung der Freien Stadt Danzig (Unser Danzig 11/63 S.5 f.). Ergebnisse einer sechs-tägigen Sitzung der Vertretung im Herbst 1962 in Genf, am 30.4.1963 vom Rat der Danziger in Düsseldorf gebilligt, ("Grünbuch Die Freie Stadt Danzig"), als Grundlage für alle Eingaben veröffentlicht und versandt;
– "Prinzipien zur Regelung der Danziger Frage", bekanntgegeben vom Präsidenten der Vertretung beim Tag der Danziger in Münster am 14.6.1964: Aussöhnung mit polnischem Nachbarvolk als gleichberechtigte Partner (Unser Danzig 14/64 S.5 f.);
– Eingabe der Vertretung an die VN vom Januar 1965: Aufruf an die Völkergemeinschaft nach 20 Jahren Vertreibung zur Wiederherstellung der Rechte der Danziger (Unser Danzig 1/65 S.5);
– Entschließung der Vertretung vom 8.6.1969 beim 20. Tag der Danziger in Münster; Appell an die Westmächte, an die VN und die BRepD: Freiheit und Gerechtigkeit für Danzig in Frieden! (Unser Danzig 12-13/69 S.14);
– Aufruf des Bundesvorsitzenden des Bd.d.Dz. zur Neuwahl des Rates der Danziger beim Tag der Danziger am 4./5.7.1970 in Hannover: Historische Wahrheit, Verwirklichung der Rechte der Danziger (Unser Danzig 12/70 S.3);
– Schreiben der Vertretung an BKzl. und Präs.d.BT der BRepD vom 30.9.1970 anläßlich der Vertragsverhandlungen in Moskau und Warschau: Festhalten an Status und Grenzen der Freien Stadt Danzig, BRepD zu Änderungen nicht legitimiert (Unser Danzig 20/70 S.3, 5);
– Schreiben der Vertretung an Vertriebenen-Abgeordnete des Deutschen Bundestages vom 15.2.1972 zur Beratung über die Ostverträge (Text in: Unser Danzig 6/72 S.7);
– Entschließung von Vertretung, Rat und Bund vom 18.6.1972 beim Tag der Danziger 1972 in Münster/Westf. anläßlich der Ostverträge – Selbstbestimmungsrecht, Friedensvertrag, Wiederherstellung der Rechte, Verständigungspolitik mit Polen – (Text in: Unser Danzig 15/72 S.5);
– Resolution von Rat und Bund vom 5.5.1974 beim Tag der Danziger in Koblenz – Danzig 750 Jahre deutsche Stadt, Bewahrung des Kulturerbes, scherwiegendes Unrecht, Bemühung um Verständigung mit poln. Nachbarn in durchlässigen Grenzen; Festredner mit diesem Ziel: Min.Präs. von Rh-Pfalz Helmut Kohl (Text der Resol. und Festrede in: Unser Danzig 11/1974 S.7 ff.);
– "Rahmenvereinbarung für die Zusammenarbeit zwischen der Stadt Gdańsk in der Volksrepublik Polen und der Freien Hansestadt Bremen (Stadtgemeinde) in der Bundesrepublik Deutschland" vom 12.4.1976 (ohne Beteiligung der vertriebenen und gebliebenen Danziger und deren Organe sowie unter Nichtbeachtung der völkerrechtlichen Lage) und Briefwechsel hierzu zwischen Vors. des Bd.d.Dz.

Die Aktivitäten wurden unermüdlich all die Jahre fortgesetzt. Die Vertretung der Freien Stadt Danzig erarbeitete seit 1962 ein "Grünbuch Die Freie Stadt Danzig – Gerechtigkeit für Danzig – Das Problem der Freien Stadt Danzig", das nach Verabschiedung durch den Rat der Danziger im Juni 1965 herausgegeben und versandt wurde. Die Arbeit wurde gefördert durch eine Klausurtagung der Vertretung der Freien Stadt Danzig in Genf im Oktober 1962, bei der Dokumente des Völkerbundes ausgewertet wurden.[284] Bei

---

Könnemann und Bürgermeister von Bremen Koschnick im Dezember 1976 (vgl. Unser Danzig 19/1976 S.2 f., 2/1977 S.2);
– Petition der Danziger an die VN vom 30.5.1976 wegen Übergabe des Danziger Münzgoldes an Polen und Schriftwechsel hierzu mit der Commission Tripartite pour la Restitution de l'Or monetaire in Brüssel (vgl.Unser Danzig 24/1976 S.4, 14/ 1977 S.4, 17/1977 S.5);
– Brief des Vors. des Bundes der Danziger Könnemann an den US-Präs. Carter vom 4.4.1977 (Freiheit, Menschenrechte, Selbstbestimmungsrecht für die Danziger) und Antwort der US Botschaft in Bonn, auf Wunsch Carters, vom 8.11.1977 ("Literatur über Danzig wurde mit großem Interesse zur Kenntnis genommen"; Texte in Unser Danzig 7/1978 S.2);
– Eingabe der Vertretung an den Botschafter der VRep China in Bonn vom 12.9.1979: Bitte um Unterstützung durch die VRep China bei völkerrechtlicher Lösung der Danziger Frage (Unser Danzig 19/1979 S.5);
– Eingabe der Vertretung vom Herbst 1982 "Neue Initiative" an Großbritannien, Frankreich und Schweden über die Botschafter in Bonn, an die VN und an die KSZE-Nachfolgekonferenz in Madrid: betr. "Wiederherstellung der verletzten Rechte der Danziger Bevölkerung". Bitte um Unterstützung bei friedlicher völkerrechtlicher Lösung für die Danziger (Text der Eingabe in: Unser Danzig 23/1982 S.4);
– Offener Brief der Landesgruppe Rheinland-Pfalz der Paneuropa-Union Deutschland e.V. an US Präsident Ronald Reagan vom Herbst 1983 zur Unterstützung des Rechtsanspruchs der Danziger: Aufhebung der Fremdverwaltung der Freien Stadt Danzig; gerechte Lösung für die Danziger (Unser Danzig 20/1983 S.7);
– Memorandum des Rates der Danziger und der Vertretung vom Herbst 1982 im Februar 1987 gemäß Beschluß des Rates auch an den Europarat (Unser Danzig 10/1987 S.4);
– "Neue Danziger Leitlinien"des Rates und der Vertretung vom 3.11.1989, Orientierungsrahmen für die Arbeit der Danziger Organe aus Anlaß der Wende im Osten: Friedliche völkerrechtliche Lösung für die Danziger in freiheitlichem Europa (Unser Danzig 23/1989 S.5);
– Offener Brief des Vors. des Bundes der Danziger vom 1.3.1990 an Bundeskanzler der BRepD Helmut Kohl: Bitte um Beachtung der Sonderstellung Danzigs bei den Verhandlungen mit Polen über dessen Westgrenze (Text in: Unser Danzig 6/1990 S.4);
– Erklärung der Vertretung "Für Danzigs Recht" vom 5.4.1990: Verständigung mit Polen auf der Grundlage des Rechts, der historischen Wahrheit, eines tragbaren Ausgleichs, im Rahmen der europäischen Friedensordnung in offenen Grenzen (Text in: Unser Danzig 7/1990 S.3);
– Erklärung des Rates der Danziger vom 27.4.1990: Grundlage Grünbuch 1965 und Leitlinien 1989, Bestätigung des Offenen Briefes vom 1.3. und der Erklärung der Vertretung "Für Danzigs Recht" vom 5.4.1990. Auftrag an Vertretung, diesen Standpunkt den VN und der KSZE vorzutragen (Text in: Unser Danzig 10/1990 S.4);
– Auf die Anfrage eines Danzigers an die VN vom 19.9.1991 zur Postulationsfähigkeit der Freien Stadt Danzig ist mit Schreiben der VN vom 20.11.1991 (Schreiben von Wilfrid De Souza, Directeur adjoint et Directeur chargé de la Divison de la décolonisation et de la tutelle Département des questions politiques spéciales, de la coopération régionale, de la décolonisation et de la tutelle; aus den Akten der Vertretung) abschlägig beschieden worden. In diesem Schreiben ist zutreffenderweise mitgeteilt worden, die politischen Funktionen des VB bezüglich der Freien Stadt Danzig seien von den VN nicht übernommen worden. Das Schreiben enthält jedoch die nicht zutreffenden Feststellungen, durch den Zwei-plus Vier-Vertrag vom 12.9.1990 und den deutsch-polnischen Grenzbestätigungsvertrag vom 14.11.1990 sei die Souveränität Polens über Danzig entschieden worden; bereits 1939 sei diese Regelung festgelegt worden. Bei einem Besuch in New York am 19.8.1991 und anschließend in einem Schreiben vom 30.1.1992 hat der damalige Präsident des Rates der Danziger Karl-Heinz Mattern diese falschen Darstellungen richtiggestellt und seine Klarstellung durch Übersendung des Grünbuches der Freien Stadt Danzig untermauert.

284 Vgl. den Bericht der Vertretung der Freien Stadt Danzig in: Unser Danzig 11/1963 S.5 f.

dieser Gelegenheit kam auch eine Begegnung mit dem letzten VBK Carl Jacob Burckhardt zustande, der die Bedeutung der Tätigkeiten der Danziger Organe unterstrich.[285] Im Grünbuch wurden die geschichtlichen, kulturellen, wirtschaftlichen, rechtlichen und politischen Grundlagen dargestellt und in Leitsätzen (in deutscher, englischer und französischer Sprache) zusammengefaßt. Die Aussichten derartiger Vorstöße verringerten sich aber seit Mitte der sechziger Jahre in dem Maße, in dem die USA und die UdSSR einen vorübergehenden Annäherungskurs einleiteten und gegenseitig die Einflußräume respektierten. Die westlichen Aliierten wie auch die Bundesrepublik Deutschland blieben zwar bei ihrer Rechtsmeinung des Fortbestandes des Danziger Staates und der Lösungsbedürftigkeit. Letzlich war aber kein Staat bereit, von sich aus für Danzig die politische Hand zu rühren.

Erst mit dem Zusammenbruch der Sowjetunion und der DDR seit 1989 und mit dem Umbruch der ostmitteleuropäischen Staaten hat auch die Danziger Frage eine neue Belebung erfahren, die Handlungsbedarf erzeugte. Auf das Offenlassen der Danziger Frage bei den Zwei-plus-Vier-Verhandlungen und bei den deutsch-polnischen Verträgen wurde bereits hingewiesen. Unter Ausnutzung dieser völlig neuen Ausgangslage haben die Danziger sehr bald nach der "Wende" mit der Erarbeitung einer Aktualisierung des Grünbuches unter dem Titel "Die Freie Stadt Danzig – Gerechtigkeit für die Danziger – Das Problem der Freien Stadt Danzig" begonnen. In dieser Neuauflage wird die politische und rechtliche Entwicklung seit 1965 berücksichtigt und die Lösung der Danzig-Frage in die Zielkonzeption der europäischen Staaten eingepaßt.[286] Dieses neue Grünbuch wird von den Danziger Organen als Beitrag für politische Gestaltungsvorstellungen, somit als ein wichtiges Dokument für die im April/Mai 1995 versendeten Eingaben[287] angesehen, in denen der Republik Polen gemeinsamer Aufbau im zusammenwachsenden Europa vorgeschlagen wird. Am 27. April 1995 hat ein Delegierter der Danziger Organe diese neuerlichen, von den Präsidenten des Rates der Danziger und der Vertretung der Freien Stadt Danzig unterzeichneten Anträge und Petitionen in der politischen Abteilung der VN in New York überreicht und erläutert.

---

285 Diese Darstellung beruht auf Aufzeichnungen des Verfassers, der an diesem Gespräch zwischen Burckhardt und Sternfeld am 3. Oktober 1962 teilgenommen hat.
286 Das neue Grünbuch, Lübeck, Juni 1994, ist im Oktober 1994 ausgeliefert worden.
287 – **Eingabe** an die Vier Mächte (USA, UK, Frankreich, Rußl. Föderation) als Träger der Schutzbeziehung für Danzig, mit dem Petitum, eine völkerrechtliche, vertragliche Lösung im Rahmen des zusammenwachsenden Europa einzuleiten;
– **Antrag** an die Vereinten Nationen, die Völkerbundsaufgabe zu übernehmen und sich mit der Danziger Frage zu befassen:
– **Note** an die Republik Polen mit dem Ersuchen, die Verwaltungsbesetzung Danzigs zu beenden und Verhandlungen über gemeinsame Lösungen einzuleiten.;
– **Schreiben** an die Bundesrepublik Deutschland mit dem Ersuchen, sich an den Bestrebungen für eine völkerrechtliche Lösung für die Danziger verantwortlich zu beteiligen;
– **Schreiben** an Europarat, Europäische Union, Europäisches Parlament und OSZE mit der Aufforderung, die Herbeiführung einer Lösung für die Danziger zu unterstützen.
Diese Dokumente sind von der Vertretung der Freien Stadt Danzig zur Verfügung gestellt worden. Zur weiteren Behandlung dieser Dokumente vgl. Nachtrag, S. 317ff.

V. Die Danziger in Danzig

Den in Danzig gebliebenen Danzigern[288] wurde unter polnischer Verwaltung jede Möglichkeit genommen, sich zum Deutschtum zu bekennen und sich zu organisieren, geschweige denn sich mit den vertriebenen Landsleuten im Westen zusammenzuschließen. Sie wurden verfolgt. Die deutsche Sprache durfte nicht gesprochen werden. Die Kinder konnten nicht mehr Deutsch lernen. Die gebliebenen Danziger hatten unter dem polnischen Verwaltungsregime ein schweres Schicksal. Dieser Zustand änderte sich jedoch seit 1989, als die Republik Polen sich anschickte, einen rechtsstaatlicheren und demokratischeren Weg zu beschreiten.[289] Die bis dahin unterdrückten Deutschen, deren Existenz geleugnet wurde, kamen nun nach und nach zun Vorschein.

Bereits Anfang 1988 hatte eine kleine Gruppe junger Deutscher, die trotz der immer schwieriger werdenden Lebensverhältnisse ihre Heimat nicht verlassen wollten, versucht, einen "Bund polnischer Bürger deutscher Abstammung" zu gründen. Nach Änderung der Gesetzesgrundlage und nach verwaltungsmäßigen Verzögerungen wurde der Bund am 15. März 1990 gerichtlich eingetragen. Der Name "Bund der Bevölkerung Deutscher Abstammung mit Sitz in Danzig" wurde am 6. August 1990 beim Wojewodschaftsgericht in Danzig eingetragen und am 30. April 1994 in "Bund der Deutschen Minderheit in Danzig" geändert. Die meisten Mitglieder melden sich aus Danzig, wo der Bund seinen Sitz hat. Es kamen aber auch immer mehr Deutsche aus dem an das Danziger Territorium angrenzenden westpreußischen Raum hinzu.

Aus dieser der Verwaltungsgliederung der Republik Polen folgenden Enwicklung wird deutlich, daß der in Danzig gegründete Bund bezüglich seiner territorialen Kompetenz (Wojewodschaft Danzig) nicht deckungsgleich ist mit dem Bund der Danziger im Westen, zu dem nur die aus dem Gebiet der Freien Stadt Danzig Vertriebenen gehören. Sowohl der Bund der Danziger als auch die Landsmannschaft Westpreußen haben sich deshalb in die sozialen und kulturellen Aufgaben zu teilen und die gemeinsamen Probleme in enger Zusammenarbeit zu lösen. Staatspolitisch und staatsrechtlich sind dagegen die Aufgaben der Danziger Organe auf das Territorium der Freien Stadt Danzig beschränkt, in dem aus anderem Rechtsgrund als ggf. bei Westpreußen eine völkerrechtliche Lösung noch aussteht.

In der Wahlversammlung am 19. Mai 1990 fand in Danzig die erste Jahresversammlung des Bundes statt, in der sieben Vorstandsmitglieder und der Kontrollausschuß gewählt wurden. Zum Vorsitzenden wurde Gerard Olter und in der Jahresversammlung am 30. April 1994 Siegfried Sternicki gewählt. Nach mehreren mißglückten Versuchen (Brandanschläge usw.) gelang es, ab 1. Juli 1991 in Danzig-Langfuhr, Brunshöferweg 36 (ul. Warynskiego 36), eine Geschäftsstelle für den Bund einzurichten.

---

288 Vgl. S.155 f.
289 Vgl. den nicht veröffentlichten schriftlichen Bericht (Vortrag) des 1993 gestorbenen Siegfried Dertz vom 23. 11. 1991 (von S.Dertz zur Verfügung gestellt).

Zweiter Abschnitt: Rechtliche Würdigung

Teil 1: Abtrennung Danzigs und Staatsgründung (1919/20)

I. Entstehung des Danziger Staates[290]

Als Polen nach Überwindung seines Niederganges im 18. Jahrhundert nach dem Ersten Weltkrieg neu erstand, verfiel es wie alle Nationalstaaten im europäischen Raum, insbesondere auch Deutschland, der Verführung nationalistisch geprägter Zielsetzungen. Die Folge waren die politischen Fehlentscheidungen, staatliche Territorialhoheit auf Gebiete anderer Völker auszudehnen, mit all den verhängnisvollen Konsequenzen, die später dem NS-Reich seine Gewaltpolitik auch zum Nachteil der Polen erleichterten und die in Europa heute so schwer zu bewältigen sind.

1. Vertragsverhandlungen

Die Lage im Osten nach Beendigung des Ersten Weltkrieges war gekennzeichnet durch den Zerfall Rußlands und den Zusammenbruch Deutschlands, das sein Ziel, ein von Rußland unabhängiges Polen zu errichten[291], nicht mehr verwirklichen konnte. Frankreich hingegen nutzte die Schwäche des besiegten Deutschen Reiches, um mit Hilfe eines neuen auch von Rußland unabhängigen polnischen Staates eine Wiedererstarkung Deutschlands zu verhindern. In den Friedensverhandlungen war es Frankreich, das sich nachhaltig dafür einsetzte, das auch mit deutscher Initiative wiedererstandene Polen auf Kosten Deutschlands zu stärken[292] und das überspannte polnische Expansionsprogramm[293] unterstützte. Der neue polnische Staat nutzte diese Konstellation und versuchte erneut, sich der alten deutschen Stadt Danzig zu bemächtigen. Vertreter des polnischen Nationalkomitees bemühten sich, die Meinung der Siegermächte, besonders in den USA mit ihrem nahezu 4 Millionen betragenden polnischen Bevölkerungsanteil einseitig zu beeinflussen.[294]

---

[290] Vgl. zu diesem Abschnitt die Darstellungen bei Ramonat S.14 ff.; Recke, Die Wiederaufrichtung Polens, S.ff.; ders., Der diplomatische Kampf um Danzig, S.9 ff.; ders., Danzig auf der Pariser Friedenskonferenz; Keyser, Danzigs Geschichte, S.259 ff.; Schumacher S.295 ff.; Ruhnau aaO S.8 ff.; Neumeyer, Westpreußen, S.390 ff.; Broszat S.201 ff.; Krüger S.58 ff.; Boockmann aaO S.395 ff.
[291] Vgl. Broszat S.182 ff.
[292] Vgl. Recke, Die Wiederaufrichtung Polens, S.7.
[293] Vgl. Krüger S.59.
[294] Vgl. Recke, Der diplomatische Kampf um Danzig, S.11 f. Nach einer Sitzung des amerikanischen Senats Anfang November 1918 erklärte der polnische Verfasser einer dort vorgetragenen Denkschrift gegenüber dem US-Präsidenten Wilson: "Herr Präsident, Sie wissen zweifellos, wie nahe diese Frage Ihren amerikanischen Polen geht. Die an ihrer Spitze stehenden Leute stammen vorwiegend aus den von Preußen geraubten polnischen Ländern. Wenn wir also die uns zukommende Grenze mit

Der amerikanische Präsident Woodrow Wilson hatte im Punkt 13 seiner vierzehn Grundsätze für einen allgemeinen Weltfrieden in einer Botschaft vom 8. Januar 1918[295] an den US-Kongreß erklärt:

> *"Ein unabhängiger polnischer Staat soll errichtet werden, der die von einer unbestreitbar polnischen Bevölkerung bewohnten Gebiete umfassen soll, dem ein freier und gesicherter Zugang zum Meere gewährleistet und dessen politische und wirtschaftliche Unabhängigkeit sowie territoriale Integrität durch internationalen Vertrag garantiert werden soll."*

Auf französische Initiative wurden zu den Vorbereitungsverhandlungen für den Friedensvertrag zwei Vertreter des von Roman Dmowski 1917 in Lausanne gegründeten, später nach Paris übergesiedelten Polnischen Nationalkomitees zugelassen.[296] Delegationsleiter war der polnische nationaldemokratische Politiker Dmowski, der sich seit 1907 für eine Anlehnung Polens an Rußland eingesetzt hatte, seine Pläne infolge des Kriegsverlaufs dann aber änderte. Den zweiten Platz nahm der Pianist und spätere polnische Ministerpräsident Ignaz Paderewski ein.[297] Dmowski trug auf der Grundlage mehrerer von ihm verfaßter Denkschriften am 29. Januar 1919 dem "Zehnerrat" (Premierminister und Außenminister der Großmächte USA, Großbritannien, Frankreich, Italien und Japan)[298] über die Lage Polens vor und präsentierte die polnischen territorialen Forderungen, insbesondere auf Zubilligung eines territorialen Zugangs zur Ostsee. Eine vom Rat der Zehn mit der Festlegung der künftigen polnischen Grenze beauftragte Kommission für die polnischen Angelegenheiten ("Commission des affaires polonaises")[299] begann ihre Tätigkeit unter Leitung des früheren Botschafters Frankreichs in Berlin, Jules Cambon, am 12. Februar 1919 und bildete zur Prüfung und Projektierung der künftigen Grenze zwei Unterkommissionen. Im Verlaufe der Tätigkeit der Kommissionen verschärfte sich ein französisch britischer Gegensatz. Während Frankreich intensiv die gegen Deutschland gerichteten Ansprüche der Polen unterstützte, setzte sich der britische Premierminister Lloyd George, unterstützt von Italien, für eine Lösung ein, die auch die deutschen Interessen und das deutsche Volkstum berücksichtigte.[300]

Der amerikanische Präsident Wilson spielte zunächst eine vermittelnde Rolle, blieb aber von den polnischen Vorstellungen nicht unbeeindruckt und unterstützte schließlich de-

---

Deutschland nicht erhalten, wenn wir nicht nur Posen, sondern auch Schlesien und unser Ostseegebiet mit Danzig nicht erhalten, so wird keiner von ihnen verstehen, warum das geschah. Und das sind Leute, welche heute fest an Sie glauben." (Recke aaO S.11 f. nach den Memoiren von Dmowski).

295 Vgl. Schumacher S.295 Anm.*; engl. Text siehe unten S.226.
296 Vgl. Recke, Der diplomatische Kampf um Danzig, S.9 ff.; bald darauf Vereinigung mit dem in Warschau proklamierten Regentschaftsrat zur neuen Regierung Polens.
297 Vgl. Ruhnau aaO S.9.
298 Vgl. Recke aaO S.13; später "Rat der Vier" ("Die großen Vier": Wilson-USA, Lloyd George-Großbritannien, Clemenceau-Frankreich und Orlando-Italien); vgl. Lansing, S.4 f.
299 Vgl. Ramonat, S.18 f.
300 Vgl. Recke, Die Wiederaufrichtung Polens, S.17 ff.; Ramonat S.19 f.; vgl. auch Decker S.119. Der brit. Außenminister Lord Balfour hatte sich bereits der im April 1917 verfaßten Denkschrift widersetzt, mit der Dmowski u.a. die Abtretung deutscher Ostprovinzen forderte (vgl. Ramonat S.18).

ren Argumentation, insbesondere hinsichtlich der Schaffung eines freien Zugangs zum Meer.[301] In einer im März 1919 vom Polnischen Nationalkomitee vorgelegten, von polnischen Sachverständigen erarbeiteten Sammeldenkschrift wie auch in der gesamten lebhaften Verhandlungstätigkeit der Polen wurde zur Geschichte und Lage der deutschen Gebiete, insbesondere über Danzig und Ostpreußen, ein völlig unzutreffendes Bild vermittelt, mit dem die beteiligten Mächte einer propolnischen Lösung geneigt gemacht werden sollten. Mit Hilfe von Verfälschungen der tatsächlichen Verhältnisse wurde z.B. für das seit vielen Jahrhunderten rein deutsche Danzig, das zu keiner geschichtlichen Epoche, auch vor Beginn der deutschen Besiedlung um die Jahrtausendwende, weder ethnisch noch staatsrechtlich polnisch gewesen war, der Eindruck einer im wesentlichen polnischen Bevölkerung und Geschichte Danzigs zu erzeugen versucht. Fußend auf dieser Denkschrift behaupteten die Vertreter des Polnischen Nationalkomitees in Paris vor der Kommission zur Festlegung der deutsch-polnischen Grenze, Danzig sei schon seit dem Jahre 997 eine polnische Stadt. Die Germanisierung Danzigs sei oberflächlich und sobald die Polen das Recht haben würden, sich in der Stadt niederzulassen, werde sie wieder polnisch werden.[302] Die polnischen Forderungen umfaßten im Norden schließlich das gesamte Gebiet des Weichseldeltas mit Elbing und Danzig sowie Ostpreußen mit Königsberg. Die Polen versuchten diese Ansprüche mit der historisch nicht nachvollziehbaren Behauptung zu erhärten, Deutschland sei immer der Hauptfeind Polens gewesen, und Polen müsse durch eindeutige Gebietsübertragungen und durch die Errichtung eines mächtigen polnischen Staates künftig vor derartigen Gefahren bewahrt werden.

In diesem Verhandlungsstadium griff Lloyd George ein und wandte sich hartnäckig gegen die überzogenen von Clemenceau und Wilson unterstützten polnischen Forderungen.[303] Anfang April 1919 einigten sich Wilson und Lloyd George in einer Besprechung über das Schicksal Danzigs auf den Kompromißvorschlag, Danzig als eine Freie Stadt zu verselbständigen.[304] Die Tatsache des rein deutschen Charakters Danzigs war, vor allem auf Initiative des britischen Premierministers, ausschlaggebend für den Entschluß, Danzig nicht an Polen abzutreten.

In den am 29. Mai 1919 überreichten, für die weiteren Verhandlungen sehr wirksamen "Bemerkungen der deutschen Delegation zu den Friedensbedingungen"[305] zu dem am 7. Mai ausgehändigten Entwurf des Friedensvertrages lehnte die deutsche Regierung u.a. die Abtretung Westpreußens und Danzigs ab, erklärte sich bereit, Polen in Danzig,

---

301 Vgl. Recke, Der diplomatische Kampf um Danzig, S.11 ff.
302 Vgl. Recke, Die Wiederaufrichtung Polens, S.9.
303 Vgl. die Darstellung der Behandlung der Danziger Frage in der Sitzung der "Großen Vier" am 19.3.1919 und die harte Auseinandersetzung insbesondere zwischen Lloyd George und Clemenceau in den sich anschließenden zähen Verhandlungen, aus denen der Ausspruch Wilsons zu seinem Freunde Baker überliefert ist: *"Das einzige wahre Intesesse Frankreichs an Polen besteht in der Schwächung Deutschlands, indem Polen Gebiete zugesprochen werden, auf die es kein Anrecht hat"*, bei Recke, Der diplomatische Kampf um Danzig, S.14 ff.
304 Vgl. Recke ebda. S.16.
305 Vgl. Recke aaO S.17 f.; abg. bei Kraus-Rödiger S.433 ff., S.468 f.

Königsberg und Memel Freihäfen einzuräumen und den von Polen gewünschten Zugang zum Meere durch eine Weichselschiffahrtsakte und besondere Eisenbahnverträge unter internationaler Garantie zu gewähren. Weiter wird zu Danzig u.a. ausgeführt:

"...Insbesondere steht die in den Artikeln 100 bis 108 verlangte Preisgabe der rein deutschen Hansestadt Danzig und ihrer ebenfalls rein deutschen Umgebung im schroffsten Gegensatz zu allen in den Erklärungen des Präsidenten Wilson gegebenen Zusicherungen. ...Selbst die Polen bestreiten nicht ernstlich, daß Danzig stets deutschen Charakter gehabt hat. Der Versuch, Danzig zu einer freien Stadt zu machen, sein Verkehrswesen und die Vertretung seiner Rechte nach außen dem polnischen Staat auszuliefern, würde zu heftigem Widerstand und zu einem dauernden Kriegszustand im Osten führen. Dabei sind die wirtschaftlichen Maßnahmen so getroffen, daß für Danzig jeder Verkehr mit Deutschland aufs äußerste erschwert wird – offenbar zu dem Zweck, dieses rein deutsche Gebiet im Laufe der Zeit durch wirtschaftlichen Druck zu polonisieren. ..."

Warnende Stimmen mehrten sich. Ein Friedensvertrag werde nicht Bestand haben, der Millionen Deutscher der Herrschaft des neuen Polen unterstelle. Die Skepsis – durch die späteren prodeutschen Abstimmungsergebnisse bestätigt – gegenüber den unberechtigten polnischen Forderungen wuchs. Der südafrikanische Ministerpräsident Jan Smuts warnte in Briefen an Lloyd George und Wilson eindringlich vor einer "ungebührlichen Vergrößerung Polens" auf Kosten deutscher Gebiete als einem Kardinalfehler des Friedensvertrages.[306] Wilson beharrte jedoch in einer Besprechung mit der amerikanischen Friedenskommission am 3. Juni 1919, unterstützt von dem Geschichtsprofessor Lord, auf der Grundlage der unzutreffenden historischen Sachverständigen-Gutachten, die unter dem Deckmantel wissenschaftlicher Objektivität erstellt waren, zunächst im wesentlichen auf seiner Haltung. Gegen fieberhafte polnische Einflußversuche hatte Lloyd George schließlich nochmals Verbesserungen zugunsten Deutschlands durchgesetzt (Volksabstimmung in Oberschlesien), als am 4. Juni 1919 die Fassung des Vertragsentwurfs beschlossen wurde, die am 28. Juni 1919 die deutsche Delegation in Versailles unterzeichnete.[307] Auch die Zurückziehung Dmowskis im letzten Verhandlungsstadium hatte dieses Ergebnis nicht mehr beeinflussen können.

In ihrer Mantelnote vom 16. Juni 1919[308] zur Beantwortung der deutschen Gegenvorstellungen vom 29. Mai 1919 gegen die Abtretung Danzigs vom Deutschen Reich erklärten die Alliierten und Assoziierten Hauptmächte:

"Die Stadt Danzig soll die Verfassung einer Freien Stadt erhalten; ihre Einwohner sollen autonom sein; sie sollen nicht unter die Herrschaft Polens kommen und sollen keinen Teil des polnischen Staates bilden. Polen soll gewisse wirt-

---

306 Vgl. Recke, Die Wiederaufrichtung Polens, S.19 f.
307 Vgl. Recke ebda. S.25 f.
308 Mantelnote Clemenceaus vom 16.6.1919, azw. abg. bei Lewinsky-Wagner S.194; vgl. auch Keyser, Danzigs Geschichte, S.267; Recke, Der diplomatische Kampf um Danzig, S.18 f. In dieser Note wird außerdem ausgeführt, Danzig *"wird sich nun von neuem in der Lage befinden, die der während so vieler Jahrhunderte von ihm eingenommenen ähnlich ist"*. (vgl. Keyser aaO S.265).

schaftliche Rechte in Danzig bekommen, die Stadt selber ist von Deutschland abgetrennt worden, weil es kein anderes mögliches Mittel gab, jenen – «freien und sicheren Zugang zum Meere» zu verschaffen, welchen Deutschland zu überlassen versprochen hatte."

2. Protest der Danziger

Bevölkerung und Magistrat der Stadt Danzig reagierten auf die Abtrennungspläne mit großer Erregung, Verbitterung und Protest. Der Danziger Magistrat richtete am 14. Oktober 1918 nachstehendes Protest-Telegramm an das Reichsinnenministerium in Berlin[309]:

"Präsident Wilson will alle Länder unzweifelhaft polnischer Bevölkerung zu dem unabhängigen neuen polnischen Staat vereinigen. Demgegenüber stellen wir fest, daß Danzig nimmermehr diesem Polen angehören darf. Unsere alte Hansestadt Danzig ist durch deutsche Kulturkraft entstanden und gewachsen, sie ist kerndeutsch. Wir nehmen für uns das Selbstbestimmungsrecht der Völker in Anspruch. Wir wollen deutsch bleiben immerdar.

Der Magistrat. Dr. Bail, Bürgermeister".

In einer wenige Tage später an die Reichsregierung übersandten, in der Tagespresse veröffentlichten Denkschrift[310] beriefen sich die Danziger auf ihre deutsche Vergangenheit und auf die Tatsache, daß auch die gegenwärtige Danziger Bevölkerung nur zu 2 % dem polnischen Volkstum angehörte. Damit wurde die Behauptung der Vertreter Polens widerlegt, daß Danzig aus nationalen Gründen dem neuen polnischen Staate zugesprochen werden müsse. Weitere Protesterklärungen kamen vom Vorsteheramt der Kaufmannschaft als der berufenen Vertretung der Danziger Wirtschaftskreise und von zahlreichen öffentlichen Versammlungen der Gesamtheit der Danziger Bürgerschaft.[311] Am 28. Januar 1919 erklärten alle namhaften Danziger Kaufleute im Artushof einstimmig[312]:

"...daß sie getreu der Jahrhunderte alten Überlieferung des Danziger Handelsstandes kerndeutsch sind in ihrem Fühlen, Denken und Handeln. Wie seine Altvordern will auch das jetzige Geschlecht der Danziger Kaufleute mit den Nachbarnationen in Frieden und Freundschaft leben, Handel treiben, an fremder Kultur teilnehmen und die eigene Kultur zur Geltung bringen. Der Danziger Kaufmann richtet seinen Blick auf die Verbindung mit der Handelswelt der ganzen Erde, aber unentreißbar wurzelt er im Boden der deutschen Kultur und

---

309 Vgl. Ruhnau aaO S.9; vgl. für die gleichlautende Erklärung des Danziger Magistrats vom 15.10.1918, Keyser, Danzigs Geschichte, S.261.
310 Vgl. Keyser ebda.
311 Vgl. Keyser ebda.
312 Vgl. Keyser aaO S.262.

weist daher jeden Gedanken der Abtrennung Danzigs von Deutschland und des Übertritts zu einer anderen staatlichen Gemeinschaft als unerträglich und voll schwerer Zukunftsgefahren zurück".

Am 23. März 1919 versammelten sich etwa 70.000 Danziger auf dem Heumarkt, um vor aller Welt das Deutschtum Danzigs zu bekunden und gegen die Abtrennung vom deutschen Vaterland zu protestieren. Etwa 100.000 Danziger Bürger aus allen Ständen und Berufen erhoben am 25. April 1919 in einer öffentlichen Versammlung schärfsten Einspruch *"gegen die drohende Vergewaltigung und Mißachtung ihrer heiligsten Rechte"*.[313] Die Bevölkerung der Halbinsel Hela wandte sich am 1. Juli 1919 in einer eindringlichen Petition an das Oberpräsidium gegen die Abtretung an Polen und forderte die Eingliederung in die Freie Stadt Danzig.[314] Weitere Kundgebungen 1919/1920 folgten.[315]

Deutschland hatte mit den Noten vom 3. und 12. Oktober 1918 Punkt 13 der 14 Punkte Wilsons vom 8. Januar 1918 in Kenntnis der Aussage Wilsons vom 22. Januar 1917 angenommen, daß der Zugang zum Meer nicht durch Gebietsabtretung, sondern durch Neutralisierung von Wegerechten realisiert werden könne.[316] Die mit dem Versailler Vertrag gegen den Willen der Danziger von den Alliierten durchgesetzte Abtretung Danzigs stellte eine Verletzung der von Wilson formulierten Grundsätze des Selbstbestimmungsrechts sowie der Vorfriedensvereinbarungen dar. Die für die Abtretung Danzigs verwendete Begründung der Schaffung eines freien Zugangs zur Ostsee für Polen war völkerrechtlich nicht haltbar, weil es eine Völkerrechtsnorm dieser Art zulasten eines anderen Staates nicht gibt.[317] Aber auch ein politischer Begründungsversuch war bald entfallen, als Polen sich im Korridorgebiet, mit dem es nun auf Kosten Deutschlands an die Ostsee grenzte, mit dem Hafen Gdingen einen wirksamen Zugang zum Meere geschaffen hatte.[318]

---

313 Vgl. Keyser ebda.
314 Vgl. Ramonat S.16.
315 Vgl. Sahm, Erinnerungen, S.9.
316 Vgl. Note der deutschen Regierung an den amerikanischen Präsidenten vom 3.10.1918 und deutsche Note vom 12.10.1918 in Beantwortung einer Anfrage des amerikanischen Außenministers Lansing vom 18.10.1918 (vgl. Decker S.115), erwähnt auch in der deutschen Antwortnote vom 29.5.1919, vgl. Recke, Der diplomatische Kampf um Danzig, S.17; vgl. auch die bestätigenden amerikanischen Noten vom 14., 23. und 27. Okt. 1918 sowie die Note vom 5.11.1918, mit der auch das Einverständnis der Alliierten mitgeteilt wurde (vgl. Decker S.115 f.).
317 Vgl. unten S.239 f. und Anm.1215.
318 Vgl. oben S. 53.

II. Abtretung Danzigs an die Hauptmächte

1. Verbindlichkeit des Versailler Vertrages

Mit dem Inkrafttreten des am 28. Juni 1919 unterzeichneten Versailler Vertrages (VV)[319] gemäß Art.440 am 10. Januar 1920 wurde Danzig mit seiner Umgebung vom Deutschen Reich abgetreten. Mit dieser Regelung verletzten die Alliierten die mit Deutschland vereinbarten Grundlagen für den Abschluß des Friedensvertrages auch zur Danziger Frage. Nach einem Notenwechsel zwischen der amerikanischen und deutschen Regierung wurde Deutschland am 5. November 1918 vom US-Außenminister Lansing mitgeteilt, daß die Alliierten einverstanden seien, sich entsprechend den deutschen Vorschlägen für den Friedensschluß mit Deutschland an die Erklärungen Wilsons über die Prinzipien des Selbstbestimmungsrechts der Völker zu binden (Vorfriedensvertrag).[320] Im Vertrauen auf diese Vereinbarung war Deutschland zum Waffenstillstand bereit.[321]

Außerdem erhob sich eine bis zum Zweiten Weltkrieg andauernde völkerrechtliche Auseinandersetzung über die Frage der Bindungswirkung des Versailler Vertrages wegen der erzwungenen Unterzeichnung und im Hinblick auf die den Kern der staatlichen Existenz beeinträchtigenden gebietlichen und wirtschaftlichen Knebelungsbestimmungen[322], die mit dem Prinzip des Selbstbestimmungsrechts nicht in Einklang standen.

Trotz dieser erheblichen Mängel, die nach heutiger Völkerrechtslage zu deutlicheren Konsequenzen führen würden[323], setzte sich zwar im Laufe der Jahre mehr und mehr der Gedanke von Revisionsbedürftigkeiten durch[324], entwickelte sich aber der VV als verbindliche und anerkannte Regelung im Staatengefüge jener Jahre, in denen das Selbstbestimmungsrecht der Völker noch nicht als geltendes Völkerrecht anerkannt war. Das Deutsche Reich hat sich auch nicht dazu entschlossen, formell die Völkerrechtswidrigkeit des VV geltend zu machen.[325]

2. Übergang der territorialen Souveränität und der Gebietshoheit

a) Übertragungsakte

Gemäß Art.100 VV verzichtete Deutschland zugunsten der Alliierten und Assoziierten Hauptmächte auf alle Rechte und Ansprüche bezüglich des näher umschriebenen Gebie-

---

319 RGBl 1919 S.687 ff.; die Bestimmungen über die Freie Stadt Danzig (Art.100-108) sind abg. im Anhang, Dok. 1.
320 Vgl. Decker S.115 ff.; vgl. auch oben S.81 und unten S.227.
321 Vgl. Decker S.116.
322 Vgl. die Literaturübersicht bei Gornig, Das Memelland, S.67 ff.
323 Vgl. die Nichtigkeitsfolge bei Verträgen, die durch Androhung oder Anwendung von Gewalt unter Verletzung von Völkerrechtsgrundsätzen der VN-Charta zustandegekommen sind (vgl. Art.52 WVRK – BGBl 1985 II S.926).
324 Vgl. bezüglich der Danziger Frage oben S.52 f.
325 Vgl. Gornig, Das Memelland, S.70.

tes. Gleichzeitig erwarben gemäß Art.256 VV die "Mächte" – im Falle Danzigs die Hauptmächte–, in deren Besitz deutsches Gebiet überging, alles Gut und Eigentum des Deutschen Reiches, das in den Gebieten gelegen war.

Das zwischen den Alliierten und dem Deutschen Reich am 9. Januar 1920 in Paris unterzeichnete Übereinkommen betreffend die Abtretung der Gebiete von Memel und Danzig[326], das die Übergabe des Gebietes und den Übergang der Verwaltung regelte[327], ging in Nr.1 davon aus, daß die Souveränität auf die Alliierten und Assoziierten Hauptmächte mit dem Inkrafttreten des VV (10.1.1920) ipso facto übergegangen ist.

Am 24. Januar 1920 wurde die Danziger Garnison des Deutschen Reiches verabschiedet.[328] Für die alliierten Truppen bezog der englische Oberbefehlshaber in Danzig General Sir Richard Haking am 31. Januar 1920 seinen Amtssitz im früheren Generalkommando des Generalfeldmarschalls v.Mackensen, am 9. Februar 1920 gefolgt von einem englischen Infanteriebataillon unter Führung des Oberstleutnants Strutt. Anschließend[329] verließen die letzten deutschen Truppen, ein Bataillon des Danziger Infanterie-Regiments Nr.128, die Stadt.

Der von den Alliierten zu deren Vertreter und zur Verwaltung des Danziger Gebietes eingesetzte englische Diplomat Sir Reginald Tower, der alsbald auch zum vorläufigen Hohen Kommissar des Völkerbundes ernannt wurde, traf am 11. Februar in Danzig ein. Diese Aufgabe hatte bis dahin der bisherige Regierungspräsident von Danzig und stellvertretende Oberpräsident der Provinz Westpreußen Foerster wahrgenommen, der am 4. Dezember 1919 zum Reichs- und Staatskommissar für die Ausführung des VV in den abgetretenen Teilen des Regierungsbezirks Danzig ernannt worden war. Foerster führte die Verwaltung auf Ersuchen von Tower bis zu dessen Übernahme fort. Vom 10. Januar bis zur Übergabe der Verwaltung an Sir Reginald Tower am 13. Februar 1920 war Foerster neben seiner Funktion als deutscher Reichs- und Staatskommissar zugleich Vertreter der Alliierten und Assoziierten Hauptmächte.[330] Durch VO vom 5. März 1920 berief Tower zu seiner Unterstützung einen "Staatsrat" zur Wahrnehmung der Aufgaben der staatlichen Verwaltung, der sich – durch Verordnung vom 25. März erweitert[331] – unter Vorsitz des am 2. Februar 1919 zum Oberbürgermeister der Stadt Danzig gewählten Heinrich Sahm aus sieben hohen Danziger Beamten und sechs Vertretern der politischen Parteien zusammensetzte.[332] In erster Linie hatte der Staatsrat sich mit dem Aufbau der Danziger Verwaltung, mit der Grenzfestlegung durch die Kommission zur Festsetzung der Grenze der Freien Stadt Danzig, der Verfassungsgebung und der Vorbereitung des nach Art.104 VV abzuschließenden Danzig-polnischen Vertrages zu befassen.

---

326 Staatsanzeiger S.113; Reichsratsdrucksache Nr.17/1920, abg. bei Lewinsky-Wagner, S.194 f.; Anhang, Dok. 2.
327 Vgl. Crusen, Versailler Frieden, S.135.
328 Vgl., auch zu den folgenden Ausführungen, Crusen aaO S.135 f.; Sahm S.9 ff.; Keyser, Danzigs Geschichte, S.273 ff.; Ruhnau aaO S.14 f.; Friedrich Klein S.4 f.
329 Am 10.2.1920 (vgl. Hawranke S.3).
330 Vgl. Foerster, Die Abtrennung Danzigs, S.27 ff.
331 Vgl. Sahm S.12.
332 Vgl. Ziehm, Die Verwaltung Danzigs, S.34 f.

b) Zeitpunkt der Übertragung

Die Übertragung der territorialen Souveränität über das Danziger Gebiet vom Deutschen Reich auf die Alliierten und Assoziierten Hauptmächte wurde gemäß Art.100 VV durch Hinterlegung der Ratifikationsurkunden am 10. Januar 1920 rechtswirksam.[333] Die militärische Gewalt wurde für die alliierten Truppen am 31. Januar von dem englischen General Haking übernommen, die Verwaltung für die Alliierten und Assoziierten Hauptmächte wie bereits erwähnt vom 10. Januar bis 13. Februar 1920 vom Reichs- und Staatskommissar Foerster im Auftrag der Alliierten wahrgenommen und alsdann an Sir Reginald Tower übergeben.

c) Erwerber der Territorialsouveränität

Inhaber der territorialen Souveränität und der Gebietshoheit waren somit seit dem 10. Januar 1920 die Alliierten und Assoziierten Hauptmächte als Partner des mit Deutschland geschlossenen Zessionsvertrages. Das waren das Vereinigte Königreich, Frankreich, Japan und Italien.[334] Die USA ratifizierten den VV nicht, traten aber später im Sonderfrieden mit Deutschland vom 25. August 1921 in Berlin[335] u.a. in die Verpflichtungen aus Art.100 ff.VV ein.

3. Rechtsstatus Danzigs nach Abtretung von Deutschland

a) Danzig als Kondominium

Gemäß Art.102 VV waren die Alliierten und Assoziierten Hauptmächte verpflichtet, dieses Gebiet als Freie Stadt zu errichten. Bis zur Errichtung des Danziger Staates – zehn Monate lang – übten sie in treuhänderischer Verpflichtung als Inhaber der territorialen Souveränität über das Danziger Gebiet ein Kondominat aus.

Es handelte sich um eine Vollübertragung der territorialen Souveränität, mit dem Willen, die Hoheitsrechte über Danzig dem Deutschen Reich endgültig zu entziehen, und

---

333 Die rechtstheoretische Unterscheidung zwischen der sog."Willenstheorie", nach der für den Übergang der vertraglich bekundete übereinstimmende Wille der Vertragspartner genügt und der "Effektivitätstheorie", die den Gebietsübergang erst mit effektiver Inbesitznahme wirksam werden läßt, ist für Danzig nicht relevant, weil zugleich mit dem Inkrafttreten des Vertrages der tatsächliche Übergang vollzogen wurde (vgl. zu diesen Rechtswirkungen des Zessionsvertrages Gornig, Das Memelland, S.66, 71).
334 Vgl. unten S.170 f.
335 RGBl 1921, S.1317 ff.; US Treaty Series No 658 (1922).

zwar zugunsten der Alliierten und Assoziierten Hauptmächte, die gemeinsam die Verfügungsgewalt über dieses Gebiet erhalten haben.[336] Die Hauptmächte übten als Staatengemeinschaft gemäß Art.100 ff.VV nicht nur die Gebietshoheit über fremdes Staatsgebiet aus ("Koimperium"), sondern sie beherrschen zusammen als territoriale Souveräne das ihnen übertragene eigene Gebiet ("Kondominium").[337] Die Endgültigkeit dieser Maßnahme wird dadurch unterstrichen, daß die gemeinsam Verfügungsberechtigten die vertragliche Auflage umzusetzen hatten, einen Danziger Staat zu errichten und ihn unter Schutz und Garantie des Völkerbundes zu stellen, somit auf Dauer verpflichtet zu bleiben.

b) Danzig als Treuhandgebiet

Aus der mit der Übertragung der Herrschaftsgewalt zugleich übernommenen Verpflichtung der Hauptmächte, das Danziger Gebiet als "Freie Stadt" zu errichten und diesen Staat unter Schutz und Garantie des Völkerbundes zu stellen (Art.102, 103 VV), resultiert ein dauerndes vertraglich begründetes Verantwortungs- und Pflichtenverhältnis, das sich mit dem völkerrechtlichen Begriff der Treuhänderschaft – obwohl nicht Treuhandgebiet im Sinne der VB-Satzung – zutreffend umschreiben läßt.[338] Treugeber sind das Deutsche Reich, als bis zum heutigen Tag betroffener Vertragspartner aus dem VV sowie die Freie Stadt Danzig und das Danziger Staatsvolk, die über die von ihnen unterzeichnete Errichtungsurkunde, über ihre von den Hauptmächten genehmigte und über den Völkerbund garantierte Verfassung und über das mit Errichtung der Freien Stadt Danzig am 15. November 1920 in Kraft getretene Danzig-polnische Pariser Abkommen vom 9. November 1920 in die Pflichtenbeziehungen des VV mit eingebunden worden sind.

Diese vertragliche Einbindung aller Beteiligten wird von denen verkannt, die ein derartiges Treunhänderverhältnis z.B. für das Memelland (1920) mit der Begründung verneinen, daß die Souveränität vollständig auf die Hauptmächte übergegangen war, die nun angeblich allein und ohne an eine andere Instanz gebunden zu sein, über das endgültige Schicksal zu entscheiden hatten.[339] Voraussetzung für die Errichtungsverfügung durch die vertraglich hierzu verpflichteten Alliierten – die Treuhänder – war vielmehr die vorangegangene Übernahme der Territorialsouveränität.

Nicht kommt als Treugeber die Republik Polen in Betracht, weil sie im Zeitpunkt der Begründung der Treuhandschaft keine Rechtsbeziehungen zum Treuhandgebiet hatte, sondern durch Einräumung gewisser Rechte zum Nutznießer des Treuhandverhältnisses

---

336 Vgl. oben S.83 f. und unten 170 f.
337 Diese einleuchtende Unterscheidung bei Simma, §§ 1045 ff., S.661; vgl. auch Menzel, Völkerrecht, S.116 f.; v.d.Heydte, Völkerrecht, Bd.1, S.227; vgl. auch Gornig, Das Memelland, S.74 f. mit Angaben abweichender Auffassungen; das Kondominium ausdrücklich für Danzig bejahend: Schätzel, Der Wechsel der Staatsangehörigkeit, S.84; Bail S.27.
338 Vgl. Gornig aaO S.75 ff., mit dem Beispiel Memels, für dessen weiteres Schicksal der VV allerdings anders als für Danzig keine Zielverpflichtungen der Hauptmächte enthält; vgl. auch Schätzel, Das Reich und das Memelland, S.96, 100 f.
339 Vgl. die entsprechenden Ausführungen zum Rechtsstatus des Memellandes bei Gornig aaO S.75 f.

wurde. Polen hat folglich Rechte und Pflichten, somit Verantwortungen aus der Treuhandschaft, aber selbst keine Souveränität über Danzig erworben und ist nicht Partner des Treuhandverhältnisses geworden.

Diese Rechtsfolgen sind für die Beurteilung der heutigen Verantwortlichkeiten in bezug auf die Danziger von erheblicher Bedeutung.[340]

c) Danzig unter alliierter Verwaltung

Danzig gewann seine Eigenstaatlichkeit nicht mit Abtrennung von Deutschland uno actu, wie oben dargestellt worden ist. Vielmehr schloß sich ein zehn Monate währender Errichtungsprozeß an, in dem deutsche, preußische und Danziger Behörden unter der Aufsicht und Mitwirkung des Kommissars der Alliierten und Assoziierten Hauptmächte mit dessen Staatsrat überleitende Tätigkeiten ausübten.[341]

Am 18. Februar 1920 trat in Danzig die gemäß Art.101 VV zu bildende Kommission zur Festsetzung der Grenze der Freien Stadt Danzig unter Vorsitz des französischen Generals Dupont zu ihrer ersten Sitzung zusammen.[342] Die Mitglieder der Kommission – je ein englisches, französisches, italienisches, deutsches und polnisches Mitglied – wurden von den Alliierten ernannt.[343] Als Vertreter des zu errichtenden Danziger Staates nahm der Oberbürgermeister der Stadt Danzig Heinrich Sahm mit beratender Stimme an den Sitzungen teil.[344]

Auf Grund einer von einem Danziger Verfassungsausschuß ausgearbeiteten und von der Botschafterkonferenz der Hauptmächte genehmigten Wahlordnung wurde gemäß einer Verordnung Towers vom 27. März 1920 am 16. Mai 1920 die Verfassungsgebende Versammlung gewählt. Nachdem Tower durch Verordnung vom 31. Mai die rechtliche Stellung der Mitglieder festgelegt hatte, berief er die Verfassungsgebende Versammlung zur ersten Sitzung am 14. Juni 1920 ein und stellte ihr die Aufgabe, die Verfassung auszuarbeiten[345] und die gemäß Art.104 VV mit der Republik Polen abzuschließende Konvention vorzubereiten.[346] Das Inkrafttreten der am 11. August 1920 von der Verfassungsgebenden Versammlung angenommenen Verfassung[347] mit dem Tage der Errichtung der Freien Stadt Danzig durch die Alliierten und Assoziierten Hauptmächte am 15. November 1920 wurde am 17. November 1920 vom Völkerbund bestätigt.[348] Er übernahm mit Wirkung vom 15. November 1920 die Garantie dieser Verfassung und erklärte ferner, daß die Freie Stadt Danzig gleichzeitig gemäß Art.102 VV unter den

---

340 Siehe unten S.287 ff.
341 Vgl. oben S.83 f.; vgl. auch Crusen, Versailler Frieden, S.135 f.; Foerster, Die Abtrennung Danzigs, S.26 ff.
342 Vgl. Sahm S.11; Ramonat S.15 f.
343 Vgl. Ramonat S.15.
344 Vgl. Foerster, Die Abtrennung Danzigs, S.30; Sahm S.11.
345 Zum Zustandekommen und Inhalt der Danziger Verfassung vgl. Sprenger S.54 ff.
346 Vgl. Ziehm, Die Verwaltung Danzigs, S.37 f.
347 Anm.402.
348 Beschluß des Völkerbundsrates vom 17.11.1920 (SdN Dok.Nr.20/29/17 Annex, 130 a), azw. abg. bei Lewinsky-Wagner, S.198; Anhang, Dok. 4.

Schutz des Völkerbundes gestellt sei.[349] Diese Bestätigung des Völkerbundes stand im Zusammenhang mit der Vollendung des Errichtungsaktes der Freien Stadt Danzig. Das endgültige Inkrafttreten der Verfassung erfolgte jedoch erst durch eine entsprechende Erklärung des Hohen Kommissars am 11. Mai 1922, nachdem auf Verlangen des Völkerbundes einige Änderungen vorgenommen worden waren. Danach durfte u.a. eine Verfassungsänderung nur mit Zustimmung des Völkerbundes erfolgen (Art.49 DzV), der Senat der Freien Stadt Danzig wurde verpflichtet, dem Völkerbund auf dessen Verlangen jederzeit amtliche Auskunft über die öffentlichen Angelegenheiten der Freien Stadt Danzig zu erteilen (Art.42), die Amtsdauer des Präsidenten des Senats wurde von 12 auf 4 Jahre herabgesetzt (Art.25).[350]

Mit dieser Erklärung setzte sich der Hohe Kommissar des Völkerbundes Sir Richard Haking über die Auffassung der Verfassungsgebenden Versammlung hinweg, die am 4. April 1922 erzielte einfache Mehrheit reiche zur Änderung der Verfassung nicht aus. Haking erklärte demgegenüber, die Vorschrift der Zweidrittelmehrheit sei nicht anzuwenden, solange die Verfassung nicht gemäß Art.103 VV endgültig vom Völkerbund genehmigt sei.[351]

Der Völkerbundsrat schloß sich dieser Rechtsauffassung des Hohen Kommissars an und bestätigte in seiner Sitzung vom 13. Mai 1922[352], daß die Verfassung unter der Garantie des Völkerbundes stehe.

III. Errichtung der Freien Stadt Danzig

1. Errichtungsvorgänge

a) Der Danzig-polnische Pariser Vertrag

Die Alliierten und Assoziierten Hauptmächte hatten sich gemäß Art.104 VV verpflichtet, ein Übereinkommen zwischen der polnischen Regierung und der Freien Stadt Danzig zu vermitteln. In diesem Abkommen sollten bestimmte in Art.104 Nr.1-6 aufgezählte Rechte Polens zur Sicherung eines freien Zuganges zur Ostsee vereinbart werden. Das Übereinkommen sollte mit Errichtung der Freien Stadt in Kraft treten.

---

349 Dem Beschluß des VBR lag der Bericht des Grafen Ishii – japanisches Mitglied der alliierten Botschafterkonferenz – zugrunde, der zur Bedeutung von "Schutz" und "Garantie" u.a. die Verpflichtungen hervorhob:
– Billigung der Verfassung durch den Völkerbund,
– Änderung der Verfassung nur mit Zustimmung des Völkerbundes,
– Ständige Übereinstimmung des Verfassungslebens der Freien Stadt Danzig mit den Vorschriften der Verfassung (SdN JO 1921 S.69; azw. Abdr. des Ishii-Berichts in dt. Üb. bei Crusen-Lewinsky, S.203).
350 Vgl. Matschke S.47; Sprenger S.56 f.
351 Vgl. Sprenger S.57.
352 SdN JO 1922 S.532.

Mit dem zwischen Danzig und Polen geschlossenen Pariser Vertrag vom 9. November 1920[353] wurden diese Sonderrechte festgelegt. In äußerst zähen Verhandlungen, in denen Polen versuchte, die ihm durch den VV eingeräumten Rechte auszuweiten und im Ergebnis ein im wesentlichen unabhängiges Staatsgebilde Danzig auszuhöhlen oder gar zu verhindern, entstand eine Fassung dieses Vertrages, die am 20. Oktober 1920 von der Botschafterkonferenz der Hauptmächte für verbindlich erklärt wurde. Unter erheblichem Druck der Alliierten, bis hin zur Androhung eines Diktats, erklärte sich schließlich am 22. Oktober 1920 die Danziger Delegation bereit, das Abkommen zu unterzeichnen. Die Polen verweigerten sich und hofften – vergeblich –, mit Hilfe Frankreichs ein militärisches Mandat Polens über Danzig durchsetzen zu können[354], so daß am 9. November 1920 nur die Danziger Delegation in Paris im Uhrensaal des Quai d'Orsey die Unterschrift leistete. Außerdem wurde ein Zusatzprotokoll unterzeichnet, das der Freien Stadt Danzig das Recht zu direkten Verhandlungen mit den Alliierten und Assoziierten Hauptmächten über Art.108 VV zusicherte[355], übrigens ein zusätzliches Indiz dafür, daß entgegen der Auffassung Polens der Danziger Staat selbst über seine Auswärtige Gewalt verfügte.[356]

Die polnische Delegation holte die Unterzeichnung dieses Kompromißvertrages – gleichermaßen unter dem Druck der Botschafterkonferenz – am 18. November in Genf nach.[357] Beide Vertragsparteien unterzeichneten mit Datum 9. November 1920 und vereinbarten in Art.40 Abs.2 das Inkrafttreten *"gleichzeitig mit der Errichtung der Freien Stadt Danzig"*. Als Bevollmächtigte der Freien Stadt unterzeichneten die von der Verfassungsgebenden Versammlung in Danzig ermächtigten Oberbürgermeister Sahm und Abgeordneter W. Schümmer. Mit dieser Regelung war sichergestellt worden, daß der ins Leben gerufene Danziger Staat Vertragspartner wurde, da er mit Unterzeichnung der alliierten Errichtungsurkunde auch diesen Vertrag billigte. Zur Ausführung und Ergänzung dieses Vertrages wurde am 24. Oktober 1921 das sog."Warschauer Abkommen"[358] unterzeichnet.

b) Errichtungsakt

Voraussetzung für die Errichtung des Danziger Staates war neben der von den Alliierten genehmigten Verfassung der Freien Stadt Danzig und dem ebenfalls von den Alliierten gebilligten Danzig-polnischen Vertrag der Errichtungsakt selbst.

Ebenfalls am 9. November 1920 unterzeichnete die Danziger Delegation[359] die Errichtungsurkunde der Botschafterkonferenz der vier Hauptmächte vom 27. Oktober 1920.[360] Mit

---

353 Staatsanzeiger für Danzig 1921 S.6 (abg. bei Lewinsky-Wagner, S.428); Anhang, Dok. 6; ergänzt wurde dieser Vertrag durch das Warschauer Abkommen vom 24.10.1921 (Lewinsky-Wagner S.442) und Zusatzabkommen vom 21.12.1921 (Lewinsky-Wagner S.545).
354 Vgl. Ramonat S.45.
355 Abg. bei Lewinsky-Wagner S.195.
356 Vgl. unten S.100 ff.
357 Vgl. Sprenger S.75; Stritzel S.38.
358 Abg. bei Lewinsky-Wagner S.442; siehe auch Zusatzabkommen vom 21.12.1921, abg. bei Lewinsky-Wagner S.545.
359 Als Annahmeerklärung unterzeichnet von Heinrich Sahm und W. Schümmer.

Inkrafttreten – gemäß Ziff.II dieser Urkunde am 15. November 1920 – wurde die Freie Stadt Danzig gemäß Art.102 VV mit dem in Art.100 VV bezeichneten Gebiet errichtet. In der 43. Vollsitzung der Verfassungsgebenden Versammlung am 15. November 1920 gab der Stellvertreter des Hohen Kommissars des VB Oberstleutnant Strutt in einer Feierstunde in Danzig eine Erklärung[361] zur Konstituierung der Freien Stadt Danzig unter dem Schutz des Völkerbundsrates ab, die mit der Proklamation schloß:

"Hiermit erkläre ich feierlichst die Stadt Danzig und das sie umgebende Gebiet mit dem heutigen Tage zur Freien Stadt".

Mit der Bestätigung des Inkrafttretens der Danziger Verfassung am 17. November 1920[362] erklärte der VBR, daß die Freie Stadt Danzig mit dem Tage ihrer Errichtung unter den Schutz und ihre Verfassung unter die Garantie des Völkerbundes gestellt sei.

Somit waren alle Bedingungen für den Existenzbeginn des neuen Staates unter Erfüllung des VV eingetreten. Die Danziger Verfassung trat mit Genehmigung der Alliierten am 15. November 1920 in Kraft. Der Danzig-polnische Pariser Vertrag trat ebenfalls am 15. November 1920 in Kraft. Mit der von den Danziger Bevollmächtigten angenommenen Errichtungsurkunde errichteten die Alliierten und Assoziierten Hauptmächte mit Wirkung vom 15. November 1920 die Freie Stadt Danzig.

Der Errichtungsakt hatte zur Folge, daß die Territorialsouveränität über das Danziger Gebiet mit Wirkung vom 15. November 1920 von den Alliierten auf den neugeschaffenen Danziger Staat überging. Damit endete auch die Verwaltung der Alliierten und Assoziierten Hauptmächte, die allerdings wegen ihrer Einbindung in das kollektive Vertragssystem, zu dem auch der Danziger Staat gehörte, über den Völkerbund auch weiterhin eine Verantwortungskompetenz trugen.[363]

Am Tage der Errichtung der Freien Stadt Danzig (15.11.1920) verordnete der Hohe Kommissar des VB, daß der bis dahin für Danzig tätige "Staatsrat" bis zur Bildung einer verfassungsgemäßen Regierung gemäß Art.116 DzV die Geschäfte als vorläufige Regierung weiterzuführen habe.[364]

Am 6. Dezember 1920 erklärte sich die Verfassungsgebende Versammlung zum "Volkstag" (Parlament des Danziger Staates) und wählte den ersten Senat (Präsident, Stellvertreter, 7 hauptamtliche und 13 nebenamtliche Senatoren).[365] Die Regierungskoalition bildeten die deutschnationale Partei und das Zentrum (mit je vier parlamentarischen Senatoren) sowie den beiden liberalen Parteien (Deutschdemokratische Partei und Freie Wirtschaftliche Vereinigung, später Deutsch-Danziger Volkspartei) mit zu-

---

360 Abg. bei Lewinski-Wagner S.196 ff.; unterzeichnet für die Alliierten und Assoziierten Hauptmächte von den Botschaftern des Britischen Reichs (Derby), Frankreichs (Jules Cambon), Italiens (Bonin) und Japans (Ishii); Anhang, Dok. 3.
361 "Bekanntmachung der Freiheit der Stadt Danzig" (abg. bei Lewinsky-Wagner S.199 f.); Anhang, Dok. 5.
362 Beschluß des VBR vom 17.11.1920 (Anm.348).
363 Vgl. die Ausführungen über den Internationalen Status der Freien Stadt Danzig unten S.108 ff.
364 Vgl. Ziehm, Die Verwaltung Danzigs, S.42 f.
365 Vgl. Sprenger S.76 f.

sammen fünf Mitgliedern.[366] Präsident des Senats wurde Heinrich Sahm, sein Stellvertreter der spätere Regierungschef (ab Mai 1931) Ernst Ziehm. Sahm führte in seiner ersten Regierungserklärung am 10. Dezember 1920 u.a.aus[367]:

> *"Wenngleich die Abtrennung des Gebiets der Freien Stadt Danzig vom Deutschen Reich gegen den Willen der Bevölkerung erfolgt ist, so ist die Regierung doch fest entschlossen, auf dem Boden der durch den Vertrag von Versailles geschaffenen Lage verfassungsgemäß ihre Aufgaben zu erfüllen. Die unter dem Schutz des Völkerbundes stehende Freie Stadt Danzig erblickt in ihm die unbedingte und sichere Bürgschaft für ihre Freiheit und Selbständigkeit. Mit dem Deutschen Reich verknüpft Danzigs deutsche Bewohner neben den bestehenden wirtschaftlichen Beziehungen die Gemeinsamkeit des Blutes, der Sprache und der Kultur. Neben dem Vertrage von Versailles und der Verfassung erkennt die Freie Stadt den am 9. November 1920 abgeschlossenen Pariser Vertrag als das dritte Staatsgesetz an. Danzig hofft, daß dieser Vertrag die Grundlage zur Herbeiführung eines freundnachbarlichen Vehältnisses zu Polen bilden werde, mit dem Danzig gemeinsame wirtschaftliche Interessen eng verbinden. Die Freie Stadt hat die feste Absicht, den Bestimmungen dieses Vertrages gerecht zu werden. Offen und freimütig bekundet die Regierung, daß sie es als ihre vornehmste und heilige Pflicht ansehe, den anerkannt deutschen Charakter der Freien Stadt dauernd aufrechtzuerhalten."*

Diesen deutschen Charakter hat Danzig in der Freistaatzeit bewahren können. Die Rechtseinheit mit dem Deutschen Reich blieb so weit wie möglich erhalten und wurde ständig angepaßt.[368]

Zum provisorischen Hohen Kommissar des Völkerbundes wurde am 10. Dezember 1920 der Italiener Attolico (der spätere Botschafter in Berlin) ernannt.[369]

---

366 Vgl. Sprenger S.76. Von Ziehm S.62 f. wurde diese Koalition als "Regierung des Bürgerblocks" bezeichnet.
367 Vgl. Sahm S.33 f.
368 Vgl. die Nachweise bei Stritzel S.52 Anm.245.
369 Nach Wahrnehmung der alliierten Verwaltungsaufgaben in Danzig durch den engl. General Richard Haking (ab 31.1.1920), den engl. Diplomaten Sir Reginald Tower (13.2. bis November 1920, der erste vorläufige Hohe Kommissar des Völkerbundes in der Freien Stadt Danzig, vertretungsweise 15.11.-15.12.1920 der Engländer Oberstleutnant Strutt) und den Italiener Prof. Bernado Attolico, zweiter vorl. VBK (einige Wochen: 16.12.1920-19.1.1921) wurde die Aufgabe des VBK von folgenden Persönlichkeiten wahrgenommen:
1921-23 dem Engländer General Richard Haking
1923-26 dem Engländer Marvyn Sorles MacDonnell
1926-29 dem Niederländer Prof. Joost van Hamel
1929-32 dem Italiener Graf Manfredi Gravina
1932-34 dem Dänen Helmer Rosting
1934-36 dem Iren Sean Lester
1937-39 dem Deutsch-Schweizer Prof. Carl Jacob Burckhardt.

2. Lage und Umfang des Danziger Staatsgebietes

Das Gebiet der Freien Stadt Danzig bildet eine Fläche von 1951 km², 58 km² davon der westlichste Teil des Frischen Haffs. Die Bevölkerungszahl betrug im Jahre 1939 etwa 400.000, davon ca 96 % (1921 97,6 %) deutscher und etwas über 2 % polnischer Anteil.[370] Das Danziger Staatsgebiet besteht aus dem Weichseldelta mit dem Danziger und dem Marienburger Werder und dem inneren Teil des Frischen Haffs sowie der Danziger Höhe (südlicher Teil des Baltischen Höhenrückens). Es grenzt im Norden an die Ostsee (Danziger Bucht), im Süden und Westen an Westpreußen (das mit dem Versailler Vertrag als "Korridor" an Polen abgetreten werden mußte) und im Osten an die Nogat und damit an den 1919 bei Deutschland verbliebenen Teil Westpreußens, der Ostpreußen eingegliedert wurde. Die im Norden der Danziger Bucht liegende Halbinsel Hela, mit ihrer ebenfalls rein deutschen Bevölkerung, wurde auch an Polen abgetreten. Zur Freien Stadt Danzig gehören die Städte Danzig, Zoppot, Tiegenhof und Neuteich.

3. Die Danziger Staatsangehörigkeit

Gemäß Art.105 VV verloren die im Danziger Gebiet (Art.100 VV) wohnhaften deutschen Staatsangehörigen mit Inkrafttreten des VV (10. Januar 1920) ihre deutsche Reichsangehörigkeit und erwarben die Staatsangehörigkeit der Freien Stadt Danzig. Mit Errichtung der Freien Stadt Danzig am 15. November 1920 wurde diese Bestimmung wirksam.[371] Ein Übergang der Staatsanghörigkeit vor diesem Zeitpunkt war nicht möglich, weil noch kein Danziger Staat existierte. Eine zwischenzeitliche Übertragung auf die Alliierten und Assoziierten Hauptmächte hätte ausdrücklich geregelt werden müssen. In der authentischen französischen Fassung des Art.105 VV heißt es präziser: *"...perdront ipso facto la nationalité allemande **en vue de devenir** nationaux de la Ville libre de Dantzig"*, im engl.Text: *"...**in order to become** nationals of the Free City of Danzig"*[372] – insoweit abweichend von der ungenauen deutschen Übersetzung. Der Staatsangehörigkeitswechsel erfolgte demnach mit Wirkung vom 15. November 1920.

---

370 Vgl. zu den Zahlen Schwarz S.27; Ramonat S.21; Keyser, Danzigs Geschichte, S.275, ders. Geschichte der Stadt Danzig, S.30; nach der Volkszählung von 1924 mit 383.995 Einwohnern angegeben (vgl. Crusen in Karl Strupp, Wörterbuch, "Danzig", S.136; Keyser, Danzigs Geschichte, S.274). Die Bevölkerungszahl wird auf Grund der zweiten Danziger Volkszählung vom 18.8.1929 mit 407.517 (davon 256.403 Stadt Danzig, 30.835 Zoppot, 35.559 Kreis Danziger Höhe, 30.642 Kreis Danziger Niederung, 54.078 Kreis Großes Werder) angegeben (vgl. Keyser, Geschichte der Stadt Danzig, S.30); vgl. auch Danziger Statistische Mitteilungen des Statistischen Landesamtes der Freien Stadt Danzig Nr.2 vom 15.7.1939. Zum Gebietsumfang differieren die Zahlenangaben in der Literatur, liegen jedoch in der Mehrzahl zwischen 1951 km² und 1968 km² (vgl. Ramonat S.14, 405 Anm.2).
371 So Crusen, Die ehemalige Freie Stadt Danzig, S.399.
372 Mrose S.13, weist zurecht auf den französischen und auf den englischen Text hin, vertritt jedoch unter Hinweis auf die Praxis gleichwohl die These vom früheren Erwerb der Danziger Staatsanghörigkeit, deutet aber auch die Möglichkeit einer Kondominiums-Staatsangehörigkeit an; vgl. auch du Buy, Gutachten, S.5, der mit dem Zeitpunkt der Abtretung Danzigs (10.1.1920) eine "Anwartschaft" auf die Danziger Staatsangehörigkeit annimmt. Seiner Folgerung auf rückwirkenden Erwerb kann nicht beigepflichtet werden, weil der Danziger Staat nicht rückwirkend, sondern erst am 15.11.1920 errichtet worden ist.

Gemäß Art.106 VV waren die im Gebiet der Freien Stadt Danzig wohnenden über 18 Jahre alten deutschen Reichsangehörigen nach Inkrafttreten des VV zwei Jahre lang, also bis zum Ablauf des 10. Januar 1922, berechtigt, für die deutsche Reichsangehörigkeit zu optieren. Ein zur Durchführung des Art.106 VV zwischen dem Deutschen Reich und Danzig am 8. November 1920 über die Regelung von Optionsfragen geschlossener Vertrag[373] trat erst am 17. Dezember 1921, somit nach der Errichtung der Freien Stadt Danzig in Kraft.[374] Beim Vertragschluß handelte als Vertreter des Deutschen Reichs der "Reichs- und Staatskommissar" und für den Vertragspartner "Freie Stadt Danzig" "der stellvertretende Vorsitzende des Staatsrats für das Gebiet der künftigen Freien Stadt Danzig".[375]

Von der Bestimmung des Art.106 Abs.3, wonach die für die deutsche Staatsangehörigkeit Optierenden innerhalb von 12 Monaten ihren Wohnsitz nach Deutschland verlegen müssen, ist nicht Gebrauch gemacht worden.[376] Für die Regelungen im einzelnen wurde das Gesetz über den Erwerb und den Verlust der Danziger Staatsangehörigkeit vom 30. Mai 1922 erlassen[377], das seine Grundlage in Art.72 der Danziger Verfassung[378] hatte.

4. Die Rechte Polens in Danzig

Mit der Errichtung der Freien Stadt Danzig am 15. November 1920 wurde die bei der Friedenskonferenz in Versailles geäußerte Absicht (Mantelnote vom 16.6.1919)[379] verwirklicht, für Danzig eine Lage zu schaffen, *"die der während so vieler Jahrhunderte von ihm eingenommenen ähnlich ist"*. Den polnischen Wünschen wurde mit dieser aussenpolitischen Kompromißlösung insoweit entgegengekommen, als Polen die Möglichkeit gegeben wurde, Danzig als Ein- und Ausfuhrhafen zu benutzen, wofür ganz bestimmte Regelungen getroffen werden sollten. Diese waren im einzelnen in Art. 104 VV[380] aufgezählt, in dem Polen auf den Territorium der Freien Stadt Danzig gewisse Rechte eingeräumt wurden, die jedoch auf bestimmte Gebiete beschränkt waren. Der auf Art.104 VV beruhende Vertrag zwischen Danzig und Polen (Pariser Vertrag vom 9.11.1920[381]) legte die Sonderrechte Polens zur Sicherung eines freien Zugangs zur Ostsee fest. Zweck dieses Übereinkommens war, Danzig in das polnische Zollgebiet aufzunehmen, eine Freizone im Hafen zu errichten, der polnischen Regierung die Füh-

---

373 RGBl 1921 S.186; abg. bei Maßfeller, Deutsches Staatsangehörigkeitsrecht, 2.Aufl. S.138 ff.
374 Bekanntmachung vom 20.12.1921 (RGBl 1921 S.189); vgl. auch Preußische Ausführungs-Anweisung zum Vertrage mit Danzig über die Regelung von Optionsfragen vom 20.12.1921 (MBliV S.401).
375 RGBl 1921 S.186, 189; vgl. oben S.83 f..
376 Vgl. Crusen, Das Recht der Staatsangehörigkeit, S.307.
377 DzGBl 1922 S.129; abg. bei Maßfeller aaO S.140; einzelne Änderungen (§§ 1, 2, 15) durch Rechtsverordnung vom 11.11.1938 betr. Änderung des Staatsangehörigkeitsgesetzes (DzGBl 1938 S.623); abg. in Zeitschrift für osteuropäisches Recht V. Jg.1938/39 S.380.
378 Anm.402.
379 Anm.308.
380 Anm.319; Anhang, Dok. 1.
381 Anm.353.

sungsrechtlicher Schutz garantiert. Verwaltungsmäßig war das Gebiet der Freien Stadt Danzig in drei Landkreise (mit den Städten Neuteich und Tiegenhof) und zwei kreisfreie Städte (Danzig und Zoppot) gegliedert.

b) Theorienstreit

Obwohl die Souveränität der Freien Stadt Danzig den genannten Beschränkungen unterworfen war[385], galt Danzig nach herrschender Meinung[386] als selbständiger Staat und Völkerrechtssubjekt. Der Staatscharakter Danzigs ist hauptsächlich von polnischen[387], aber auch von einigen französischen Autoren[388] verneint worden, wobei einige Schriftsteller die Auffassung vertraten, Danzig sei zwar Völkerrechtssubjekt gewesen, aber ohne staatlichen Charakter.[389] Auch zur Frage, ob Danzig über eigene Souveränität verfügte und ob es für den Staatscharakter hierauf ankam, ist von den Wissenschaftlern in diesem Zusammenhang Stellung genommen worden. Das o.g. Ergebnis konnte allerdings nicht ernsthaft in Frage gestellt werden.[390] Polnische Wissenschaftler versuchten auch nachzuweisen, Danzig sei ein "Verwaltungsprotektorat", ein "autonomer Gebietsteil" Polens[391], die Danziger seien polnische Staatsangehörige gewesen.[392] Abgesehen von derartigen offensichtlichen Fehlbeurteilungen, die bereits anhand der getroffenen Regelungen über Danzig zurückzuweisen sind[393], wurde Danzig von anderer Seite als

---

385 Vgl. unten S.97 ff.
386 Verdroß 1.Aufl., S.57; Guggenheim Bd.I S.210; Oppenheim-Lauterpacht Bd.I S.175 Anm.4; Laun, Der gegenwärtige Rechtszustand, S.13; Schröder, Die völkerrechtliche Stellung Danzigs, S.20; Schücking-Wehberg S.120; Kaufmann, Der rechtliche Status der Freien Stadt Danzig, S.1 ff.; Böhmert S.32 ff.; Bail S.139 f.; Loening, Danzig, sein Verhältnis zu Polen, S.9; Kraus, Die Stellung des Völkerbundskommissars in Danzig in DJZ 1926 S.986; Bode S.8; Crusen, Das Staatsangehörigkeitsrecht, S.873 f.; ders., Versailler Frieden, S.136 ff.; ders., Die ehemalige Freie Stadt Danzig, S.410 ff.; Mason S.228 ff.(247); Menzel, Völkerrecht, S.219; Mattern S.55; Lotze S.40 f.; Eckart Klein, Statusverträge, S.2 Anm.7; ders., Das Selbstbestimmungsrecht der Völker, S.22; Friedrich Klein S.21 f.; Böttcher, Die völkerrechtliche Lage, S.20; du Buy, Gutachten, S.8 f.; Stritzel S.2, 17 ff.; Mrose S.10 f.; Blumenwitz, Denk ich an Deutschland, S.64; Stoll S.29 ff.; Sprenger S.68 ff.,86 ff.; Boguslawskij S.1 ff.; Verdross-Simma § 398, S.236; Schweisfurth S.85, 86 f., der sich ablehnend mit der Auffassung von Skubiszewski, Die polnische Westgrenze im Lichte der Verträge, S.292, auseinandersetzt und Danzig als Staat und Völkerrechtssubjekt, allerdings mit eingeschränkter Souveränität, bezeichnet; Zieger, Gebietsveränderungen und Selbstbestimmungsrecht, S.78 unter Bezugnahme auf v.Hagens, Danzig, S.307: *"Danzig war ein Völkerrechtssubjekt mit einer beschränkten Handlungsbefugnis"*; Redslob S.157 (nichtsouveräner Staat; so auch Verzijl S.374 ff.); Hostie 1934 S.126; Cavaré Bd.I S.405, mit der Einschränkung, daß Danzig ein Völkerrechtssubjekt ohne staatlichen Charakter sei; vgl. auch die Zusammenstellung bei Makowski, Le caractère étatique S.49 ff.
387 Vgl. Ehrlich S.88, 102; Makowski aaO S.42 ff.; ders. La situation juridique S.188 ff.; Firstenberg S.27; Kutrzeba S.37; Gonsiorowski S.372; Skubiszewski, Die Westgrenze Polens, S.94 ff.; ders. Die Westgrenze Polens im Lichte der Verträge, S.290 ff.; vgl. auch die Nachweise bei Stoll S.20 ff.
388 Vgl. Rousseau S.170 f. (vgl. hierzu aber die einschränkende Bemerkung bei Böttcher aaO S.21 Anm.19); Levesque S.121; Bouchereau S.132.
389 Vgl. Cavaré Bd.I S.405 und im Hinblick auf die Vertragsfähigkeit Danzigs Skubiszewski, Gdańsk, S.267 f.; Klafkowski in Zarys II S.91.
390 Vgl. Stoll S.40 ff.
391 Vgl. Makowski, La situation, S.213.
392 Vgl. Makowski aaO S.194; vgl. auch Stoll S.45 Anm.158.
393 Siehe vorstehende Ausführungen. Auch Skubiszewski, Die Westgrenze Polens im Lichte der Verträge, S.291, verneint die Zugehörigkeit Danzigs zu Polen.

rung der auswärtigen Angelegenheiten der Freien Stadt Danzig sowie den Schutz ihrer Staatsangehörigen im Ausland zu übertragen und die gleichmäßige Behandlung der polnischen und Danziger Bevölkerung im Gebiet des Freistaates sicherzustellen. Ferner sollten Polen durch dieses Abkommen gewisse Rechte wie freie Benutzung und der Gebrauch der Wasserstraßen, Docks, Binnenhäfen, Überwachung und Verwaltung der Weichsel und des gesamten Eisenbahnnetzes usw. eingeräumt werden, um ihm die ungehinderte Ein- und Ausfuhr durch den Danziger Hafen zu sichern (Art.104 VV). Der Hohe Kommissar des Völkerbundes, mit Sitz in Danzig, wurde mit der erstinstanzlichen Entscheidung der Streitigkeiten zwischen Polen und der Freien Stadt Danzig betraut (Art.103 VV).

IV. Rechtscharakter der Freien Stadt Danzig

1. Danzig als Staat und Völkerrechtsubjekt

a) Staatlicher Aufbau

Die Abtrennung Danzigs vom Reichsgebiet und die Verselbständigung als "Freie Stadt Danzig" geschah gegen den Willen seiner Bewohner[382] und war ein erzwungener aussenpolitischer Kompromiß[383] gegenüber den extremen Forderungen Polens. Die Lage dieses neugeschaffenen staatlichen Gebildes, seine Konstruktion, seine Einbindung in das Ordnungsgefüge der Staaten und die hierzu geformten Rechtsbeziehungen spiegelten die komplexe Situation wieder, die dieser Kompromiß bedingte.

Die Freie Stadt Danzig war in ihrem innerstaatlichen Aufbau eine parlamentarische Demokratie mit Einkammersystem. Der Grundrechtsteil der Verfassung war im wesentlichen der Weimarer Reichsverfassung entlehnt. Sie verfügte über eine eigene verfassungs- und gesetzgebende Körperschaft, den "Volkstag", eine eigene Regierung, den "Senat", eine eigene Gerichtsbarkeit mit dem "Obergericht" als höchster Instanz, eine eigene Verwaltung und eigene Polizeigewalt, besaß eine eigene Flagge und seit 1923 auch eine eigene Währung, den "Danziger Gulden" (Bank von Danzig).[384]

Der Senat – bestehend aus dem Präsidenten, dem stellvertretenden Präsidenten sowie haupt- und nebenamtlichen Senatoren – bestimmte die Richtlinien der Politik und trug dafür gegenüber dem Volkstag die Verantwortung. Er hatte das Gnadenrecht in Strafsachen. Die Amtsprache war deutsch. Der kleinen polnischen Minderheit war verfas-

---

382 Vgl. Keyser, Danzigs Geschichte, S.29; vgl. auch oben S.80 f.
383 Vgl. Cavaré Bd.1 S.404.
384 Durch Gesetz vom 20.10.1923 (DzGBl S.1067) führte die Freie Stadt Danzig an Stelle der bis dahin weitergeltenden Reichsmark eine eigene Guldenwährung ein.

"völkerrechtliches Protektorat" Polens bezeichnet.[394] Auch diese Rechtsbeziehung gegenüber Danzig ist von der hL.[395] und vom Völkerbund[396] verneint worden. Polen hatte nach dem VV und nach dem Pariser Vertrag keinen Protektor-Auftrag. Im Gegenteil sind Versuche Polens, seine Rechte in dieser Richtung auszu-dehnen, ohne Erfolg geblieben. Weder war Polen, dessen Regierung einige Verpflichtungen bei der Führung der auswärtigen Angelegenheiten für Danzig übernommen hatte, Träger der Auswärtigen Gewalt Danzigs[397], noch gelang es ihm, ein militärisches Mandat über Danzig zu erlangen.[398] Eine Schutzbeziehung bestand lediglich zu den Siegermächten vermittels des Völkerbundes, auch dieses indessen ohne das Rechtsverhältnis eines Protektorats.[399] Polen hatte keine Protektor-Stellung, unterstand vielmehr der Aufsicht des VB, der gegenüber Danzig und Polen die Schiedsrichterrolle zur Entscheidung von Streitigkeiten zwischen diesen beiden Staaten wahrzunehmen hatte.

Die Eigenschaft Danzigs als Staat innerhalb der Staatengemeinschaft ist auch vom Hohen Kommissar des VB[400] und vom StIGH[401] bejaht worden.

2. Der Danziger Staat und seine Verfassung

Der staatliche Charakter Danzigs ist nicht nur aus den völkerrechtlichen Regelungen, insbesondere Verträgen, zu folgern. Er ergibt sich auch aus der von den Siegermächten und vom Völkerbund genehmigten und nach deren Vorgaben ausgearbeiteten Danziger Verfassung.[402] Die innerstaatlichen Befugnisse waren nach der Verfassung der Freien Stadt Danzig, an der Polen nicht mitgewirkt hat, selbständige Angelegenheiten Danzigs. Die Verfassung enthält an den entsprechenden Stellen ausschließlich den Begriff "Staat". Unter der Überschrift "**Aufbau des Staates**" (Erster Hauptteil) lautet Art.1:

---

394 Vgl. Anzilotti, Lehrbuch, S.173; Tigler in Karl Strupp, Wörterbuch des Völkerrechts und der Diplomatie, Bd.I S.217; Fauchille S.283.
395 Vgl. die Nachweise bei Friedrich Klein S.14 f., 15 Anm.37; vgl. auch Schweisfurth S.86 f.
396 Vgl. Entscheidung des Hohen Kommissars des VB vom 7.11.1924: *"Das Verhältnis zu Polen ist völkerrechtlicher Natur, Polen muß seine Verträge mit Danzig ratifizieren"* (SdNA C.107.(1).1925.I.S.1). Entsprechend hat anschließend auch der Völkerbundsrat entschieden (SdNA ebda. S.5 f.).
397 Vgl. unten S.100 ff.
398 Vgl. unten S.104.
399 Vgl. unten S.106 ff., 112 ff.; Protektoratsverhältnis des VB ist u.a. bejaht worden von: Wheaton S.80; Hatschek S.44 ff. Oppenheim-Roxburgh S.167 Anm.4; verneint u.a. von: Crusen bei Strupp S.137; Köppen S.60; Bail S.117; Verzijl, Die Rechtslage der Freien Stadt Danzig, S.383; Stritzel S.36 und Lotze S.39, der zutreffend für Danzig das Protektionsverhältnis des VB von einem Protektorat unterscheidet.
400 Entscheidungen vom 4.2.1921, 18.12.1921 und 7.11.1924 (Entscheidungen des VBK 1921, S.4 u. 74, 1924, S.58).
401 Gutachten vom 4.2.1932 (CPIJ sér.A/B Nr.44 S.22 ff.).
402 Die Verfassung der Freien Stadt Danzig vom 19.8.1920 idF. des Gesetzes vom 4.7.1930 (DzGBl 1930 S.179); Bekanntmachung vom 14.6.1922 (DzGBl 1922 Anlage zu S.144); nach Verfassungsänderung vom 4.7.1930 Neuverkündung idF. der Bekanntmachung vom 17.9.1930 (DzGBl 1930 Anlage zu S.181) – drei Änderungen: 29.9.1926 (DzGBl 1926 S.285), 4.7.1930 (DzGBl 1930 S.179), 13.10.1931 (DzGBl 1931 S.743); Anhang, Dok. 7.

> *"Die Stadt Danzig und das mit ihr verbundene Gebiet bilden unter der Benennung "Freie Stadt Danzig" einen **Freistaat**."*

In den folgenden Artikeln ist von "Staat", "Staatsgewalt", "Staatsgebiet", "staatlicher Gesetzgebung", "Staatsverwaltung", "Staatshaushalt", "Staatshaushaltsplan", "Ausgaben des Staates", "Staatswappen", "Staatsflagge", "Staatsangehörigen", "Verträge mit anderen Staaten", "Angelegenheit des Staates", "Aufsichtsrecht des Staates", "Fürsorge des Staates", "staatlicher Schutz" die Rede.

Art.69 Abs.1 und 2 DzV lautet:

> *"(1) Die Stadt Danzig ist eine selbständige Gemeinde des Staates mit eigenem Vermögen.*
>
> *Die Gemeindeangelegenheiten der Stadt Danzig gelten als Angelegenheiten des Staates und werden von Senat und Volkstag geleitet."*

Auch der Zweite Hauptteil der Verfassung (Grundrechte und Grundpflichten) enthält zahlreiche ausdrücklich auf den "Staat" bezogene Begriffe wie "Staatsangehörigkeit", "staatsbürgerliche Rechte und Pflichten", "Auswanderung nach anderen Ländern", "Schutz des Staates", "Staatliche Gemeinschaft", "Dienste für den Staat", "Staatlich anerkannte Feiertage", "Unmittelbare Staatsbeamte".

Art.71 DzV lautet:

> *"Grundrechte und Grundpflichten bilden Richtschnur und Schranke für die Gesetzgebung, die Rechtspflege und die Verwaltung im Staat."*

Die Grundrechte und Grundpflichten der Danziger waren an den Besitz der Danziger Staatsangehörigkeit geknüpft, die gemäß Art. 72 Abs.1 DzV nach einem Staatsangehörigkeitsgesetz[403] erworben und verloren wurde.

Die Verleihung der Danziger Staatsangehörigkeit an einen Ausländer – z.B. an einen Polen – war nach § 8 Nr .7 Abs. 1 DzStAngG an den Nachweis gebunden, daß *"er aus seiner bisherigen Staatsangehörigkeit entlassen ist oder durch den Erwerb der Danziger Staatsangehörigkeit entlassen wird"*. Für polnische Staatsangehörige, die nach dem 31. Dezember 1922 in das Gebiet der Freien Stadt übersiedelten, enthielt § 8 Nr. 7 Abs. 2 eine ergänzende Sonderregelung:

> *"Von polnischen Staatsangehörigen ist ferner eine Bescheinigung der zuständigen polnischen Behörde beizubringen, daß der Aufgabe der polnischen Staatsangehörigkeit Bedenken nicht entgegenstehen. ..."*

Die Regelung war in Art. 6 Nr. 7 des zwischen Danzig und Polen geschlossenen Warschauer Abkommens vom 24. Oktober 1921[404] festgelegt worden. Der Verlust der

---

403 Anm.377.
404 Anm.353.

polnischen Staatsangehörigkeit als Folge des Erwerbs der Danziger Staatsangehörigkeit ist ein besonders deutlicher Nachweis dafür, daß auch die Republik Polen Danzig als Staat behandelte.[405]

3. Beschränkung einzelner Souveränitätsrechte

a) Die Regelungen des Pariser Vertrages

Der auf Art.104 VV beruhende Danzig-polnische Vertrag (Pariser Vertrag vom 9. November 1920) umriß die Kompetenzen des diplomatischen Vertreters der Republik Polen in Danzig und erläuterte die Art und Weise, in der die polnische Regierung den Schutz von Danziger Staatsangehörigen im Ausland zu gewährleisten hatte. Ferner legte er die Pflicht der polnischen Regierung fest, die Freie Stadt bei allen Verträgen zu konsultieren, die irgendwie Danziger Interessen berührten. In allen Fällen aber sollte der Hohe Kommissar des Völkerbundes gemäß Art.6 Abs.2 das Recht haben:

"jedem internationalen Vertrag oder Abkommen, soweit diese die Freie Stadt betreffen, sein Veto entgegenzusetzen, wenn der Rat des Völkerbundes glaubt, daß sie den Bestimmungen dieses Vertrages oder der Rechtsstellung der Freien Stadt widersprechen."

Von besonderer Bedeutung war der Artikel 13 des Pariser Vertrages, der die Aufnahme der Freien Stadt Danzig in das polnische Wirtschaftsgebiet (Zollunion) festlegte:

"Die Freie Stadt Danzig wird in die polnischen Zollgrenzen aufgenommen; Polen und die Freie Stadt bilden ein einheitliches Zollgebiet, welches der polnischen Zollgesetzgebung und dem polnischen Zolltarif unterstellt ist."

Die Zollverwaltung im Gebiet der Freien Stadt Danzig blieb jedoch eine eigene Danziger Verwaltungsbehörde. Auch die Verwaltung der Eisenbahnen, soweit sie nicht den örtlichen Interessen der Freien Stadt dienten, wurde der Republik Polen übertragen. Dagegen war Polen verpflichtet, bei der Verwaltung der Bahn sich in erster Linie Danziger Beamten zu bedienen. Auch die Amtssprache auf den unter polnischer Verwaltung stehenden Eisenbahnen im Danziger Gebiet war, wie bei allen Behörden der Freien Stadt, die deutsche Sprache.

Eine wichtige Bestimmung enthielten auch Art. 19 ff., in denen die Richtlinien für die Schaffung eines "Ausschusses für den Hafen und die Wasserwege von Danzig" festgelegt wurden. Die Verwaltung des Hafens und der Wasserwege Danzigs wurde aus der allgemeinen Danziger Staatsverwaltung herausgelöst und einem besonderen Ausschuß übertragen, dem jedoch irgendwelche staatlichen Hoheitsrechte nicht zustanden, der vielmehr lediglich ein Verwaltungsausschuß und eine wirtschaftliche Einrichtung war. Die Kompetenzen dieses Ausschusses, der paritätisch von Danzigern und polnischen Vertretern gebildet wurde und dem ein neutraler Präsident vorstand, waren jedoch im

---

405 Vgl. Crusen, Die ehemalige Freie Stadt Danzig, S.400.

Sinne des auf die Sicherung des freien Zugangs zur Ostsee für Polen gerichteten Vertragszwecks auf die eigentlichen Hafenanlagen und die Eisenbahnen im Hafengebiet beschränkt. Dem Hafenausschuß wurde zur Pflicht gemacht:

"Polen die freie Benutzung und den Gebrauch des Hafens ... ohne jede Einschränkung und in dem für die Sicherstellung des Ein- und Ausfuhrverkehrs nach und von Polen notwendigen Maße zu gewährleisten. ..."(Art.26 Abs.1)

"Jederzeit und unter allen Umständen soll Polen das Recht haben, über Danzig Waren, gleichviel welcher Art, einzuführen und auszuführen, soweit dies nicht durch die polnischen Gesetze verboten ist."(Art.28).

In Artikel 29 hieß es dann in Verbindung mit den Rechten der Republik Polen im Bereich des Danziger Hafens:

"Polen soll das Recht haben, im Hafen von Danzig zur unmittelbaren Verbindung mit Polen einen Post-, Telegraphen- und Telephondienst einzurichten. Dieser Dienst erstreckt sich auf die Post- und Telegraphenverbindungen zwischen Polen und dem Ausland über den Hafen von Danzig sowie auf die Verbindungen zwischen Polen und dem Hafen von Danzig."

Somit bildete der Pariser Vertrag das vertragsmäßige Fundament für die Beziehungen zwischen der Freien Stadt Danzig und Polen. In Art.17 b dieses Vertrages haben sich die Vertragspartner Polen und die Freie Stadt Danzig ausdrücklich als "die beiden Staaten" bezeichnet:

"Innerhalb eines Monats vom Inkrafttreten dieses Vertrages sollen Verhandlungen zwischen Polen und der Freien Stadt Danzig stattfinden, die zum Ziele haben:

a) ...
b) Richtlinien für den Zeitraum, in dem die beiden Staaten verschiedene Währungen besitzen, ... festzusetzen,
c) ..."

Aufgrund dieser Bestimmung wurde der Pariser Vertrag nach der wirtschaftlichen Seite noch ergänzt durch das am 24. Oktober 1921 von Polen und Danzig unterzeichnete Warschauer Abkommen.[406] Dieses regelte die Höhe der Kontingente für den Danziger Eigenbedarf und die Ausfuhr Danziger Erzeugnisse.

b) Die Bedeutung der polnischen Rechte für den Staatscharakter Danzigs

Diese Verträge und Abkommen waren Vereinbarungen zwischen zwei sich als Vertragspartner frei und gleich gegenüberstehenden selbständigen Staaten. Es waren Verträge, wie sie auch zwischen anderen selbständigen Staaten abgeschlossen wurden, die jederzeit im beiderseitigen Einverständnis abgeändert oder aufgehoben werden können,

---

406 Anm.353.

die zum Teil sogar einseitig gekündigt werden können. Danzig und Polen standen damit in einem völkerrechtlichen Verhältnis zueinander; sie waren auf Grund des VV und den daraus resultierenden Danzig-polnischen Verträgen in bestimmten Bereichen auf enges Zusammenwirken festgelegt. Ihre staatliche Eigenständigkeit haben aber weder Polen noch Danzig eingebüßt. So machte der Völkerbundskommissar in Danzig in seiner Entscheidung vom 5. September 1921[407] deutlich, daß die polnischen Sonderbefugnisse hinsichtlich der Danziger Eisenbahn die souveränen Rechte der Freien Stadt Danzig nicht berührten.[408]

Um so unverständlicher war daher das polnische Bestreben, im Gegensatz zu den Erklärungen der Alliierten und Assoziierten Hauptmächte (vgl. u.a. Mantelnote vom 16.6.1919), zu den Bestimmungen des VV und zu den vom Völkerbund genehmigten Vorschriften der Verfassung der Freien Stadt Danzig, die Souveränität Danzigs zu verneinen und die Versuche, sie durch verschiedene Maßnahmen weiter einzuschränken. So wurde von polnischer Seite versucht, Danzigs eigenständige Rechte zu schmälern, ihm vor allem auf wirtschaftlichem Gebiet Schwierigkeiten zu bereiten. Mit allen diesen Aktivitäten strebte Polen an, die Bindungen zwischen Danzig und Polen enger zu gestalten und die Abhängigkeiten Danzigs von Polen zu verstärken, um letztlich dem in Versailles verfehlten Ziel näher zu kommen, Danzig zu einem Bestandteil der Republik Polen zu machen.

Die der Republik Polen zugestandenen Sonderbefugnisse gaben ihr nicht das Recht, sich in die inneren Angelegenheiten Danzigs einzumischen. Die Danziger Verfassung beruhte nicht auf polnischem Gesetz. Die Danziger Staatsgewalt war eine eigene, souveräne – nur soweit beschränkt, als sie sich selber aufgrund des Versailler Vertrages durch die mit Polen abgeschlossenen Verträge beschränkt hat. Auf der anderen Seite hatte Polen in Danzig keine souveränen Rechte auszuüben. Soweit ihm Rechte zustanden, übte es diese nicht aus eigener Machtvollkommenheit aus. Sie waren nicht Ausfluß der polnischen Staatsgewalt. Sie waren ihm lediglich vertraglich eingeräumt, und zwar nach dem Willen der Freien Stadt Danzig, die der Republik Polen die Ausübung dieser Rechte auf ihrem Gebiet überlassen hatte.

In den Rechtsbeziehungen zwischen Danzig und Polen lag nichts vor, was den Begriff der "Halbsouveränität"[409] – sofern man ihn im Sinne der Verneinung der Eigenstaatlichkeit für relevant hält[410] – zugelassen hätte. Die Staatsgewalt der Freien Stadt Danzig war nicht von der Staatsgewalt der Republik Polen abgeleitet, und Danzig übte seine Staatsgewalt keineswegs nur insoweit aus, als ihm das polnische Recht dies gestattete.

---

407 Entscheidungen des Hohen Kommissars 1921 S.29 ff.
408 Vgl. Crusen, Versailler Frieden, S.143.
409 Nach Liszt/Fleischman S.99 ist der "halbsouveräne" Staat nicht vollberechtigtes Glied der Völkergemeinschaft. Nach seiner Auffassung fällt aber nicht einmal der Protektoratsstaat unter den Begriff der "Halbsouveränität" (vgl. zu diesem Fragenkomplex auch Berber, I.Bd.§ 18).
410 Der im 18.Jahrhundert geprägte Begriff der "Halbsouveränität" (vgl. Moser S.508) wurde wegen seiner begrifflichen Widersprüchlichkeit und der Erkenntnis der Unterscheidung zwischen unteilbarer Souveränität und teilbaren Kompetenzen des Staates später im wesentlichen aufgegeben (vgl. Krülle, Die völkerrechtlichen Aspekte, S.292).

Die Danziger Staatsgewalt war genau so originär wie die polnische. Wenn Polen und Danzig nach dem Pariser Vertrag ein einheitliches Zollgebiet bildeten, so war damit keine Unterordnung Danzigs geschaffen worden. Noch niemals war der Bestand einer Zollunion ein Zeichen der "Halbsouveränität". So galt auch das Großherzogtum Luxemburg nicht als halbsouveräner Staat, weil es – vor 1918 – eine Zollunion mit dem Deutschen Reich eingegangen war. Und die heutigen Benelux-Staaten sind durchaus nicht halbsouverän, weil sie miteinander eine zoll- und wirtschaftspolitische Gemeinschaft geschlossen haben. Entsprechendes gilt für die Zollunion der EG und für die EU.

Die Beschränkungen der Souveränität, die aus dem VV resultieren und denen sich der Danziger Staat unterworfen hatte, führten nicht zum Verlust der staatlichen Souveränität, da sie deren Wesensgehalt, den Kernbereich der Souveränität, nicht beeinträchtigten.[411]

Die der Republik Polen zur Erleichterung seines Zugangs zur Ostsee eingeräumten Rechte sind somit keine die Eigenständigkeit der Freien Stadt Danzig beeinträchtigenden Souveränitätseinbußen. Vielmehr kommt es dem zwischen Danzig und Polen geschaffenen Rechtszustand sehr viel näher, die einzelnen Polen vertraglich gewährten wirtschaftlichen Rechte als "Staatsdienstbarkeiten" zu bezeichnen[412], die aber zugleich auch wichtige Verpflichtungen für Polen beinhalteten.

c) Die Führung der auswärtigen Angelegenheiten

Entsprechend der im Versailler Vertrag (Art.104 Nr.6 VV) Polen auferlegten Verpflichtung wurde die Führung der auswärtigen Angelegenheiten der Freien Stadt Danzig der polnischen Regierung übertragen, die bei der Wahrnehmung dieses Auftrages im Interesse des Danziger Staates nach bestimmten Grundsätzen zu verfahren hatte. Trotz ständiger gegenteiliger polnischer Bemühungen wurde die Auswärtige Gewalt des Danziger Staates dabei nicht angetastet. Die der polnischen Regierung – nicht etwa der Republik Polen – in bezug auf die Führung der auswärtigen Angelegenheiten der Freien Stadt Danzig übertragenen Befugnisse rechtfertigen nicht die Annahme des Begriffs der "Halbsouveränität"[413] oder einer entsprechenden den Kern der staatlichen Stellung Danzigs berührenden Einschränkung. Ebensowenig führten diese Befugnisse bzw. Pflichten der polnischen Regierung zu einer Übertragung von wesentlichen Souveränitätsrechten des Danziger Staates auf die Republik Polen mit der Folge einer Infragestellung des Staatscharakters der Freien Stadt Danzig. In den deutschsprachigen Übersetzungen der maßgebenden englischen und französischen Texte des Versailler Vertrages (Art.104 Nr.6) und in der ersten amtlichen Übersetzung des Pariser Vertrages (Art.2 Abs.1; später richtiggestellt), so auch auch in der Danziger Verfassung (Art. 45 Buchst. f) sind der englische Begriff "the conduct" und der französische "la conduite" fälschli-

---

411 Vgl. auch Krülle ebda.
412 Vgl. Crusen aaO S.137; Verzijl S.380; Bail S.144; Böhmert (1933) S.25, 31 Anm.15; Leonhardt S.23; Pfeuffer S.89; Mrose S.11; Friedrich Klein S.15; so auch die Entscheidung des Hohen Kommissars des VB vom 7.11.1924 (Entscheidungen 1924 S.58 ff.).
413 Siehe Anm.409 und 410.

cherweise mit "Leitung" statt richtig "Führung" wiedergegeben worden.[414] Wie spätere Auslegungen und die gesamte außenpolitische Praxis bestätigt haben, lag die Bedeutung dieser Regelung im verwaltungstechnischen Durchführungsbereich.[415] Der kleine Danziger Staat bestimmte zwar im Rahmen seiner Staatsgewalt, so auch Auswärtigen Gewalt, seine Geschicke, verfügte aber nicht über die Kapazitäten, die es ihm erlaubten, das für die Vertretung nach außen erforderliche Verwaltungshandeln mit eigenen Kräften seiner Regierungsorgane wahrzunehmen. Wegen der zahlreichen engen vertraglichen Verbindungen mit Danzig lag es nahe, die polnische Regierung – wohlgemerkt nicht die Republik Polen – mit dieser Aufgabe zu betrauen.[416] Auch nach dem Wortlaut des Versailler Vertrages handelte es sich nicht um ein der Republik Polen gewährtes Recht, sondern um die Übertragung einer Verpflichtung an die polnische Regierung.[417] Nicht die Rechtsfähigkeit des Danziger Staates war hierdurch berührt, sondern die Handlungsfähigkeit unterlag gewissen Sonderregelungen. Die Herrschaft der Auswärtigen Gewalt, Verträge zu schließen und sie zu ratifizieren und umzusetzen verblieb beim Danziger Staat, wie die ständige Praxis auch gezeigt hat.[418]

Mit dem Wortlaut des Art.104 Nr.6 VV "der auswärtigen Angelegenheiten der Freien Stadt Danzig" ist im übrigen die Aussage getroffen worden, daß es sich um die Angelegenheiten des Danziger, nicht des polnischen Staates handelt. So hat der Hohe Kommissar des Völkerbundes MacDonnell in seiner Entscheidung vom 7. November 1924 formuliert.[419]

"Der Ausdruck 'auswärtige Angelegenheiten' schließt in den Augen der Welt eine staatliche Existenz in sich (implies a political existence), denn wenn die Freie Stadt als solche keine staatliche Existenz hätte, so würde sie keine auswärtigen Angelegenheiten mit anderen Ländern zu verhandeln haben. Ich meine, es ist klar, daß eine solche Existenz für die Freie Stadt beabsichtigt war". ..."Das Verhältnis zu Polen ist völkerrechtlicher Natur, Polen muß seine Verträge mit Danzig ratifizieren".

---

414 Französischer Originaltext: "de faire assurer par le Gouvernement Polonais *la conduite* des affaires extérieures", englisch: "to provide that the Polish Government shall undertake *the conduct* of the foreign relations" (vgl. Damme S.53 ff. und Crusen, Versailler Frieden, S.140 f., der zurecht auf die Entschärfung dieses Problems durch die Danzig-polnische Vereinbarung vom 1.9.1923 – u.a. Sicherstellung von Beteiligungen – (vgl. Crusen-Lewinsky S.251) hinweist.
415 Vgl. Crusen, Die ehemalige Freie Stadt Danzig, S.396.
416 Vgl. die übrigen Bestimmungen des Art.104 VV, die sich mit Ausnahme des Eingangssatzes und Nr.6 auf "Polen" beziehen.
417 Vgl. Crusen aaO S.395.
418 Vgl. die Zusammenstellung der völkerrechtlichen Verträge, die die Freie Stadt Danzig mit Polen und anderen Staaten abgeschlossen hat, bei Crusen-Lewinsky S.231 ff., nach dem Stande vom 15.6.1935 50 Verträge mit fremden Staaten – ohne die 86 Danzig-polnischen Verträge – (vgl. hierzu auch Crusen, Die ehemalige Freie Stadt Danzig, S.408; Stritzel S.46). Ein wichtiges Beispiel ist der Beitritt der Freien Stadt Danzig zum Kellogg-Pakt vom 27 August 1928 (DzGBl 1929 S.147, zur Hinterlegung RGBl II 1929 S.757). In diesem Zusammenhang sei eine Note der Regierung der Freien Stadt Danzig an die polnische Regierung vom 16.12.1937 erwähnt. In dieser Note beanstandet der Danziger Regierungschef die Einschaltung Polens einem dritten Staat gegenüber in einer den Danziger Senat betreffenden Angelegenheit (vgl. Denne S.79).
419 Entscheidungen, 1924, S.58 ff.

Polen war nicht der Vormund Danzigs in diesem Bereich, sondern lediglich dessen Beauftragter und Bevollmächtigter.[420] Es mußte nach den Wünschen und Vorstellungen der Freien Stadt Danzig handeln und konnte dazu veranlaßt werden. Ohne Danzigs Willen und ohne Einvernehmen mit dem Danziger Staat konnte Polen für die Freie Stadt Danzig nicht völkerrechtlich verbindlich handeln, d.h. es konnte im Namen von Danzig keinen völkerrechtlichen Vertrag schließen, ohne von Danzig dazu bevollmächtigt worden zu sein. Alle aus der der polnischen Regierung übertragenen Verpflichtung zur Führung der auswärtigen Angelegenheiten zwischen der Freien Stadt und der Republik Polen sich ergebenden Differenzen wurden stets zugunsten Danzigs entschieden. So hieß es in einer Entscheidung des Völkerbundskommissars vom 20. August 1921[421]:

"Die polnische Regierung scheint der Ansicht zu sein, daß die Rechte Polens bedeuten, daß es hinsichtlich der auswärtigen Beziehungen Danzigs tun kann, was ihm beliebt. Ich bin der Ansicht, daß der erste Absatz des Artikels 2 sowohl dem Buchstaben wie noch mehr dem Sinne nach bedeutet, daß Polen es übernommen hat, etwas für Danzig zu tun, und hiernach Danzig es nicht selbst tun soll, aber nicht, daß Polen das Recht gegeben ist, Danzig zu nötigen, etwas zu tun."

Und weiter entschied der Völkerbundskommissar am 17. Dezember 1921[422]:

"... daß Polen nicht das Recht hat, Danzig zu einer bestimmten auswärtigen Politik zu veranlassen oder sie ihm aufzudrängen, die offenbar dem Gedeihen, der Wohlfahrt und einer guten Regierung der Freien Stadt entgegengesetzt ist.",

"... daß die polnische Regierung auf Verlangen der Danziger Regierung, irgendwelche auswärtigen Angelegenheiten der Freien Stadt zu erledigen, sofern ... von dem Ersuchen Kenntnis nehmen wird; daß sie ferner entweder Danzigs Wünsche ohne Verzug und in erschöpfender und loyaler Weise durchführen wird oder die Regierung der Freien Stadt sobald wie möglich, jedenfalls innerhalb einer Frist von 30 Tagen, benachrichtigen wird, daß die polnische Regierung nicht imstande ist, die Wünsche der Danziger Regierung durchzuführen. Polen wird auch die Gründe für seine Weigerung angeben und die Danziger Regierung wissen lassen, wieweit sie zu gehen bereit ist oder welchen anderen Vorschlag sie annehmen würde, um den Wünschen der Danziger Regierung in dieser Angelegenheit zu entsprechen."

Beide Entscheidungen sind rechtskräftig geworden, Polen hat sich ihnen gebeugt. Doch noch andere Beweise für die souveräne Handlungsfähigkeit Danzigs bei der Wahrnehmung seiner auswärtigen Angelegenheiten liegen vor:

Nach Art.6 des Pariser Vertrages durfte Polen keinen völkerrechtlichen Vertrag und kein Abkommen ohne vorherige Beratung mit Danzig abschließen, sofern dieser Ver-

---

420 Vgl. Crusen, Versailler Frieden, S.140.
421 Entscheidungen 1921, S.22.
422 Entscheidungen 1921, S.70.

trag die Interessen Danzigs berührte. Angesprochen sind hier Verträge Polens, nicht Danzigs, die aber Danziger Interessen berührten. Derartige Verträge waren stets dem Völkerbundskommissar vorzulegen, der sein Veto einlegen konnte.

Im Zusammenhang mit der Führung der auswärtigen Angelegenheiten Danzigs stand außerdem die Verpflichtung der polnischen Regierung, den Schutz der Danziger Staatsangehörigen im Ausland sicherzustellen. Doch auch hieraus kann kein Schluß etwa auf ein polnisches Protektorat über Danzig gezogen werden.[423] Es gab schon immer Fälle, in denen die Behörden eines Staates den Angehörigen eines anderen Staates im Ausland Schutz zu gewähren hatten, ohne daß dadurch ein Protektoratsverhältnis entstand. Es handelt sich hier um einen Ausfluß der Beauftragung der polnischen Regierung mit der Führung der auswärtigen Angelegenheiten. Auf das besondere Schutzverhältnis des Völkerbundes für die Freie Stadt Danzig – und nicht einmal dieses war ein "Protektoratsverhältnis" – hatte diese Bevollmächtigung keinen Einfluß.

Wenn Danzig sich in einem derartigen Abhängigkeitsverhältnis zu Polen befunden hätte, so wäre der Pariser Vertrag nicht möglich gewesen. Dieser völkerrechtliche Vertrag[424] setzte voraus, daß die Freie Stadt Danzig und die Republik Polen als gleichberechtigte Vertragspartner handelten. Dieser Vertrag ist auch beim Völkerbund als zwischen zwei Staaten vollzogener Vertrag registriert worden[425], während der Völkerbund es sonst ablehnte, Verträge, die nicht völkerrechtlicher Natur, sondern staatsrechtliche Vereinbarungen eines Staates mit einem ihm untergeordneten Verband waren, zur Registrierung anzunehmen. Die völkerrechtliche Natur der Danzig-polnischen Rechtsbeziehungen ist auch vom StIGH in seinem am 4. Februar 1932 für den Völkerbundsrat erstellten Gutachten[426] hervorgehoben worden, in dem außerdem der Pariser Vertrag als Grundlage dieser Beziehungen bezeichnet wurde. In allen Gutachten über Danziger Streitfragen hat der StIGH die Freie Stadt Danzig als einen der Republik Polen gleichberechtigten Partner bezeichnet und behandelt.[427]

Zwischen der Freien Stadt und der Republik Polen wurden sehr viele Verträge, Abkommen und Vereinbarungen geschlossen, die Polen nicht unterzeichnet hätte, wenn es die Souveränität über Danzig besessen und selbst hätte ausüben können. Alle diese Abkommen wurden auf der Basis der Gleichberechtigung geschlossen, ganz gleich, ob sie zugunsten Danzigs oder Polens ausfielen.

---

423 Vgl. Crusen aaO S.140 f.
424 Vgl. zur Bejahung einer völkerrechtlichen Beziehung zwischen Danzig und Polen: Stritzel S.41 ff.
425 SdN Recueil VI S.189.
426 CPJI A/B 44 S.23 ff.
427 Vgl. die Zusammenstellung der Gutachten des StIGH zu Danziger Rechtsfragen bei: Stritzel, S.36 Anm.185.

d) Die fehlende Militärhoheit

Bisweilen ist behauptet worden, die Freie Stadt Danzig sei kein souveräner Staat gewesen, weil ihr das Recht der unbeschränkten Militärhoheit – infolge ihrer Bindung an die jeweilige Zustimmung des Völkerbundes – gefehlt habe. Jedoch begründete der Zustimmungsvorbehalt, wie er für die Freie Stadt Danzig (Art.5 der Danziger Verfassung) in den Fällen:

1. als Militärbasis dienen,
2. Festungswerke errichten,
3. die Herstellung von Munition oder Kriegsmaterial auf ihrem Gebiete gestatten

festgelegt war, keine den Staatscharakter Danzigs berührende Beschränkung. Die uneingeschränkte Militärhoheit ist nicht das ausschließliche Kriterium für die Souveränität eines Staates. Die Freie Stadt Danzig brauchte keine eigenen Streitkräfte, weil sie unter den Schutz des Völkerbundes gestellt war. Dessen Mitgliedstaaten mußten Danzig ihren Schutz angedeihen lassen. Die Frage der Schutzpflicht Danzigs hat den Völkerbund mehrmals beschäftigt. Polen, das behauptete, ein militärisches Mandat über Danzig zu besitzen, ist diese Schutzaufgabe niemals zugestanden worden. Als es am 14. November 1920 vor dem Völkerbundsrat den Anspruch erhob, das Recht zu erhalten, starke Truppenmassen nach Danzig zu senden, falls es dies für notwendig erachten würde, wurde dieses Verlangen abgelehnt. Und ebensowenig wurde der Antrag Frankreichs angenommen, daß Polen unumschränkt die Verteidigung Danzigs übertragen werden solle.[428] Der Völkerbund, nicht Polen, war der Schutzherr der Freien Stadt Danzig. In seiner Juni-Sitzung 1921 hat der VBR diese Haltung bekräftigt. Polen durfte keine Flottenbasis, keine Befestigung und keine Garnisonen auf dem Gebiet der Freien Stadt Danzig unterhalten. Gemäß Beschluß des Völkerbundsrates vom 22. Juni 1921[429] wurde die polnische Regierung lediglich

> *"als besonders geeignet" angesehen, "unter Umständen die Verteidigung Danzigs zu Lande und die Aufrechterhaltung der Ordnung im Gebiete der Freien Stadt Danzig sicherzustellen, falls die Danziger Polizeikräfte nicht genügen sollten".*

Es wurde aber ausdrücklich klargestellt, daß es eines besonderen Auftrages des Völkerbundsrates im Einzelfall bedurfte, um Polen zu berechtigen, Verteidigungsmaßnahmen für die Freie Stadt Danzig durchzuführen. Zugleich wurde aber auch bestimmt, daß der Völkerbund berechtigt ist, unter Aufhebung dieses Beschlusses vom 22. Juni 1921, wenn die Verhältnisse es bedingen würden, eine andere Regelung vorzunehmen, ohne daß Polen dagegen rechtlich wirksam hätte Einspruch erheben können.

---

428 Beschluß des VBR vom 17.11.1920 (Anm.348).
429 SdN JO 1921,S.671 f.; abg. bei Lewinsky-Wagner S.284.

e) Weitere Entscheidungen des Völkerbundes

Auf einen weiteren Vorgang sei noch hingewiesen, der die staatlich-souveräne Stellung der Freien Stadt Danzig unterstreicht. In einer unter Federführung des VBK Haking zustandegekommenen Danzig-polnischen Vereinbarung vom 30. Januar 1923[430] über die Zuständigkeit des polnischen diplomatischen Vertreters in Danzig wurde ausdrücklich festgelegt:

> *"Wenn ein Kriegsschiff eines fremden Staates Danzig einen Besuch abstattet, so muß der erste amtliche Besuch des Kommandanten des Schiffes dem Senat der Freien Stadt Danzig abgestattet werden, der ihn namens der Freien Stadt begrüßt."*

Die Republik Polen hatte sich mit ihrer Forderung, den ersten Besuch des Kommandanten eines fremden Kriegsschiffes bei dem polnischen diplomatischen Vertreter vorzusehen, nicht durchsetzen können.

Der Danziger VBK und der VBR selbst haben stets von der Souveränität Danzigs, von Danzigs souveränen Rechten, von der Selbständigkeit Danzigs und seiner Unabhängigkeit gesprochen. So hieß es in der Entscheidung des VBK vom 18. Dezember 1921[431]:

> *"Danzig ist durch den Versailler Vertrag als ein freier und unabhängiger Staat errichtet worden."*

In seiner Entscheidung vom 7. November 1924[432] hat der VBK MacDonnell ausgeführt:

> *"Danzig ist ein Staat im völkerrechtlichen Sinne und hat ein Recht darauf, daß diese Eigenschaft bezeichnende Ausdrücke verwendet werden."* ...

> *"Der wirkliche Grund für die polnische Weigerung, die üblichen Ausdrücke, Formen und Gebräuche anzuwenden, ist politischer Art, weil die polnische Regierung sich nicht dazu entschließen will, ausdrücklich anzuerkennen, daß die Freie Stadt in ihren Beziehungen grundsätzlich ein selbständiges völkerrechtliches Rechtssubjekt (an independent international legal entity) ist, eine Rechtsstellung, die durch den Versailler Vertrag, die vom Völkerbund bestätigte Verfassung der Freien Stadt, die Entscheidung des Hohen Kommissars vom 3. November 1922 ... und durch die Tatsache, daß Danzig ein vertragschließender*

---

430 Ersetzte die Entscheidung des VBK vom 23.8.1922 (vgl. Ramonat S.148).
431 Entscheidungen 1921 S.74 ff.; vgl. auch die inhaltsgleichen, ebenfalls rechtskräftig gewordenen Entscheidungen des VBK vom 4.2. und 16.12.1921 (Entscheidungen 1921, S.4 ff., 60 ff.) und die Entscheidungen des VBK vom 20.8., 17.12.1921 und 3.11.1922 (Entscheidungen 1921, S.22, 70, 1922, S.41 ff.), in denen die Eigenständigkeit des Danziger Staates zum Ausdruck kam.
432 Anm.419.

Teil vieler internationaler Verträge ist, unzweifelhaft bewiesen werden kann. Wenn Danzig diese Stellung gegenüber anderen Staaten einnimmt, so würde es unlogisch sein, sie gegenüber Polen in Abrede stellen zu wollen." ...

"Ich kenne keine Gründe für die Weigerung, die Freie Stadt als einen Staat anzuerkennen".

Unter Bezugnahme auf das oben erwähnte Erfordernis der Zustimmung durch den Hohen Kommissar, Alliierte und Völkerbund gemäß Art.1 der Verfassung der Freien Stadt Danzig führt er dann weiter aus:

"Wenn ein Staat ein Freistaat ist, wie Danzig es ist, so ist er vor allem ein 'Staat', obgleich die Freie Stadt sich nicht Freistaat Danzig (Free State of Danzig) nennen konnte, da sie eine andere Bezeichnung erhalten hat, nämlich, Freie Stadt Danzig, so kann sie doch erwarten, daß der Charakter, mit dem sie bei ihrer Begründung ausgestattet wurde, anerkannt wird. Ich wüßte nicht, welches andere Wort als (State) man anwenden könnte, um das Wesen der Freien Stadt zu bezeichnen. ..."

Dementsprechend lautete Nr.4 der Entscheidung[433]:

"Danzig ist ein Staat im völkerrechtlichen Sinne des Wortes und zum Gebrauch von Ausdrücken, welche diese Tatsache erkennbar machen, berechtigt".

Es war bezeichnend, daß Danzigs Eigenstaatlichkeit und staatliche Souveränität von keinem anderen Staat als von Polen allein bestritten wurden. Polens immer wiederholte hartnäckige Versuche in dieser Richtung wurden aber stets von dem dafür zuständigen Gremium, dem Völkerbund, als unbegründet zurückgewiesen.

Die Freie Stadt Danzig war ungeachtet gewisser Einschränkungen international als souveräner Staat anerkannt, und die sich aus dem damaligen Status ergebenden Rechtsfolgen sind bisher durch keine neuen Verträge, bei denen überdies die Danziger mitzusprechen hätten, abgelöst oder aufgehoben worden. Danzig war also völkerrechtlich voll rechtsfähig; es war Subjekt völkerrechtlicher Rechte und Pflichten – Völkerrechtssubjekt.

4. Die Freie Stadt Danzig und der Völkerbund – Die Schutzbeziehung

Die Rechtsbeziehung Danzigs zum Völkerbund stellt einen Eckpfeiler des kollektiven Vertragssystems dar, mit dem die Freie Stadt Danzig in ihren staatsrechtlichen und völ-

---

[433] Entscheidungen 1924, S.70. In seiner Sitzung vom 13.3.1925 (SdN JO 1925, S.472 f.; vgl. auch Crusen, Die ehemalige Freie Stadt Danzig, S.404) ersetzte der VBR, im übrigen bestätigend (vgl. Crusen, Versailler Frieden, S.141), Nr. 4 dieser Entscheidung durch die Fassung: *"Was den Ausdruck Staat anbelangt, so ist er so wenig näher bezeichnet, daß der Rat es nicht für erforderlich hält, den Sinn dieses Ausdrucks und seine Anwendung auf Danzig zu prüfen. Die völkerrechtliche Stellung der Freien Stadt ist durch den VV genau festgelegt".* Die Bedeutung dieser Festlegung im Sinne des Danziger Staatscharakters war vorher, wie oben dargelegt, vom Völkerbund häufig bestätigt worden. Am Ergebnis hat diese politisch etwas vorsichtiger formulierte Fassung nichts geändert.

kerrechtlichen Status eingebunden worden ist, der den international fixierten Rahmen für die Grenzen ihres Handlungs- und Verfügungsermessens bildet. Die Grundlagen für diese Beziehung finden sich im Versailler Vertrag:

- Gemäß Art.102 2.Halbs. VV tritt die Freie Stadt Danzig unter den Schutz des Völkerbundes, dessen Satzung im Teil I des VV enthalten ist.
- Gemäß Art.103 Abs.1 Satz 1 VV wird die Verfassung der Freien Stadt Danzig im Einvernehmen mit einem Hohen Kommissar des VB von ordnungsgemäß berufenen Vertretern der Freien Stadt ausgearbeitet.
- wird die Verfassung gem.Art.103 Abs.1 Satz 2 VV von dem VB gewährleistet.
- Der Hohe Kommissar wird gem.Art.103 Abs.2 VV mit der erstinstanzlichen Entscheidung aller Streitigkeiten betraut, die zwischen Polen und der Freien Stadt aus Anlaß des VV oder ergänzender Vereinbarungen und Abmachungen entstehen sollten.
- Der Hohe Kommissar hat gem. Art.103 Abs.3 VV seinen Sitz in Danzig.

Dem Beschluß des Völkerbundsrates lag der Bericht des japanischen Vertreters der Botschafterkonferenz der vier Hauptmächte Vicomte Ishii über Danzigs Rechtslage[434] zugrunde, der die Bedeutung des Schutzes der Freien Stadt Danzig und der Garantie der Verfassung sowie den engen Zusammenhang dieser beiden Sicherungsinstitute[435] als einheitliches Ganzes[436] deutlich hervorhob. Die Verfassung durfte ohne Zustimmung des Völkerbundes nicht geändert werden.[437]

Mit dem vom Völkerbund übernommenen Schutz sollte die äußere Unabhängigkeit der Freien Stadt Danzig gewährleistet werden. Dem Völkerbund oblag als Protektor des Freistaates die Aufgabe, die territoriale Unversehrtheit und politische Unabhängigkeit der Freien Stadt Danzig zu erhalten und auch gegen alle Angriffe von außen aufrechtzuerhalten.[438]

Die Garantie war eine wesentliche Ergänzung des Schutzverhältnisses.[439] Mit der Garantie bezweckte der Völkerbund, einen geordneten Ablauf des inneren Staatslebens der Freien Stadt Danzig auf der Grundlage der Verfassung und im Rahmen der durch den Versailler Vertrag vorgesehenen Freiheitsbeschränkungen sowie die innerstaatliche Unabhängigkeit und Selbständigkeit sicherzustellen.[440]

Sinn und Zweck dieser Schutz- und Garantiebestimmung war, die Freie Stadt Danzig gegen jede Einmischung zu schützen, die ihre durch den Versailler Vertrag vorgesehene Sonderstellung verletzte oder gefährdete. Die Siegermächte wünschten mit diesem be-

---

434 Bericht des Grafen Ishii (Anm.349), der vom Völkerbundsrat am 17.11.1920 (Anm.348) gebilligt wurde.
435 Vgl. Crusen, Die ehemalige Freie Stadt Danzig, S.403.
436 Im Ishii-Bericht vom 17.11.1920 heißt es: "*La question de la protection ... et la garantie ... est intimement liée*".; vgl. auch Böhmert DJM 1933 S.100; Schücking-Wehberg S.132.
437 Vgl. oben S.87 und Anm.349.
438 Vgl. Ishii-Bericht (Anm.349).
439 Vgl.Stritzel S.32.
440 Vgl. Matschke S.48; vgl. demgegenüber Hailbronner in Hailbronner/Renner Teil I E Rn. 54, der unzutreffenderweise ausführt, daß "*die Einwohner Danzigs unter dem Schutz Polens gestanden hätten*".

sondern Schutzverhältnis möglichen Konflikten zu begegnen, die in der Verselbständigung des aus dem Deutschen Reich herausgelösten deutschen Gebietes und zugleich darin lag, daß Polen nach wie vor Danzig für sich beanspruchte und in Danzig weitgehende Rechte gewonnen hatte. Das Schutzverhältnis in Verbindung mit der Schiedsrichterrolle des Völkerbundes, in erster Instanz des Hohen Kommissars des VB, entsprang den Bestimmungen des Versailler Vertrages und führte zu einer völkerrechtlichen Beziehung zwischen dem Völkerbund und der Freien Stadt Danzig, die auch Danzig Pflichten gegenüber dem Völkerbund auferlegte.[441] Alle an dieser Beziehung Beteiligten – die Siegermächte, der Völkerbund, die Freie Stadt Danzig, Deutschland und Polen, waren völkerrechtlich als jeweils selbständige Partner und Völkerrechtssubjekte in das Vertragsgefüge eingebunden, das aus dem VV[442], dem Pariser Vertrag, der vom Völkerbund genehmigten Danziger Verfassung sowie der angenommenen Errichtungsurkunde bestand.

5. *Internationaler Status der Freien Stadt Danzig*

a) Die vertragliche Bestandsgarantie

Diese Einbindung der Freien Stadt Danzig in ein internationales kollektives Vertragssystem, das durch den Bestandsschutz einer völkerrechtlichen Beziehung zum Völkerbund garantiert und damit verstärkt wurde, läßt den Rechtsstatus des Danziger Staates innerhalb der Völkergemeinschaft in einem besonderen Licht erscheinen, das auch Auswirkungen auf die Bestrebungen einseitiger Gebietsveränderungen haben muß.

Der völkerrechtliche Charakter der Freien Stadt Danzig war nicht nur durch ihre Konstruktion und Anerkennung als Staat und Völkerrechtssubjekt gekennzeichnet. Darüberhinaus war für Danzig durch mehrseitige Verträge und eine dem VB von den Alliierten übertragene gebietsbezogene Schutzfunktion ein "Internationaler Status" eingerichtet worden, der die Bedeutung einer international umfassend wirkenden und bindenden Veränderungssperre, nämlich einer Bestandsgarantie für das völkerrechtliche Danziger Gebilde hatte.[443]

---

441 Vgl. zu den Pflichten Danzigs gegenüber dem VB den Bericht des Grafen Ishii (Anm.349).
442 Zur Bindungswirkung für die Republik Polen vgl. Anm.836.
443 Diese Bedeutung des gesamten Vertragssystems ist von Stritzel, S.103 ff., nicht ausreichend berücksichtigt worden (vgl. unten S.112 ff., 146 ff.).

b) Der Internationale Status im Völkerrecht

Wie Lotze[444] anhand der Völkerrechtspraxis, von Entscheidungen des IGH und der Völkerrechtslehre überzeugend nachweist, ist nach dem Ersten Weltkrieg für die Aaland-Inseln, die Mandatsgebiete, das Saargebiet bis zu seiner Wiedereingliederung 1935 und den Sandschak von Alexandrette durch mehrseitige Verträge unter Beteiligung des VB ein besonderer völkerrechtlicher Status, ein "Internationaler Status", geschaffen worden, der wegen gleichen Inhalts und gleicher Anwendungskriterien auch auf den völkerrechtlichen Status Danzigs anzuwenden ist.

Versuche, eine an bereits eingeführte völkerrechtliche Begriffe[445] anknüpfende einheitliche Definition für diese gebietsbezogenen Funktionen des international überwachenden VB anzuwenden, scheiterten an den unterschiedlichen politischen Zielsetzungen, Interessenlagen und Einflüssen. Im Zusammenhang mit den Entscheidungen über die Mandatsgebiete hat sich schließlich der Begriff der "objektiven Gebiete" oder "Gebiete mit internationalem Status" begrifflich befestigt.[446]

Bereits im Jahre 1920 traf eine dreiköpfige Internationale Juristenkommission, die sich mit dem Rechtsstatus der Aaland-Inseln zu befassen hatte, anstelle des noch nicht errichteten StIGH eine wegweisende gutachtliche Entscheidung für den VB. Sie ermöglichte die einheitliche Beurteilung gebietsbezogener Überwachungsfunktionen im internationalen Interesse mit bindender Wirkung für Drittstaaten. Die im Pariser Frieden von 1856 zur Entmilitarisierung der Aaland-Inseln geschlossene britisch-französisch-russische Konvention hat diese Juristenkommission als "règlement de caractère objectif" und als "règlement d'intérêts européens" bezeichnet, und zwar im Vergleich zu lediglich politischen individuellen und subjektiven Verpflichtungen.[447] Der neue Gebietsherr Finnland sei wegen der objektiven Rechtsnatur an diese Vereinbarung gebunden. Auch die Kennzeichnung "special international status" wurde bereits verwendet.

Die Ergebnisse dieses Gutachtens haben als geltendes Völkerrecht in der Lehre ihren deutlichen Niederschlag gefunden.[448] Lotze hat diese Feststellungen, aus denen insbesondere mit Blick auch auf die Danziger Probleme der Vorrang des die gesamte völkerrechtliche Stellung eines Gebietes erfassenden Internationalen Status vor der Anwendung des völkerrechtlichen Effektivitätsgrundsatzes hervorzuheben ist, wie folgt zusammengefaßt:[449]

---

444 S.76 ff; so auch Friedrich Klein S.32 ff.
445 z.B. "Souveränität", "Staatsdienstbarkeit", "Kondominium", "Koimperium", "international frontier", "international government", "internationalisierte Gebiete unter VB-Beteiligung" (vgl. Lotze S.78 f. mwN.).
446 Vgl. Lotze S.80 ff.
447 SdN JO Okt.1920 Supplément 3, S.17 f.
448 Vgl. Ross S.82 f.; Sir Arnold McNAIR, BYIL XI (1930) S.114; Guggenheim I S.90; Wheaton S.418; Cavaré II S.129; Sibert I S.385; Scelle II S.132.
449 S.91 f.

"(1): Eine auch über Jahre andauernde, tatsächliche Nichtbeachtung eines internationalen Status' durch Herstellung eines ihm widersprechenden tatsächlichen Zustandes vermag nichts an der Gültigkeit und am Fortbestand dieses Status' zu ändern.

(2): Ein von einer multilateralen Vereinbarung geschaffener internationaler Status kann nur durch eine neue Vereinbarung zwischen den Rechtssubjekten, die noch Vertragspartner sind, aufgehoben oder verändert werden; auch eine stillschweigende Duldung der Nichtbeachtung des Status' ändert an seinem Fortbestand nichts.

(3): Der im Völkerrecht sonst weitgehend beachtete Effektivitätsgrundsatz vermochte zwar einen nichtvertraglichen Wechsel der Gebietshoheit der Aalandsinselgruppe – von Rußland auf das durch Dismembration entstandene, selbständige Finnland – wirksam herbeizuführen, er konnte sich jedoch nur so weit auswirken, wie nicht der internationale Status der Inselgruppe berührt wurde; denn auch wenn Finnland die tatsächlich befestigte Inselgruppe erhielt, blieb doch der Entmilitarisierungsstatus unberührt bestehen."

Der IGH hat diesen Gedanken weiterentwickelt und 30 Jahre später im Gutachten vom 11. Juli 1950[450] zur Begründung seiner Rechtsauffassung vom Fortbestehen des Mandatsgebietes Südwestafrika nach Auflösung des VB den Begriff des **"international status"** für dieses Gebiet aufgegriffen. Er führte außerdem aus, das Mandat sei *"as an international institution with an international object"* eingerichtet worden.[451]

Die Überzeugung, daß für bestimmte Gebiete ein "objektiver Status" geschaffen werden kann, der Drittstaaten bindet und Bestandteil des allgemeinen Völkerrechts ist, hat sich in der Völkerrechtspraxis weitgehend durchgesetzt.[452] Diese Rechtswirkung kann durch Ausdehnung der Vertragswirkungen multilateraler Abkommen auf Drittländer oder dadurch zustandekommen, daß sich im Anschluß an derartige multilaterale Abkommen Völkergewohnheitsrecht bildet. Nach hM.[453] kennt das Völkerrecht inzwischen den "Internationalen Status", der dauernd – und für alle anderen Völkerrechtssubjekte verbindlich – eine objektive Ordnung schafft.[454]

In den Interpretationen eines Gebietes des IGH-Gutachtens wird hervorgehoben, daß der Internationale Status eines Gebietes einer Annexion entgegensteht, erga omnes wirkt und die Möglichkeit der Anerkennung einer zu Unrecht bestehenden Sachlage, in die das Gebiet gebracht worden ist, ausschließt.[455] Menzel schließt aus dem Gutachten, daß einseitige

---

450 International status of South West Africa, Advisory Opinion of July 11th 1950; ICJ Reports 1950 S.128 ff.
451 Ebda. S.132.
452 Vgl. Fitzmaurice, BYIL 27 (1950) S.1 ff. (8) und ders. in: Second Report on the Law of Treaties, YILC 1960, Vol.II S.98 Abs.71.
453 Vgl. Lotze S.82 f. mwN.; Friedrich Klein S.33 ff; vgl. auch die Diskussionsbeiträge in den Beratungen der International Law Commission, YILC 1964 vol.I S.96 ff.
454 Zu dieser Beurteilung der Völkerrechtspraxis vgl. auch Ross S.82; Lauterpacht S.182.
455 So Soelling S.140.

Annexionserklärungen nicht statthaft seien. Veränderungen des rechtlichen Status derartiger Gebiete können nicht durch einseitigen Akt der Mandats- und Treuhandsmacht, sondern nur mit Zustimmung der zuständigen Staatsgemeinschaftsorgane vorgenommen werden.[456] In seiner "separate opinion" weist der an der IGH-Entscheidung beteiligte Richter McNAIR auf das Inkraftbleiben des Internationalen Status der Mandatsgebiete *"in spite of many intervening events"* hin und fordert für den Internationalen Status der Mandatsgebiete erhöhten Bestandsschutz. Hahn[457], der wie McNAIR die Fortentwicklung vom Aaland-Insel-Gutachten bis zur Südwestafrika-Entscheidung erwähnt, betont im gleichen Sinne, *"that specific international situations may attain the character of an objective status and remain uneffected by territorial and other changes ...".* Alle beteiligten Staaten außer Südafrika stimmten in ihren Stellungnahmen mit der Auffassung des IGH überein.[458] Auch in der Völkerrechtslehre[459] stieß das in dieser Frage einstimmige Votum des IGH auf einhellige Zustimmung.

Für die fünf genannten Gebiete lagen die gleichen Bedingungen vor. Durch multilateralen internationalen Vertrag war ein Internationaler Status festgelegt worden, in dem der Völkerbund gebietsbezogene Schutz- und Überwachungsaufgaben zu erfüllen hatte. In allen diesen grundsätzlich gleichgelagerten Fällen mußten folglich gleichermaßen tatsächliche Veränderungen soweit ohne rechtliche Bedeutung bleiben, wie sie in Widerspruch zu der internationalen vom VB zu garantierenden Statusregelung gerieten. Insoweit wurde der Effektivitätsgrundsatz zurückgedrängt.[460] In den Fällen der Mandatsgebiete, des Saarlandes[461], des Sandschak von Alexandrette[462] und der Freien Stadt Danzig bezog sich der Internationale Status auf die gesamte völkerrechtliche Stellung des Gebietes, so daß jede Veränderung nur mit Zustimmung der am Vertrag beteiligten Staaten und des VB ermöglicht werden konnte. Für die Aaland-Inselgruppe war dagegen eine Gebietsänderung nicht ausgeschlossen, weil der Garantievertrag sich nur auf die Autonomie, Entmilitarisierung und Neutralisierung beschränkte.

Ein Lösungsversuch für Verträge, die einen Internationalen Status schaffen, schlägt sich in *"Article 63 – Treaties providing for objectice regimes"* des Fassungsvorschlags für eine Kodifikation nieder, den ein Berichterstatter der International Law Commission der VN, Sir Humphrey Waldock, unterbreitet hat.[463] Auch aus diesem Vorschlag ergibt sich die Bestätigung, daß das Völkerrecht die Einrichtung eines "Internationalen Status"

---

456 Menzel, Völkerrecht, S.178 f.
457 Hahn, ÖZöR 13/1964 S.167 ff. (198 f.Fn.169).
458 Vgl. Lotze S.95 Anm.328.
459 Vgl. den umfangreichen Lit.-Nachweis bei Lotze S.95 Anm.329.
460 Vgl. Lotze S.96.
461 Vgl. zur vorübergehenden Internationalisierung des Saargebietes Lotze S.42 ff. (46 ff.).
462 Der 1937 unter Beteiligung des VB errichtete Sandschak von Alexandrette wurde unter Verletzung des Internationalen Status ohne Mitwirkung des VB durch französisch-türkischen Vertrag vom 23.6.1939 (abg. in: Dictionaire Diplomatique Bd.IV S.25) der Türkei angegliedert, ein völkerrechtswidriger Akt (vgl. Georges Scelle in "compte rendue analytique de la 51ᵉ séance" vom 21.6.1950 der "Commission du droit international" der VN; VN-Doc.: A/CN. 4/SR 51 vom 1.6.1950 p.10 No. 33).
463 Waldock S.26 f.

zuläßt, der dauernd und für alle anderen Völkerrechtssubjekte verbindlich eine objektive Ordnung schafft. Interessierte Drittstaaten oder sogar alle Staaten können trotz gebietlicher oder sonstiger Veränderungen verlangen, daß der vereinbarte Status – auch im Interesse der Bevölkerung des betroffenen Gebietes – aufrechterhalten wird.[464]

c) Schlußfolgerungen für den Status der Freien Stadt Danzig

Durch die Abtretung Danzigs vom Deutschen Reich und die Errichtung als Staat und Völkerrechtssubjekt "Freie Stadt Danzig" unter Begründung einer Schutz- und Garantiebeziehung zum Völkerbund, auf der Grundlage des Versailler Vertrages und dessen Ausgestaltung durch den Danzig-polnischen Pariser Vertrag vom 9. November 1920 ist für Danzig ein "Internationaler Status" begründet worden.

Stritzel[465] bestreitet im Ergebnis die Richtigkeit dieser Schlußfolgerung. Er untersucht allerdings nicht die Rechtsstellung der Freien Stadt Danzig als "Internationaler Status", sondern befaßt sich mit der Frage, ob Danzig im Hinblick auf die Regelungen des VV die gebietsbezogene Verfügbarkeit gefehlt habe. Er versucht nachzuweisen, daß Danzig beim Inkorporationsvertrag mit dem Deutschen Reich am 1. September 1939 keiner Beschränkung seiner Verfügungsfähigkeit unterlag. Schon der Ansatzpunkt Stritzels[466], der Rechtszustand Danzigs von 1920 beruhe nicht auf dem Versailler Vertrag, sondern auf dem Danzig-polnischen Pariser Vertrag ist abzulehnen. Der Pariser Vertrag vom 9. November 1920 war die Rechtsgrundlage für bestimmte Sonderrechte, die die Freie Stadt Danzig auf Grund des VV der Republik Polen einzuräumen hatte. Der Rechtszustand der Freien Stadt Danzig beruht vielmehr auf dem VV, der durch weitere Verträge ausgestaltet wurde. Stritzel[467] folgert weiter, daß für Memel und Nordschleswig die Alliierten und Assoziierten Hauptmächte beim Sonderakt zur Weiterübertragung des Gebietes dem neuen Gebietsherrn eine Verfügungsbeschränkung ausdrücklich auferlegt, ein derartiges Verbot jedoch nicht für Danzig erlassen haben. Die beiden von Stritzel angeführten Beispiele sind jedoch nicht mit der Lösung vergleichbar, die für Danzig getroffen worden war.

Durch die Memelkonvention zwischen den vier Alliierten und Assoziierten Hauptmächten und Litauen vom 8. Mai 1924[468] wurde das Memelstatut[469] geschaffen, das dem Memelland nicht wie im Falle Danzigs den Status eines Staates verlieh, sondern dieses Gebiet nach einem Zwischenstadium der auf die Alliierten übertragenen Territorialsouveränität als "autonomes Gebiet innerhalb Litauens" begründete.[470] Der VB war zwar

---

464 Vgl. in diesem Sinne Wengler, II 1305, zur Bindung dritter Staaten durch den Internationalen Status, als Ausnahme von der "pacta tertiis-Regel"; vgl. Lotze S.82 mwN.
465 S.103 ff.; a.A. zutreffend Lotze S.85 Anm.301.
466 S.39 ff., S.105 Anm.455.
467 S.105 ff.
468 SdN JO 1924 S.1200 ff.; Text auch bei Gornig, Das Memelland, Dok V.3 u.4, S.200 ff.
469 Text bei Gornig aaO Dok.V.4, S.206 ff.
470 Vgl. Gornig, aaO, S.100 ff.

bestrebt, sich einen gewissen Einfluß auf die Durchführung der Konvention zu sichern, der aber im Verlaufe des weiteren Gründungsverfahrens erheblich abgeschwächt wurde.[471]

In Art.15 der Memelkonvention behielten sich die "hohen vertragschließenden Teile" die Zustimmung zur Übertragung der Souveränitätsrechte oder ihrer Ausübung vor. Eine ähnliche Regelung enthielt Art.2 des Vertrages vom 5. Juli 1920[472], durch den Nordschleswig von den Hauptmächten an Dänemark übertragen wurde.

Für Danzig war eine derartige vertragliche Regelung der Alliierten mit einem dritten Staat nicht möglich, weil das Danziger Gebiet nicht an einen anderen Staat übertragen, sondern von den Alliierten als eigener Staat errichtet wurde. Ein Weiterveräußerungsvorbehalt war nicht erforderlich, weil für die Freie Stadt Danzig eine sehr viel strengere Sicherung vorgesehen wurde.[473] Anders z.B. als beim Memelland enthielt der Versailler Vertrag selbst alle erforderlichen Anweisungen.[474] Art.100 VV veranlaßte die Abtretung an die Hauptmächte. In Art.102 VV verpflichteten sich die Alliierten, das Danziger Gebiet als Freie Stadt zu begründen und sie unter den Schutz des VB zu stellen. Gemäß Art.103 VV wurde die Verfassung des Danziger Staates im Einvernehmen mit den Alliierten und einem Hohen Kommissar des VB von Vertretern der Freien Stadt ausgearbeitet. Diese Verfassung wurde mit Errichtung der Freien Stadt Danzig unter die Garantie des VB gestellt. Einige vom VB verfügte Änderungen wurden später in Kraft gesetzt. Der Hohe Kommissar des VB, mit Sitz in Danzig, wurde gem. Art.103 VV mit der erstinstanzlichen Entscheidung aller Streitigkeiten betraut, die zwischen Polen und der Freien Stadt aus Anlaß des gegenwärtigen Vertrages oder ergänzender Vereinbarungen entstehen würden. Gem. Art.104 VV verpflichteten sich die Alliierten, ein Übereinkommen zwischen der polnischen Regierung und der Freien Stadt Danzig zu vermitteln, das mit der Begründung der Freien Stadt in Kraft treten und den Zweck haben sollte, im einzelnen aufgeführte Rechte Polens in der Freien Stadt Danzig zu regeln. Dieser Vertrag kam unter voller Mitbestimmung der Alliierten und deren erheblichem Druck auf Danzig und auf Polen zustande. Die Errichtung des Danziger Staates wurde von den vier Hauptmächten beschlossen. Die Vertreter Danzigs unterzeichneten die Errichtungsurkunde, und zwar auf der Grundlage des Berichtes der Botschafterkonferenz der vier alliierten Hauptmächte über die Rechtslage Danzigs. Zur Schutzbeziehung für die Freie Stadt Danzig ist in diesem Bericht ausgeführt:

> *"La 'Protection' ... parait signifier que la Société des Nations s'engagera à respecter et à maintenir contre toute agression extérieure l'intégrité territoriale et l'indépendance politique ... de la même manière qu'elle le fait pour tous les Membres de la Société des Nations, aux termes de l'article 10 du Pacte".*

Zum Schutze des Internationalen Status richtete sich diese Sicherung vor allem gegen die konfliktträchtigen Staaten, d.h. in erster Linie gegen Deutschland, bei dem mit Re-

---

471 Vgl. im einzelnen Gornig aaO S.92 f.
472 SdN Recueil II 1920/21 S.241 ff.
473 Vgl. hierzu und zu den folgenden Ausführungen oben S.84 ff., 87 ff.
474 In diesem Sinne auch Lotze S.131 f. Anm.438.

visionsbestrebungen zu rechnen war, aber auch gegen Polen, das nach wie vor begehrlich seine Fühler in Richtung Danzig ausstreckte. Die Schutzbeziehung war somit im Hinblick auf das von Drittstaaten ausgehende Gefahrenpotential wesentlicher Bestandteil des kollektiven Vertrages. Ein einseitiger Eingriff durch Gebietsveränderung des Internationalen Status war folglich mit der vertraglich gesicherten Schutzbeziehung nicht vereinbar.

Die Verfassung der Freien Stadt Danzig kam unter Beteiligung der Alliierten sowie des VB und mit dessen Genehmigung zustande. Die Kontrolle durch die Alliierten über den VB wurde in Art.49 Abs.3 DzV[475] befestigt:

> *"Abänderungen der Verfassung können erst in Kraft treten, nachdem sie dem Völkerbund mitgeteilt sind und dieser erklärt hat, daß er gegen die Abänderungen keine Einwendungen zu erheben hat."*

Im Zusammenhang mit seiner oben erwähnten Untersuchung des Inkorporationsvertrages des Deutschen Reiches vom 1. September 1939 behauptet Stritzel[476] schließlich, durch die Angliederung Danzigs an das Deutsche Reich seien die der Republik Polen gewährten Rechte – Staatsservituten – nicht beschränkt worden. Danzig sei deshalb bezüglich seines Gebietes verfügungsfrei gewesen. Auch darin kann ihm jedoch nicht gefolgt werden. Der einzige Grund für die Forderung, Danzig abzutreten und zu verselbständigen war, Polen die zum Zwecke freien Zugangs zur Ostsee notwendigen Rechte zu gewähren und zu garantieren. Mit der einseitigen Veränderung des Internationalen Status konnten diese Rechte nicht mehr ausgeübt und auch nicht mehr garantiert werden. Selbst wenn sie durch die Eingliederung nicht erloschen, waren sie für Polen ohne Nutzen, wenn sie infolge der Statusänderung nicht vollzogen und gesichert werden konnten.

Aus diesem Gesamtgeflecht von vertraglichen Regelungen ergibt sich unter besonderer Berücksichtigung einer aus ihnen erwachsenen dem VB übertragenen Schutzbeziehung eine Garantie des Danziger Staates im Innen- und Außenverhältnis, an die Danzig auch selbst gebunden wurde. Auch der Danziger Staat war hierdurch gehindert, Verfügungen über eine Änderung seiner Gebietszugehörigkeit zu treffen.

Aus den vorstehenden Ausführungen ist zu folgern, daß die Freie Stadt Danzig durch internationalen kollektiven Vertrag als Gebiet mit Internationalem Status gegründet worden ist. Alle Bedingungen und Merkmale, die von der Völkerrechtspraxis, dem IGH und von der Völkerrechtslehre gefordert, entwickelt und anerkannt wurden, sind im Falle Danzigs zu bejahen. Die Grundlage für die Errichtung und Rechtsstellung der Freien Stadt Danzig war ein völkerrechtlicher Kollektivvertrag, der von den europäischen Großmächten und zahlreichen anderen Staaten mit Deutschland geschlossene Versailler Vertrag. Der Vertrag bezweckte, ausgehend von einem allgemeinen oder auch europäischen Interesse, allgemein wirkende und anerkannte Verpflichtungen zu errei-

---

475 Anm.402; vgl. auch zum Ishii-Bericht S.87.
476 Vgl. Stritzel S.111 f., 118.

chen.[477] Mit der Konstruktion der völkerrechtlichen Stellung war die Erwartung verbunden, daß die gesamte Völkergemeinschaft diesen Status anerkannte und die der polnischen Regierung übertragenen auswärtigen Handlungspflichten für den Danziger Staat, die Entmilitarisierungsbestimmungen, den neutralen Status sowie die Verpflichtung zur Sicherung der territorialen Integrität der Freien Stadt Danzig[478] beachtete.

Die Danziger Lösung war Bestandteil einer allgemein nach dem Ersten Weltkrieg mit dem VV und mit Hilfe des VB angestrebten europäischen Friedensordnung. Mit ihr sollte der Versuch bewerkstelligt werden, zwischen den Interessen Polens und den infolge Kriegsverlustes niedrig gesetzten Ansprüchen Deutschlands sowie der Danziger Bevölkerung auf Achtung des Selbstbestimmungsrechts einen tragbaren Kompromiß zu finden. Die Freie Stadt Danzig war ein auf Grund eines Kollektivvertrages im Rahmen dieses Vertrages gegründeter fremdbestimmter Staat, der insoweit also auch fremdabhängig war und in den Grenzen der vertraglichen Regeln einen ausgeprägten Bestandsschutz genoß.[479]

Dieser Status der Freien Stadt Danzig ist von den Mitgliedstaaten des VB und den anderen Staaten praktiziert und anerkannt worden. Die durch Kollektivvertrag geschaffene völkerrechtliche Stellung umfaßte das gesamte Gebiet der Freien Stadt Danzig, das damit jeglicher einseitigen Änderung entzogen war.[480]

6. *Neutralität der Freien Stadt Danzig*

Für die Rechtsfolgen, die sich aus dem Fortbestehen der Freien Stadt Danzig als Staat und Völkerrechtssubjekt ergeben, ist darüberhinaus die Frage von Bedeutung, ob Danzig den Status eines neutralisierten Staates besaß. Aus der Bejahung dieser Eigenschaft

---

477 Vgl. Art.63 des Fassungsvorschlages der International Law Commission der VN für eine Kodifikation des Völkerrechts betreffend internationale Verträge; vgl. auch oben S.111.
478 Vgl.Art.10 der Satzung des VB (RGBl 1919 S.725 f) und den der Errichtungsurkunde der Freien Stadt Danzig zugrundeliegenden Ishii-Bericht (Anm.349).
479 Vgl. Simma in Verdross/Simma § 765, S.486, der die Errichtung der Freien Stadt Danzig als Beispiel für die Ausnahme von der schriftlichen Zustimmungsbedürftigkeit bei Verträgen zulasten Dritter aufführt. Ihm ist allerdings insoweit zu widersprechen, als Danzig durch seine Organe die Errichtungsurkunde sowie den Pariser Vertrag mit Polen unterzeichnet und die Danziger Verfassung wesentlich gestaltet und ausdrücklich gebilligt hat.
480 Vgl. Verdross/Simma § 398, S.236, wonach die Errichtung der Freien Stadt Danzig *"durch einen Kollektivvertrag zwischen dritten Staaten vorgesehen wurde, nämlich ...durch den Friedensvertrag von Versailles (1919)"* und zwar als *"heteronomes Gebilde"*, *"da es nur innerhalb der sachlichen Grenzen ins Leben treten"* konnte, welche die ihr *"auferlegte Verfassung gezogen hatte"*; vgl. auch Wengler S.1147 f. Anm.4, nach dessen Auffassung *"der durch Kollektivvertrag festgelegte Status einer Freien Stadt (... Danzig ...) nicht nur eine Garantie für das Bestehen des Stadtstaates und eine Verschärfung des Interventionsverbotes zugunsten dieses Staates bedeuten, sondern andeuten"* kann, *"daß Verfassung und politische Haltung der Freien Stadt in gewisser Hinsicht gebunden sind (z.B. ...Unzulässigkeit einer engeren Verbindung mit anderen Staaten)"*; vgl. auch Lotze S.85 und Anm.301, der auf den *"dauerhaften nicht durch Sondervertrag abänderbaren Rechtszustand"* der Freien Stadt Danzig infolge eines *"kompliziert geregelten Systems zueinander in Beziehung gesetzter Rechte und Pflichten verschiedener Staaten und des VB unter dauernder internationaler Überwachung, Garantie und Kontrolle für ein bestimmtes Gebiet"* hinweist; vgl. auch ders. S.131 Anm.438; Friedrich Klein S.43 f.

könnten wichtige Konsequenzen für die Verantwortlichkeiten der Siegermächte des Ersten Weltkrieges und möglicherweise auch anderer Staaten hergeleitet oder bekräftigt werden, die Schutz und Garantie für den nach ihrem Willen gestalteten Danziger Staat übernommen, mitgetragen und über den Völkerbund gesichert haben.

Die Frage der *"dauernden Neutralisierung eines Staates als völkerrechtliches Rechtsverhältnis"*[481] ist bereits im Entstehungsprozeß des Danziger Staates akut geworden. Am 20. August 1920 – wenige Tage nach Annahme der Verfassung – beschloß die am 16. Mai 1920 gewählte Verfassungsgebende Versammlung der werdenden Freien Stadt Danzig, bei dem vorläufigen Hohen Kommissar des Völkerbundes Sir Reginald Tower den Antrag zu stellen, für das Danziger Gebiet die Neutralität zu erklären.[482]

Anlaß war der polnisch-russische Konflikt (April bis Oktober 1920). In dem polnischen Angriffskrieg gegen die russischen Bolschewisten waren die Polen vor ihrer späteren erfolgreichen Wende in Bedrängnis geraten und wünschten militärischen Nachschub über den Danziger Hafen nach Polen zu leiten. Die Danziger Hafenarbeiter, von denen viele mit den Bolschewisten sympathisierten, beschlossen zu streiken und zwei aus Saloniki erwartete mit Munition für die kämpfenden polnischen Streitkräfte beladene Schiffe nicht zu löschen. Für die Entladungsarbeiten mußten alliierte Soldaten eingesetzt werden. Die Alliierten erwogen Danzig zu besetzen. Danzig befürchtete überdies nicht nur die Besetzung durch die vordringenden russischen Bolschewisten[483], sondern durch polnische Truppen.[484] Auch von deutscher Seite war ein Eingreifen, von Ostpreußen her, mit dem Ziele, Pommerellen und Danzig zurückzuholen, nicht auszuschließen.[485] Den Antrag auf Neutralitätserklärung, der bei den Alliierten und Polen Ärger und Drohungen hervorrief und von der Botschafterkonferenz nicht gebilligt wurde[486], hat Sir Reginald Tower letztlich nicht weitergeleitet.[487] Danzig war noch nicht als Staat errichtet.[488] In diesem Zusammenhang sind auch die, allerdings nicht geglückten polnischen Bemühungen bei den Alliierten im stadium nascendi des Friedensvertrages 1918/19 zu erwähnen, die in Frankreich aufgestellte polnische Armee des Generals Haller auf dem Seewege über Danzig nach Polen zu leiten, um ein fait accompli (Besetzung Danzigs) zu ermöglichen.[489]

Die Auseinandersetzung über die militärischen Aspekte der Schutzpflicht für die Freie Stadt Danzig beleuchtet die für Danzig existentielle Bedeutung der Neutralitätsfrage.

---

481 So die Definition bei Berber, Lehrbuch Bd.1 S.129.
482 Vgl. Sahm S.15; vgl. auch Ramonat S.51, der zur gesamten Problematik der Neutralität des Danziger Staates übersichtliche in detaillierten Quellennachweisen belegte Darstellungen vermittelt.
483 Russische Truppen standen bereits dicht vor der Danziger Grenze, wollten aber nach Pressemeldungen auf Besetzung Danzigs verzichten, wenn Danzig seine Neutralität erkläre (vgl. Ziehm, Die Verwaltung Danzigs, S.39).
484 Vgl. Ramonat S.48 ff.
485 Ders. S.49 f.
486 Vgl. Ziehm aaO S.39 f.
487 Vgl. Sahm S.14 ff.; Ramonat S.51 ff.; Ziehm ebda.
488 Vgl. Sahm S.20 f., der zutreffend darauf hinweist, daß die Souveränität über Danzig noch bei den Alliierten lag.
489 Vgl. Recke, Der diplomatische Kampf, S.12; Sahm S.7 f.; Sprenger S.58.

Polen beanspruchte in der Sitzung des VBR am 14. November 1920 die Wahrnehmung der Schutzpflicht für die Freie Stadt Danzig, die dem VB gemäß Art.102 VV übertragen worden war, durch Zuweisung des militärischen Mandats über Danzig. Der 1920/21 mehrmals mit dieser Frage befaßte VB hat Polen diese militärische Schutzpflicht nicht zugestanden.[490]

Nach den Ergebnissen der VBR-Sitzung am 22. Juni 1921[491] durfte Polen auf dem Territorium der Freien Stadt Danzig keine Flottenbasis, keine Befestigungen und keine Garnison unterhalten.[492] Polen wurde auf Grund seines Antrages vom 21. März 1921[493] lediglich im Sinne des zugesagten freien Zugangs zur Ostsee ein allerdings im VV und Pariser Vertrag nicht vorgesehener Umschlagplatz für Verschiffung und vorübergehende Lagerung von Waffen und Munition zum Zwecke des Weitertransportes nach Polen zugebilligt.[494] Der Streit zog sich über Jahre hin[495], da Polen hartnäckige, aber vergebliche, Anstrengungen unternahm, seine Pläne für eine Militärbasis zu verwirklichen.[496] Die immer wieder hervorgehobene selbständige und neutrale Stellung des Danziger Staates wurde jedoch, auch nach Zurverfügungstellung eines Teiles der auch weiterhin zum Danziger Staat gehörenden "Westerplatte"[497], nicht angetastet.

Ein weiteres Beispiel für die ständige Gefährdungslage Danzigs infolge polnischer Militärplanungen gegen die Integrität des Danziger Staates waren die im Mai 1923 bekanntgewordenen detaillierten Hinweise auf eine bevorstehende Besetzung und Inkorporierung der Freien Stadt Danzig durch polnische Truppen[498], die mit den französischen Maßnahmen im Ruhrgebiet in Verbindung standen. Infolge reger diplomatischer Aktivitäten kamen diese Planungen nicht zur Durchführung.

Im Zusammenhang mit dem von Piłsudski seit 1930 geplanten Präventivkrieg gegen das vom Ersten Weltkrieg geschwächte Deutschland, einschließlich einer Polizeiaktion gegen Danzig, Ostpreußen und das deutsche Oberschlesien, ist der polnische Übergriff auf der Westerplatte im Jahre 1933[499] ein zusätzliches Beispiel für die Versuche Polens, den neutralen Status des Danziger Staates zu beeinträchtigen. Ohne Beteiligung des VBK landete am 6. März 1933 ein polnischer Truppentransporter Militär- und Polizeitruppen auf der Westerplatte, während südlich von Danzig größere Truppenkonzen-

---

490 Siehe oben S.104; vgl. Ramonat, S.233, Sahm S.42 f.,; Crusen, Versailler Frieden, S.140; Böttcher aaO S.20.
491 SdN JO 1921 S.671 f.; abg. bei Lewinsky-Wagner S.284.
492 Vgl. Ramonat S.233; Sahm S.39 ff.; Böttcher aaO S.20.
493 Vgl. Ramonat S.196.
494 Vgl. Sahm S.39; Ramonat S.196 ff.
495 Vgl. auch die Entscheidung des VBR vom 14.3.1924 über die Zuteilung der "Westerplatte" an Polen ohne Eigentumsübertragung (Ramonat S.199); endgültiger Beschluß des VBR am 14.3.1925, Besitzübergabe des Geländes an Polen am 31.10.1925 (Ramonat S.200). In der Sitzung des VBR im Dezember 1925 wurde die Wachmannschaft auf 88 Mann – ohne Uniformtragen – erhöht, jedoch bekräftigt, daß Polen in Danzig keinen Militärstützpunkt haben dürfe (vgl. Ramonat S.203); vgl. auch oben S.54, 104.
496 Vgl. Ramonat S.196 ff., 214 ff., 220 ff.
497 Vgl. auch Anm.495, 591.
498 Ramonat S.160 ff.
499 Ders. S.220 ff. mit Literaturnachweisen; Ziehm S.163 ff.

trationen festgestellt wurden. Polen zog seine Truppen von der Westerplatte wieder zurück, nachdem sein rechtswidriges Vorgehen auf britischen Antrag in der VBR- Sitzung am 14. März 1933 behandelt worden war.[500]

Bei Würdigung all dieser Bemühungen Polens, Danzig zu einer Art Militärbasis zu entwickeln, wird der Widerspruch oder gar die Unvereinbarkeit offenbar, die zwischen dem Schutz der Freien Stadt Danzig und der Sicherung des freien Zuganges zur Ostsee entstanden wäre, falls das Recht des Zuganges die Einrichtung eines polnischen Militärstützpunktes – mit staatlichen Hoheitsrechten des polnischen Staates auf dem Boden des Danziger Staates – eingeschlossen hätte, der durch die Schutzgarantie verhindert werden sollte. Eben die ausgedehnten Sonderrechte Polens in Danzig machten – unabhängig von weiteren Gefährdungspotentialen für den Freistaat, wie Rußland und Deutschland[501] – die umfassende Garantie und die durch sie bedingte zuverlässige Kontrolle durch den VB erforderlich.

Ohne Unterlaß reihte sich ein polnischer Versuch an den anderen, durch eigenmächtige, überraschende Maßnahmen die Integrität des Danziger Staates und seiner neutralen Stellung auszuhöhlen. So hat Polen jahrelang den VBR mit der Forderung beschäftigt, dem polnischen Staat einen sog. "port d'attache" – einen Anlegehafen – für seine Kriegsschiffe in Danzig zur Verfügung zu stellen.[502] Es kam zu einem Danzig-polnischen Abkommen vom 8. Oktober 1921[503], das wegen Fertigstellung des polnischen Hafens Gdingen am 20. Mai 1927 vertragsgemäß gekündigt, anschließend mehrmals verlängert wurde und nach Einschaltung des Haager Gerichtshofes schließlich in eine Streitbeilegung durch Abkommen vom 13. August 1932 einmündete. Die Fragen der Bewahrung des neutralen Status der Freien Stadt Danzig waren denn auch die wesentlichen Streitpunkte dieser Auseinandersetzungen, in denen Danzig sich durchzusetzen vermochte. Auch der Begriff "port d'attache", gelegentlich auch "point d'attache", für eine Anlegemöglichkeit wurde später durch neutralere Begriffe ersetzt, die den Anschein vermieden, es handele sich um eine Marinebasis.[504]

Von besonderem Interesse für das Problem der Neutralität Danzigs sind die Kernaussagen des in dieser Sache am 11. Dezember 1931 erteilten Gutachtens, mit dem der StIG[505] ein polnisches Stationierungsrecht in Danzig verneinte.[506] In der Begründung wurde hervorgehoben, daß der Hafen von Danzig kein polnisches Territorium darstelle, daß die von Polen erhobenen Ansprüche nur durch Minderung der Rechte der Freien Stadt Danzig erreicht werden könnten und deshalb abzulehnen seien. Außerdem ging das Gutachten davon aus, daß es sich bei der Bereitstellung einer Anlegemöglichkeit für Kriegsschiffe um eine vorläufige Maßnahme mit der Begründung gehandelt habe, daß damals der Hafen von Gdingen noch nicht fertiggestellt gewesen sei.

---

500 Vgl. Ramonat S.222; ADAP C I/1 S.169 f.; Ziehm S.166 ff.
501 Vgl. Ramonat S.234, der auf eine entsprechende Beurteilung von Sahm verweist.
502 Vgl. Sprenger S.81 f.; Ramonat S.214 ff.
503 Vgl. Sprenger S.82 ff.
504 Vgl. Ramonat S.214; Eckhardt aaO.
505 Veröffentlicht in: ZIR Bd.45 S.389.
506 Vgl. Ramonat S.216 f.

Eckhardt[507] folgert daraus – wohl zu Recht –, daß Polen seit der Inbetriebnahme des Hafens von Gdingen insoweit keinerlei Sonderrechte habe. Die Neutralitätsrechte und -pflichten seien nicht berührt. Das ergebe sich auch aus § 4 der Hafenverordnung, die – von der Danziger Regierung am 27. Januar 1932 über das Einlaufen und den Aufenthalt von Kriegsschiffen erlassen – bestimmt, daß im Kriegsfall die allgemeinen Regeln des Völkerrechts für den Aufenthalt von Kriegsschiffen gelten. Eckhardt verweist auch auf den analogen Fall des Art.8 des Haager Neutralitätsabkommens[508], wonach es den Kriegführenden untersagt ist, Nachrichtenanlagen auf dem Gebiet einer neutralen Macht einzurichten oder zu benutzen (Art.3) und die neutrale Macht nicht verpflichtet ist, für Kriegführende die Benutzung von Nachrichtenanlagen zu untersagen oder zu beschränken (Art.8). Die gegenteilige Auffassung würde auch mit Art.102 VV nicht in Einklang stehen, der die Alliierten und Assoziierten Hauptmächte verpflichtet, die Integrität Danzigs zu garantieren, nämlich das Danziger Gebiet als Freie Stadt zu begründen und sie unter den Schutz des VB zu stellen.

Für den Danziger Staat war somit die Durchsetzung eines möglichst hohen Grades von Unparteilichkeit[509], insbesondere der Freihaltung von polnischen militärischen Abhängigkeiten von wesentlicher Bedeutung. Wäre es Polen gelungen, sich in dieser Frage durchzusetzen, sei es vermittels eines eigenen Schutzauftrages oder durch militärhoheitliche Rechte in Danzig, hätte sich der Danziger Staat bei jeder kriegerischen Auseinandersetzung, in die Polen verwickelt worden wäre, nahezu automatisch einer Parteinahme auf der Seite Polens nicht entziehen können. An die bereits erwähnten Beispiele des polnisch-russischen Krieges im Jahre 1920, der polnischen Pläne für einen Angriffskrieg gegen Deutschland 1931 und des deutschen Angriffskrieges gegen Polen sei in diesem Zusammenhang erinnert. Danzig hätte seine Neutralität eingebüßt, die ihm die verantwortlichen Siegermächte durch die Rechtsgrundlagen der Errichtung der Freien Stadt Danzig eingeprägt hatten.

Die Verpflichtung des Danziger Staates zur dauernden Neutralität ergibt sich aus der Schutzpflicht für die Freie Stadt Danzig und der Garantie ihrer Verfassung, die die Errichtungsmächte kraft ihrer territorialen Souveränitätsrechte, die sie über Danzig ausübten auf den VB übertragen haben. Diese Schutzgarantie für die Existenz des zwischen Deutschland und Polen liegenden schwachen Staatsgebildes war der notwendige Ausgleich der Gefährdungslage, in die das deutsche Danzig gestellt war, in dem Polen seine ihm dort gewährten Sonderrechte auszuweiten trachtete. Die Freie Stadt Danzig sollte gegen jede Einmischung geschützt werden, die ihre durch den VV vorgesehene Sonderstellung verletzte oder gefährdete. Die VB-Staaten trugen der Gefahr Rechnung, die in der Verselbständigung des aus dem Deutschen Reich herausgelösten deutschen Gebietes und deutscher Bevölkerung aber auch darin begründet war, daß der Republik

---

507 aaO; Referent in einer Sitzung des Reichskriegsministeriums am 23.4.1936.
508 Abkommen betreffend die Rechte und Pflichten der neutralen Mächte und Personen im Falle eines Landkrieges vom 18.10.1907 (RGBl 1910 S.151 ff.).
509 Vgl. Haug S.69, der mit der Lehrmeinung im Völkerrecht die "Unparteilichkeit" als "Kernstück der Neutralität" ansieht.

Polen, die Danzig für sich beanspruchte, dort weitgehende Rechte zuerkannt waren. Der Institution des VBK oblag es insbesondere, die aus dieser Konfliktlage entspringenden Streitfälle zwischen Danzig und Polen zu bereinigen und die Integrität des gemäß VV gewollten Danziger Staates zu garantieren.

Dieses Ergebnis kann auch nicht mit dem Hinweis entkräftet werden, die VB-Satzung enthalte zur Vermeidung von Konflikten zwischen Bundespflichten gegen Friedensbrecher und Neutralitätspflicht keine Regelung dauernder Neutralisierung. Haug[510] weist am Beispiel der für die Schweiz anerkannten dauernden Neutralität die Vereinbarkeit als Sonderrecht mit der Völkerbundsatzung nach. Das gilt auch für die Beziehungen zur Organisation der VN, der die Schweiz im Jahre 1981 beigetreten ist.[511] Weitere Beispiele für die Übernahme der Verpflichtung zu dauernder Neutralität sind der Heilige Stuhl (§ 24 des Lateran-Vertrages mit Italien vom 11.2.1929), die Republik Österreich (Moskauer Memorandum mit der Sowjetunion vom 15.4.1955 und dessen Notifizierung ohne Widerspruch durch andere Staaten), Malta (Neutralitätsvertrag mit Italien vom 15.9.1980 mit Neutralitätserklärung Maltas sowie Garantieerklärung Italiens vom 15.5.1981 mit anschließender Notifizierung) und Costa Rica (Neutralitätserklärung vom 17.11.1983).[512]

Bestandteil der Errichtungsgrundlagen war auch die Verfassung der Freien Stadt Danzig, die im Einklang mit den Bestimmungen des VV stehen mußte, der Zustimmung des VB bedurfte und ohne Zustimmung des VB nicht geändert werden konnte (Art.49 DzV[513]). In der Verfassung wurde der Status Danzigs als neutralisierter Staat noch unterstrichen. Gemäß Art.5 DzV durfte die Freie Stadt *"ohne vorherige Zustimmung des VB in jedem einzelnen Fall"* nicht 1. als Militärbasis dienen, 2. Festungswerke errichten, 3. die Herstellung von Munition oder Kriegsmaterial auf ihrem Gebiet gestatten. Art.102 VV spricht zwar nicht ausdrücklich den Begriff "Neutralisierung" an. Aus den vertraglichen Grundlagen für die Errichtung der Freien Stadt Danzig, aus der in diesem Zusammenhang entstandenen und vom VB genehmigten, an ihn gebundenen Verfassung der Freien Stadt Danzig sowie aus den verschiedenen oben erwähnten völkervertraglichen und staatsrechtlichen Akten und der diesen Rechtsgrundlagen zugeordneten ständigen Praxis ist indessen der Wille der verantwortlichen Mächte zu entnehmen, den Schutz des Danziger Staates als unabhängiges, neutrales Völkerrechtssubjekt mit internationalem Status dauernd zu garantieren. Die Zurückhaltung gegenüber dem im Werdeprozeß befindlichen Danziger Staat angesichts der aktuellen Gefährdungslage durch das bolschewistische Rußland bedeutet keine Einbuße für diese Schlußfolgerung.

Der die dauernde Neutralisierung begründende Vertrag (insbesondere Art.102 VV) verpflichtet die Vertragsstaten, diesen Status zu achten, ihn nicht zu verletzen und alles zu

---

510 S.73; vgl. auch Berber S.131 f.; Verdross/Simma § 400 f., S.237 f.
511 Botschaft des Schweizerischen Bundesrates über den Beitritt der Schweiz zu den VN vom 21.12.1981 (vgl. Verdross/Simma § 401, S.238, Anm.75. Gemäß § 435 VV haben die Vertragsstaaten den Zustand dauernder Neutralität der Schweiz ausdrücklich anerkannt (vgl. Verdross/Simma § 400, S.237).
512 Vgl. Verdross/Simma § 400 ff., S.237 ff.
513 Vgl. Anm.402, Anhang, Dok. 7 ; vgl. auch oben S.86 f., 95.

unterlassen, was ihn gefährden könnte.[514] Die werdende Freie Stadt Danzig hat sich diesem von den Alliierten geschaffenen Garantieverhältnis durch ihre volle Mitwirkung am Errichtungsprozeß ausdrücklich unterworfen[515] und sich in der späteren Staatspraxis vehement und erfolgreich für die Erhaltung ihres neutralen Status eingesetzt. Ein wesentliches Recht des neutralen Staates ist sein Anspruch auf territoriale Integrität. Daraus folgt der Anspruch, daß sein Gebiet nicht zum Kriegsschauplatz gemacht wird.[516] Neben diesem Anspruch besteht auch eine Verpflichtung des dauernd neutralen Staates, seine territoriale Integrität mit allen ihm zu Gebote stehenden Mitteln zu verteidigen.[517] Die Hauptkriterien für den neutralen Staat decken sich weitgehend mit den Grundbedingungen der Schutzbeziehung des VB zur Freien Stadt Danzig. Mit der auf den Völkerbund übertragenen umfassenden Garantieverpflichtung für den Bestand des Danziger Staates im Innen- und Außenverhältnis ist somit ein gegenüber der Staatengemeinschaft abgesichertes Schutzverhältnis besonderer Art entstanden, dem sich auch dritte an diesem Garantievertrag nicht beteiligte Staaten nicht entziehen können.[518]

Verletzungen dieses garantierten Schutzverhältnisses oder einseitige Beschränkungen, wie sie von der Republik Polen gefordert und versucht wurden[519], später vom Deutschen Reich (1939) und anschließend wieder von Polen (1945) praktiziert worden sind, stellen unabhängig von den weitergehenden Rechtsfolgen, z.B. auf Grund der einseitigen Einverleibungsakte, für sich Völkerrechtsdelikte dar[520], für die sich die völkerrechtswidrig handelnden Staaten zu verantworten haben.

Abschließend sei noch bemerkt, daß die Einbindung eines Staates in ein seine dauernde Neutralität garantierendes Rechtsverhältnis die Unabhängigkeit und die völkerrechtliche Persönlichkeit dieses Staates nicht in Frage stellt[521], ein zusätzliches Argument für den Status Danzigs als Staat und Völkerrechtssubjekt.

7. *Die Freie Stadt Danzig und die Kirchen*

Die kirchenpolitische Praxis der beiden großen Kirchen in Danzig folgte im wesentlichen der völkerrechtlichen Entwicklung Danzigs nach 1920. Das wurde besonders deutlich in der Haltung des Heiligen Stuhls seit Errichtung der Freien Stadt Danzig und auch noch in den Jahren nach 1945.

---

514 Vgl. zu den Rechtsfolgen des völkerrechtlichen Rechtsverhältnisses der dauernden Neutralisierung eines Staates: Berber, Lehrbuch, I.Bd. S.130.
515 Neben der vom VB mitgetragenen Danziger Verfassung ist hier u.a. auch der zwischen Danzig und Polen geschlossene Pariser Vertrag vom 9.11.1920 (Anm.353) anzuführen.
516 So Berber, Lehrbuch, II.Bd. S.219.
517 Vgl. Verdross/Simma § 401, S.238 mwN.
518 Vgl. Berber, Lehrbuch, I.Bd. S.130 ff. unter Darstellung praktischer Fälle; vgl. auch du Buy, Rechtsgutachten, S.13 ff., der die Neutralitätsstellung des Danziger Staates im Ergebnis bejaht.
519 Vgl. oben S.97 ff.
520 Vgl. Berber aaO S.130.
521 Vgl. ders. S.130 f.; Verdross/Simma § 401, S.238.

a) Evangelische Kirche

Mit dem Inkrafttreten des Versailler Vertrages am 10. Januar 1920 und dem Verlust deutscher Gebiete an Polen ("Korridor") war die Auflösung der Provinz Westpreußen und damit auch der evangelischen Kirchenprovinz Westpreußen verbunden.[522] Die evangelische Kirche versuchte zwar, das widernatürlich zerrissene Band zu überbrükken, unterlag aber doch gewissen mit den Gebietsveränderungen verbundenen Neuordnungen.

Danzig verblieb zunächst im Verbande der preußischen Landeskirche. Die Zuständigkeit des westpreußischen Konsistoriums wurde auf die Freie Stadt Danzig beschränkt.[523] Die Freie Stadt Danzig übernahm der evangelischen Kirche gegenüber die gleichen Verpflichtungen wie vorher der Preußische Staat.[524] Am 16. Juli 1924 nahm eine Danziger Kirchenversammlung in der Marienkirche die preußische Kirchenverfassung an. Die Eigenstaatlichkeit Danzigs kam in der Begründung des "Synodalverbandes Danzig" durch Notverordnung der preußischen Landeskirche vom 14. März 1923 im Einvernehmen mit der Regierung der Freien Stadt Danzig zum Ausdruck.[525] Versuche der Danziger Landessynode der Kirchenprovinz Danzig im Jahre 1925, für den Generalsuperintendenten – entsprechend der Errichtung des katholischen Bistums in Danzig am 30. Dezember 1925 – die Amtsbezeichnung "Bischof" einzuführen, blieben indessen ohne Erfolg.[526] Am 1. April 1921 wurde Generalsuperintendent Paul Kalweit mit der Leitung des Konsistoriums betraut.[527] Neben den gewählten Synodalen wurden 1925 und 1929 der Präsident des Senats der Freien Stadt Danzig (Regierungschef) Heinrich Sahm und der Professor der Theologie der Universität Königsberg Uckeley ernannt.[528]

Nach Übernahme der NS-Regierung in Deutschland wurde am 11. Juli 1933 die neue Reichskirche "Deutsche Evangelische Kirche" gebildet. Trotz der Neubildung der kirchlichen Vertretungen im Gebiet der Freien Stadt Danzig[529], wo am 20. Juni 1933 ebenfalls die NSDAP die Regierung gebildet hatte, nahm die Evangelische Kirche in Danzig – so eine Kanzelerklärung – wegen des Danziger Sonderstatus an den am 23. Juli 1933 in Deutschland durchgeführten Kirchenwahlen nicht teil.[530] Auf Grund des am 6. September 1933 erlassenen Bischofsgesetzes wurde der Baltendeutsche Danziger Pfarrer Johannes Beermann zum Bischof von Danzig berufen und am 21. März 1934 in

---

522 Vgl., auch zu den weiteren Ausführungen über die Neuordnung der evangelischen Kirche in Danzig, Neumeyer, Kirchengeschichte, S.118 ff.
523 Entscheidung des Evangelischen Oberkirchenrats vom 31.5.1921 (vgl. Hubatsch, Die Teilung, S.57).
524 Vgl. Neumeyer aaO S.120.
525 Vgl. Neumeyer aaO. Am 12.9.1925 trat die erste Danziger Landessynode zusammen und wählte den Landeskirchenrat.
526 Gleiche Anträge wurden auch von den Synoden Ostpreußen und der Grenzmark gestellt (vgl. Neumeyer aaO S.124 f.).
527 Vgl. Neumeyer aaO S.126.
528 Ders. S.125.
529 Notverordnung des Kirchensenats in Berlin vom 13.7.1933 (vgl. Neumeyer aaO S.165).
530 Wohl auch in der berechtigten Befürchtung eines nicht NS-genehmen Wahlausganges (vgl. Neumeyer aaO S.165).

sein Amt eingeführt.[531] Nach der Wiedervereinigung im Jahre 1939 wurde Beermann Bischof des dem "Reichsgau Danzig-Westpreußen" entsprechenden Kirchengebietes Danzig-Westpreußen.[532]

In den folgenden Jahren wuchsen die Probleme der Auseinandersetzungen innerhalb der Evangelischen Kirche, insbesondere in ihrer Abwehrstellung gegenüber den NS-Einflüssen. Mit dem Vormarsch der sowjetischen Streitkräfte nach Westen legte Bischof Beermann Anfang 1945 sein Amt nieder und übergab es an Oberkonsistorialrat Gerhard Gülzow, der seit 1. April 1940 sein geistlicher Stellvertreter gewesen war. In den letzten drei Monaten ihres Bestehens hatte Gülzow die Leitung der Evangelischen Kirche in Danzig-Westpreußen.[533] Seinen letzten Gottesdienst in Danzig hielt er kurz vor dem Einmarsch der Russen am 25. März 1945 in einem Luftschutzkeller in Danzig-Langfuhr, bevor er, von der Wehrmacht aufgefordert, über Hela in den Westen gelangte. Nur wenige evangelische Danziger blieben nach Flucht und Vertreibung in der Heimat zurück.

Im Juli 1946 wurde im Rahmen der Vertriebenenarbeit der "Ostkirchenausschuß" gebildet. Gülzow war unter dem Vorsitz von Herbert Girgensohn aus Riga zweiter Vorsitzender und übernahm im Mai 1951 die Leitung, die er bis 1973 ausübte. In Lübeck begründete Gülzow zusammen mit Konsistorialpräsident Göbel eine heimatkirchliche Organisation für Danzig-Westpreußen. Auf der Kirchentagung für Danzig-Westpreußen am 30./31. August 1946 in Bethel wurde einstimmig beschlossen, zur Fortsetzung der kirchlichen Arbeit Gerhard Gülzow als Verwalter des Bischofsamtes zu bestätigen. Aus dieser Organisation entstand im September 1948 das "Hilfskomitee für die Evangelischen aus Danzig-Westpreußen" unter Leitung von Gülzow. Im März 1951 bildeten 17 Hilfskomitees den "Konvent der zerstreuten evangelischen Ostkirchen". Bereits im Juni 1945 beteiligte sich Gülzow an den politischen Aktivitäten der Danziger zur Vertretung ihrer staats- und völkerrechtlichen Ansprüche.[534]

b) Katholische Kirche

Noch klarer bestätigte der Heilige Stuhl durch seine kirchenpolitische Haltung die Auffassung, daß die Freie Stadt Danzig als Staat und Völkerrechtssubjekt anzusehen war.[535] Bei Errichtung der Freien Stadt Danzig unterstanden die Danziger Katholiken – damals 32,7 % der Gesamtbevölkerung des Danziger Staates[536] – zum größten Teil dem nun zu Polen (deutsches "Korridor"-Gebiet – Westpreußen) gehörenden Bistum Kulm (mit Sitz in Pelplin), ein kleiner Teil der bei Deutschland (Ostpreußen) gebliebenen Diözese Ermland.

Den mit Hilfe der Regierung der Freien Stadt Danzig unternommenen Bemühungen der Katholiken Danzigs, die kirchenrechtlichen Bindungen des neuen Danziger Staatsgebie-

---

531 Vgl. Neumeyer aaO S.166.
532 Hierzu feierlicher Gottesdienst am 16.1.1940 in der Danziger Marienkirche (vgl. Neumeyer aaO S.173).
533 Vgl., auch zu den folgenden Ausführungen über die evangelische Kirchenleitung für die Danziger seit 1945, Neumeyer aaO S.178 ff., 180 ff.
534 Vgl. oben S.67, 70 f.
535 Vgl. Samerski S.107 ff.; Sprenger S.102; Clauss S.133.
536 1925: 38,6 %; vgl. Lingenberg, Oliva-800 Jahre, S.300; Ramonat S.22 f.

tes an das Bistum Kulm zu lösen, blieb ein Erfolg zunächst versagt.[537] Auf Ersuchen einer Versammlung von 18 Danziger katholischen Pfarrern wurde das Gebiet des Freistaates entgegen heftigen polnischen Widerstandes – insbesondere der Presse – jedoch durch eine von Papst Pius XI. am 24. April 1922 ausgefertigte Bulle aus dem Kompetenzbereich der Diözesen Kulm und Ermland herausgelöst und einer eigenen Apostolischen Administratur unterstellt.[538] Den aus einer irischen in das Baltikum eingewanderten Adelsfamilie stammenden bisherigen Bischof von Riga Eduard Graf O'Rourke bestellte der Papst zum Apostolischen Administrator.[539] Mit Hilfe eines 1925 geschlossenen Konkordats[540] wünschte Polen wieder Einfluß auf die Katholische Kirche in Danzig zu gewinnen. Die Vollmachten des Päpstlichen Nuntius in Warschau wurden auf das Gebiet der Freien Stadt Danzig ausgedehnt.[541] Es gelang dem Senat der Freien Stadt Danzig zwar trotz zunächst erfolgreicher Verhandlungen[542] nicht, ein eigenes Konkordat zu erreichen. Auf Antrag einer Versammlung der Danziger Katholiken vom 12. Juli 1925, der vom Senat der Freien Stadt Danzig unterstützt wurde, erließ Papst Pius XI. aber am 30. Dezember 1925 die Bulle "Universa Christifidelium cura"[543], mit der er die Administratur zu einem exemten Bistum erhob.[544] Zum Bischof der Diözese Danzig ernannte der Papst durch eine weitere Bulle vom 2. Januar 1926[545] den bisherigen Administrator Graf O'Rourke, der am 1. Juni 1926 in der zur bischöflichen Kathedrale bestimmten ehemaligen Klosterkirche von Oliva inthronisiert wurde.[546] Mit ausdrücklicher Billigung von Rom würdigte der Regierungschef der Freien Stadt Danzig die Erhebung Danzigs zur unmittelbar dem Heiligen Stuhl unterstehenden Diözese als Anerkennung der staatlichen Selbständigkeit durch den Papst.[547]

Graf O'Rourke arbeitete anfangs in weiten Bereichen erfolgreich mit den Behörden des Danziger Staates zusammen[548] und versuchte zugleich im Hinblick auf die fortgesetzten polnischen Einflußnahmen eine ausgleichende, verständnisvolle Haltung zu praktizieren[549], geriet dann aber nach 1933 mit der nationalsozialistischen Regierung der Freien Stadt Danzig zunehmend in Konflikte, die auch mit den NS-Angriffen gegen die Parteien in Danzig, u.a. die Zentrumspartei und gegen das katholische Vereinsleben zusammenhingen. Letzter Anlaß für den Rücktritt O'Rourkes war schließlich die beab-

---

537 Vgl. hierzu sowie zu den weiteren Ausführungen über die Lage der Katholischen Kirche in der Freien Stadt Danzig, Samerski S.107 ff.
538 Ders. S.122; Lingenberg aaO S.301 f.
539 Vgl. Samerski S.61, 121 ff..; Lingenberg aaO S.302 ff.; Ramonat S.22 f.; Neumeyer, Kirchengeschichte, S.121; Clauss S.133.
540 Vgl. zum Polnischen Konkordat vom 10.2.1925 Samerski S.136 ff.
541 Vgl. Samerski S.138 ff.; Clauss S.133.
542 Vgl. Samerski S.171 ff.
543 AAS 18 (1926) S.38 f.
544 Vgl. Samerski S.160; Lingenberg aaO S.302; Clauss S.133.
545 AAS 18 (1926) S.9; vgl. Samerski S.160.
546 Vgl. Samerski S.161; Lingenberg aaO S.302; Sprenger S.102 ff.; Clauss S.133.
547 Vgl. Samerski S.161 f.
548 Ders. S.63.
549 Ders. S.62.

sichtigte Einrichtung mehrerer sog. "National- und Personalpfarreien", die den Wünschen der polnischen Katholiken in Danzig entgegenkam, übergreifend polnische Pfarreien ohne genau umgrenztes Territorium mit dem Recht zu allen Amtshandlungen zu schaffen. Auf Intervention des Danziger Senats nahm der Bischof seine Dekrete, mit denen er zunächst zwei derartige Pfarreien eingerichtet hatte, zurück. Trotz intensiver Beratungen mit dem Heiligen Stuhl und der Danziger Regierung erfolgte am 13. Juni 1938 seine Resignation, die der Papst annahm, der letztlich vor der Auseinandersetzung deutscher und polnischer Interessen in Danzig zurückwich.[550]

Als Nachfolger ernannte Papst Pius XI. nach einer von der Danziger Regierung abgelehnten und wieder zurückgezogenen Bestellung des polnischen Staatsangehörigen deutscher Abstammung, Prof. Sawicki, im Einvernehmen mit der Danziger und der polnischen Regierung[551] den Zoppoter Dompfarrer an der Kathedrale zu Oliva, Carl Maria Splett mit Wirkung vom 13. Juni 1938[552], der im Jahre 1956 nach Gefängnis und Polizeigewahrsam in den Westen abgeschoben wurde[553], und der bis zu seinem Tode im Jahre 1964 nominell den Titel eines Bischofs von Danzig trug, obwohl er in der kirchlichen Jurisdiktion beschränkt war. Vom Heiligen Stuhl war er als Bischof der Diözese Danzig anerkannt, die bis 1992 die Grenzen der Freien Stadt Danzig bewahrte.[554] Einen Tag nach dem Tode von Splett hat der Apostolische Administrator des Bistums Gdańsk, Nowicki, den Titel eines Bischofs von Gdańsk angenommen.

Die Bereitschaft Roms, mit der Freien Stadt Danzig ein eigenes Konkordat abzuschließen und darüber eingehende Verhandlungen zu führen, die Erhebung Danzigs zur eigenen Diözese und die Ernennung eines Bischofs für die Danziger Diözese sind kennzeichnend für die Haltung des Heiligen Stuhls, der Danzig als Staat und Völkerrechtssubjekt behandelte.

8. *Die heutige polnische Argumentation*

Im Zusammenhang mit den polnischen Bestrebungen, die Eroberung Danzigs nach 1945 und die Weigerung der Herausgabe zu rechtfertigen, ist in neuerer Zeit von polnischer Seite die Argumentation zur Frage des Rechtsstatus der "Freien Stadt Danzig" wieder aufgegriffen worden. Insbesondere hat Skubiszewski[555] sich eingehend bemüht, die Verneinung des Staatscharakters für das Danzig von 1920 nachzuweisen. Seine Begründung ergibt indessen keine neuen Gesichtspunkte, die geeignet wären, die oben ermittelten Ergebnisse in Zweifel zu ziehen. Bemerkenswert ist – ohne die Nähe von

---

550 Vgl. Lingenberg aaO S.312 ff.
551 Vgl. Clauss S.133; Wothe, Carl Maria Splett, S.23 ff.
552 Vgl. Lingenberg aaO S.317 ff.
553 Nach 8 Jahren Gefängnis und 3 Jahren Polizeiaufsicht in Polen Freilassung im Herbst 1956 (Vgl. auch Neumeyer aaO S.180).
554 Vgl. unten S.207 f.
555 Vgl. Skubiszewski, Die Westgrenze Polens 1969, S.94 ff, 1975 S.285 ff.; vgl. auch die älteren Äußerungen polnischer Völkerrechtswissenschaftler wie Makowski S.42 ff; vgl. Anm.387.

Recht und politischer Wirklichkeit im Völkerrecht[556] zu verkennen – das ständige Abgleiten in politische Argumentation zur Begründung rechtlicher Tatbestände. So tut er die Rechtsmeinung "deutscher Juristen" über Danzig als Staat mit dem Hinweis ab, diese Auffassung entspränge einer bestimmten politischen Grundhaltung. Sie trage dazu bei, *"die angebliche Unabhängigkeit der Freien Stadt Danzig von Polen zu bestärken und diesem Staat als angeblich souveränen Kontrahenten gegenüberzustellen, der demnach mit sonstigen Fremdmächten gleichzustellen war".*[557] Ein Rechtsargument wird mit der Begründung verworfen, daß es auch politisch untermauert ist, und zwar negativ aus der Sicht der polnischen Bestrebungen. Der Umstand, daß die gegen ihren Willen von Deutschland abgetrennten Danziger sich den ständigen hartnäckigen, auch von Skubiszewski somit eingeräumten, Polonisierungsversuchen entgegenstellten und demgegenüber ihre Unabhängigkeit als deutsches Staatswesen verteidigten, wird als Nachweis für die Unrichtigkeit der Rechtsauffassung angeführt.

Derartige politische Zweckargumentation führt schon deshalb nicht weiter, weil sie sich mühelos in die Gegenrichtung der Epochen von Besetzungen polnischen Territoriums wenden läßt und schon damit ihre Überzeugungskraft einbüßt.

Aber auch die in diesem Zusammenhang von Skubiszewski[558] vorgetragenen Rechtsargumente stützen nicht das von ihm angestrebte Ergebnis. Entgegen seiner Auffassung war Danzig infolge der Abtretung vom Deutschen Reich und Überganges der territorialen Souveränität und der Gebietshoheit auf die Alliierten und Assoziierten Hauptmächte[559] bis zur Errichtung der Freien Stadt Danzig nicht Koimperium, sondern Kondominium der die Souveränität und Staatsgewalt ausübenden Staaten Frankreich, Großbritannien, Japan und Italien[560], in deren Verpflichtungen die USA 1921 eintraten.[561] Die Hauptmächte übten zehn Monate lang die gemeinsame Herrschaft nicht über fremdes, sondern infolge der Übertragung der Territorialsouveränität über eigenes Territorium aus.

Skubiszewski folgert zutreffend aus der 1919/20 geschaffenen Konstruktion, daß Danzig infolge des VV nicht nur aus der Souveränität des Deutschen Reiches entlassen war, sondern auch nicht der Souveränität Polens unterstand. Er geht noch weiter und räumt ein, Danzig sei eine territoriale Korporation geworden, die nach dem Muster eines Staates organisiert gewesen sei.[562] Doch sei es kein Staat gewesen. Die Freie Stadt Danzig habe keine Souveränität über ihr Territorium besessen.[563] Damit gibt er bereits zu, daß sie ein eigenes Territorium besaß. Die Argumentation wird aber vollends verwirrend, wenn Skubiszewski[564] sich als Nachweis für gewisse Souveränitätsrechte Polens in

---

556 Vgl. Laun, Allgemeine Staatslehre, S.9 ff.; Berber, Das Staatsideal, S.496 ff., 517.
557 Skubiszewski aaO 1975, S.290.
558 Skubiszewski aaO S.291.
559 Vgl. oben S.83 ff.
560 Vgl. Gornig, Das Memelland, S.74 mwN.
561 Vgl. oben S.84.
562 Vgl. Skubiszewski aaO S.291; vgl. auch ders. aaO 1969 S.98.
563 Ders. aaO 1975 S.291.
564 Ebda.

Danzig auf eine Meinungsäußerung der polnischen Seite in einem polnisch-Danziger Streitfall beruft, in der Polen behauptete, *"daß es unter gewissen Umständen in Danzig Rechte besäße, die Ähnlichkeiten mit jenen Rechten aufweisen, die es auf seinem eigenen Territorium besitzt"*. Skubiszewski umschreibt die völkerrechtliche Lage der Freien Stadt Danzig mit drei "charakteristischen Merkmalen"[565]:

"1. Sie war kein Staat;
2. Sie unterstand überhaupt keiner Souveränität;
3. Andererseits war sie ein vom Völkerbund und Polen abhängiges Gebiet".

Keines der drei Merkmale trifft indessen zu. Zu 1. und 2. ist bereits dargelegt worden, daß Danzig von den Alliierten und Assoziierten Hauptmächten als Staat und Völkerrechtssubjekt begründet worden ist, und zwar mit eigenen souveränen Rechten, die lediglich einigen in Art.104 VV genannten Einschränkungen unterlagen, übrigens nicht nur zugunsten einzelner Polen eingeräumter Befugnisse zwecks Erleichterung des Zugangs zum Meer, sondern auch mit Rücksicht auf die Kontroll-, Garantie- und Schutzrechte, die sich die Hauptmächte mit Hilfe der Völkerbundsorganisation vorbehielten. So kann auch dem dritten oben zitierten Satz Skubiszewskis nicht gefolgt werden, mit dem er den Völkerbund und Polen gleichsam als zwei für Danzig zuständige Parteien kennzeichnet.[566] Er wirft – allerdings letztlich verneinend – sogar die Frage auf, ob Polen und der Völkerbund ein Koimperium über Danzig bildeten.[567] Parteien waren in dieser völkerrechtlichen Konstruktion insoweit Polen und die Freie Stadt Danzig. Der Völkerbund war kein Souverän Danzigs[568], sondern das von den Hauptmächten über den VV bestimmte Schutz- und Schiedsorgan, das in deren Namen Danzig zu schützen, seine Verfassung zu garantieren und folglich über Streitigkeiten der beiden Parteien zu entscheiden hatte, was übrigens auch Skubiszewski an anderer Stelle[569] zutreffend hervorhebt.

Folgte man der These von Skubiszewski, daß der Freien Stadt Danzig keine Souveränität über ihr Territorium übertragen worden sei, bliebe allein die Konsequenz der Beibehaltung der Souveränität über das Danziger Gebiet durch die Hauptmächte, an die sie auf Grund des VV übergegangen war. Keinesfalls ließe sich ein Ergebnis halten, daß die Souveränität mit Errichtung der Freien Stadt Danzig ohne Weiterübertragung erloschen sei, d.h. keinerlei Souveränität mehr existierte. Skubiszewski ist aber auch die Begründung dafür schuldig geblieben, daß es nichtsouveräne Territorien in der Völkergemeinschaft gebe, die keinem Souverän unterstehen, somit souveränitätsfrei sind.

Die soeben dargestellte polnische Argumentation führt folglich nicht zu rechtlich vertretbaren Ergebnissen bei der Würdigung der im Jahre 1920 geschaffenen Lage Danzigs, bietet deshalb auch keine Grundlage für die Lösung der offenen Lage nach 1945.

---

565 Ebda.
566 Insoweit ist auch Skubiszewskis Hinweis (aaO S.292) jedenfalls mißverständlich, in einigen Danziger Angelegenheiten habe Polen letztinstanzlich zu entscheiden gehabt, in anderen der Völkerbund und in wieder anderen allein die Freie Stadt.
567 Ebda.
568 Auch Skubiszewski (ebda.) hebt hervor, daß der Völkerbund keine Verwaltungs- und Regierungsfunktionen über Danzig gehabt habe.
569 AaO 1969 S.101, 1975 S.289.

V. Zusammenfassung

Trotz intensiver von Frankreich unterstützter Bemühungen gelang es dem wiedererstehenden Polen 1918-1920 nicht, seine Absicht zu verwirklichen, Danzig dem polnischen Staat einzuverleiben. Dank der energischen Unterstützung Großbritanniens, das es ablehnte, das rein deutsche Danzig unter polnische Herrschaft zu stellen, konnte zwar schließlich die Abtrennung Danzigs von Deutschland nicht verhindert werden, Danzig wurde aber als deutscher Kleinstaat verselbständigt. Mit Inkrafttreten des VV wurde Danzig mit seiner Umgebung an die Alliierten und Assoziierten Hauptmächte abgetreten, die zehn Monate lang die Territorialsouveränität über das Danziger Gebiet als Kondominat ausübten und am 15. November 1920 die "Freie Stadt Danzig" errichteten. Danzig war auf Grund des VV, des Danzig-polnischen Pariser Vertrages sowie seiner an den Willen der Hauptmächte gebundenen Verfassung Staat und Völkerrechtssubjekt, mit der Maßgabe, daß bestimmte vertraglich festgelegte Staatsdienstbarkeiten mit Pflichten gegenüber den Alliierten und Assoziierten Hauptmächten, dem Völkerbund und gegenüber der Republik Polen den Zugang Polens über die Weichsel zur Ostsee erleichtern sollten. Dieses Ergebnis entspricht der hM. in der rechtswissenschaftlichen Fachwelt, bestätigt durch ständige Staatenpraxis und durch zahlreiche Entscheidungen und Gutachten des VBK, des VBR und des StIGH.

Die Freie Stadt Danzig stand gemäß Art. 102, 103 VV in einer besonderen Schutzbeziehung zum Völkerbund, der im Auftrage der Hauptmächte den äußeren und inneren Bestand des kleinen Staates zu garantieren hatte und zu diesem Zwecke eine Schiedsrichterrolle in den Streitigkeiten zwischen Danzig und Polen ausübte. Diese Schutzbeziehung beruhte auf einem kollektiven Vertragssystem auf der Grundlage des VV, umfaßte die gesamte völkerrechtliche Stellung des Danziger Staatsgebietes und hatte zur Folge, daß die Freie Stadt Danzig die Stellung eines von der Völkergemeinschaft und von ihr selbst zu achtenden "Internationalen Status" und den damit verbundenen erhöhten Bestandsschutz genießt, der wie sich zeigen wird[570], bis heute nicht erloschen ist. Außerdem hatte die Freie Stadt Danzig auf Grund des sie begründenden Vertrags- und Schutzsystems die Stellung eines an dauernde Neutralität gebundenen Staates mit der Verpflichtung der Vertragsstaaten und auch dritter Staaten, diesen Status zu achten und vor Gefährdungen zu schützen.

Polen vertritt in Politik und Rechtswissenschaft demgegenüber – unzutreffenderweise – in einer weitgehend einseitig politisch gefärbten Argumentation auch heute die Auffassung, Danzig habe keine Souveränität ausgeübt und sei kein Staat gewesen. Da es 1945 keine Souveränität über Danzig gegeben habe, sei Polen in der Lage und berechtigt gewesen, mit Zustimmung der Alliierten die "Rückkehr" Danzigs – als herrenloses Gebiet – in die polnischen Grenzen zu vollziehen.

---

570   Unten S.300 ff.

Teil 2: Wiedervereinigung 1939

I. Eingliederung Danzigs in das Deutsche Reich

Am 23. August 1939 unterzeichneten v.Ribbentrop und Molotow in Moskau den inzwischen auch von polnischen staatlichen Organen wiederholt als nicht rechtsgültig bezeichneten[571] "Hitler-Stalin-Pakt"[572] und anschließend die ergänzenden Geheimabkommen vom 23. August 1939[573] und vom 28. September 1939.[574] Am gleichen Tage (23.8.1939) ließ sich der nationalsozialistische Gauleiter in Danzig Albert Forster durch Senatsbeschluß und durch die anschließende "Staatsoberhaupt-Verordnung"[575] unter Bruch der Verfassung der Freien Stadt Danzig als Staatsoberhaupt einsetzen. Am 20. August 1939 hatte Greiser den VBK über die bevorstehende Aktion unterrichtet und sich den von Burckhardt zum Ausdruck gebrachten Bedenken und Besorgnissen angeschlossen.[576] Die scharfen Gegensätze zwischen Regierungschef und dem eigentlichen Machthaber, NS Gauleiter Forster, wurden nach außen überbrückt durch einen förmlichen, festgelegten Briefwechsel am 24. August zwischen Greiser und seinem Widersacher Forster[577]:

Brief Greisers:

> *"In seiner gestrigen Sitzung nahm der Senat eine Resolution an, wonach Sie zum Staatsoberhaupt der Freien Stadt Danzig mit Wirkung ab gestern erklärt werden. ... Ferner ist heute ein gesetzliches Dekret vorbereitet und unterzeichnet worden, das die oben genannte Resolution in Wirksamkeit setzt. Durch diese beiden Regierungsakte ist die DV im oben genannten Sinne abgeändert worden. Der Senat hat mich ermächtigt, Sie, Herr Gauleiter, zu ersuchen, dieses Amt anzunehmen, um in diesen schwierigen, aber wunderbaren Entscheidungstagen hinfort jener Einheit von Partei und Staat äußerlich Ausdruck zu geben, die so oft betont worden ist und die innerlich von jeher bestanden hat"*

---

571 Vgl. Regierungserklärung von Bundeskanzler Kohl vom 1.9.1989 (Bulletin 84/1989 S.733; Böttcher, Materialien 1989-91 S.21 ff. [22]; Uschakow, Die Oder-Neiße-Linie/Grenze, S.299 ff.
572 ADAP VII Nr.228 S.205 f.
573 ADAP VII Nr.229 S.206 f.
574 ADAP VIII Nr.159 S.129.
575 VO des Senats mit Gesetzeskraft (DzGBl 1939 S.413); Anhang, Dok. 8.
576 Vgl. Burckhardt, Rapport, S.15.
577 Abg. in: English Blue Book S.105 f.

Brief Forsters:

> "... Es ist natürlich selbstverständlich, daß ich in meiner Eigenschaft als Führer der NSDAP des Gaues Danzig in diesen für Danzig so schicksalhaften Tagen bereit bin, auch die Angelegenheiten des Staates zu führen. Mit diesem am 23.8.1939 verkündeten Dekret wird eine Sachlage offiziell sanktioniert, die seit der nat.soz. Machtergreifung im Jahre 1933 in Wirklichkeit bestanden hat."

Berlin wurde von dem Senatsbeschluß und der Staatsoberhauptverordnung auch förmlich informiert.[578]

Der VBK und der Diplomatische Vertreter der Republik Polen in Danzig, Chodacki, wurden am 24. August über die Staatsoberhauptverordnung unterrichtet.[579] Der polnische Diplomat protestierte im Namen seiner Regierung in einer Note vom 24. August 1939 an den Danziger Senat[580], in der es heißt:

> "...Meine Regierung sieht keine gesetzliche Grundlage für die Annahme einer Resolution durch den Senat der Freien Stadt Danzig, wonach ein neues Staatsamt geschaffen wird, das in der Danziger Verfassung überhaupt nicht vorgesehen ist, und dem, wie es scheint, die bisher in der Freien Stadt tätigen Behörden untergeordnet wären. ..."

Der VBK und der polnische Diplomatische Vertreter demonstrierten Nichtanerkennung der Staatsakte in Danzig, indem sie einer offiziellen Einladung zu Ehren der Offiziere des in Danzig eingelaufenen deutschen Linienschiffs "Schleswig-Hostein" am 25. August 1939 nicht Folge leisteten.[581] Am gleichen Tage ordnete Polen die Teilmobilmachung seiner Amee an.[582] Zugleich bemühte sich Frankreich, Polen von militärischem Eingreifen in Danzig zurückzuhalten.[583] Großbritannien hatte wiederholt bekundet, es werde Polen im Falle einer deutsch-polnischen Auseinandersetzung zu Hilfe kommen, und zwar auch bei einem deutschen Eingriff in Danzig.[584] Am 25. August 1939 schloß Großbritannien den Beistandspakt mit Polen.[585] Der auf den 25. August angesetzte deutsche Angriff auf Polen wurde im letzten Augenblick verschoben.[586] Britische Vermittlungsvorschläge[587] konnten das Blatt nicht mehr wenden. Am 31. August um 12.40 Uhr gab Hitler die "Weisung Nr.1 für die Kriegführung" aus, mit der er den Angriff auf Polen befahl.[588]

---

578 Vgl. ADAP VII Nr.197 S.174 f.
579 Vgl. ADAP VII Nr.231 S.208 und Nr.259 Anlg.1 S.229.
580 Vgl. ADAP VII Nr.259 Anlg.1 S.228 f.
581 Vgl. Burckhardt, Rapport, S.15.
582 Vgl. Livre Jaune Français S.248.
583 Vgl. Livre Jaune Français S.247, 250, 255.
584 Vgl. English Blue Book S.74 ff.
585 Abg. in: Deutsches Büro für Friedensfragen, Heft 6 S.3 f. Ein entsprechendes französisch-polnisches Abkommen wurde nach Kriegsbeginn, am 4.9.1939 unterzeichnet.
586 Vgl. Görlitz S.47.
587 Bevölkerungsaustausch, Schaffung eines Modus vivendi für Danzig (vgl. English Blue Book, S.142 f.; Livre Jaune Français, S.262 ff.).
588 Vgl. Hofer S.150.

Am 1. September 1939, 04.45 Uhr begann der von Hitler befohlene Einmarsch in Polen und in Danzig, unterstützt von deutschen und Danziger Verbänden, die vorher insgeheim auf Danziger Gebiet zur Sicherung gegen erwartetes polnisches Eingreifen[589] bereitgestellt worden waren.[590] Neun in der Stadt Danzig zerstreute kleine polnische Stützpunkte – polnische Dienststellen, die widerrechtlich bewaffnet worden waren – wurden nach heftigen Kämpfen von deutschen Truppen, unterstützt durch "SS-Heimwehr" und Danziger Landespolizei (die von Forster bereitgestellten Verbände), besetzt. Die "Westerplatte"[591], die von dem von der Danziger Regierung zugestandenen polnischen Wachpersonal insgeheim militärisch befestigt worden war[592], wurde von der Schleswig-Holstein[593] und von Sturzkampfflugzeugen beschossen und am 7. September nach hartnäckigem Widerstand durch die tapferen aber illegalen polnischen Soldaten von den deutschen und Danziger Verbänden eingenommen.

Im Laufe dieses ersten Kriegstages wurde durch eine Reihe staatlicher Akte die Eingliederung der Freien Stadt Danzig in das Deutsche Reich vollzogen. Forster erließ das "Staatsgrundgesetz"[594], mit dem die Verfassung der Freien Stadt Danzig aufgehoben, alle gesetzgebende- und vollziehende Gewalt dem Staatsoberhaupt übertragen und die Freie Stadt Danzig zum Bestandteil des Deutschen Reiches erklärt wurde. In einem Telegrammaustausch[595] gab Forster als neues Staatsoberhaupt das soeben erlassene "Staatsgrundgesetz" bekannt und bat Hitler im Namen Danzigs und seiner Bevölkerung um Vollziehung der Wiedereingliederung in das Deutsche Reich. Mit der Antwort Hitlers wurde die sofortige Vollziehung des Wiedervereinigungsgesetzes angekündigt und Forster zum Chef der Zivilverwaltung für das Gebiet Danzig ernannt. Der Heeresführung übertrug Hitler die vollziehende Gewalt im Gebiet des ehemaligen Freistaates. Forster wurde dem Oberbefehlshaber des Heeres General Walter v. Brauchitsch unterstellt, der mit der Ausübung der vollziehenden Gewalt den Oberbefehlshaber der ostpreußischen Truppen beauftragte.[596] Die Aufgabe wurde von General v. Küchler und später von General v. Rundstedt (Oberbefehlshaber Ost) wahrgenommen. Den Abschluß dieser Maßnahmen bildete das sofort in Kraft tretende Gesetz über die Wiedervereinigung der Freien Stadt Danzig mit dem Deutschen Reich[597], mit dem das Danziger Staatsgrundgesetz Reichsgesetz wurde und die Danziger Staatsangehörigen die deutsche Staatsangehörigkeit nach Maßgabe näherer Vorschriften erhielten.[598] Der Hohe Kommissar des Völkerbundes Carl Jacob Burckhardt wurde ausgewiesen.

---

589   Vgl. oben S.55 f., 64 f., 141; vgl. auch Anm.232.
590   Vgl. Böttcher aaO S.32.
591   Zur Entwicklung der Fragen um die Westerplatte, die trotz aller Streitigkeiten unter der Souveränität des Danziger Staates blieb, vgl. eingehend Ramonat S.196 ff.; 220 ff. und Sprenger S.159 ff.; vgl. auch Anm.161 und 495.
592   Vgl. Anm.258.
593   Zum ursprünglichen Einsatzplan des Linienschiffs "Schleswig-Holstein", vor allem gegen die polnische Küstenverteidigung von Gdingen und Hela (Hela fiel erst am 1.10.1939 in deutsche Hand), vgl. Stjernfeld/Böhme S.39 f., 133.
594   DzGBl 1939 S.435; Anhang, Dok. 10.
595   Vgl. Schwarz S.36 f.; Anhang, Dok. 11.
596   Siehe Aufruf des Oberbefehlshabers des Heeres an die Danziger Bevölkerung vom 1.9.1939 (Anhang, Dok. 9 ; vgl. auch Schwarz S.37 ff.).
597   RGBl 1939 I S.1547; Anhang, Dok. 12.
598   Vgl. unten S.254 ff.

Bereits nach etwa einem Monat wurde die militärische Verwaltung beendet. Danzig wurde als "Reichsgau Westpreußen"[599], später "Reichsgau Danzig-Westpreußen"[600], mit den Regierungsbezirken Danzig, Marienwerder und Bromberg, in die Verwaltungsgliederung des Deutschen Reiches einbezogen.[601] Rechtsordnung und Verwaltung des Deutschen Reiches wurden auf das eingegliederte Danziger Gebiet übertragen.[602] Gemäß § 2 des Wiedervereinigungsgesetzes wurden die Staatsangehörigen der Freien Stadt Danzig deutsche Staatsangehörige nach Maßgabe näherer Vorschriften, die anschließend erlassen worden sind.[603]

II. Staatsrechtliche Beurteilung

Für die Frage der Rechtsfolgen der Rückgliederung Danzigs im Jahre 1939 ist die Beurteilung der innerstaatlichen Vorgänge nach dem Recht des Deutschen Reiches wie nach dem Recht des ebenfalls betroffenen Danziger Staates erforderlich. Die Eingliederung berührte aber auch die Rechtsverhältnisse dritter Staaten, die in Vertragsbeziehungen zu Deutschland und der Freien Stadt Danzig standen und Garanten der über den Völkerbund auszuübenden Internationalen Schutzbeziehung für Danzig waren. Deshalb muß eine Antwort auch aus völkerrechtlicher Sicht gegeben werden, die zugleich aber wieder Rückbezüge auf die staatsrechtliche Beurteilung haben kann.

---

599 Erlaß über die Gliederung und Verwaltung der Ostgebiete vom 8.10.1939 (RGBl I S.2042, in Kraft getreten am 26.10.1939 [RGBl I S.2057]).
600 Erlaß vom 2.11.1939 (RGBl I S.2135).
601 Somit unmittelbar dem Reich, nicht dem Lande Preußen unterstellt.
602 Vgl. Wiedervereinigungsgesetz vom 1.9.1939 (Anm.597) und Erlaß vom 8.10.1939 (Anm.599).
603 Vgl. unten S.254 ff.

1. Staatsrecht des Deutschen Reiches

Nach deutschem Staatsrecht war zur rechtsgültigen Ausdehnung des Deutschen Reiches auf das Staatsgebiet der Freien Stadt Danzig erforderlich[604]:

- die Aufnahme Danzigs durch Erlaß eines Reichsgesetzes (Art.2 Satz 2 WRV),
- Begehren der Danziger Bevölkerung kraft Selbstbestimmungsrechts (Art.2 Satz 2 WVR) und
- Abschluß einer Vereinbarung des Deutschen Reiches mit der Freien Stadt Danzig, nach der Zustimmung des Danziger Staates, durch das Deutsche Reich aufgrund eines Reichsgesetzes (Art. 78 Abs.3 Satz 1 und 2 WRV).
- Für die Beurteilung der Gültigkeit völkerrechtswidrigen Reichsrechts war schließlich Art.4 WRV heranzuziehen, der bestimmte, daß die allgemein anerkannten Regeln des Völkerrechts als bindende Bestandteile des deutschen Reichsrechts zu gelten hatten.

Durch den Telegrammwechsel zwischen Forster und Hitler am 1. September 1939 und die Verkündung des Reichsgesetzes zur Wiedervereinigung wurde nach den genannten staatsrechtlichen Voraussetzungen für die Eingliederung verfahren. Gleichwohl stellt sich die Frage, ob die von der Verfassung gestellten Bedingungen rechtswirksam erfüllt gewesen sind.

Nach deutscher Rechtspraxis wurde die WRV in wesentlichen Teilen als wirksam behandelt.[605] Für die hier zunächst einschlägigen Vorschriften – Art.2 und Art.78 Abs.3[606] – ist dieses Ergebnis aus der Anwendung der genannten Vorschriften bei den Eingliederungen fremder Staatsgebiete seit 1938[607] zu folgern. Für das Begehren der Bevölkerung kraft des Selbstbestimmungsrechts gemäß Art.2 Satz 2 WRV war die Erklärung durch eine anerkannte Volksvertretung ausreichend.[608]

---

[604] Folgende Vorschriften der Weimarer Reichsverfassung (WRV) sind insoweit erheblich: Art.2. *"Das Reichsgebiet besteht aus den Gebieten der deutschen Länder. Andere Gebiete können durch Reichsgesetz in das Deutsche Reich aufgenommen werden, wenn es ihre Bevölkerung kraft des Selbstbestimmungsrechts begehrt.* Art. 78 Abs.3: *"Vereinbarungen mit fremden Staaten über Veränderung der Reichsgrenzen werden nach Zustimmung des beteiligten Landes durch das Reich abgeschlossen. Die Grenzveränderungen dürfen nur auf Grund eines Reichsgesetzes erfolgen, soweit es sich nicht um bloße Berichtigung der Grenzen unbewohnter Gebietsteile handelt."* Art.4: *"Die allgemein anerkannten Regeln des Völkerrechts gelten als bindende Bestandteile des deutschen Reichsrechts."*

[605] Vgl. E.R.Huber S.53; Dennewitz S.185 ff.; OLG Hamburg, Urt.vom 3.2.1948 (SJZ 48,322); vgl. auch H.-J. Jellinek S.124.

[606] Anm.604. Art.2 Satz 1 war seit dem Neuaufbaugesetz vom 30.1.1934 (RGBl I S.75) wegen Beseitigung der bundesstaatlichen Gliederung des Deutschen Reiches nicht mehr von Bedeutung.

[607] Österreich, Sudetenland, Böhmen und Mähren und Memelland (vgl. die Nachweise bei Böttcher aaO S.77 Anm.293.

[608] Die Formen des "Volksbegehrens" oder "Plebiszits" waren nicht erforderlich (vgl. Giese S.52 Anm.3 zu Art.2; Anschütz S.44 Anm.7, 8 zu Art.2; Poetzsch S.32 Anm.3 zu Art.2).

Beide insoweit wesentlichen Kriterien

- *"Begehren der Bevölkerung" (Art.2 Satz 2 WRV) durch Erklärung einer anerkannten Vollksvertretung und*
- *"Zustimmung des beteiligten Landes" (Art.78 Abs.3 Satz 1 WRV)*

beziehen sich auf das Erfordernis rechtswirksamer Danziger Staatsakte. Zur wirksamen Eingliederung bedurfte es nach deutschem innerstaatlichen Recht einer Erklärung des verfassungsmäßig zuständigen Organs der Freien Stadt Danzig, daß der Danziger Staat seine Eigenstaatlichkeit aufgeben und Bestandteil des Deutschen Reiches werden wolle. Das Deutsche Reich mußte sein Einverständnis erklären und die Eingliederung durch Reichsgesetz vollziehen.

Die Frage der Rechtmäßigkeit und Rechtswirksamkeit der erforderlichen Danziger Staatsakte wird aus der Sicht des Staatsrechts der Freien Stadt Danzig und der völkerrechtlichen Konsequenzen noch zu prüfen sein. Selbst wenn sich jedoch hinsichtlich des rechtswirksamen Zustandekommens der innerstaatlichen Akte Danzigs wegen gravierender Verstöße gegen die Verfassung und gegen das Völkerrecht Bedenken erheben, wäre die Rechtswirksamkeit der Eingliederung jedenfalls nach deutschem Staatsrecht nicht zu bezweifeln.

Das Deutsche Reich hat – wie das von ihm praktizierte Verfahren der Wiedervereinigung zeigt – das Erfordernis des Einverständnisses Danzigs anerkannt. Das Reichsgesetz war folglich verfassungswidrig, sofern es an einem rechtsgültigen Einverständnis des einzugliedernden Danziger Staates fehlte. Ein derartiger Rechtsmangel führte jedoch damals nicht zur Rechtsunwirksamkeit des Reichsgesetzes. Hitler allein übte die gesetzgebende Gewalt aus.[609] Eine Prüfungsinstanz mit der Kompetenz, ein verfassungswidriges Gesetz aufzuheben, war nicht vorhanden.[610] Keinem Reichsgesetz wurde wegen Verstoßes gegen die Verfassung die Anerkennung versagt.[611]

Eine weitere für die Frage der rechtswirksamen Eingliederung heranzuziehende Verfassungsvorschrift ist Art.4 WRV[612], der die Transformation der allgemein anerkannten Regeln des Völkerrechts in deutsches Reichsrecht zum Gegenstand hatte. Die Fortgeltung dieser Verfassungsnorm nach 1933 war umstritten.[613] Selbst aber wenn man von der Weitergeltung ausgeht[614] und die Auffassung vertritt, daß es im September 1939 einen allgemein anerkannten Grundatz des Völkerrechts gegeben hat, der die Eingliederung Danzigs (als Annexion) verurteilte, genießt diese Völkerrechtsnorm keinen verfassungsrechtlichen Vorrang. Nach der damaligen dualistischen Auffassung in Lehre und Praxis[615] standen sich Völkerrecht und Landesrecht als getrennmte Rechtskreise ge-

---

609 Vgl. Dennewitz S.191; vgl. Gesetz über den Neuaufbau des Reiches vom 30.1.1934 (RGBl I S.75), durch der Reichsregierung das Recht zur Verfassungsgesetzgebung verliehen wurde.
610 Vgl. Böttcher aaO S.84 f.mwN.
611 Vgl. Anschütz S.324 ff.
612 Anm.604.
613 Vgl. Helfritz S.44.
614 E.R.Huber S.266 bejaht die Fortgeltung des Art.4 als Bestandteil der neuen ungeschriebenen Verfassungsordnung.
615 Vgl. Oppenheim-Lauterpacht Bd.1 S.42 (1948); Anzilotti, Lehrbuch, S.41 ff.; Triepel S.263; Walz, Völkerrecht, S.259; Walz ZfVR 18 S.149 (1934); E.R. Huber aaO, S.265.

genüber. Die Geltung einer Völkerrechtsnorm im innerstaatlichen Bereich war von einem entsprechenden Transformationsakt, also weitgehend vom Ermessen des Deutschen Reiches abhängig.[616] Bei gleichem Verfassungsrang von Völkerrecht und Wiedervereinigungsgesetz hätte dieses als späteres und spezielles Gesetz Gültigkeit.[617]

Aus den vorstehenden Ausführungen ergibt sich, daß dem die Wiedervereinigung der Freien Stadt Danzig mit dem Deutschen Reich vollziehenden Reichsgesetz innerstaatlich rechtsverbindliche Wirkung auch dann zukam, wenn eine rechtswirksame Einverständniserklärung Danzigs nicht vorlag.

2. Danziger Staatsrecht

An einer rechtswirksamen Zustimmungserklärung, den Danziger Staat aufzulösen und in das Deutsche Reich einzugliedern, hat es nach Danziger innerstaatlichem Recht gefehlt.

Für den Danziger Staat hat das "Staatsoberhaupt" Forster gehandelt, dessen Ernennung durch den Senat und dessen Eingliederungsakte verfassungswidrig waren. Seine Ernennung, mit der die Einheit von Partei und Staat proklamiert wurde, stützte sich auf das Gesetz zur Behebung der Not von Volk und Staat vom 23. Juni 1933[618] und das Verlängerungsgesetz vom 5. Mai 1937.[619] Abgesehen davon, daß diese Ermächtigungsgrundlage, deren Verfassungsmäßigkeit ohnehin nicht unumstritten war[620], nicht deckte, wurde auch das gesetzlich festgelegte parlamentarische Verfahren nicht beachtet.

Außerdem war ein "Staatsoberhaupt", als Person, in der DzV nicht vorgesehen. Gemäß Art.25, 39 DzV ist der "Senat" "die oberste Landesbehörde", dessen Vorsitzender der "Präsident des Senats". Eine Verfassungsänderung konnte gemäß Art.49 DzV nur durch das vorgeschriebene verfassungsändernde Verfahren und erst nach Genehmigung des VB in Kraft treten. Forster war somit nicht rechtmäßiges Verfassungsorgan des Danziger Staates. Mit dem von ihm erlassenen "Staatsgrundgesetz" hob er – wiederum unter Berufung auf das o.g. Ermächtigungsgesetz – die DzV auf, vereinigte alle gesetzgebende und vollziehende Gewalt im Amt des Staatsoberhauptes und erklärte die Freie Stadt mit ihrem Gebiet und ihrem Volk zu einem Bestandteil des Deutschen Reiches. Die Aufgabe der Eigenstaatlichkeit, also völlige Auflösung des Staates, in Verbindung mit dem Außerkraftsetzen der Verfassung und die Eingliederung in einen anderen Staat durch ein nichtrechtmäßiges Verfassungsorgan, das die wesentlichen Kriterien der Staatsgewalt an sich gezogen hat, ist ein Eingriff, der das Verfassungsgefüge im Kern vernichtet.

---

616 Vgl. E.R. Huber aaO S.266; Menzel, Bonner Kommentar, Art.25 S.7 ff.
617 Vgl. Menzel aaO S.10.
618 DzGBl 1933 S.273, abg. bei Crusen-Lewinsky S.33 § 2, bei Böttcher aaO S.78 Anm.299.
619 DzGBl 1937 S.358.
620 Vgl. Pospieszalski S.29 f.

Diese Vorgänge sind als "Staatsstreich" gewertet worden[621], wobei allerdings die Frage offen blieb, ob die neue Staatsgewalt sich im Sinne der Schaffung vollendeter Tatsachen, einer gültigen Rechtserneuerung, durchzusetzen vermochte.[622] Denn die innerstaatlichen Vorgänge in Danzig entzogen sich wegen völliger Beseitigung der staatlichen Rechtsgrundlagen und nahezu gleichzeitiger Eingliederung in das Deutsche Reich einer allein staatsrechtlichen Würdigung und wurden von den völkerrechtlich relevanten Eingriffen gleichsam überlagert.

Im Zusammenhang mit dem Fragenkomplex zur innerstaatlichen Rechtswirksamkeit der Danziger staatspolitischen Akte kann deshalb der Meinungsstreit um die nicht vollendete oder durchgesetzte Staatsumwälzung (Staatsstreich) unbeantwortet bleiben. Ebenso ist es insoweit ohne Bedeutung, ob die Mehrheit der – nicht befragten – Bevölkerung den Eingriffen durch die Danziger Verfassungsorgane zustimmte.[623]

III. Völkerrechtliche Beurteilung

1. Die Eingliederung durch Staats-Inkorporationsvertrag

a) Formelle Vertragsbedingungen

Bei völkerrechtlicher Beurteilung der Eingliederungsvorgänge stellt sich zunächst die Frage, ob zwischen Danzig und dem Deutschen Reich ein gültiger Inkorporationsvertrag[624] geschlossen worden ist, der zur Folge hatte, daß Danzig unter Aufgabe seiner staatlichen Existenz Bestandteil des Deutschen Reiches wurde. Die Frage ist zu verneinen.

Zwar setzten die beteiligten Staaten Danzig und Deutschland den Anschein, als würden die für den Vertragsschluß erforderlichen formellen Bedingungen erfüllt. Das Danziger "Staatsoberhaupt" erklärte die Auflösung des Danziger Staates ("Staatsgrundgesetz")

---

621 Vgl. Bode S.16 ff.; v.Mangoldt aaO; Böttcher aaO S.80 ff.; Volkmann aaO; im Ergebnis auch Mrose S.30 f. Stritzel S.73 ff. verneint dagegen den Staatsstreich und behauptet einen Widerspruch zwischen Verfassung und Verfassungswirklichkeit, der auf Grund jahrelanger Entwicklung zur rechtswirksamen Wahrnehmung der Staatsgewalt durch den NS-Gauleiter Forster geführt habe. Er verkennt jedoch, daß trotz wachsenden Einflusses der NS-Partei das Verfassungsgefüge in der Freien Stadt Danzig bis zu den Verfassungsbrüchen bei Kriegsbeginn im wesentlichen ungestört und unangefochten funktioniert hat.
622 Vgl. für die Auffassung des nicht vollendeten Staatsstreichs: Volkmann aaO und Langguth, Gutachten, S.7 ff.; Böttcher aaO S.80 ff. mit der Modifikation, daß die rechtsrelevante Vollendung wegen Kriegsbeginns nicht realisiert werden konnte.
623 Vgl. zur Lehre von der Rechtserneuerung durch Staatsumwälzungen und zur rechtlichen Würdigung des Danziger Staatsstreichs: Böttcher aaO S.78 ff.
624 Zu den Meinungsäußerungen über die vertragliche Abtretung eines ganzen Staatsgebietes als *"eine der Zession ähnliche Sukzessionsform"*, als Sondertatbestand zwischen Zession und Annexion, vgl. Böttcher aaO S.87 f.

und den Anschluß an das Deutsche Reich. Mit ihrem Telegrammwechsel bekundeten Forster und Hitler den übereinstimmenden Vertragswillen der beiden Staaten. Das Deutsche Reich vollzog mit dem Wiedervereinigungsgesetz faktisch die Eingliederung. Für die Völkergemeinschaft war die auf Vertrag beruhende Inkorporation auch erkennbar, da die Verkündung des Reichsgesetzes und Hitlers Rede im Reichstag über Presse und Rundfunk verbreitet wurden. Auf deutscher Seite war die völkerrechtliche Vertretungbefugnis Hitlers auf Grund des Gesetzes über das Staatsoberhaupt des Deutschen Reiches vom 1. August 1934[625] zu bejahen.

Gleichwohl ist ein Inkorporationsvertrag nicht zustande gekommen, weil der Danziger Staat wegen der genannten schweren Rechtsmängel der von ihm gesetzten Akte als Vertragspartner völkerrechtlich nicht rechtswirksam vertreten war. Für die völkerrechtliche Beurteilung kann es auch dahingestellt bleiben, ob der nach der Danziger Rechtsordnung verfassungswidrige Vertrag dem Willen des Danziger Staatsvolkes entsprach. Selbst wenn der Danziger Bevölkerung Gelegenheit zur Willensäußerung gegeben worden wäre und die Mehrheit sich für den Anschluß ausgesprochen hätte, wäre diese Willensäußerung ohne rechtliche Wirkung für die Frage der rechtswirksamen Eingliederung gewesen. Da das Selbstbestimmungsrecht noch nicht bindende Völkerrechtsnorm war[626], konnte es auch nicht als Rechtfertigungsgrund für die mangels rechtmäßigen Vertrages rechtswidrige Eingliederung herangezogen werden. Auch unter dem Gesichtspunkt einer "allgemeinen de facto-Regierung"[627] konnte Danzig einen gültigen Vertrag schon deshalb nicht erreichen, weil die von Danzig erlassenen Akte nach Kriegsbeginn erklärt wurden und es an der Anerkennung durch die Völkergemeinschaft fehlte.[628]

b) Verletzung völkerrechtlicher Verträge durch die Vertragspartner

Nicht aber allein aus formellen Gründen ist die Annahme des rechtswirksamen Zustandekommens eines Eingliederungsvertrages zu bezweifeln. Die Bedenken beziehen sich außerdem auf die Nichtvereinbarkeit dieses Vertrages mit völkerrechtlichen Beziehungen, die sowohl für das Deutsche Reich, als auch für die Freie Stadt Danzig verbindlich waren.

---

625 RGBl I S.747.
626 Vgl. Menzel, EA 1 (1949) S.1892; ders., Jahrbuch der Albertus-Universität 5 (1954), S.204 f., 220; Scheuner, Die Annexion, S.91; Verdroß, Völkerrecht 3.Aufl., S.214; Wehberg, Eroberung, S.90; Fenwick S.363; Oppenheim-Lauterpacht Bd.1, S.503 f.; Rousseau S.82; vgl. Kimminich, Das Recht auf die Heimat, S.172; vgl. neuerdings Eckart Klein, Das Selbstbestimmungsrecht, S.28 ff., der allerdings die damals bereits wachsende Bedeutung des Selbstbestimmungsrechts als politisch wirkungskräftiges Argument hervorhebt; Seiffert, Selbstbestimmungsrecht, S.31 ff., a.A.: Sauer, System des Völkerrechts, S.35; Schätzel, Die Annexion 1950, S.25.
627 Vgl. Kunz S.120 ff.
628 Vgl. zur Vertretungsbefugnis nicht legaler Regierungen: Verdross, Völkerrecht 1.Aufl., S.100 f.; Verdross/Simma §§ 406 ff., S.240 ff.; Kunz, Die Anerkennung, S.152; Schwarzenberger S.48; Spiropoulos S.11 ff., 124; Fauschille S.320.

aa) Deutsches Reich

Bei der völkerrechtlichen Würdigung ist zwar eine Berufung auf den Kellogg-Pakt (Kriegsächtungspakt) vom 27. August 1928 zum Nachweis der Völkerrechtswidrigkeit der Eingliederung Danzigs nicht möglich, da der deutsche militärische Einmarsch in Danzig keinen Kriegszustand zwischen Danzig und dem Deutschen Reich erzeugte und auch der deutsche Angriff auf Polen Danzig nicht zum Kriegsgegner Deutschlands machte.[629] Mit der Wiedervereinigung verletzte das Deutsche Reich aber den VV und das mit den Alliierten und Assoziierten Hauptmächten geschlossene Pariser Abkommen vom 9. Januar 1920.[630] Mit diesen Verträgen hatte Deutschland auf das Gebiet des künftigen Danziger Staates verzichtet und die Abtretung an die Hauptmächte vollzogen.[631] Vertragliche Bedingung war die Errichtung Danzigs als Freie Stadt und die Begründung einer Schutzbeziehung, die vom VB wahrzunehmen war. Auch der Pariser Vertrag zwischen Danzig und Polen vom 9. November 1920[632], in dem die Sonderrechte Polens beschrieben wurden, fußte auf dem VV (Art.104), dessen Vertragspartner den Danzig-polnischen Vertrag mitgestalteten und in der von ihnen gewünschten und beiden Vertragspartnern aufgedrängten Fassung genehmigten.[633] Dieses Vertragssystem hatte zum Inhalt den internationalen Status der Freien Stadt Danzig als Staat sowie die Rechtsbeziehungen zwischen Danzig und dem VB, Danzig und der Republik Polen sowie zwischen Danzig und dem Deutschen Reich.

In dieses gesamte Vertragswerk war das Deutsche Reich eingebunden. Trotz aller berechtigter Zweifel am ordnungsmäßigen Zustandekommen des Versailler Vertrages[634] mit seinen Deutschland aufgezwungenen, den Vorfriedensvertrag verletzenden Lösungen und trotz aller Revisionsversuche und Revisionen[635] war der VV, von dessen Wirksamkeit die Staatenpraxis ausging, lange Jahre anerkannte Grundlage der europäischen Ordnung mit verpflichtenden Auswirkungen bis in die heutigen völkerrechtlichen Beziehungen. In Entscheidungen des VBR, des StIGH und des IMG in Nürnberg[636] ist ebenfalls die Auffassung von der Bindung an die Bestimmungen des VV bestätigt worden.[637] Mit den Vertragsverhandlungen zum Zwecke der Eingliederung Danzigs verstieß Deutschland gegen die vorgenannten Verpflichtungen aus seinen damals bestehenden völkerrechtlichen Bindungen.

---

629 Vgl. unten S.140 ff.
630 Anm.326.
631 Vgl. oben S.76 ff.
632 Anm.353.
633 Vgl. oben S.87 f.
634 Vgl. Kunz S.67 ff., 224 ff., 278 ff. mwN.; Berber S.101 ff.; Verdroß 1.Aufl. S.15 ff.; vgl. auch Strupp, Der Versailler Friedensvertrag, S.16 f., der den VV trotz seiner Mängel für verbindlich hält; vgl. aus neuerer Zeit Decker S.115 ff.
635 Vgl. im einzelnen Böttcher aaO S.93 f. Am 7.9.1937 erklärte Hitler in Nürnberg: "Der Vertrag von Versailles ist tot" (vgl. Berber S.1023).
636 Vgl. Böttcher aaO S.93.
637 Auch polnischerseits wird heute von der Geltung der Bestimmungen des VV ausgegangen (vgl. Uschakow, Die Grenzregelung, S.117).

bb) Freie Stadt Danzig

Auch die Freie Stadt Danzig war als Staat und Völkerrechtssubjekt völkerrechtlich in das oben dargestellte Vertragsgefüge eingebunden, und zwar ohne Rücksicht darauf, ob für den Danziger Staat ein rechtswirksames Verfassungsorgan handelte. Grundlage für den Status der Freien Stadt Danzig war der Versailler Vertrag, durch den das Deutsche Reich sich verpflichtete, das Danziger Gebiet abzutreten und die Alliierten und Assoziierten Hauptmächte die Verpflichtung eingingen, Danzig als Freistaat zu errichten und einen Danzig-polnischen Vertrag über die Sonderrechte Polens zu vermitteln. Danzig war zwar nicht unmittelbarer Vertragspartner des VV. Der Danziger Staat hat aber die Errichtungsurkunde sowie den Danzig-polnischen Pariser Vertrag rechtswirksam unterzeichnet und die von der Verfassungsgebenden Versammlung ausgearbeitete und von den Hauptmächten gebilligte Verfassung zur Rechtsgrundlage seiner staatlichen Existenz gemacht. Er ist damit in das Vertragsgeflecht der Hauptmächte, des Deutschen Reiches, Polens und des Völkerbundes einbezogen worden.

Auf dieser Grundlage wurde Danzig unter die besondere Schutzbeziehung des VB gestellt, eine nach innen und außen gerichtete Rechtsbeziehung, die die Alliierten geschaffen hatten, um ihre durch den VV begründeten Rechte zu vollziehen. Dieses Vertragsgefüge war bindender Grundrechts-Kern-Tatbestand der Danziger Verfassung, der nicht zur Disposition des Verfassungsgebers des Danziger Staates stand.[638] Diese vertraglich eingebundene Grundbeziehung der Freien Stadt Danzig konnte ohne Beteiligung der Alliierten nicht aufgegeben werden. Ein diesem Vertragswerk entgegenstehender und den Danzig-polnischen Vertrag verletzender Eingliederungsvertrag zwischen der Freien Stadt Danzig und dem Deutschen Reich konnte infolgedessen nicht zustandekommen.

cc) Zusammenfassung

Die Wiedervereinigung der Freien Stadt Danzig mit dem Deutschen Reich vermittels eines Staats- Inkorporationsvertrages ist zu verneinen. Es fehlte an der völkerrechtlichen Vertretungsbefugnis des für den Danziger Staat handelnden Organs, des sog. "Staatsoberhauptes". Beide Vertragsparteien verstießen außerdem gegen völkerrechtliche Verpflichtungen, denen sie auf Grund des Versailler Vertrages sowie der Folgeverträge, insbesondere der vereinbarten internationalen Schutzbeziehung für den Bestand der Freien Stadt Danzig unterlagen. Der Inkorporationsakt wurde mit dem Anschein eines völkerrechtlichen Eingliederungsvertrages vollzogen, der jedoch fehlerhaft war, weil Forster, im Auftrage Hitlers handelnd, nicht legitimiert war, den Danziger Staat völkerrechtlich zu vertreten, und weil beide Vertragspartner gemeinsam völkerrechtliche Vertragsbeziehungen verletzten, denen sie unterworfen waren.[639] Sowohl der staatsauflösende

---

638 Art.49 Abs.3 DzV (Anm.402).
639 In diesem Zusammenhang sei auf die Anschlüsse Österreichs 1938 und der Staaten Toskana, Parma und Modena im Jahre 1860 verwiesen, die als Annexion bezeichnet wurden; vgl. mit weiteren Beispielen Böttcher aaO S.103 f.

Akt Forsters, der durch durch Staatsstreich als "Staatsoberhaupt" eingesetzt worden war, als auch der Inkorporationsvertrag waren nicht rechtsgültig. Die Wiedervereinigung war somit ein einseitiger Akt des Deutschen Reiches.[640]

2. Die Eingliederung durch einseitigen Gewaltakt (Annexion)

a) Eingliederung als "nichtkriegerische Annexion"

Dieser einseitige Eingliederungsakt war als "nichtkriegerische Annexion" nach der damaligen Rechtslage völkerrechtswidrig. Die einseitige gewaltsame Ausdehnung der tatsächlichen Gewalt eines Staates auf das gesamte zu erwerbende Gebiet eines anderen Staates mit der Erklärung des Erwerberstaates, sich das beherrschte Gebiet einverleiben zu wollen, wurde nach dem Stande des Völkerrechts im Jahre 1939 gemäß überwiegender Meinung als "Annexion" bezeichnet.[641] Diese Definition entspricht auch der in der anglo-amerikanischen und euro-kontinentalen Völkerrechtslehre verwendeten Unterscheidung von vertraglicher und nichtvertraglicher Einverleibung.[642]

Bezüglich Danzigs sind alle Kriterien erfüllt:

- Einseitiger Gewaltakt;
- Inbesitznahme und Herrschaftsausübung;
- Erklärung der Übernahme des fremden Gebietes und des Übernahmewillens gegenüber der Völkergemeinschaft.

Ohne Rücksicht auf die deutsche Grundstimmungslage in Danzig, das gegen den Willen der Danziger Bevölkerung von Deutschland abgetrennt worden war, und unter völkerrechtlich gebotener Vernachlässigung der nicht nachgewiesenen potentiellen Volksbefindlichkeit, ist bei Berücksichtigung des oben genannten völkerrechtlich verbindlichen Vertragssystems die Gewaltsamkeit des einseitigen Eingliederungsaktes zu bejahen. Deutsche Land- Luft- und Seestreitkräfte[643], unterstützt von Danziger NS-Hilfstruppen, hatten das Danziger Staatsgebiet bereits besetzt, als der Krieg ausbrach und anschließend die Eingliederungserklärungen abgegeben wurden.

Die Frage des Kriteriums der Gewaltsamkeit stellt sich nicht nur bezüglich der deutsch-Danziger Beziehungen. Die Maßnahmen des Deutschen Reiches bedeuteten einen militärisch unterstützten, somit gewaltsamen Eingriff in das für Danzig eingerichtete ver-

---

640 Vgl. Böttcher aaO S.96 f.
641 Vgl. Menzel, Deutschland, S.60. Zum Theorienstreit über die verschiedenen Begriffe und Rechtsfolgen einseitiger Einverleibungen und über die Erklärungsakte vgl. den Überblick bei Böttcher aaO S.97 ff. mwN.; vgl. auch die Zusammenstellung der Theorien bei Menzel aaO S.57 ff.; vgl. zum Annexionsbegriff auch Blumenwitz, "ex factis ius oritur"- "ex iniuria ius non oritur", S.43 ff.(45); Kraus, Der völkerrechtliche Status der deutschen Ostgebiete, S.67 ff.
642 Vgl. Schätzel, Die Annexion 1920, S.50 ff.; H.-J. Jellinek S.111 f.; Stödter S.62; Menzel aaO S.60.
643 Das in den Danziger Hafen eingelaufene schwerbewaffnete und mit Landungstruppen beladene Linienschiff Schleswig-Holstein und weitere Einheiten, die sich auf der Danziger Reede zum Einsatz bereithielten; auch der Flugplatz war besetzt.

tragliche internationale Schutzsystem, dessen Träger gemäß VV und der auf seiner Grundlage geschaffenen Instrumente die Alliierten und Assoziierten Hauptmächte und in deren Auftrag der VB waren.

Die im Hinblick auf dieses Vertragssystem einseitigen Eingliederungsakte stellten übrigens den Abschluß eines von langer Hand geplanten und schließlich vollzogenen Veränderungsprozesses dar, den das Deutsche Reich steuerte. Deutschland wünschte zur Vermeidung des Vorwurfs eines gewaltsamen Eingreifens in Danzig die Zustimmung der Danziger Regierung herbeizuführen, indem es die verfassungs- und völkerrechtliche Einsetzung des Danziger NS-Gauleiters Forster als "Staatsoberhaupt" und dessen Mitwirkung beim Akt der Eingliederung bewirkte. Forster, den Hitler zum Zwecke der Gleichschaltung und zur Vorbereitung der Rückgliederung nach Danzig entsandt hatte, war lediglich dessen willfähriges Organ bei der Vollziehung der Wiedervereinigung. Die Wiedereingliederung Danzigs wollte das Deutsche Reich ggf. auch gegen entstehenden Widerstand – von welcher Seite auch immer – und ggf. auch gegen den etwaigen Widerstand der zwar deutsch gesonnenen aber völkerrechtstreuen oder oppositionellen Danziger Bevölkerungsteile durchsetzen. Mehrere Befehle Hitlers, die handstreichartige Besetzung Danzigs vorzubereiten[644], gingen mit Planungen Forsters einher, den Anschluß zu erzwingen.[645] Die Grenzen zwischen Danzig und dem polnischen Korridorgebiet wurden in Verteidigungszustand versetzt. Danzig erhöhte den Umfang seiner Polizeitruppen. Die so gewonnenen militärischen Verbände wurden durch freiwillige SS-Truppen ergänzt, die Forster in Danzig aufstellen ließ. Zusätzlich wurden deutsche Soldaten – u.a. in Deutschland ausgebildete Danziger – und Waffen über die ostpreußische Grenze und über die Ostsee eingeschmuggelt. Alle diese Streitkräfte wurden dem deutschen Generalmajor Eberhardt unterstellt.

An der polnischen Grenze zu Danzig wurden seit Anfang 1939 militärische Vorbereitungen getroffen.[646] Die polnische Regierung drohte wiederholt mit einem Einmarsch in die Freie Stadt Danzig für den Fall eines deutschen Eingriffes.[647] Forster wurde zurückgehalten, jedoch in seiner Funktion als Parteichef von Hitler gestützt. Dieser benötigte beide Kräfte, ein nach außen beschwichtigendes legales Organ und nach innen unter dessen Deckmantel die Partei, die ohne Bindung und Kontrolle durch auswärtige Einflußnahmen seine Pläne der Eingliederung vorbereitete.[648] Der VBK war für mehrere Monate (bis Ende Mai 1939) aus Danzig abberufen worden.[649] Der Regierungschef Greiser verließ Danzig im Juni 1939 und kehrte erst kurz vor Kriegsausbruch zurück.[650] Die Teilnahme an einer Übung der deutschen Kriegsmarine in Pillau wurde vorgescho-

---

[644] Vgl. IMG Bd.I S.221 f., Bd.III S.253, Bd.VII S.250, Bd.XXXIV S.200 ff. (GB 46/C30); ADAP VI Nr.185, insbes. Anlg.III, S.186 ff. (189); vgl. auch Tippelskirch S.21.
[645] Forster hatte die Anschlußerklärung bereits für den 29.3.1939 geplant, wurde jedoch von Berlin zurückgehalten (vgl. Böttcher aaO S.32 mwN.).
[646] Vgl. Livre Jaune Français S.97, 102.
[647] Vgl. Livre Jaune Français S.102, 112, 178, 209 f., 255; Englisch Blue Book S.73, 85 ff.; Deutsches Büro für Friedensfragen Heft 6 S.103.
[648] Vgl. Livre Jaune Français S.102 f.; vgl. auch Burckhardt, Rapport, S.11; Böttcher aaO S.32 f.
[649] Vgl. Burckhardt aaO S.9; ADAP V Nr.123 f. S.136 ff.; vgl. oben S.63.
[650] Vgl. Livre Jaune Français S.155; vgl. auch ADAP VI Nr.681 S.782 f.; vgl.oben S.63.

ben. Gegenüber der wachsenden Parteidiktatur war er nicht mehr in der Lage, seinen verfassungsmäßigen Aufgaben ordnungsgemäß nachzukommen. Die Senatssitzungen wurden nicht mehr im Senatsgebäude, sondern im Dienstgebäude des Gauleiters abgehalten.[651]

b) Völkerrechtswidrigkeit der Annexion

Schon damals (1939) waren Annexionen völkerrechtswidrig, somit als Erwerbstitel nicht mehr anerkannt[652], und zwar unabhängig von der Frage, ob es sich um eine kriegerische- oder nichtkriegerische Annexion handelte.[653] Der entscheidende Wandel vom "ius ad bellum", vom freien Recht auf Kriegführung und vom Prinzip der dem Ermessen des souveränen Staates eingeräumten Annexionsfreiheit, die bei den europäischen Nationalstaaten des 19. Jahrhunderts noch vorherrschender Meinung entsprach, zum Gewaltverbot, zur Ächtung des Krieges und zum Verbot von Annexionen als militärische – sei es kriegerische oder nichtkriegerische – Eroberungen ist nach dem Ende des Ersten Weltkrieges zu verzeichnen.[654] Durch den Briand-Kellogg-Pakt vom 27. August 1928[655] wurden zwar ausdrücklich nur Angriffskriege und demzufolge kriegerische Annexionen für völkerrechtswidrig erklärt.[656] Diese vertragliche Kriegsächtung war aber ein wesentlicher Meilenstein auf dem Wege des gewohnheitsrechtlichen Verbots einseitiger, gewaltsamer – auch außerhalb eines Krieges vollzogener – Gebietsveränderungen.[657]

Bereits seit Mitte des 19. bis Anfang des 20. Jahrhunderts gab es aber auch schon ernsthafte Bemühungen, kriegerische und ebenfalls teilweise nichtkriegerische Annexionen

---

651 Der NS-Gauleiter Forster erklärte am 16.7.1939 dem VBK, er habe jetzt von Hitler alle Vollmachten zu jeder Entscheidung erhalten, er sei der alleinige Herrscher in Danzig (vgl.oben S.63).
652 Vgl. Kimminich, Die abschließende Regelung mit Polen (Auszug bei Böttcher/Dahm, Materialien, S.331 ff. [335 Anm.33]).
653 Vgl. Scheuner, Die Annexion, S.81; Wehberg, Eroberung, S.117; Langer S.111; zur Entwicklung des Annexionsverbots vgl. Böttcher aaO S.100 ff.
654 Vgl. zu den Etappen dieser Entwicklung: § 10 VB-Satzung (Verpflichtung zur gegenseitigen Achtung der Unversehrtheit des Gebietes, aber noch kein Kriegsverbot), siehe auch Präambel und §§ 12 ff. der Satzung sowie das "Genfer Protokoll" vom 2.10.1924 (Versuch einer vertraglichen Einschränkung des Kriegsrechts, der aber noch keine Billigung fand); vgl. Kraus, Der völkerrechtliche Status, S.77 f.; Gornig, Das Memelland, S.117 f.
655 Auch vom Deutschen Reich unterzeichnet und ratifiziert (Reichsgesetz vom 9.2.1929 – RGBl 1929 II S.97).
656 Einige Autoren hielten kriegerische Annexionen sogar für ungültig (vgl. Wehberg aaO S.101 ff.(104); Schroeder, Staatsangehörigkeit, S.50 ff., 64.
657 Entgegen dem Wortlaut wurde bereits die Auffassung vertreten, der Briand-Kellogg-Pakt verbiete auch nichtkriegerische militärische Eingriffe (vgl. Geib S.38; Keller S.102; Scelle S.167; Strupp, Grundzüge, S.200); vgl. auch "Interpretation des Briand-Kellogg-Paktes" durch die Budapester Tagung der International Law Association 1934 (Wehberg aaO S.101); vgl. schließlich die weite Auslegung durch das Urteil des IMG in Nürnberg vom 1.10.1946, in dem das deutsche Vorgehen gegen Österreich, Tschechoslowakei und Dänemark als den Briand-Kellogg-Pakt verletzende Angriffshandlungen bezeichnet wurde (vgl. Anm.668). Die wortgetreue engere Auslegung wurde u.a. vertreten von: Verdroß, Völkerrecht, 3.Aufl. S.514; Wehberg, Die Ächtung, S.177; ders., Eroberung, S.49 f.; Hold-Ferneck II S.249; Oppenheim-Lauterpacht Bd.II S.151 ff.(184 ff.).

als militärische Eroberungen für rechtswidrig zu erklären.[658] Exemplarisch für die Danziger Frage und für die spätere Lehre der Verpflichtung zur Nichtanerkennung gewaltsamer Gebietsveränderungen war der Mandschureikonflikt im Jahre 1932.[659] Das Vorgehen Japans, das mit Waffengewalt, aber ohne Krieg, die Loslösung der Mandschurei von China und die Errichtung eines Neustaates unter seinem Einfluß erzwang, führte zur Nichtanerkennung des für rechtswidrig erklärten Aktes durch den US-Außenminister Stimson.[660] Die "Stimson-Doktrin" wurde anschließend in Erklärungen des VBR[661] und der VBV[662] befestigt, die von einem inzwischen herausgebildeten Völkergewohnheitsrecht der Rechtswidrigkeit jeder gewaltsamer Gebietsveränderung ausgingen.

Ein für die Eingliederung Danzigs besonders naheliegendes Beispiel ist der Anschluß Österreichs an das Deutsche Reich im März 1938.[663] Ähnlich wie in Danzig wurde das Einverständnis Österreichs zur Eingliederung über einen erzwungenen Regierungswechsel herbeigeführt.[664] Anders als in Danzig hat allerdings nach der Eingliederung eine den Anschluß bestätigende Volksbefragung stattgefunden. Die Alliierten haben ihre zunächst bekundete Anerkennung[665] während des Zweiten Weltkrieges in der gemeinsamen Erklärung über die Drei-Mächte-Konferenz in Moskau vom 30. Oktober 1943[666] widerrufen. Durch die Unabhängigkeitserklärung vom 27. April 1945[667] wurde *"die deutsche Republik Österreich ...wiederhergestellt und im Geiste der Verfassung von 1920"* eingerichtet (Art.I). Der im Jahre 1938 *"dem österreichischen Volke aufgezwungene Anschluß"* wurde für *"null und nichtig"* erklärt (Art.II). In der Präambel wurde zur Begründung der Nichtigkeit auf die mit militärischen Mitteln erzwungene Vereinbarung und auf die *"militärisch kriegsmäßige Besetzung des Landes"* hingewiesen. Diese nichtkriegerische Einverleibung wurde im Urteil des IMG in Nürnberg als *"Angriffskrieg mit nachfolgender Annexion"* bezeichnet.[668] In dem am 15. Mai 1955 zwischen den Vier-Mächten (USA, UdSSR, UK, Frankreich) und Österreich geschlossenen Staatsvertrag[669] wurde die Wiederherstellung Österreichs *"als ein souveräner, unabhängiger und demokratischer Staat"* anerkannt. Die hierbei von den Alliierten übernommene Verpflichtung, im

---

658 Vgl. die Zusammenstellung bei Schätzel, Die Annexion 1920, S.13 ff., 155 ff.; vgl. auch die zusammenfassende Darstellung bei Böttcher aaO S.103 f.
659 Vgl. H.-J. Jellinek S.138.
660 Note vom 7.1.1932 an Japan und China (BYIL Bd.XIV S.65 [1933]; AJIL 26 [1932] S.342).
661 Appell des VBR an Japan vom 16.2.1932 (SdN JO 1932 S.348).
662 Entschließung der VBV vom 11.3.1932 (SdN JO 1932 Suppl.Spéc.Nr.101 S.87) und weitere Erklärungen (siehe bei Böttcher aaO S.138 f.).
663 Vgl. Österr. Bundesverfassungsgesetz vom 13.3.1938 (Text bei E.R.Huber, Verfassung, S.92) und Reichsgesetz über die Wiedervereinigung Österreichs mit dem Deutschen Reich vom 13.3.1938 (RGBl 1938 I S.237 ff.).
664 Vgl. Hans Schroeder, Staatsangehörigkeits- und Sukzessionsprobleme, S.60 f.
665 Vgl. Böttcher aaO S.141.
666 Erklärung der "Großen Drei"; abg. in AJIL Bd.38 Suppl.S.7 (1944).
667 Österreichisches Staatsgesetzblatt Nr.1 (1945).
668 IMG I S.213 – 216.
669 Österr. BGBl. Nr.152.

deutschen Friedensvertrag die Anerkennung der Souveränität und Unabhängigkeit Österreichs sowie den Verzicht auf territoriale Ansprüche durch Deutschland zu verankern, ist bisher nicht eingelöst worden.[670]

Der "Anschluß" Österreichs ist somit, obwohl er anders als im Falle Danzigs nicht mit der Auslösung eines Krieges verbunden war, als Annexion behandelt worden. Er ist ein weiteres Beispiel dafür, daß nach der damals geltenden Völkerrechtsordnung auch nichtkriegerische Annexionen völkerrechtswidrig waren.

Dieser völkergewohnheitsrechtlichen Lage entsprachen die Reaktionen des VB, der Alliierten und anderer Staaten nach der Wiedervereinigung Danzigs im Jahre 1939.[671] Von den Alliierten wurden alle nach dem 31. Dezember 1937 von Deutschland vorgenommenen Gebietserwerbungen, darunter auch die Eingliederung Danzigs, als rechtsunwirksam wieder rückgängig gemacht.[672] Dementsprechend hat die Rechtswidrigkeit der Wiedervereinigung auch keine Heilung durch Anerkennung von Staaten erfahren, was grundsätzlich möglich gewesen wäre, wenn zumindest die wichtigsten Staaten sich an einem derartigen Anerkennungsakt beteiligt und die Danziger selbst sich in die neue Lage geschickt hätten.[673] Abgesehen von wohlwollendem konkludenten Verhalten von Bündnispartnern des Deutschen Reiches sind aber keinerlei Anerkennungserklärungen abgegeben worden.

c) Rechtsunwirksamkeit der Wiedervereinigung

Das völkerrechtswidrige Verhalten des Deutschen Reiches hatte eine rechtswirksame Eingliederung Danzigs und den Untergang des Danziger Staates nicht zur Folge. Sowohl unter dem Gesichtspunkt einer wirkungslosen "verfrühten Annexion", als auch mit Rücksicht auf die zwingenden Rechtsfolgen des Annexionsverbots hinsichtlich eines als "Internationaler Status" in ein internationales kollektives Vertragsgeflecht eingebundenen staatlichen Territoriums ergibt sich diese Schlußfolgerung.

aa) Rechtsfolgen der verfrühten Annexion

Im Widerstreit mit dem im Völkerrecht herrschenden Effektivitätsgrundsatz mit seinen Anstrengungen, faktisch durchgesetzten Neuzuständen trotz ihrer völkerrechtlichen Mängel zur dauerhaften Wirkung zu verhelfen, ist die Eingliederung Danzigs nicht völkerrechtlich rechtswirksam geworden. Sie wurde zu einem Zeitpunkt erklärt, als Danzig

---

670 Siehe jedoch die von Deutschland im Zwei-plus-Vier-Vertrag (Anm.872) übernommene Verpflichtung, die Außengrenzen der Bundesrepublik Deutschland als endgültig zu behandeln.
671 Vgl. die Ausführungen über die Nichtanerkennung der Eingliederungen Danzigs 1939 und 1945, unten S.199 ff.
672 Vgl. Ziff.1 des am 7./8. Mai 1945 in Kraft getretenen Protokolls über die Besatzungszonen in Deutschland und die Verwaltung von Groß-Berlin (Londoner Protokoll) vom 12.9.1944 (Dieter Rauschning, Die Gesamtverfassung, S.75 ff.).
673 Vgl. Menzel, Rechtsgutachten 1953, S.5 ff.; Schätzel, Die Annexion 1920, S.152 ff.; 1950, S.1 ff.; Oppenheim-Lauterpacht Bd.1, S.137.

mililtärisch besetzt war[674] und der deutsch-polnische Krieg unter Einbeziehung des Danziger Gebietes bereits begonnen hatte, ein Krieg, der auf der Gegenseite u.a. den später auch erreichten Zweck verfolgte, die endgültige Eingliederung Danzigs zu verhindern. Nach den hier anzuwendenden Regeln des völkerrechtlichen Tatbestandes der "occupatio bellica"[675] und somit der Haager Landkriegsordnung konnte der Besatzungszustand nur beendet werden durch Wiedereinsetzung des besetzten Danziger Staates und seines Staatsvolkes in seine ihm vorenthaltenen garantierten staatlichen Rechte oder durch endgültig durchgesetzte Annexion. Während dieses auch die Freie Stadt Danzig betreffenden Krieges war die Annexionserklärung verfrüht, somit völkerrechtlich unwirksam, die endgültige Eingliederung – ohne Rücksicht auf die innerstaatlich veränderten Rechtszustände – völkerrechtlich ausgeschlossen.[676] Die faktische Inkorporation wurde im Verlaufe des Krieges wieder rückgängig gemacht.

Der Auffassung vom Fortbestand des Danziger Staates im völkerrechtlichen Sinne ist von einigen Autoren widersprochen worden. Bode[677] hält unter dem Gesichtspunkt der "normativen Kraft des Faktischen" das Wiedervereinigungsgesetz trotz des verfassungs- und völkerrechtswidrigen Zustandekommens für gültig. Folgerichtig vertritt er die These vom damaligen Untergang des Danziger Staates und mithin des Erlöschens der Danziger Staatsangehörigkeit. Die Völkerrechtsverletzung des Deutschen Reiches habe allerdings Ansprüche begründet. Die Bedenken gegenüber dieser Auffassung sind bereits ausgeführt worden.[678] Eine Rechtserneuerung in der Bedeutung der Durchsetzung des Staatsstreichs hat wegen des Kriegszusammenhanges nicht stattfinden können.[679]

Vor allem Stritzel[680] hat eingehend zu begründen versucht, daß die Wiedervereinigung zur rechtswirksamen Eingliederung Danzigs und folglich zum Untergang des Danziger Staates geführt habe. Seinen rechtstheoretischen Argumenten kann jedoch ebenfalls

---

674 Vgl. oben S.63 f., 141. Danzig war deutscher militärischer Stützpunkt, einschließlich seines Hafens und Flugplatzes, im Krieg gegen Polen und später die anderen Kriegsgegner.

675 Die hier vertretene entsprechende Anwendung eines verwandten Rechtssatzes findet auch im Völkerrecht seine Stütze (vgl. Art.38 Nr.3 des Statuts des StIGH; Verdroß, Die Verfassung, S.69 ff.; Sauer, System des Völkerrechts, S.355; Guggenheim, Lehrbuch, Bd.I S.128 ff.; Stödter, S.141). H.-J. Jellinek S.213; Erich Kaufmann, Gutachten, S.4; Laun, Gutachten 1948, S.1 f. und Volkmann, Äußerungen, S.2, halten die deutsche Besetzung Danzigs 1939-1945 für eine "occupatio bellica" und die Eingliederung deshalb für absolut unwirksam. In dem Runderlaß des Ausw. Amtes der BRepD vom 2.3.1953 (Erläuterungen zum Gesetz über das Paßwesen vom 4.3.1952 BGBl I S.290, abg. bei Ruby S.840, 844) heißt es:"...*Die Verleihung der deutschen Staatsangehörigkeit...ist im Zuge einer occupatio bellica erfolgt. ...*". Vgl. die Darstellung der theoretischen Auseinandersetzung mit der rechtlichen Bedeutung der verschiedenen Besatzungsformen bei Böttcher aaO S.107 ff.

676 So auch Verdross/Simma § 390, S.232 f. unter Hinweis auf die nach dem Zweiten Weltkrieg bestätigten Vergleichsfälle Albanien, Äthiopien, Tschechoslowakei und Österreich, die im Sinne der Kontinuität der völkerrechtlichen Persönlichkeit als in den früheren Zustand wiedereingesetzte Völkerrechtssubjekte betrachtet wurden; vgl. auch ders. § 1163, S.759; Hailbronner, in Hailbronner-Renner, Einl E Rn. 45 mwN.; vgl. auch Art. 2 Nr.4 VN-Charta.

677 S.16 ff.; so auch Hermann v.Mangoldt in einem nicht veröffentlichten an den Senat der Hansestadt Hamburg gerichteten Schreiben vom 27.11.1948 und Scheuner S.5 ff., der die Lage der Sudetendeutschen zum Vergleich heranzieht.

678 Oben S.136 ff.

679 Vgl. auch Volkmann aaO, der die Zeit für eine vollendete neue Rechtslage für zu kurz hält.

680 S.70 ff.

nicht gefolgt werden. Er nimmt einen gültigen Zessionsvertrag zwischen dem Deutschen Reich und der Freien Stadt Danzig an, der den Übergang von Gebietshoheit und Territorialsouveränität, somit den Untergang des Danziger Staates und der Danziger Staatsangehörigkeit zur Folge gehabt habe. Danzig sei eigenständig handlungsfähig gewesen. Es habe zwar gegen polnische Rechte, die als "Staatsdienstbarkeiten" allerdings teilweise bestehen geblieben seien[681], verstoßen und das Schutzverhältnis des Völkerbundes verletzt. Der VB habe aber bis zu seiner Auflösung 1946 nicht eingegriffen. Auch Polen habe das nicht getan. Danzig habe freiwillig gehandelt. Die Einflußnahmen Deutschlands (Partei und Militär) seien zu negieren. Deutschlands Aktivitäten seien nicht als einseitig und militärisch unternauert anzusehen. Es habe sich bei der Wiedervereinigung um einen friedlichen Akt gehandelt. Der VV habe keine Sperrwirkung gehabt; das gelte auch für das Schutzverhältnis mit dem Völkerbund. Mit dem Untergang Danzigs seien auch die polnischen Ansprüche nicht mehr durchsetzbar. Eine Haftung des Gebietsnachfolgers Deutschland sei zu verneinen.

Stritzel spielt die militärischen Vorbereitungen und Aktivitäten Deutschlands in Danzig sowie die langjährigen intensiven deutschen parteipolitischen Einflußnahmen bis zum Kriegsbeginn und als Voraussetzung für die deutschen Kriegshandlungen gegen Polen unzutreffenderweise so weit herunter, daß er zur Ablehnung eines einseitigen militärischen Aktes und eines der "occupatio bellica" entsprechenden Zustandes gelangt. In der Frage, ob die Territorialsouveränität Danzigs auf das Deutsche Reich übergegangen ist, greift er aus der Danziger Regelung des VV lediglich die Bestimmung des Art.100 VV heraus, mit der das Deutsche Reich zugunsten der Alliierten und Assoziierten Hauptmächte auf alle Recht und Ansprüche auf das Danziger Gebiet verzichtet hat. Hierdurch sei Deutschland nicht das Recht genommen worden, sein Gebiet durch Zessionsvertrag wieder um Danzig zu erweitern[682], wobei die der Republik Polen eingeräumten Staatsservituten nicht berührt würden. Er verkennt bei diesem Lösungsversuch jedoch, daß Hitler keine separate Regelung mit Danzig traf, sondern die Danziger Eingliederung mit dem Krieg gegen Polen verband, wodurch die Fortführung der Staatsservituten mit dem zunächst faktischen Auslöschen Polens unmöglich gemacht wurde. Er verkennt aber auch die Einbindung Danzigs und auch des Deutschen Reiches in das gesamte einschlägige Vertragswerk, das die Verpflichtung der Alliierten enthielt, Danzig als Freie Stadt zu errichten und diese neue staats- und völkerrechtliche Schöpfung durch eine Schutz- und Garantiebeziehung über die Institution des VB sowie durch einen Danzig-polnischen Vertrag zu sichern und zu garantieren. Nicht so sehr die von Stritzel angeführte verwaltungsmäßige Führung der auswärtigen Angelegenheiten Danzigs durch die polnische Regierung konnte insoweit ein Problem werden[683], sondern die absolute Veränderungssperre infolge des hierauf abgestellten Vertragsgerüstes bedeuteten das Hindernis gegenüber den deutschen Eingliederungsbemühungen, die schon aus dieser Sicht als einseitiger Akt zu werten waren.

---

681 Stritzel S.111 f., 118.
682 Vgl. ders. S.123 ff.
683 Zur Bedeutung dieser Verpflichtung, die keine Souveränitätswahrnehmung durch Polen war, siehe oben S.100 ff.

Auch der vergleichende Hinweis Stritzels[684] auf die ausdrücklichen vertraglichen, im Falle Danzigs fehlenden Sicherungen der Siegermächte gegen einen Anschluß Österreichs an das Deutsche Reich nach dem Ersten und Zweiten Weltkrieg und gegen Rückgliederungen des Memellandes und Nordschleswigs geht fehl. Abgesehen von der unterschiedlichen Interessenlage war der Anschluß Danzigs mit Hilfe der vertraglich gesicherten Schutzbeziehung, die sich in dem von den Alliierten geschaffenen Internationalen Status Danzigs widerspiegelten, effektiv und ausreichend ausgeschlossen.[685]

Außerdem wird mit der Behauptung, allein der deutsch-polnische Vertrag (Pariser Vertrag) und nicht der Versailler Vertrag sei Grundlage der Rechtsstellung des Danziger Staates in seinen Beziehungen zu Polen[686], die gesamtvertragliche Einbindung Polens, Danzigs und Deutschlands mit Hilfe des VB durch die Alliierten verkannt, die Danzig und Polen drängten, den Pariser Vertrag in der von ihnen gebilligten und in den Grundsätzen sowie Zielsetzung mit dem VV in Einklang stehenden Fassung zu unterzeichnen.[687] So kommt auch dem Hinweis Stritzels[688] keine das deutsche Vorgehen rechtfertigende Relevanz zu, Deutschland habe sich nicht verpflichtet, keinen Danzig rückgliedernden Zessionsvertrag mit der Freien Stadt Danzig zu schließen. Nachdem Deutschland die Territorialsouveränität über Danzig gemäß Art.100 VV an die Alliierten abgetreten und der Garantie für Danzig zugestimmt hatte, war es nicht mehr legitimiert, ohne Zustimmung der Vertragspartner einen derartigen Vertrag mit Danzig zu schließen.[689]

Stritzels Begründungen vermögen somit nicht zu überzeugen. Er würdigt die einzelnen Tatbestände[690], indem er sie ihres Zusammenhanges entkleidet (z.B.Art.100 VV ohne die gesamte Regelung und Konzeption des VV mit seinen von diesem Vertrag vorgegebenen Folgeverträgen über Danzig) und kommt auf diese Weise zu Schlußfolgerungen, die mit Sinn und Zweck und Zielsetzung des damaligen Verrtragssystems nicht in Einklang zu bringen sind.

bb) Veränderung des Internationalen Status

Der völkerrechtlichen Wirkung eines endgültigen Aufgehens des Danziger Staates im Deutschen Reich stand nicht nur die während des Krieges erklärte einseitige Eingliede-

---

684 S.107.
685 Vgl. oben S.106 ff. und unten 300 ff.
686 Stritzel S.40.
687 So im Ergebnis auch Stritzel S.38; vgl. auch Ramonat S.44 ff.; vgl. insbes. Ziehm, Die Verwaltung Danzigs, S.41 ff., 44.
688 S.125 f.
689 Damit geht auch der Hinweis Stritzels (S.125 ff.) auf die deutsch-polnische "Friedensgarantie"-Erklärung vom 26.1.1934 (RGBl II 1934 S.118; vgl. auch oben S.57), die deutsche Außerkraftsetzungs-Erklärung (Note vom 27.4.1939 an die polnische Regierung, ADAP VI Dok 276 S.288 ff.) und die polnische Antwort vom 5.5.1939 (ADAP VI Dok 334 S.356 ff.) fehl. Deutschland und Polen hatten sich verpflichtet, im Falle etwaiger Streitfragen einvernehmlich eine Lösung mit friedlichen Mtteln zu suchen. Einvernehmliche Lösungen zur Rückgliederung Danzigs waren mit und ohne die Vereinbarung von 1934, also auch unabhängig von deren Kündigung, ohne Mitwirkung der Vertragspartner nicht möglich.
690 S.123 ff.

rung unter dem Gesichtspunkt einer verfrühten Annexionserklärung im Wege. Hinzu kam die unüberschreitbare Schranke des "Internationalen Status" der Freien Stadt Danzig.[691] Diese besondere Rechtsstellung, die durch ein von der Völkergemeinschaft anerkanntes, auch in der Danziger Verfassung verankertes, kollektives Vertragssystem begründet, geschützt und garantiert war[692], konnte weder durch einseitige Akte der Eingliederung noch durch gebietsverfügende Entscheidungen der Danziger Regierung verändert werden.[693]

Der Effektivitätsgrundsatz konnte sich hier nicht auswirken, weil der Internationale Status entgegenstand. Die einseitige Eingliederung vermochte den Fortbestand der Freien Stadt Danzig nicht zu hindern, weil die Rechtsstellung des Internationalen Status das gesamte Danziger Staatsgebiet umfaßt. Dieser Bestandsschutz führt zu einer Verstärkung des Kriegs- und Annexionsverbots.[694]

IV. Zusammenfassung

Die Wiedervereinigung am 1. September 1939 führte weder in vertraglicher Hinsicht noch als einseitige deutsche Maßnahme zur rechtswirksamen Eingliederung der Freien Stadt Danzig in das Deutsche Reich. Ein völkerrechtlich gültiger Inkorporationsvertrag ist nicht zustandegekommen. Die für Danzig nach dem Staatsstreich handelnden Staatsorgane waren rechtlich gehindert, den Danziger Staat zu vertreten. Die demzufolge einseitigen deutschen Eingliederungsakte betrafen ein militärisch besetztes Staatsgebiet und haben deshalb als nichtkriegerische Annexion (einseitiger Inkorporationsakt mit Hilfe militärischer Mittel) nicht die rechtswirksame Eingliederung Danzigs herbeiführen können. Solange der Zweite Weltkrieg, in den auch Danzig einbezogen worden war, andauerte, blieb die endgültige Eingliederung ungewiß, weil nicht auszuschließen war, daß sie wieder rückgängig gemacht würde. Die Frage der endgültigen Durchsetzung der Eingliederung stellt sich nicht, weil Deutschland das Danziger Gebiet vor Kriegsende, im März 1945 wieder verloren hat. In entsprechender Anwendung des allgemeinen Völkerrechtssatzes, daß Annexionsakte, die vor Beendigung der "occupatio bellica" erlassen werden, rechtsunwirksam sind, ist auch der Einverleibungsakt des Deutschen Reiches vom 1. September 1939 völkerrechtlich unwirksam. Nach den Rechtsgrundsätzen der hier anzuwendenden Haager Landkriegsordnung ist eine völkerrechtlich wirksame Erstreckung des deutschen Rechtsbereichs auf das eingegliederte Danziger Gebiet nicht eingetreten. Selbst wenn aber die staatliche Vertretungsbefugnis auf deutscher und

---

691 Vgl. die Ausführungen über den Internationalen Status der Freien Danzig oben S.108 ff.
692 Nach Blumenwitz, Denk ich an Deutschland, S.63 f., war das Staatsgrundgesetz wegen Nichtzustimmung des Völkerbundes gemäß Art.49 Abs.3 der Verfassung der Freien Stadt Danzig nichtig, das Wiedervereinigungsgesetz damit ohne völkerrechtliche Grundlage; im Ergebnis wird diese Rechtsfolge auch von Sehweisfurth S.87 vertreten.
693 Vgl. Friedrich Klein S.43 f., 51 f.
694 Vgl. Menzel, Völkerrecht, S.176 ff.

Danziger Seite bejaht würde[695], wäre der Danziger Staat in seiner Rechtsstellung nicht angetastet, weil der Bestandsschutz seines Internationalen Status eine einseitige Veränderung ohne Beteiligung der Partner des das Danziger Staatsgebilde garantierenden Kollektivvertrages ausschloß.

Die gegen den Willen der Danziger Bevölkerung und entgegen den völkerrechtlichen Prinzipien der Selbstbestimmung von den Siegermächten des Ersten Weltkrieges erzwungene Abtretung Danzigs vom Deutschen Reich konnte am 1. September 1939 nicht rechtswirksam wieder rückgängig gemacht werden, weil Hitler die Wiedervereinigung mit dem Krieg gegen Polen verband, in dessen Verlauf die endgültige Eingliederung verhindert wurde.

Die Wiedervereinigung Danzigs wurde u.a. von den USA, Großbritannien, Frankreich, Polen und dem Hohen Kommissar des Völkerbundes nicht anerkannt.[696] In England wurde am 2. September 1939 als Begründung für die Kriegserklärung an Deutschland neben dem deutschen Einmarsch in Polen ausdrücklich auch das einseitige Vorgehen in der Danziger Frage genannt.[697] Aus der Praxis weiterer westlicher Staaten, des Völkerbundes und des Heiligen Stuhles ist ebenfalls deutlich geworden, daß sie den Danziger Staat als fortbestehend betrachteten.[698] Die Wiedervereinigung hatte mithin nicht den Untergang der Freien Stadt Danzig zur Folge.[699]

Teil 3: Eingliederung der Freien Stadt Danzig durch die Republik Polen seit 1945

I. Vorgänge der Eingliederung

1. Vorbemerkung

Polen ging indessen über die Nichtanerkennungserklärung und Forderung auf Rückgängigmachung der Wiedervereinigung weit hinaus, indem es im März 1945, unmittelbar nach der militärischen Besetzung Danzigs, also noch während des Krieges, Schritte zur Aneignung Danzigs unternahm und die Freie Stadt Danzig entgegen den Vereinba-

---

695 So Stritzel S.128 ff.
696 Vgl. unten S.199, 202 ff.
697 Reden von Lord Halifax und von Chamberlain vor dem englischen Ober- und Unterhaus am 2.9.1939 (Parl.Deb.HC vom 2.9.1939; Livre Jaune Français S.340 f.; English Blue Book S.172 f.; abg. bei Böttcher aaO S.178 f.).
698 Vgl. unten S.199 ff., 207 ff.
699 Schweisfurth S.87 und Blumenwitz, Was ist Deutschland, S.32, bezeichnen die Wiedervereinigung der Freien Stadt Danzig als "Annexion" und vertreten die Auffassung des de iure Fortbestandes des Danziger Staates nach dem 1.9.1939; so auch Boguslawskij S.3 f., der die Wiedervereinigung als gewaltsame und somit ungültige Gebietseinverleibung bezeichnet und sich zugleich auf Grigorij Tunkin, S.176, bezieht.

rungen der Siegermächte (z.B. Jalta-Konferenz im Februar 1945: Grenzregelungen erst im Friedensvertrag nach Bildung einer demokratischen polnischen Regierung)[700] in den neuerrichteten polnischen Staat eingliederte und damals wie auch später den Eindruck vermittelte, eine endgültige Territorialänderung vollzogen zu haben.

Für die Beurteilung des rechtlichen Schicksals des Danziger Territoriums seit 1945 ist die Frage zu beantworten, welche Maßnahmen von der Sowjetunion, von der Regierung des wieder erstandenen Polen und von den Alliierten ergriffen worden sind und welche Rechtsfolgen mit diesen Aktionen verknüpft sind. Zu unterscheiden sind hierbei die Planungen der Alliierten in den Kriegskonferenzen über Deutschland und Danzig, insbesondere gegen Ende des Krieges, von den Entscheidungen, Vereinbarungen und Regelungen, die sie untereinander in bezug auf die Freie Stadt Danzig getroffen haben. Insoweit ist bemerkenswert, daß die ursprünglichen Projekte einer Aufteilung Deutschlands wie auch des Auslöschens des Danziger Staates infolge der sich schnell verhärtenden Gegensätze zwischen Ost und West wie auch der wachsenden Einsicht rechtlicher Bedenken nicht verwirklicht, sondern soweit sie als Zielvorstellung überhaupt aufrechterhalten wurden, jedenfalls bis zu einer friedensvertraglichen Regelung aufgeschoben worden sind.

Es wird sich zeigen, daß die Erklärungen und Entscheidungen der Westalliierten, der Sowjetunion und Polens über die Behandlung des Danziger Gebietes, nämlich der Unterstellung Danzigs unter eine einstweilige polnische Verwaltungsbesetzung, von den zum Teil isolierten und geheimgehaltenen Regelungen der Sowjetunion und Polens im Ergebnis nicht wesentlich auseinanderlagen. Unterschiedlich sind allerdings die Schlußfolgerungen, die von diesen beiden Seiten aus den gemeinsamen Vereinbarungen, insbesondere aus dem "Potsdamer Abkommen" für die rechtliche Beurteilung später gezogen worden sind. In diesem Zusammenhang ist auffällig, daß Polen seine Rechtsargumente für eine endgültige Eingliederung im Verlauf der Änderungen der politischen Lage auswechselte. Während es sich zunächst auf ein Zugriffsrecht als Folge des deutschpolnischen Krieges ("Annexion") zu stützen schien, sich dann aber auf eine Vertragsgrundlage ("Potsdamer Abkommen") berief, hat es später die Rechtfertigung seiner Aktivitäten mit einer Zuweisung ("Adjudikation") durch die Alliierten bzw. als Zugriff auf herrenloses historisch angeblich zu Polen gehörendes Gebiet mit Zustimmung der Alliierten begründet. Im Ergebnis wird sich herausstellen, daß von den Alliierten, unabhängig von ihren weitergehenden in verschiedenen Zeiten und Konstellationen unterschiedlichen politischen Zielvorstellungen, eine vorläufige Verwaltungsbesetzung der Freien Stadt Danzig durch Polen gewollt gewesen ist. Das war eine Entscheidung, die in der von den Alliierten und Assoziierten Hauptmächten des Ersten Weltkrieges vermittels des Völkerbundes übernommenen nicht erloschenen Schutzbeziehung für Danzig ihre rechtliche Grundlage findet und von den jetzt in der Kontinuität dieses Vertragssystems verantwortlichen Alliierten des Zweiten Weltkrieges zu tragen ist.

---

700 Vgl. im einzelnen zur Entwicklung der Grenzabsprachen: Böttcher aaO S.120 ff.

2. Verwaltungsbesetzung durch die Sowjetunion und Polen

a) Kriegsbesetzung

Der Hintergrund für die polnische Haltung einer berechtigten endgültigen Einverleibung Danzigs war zunächst das sowjetisch-polnische Geheimabkommen vom 27. Juli 1944 über die polnischen Staatsgrenzen[701], mit dem die polnischen Grenzen im Osten und im Westen fixiert wurden. Das Abkommen unterschied zwischen einer **endgültigen** Festlegung der Ostgrenze Polens (im wesentlichen die Curzon-Linie), Ostpreußens und Danzigs (Art.1– 3) und einer **Planungs**festlegung für die spätere deutsch-polnische Staatsgrenze (Art.4). In diesem Abkommen, von dem die Westalliierten bei der Krim-Konferenz in Jalta (4. bis 11. Februar 1945) und auch in der Berliner Vier-Mächte-Konferenz (17. Juli bis 2. August 1945) noch keine Kenntnis hatten[702], waren die Regierung der Sowjetunion und die eine Woche vorher aus den linken polnischen Gruppierungen in der UdSSR gebildete Lubliner Regierung (Polnisches Komitee der Nationalen Befreiung) übereingekommen, daß Südostpreußen und *"der Danziger Bezirk mit Stadt und Hafen Danzig an Polen übergehen"* (Art.2).[703] Die sowjetische Regierung verpflichtete sich, *"bei der Festlegung der Staatsgrenzen zwischen Polen und Deutschland die Forderung auf die Festlegung"* der Oder-Neiße-Grenze einschließlich Stettin und Swinemünde *"zu unterstützen"* (Art.4 Abs.2).

An der politischen Zielsetzung der "Großen Drei", Südostpreußen und Danzig an Polen anzuschließen, änderte sich grundsätzlich auch in der letzten Kriegskonferenz in Jalta nichts.[704] Infolge der wachsenden Spannungen zwischen den Westalliierten und der Sowjetunion kam es aber nicht zu einer Verständigung über die polnischen Grenzfragen und zu keiner Entscheidung.[705] Lösungen wurden aufgeschoben und von Verhandlungen mit einer neugebildeten polnischen Regierung auf demokratischer Grundlage und von Regelungen in einem Friedensvertrag abhängig gemacht.

In ihren anschließenden Entscheidungen schwenkte die Sowjetunion in diese Linie einer vorläufigen Regelung ein, als sie sicher sein konnte, daß sie sich mit ihren Bedin-

---

701 In dt. Üb. abg. von Uschakow, Geheimdokumente, mit einer Anmerkung, aaO S.473 f.
702 Vgl. Uschakow, Die Oder-Neiße-Linie/Grenze, S.318; ders., Geheimdokumente aaO S.475.; in Polen erst 1967 publiziert (vgl. Uschakow, Die Grenzregelung, S.114 Anm.73).
703 Noch während der Jalta-Konferenz gab der Präsident des polnischen Nationalrates, Bierut, bekannt, daß Polen unverzüglich die Verwaltung in den *"befreiten Gebieten"* übernehmen werde (zitiert von Kraus, Der völkerrechtliche Status, Anlg.X S.133, nach Reutermeldung vom 5.2. und New York Times vom 6.2.1945).
704 Vgl. die Darstellung bei Böttcher aaO S.124 ff. mit einzelnen Nachweisen.
705 Schon die Teheran-Konferenz (28.11.bis 1.12.1943) der Regierungschefs der drei Alliierten brachte nur einen im Ergebnis unverbindlichen Meinungsaustausch über die künftige deutsch-polnische Grenze. Am Ende dieser Konferenz wurde als übereinstimmende Meinung festgehalten, *"daß sich das Territorium des polnischen Staates und des polnischen Volkes im Prinzip ungefähr zwischen der sog. Curzon-Linie und der Oder erstrecken soll, und zwar unter Einschluß Ostpreußens ..."* (vgl. Kraus, Der völkerrechtliche Status, S.17 f.). Unter "Ostpreußen" verstanden die Alliierten das südliche Ostpreußen, ohne das von der Sowjetunion geforderte Königsberger Gebiet, und das Gebiet der Freien Stadt Danzig. Danzig wurde nicht immer ausdrücklich erwähnt (vgl. die hierfür genannten Beispiele bei Böttcher aaO S.121 Anm.522).

gungen für ihre Grenze mit Polen auch gegenüber der Londoner Exilregierung weitgehend durchgesetzt hatte. Mit dem von Stalin am 20. Februar 1945 erlassenen Geheimbeschluß[706] wurde festgelegt, daß u.a. Danzig polnischer Verwaltungsbesetzung unterstellt werden sollte. Die Sowjetunion erweiterte das Abkommen vom 26. Juli 1944[707] über die polnische Verwaltung "auf polnischem Gebiet" auf das Gebiet bis zur Oder und Neiße ohne Nordostpreußen und einschließlich der Freien Stadt Danzig (Nr.2). Außerdem wurde das Abkommen vom 27. Juli 1944 durch Einführung des Friedensvertragsvorbehalts eingeschränkt (Nr.1), der später auch Eingang in das "Potsdamer Abkommen" der Siegermächte vom 2. August 1945[708] fand. Die Einbeziehung Danzigs in die polnische Verwaltungsbesetzung wurde im "Potsdamer Abkommen" bestätigt, während die Verpflichtung zur Unterstützung endgültiger Grenzziehung im Friedensvertrag von den Siegermächten in Potsdam nur für Nordostpreußen mit Königsberg, nicht aber für Danzig, festgelegt wurde. Der polnische Staat begann sogleich, eine Verwaltung in den frisch besetzten Gebieten auf der Grundlage von Art.43 HLKO vom 18. Oktober 1907 einzurichten.[709]

b) Polnische Eingliederungsmaßnahmen

Im März 1945 (23.– 27. März) wurde das Staatsgebiet der Freien Stadt Danzig von sowjetischen Streitkräften besetzt.[710] Teile der Danziger Bevölkerung flüchteten vor den eindringenden Truppen nach Westen.[711] Danzig und "Gotenhafen" (Gdingen) waren zu Festungen erklärt worden.[712] Der Befehlshaber der Danzig besetzenden Truppen, Marschall der Sowjetunion Rokossowski, forderte die Danziger am 24. März durch Flugblätter zur Übergabe auf. Auf Befehl des Führerhauptquartiers sollte Danzig jedoch verteidigt werden.[713] Bis zum 27. März war die Eroberung der Stadt Danzig im wesentlichen abgeschlossen.[714] Nach der Besetzung wurde sie von den sowjetischen und

---

706 Beschluß des Staatskomitees für Verteidigung der UdSSR Nr.7558, dem Gesetzeskraft zukam (abg. in dt. Üb. mit einer Anmerkung bei Uschakow, Geheimdokumente aaO, S.475 ff.):
"*1. Bis zur endgültigen Festlegung der West- und Nordgrenze Polens auf der künftigen Friedenskonferenz soll als Westgrenze Polens ... betrachtet werden. Der nördliche Teil von Ostpreußen ... ist als in den Grenzen der UdSSR, und der ganze übrige Teil von Ostpreußen, sowie der Danziger Bezirk mit der Stadt und dem Hafen Danzig, als in den Grenzen Polens gelegen zu betrachten.*
2. Auf der Grundlage des Abkommens vom 26. Juli 1944 wird auf dem gesamten durch die Rote Armee von den deutsch-faschistischen Eroberern befreiten Territorium Polens die polnische Verwaltung eingesetzt." (siehe auch Anhang, Dok. 13).
707 Azw. abg. in polnischer und deutscher Sprache bei Rhode-Wagner S.99 ff.
708 ABl.KR.Erg.Bl.1945 Nr.1 S.13 ff.; abg. in: v.Münch Bd.I S.32 ff.
709 Vgl. Uschakow aaO S.477.
710 Erster Einbruch am 19.3.1945 (Dok dV I/1 S.280 ff., 284).
711 Dok dV I/1 S.280 ff., 291 ff.; vgl. auch Anm.718.
712 Dok dV I/1 S.280 ff.
713 *"Jeder Quadratmeter des Raumes Danzig/Gotenhafen ist entscheidend zu verteidigen"* (vgl.Dok dV I/1 S.282 f.
714 Dok dV I/1 S.284 Anm.1 S.302; vgl. auch Thorwald S.260.

polnischen Besatzungstruppen zusätzlich angezündet und völlig zerstört.[715] Die Sowjetunion übergab das Gebiet der Freien Stadt Danzig entsprechend der sowjetisch-polnischen Vereinbarungen[716] an die polnische Verwaltung.[717] Diese wurde zunächst von polnischen Truppen wahrgenommen, die mit den sowjetischen Streitkräften nach Danzig eingedrungen waren.[718]

Schon vor Beendigung des Zweiten Weltkrieges, am Tage der Besetzung durch sowjetische und polnische Truppen, wurde das Gebiet der Freien Stadt Danzig durch Dekret "mit Gesetzeskraft" des polnischen Ministerrates vom 30. März 1945 – bestätigt durch das Präsidium des Landes-Nationalrates[719] – als Wojewodschaft (Provinz) Danzig in die Verwaltung des polnischen Staates eingegliedert. Vorher waren am 14. März 1945 bereits die Wojewodschaften Masuren, Pommern, Oberschlesien und Niederschlesien gebildet worden.[720] In die Wojewodschaft Danzig wurden außer dem Gebiet der Freien Stadt Danzig auch die bis dahin zur Wojewodschaft Pommerellen[721] (bis 1939 "Korridor"-Gebiet) gehörenden Kreise Gdingen-Stadt, Karthaus, Seekreis, Stargard, Berent und Dirschau einbezogen (Art.2). Die im Gebiet der "ehemaligen Freien Stadt Danzig" bisher geltende Rechtsordnung wurde als mit der Verfassung des polnischen demokratischen Staates unvereinbar außer Kraft gesetzt und durch die im übrigen Teil der Wojewodschaft Danzig gültige polnische Gesetzgebung ersetzt (Art.3). Das Dekret war auf das Gesetz vom 3. Januar 1945[722] gestützt. Es wurde vom Präsidenten des Landes-Nationalrates bestätigt und trat mit dem Tage seiner Verkündung (Art.5), am 7. April 1945, in Kraft.

Die Sonderstellung, die Danzig auch nach polnischer Rechtsauffassung einnahm, kam bei der Verwaltungseinteilung zum Ausdruck. Danzig wurde zwar, wie soeben dargestellt, mit Teilen des Vorkriegspolens (Pommerellen) vereinigt. Westpreußische und

---

715 Dok dV I/1 S.298, I/2 S.457, 459, 466. Nach Berichten von Augenzeugen war die Stadt *"unmittelbar nach der Einnahme im großen und ganzen noch erhalten"*, die *"Schäden behebbar"* (vgl. Dok dV I/2 S.457); vgl. auch Ponczek, Spurensuche, S.3 ff. Ein Vergleich mit der ebenfalls kriegsbezogenen, ungerechtfertigten Zerstörung Warschaus im September 1944 liegt nahe (vgl. Meyer S.106 f.).
716 Vgl. oben S.151 f.
717 Vgl. Spieler, Vertreibung, S 35; vgl. auch Helbig S.154.
718 Dok dV I/1 S.302, 305; I/2 S.460 f., 463, 467 ff.; I/2 S.456 ff., 653 ff.; vgl. auch du Buy, Gutachten, S.18.
719 Dz.U.1945, Nr.11 Pos.57; Originaltext und dt. Üb. Anhang, Dok. 14, auch in Dok dV I/3 Nr.15 S.49 f. und unten Anhang, Dok. 14; vgl. auch das Dekret vom 28.2.1945 über den Ausschluß feindlicher Elemente aus der polnischen Volksgemeinschaft (Dz.U.1945 Nr.7 Pos.30, dt. Üb. in Dok dV I/3 Nr.12 S.34 ff.) in der Neufassung des Dekretes vom 6.5.1945 (Dz.U.1945 Nr.17 Pos.96; dt. Üb. unter Berücksichtigung der Novellen vom 24.8. und 30.10.1945, in Dok dV I/3.Nr.19 S.57 ff.), das die "Freie Stadt Danzig" bereits im Februar 1945, also vor der sowjetischen und polnischen Besetzung, in Staatsangehörigkeits- und Vermögensfragen in seinen Geltungsbereich einbezog.
720 Vgl. Kraus, Der völkerrechtliche Status, Anlage Nr.X S.133.
721 Die nach dem Ersten Weltkrieg von Polen gegründete Wojewodschaft "Pommerellen" mit den vorher deutschen Gebieten des sog. "Korridor" wurde durch das Dekret vom 30.3.1945 zugunsten der neuen Wojewodschaft Danzig verkleinert.
722 Dz.U. Nr.1 Pos.1. Die mit Dekret vom 15.8.1944 auf den Landes-Nationalrat übertragenen Rechte zur Vereinfachung des Verfahrens Gesetze zu erlassen, wurden mit diesem Gesetz auf die vorläufige Regierung Polens übertragen.

pommersche Teile des Deutschen Reiches (aus Ostpreußen und Hinterpommern), der sog. "wiedergewonnenen Gebiete" – die Kreise Elbing mit der Stadt Elbing, Marienwerder, Lauenburg, Marienburg und Stuhm – kamen aber erst später hinzu.[723]

Während Danzig sogleich nach der militärischen Einnahme und noch vor Beendigung der Kampfhandlungen in das Verwaltungs- und Rechtssystem Polens einbezogen wurde[724], wartete Polen mit den zum Deutschen Reich gehörenden "Wiedergewonnenen Gebieten"[725] bis nach dem Potsdamer Abkommen, auf das es sich dann zur Rechtfertigung seiner Eingliederungsmaßnahmen berief.[726] Mit dieser spezifischen Behandlung des Danziger Gebietes wurde deutlich, daß Polen, das die Eingliederung der Freien Stadt Danzig 1939 nicht anerkannte, besondere Rechte in bezug auf Danzig zur Geltung zu bringen suchte, von denen es offensichtlich annahm, daß sie gegenüber dem Plan, reichsdeutsche Gebiete zu integrieren, stärkeres Gewicht hatten und Priorität genossen. Polen brachte mit seinen derartigen Maßnahmen zum Ausdruck, daß es seine Gebietshoheit auf das ihm am 20. Februar 1945 von Stalin zur Verwaltung übertragene Gebiet der Freien Stadt Danzig auszudehnen wünschte.

Durch Gesetz vom 11. Januar 1949 über die Vereinigung der wiedergewonnenen Gebiete mit der allgemeinen Staatsverwaltung[727] wurde das am 13. November 1945 eingerichtete Sonderministerium für die polnischen Westgebiete wieder aufgelöst. Danzig wurde zwar bereits 1945 eingegliedert. Dieser Akt wird aber polnischerseits als formeller Abschluß der Einverleibung aller polnisch verwalteten deutschen Gebiete angesehen.[728] Aus einem Exposé der polnischen Regierung über die Motive des Gesetzes vom 11. Januar 1949[729] wurde der Wille Polens zu einer endgültigen Einverleibung deutlich erkennbar: Die wiedergewonnenen Gebiete seien unter erheblichen Anstrengungen bevölkert und nutzbar gemacht worden. Dadurch seien Bedingungen geschaffen worden, die eine Verschmelzung mit der allgemeinen Staatsverwaltung erlaubt hätten. In der

---

723 Durch die Verordnung des Ministerrates vom 29.5.1946 über die vorläufige Verwaltungseinteilung der Wiedergewonenen Gebiete (Dz.U. Nr.28 Pos.177, dt. Üb. in Dok dV I/3 Nr.60 S.225). Vorher wurde der Wojewode von Danzig vorübergehend mit der Verwaltung der westpreußischen (Ostpreußen) und pommerschen neun Kreise Elbing, Marienburg, Stuhm, Marienwerder, Lauenburg, Bütow, Rummelsburg, Stolp und Schlawe beauftragt (Beschluß des Ministerrates vom 7.7.1945, Monitor Polski Nr.29 Pos.77, dt. Üb. in Dok dV I/3 Nr.26 S.90).

724 Auch in den übrigen Gesetzen und Regelungen für das Gebiet der Freien Stadt Danzig und für die Wiedergewonnenen Gebiete wurde deutlich zwischen beiden unterschieden; vgl. Dekret vom 22.2.1946 über den Ausschluß feindlicher Elemente aus der polnischen Gemeinschaft und das Nachfolgedekret vom 6.5.1945 (Dz.U.Nr.7 Pos.30 und Nr.17 Pos.96; dt. Üb. in Dok dV I/3 Nr.12 S.30 f. und Nr.19 S.57 f.); vgl. zu den Bedenken gegen die Anwendung auf die Danziger: Krülle, Die Konfiskation, S.84; vgl. zur getrennten Behandlung auch das Enteignungsdekret vom 8.3.1946 und vom 6.12.1946 (Dz.U.Nr.13 Pos.87 und Nr.71 Pos.389; dt. Üb. in Dok dV /3 Nr.38 S.126 f. und Nr.86 S.339 f.).

725 Bildung des "Ministeriums für die Wiedergewonnenen Gebiete" durch Dekret vom 13.11.1945 über die Verwaltung der Wiedergewonnenen Gebiete (Dz.U.Nr.51 Pos.295 Pos.295; dt. Üb. in Dok dV I/3 Nr.29 S.95 f.). Das Gebiet der Freien Stadt Danzig wurde nicht zu dem hier gekennzeichneten Zuständigkeitsbereich *"die westlich und nördlich der Staatsgrenzen von 1939 gelegenen Gebiete"* gerechnet. Das ergibt sich auch aus dem Wortlaut des Dekretes vom 29.5.1946 (Anm.723).

726 Vgl. unten S.179 ff. (186 ff.)

727 DzU Nr.4 Pos 22, dt Üb in Dok dV I/3 Nr.125 S.488 f.; vgl. LP I-VI 1949 Warsaw 1950 S.9 f.

728 Deutsches Büro für Friedensfragen Heft 15 S.73.

729 Drs. d. Parl. Nr.406, zit. nach LP I-VI 1949, Warsaw 1950 S.10.

Präambel der Verfassung Polens vom 22. Juli 1952 heißt es: *"Die Wiedergewonnenen Gebiete sind für ewige Zeiten an Polen zurückgekehrt"*.[730] Dieser Einverleibungswille hinsichtlich der "wiedergewonnenen Gebiete" bezieht sich umso mehr auch auf das Gebiet der Freien Stadt Danzig, das sogleich vollständig eingegliedert worden war.

Die polnische Militärmission in Berlin verlangte in einer Note von Anfang 1947 an den Kontrollrat, die Danziger Vereinigungen in Westdeutschland müßten verboten werden, da sie "Revanchecharakter" hätten.[731] Polen hat sich später noch mehrmals gegen "revisionistische" Bestrebungen gewandt.[732] Im Warschauer Kommuniqué der Acht-Mächte-Konferenz vom 24. Juni 1948, das die aktuelle Westgrenze Polens als Friedensgrenze bezeichnete[733], wurde das Territorium der Freien Stadt Danzig nicht erwähnt. Entsprechendes gilt übrigens auch für den zwischen der DDR und Polen geschlossenen Görlitzer Vertrag vom 6. Juli 1950 über die Friedensgrenze der Oder-Neiße.[734]

c) Maßnahmen gegenüber der Danziger Bevölkerung

Noch vor der militärischen Besetzung am 25. März 1945 flüchtete ein Teil der Danziger Bevölkerung im Winter 1944/45 vor der vorrückenden Roten Armee nach Westen.[735] Nach der Eroberung Danzigs durch sowjetische und polnische Truppen und Einführung der polnischen Rechtsordnung durch Dekret vom 30. März 1945[736] begann Polen vor dem "Potsdamer Abkommen" und noch während des Krieges die Danziger aus ihrer Heimat zu vertreiben und in den freiwerdenden Raum polnische Bevölkerung aus Ostpolen umzusiedeln.[737] Die Flüchtlings- und Vertreibungszahlen betrugen gemessen an den 1958 in der Bundesrepublik Deutschland wohnenden Danzigern: vom 1.1. bis 7.5.1945 52,4 %, vom 8.5. bis 31.7.1945 15,6 %, vom 1.8. bis 31.12.1945 15 %.[738] Bis zum Beginn der Berliner Konferenz, am 17. Juli 1945, waren demnach bereits ca 70 % des Danziger Staatsvolkes geflüchtet und vertrieben. Von den in Danzig Gebliebenen wur-

---

730 Zitat nach der dt. Üb. in: Deutsches Institut für Rechtswissenschaft, Die Verfassungen der europäischen Länder der Volksdemokratie, mehrsprachige Ausgabe S.92, 95 (1953).
731 Zocher Ziff.14c; vgl. GA 10/48 S.7 f.
732 Vgl. Note der polnischen Militärmission in Berlin an den Kontrollrat vom 23.10.1947 und 31.8.1948 gegen revisionistische Bestrebungen, GA 16/48 S.2.
733 IoP S.DX 149; Deutsches Büro für Friedensfragen Heft 15 S.249.
734 DDR GBl 1950 S.1205.
735 1,2 % der 1958 in der Bundesrepublik Deutschland wohnenden Danziger waren im Jahre 1944 bereits geflüchtet.
736 Anm.719.
737 Dok dV I/2 S.653 f., 659 ff.
738 Vgl. die Angaben von Bohmann, S.425; vgl. auch Krülle, Die Konfiskation, S.85. Nach dem Überblick von Steinberg S.114 (Tab.15) waren die Vertriebenen aus Danzig 1950 wie folgt verteilt: 290.000 in Restdeutschland (Grenzen von 1937), davon 230.000 in der Bundesrepublik Deutschland mit West-Berlin und 60.000 in der DDR, 1.000 im westl. Ausland. Von 10.000 in die Sowjetunion verschleppten Danzigern waren 5.000 zurückgekehrt (in der Zahl 290.000 enthalten); vgl. Reichling Teil I, S.33 ff. (Tab.5 bis 7).

den viele interniert, inhaftiert und zu Zwangsarbeit und Gefängnisstrafen verurteilt. Eine sehr große Zahl der Danziger ist in diesem Zusammenhang sowie bei Flucht und Vertreibung umgekommen.[739]

Das zurückgebliebene öffentliche und private Eigentum wurde beschlagnahmt und entschädigungslos enteignet.[740] Ausgenommen wurden diejenigen in der Freien Stadt Danzig gebliebenen Danziger, die als sog. "Autochthone" (Ureinwohner) ihre polnische Volkszugehörigkeit oder ihre Verbundenheit mit dem polnischen Volk nachwiesen[741] und eine Treueerklärung gegenüber dem polnischen Volke abgaben oder sich zur Annahme der polnischen Staatsangehörigkeit verpflichteten.[742] Außerdem gab es Sammel- und Zwangseinbürgerungen gemäß Gesetz über die polnische Staatsbürgerschaft vom 8. Januar 1951.[743]

Die Zahl der in dieser Zeit noch in der Freien Stadt Danzig lebenden Deutschen, Verifizierte und Eingebürgerte und in geringerem Umfang auch als anerkannte Deutsche, wird mit 35.000 bis 50.000 angegeben.[744] Ausgehend von einer Einwohnerzahl von ca 400.000 Deutschen im Jahre 1945 waren folglich bis 1951 ca 90% der Danziger *"geflüchtet, verschleppt, getötet, vertrieben und enteignet"* worden.[745] Nach Aussiedlungen in den Folgejahren ist die Zahl der zurückgebliebenen Deutschen noch geringer geworden.[746]

---

739 Vgl. Dok dV I/2 Nr.239-244; vgl. auch Krülle aaO S.85. Nach vorsichtigen Schätzungen ist die Gesamtbevölkerung Danzigs um über 25 % dezimiert worden; vgl. Statistisches Bundesamt, Die deutschen Vertreibungsverluste, S.266 und Steinberg S.114 (Tab.15), die die Kriegs- und Vertreibungsverluste Danzigs mit 105.200 (Steinberg: 105.000) Menschen = 27,7 % einer von ihnen angenommenen Zahl von 380.000 Deutschen angeben; vgl. auch Böttcher aaO S.40.
740 Vgl. zur Eigentumsfrage unten S.267 ff.
741 Vgl. Geilke, Die Eingliederung, S.23 ff.
742 Vgl. Lippky S.28; Göttinger Arbeitskreis, Ostdeutschland, S.19; vgl. auch Krülle aaO S.87. Auch in Danzig hatte es die in den "Wiedergewonnenen Gebieten" angeordneten Verifizierungsverfahren gegeben, gemäß Rd.Schr.des Wojewoden von Danzig vom 23.6.1945 auf der Grundlage des Rd.Schr.des Ministers für öffentliche Verwaltung vom 22.6.1945 (vgl. Stoll S.60 f., 152 f.; Krülle aaO S.85, die nach polnischen Quellen die Zahl der bis 1.4.1947 Verifizierten mit 20.704 Personen angibt.
743 Dz.U.1951 Nr.4 Pos.25, dt. Üb. in Dok dV I/3 Nr.129 S.497 ff.; vgl. zur Staatsangehörigkeit der Danziger unten S.264 f.
744 Vgl. die bei Krülle aaO S.86 Anm.246, angeführten voneinander abweichenden Nachweise. Nach Stoll S.153 Anm.630 ist die Gesamtzahl der Danziger Autochthonen gemäß polnischen Quellen mit 40.000 angegeben worden. Nach Angaben des polnischen statistischen Jahrbuches von 1947 sollen am 1.6.1947 noch 7.000 Deutsche im Gebiet der Freien Stadt Danzig gelebt haben (vgl. Lippky, S.29). Unter Berücksichtigung der erheblichen polnischen Assimilierungsanstrengungen und z.B. auch der vorstehenden ebenfalls aus polnischer Quelle stammenden Angaben für 1951 wird die Zahl sehr viel höher angesetzt werden müssen.
745 Krülle aaO S.86.
746 Vgl. v.Koerber S.228 (Tab.1); Bohmann S.428. Steinberg S.114 (Tab.15) gibt die Zahl der Zurückgebliebenen für 1950 mit 4.000 an, geht aber von einer Gesamtzahl von 380.000 aus. Die tatsächlichen Zahlen sind sehr viel höher anzusetzen (vgl. Anm. 744). Diese Einschätzung wird durch die neue Veröffentlichung von Sakson, Die deutsche Minderheit in Polen, S.19 Tab.1, gestützt, nach der allein die Mitgliederzahl der in Danzig organisierten deutschen Minderheit mit 4.200 angegeben wird. Die Gesamtzahl der dort zurückgebliebenen deutschen Bevölkerung liegt demnach wesentlich höher, so daß die heute angenommene Schätzungszahl von ca 10.000 nicht unrealistisch erscheint.

3. Alliierte Maßnahmen

a) Kriegskonferenzen[747]

In der Atlantik-Charta vom 14. August 1941[748] wurde noch das Selbstbestimmungsrecht, insbesondere die Ablehnung von Gebietsveränderungen gegen den Willen der betroffenen Völker, zur Maxime für den künftigen Frieden erhoben. Bei allen späteren Kriegskonferenzen[749] waren sich die Staatsmänner der Alliierten letztlich in der politischen Planung einig, das wiederzuerrichtende Polen für die Gebietsverluste zugunsten der Sowjetunion an seiner Ostgrenze durch reichsdeutsche Gebiete und durch das Gebiet der Freien Stadt Danzig zu entschädigen.

In diesem Sinne einigten sich die alliierten Außenminister grundsätzlich im Oktober 1943 in Moskau.[750] In Teheran (Nov./Dez. 1943) wurde an dieser Zielsetzung im Zusammenhang mit der Planung für eine Aufteilung Deutschlands[751] nichts geändert. Auch von einer Aussiedlung der deutschen Bevölkerung war die Rede.[752]

Entsprechendes gilt für die 2. Konferenz von Quebec (September 1944), bei der Roosevelt dem britischen Premierminister Churchill den vom amerikanischen Finanzminister Henry Morgenthau ausgearbeiteten Plan zur Entmachtung Deutschlands durch Entindustrialisierung und Zerstückelung vorlegte, der nach einigen Tagen jedoch wieder zurückgezogen wurde.[753] Auf der Moskauer Konferenz (Oktober 1944) wurde wiederum von der Oder-Neiße-Linie als künftiger Ostgrenze Deutschlands gesprochen.[754] Churchill sah sich im britischen Oberhaus und Unterhaus wegen seiner Bereitschaft zur Preisgabe "rein deutscher" Gebiete scharfer Kritik ausgesetzt, blieb gleichwohl noch bei dieser Linie.[755] Immerhin stellte der britische Außenminister Anthony Eden am 12. Juli 1944 vor dem Unterhaus klar, daß territoriale Entscheidungen bisher nicht gefallen seien.[756] Roosevelt hatte sich zurückgehalten, weil die geplanten gewaltsamen Gebietsveränderungen sich mit den Vorstellungen der Vereinigten Staaten – siehe Atlantik-

---

747 Vgl. zur außenpolitischen Entwicklung Böttcher aaO S.119 ff.
748 Text: ZaöRV Bd.11 (1942/43) S.89 ff.; Basic Documents S.1 f. Diese Erklärung von Roosevelt und Churchill wurde in der Interalliierten Konferenz vom 24.9.1941 in London von mehreren Staaten – einschließlich Polen – angenommen und bis zum Ende des Krieges von über 50 Staaten – einschl. der Sowjetunion – unterzeichnet.
749 Moskauer Außenminister-Konferenz (19.-30.10.1943), Konferenz von Teheran (28.11.-1.12.1943), Konferenz von Quebec (11.-19.9.1944), Moskauer Konferenz (9.-18.10.1944), Krimkonferenz -Jalta- (4.-11.2.1945); siehe auch Londoner Protokoll vom 12.9.1944 und Berliner Erklärung vom 5.6.1945.
750 GA 2/3 S.5; Marzian S.393.
751 Vgl. Vorlage des Morgenthau-Planes über die Behandlung Deutschlands nach dem Kriege bei der Konferenz in Quebec im Sept.1944 (vgl. Churchill, Der Zweite Weltkrieg VI/1 S.191 f.).
752 Vgl. zu diesen Planungen: GA 2/2 S.5; Wagner S.55 ff.; Churchill, Der Zweite Weltkrieg IV/2, S.317; Lane S.55 f.
753 Vgl. Faust S.22 ff.
754 Vgl. Churchill, War Speeches V S.292; ders., Der Zweite Weltkrieg VI/1, S.268 ff.
755 Parl. Deb. HC 23.2.1944 Sp.890 ff. und 24.5.1944 Sp.778 ff.; Parl. Deb. HL 8.3.1944 Sp. 1097 ff.
756 Vgl. Deutsches Büro für Friedensfragen Heft 6 S.44, 48; Der Göttinger Arbeitskreis, Ostdeutschland, S.84.

Charta – nicht vereinbaren ließen.[757] Letzten Endes konnten sich aber auch die USA den Plänen zur Verlegung der Westgrenze Polens nach Deutschland nicht verschließen.[758]

Inzwischen waren die Gegensätze der Westmächte und der Sowjetunion gewachsen. Als Deutschland vor dem militärischen Zusammenbruch stand, trafen sich die "Großen Drei" im Februar 1945 zu ihrer letzten Kriegskonferenz in Jalta.[759] Die Westmächte verharrten zwar bei ihren grundsätzlichen Zugeständnissen hinsichtlich der polnischen Westgrenze[760], einschießlich Danzig, obwohl es im angenommenen Text nicht ausdrücklich erwähnt wurde.[761] Sie verlangten aber die vorherige Errichtung einer demokratischen polnischen Regierung. Die endgültige Festlegung der Westgrenze Polens sollte als Teil der Regelung der deutschen Frage auf der Friedenskonferenz erledigt werden.[762] Den Westmächten gelang es somit, die eigentliche Grenzentscheidung zu verschieben, und die Sowjetunion vermochte sich dieser Lage nicht zu verschließen. In einer Rede vor dem Kongreß über Jalta am 1. März 1945 erklärte Roosevelt, nochmals die einvernehmlichen Planungen bekräftigend, er halte es für die beste Lösung, wenn Danzig polnisch werde.[763] Zugleich hob er aber den provisorischen Charakter der Jalta-Planungen hervor wie auch kurz vorher schon Churchill in seinem Bericht vor dem Unterhaus über Jalta am 27. Februar 1945.[764] Unabhängig von all diesen Vorstellungen, Planungsüberlegungen und – perspektiven ist aber festzustellen, daß in Jalta rechtsverbindliche Grenzfestlegungen, auch für die Freie Stadt Danzig, nicht getroffen worden sind.[765]

Die politischen Gegensätze zwischen den Westalliierten und der Sowjetunion verschärften sich in den letzten Kriegsmonaten zusehends. Die Westmächte ließen sich auf endgültige Grenzregelungen nicht festlegen. Die Sowjetunion hingegen versuchte, unter Umgehung von Jalta und im Gegensatz zu der die Curzon-Linie als polnische Ostgrenze ablehnenden Londoner Exilregierung zusammen mit dem polnischen "Lubliner Komi-

---

757 Bullit S.22 f.; Wagner S.77, 83, 86; Hull Bd.2 S.1165 ff.; vgl. auch unten S.188 und Anm. 748.
758 Vgl. Wagner S.98; Stettinius S.41,64 f.
759 Abdruck der Erklärung von Jalta vom 11.2.1945 bei Rhode-Wagner, Die deutschen Ostgebiete Bd.3, Nr.125; azw. auch bei Blumenwitz, Denk ich an Deutschland, Dok. B III S.19 f.
760 In den Jalta-Dokumenten heißt es hierzu unter Nr.6 "Polen": *"... It is recognized that Poland must receive substantial accessions of territory in the North and West. They feel that the opinion of the new Polish Provisional Government of National Unity should be sought in due course on the extent of these accessions and that the final delimination of the Western frontier of Poland should thereafter await the Peace Conference."* (vgl. Kraus, Der völkerrechtliche Status, S.20 Anm.40, in dt. Üb. bei Blumenwitz aaO S.20; siehe auch EA 1946, S.211 f. und 1947 S.344 f.).
761 Die politischen Aussagen ließen daran keinen Zweifel; vgl. Stettinius S.209 f.; Churchill, Der Zweite Weltkrieg VI/2, S.42, 52 ff., vgl. auch Böttcher aaO S.121 ff.
762 Vgl. die wiederum sehr kritischen Debatten über die Grenzfragen einschließlich Danzig im britischen Unterhaus (Parl. Deb. HC vom 27.2.1945 Sp.1275 ff. und 28.2.1945 Sp.1500 ff.; vgl. Churchill, Reden Bd.VI, S.92 ff.).
763 Congr.Rec.1.3.1945 S.1621.
764 Parl. Deb. HC 27.2.1945 Sp. 1275 ff.; vgl. auch die Eden-Erklärung vom 28.2.1945 (Parl. Deb. HC 28.2.1945 Sp.1500 ff.).
765 Vgl. Kraus aaO S.21.

tée" vollendete Tatsachen zu schaffen.[766] Noch während der Krimkonferenz hatte der Präsident des polnischen Nationalrats Bierut bekanntgegeben, daß Polen unverzüglich die Verwaltung "in den befreiten Gebieten" übernehmen werde.[767] Am 1. März 1945 erklärte der Vorsitzende des Lubliner Befreiungskomitees Osóbka-Morawski vor dem Nationalrat, daß die "wiedergewonnenen Gebiete" der polnischen Kultur zurückgegeben werden würden. Die Spuren der jahrhundertelangen Germanisierung sollten ausgelöscht werden.[768] Tatsächliche Eingliederungsmaßnahmen für Danzig folgten.[769] Heftige Proteste der USA bei der Sowjetunion alsbald nach Bekanntwerden der polnischen Aktionen führten wenigstens zur Bestätigung, daß noch keine Territorialveränderungen erfolgt seien.[770]

b) Entscheidungen der Alliierten nach der Kapitulation Deutschlands

In dem mit der deutschen Kapitulation am 7./8. Mai 1945 in Kraft getretenen Londoner Protokoll vom 12. September 1944[771] wurde Deutschland innerhalb seiner Grenzen vom 31. Dezember 1937 in drei Besatzungszonen eingeteilt.[772] Das Gebiet der Freien Stadt Danzig ist nicht einbezogen worden. Das ist folgerichtig, weil die Alliierten die "Wiedervereinigung" Danzigs vom 1. September 1939 nicht anerkannt haben. Sie haben es aber auch nicht als zu Polen gehörend betrachtet, wie sich aus den amerikanischen Protesten im April/Mai 1945 ergibt.[773]

Das wird in den Regelungen des "Potsdamer Abkommens" später bestätigt. Bemerkenswerterweise wurde Danzig in Potsdam jedoch, obwohl es nicht als zu Deutschland gehörend bezeichnet wurde, in die sowjetische Besatzungszone einbezogen, polnischer

---

766 Vgl. Broszat S.315 ff.; Uschakow, Das Potsdamer Abkommen in polnischer Sicht, S.182 ff. Die polnische Exilregierung bestand in einer Note vom 22.1.1945 an die Regierungen der USA und Großbritanniens auf der Zurückstellung von Gebietsfragen bis nach Kriegsende (vgl. Uschakow aaO S.186).
767 Keesings Arch. 1945 S.79.
768 Vgl. Keesings Arch. 1945 S.212.
769 Siehe oben S.152 ff., 155 f.
770 Siehe unten S.203 f.
771 Protokoll über die Besatzungszonen in Deutschland und die Verwaltung von Groß-Berlin (Rauschning, Die Gesamtverfassung, S.75 ff.); gemäß Ziff.6 am 7./8. Mai 1945 in Kraft getreten.
772 Ziff.1 des Londoner Protokolls; später vier Besatzungszonen, da Frankreich den Vereinbarungen der EAC (European Advisory Commission) vorbehaltlos beigetreten ist:
1) "Londoner Protokoll" über die Besatzungszonen und die Verwaltung Groß-Berlins vom 12.9.1944 idF. vom 26.7.1945;
2) "Abkommen über die Kontrolleinrichtungen in Deutschland" vom 14.11.1944 idF. vom 1.5.1945 und
3) "Berliner Erklärung" vom 5.6.1945 – die wichtigste von insgesamt vier in Berlin abgegebenen Erklärungen (vgl. Mertes, Die Tragweite und Bedeutung der Berliner Vier-Mächte-Erklärung, S.2; Meissner, Die Frage des Friedensvertrages, S.26).
773 Anm.770.

Verwaltungsbesetzung unterstellt und wie die deutschen Oder-Neiße-Gebiete der Friedensvertragsklausel unterworfen.[774] Auf die Ermächtigungsgrundlage hierfür wird noch einzugehen sein.[775]

Auch die Berliner Viermächte-Erklärung vom 5. Juni 1945[776] bezieht sich nicht auf die Freie Stadt Danzig. Mit dieser Erklärung haben die Regierungen der Vier Mächte *die oberste Regierungsgewalt in Deutschland einschließlich aller Befugnisse der deutschen Regierung*, der Wehrmacht, der Länder, Städte und Gemeinden mit der Begründung übernommen, es gebe *in Deutschland keine zentrale Regierung, die fähig wäre, die Verantwortung für die Aufrechterhaltung der Ordnung, für die Verwaltung des Landes und für die Ausführung der Forderungen der siegreichen Mächte zu übernehmen*. Mit Auflösung der geschäftsführenden deutschen Regierung und Verhaftung von Großadmiral Dönitz am 23. Mai 1945 war Deutschland ohne Regierung.[777] Ausdrücklich wurde in der Berliner Erklärung hervorgehoben, daß die Übernahme der Regierungsgewalt nicht die Annektierung Deutschlands bewirke. Als Deutschland haben die Alliierten das Deutsche Reich in den Grenzen vom 31. Dezember 1937 bezeichnet. Somit bezieht sich auch der Teil der Berliner Erklärung nicht auf Danzig, in dem es – ohnehin völkerrechtlich problematisch[778] – heißt:

> "... *Die Regierungen ... werden später die Grenzen Deutschlands oder irgendeines Teiles Deutschlands und die rechtliche Stellung Deutschlands oder irgendeines Gebietes, das gegenwärtig einen Teil deutschen Gebietes bildet, festlegen.*"

c) Die Berliner Konferenz

aa) Verhandlungslage

Erst durch das "Potsdamer Abkommen" vom 2. August 1945[779] (auch als Beschlüsse bzw. Protokoll der Berliner-Konferenz[780] oder der Potsdamer Konferenz bezeichnet[781]), mit dem die Regierungsoberhäupter der USA, Englands und der Sowjetunion

---

774 Siehe unten S.162 f.
775 Siehe unten S.169 ff.
776 Frankreich hat die Berliner Erklärung als vierte Macht unterzeichnet. Zur Problematik der Beteiligung Frankreichs am Potsdamer Abkommen vgl. Faust S.63 ff. Text der Berliner Erklärung: ABl KR Erg Bl Nr.1 S.7 ff.; azw. abg. bei Blumenwitz, Denk ich an Deutschland, Dok.BIV/2 S.21 ff.
777 Vgl. Kraus, Der völkerrechtliche Status, S.13 f.
778 Vgl. Kraus aaO S.16 f., der auf die in diesem Satz enthaltene Ankündigung völkerrechtswidriger Adjudikation hinweist (Die Festlegung der Grenzen durch Beschluß der Signatarmächte anstatt durch Friedensvertrag wurde später in der Berliner Konferenz nicht aufrechterhalten).
779 Abschlußbericht der Dreimächtekonferenz (ABl Erg Bl Nr.1 S 13 ff.); Auszug in Anhang, Dok. 15.
780 So auch im "Potsdamer Abkommen" bezeichnet. Zu den Bedenken gegen den allerdings weitgehend eingeführten Begriff "Potsdamer Abkommen" für die auch in ihrer rechtlichen Verbindlichkeit unterschiedlichen Erklärungen, Beschlüsse und Vereinbarungen vgl. Veiter, Potsdamer Abkommen und Vertreibung, S.55; Meissner, Die Frage der Einheit Deutschlands, S.14.
781 Vgl. Meissner/Veiter, Das Potsdamer Abkommen und die Deutschlandfrage, Vorwort, S.IX.

ihre vom 17. Juli bis 2. August 1945 in Potsdam durchgeführte Drei-Mächte-Konferenz[782] beendeten, wurde die Freie Stadt Danzig in das Regelungswerk der Alliierten einbezogen.

Nach der Kapitulation und der militärischen Besetzung Deutschlands hatte sich für die Alliierten eine Fülle von Problemen ergeben, vor allem im Hinblick auf die künftige gemeinsame Politik in Europa und Deutschland, insbesondere die besatzungspolitischen Regelungen in den vier Besatzungszonen. Die Sowjetunion verstärkte ihre bisherigen Anstrengungen, in ihrem erkämpften Einflußbereich möglichst schnell vollendete Tatsachen zu schaffen. Die sowjetische Besatzungsmacht hatte den östlichen Teil ihrer Okkupationszone bereits an die Polen übergeben, das mit Hilfe zahlreicher Gesetze und Dekrete seine Verwaltung in diesen Gebieten einrichtete.[783] Der Westen verfolgte diese Entwicklung mit großer Sorge. In Anknüpfung an den amerikanisch-sowjetischen Notenwechsel von April/Mai 1945 versuchten die Westalliierten nochmals, eine Rückgängigmachung der polnischen Verwaltung in den deutschen Ostgebieten und in Danzig zu erreichen.[784] Die Sowjetunion wiederholte zwar ihre Versicherung, daß keine neue Besatzungszone eingerichtet werde und bestätigte ihre Behauptung, daß entsprechend der Jalta-Vereinbarung keine Gebietsveränderung vorgenommen werde. Die Westmächte vermochten aber letzten Endes nicht, die faktischen Veränderungen zu verhindern, geschweige denn rückgängig zu machen.

Die wachsenden inzwischen tiefgreifenden Spannungen zwischen den Alliierten hatten den Entschluß bestärkt, zur Klärung der entstandenen Probleme auf amerikanischen Vorschlag ein Gipfeltreffen der drei Regierungschefs zu veranstalten.[785] Zu endgültigen Grenzregelungen waren die Westalliierten auch auf der Berliner Konferenz nicht bereit. Angesichts des von der UdSSR betriebenen fait accompli erhoben sie erhebliche Bedenken gegen die Westausdehnung Polens innerhalb des von ihm eingerichteten Verwaltungsgebietes. Ihre Sorge richtete sich auch gegen den immer umfangreicher werdenden deutschen Bevölkerungszustrom, den sie nach den Informationen durch die Sowjetunion und die polnische Regierung nicht erwartet hatten.[786]

---

782 Frankreich hat am 7. August 1945 in sechs Noten letztlich den Potsdamer Beschlüssen zugestimmt und ist deshalb bis auf einige von ihm erklärte Vorbehalte gebunden (vgl. Meissner, Die Frage des Friedensvertrages, S.26; Faust S.66 ff.). Die Übernahme einer Besatzungszone durch Frankreich war bereits auf der Krimkonferenz beschlossen worden (vgl. EA 1946 S.211 f. und 1947 S.344 f.); vgl. Anm.772.
783 Vgl. Uschakow. Geheimdokumente, S.475. Noch vor der Berlin-Konferenz stimmten die Regierungen der USA und Großbritanniens der Bildung der Provisorischen Regierung der Nationalen Einheit zu und nahmen die Anerkennung der polnischen Exilregierung zurück (vgl. Uschakow, Das Potsdamer Abkommen, S.188)
784 Vgl. Byrnes S.79 ff.; Wagner S.149 f.
785 Vgl. Faust S.45 ff.
786 Vgl. Churchill in einer Äußerung während der Berliner Konferenz am 22.7.1945 (vgl. Leahy S.475). Nach polnischen Berichten soll Stalin während der Berlin-Konferenz am 29.7.1945 den polnischen Delegationsführer Bierut mit Rücksicht auf Reparationszugeständnisse der Westmächte aufgefordert haben, von den Forderungen auf die Oder-Neiße-Linie abzurücken, allerdings ohne Erfolg (vgl. Kowalski S.61 f., zit. bei Uschakow aaO S.193).

bb) Faktische Gebietsregelung als vorläufige Grenzfestlegung

(1) Regelung im Potsdamer Abkommen

Im Hinblick auf das weitere Schicksal der Freien Stadt Danzig ist die Verwaltungsregelung von Bedeutung, die im "Potsdamer Abkommen" von den Drei Mächten (seit 7.8.1945 Vier Mächte) erstmals getroffen wurde. In Abschmitt IX "Polen" wird zunächst die Rückstellungsklausel wiederholt:

"Die Konferenz hat die Fragen, die sich auf die Polnische Provisorische Regierung der Nationalen Einheit und auf die Westgrenzen Polens beziehen, der Betrachtung unterzogen.

Hisichtlich der Polnischen Provisorischen Regierung der Nationalen Einheit definierten sie ihre Haltung in der folgenden Feststellung:

...

Bezüglich der Westgrenze Polens wurde folgendes Abkommen erzielt:

In Übereinstimmung mit dem bei der Krim-Konferenz erzielten Abkommen haben die Häupter der drei Regierungen die Meinung der Polnischen Provisorischen Regierung der Nationalen Einheit hinsichtlich des Territoriums im Norden und Westen geprüft, das Polen erhalten soll. Der Präsident des Nationalrates Polens und die Mitglieder der Polnischen Provisorischen Regierung der Nationalen Einheit sind auf der Konferenz empfangen worden und haben ihre Auffassungen in vollem Unfange dargelegt. Die Häupter der drei Regierungen bekräftigen ihre Auffassung, daß die endgültige Festlegung der Westgrenze Polens bis zu der Friedenskonferenz zurückgestellt werden soll."

Hiernach haben die Alliierten die polnische Auffassung zur Planung geprüft, Polen im Norden und Westen zu vergrößern. Die drei Regierungschefs haben alsdann lediglich bekräftigt, daß die endgültige Festlegung der Westgrenze Polens bis zur Friedenskonferenz[787] zurückgestellt werden soll.

Die Freie Stadt Danzig ist hier nicht angesprochen, auch nicht durch die Verweisung auf die Abkommen der Krim-Konferenz, die Danzig nicht ausdrücklich erwähnt hat. Das Danziger Gebiet war aber in diese Erklärung gleichwohl mit einbezogen worden, wie sich aus dem Zusammenhang mit dem nächsten Absatz über die Verwaltungsbesetzung ergibt:

"Die Häupter der drei Regierungen stimmen darin überein, daß bis zur engültigen Festlegung der Westgrenze Polens, die früher deutschen Gebiete östlich der Linie ... einschließlich des Teiles Ostpreußens, der nicht unter die Verwaltung der Union der Sozialistischen Sowjetrepubliken in Übereinstimmung mit den auf dieser Konferenz erzielten Vereinbarungen gestellt wird und einschließlich des

---

787 Im englischen Text: "peace settlement", im französischen: "règlement de la paix".

Gebietes der früheren Freien Stadt Danzig, unter die Verwaltung des polnischen Staates kommen und in dieser Hinsicht nicht als Teil der sowjetischen Besatzungszone in Deutschland betrachtet werden sollen."

Die Rückstellungsklausel bezieht sich somit in erster Linie auf die aufgeschobene endgültige Festlegung der Westgrenze Polens. Durch die oben erwähnte Einbeziehung Danzigs in die vorläufige Verwaltungsregelung, ist aber auch die endgültige Regelung der Danziger Frage "bis zu der Friedenskonferenz" zurückgestellt worden. Von "Friedensvertrag mit Deutschland" war nicht die Rede. Danzig konnte unter Zugrundelegung der Auffassung der Alliierten (Deutschland in den Grenzen von 1937) auch nicht Gegenstand dieses Friedensvertrages sein. Sehr wohl bedurfte es aber einer Regelung der durch die Kriegsfolgen auch für Danzig und in Bezug auf Danzig entstandenen Fragen. Die Freie Stadt Danzig war nicht Kriegsgegner der Alliierten. Das Danziger Territorium war aber von Deutschland zum Kriegsschauplatz gemacht worden, seine Bevölkerung war von der Sowjetunion und Polen vertrieben worden, und die Sonderrechte Polens in Danzig zur Sicherung des Zuganges zur Ostsee bedurften im Hinblick auf die eingetretenen Veränderungen einer Neuregelung. Wegen dieser Zusammenhänge lag es nahe, die Danzig betreffenden Probleme im Rahmen der "Friedenskonferenz" zu regeln. Unabhängig von der Frage, wie eine Friedenskonferenz vollzogen werden kann und ob sie im Zusammenhang mit dem Zwei-plus-Vier-Vertrag etwa schon stattgefunden hat, ist für Danzig allein von Bedeutung, daß in Potsdam Entscheidungen über die völkerrechtliche Lage der Freien Stadt Danzig nicht getroffen worden sind.

(2) Zession

Mit Blick auf das sowjetisch-polnische Argument, die Freie Stadt Danzig sei durch das "Potsdamer Abkommen" an Polen abgetreten worden[788], muß wenigstens kurz auf die Frage der Zession eingegangen werden. Aus dem Wortlaut des "Potsdamer Abkommens" ist abzuleiten, daß – vertraglich oder ohne förmlichen Vertrag[789] – keine Gebietsentscheidungen getroffen worden sind.[790] Nach Anhörung der polnischen provisorischen Regierung wurde eine Grenzregelung wiederum verschoben. Irgendeine Zusage für die endgültige Grenze ist – auch für die Freie Stadt Danzig – nicht gegeben worden. Das "Potsdamer Abkommen" enthielt insoweit in Anknüpfung an die Jalta-Erklärung eine eindeutige Regelung, die nicht als bloßer Hinweis auf eine noch ausstehende lediglich formelle Bestätigung einer rechtlich bereits erfolgten Gebietsentscheidung gewertet werden kann. Rechtsgültige territoriale Vereinbarungen wurden künftigen Friedensverhandlungen vorbehalten.[791]

---

788 Vgl. Uschakow aaO S.179 ff.; vgl. auch die Nachweise bei Krülle, Die völkerrechtlichen Aspekte, S.154 Anm.21. Zur Verneinung der von polnischen Autoren bezüglich der deutschen Ostgebiete vertretenen These eines Vertrages zulasten Dritter, vgl. Uschakow, Die Grenzregelung, S.115 f.
789 Vgl. Krülle aaO S.155.
790 Vgl. auch unten S.167 ff.
791 Vgl. Kraus, Die Oder-Neiße-Linie, S.33.

Angesichts dieser klaren Zurückstellung von Territorialentscheidungen[792] ist auch dem übrigen Wortlaut des "Potsdamer Abkommens" nichts zu entnehmen, was dieses Ergebnis entkräften könnte. Der Begriff *"die früher deutschen Gebiete"* ist hier infolge des Zusatzes *"einschließlich des Gebietes der früheren Freien Stadt Danzig"* offensichtlich weiter gefaßt, als der im übrigen im PA verwendete Deutschlandbegriff.[793] So enthält die Formulierung *"früher deutsche Gebiete"* (nicht: *"Gebiete des früheren Deutschen Reiches"*) *"... einschließlich des Gebietes der früheren Freien Stadt Danzig"* (Abschnitt IX b Abs.2 PA) lediglich eine ethnische, jedenfalls faktische Kennzeichnung und keinen Hinweis auf staatsrechtliche Veränderungen.[794] Die Freie Stadt Danzig gehörte nicht zum Deutschen Reich. Danzig gehörte aber mit seiner Bevölkerung deutschen Volkstums zu den "früher deutschen Gebieten".

Die Vereinbarungen beziehen sich nach dem Wortlaut des Abkommens auch nicht auf die Regierungen. Die Bedingungen sind vielmehr ausdrücklich von den "drei Regierungschefs" erklärt worden. Die Regierungschefs sind für eine künftige Danzig-Regelung aber nicht einmal die Unterstützungsbindung eingegangen, die "der Präsident der USA" und "der britische Premierminister" bezüglich einer sowjetischen Königsberg-Lösung erklärt haben (Abschnitt XIII PA).

So waren die an der Berliner Konferenz beteiligten Regierungschefs in Erwartung einer baldigen Friedenskonferenz wohl bereit, untereinander gewisse Bedingungen einzugehen. Für die Alliierten Mächte verbindliche territoriale Regelungen haben sie jedoch in Bezug auf die polnische Westgrenze und auf Danzig weder durch vertragliche Erklärungen, noch durch förmlichen Vertrag gewollt oder erklärt.[795]

Ebensowenig wie die Entscheidungen des "Potsdamer Abkommens" für Deutschland nach herrschender Lehre[796] als "res inter alios gesta" rechtsverbindliche Gebietsveränderungen erzwingen konnten, war auch eine Einbindung der Freien Stadt Danzig ohne deren Beteiligung in einen Abtretungsvertrag rechtlich ohne Wirkung. Ausnahmetatbestände, wie z.B. eine grundsätzliche Ermächtigung durch den Danziger Staat oder eine allgemeine völkerrechtliche Regel, die einen Vertrag zulasten der Freien Stadt Danzig hätte ermöglichen können[797], lagen nicht vor. Die Alliierten waren rechtlich nicht in der Lage, wenn sie es denn gewollt hätten, durch Zession die Territorialsouveränität der Freien Stadt Danzig an Polen zu übertragen und den Untergang des Danziger Staates herbeizuführen.

---

792 Vgl. zur Bedeutung des Vertragstextes für die Auslegung, Brauns S.434 f.
793 Vgl. zum "Deutschlandbegriff" im "Potsdamer Abkommen" (in den Genzen vom 31.12.1937) Brauns S.434.
794 Vgl. Kraus, Der völkerrechtliche Status, S.28; Brauns S.434.
795 Vgl. Meissner, Die Frage des Friedensvertrages mit Deutschland, S.28 ff.; ders., Die Frage der Einheit Deutschlands, S.15 f.; Blumenwitz, Was ist Deutschland, S.44; ders., Das Offenhalten, S.47; Eckart Klein, Bundesverfassungsgericht und Ostverträge, S.14; Krülle, Die völkerrechtlichen Aspekte, S.269; Wagner S.157 Anm.2, S.158; Kraus, Die Oder-Neiße-Linie, S.30.
796 Vgl. Krülle aaO, S.171 f. mwN.; Faust S.75 ff.mwN.
797 Vgl. Krülle aaO S.172 f.; Faust S.76 f.

Bei dieser Lage ist eine Prüfung entbehrlich, ob ein Abtretungsvertrag schon wegen Fehlens formeller Voraussetzungen nicht zustandekommen konnte.[798] Auf die besonderen polnischen Argumente zum Versuch des Nachweises eines endgültigen Gebietsüberganges wird noch einzugehen sein.[799]

(3) Adjudikation

Außerdem ist der Versuch unternommen worden, den Übergang der Territorialsouveränität mit dem Begriff der "adiudicatio" zu begründen.[800] Die vorstehenden Ausführungen haben deutlich gemacht, daß die Alliierten in ihrem "Potsdamer Abkommen" keine Gebietsübertragungen vorgenommen haben. Auch eine Zuweisung des Gebietes der Freien Stadt Danzig wollten sie mithin nicht bewirken. Sie wären dazu rechtlich auch nicht in der Lage gewesen. Auch die Adjudikation ist ein Vertrag zulasten Dritter, für dessen Wirksamkeit es der Zustimmung des dritten, betroffenen Staates, hier Danzig, bedarf.[801] Handlungsfähige Danziger staatliche Organe hat es zur Zeit des PA nicht gegeben, so daß auch die "adiudicatio" als polnischer Erwerbstitel ausscheidet.[802]

(4) Annexion

Die Hauptmächte haben schließlich im PA weder erklärt, noch ihre Absicht bekundet, daß sie das Gebiet der Freien Stadt Danzig – beispielsweise in Anknüpfung an ihr im Jahre 1920 über das Danziger Gebiet ausgeübtes Kondominium – selbst annektieren wollen. Sie haben im Gegenteil im Zusammenhang mit der Besetzung Deutschlands allgemein zu erkennen gegeben, daß sie Annexionen als Friedensregelung ablehnten.[803]

cc) Ausweisungsregelung

Abschnitt XIII PA "Ordnungsgemäße Überführung deutscher Bevölkerungsteile" hat folgenden Wortlaut:

"Die Konferenz erzielte folgende Abkommen über die Ausweisung Deutscher aus Polen, der Tschechoslowakei und Ungarn:

Die drei Regierungen haben die Frage unter allen Gesichtspunkten beraten und erkennen an, daß die Überführung der deutschen Bevölkerung oder Bestandteile derselben, die in Polen, Tschechoslowakei und Ungarn zurückgeblieben sind,

---

798 Vgl. zur Frage fehlender Ratifikation und der Frage, ob ein Staatsvertrag oder lediglich ein Verwaltungs- bzw. Regierungsabkommen mit letztlich gleicher Bindungswirkung geschlossen worden ist, Krülle aaO S.156 ff.; Faust S.61 f.
799 Siehe unten S.179 ff.
800 So für die angebliche Zuweisung der Oder-Neiße-Gebiete an Polen: Posser 424 f.; vgl. auch die polnische Lit.(siehe unten S.190).
801 Vgl. Brauns, S.435 f.; vgl. jetzt auch Art.35 des Wiener Übereinkommens über das Recht der Verträge vom 23.5.1969 (BGBl 1985 II S.926, BGBl 1987 II S.757), in dem dieser Grundsatz seinen Niederschlag gefunden hat; vgl. auch Krülle aaO S.196.
802 Vgl. auch unten S.190.
803 Vgl. oben S.160.

nach Deutschland durchgeführt werden muß".[804] *"Sie stimmen darin überein, daß jede derartige Überführung, die stattinden wird, in ordnungsgemäßer und humaner Weise erfolgen soll. Da der Zustrom einer großen Zahl Deutscher nach Deutschland die Lasten vergrößern würde, die bereits auf den Besatzungsbehörden ruhen, halten sie es für wünschenswert, daß der alliierte Kontrollrat in Deutschland zunächst das Problem unter besonderer Berücksichtigung der Frage einer gerechten Verteilung dieser Deutschen auf die einzelnen Besatzungszonen prüfen soll. Sie beauftragen demgemäß ihre jeweiligen Vertreter beim Kontrollrat, ihren Regierungen so bald wie möglich den Umfang zu berichten, in dem derartige Personen schon aus Polen, der Tschechoslowakei und Ungarn nach Deutschland gekommen sind, und eine Schätzung über Zeitpunkt und Ausmaß vorzulegen, zu dem die weiteren Überführungen durchgeführt werden könnten, wobei die gegenwärtige Lage in Deutschland zu berücksichtigen ist. Die tschechoslowakische Regierung, die Polnische Provisorische Regierung und der Alliierte Kontrollrat in Ungarn werden gleichzeitig von obigem in Kenntnis gesetzt und ersucht werden, inzwischen weitere Ausweisungen der deutschen Bevölkerung einzustellen, bis die betroffenen Regierungen die Berichte ihrer Vertreter an den Kontrollausschuß geprüft haben."*

Aus diesem Abkommen der drei Alliierten (seit 7.8.1945 zusätzlich Frankreich) ist festzuhalten:

1. Geplant sind Überführungen "in ordnungsgemäßer und humaner Weise";
2. Einstellen der "Überführungen" bis zur Klärung des bisherigen und zu erwartenden Umfanges und der Verteilungsmöglichkeiten. Prüfung durch Kontrollrat;
3. Ausweisung "Deutscher", "deutscher Bevölkerung";
4. Ausweisung aus "Polen";
5. Verteilung der Deutschen auf die einzelnen Besatzungszonen Deutschlands.

Aus diesem Inhalt des Abschnittes XIII ergibt sich, daß die Freie Stadt Danzig und ihre Staatsbürger nach dem PA insoweit nicht betroffen sind. Mit dem Begriff "deutsche Bevölkerung" oder "Deutscher"[805] könnte für sich auch die Danziger Bevölkerung angesprochen sein. Die Ausweisung soll aber aus "Polen" durchgeführt werden. Mit "Polen" kann aber nur der Staat Polen gemeint sein, wie er bei Kriegsbeginn bestand (das Polen von 1937), jedenfalls nach dem Wortlaut des PA keinesfalls deutsche Gebiete des Deutschland von 1937 und die Freie Stadt Danzig, für die Grenzveränderungen in diesem Abkommen ausdrücklich abgelehnt worden sind.[806] Es ist kein Grund dafür

---

804 Im englischen Text: *"The transfer will have to be undertaken"* <wird durchzuführen sein> (vgl. Kraus aaO S.30).
805 Vgl. zu diesem Begriff Veiter, Potsdamer Abkommen und Vertreibung, S.62 f.
806 So im Ergebnis auch Veiter aaO S.64, 68; Menzel, Annexionsverbot, S.43 ff.; Sasse S.527 ff.; v.Tobien S.606; vgl. auch Kraus aaO S.31 f., der insbesondere auf den Widerspruch von völkerrechtswidrigen Ausweisungen und Rückstellungsklausel hinweist. Der abweichenden Ansicht von Krülle, Die völkerrechtlichen Aspekte, S.170 f., die "Polen" mit dem nicht existierenden geplanten künftigen Polen gleichsetzt, kann mit Rücksicht auf die weittragende Bedeutung schon wegen des unklaren, schwankenden und unsicheren Informationsstandes über die Vertreibungsfakten nicht gefolgt werden.

ersichtlich, den Begriff "Deutschland" in Abschnitt XIII anders zu deuten, als den gleichen Begriff in den anderen Abschnitten des PA. Da die Freie Stadt Danzig in Abschnitt IX als nicht zu Polen gehörend ausdrücklich genannt ist, kann sie nicht in Abschnitt XIII als Bestandteil Polens angesehen werden.[807] Das entspricht auch der Bestimmung, derzufolge Ausweisungen in die einzelnen vier Besatzungszonen[808], also in das Gebiet des Deutschen Reiches in den Grenzen vom 31. Dezember 1937 und der Freien Stadt Danzig – als Teil einer Besatzungszone – vorgesehen waren.

Dieses Ergebnis ist auch inhaltlich durchaus schlüssig. Zu dem Polen von 1937 gehörten als Folge der Gebietsabtretungen von 1919 auf Grund des Versailler Vertrages umfangreiche Gebiete mit deutscher Bevölkerung, Gebiete, die jenseits der Oder-Neiße-Linie lagen und somit nicht zum Deutschland von 1937 gehörten.

So entfällt auch das polnische Argument, aus der Anordnung der Ausweisung der Deutschen sei auf die Endgültigkeit der Zuweisung deutscher Gebiete an Polen zu schließen.[809] Die kollektive Ausweisung der Danziger Bevölkerung aus ihrem Wohnsitz und aus der Heimat sowie ihre Aussperrung geschah folglich ohne eine vertragliche Grundlage und war schon deshalb als gegen das Vertreibungsverbot verstoßend völkerrechtswidrig.[810]

dd) Verwaltungsbesetzung der Freien Stadt Danzig

(1) Regelung im Potsdamer Abkommen

Im "Potsdamer Abkommen" wird die Freie Stadt Danzig erstmals in einer Vereinbarung der Alliierten angesprochen (Abschnitt IX b Abs.2) und einer Besatzungsregelung unterworfen. In dieser Vereinbarung ist folgendes von Bedeutung:

1. Das Gebiet der Freien Stadt Danzig wird der sowjetischen Besatzungszone unterstellt.[811] Der Einschränkung (nach dem Wortlaut nicht Ausschließung)[812]

---

807 Siehe auch den Zusammenhang der Benennung "Polen" und der beiden anderen Staaten "Tschechoslowakei" und "Ungarn" in Abschnitt XIII.
808 Abschnitt XIII PA; vgl. oben S.165 f.
809 So z.B. die Erklärung des polnischen Außenministers Cyrankiewicz auf einer Pressekonferenz am 10.4.1947 (PPD Nr.166 vom 11.4.1947).
810 Vgl. Blumenwitz, Das Offenhalten der Vermögensfrage, S.54 f., 58 ff.; Faust S.236 f.; vgl. auch Kimminich, Das Recht auf die Heimat, S.155 ff., mit eingehendem Lit. Nachweis (S.155 Anm.427), der im übrigen zu Recht darauf hinweist, daß auch Zwangsumsiedlungsverträge völkerrechtswidrig sind; siehe auch unten S.271 f., 273 f.
811 So für die Oder-Neiße-Gebiete auch Brauns, Anmerkungen, S.435.
812 Vgl. Kraus aaO S.26 ff., der die Auffassung vertritt (S.27), diese Regelung bedeute nur *"eine Minderung der räumlichen sowjetzonalen Okkupationsherrschaft zugunsten Polens bis zur Entscheidung durch eine Friedenskonferenz"*; a.A., allerdings ohne Begründung, Veiter aaO S.65. Krülle, Die völkerrechtlichen Aspekte, S.269 f. sieht in dieser Wendung eine "Verwaltungsvereinbarung", und zwar einen Souveränitätsvorbehalt zugunsten Deutschlands mit der Folge, daß die nicht mehr zur sowjetischen Besatzungszone gehörenden Oder-Neiße-Gebiete im Umfang der Verwaltungsbefugnisse nicht als "deutsches Staatsgebiet" (siehe aber S.283) gelten sollen, die Territorialsouveränität aber bei Deutschland geblieben sei. Damit fehlt indessen eine Begründung für die Nichtzugehörigkeit zur sowjetischen Besatzungszone im übrigen und die Beantwortung der Frage, ob Oder-Neiße-Gebiete und Freie Stadt Danzig möglicherweise unterschiedlich geregelt worden sind.

*"... einschließlich des Gebietes der früheren Freien Stadt Danzig, unter die Verwaltung des polnischen Staates kommen und **in dieser Hinsicht** nicht als Teil der sowjetischen Besatzungszone in Deutschland betrachtet ..."* ist zu entnehmen, daß die Verwaltungsaufgaben der sowjetischen Besatzungsmacht für dieses Gebiet von Polen wahrzunehmen sind und auch nicht der unmittelbaren Aufsicht durch den Kontrollrat unterliegen.[813] Die Wendung *"for such purposes"* läßt sich wohl am treffendsten mit *"insoweit"* übersetzen.[814] Das ergibt sich auch daraus, daß die mit Danzig zusammen genannten Oder-Neiße-Gebiete durch keine Erklärung aus der sowjetischen Besatzungszone herausgelöst worden sind. Das "Potsdamer Abkommen" selbst spricht im Abschnitt III von der Besetzung von *"ganz Deutschland"*.[815] Kraus[816] weist anhand des russischen Textes *"i v étom etnosenii"* nach, daß die deutsche Übersetzung im Kontrollrat-Sammelheft *"in dieser Hinsicht"* dem russischen Text entspricht.

2. Die Freie Stadt Danzig ist in die Verwaltungsbesetzung durch die Alliierten einbezogen worden, obwohl sie nach alliierter Auffassung nicht zu Deutschland gehört[817] und nicht Kriegsgegner der Alliierten war.

3. Die Alliierten haben die militärische Besetzung auf die Freie Stadt Danzig ausgedehnt, ohne wie gegenüber Deutschland in den Grenzen vom 31. Dezember 1937 (Berliner Erklärung vom 5. Juni 1945[818]) ausdrücklich die Übernahme der Regierungsgewalt erklärt zu haben.

(2) "occupatio bellica"

Da die Hauptmächte die Freie Stadt Danzig als internationales Gebilde betrachteten[819], fragt sich, auf welche Rechtsgrundlage sie ihre diesbezüglichen herrschaftsausübenden Maßnahmen gestützt haben.

Das Gebiet der Freien Stadt Danzig war im März 1945 von sowjetischen und polnischen Streitkräften angegriffen und erobert worden. Eine kriegerische Besetzung schloß sich an. Das Deutsche Reich hatte Danzig zu einem Teil des Kriegsschauplatzes gemacht, schließlich zur Festung erklärt und befohlen, es zu verteidigen.[820] Die anschließende Übergabe Danzigs an Polen zur Verwaltungsbesetzung, während des Krieges, unter Friedensvertragsvorbehalt, geschah folglich als vorläufige Regelung im Rechtszustand der "occupatio bellica".[821] Die Sowjetunion handelte zwar koalitionswidrig, da eine Verwaltungsbesetzung durch Polen nicht vereinbart worden war.[822] Die Alliierten hat-

---

813 Vgl. Krülle aaO S.161.
814 Vgl. Böttcher aaO S.127.
815 Vgl. auch Blumenwitz, Was ist Deutschland, S.44.
816 AaO S.27 f.
817 Vgl. Londoner Protokoll vom 12.9.1944 (Anm.771).
818 Anm.776.
819 Siehe unten S.199 ff.
820 Anm.713.
821 Vgl. den RdErl des Ausw.Amtes der BRepD vom 2.3.1953 (Anm.1095):*"...Auch die polnische Besetzung Danzigs stellt sich als eine occupatio bellica dar. ..."*. Die von der Sowjetunion am 20.2.1945 verfügte polnische Verwaltung wurde auf die Grundlage der HLKO gestellt (Vgl. Uschakow, Die Grenzregelung, S.114, 118).
822 Vgl. Kraus aaO S.27.

ten es überdies abgelehnt, Polen eine eigene Besatzungszone zu übertragen.[823] Es überschritt seine ihm nach der HLKO vorgeschriebenen Grenzen bei weitem.[824] Es war aber gleichwohl an die von der Sowjetunion verfügten Beschränkungen, wie Rückstellungsklausel rechtlich gebunden. Polen kann sich jedenfalls bis zur Berliner Konferenz nicht auf eine vertragliche Verwaltungsübertragung berufen. Für eine Verwaltungszession fehlte es überdies an der Zustimmung des Danziger Staates. Die Sowjetunion konnte sie nicht durch eigene Akte ersetzen. Einerseits hatten sich die Kriegsalliierten verpflichtet, alle gebietlichen Kriegsfolgeprobleme nur gemeinsam zu lösen[825], und andererseits fehlte der Sowjetunion jeder vertragliche Anknüpfungspunkt an den internationalen Status der Freien Stadt Danzig.

(3) Alliierte Verwaltungsbesetzung durch Polen

Anders stellte sich die Lage nach faktischer Beendigung des Krieges in der Berliner Konferenz dar. Die "occupatio bellica" Danzigs war nach dem zu dieser Zeit insoweit noch vorhandenen Konsens der Koalitionsmächte eine alliierte Besetzung ohne Annexionsabsicht, mit dem Willen, vorübergehend Fremdherrschaft auszuüben. Die zunächst als Kriegsmaßnahme erfolgte militärische Besetzung mit einseitig von der Sowjetunion verfügten über die Befugnisse der "occupatio bellica" hinausgehenden Verwaltungsaufträgen wurde in Potsdam in einen Verwaltungsstatus übergeleitet, der von allen Koalitionsmächten getragen war. Dieser Verwaltungsauftrag beruhte immer noch auf der "occupatio bellica" und gestand dem Verwalter diejenigen Rechte zu, mit denen die Westmächte nachträglich die Beibehaltung der von der Sowjetunion eingerichteten polnischen Verwaltungsbesetzung anerkannten. Zweck dieser Kompromißregelung war, wegen der tiefgreifenden machtpolitischen Spannungen eine endgültige Territorialentscheidung für die Freie Stadt Danzig bis zu einer Friedenskonferenz hinauszuschieben und nach dem Willen aller Hauptmächte zur Überbrückung dieses einstweiligen, ungeklärten Zustandes ein Provisorium zu ermöglichen.

Mit dieser Übergangslösung ist Polen unter Berücksichtigung der besonderen rechtlichen Zwischenlage in Danzig als Unterbevollmächtigter der alliierten Hauptmächte mit einer treuhänderischen Verwaltungsfunktion beauftragt worden.[826]

(4) Verwaltungszession im Rahmen der Schutzpflicht der Alliierten

Anders als bei den Oder-Neiße-Gebieten wird man bezüglich des Danziger Staatsgebietes bei der Frage nach der rechtlichen Qualifikation des Übertragungsaktes von einer Verwaltungszession sprechen können.[827] Während die Alliierten für Deutschland, des-

---

823 Polen ist auch an den Planungen und Vereinbarungen über Deutschland – abgesehen von Anhörungen – nicht beteiligt worden (Vgl. Kraus aaO S.34).
824 Die HLKO wurde durch Gesetz vom 10.3.1927 (Dz.U. Nr.21 Pos.158 u. 159) in das innerstaatliche Recht Polens transformiert (vgl. auch Uschakow, Geheimdokumente, S.477).
825 Vgl. Böttcher aaO S.132 mit Nachweisen.
826 Vgl. Menzel, Deutschland, S.75 ff.; v.Dassel S.22 Anm.38; vgl. auch Krülle aaO S.256, die den Treuhandgedanken übrigens auch bei der Verwaltungszession für anwendbar hält.
827 Krülle aaO S.284 f. hält eine Verwaltungszession an Polen hinsichtlich der Oder-Neiße-Gebiete unter dem Gesichtspunkt der "occupatio bellica" für rechtswidrig, kommt aber unter Hinweis auf eine "occupatio sui generis" und eine "Interventionsbesetzung" zur Bejahung der Verwaltungszession mit der allerdings schwer nachvollziehbaren Begründung, daß es sich um eine befristete Regelung handele, *"die*

sen Staatsgewalt im Kern nicht berührt und auf der unteren und mittleren Ebene grundsätzlich noch funktionsfähig war[828], die Regierungsgewalt übernahmen[829], haben sie für die Freie Stadt Danzig, deren Staatsgewalt faktisch nicht mehr ausgeübt werden konnte, einen entsprechenden Akt nicht vorgenommen, ihn also bei sonst peinlich genauer Beachtung der Rechtsbedingungen offenbar nicht für erforderlich gehalten. Die Übernahme der Danziger Regierungsgewalt brauchte auch nicht ausdrücklich erklärt zu werden. Die Alliierten waren befugt, eine Verwaltungszession in ihrer Interessenwahrnehmung auch für Danzig und Polen abzuschließen.

Hier stellt sich die Frage, ob die Alliierten, jedenfalls soweit sie mit den Alliierten und Assoziierten Hauptmächten des Ersten Weltkrieges identisch sind, ihre Rechte und Verpflichtungen aus der am 10. Januar 1920 vollzogenen Übernahme der Territorialsouveränität über das Danziger Gebiet unter Fortwirkung ihres über den Völkerbund ausgeübten Schutzverhältnisses für den von ihnen errichteten Danziger Staat wahrgenommen haben. Da die Vier Mächte sich jeglicher gebietsändernden Entscheidung enthalten haben, liegt dieser rechtliche Schluß nahe. Er deckt sich zwar nicht mit den politischen Zielvorstellungen, Danzig letzten Endes an Polen abzutreten. Dieses Planungsergebnis ist aber, unabhängig von der Frage der Rechtswirksamkeit eines derartigen Aktes, eben nicht verwirklicht worden. Ergänzend mag insoweit der Grundgedanke des Beschlusses des Völkerbundsrates vom 22. Juni 1921[830] herangezogen werden, daß Polen für geeignet gehalten wird, ggf. mit der Durchsetzung der Schutzfunktion für Danzig beauftragt zu werden. Eine gewisse Nähe zu polnischen Schutzverantwortungen läßt sich auch aus Art. 104 Nr.6 VV und Art.2 des deutsch-polnischen Pariser Vertrages vom 9. November 1920[831] entnehmen, wonach die polnische Regierung die Führung der auswärtigen Angelegenheiten der Freien Stadt Danzig sowie den Schutz der Staatsangehörigen Danzigs in fremden Ländern sicherzustellen hat.

Zur Zeit des "Potsdamer Abkommens" im Jahre 1945 bestand – ungeachtet des polnischen Standpunktes, daß Danzig damals Bestandteil des polnischen Staates geworden sei – keine Veranlassung, an der Gültigkeit der völkerrechtlichen Beziehungen in bezug auf die Freie Stadt Danzig zu zweifeln.[832] Berechtigte und Verpflichtete des Vertragsgeflechtes waren neben der Freien Stadt Danzig und der Republik Polen die Alliierten und Assoziierten Hauptmächte des Ersten Weltkrieges. Das waren England und Frank-

---

nicht zwingend als Verstoß gegen die deutschen Interessen bewertet werden muß". Vgl. zu den grundsätzlichen Fragen der Verwaltungszession: Krülle aaO S.255 ff. mit eingehenden Nachweisen zum Schrifttum über die vertraglich vereinbarte Verwaltung und zur Staatenpraxis.
828 Vgl. Blumenwitz, Was ist Deutschland, S.33.
829 Siehe Berliner Erklärung vom 5.6.1945 (Anm.776).
830 Anm.429.
831 Anm.353.
832 Vgl. unten S.300.

reich und nach Eintritt in die diesbezüglichen Rechte und Pflichten auch die USA[833], die ihre Verpflichtung im Potsdamer Abkommen nochmals bestätigt haben. Japan und Italien sind durch ihre gesonderten Friedensverträge nach 1945[834] als Vertragspartner des Versailler Vertrages ausgeschieden. Der mit dem Vollzug des Schutz- und Garantievertrages für Danzig beauftragte Völkerbund befand sich im Prozeß der Auflösung. Ein Nachfolgeorgan war hierfür nicht ausdrücklich bestellt worden.[835]

Die drei Hauptmächte des Ersten Weltkrieges, die Träger der vertraglichen Schutzbeziehung bezüglich der Freien Stadt Danzig blieben, sind mit den drei westlichen Alliierten identisch, die das "Potsdamer Abkommen" einschließlich der Verwaltungsregelung unterzeichnet haben. Hinzu kommt die Sowjetunion, die durch Mitunterzeichnung des "Potsdamer Abkommens" ihr Einverständnis mit dieser vorläufigen Verwaltungsgregelung bestätigt hat. Polen ist als damaliger Vertragspartner und infolge seines Einverständnisses mit den Potsdamer Regelungen – trotz seiner Abweichung in heutigen Motiven – an die Verträge gebunden.[836] Die Freie Stadt Danzig ist in das o.g Vertragssystem ebenfalls eingebunden und deshalb verpflichtet, sich vertragsgerecht zu verhalten und die der Überbrückung dienende Verwaltung der Republik Polen, jedenfalls, soweit sie rechtmäßig gehandhabt wird, zu dulden und zu unterstützen. Da bei Abschluß und Durchführung der Potsdamer Vereinbarungen faktisch Staatsorgane des Danziger Staatsvolkes nicht existierten, war es rechtens, daß die drei Westalliierten für die Freie Stadt Danzig gemäß der vertraglich begründeten Schutzverantwortung und im Sinne dieses Vertragssystems handelten und die Sowjetunion sich ihren Entscheidungen anschloß. Die Territorialsouveränität des Danziger Staates ist hierdurch nicht an die Alliierten rückübertragen worden. Sie haben indessen gemeinsame Fremdherrschaft über das Gebiet der Freien Stadt Danzig als Koimperium[837] übernommen und die Befugnis zur vorläufigen Ausübung dieser Fremdherrschaft durch Verwaltung des Danziger Gebietes an Polen übertragen. Mit dieser Übergangsregelung haben die Alliierten die Ausübung der Staatsgewalt, nicht die Staatsgewalt selbst, übertragen.[838]

Übrigens war auch Deutschland in das kollektive Vertragssystem auf der Grundlage des Versailler Vertrages eingebunden, auf dem die Schutzbeziehung der Freien Stadt Danzig beruhte. So war auch die mit dem Deutschen Reich identische Bundesrepublik Deutschland[839], obwohl sie nicht Vertragspartner des "Potsdamer Abkommens" war, verpflichtet, die Potsdamer Regelungen über Danzig zu unterstützen.

---

833 Siehe oben S.84 und Anm.335.
834 Friedensvertrag mit Italien vom 10.2.1947 in Paris (Strupp-Schlochauer S.598 ff.; UNTS Bd.49 S.3 ff.); Friedensvertrag mit Japan vom 8.9.1951 in San Francisco (Strupp-Schlochauer S.595 ff.; UNTS Bd.136 S.45 ff.).
835 Vgl. aber unten S.287 ff.
836 Zur Bindungswirkung des VV für die Republik Polen, auch nach amtl. polnischer Auffassung, vgl. Uschakow, Die Grenzregelung, S.117, der eine Studie von Skubiszewski von 1963 zitiert.
837 Vgl. Menzel, Deutschland, S.75 ff.; v.Dassel S.22 Anm.38.
838 Vgl. Verdroß, Völkerrecht 3.Aufl., S.214 f.
839 Vgl. Blumenwitz, Was ist Deutschland, S.33 ff.

Polen hat mit dieser Regelung die Verpflichtung übernommen, seine Verwaltung im Sinne des Vertragszweckes wahrzunehmen, eine treuhänderische, pflegerische Aufgabe mit dem Ziele, die "occupatio bellica" so bald wie möglich durch eine vertragliche Regelung zu beenden und an einer endgültigen, dem Frieden dienenden Lösung mitzuwirken.

(5) Ausübung der Verwaltung

Inhalt, Umfang und Grenzen dieser Verwaltung sind im "Potsdamer Abkommen" mit dem Begriff "administration" in Abschnitt IX b Abs.2 nicht definiert worden. Sie sind jedoch durch den Vertragszweck bestimmbar.[840] Der Verwaltungsauftrag war im PA ausdrücklich für einen befristeten Zeitraum begrenzt. Er sollte durch eine andere völkerrechtliche Lösung ersetzt werden, sobald eine endgültige Festlegung der Westgrenze Polens auf einer Friedenskonferenz erfolgen würde. Die im Auftrag der Alliierten wahrgenommenen Verwaltungsbefugnisse waren durch ihren Zweck begrenzt, im Rahmen des Verwaltungsauftrages innerstaatlich jedoch unbeschränkt.[841] Die Territorialsouveränität verblieb beim verwalteten Staat Freie Stadt Danzig, somit auch die Gebiets- und Personalhoheit, während die Ausübung als Durchführungsaufgabe zur Verwaltung gehörte.[842] Die Danziger Staatsangehörigkeit wurde nicht angetastet. Über das Staatsgebiet durfte der Verwalterstaat nicht verfügen. Er war verpflichtet, eine ordnungsgemäße Verwaltung sicherzustellen und alles zu unterlassen, was die Territorialsouveränität gefährdete und die Ermessensfreiheit künftiger völkerrechtlicher Lösungen einschränkte. Die Verfolgung des Danziger Staatsvolkes war durch den Verwaltungsauftrag nicht gedeckt.[843] Zu den Polen übertragenen Verwaltungsaufgaben gehörte auch das Recht zur Gesetzgebung, gesetzausführenden inneren Verwaltung und Rechtsprechung.[844] Der besetzende Verwalterstaat darf aber nicht weiter in die innerstaatliche Struktur des besetzten Gebietes eingreifen, als der Verwaltungszweck es erfordert.[845] Das im Gebiet der Freien Stadt Danzig belegene öffentliche Eigentum durfte vom Verwalterstaat unentgeltlich genutzt werden.[846] Aber die Eingriffe in das Privateigentum waren vom Verwaltungsauftrag nicht gedeckt. Sie waren unabhängig von den Verletzungen der Art.46 und 47 HLKO völkerrechtswidrig.[847] Die Massenausweisungen ebenso wie ihr gegen die Menschenrechte verstoßender Vollzug waren völkerrechtswidrig.[848] Sowohl das Kriegs- als auch das Friedensvölkerrecht verbieten Vertreibungen und Zwangsumsiedlungen. Der dieses Verbot verletzende Staat erfüllt

---

840 Vgl. zu den folgenden Ausführungen die Erkenntnisse von Krülle, Die völkerrechtlichen Aspekte, S.257 ff.
841 Vgl. Krülle aaO S.273; vgl. auch Blumenwitz, Das Offenhalten, S.49 f.
842 Vgl. Krülle aaO S.284. Vgl. unten S.277.
843 Vgl. oben S.165 ff.
844 Vgl. im einzelnen Krülle aaO S.49 ff, 273 ff.
845 Vgl. Blumenwitz, Das Offenhalten, S.49.
846 Vgl. Blumenwitz ebda.
847 Vgl. ebda; vgl. auch unten S.267 ff.
848 Vgl. Blumenwitz aaO S.53 ff.; vgl. auch Kraus aaO S.28 ff.; Veiter, Potsdamer Abkommen und Vertreibung, S.64, 74 ff. Vgl. Art.43, 46, 50 HLKO und Art. 49 des IV. Genfer Abkommens über den Schutz der Privatpersonen in Kriegszeiten vom 12.8.1949 (BGBl 1954 II S.917, 1956 II S.1586).

den Tatbestand eines völkerrechtlichen Delikts.[849] Außerdem überschritt Polen mit den Massen-Neusiedlungen polnischer Bürger im Danziger Raum den Rahmen der durch den Verwaltungsauftrag zugelassenen Grenzen[850], weil es dem fremden Staat – Danzig – eine Lage aufzwang, die ohne Verletzung menschenrechtlicher Grundsätze nicht wieder rückgängig zu machen ist.

4. Weitere grenzbezogene Maßnahmen

a) Bilaterale Vereinbarungen der Sowjetunion, Polens und der DDR

Wenige Tage nach der Berliner Konferenz ist zwischen der Sowjetunion und Polen in dem Übereinkommen über den Verlauf der sowjetisch-polnischen Grenze vom 16. August 1945[851] unter Bezugnahme auf die Krimkonferenz die Ostgrenze Polens auf der Basis der "Curzon-Linie" endgültig festgelegt worden. In Nr. 3 des Übereinkommens wird die Grenze zwischen Nord- und Südostpreußen "*im Sinne der Beschlüsse der Berliner Konferenz*" bestätigt. Der Wortlaut schwächt die Rückstellungsklausel ab:

> "*3. In Erwartung des endgültigen Beschlusses über den Verlauf der Westgrenze Polens auf der Friedenskonferenz verläuft der Teil der sowjetisch-polnischen Grenze am Baltischen Meer im Sinne der Beschlüsse der Berliner Konferenz wie folgt: ...*",

läßt sie jedoch für das Königsberger Gebiet und für die Westgrenze Polens unverändert bestehen. Die Freie Stadt Danzig ist nicht erwähnt. Durch die Bezugnahme auf die Beschlüsse der Berliner Konferenz[852] wird aber aus sowjetischer und polnischer Sicht der Friedensvertragsvorbehalt auch zur Danzig-Frage aufrechterhalten.

Die Warschauer Deklaration vom 6. Juni 1950[853] und der zu deren Durchführung geschlossene, von der Bundesrepublik Deutschland nicht anerkannte[854], Görlitzer Vertrag vom 6. Juli 1950[855], mit dem die "Staatsgrenze zwischen Deutschland und Polen" festgelegt werden sollte, beziehen sich nicht auf die Freie Stadt Danzig.[856]

---

849 Vgl. Blumenwitz, Das Recht auf die Heimat, S.46 ff.; du Buy, Das Recht auf die Heimat im historisch-politischen Prozeß, S.93 ff.; ders., Das Recht auf die Heimat, S.95.
850 Vgl. Blumenwitz aaO S.49; vgl. unten S.283 ff.
851 AdG 1945 S.374 f.; in dt. Üb. abg. bei Blumenwitz, Denk ich an Deutschland, Dok B/V S.28 f.; vgl. auch vorher den Bündnisvertrag zwischen der UdSSR und Polen vom 21.4.1945, zit. bei Uschakow, Das Potsdamer Abkommen, S.188 sowie den Sikorski-Majskij-Vertrag vom 30.7.1941 (vgl.Uschakow, Die Oder-Neiße-Linie/Grenze, S.310 f.).
852 Vgl. Abschnitt IX b des "Potsdamer Abkommens".
853 Abg.: EA 1950 S.3215; Blumenwitz aaO Dok.E/I S.57.
854 Vgl. Rechtswahrung des Deutschen Bundestages vom 13.6.1950 zur Warschauer Deklaration, mit Zustimmung der Bundesregierung und des Bundesrates (Sten.Ber.68.Sitzung 13.6.1950 S.2457; abg. bei Blumenwitz aaO Dok E/I/2 S.57
855 DDR GBl 1950 II S.1205 ff.; abg. bei Blumenwitz aaO Dok E/I/3 S.58 f.
856 Vgl. auch Art.7 Abs.1 des "Deutschlandvertrages" vom 26.5.1952 idF. vom 23.10.1954 (BGBl 1955 II S.305 ff.; azw. abg. bei Blumenwitz aaO Dok D/I S.48 ff.) über die Beziehungen zwischen der Bundesrepublik Deutschland und den Drei Mächten, in dem die Friedensvertrags-Rückstellungsklausel für Grenzregelungen zum Zwecke "frei vereinbarter friedensvertraglicher Regelung für ganz Deutschland"

b) Sowjetische Friedensvertragsentwürfe

Die von westlicher Seite vorgelegten Wiedervereinigungspläne[857] befassen sich nicht mit Grenzfragen einer Friedensvertragsregelung. Während der sowjetische Friedensvertragsentwurf vom 10. März 1952[858] nur das Territorium Deutschlands, nicht aber die Danziger Frage anspricht[859], ist der Wortlaut im sowjetischen Friedensvertragsentwurf vom 10. Januar 1959[860] aufschlußreich für die Ermittlung der Auffassung der Sowjetunion über Danzig zu jener Zeit. Gemäß Art.1 des Entwurfs soll der Kriegszustand mit dem Friedensvertrag beendet werden. Als *"Deutschland"* sollen bis zur Wiedervereinigung *"die beiden bestehenden deutschen Staaten – die Deutsche Demokratische Republik und die Deutsche Bundesrepublik – verstanden"* werden. Danzig ist insoweit nicht genannt, wird aber in die Grenzregelung (Art.9) einbezogen:

"In Übereinstimmung mit dem Potsdamer Abkommen von 1945

*a) verzichtet Deutschland auf alle Rechte, Rechtstitel und Ansprüche auf ehemalige deutsche Gebiete östlich ... **einschließlich des Territoriums** des ehemaligen Ostpreußens sowie **auf das Territorium** der ehemaligen Stadt Danzig, die der Souveränität der Volksrepublik Polen unterstellt worden sind, was Deutschland anerkennt; ..."*

Danzig wird hier demnach nicht als Territorium Deutschlands wie *"einschließlich ... Ostpreußens"*, sondern als eigenes gesondertes Gebiet, *"auf das Territorium ... Stadt Danzig"*, gekennzeichnet.[861]

Außerdem geht die Sowjetunion allerdings unzutreffenderweise davon aus, daß die Oder-Neiße- Gebiete und die *"ehemalige Stadt Danzig"* im *"Potsdamer Abkommen"* der Souveränität der Volksrepublik Polen unterstellt worden seien. Dieser Standpunkt steht

---

nochmals bestätigt wurde. Auch hier wurde die Freie Stadt Danzig nicht erwähnt. Für die insoweit gleichbleibende Beurteilungslage sei außerdem hingewiesen auf die Souveränitätserklärung der Sowjetunion gegenüber der DDR vom 25.3.1954 (EA 1954 S.6534 f.), den Vertrag über die Beziehungen zwischen der DDR und der UdSSR vom 20.9.1955 (DDR GBl 1955 I S.918; Blumenwitz aaO Dok E/II/4 S.60 f.), den Vertrag über Freundschaft, gegenseitigen Beistand und Zusammenarbeit zwischen der DDR und der UdSSR vom 12.6.1964 (Art.9; DDR GBl 1964 I S.132 ff.; Blumenwitz aaO Dok E/III, S.61 ff.) und den Vertrag über Freundschaft, Zusammenarbeit und gegenseitigen Beistand zwischen der DDR und der Volksrepublik Polen vom 15.3.1967 (Art.5; DDR GBL 1967 I S.49 ff.; Blumenwitz aaO Dok E/IV S.63 ff.).

857 Vgl. den Byrnes-Plan vom 14.2.1946 idF. vom 15.5.1946, die Eden-Pläne vom 29.1.1954 und vom 27./28.10.1955 und den Herter-Plan vom 14.5.1959 (abg. bei Blumenwitz aaO Dok C/I, C/III/1, CIII/2 und C/V. S.30 f., 32 ff. und 44 ff.).
858 Note vom 10.3.1952 an die USA, Großbritannien und Frankreich (AdG 1952 S.3387; Blumenwitz aaO Dok C/II S.31 f.).
859 Ebenso nicht die Souveränitätserklärung der Sowjetregierung gegenüber der DDR vom 25.3.1954, der Beistandspakt zwischen der DDR und UdSSR vom 12.6.1964 und der Beistandspakt zwischen der DDR und der Volksrepublik Polen vom 15.3.1967 (Anm.856).
860 AdG 1959 S.7491 ff.; Blumenwitz aaO Dok C/IV S.36 ff.
861 Vgl. auch die etwas abweichende, vom Wortlaut des Vertragsentwurfs aber nicht bestätigte Deutung von Gornig, Das Memelland, S.123 Anm.666, Danzig sei als Grenzregelung Deutschlands abgehandelt.

im Widerspruch zum Wortlaut des "Potsdamer Abkommens", wie oben dargestellt worden ist[862] und auch zum Wortlaut des sowjetisch-polnischen Grenzvertrages vom 16. August 1945.[863] Auffallend ist auch, daß nicht vom Danziger Staatsgebiet oder wie im "Potsdamer Abkommen" von der *"Freien Stadt Danzig"*, sondern vom Territorium der *"ehemaligen Stadt Danzig"* gesprochen wird. Die sowjetische Absicht, Danzig endgültig als zu Polen gehörend zu behandeln, wird hierdurch noch unterstrichen.[864]

c) Die Ostverträge der Bundesrepublik Deutschland

Die von der Bundesrepublik Deutschland im Rahmen der Versuche einer Neuorientierung ihrer ostpolitischen Beziehungen mit der Sowjetunion, Polen und der Deutschen Demokratischen Republik geschlossenen Verträge beziehen sich nicht auf die Freie Stadt Danzig.

Im Moskauer Vertrag vom 12. August 1970[865] wird zur Frage der Freien Stadt Danzig nicht Stellung genommen. Die Bundesrepublik Deutschland verzichtet in diesem Vertrag, in dem sie nicht für das ganze Deutschland zu handeln vermochte, auf gewaltsame Änderung der faktischen, nicht der rechtlichen Grenzen. Die Vertragsparteien

"betrachten heute und künftig die Grenzen aller Staaten in Europa als unverletzlich, wie sie am Tage der Unterzeichnung dieses Vertrages verlaufen, einschließlich der Oder-Neiße-Linie, die die Westgrenze der Republik Polen bildet, und der Grenze zwischen der Bundesrepublik Deutschland und der Deutschen Demokratischen Republik" (Art.3).

Abgesehen davon, daß dieser Vertrag kein Grenzanerkennungsvertrag war, wäre eine Regelung der Danziger Frage zwischen der Bundesrepublik Deutschland und der Sowjetunion ohnehin rechtlich nicht möglich gewesen, weil die Bundesrepublik sich nur für das Deutschland von 1937 binden konnte und gebunden hat. Immerhin hat sie sich gegenüber der Sowjetunion auf Gewaltverzicht im Hinblick auf die faktischen Grenzen aller Staaten Europas verpflichtet. Diese bilaterale Bindungswirkung schloß im Rahmen der faktischen Grenzen Polens allerdings auch Danzig ein, für dessen Rechtsherstellung sich die Bundesrepublik (wie z.B. bei der Vereinigung der Bundesrepublik Deutschland und der DDR) nicht außerhalb des "peaceful change"-Prozesses einsetzen durfte.

Auch der Warschauer Vertrag zwischen der Bundesrepublik Deutschland und der Volksrepublik Polen vom 7. Dezember 1970[866] bezieht sich nicht auf die Freie Stadt

---

862 S.160 ff.
863 Anm.851.
864 "Die Vertretung der Freien Stadt Danzig" hat als die legitimierte Exilvertretung des Danziger Staatsvolkes in gleichlautenden telegraphischen Noten vom 15.1.1959 an die Außenminister der USA, Großbritanniens und Frankreichs und in einem Schreiben an Bundeskanzler Adenauer gegen diese sowjetischen Vorschläge protestiert und die Wiederherstellung der Rechte der Danziger angemahnt (Text: Unser Danzig 3/59 S.5).
865 BGBl 1972 II S.354 f; Blumenwitz aaO Dok G/V/3 S.75 f.
866 Vertrag über die Grundlagen der Normalisierung ihrer gegenseitigen Beziehungen (BGBl 1972 II S.362 f.; Blumenwitz aaO Dok VI/3 S.77 f.).

Danzig. In diesem Gewaltverzichtsvertrag[867] wird für die künftige Grenzregelung in Art.I lediglich die Grenzlinie der westlichen Staatsgrenze der Volksrepublik Polen angesprochen. Die Bezugnahme auf Art.IX des "Potsdamer Abkommens" in Art.I bezieht sich ausdrücklich nur auf diese Frage und nicht auf das in Art.IX ebenfalls genannte Gebiet der Freien Stadt Danzig, für das eine Regelung die Rechtskompetenz dieser Vertragspartner ohnehin überschritten hätte. Eine auf die faktischen Grenzen aller Staaten Europas bezogene Klausel wie im Moskauer Vertrag ist in diesem deutsch-polnischen Vertrag nicht enthalten.

Auch der deutsch-deutsche Grundvertrag vom 21. Dezember 1972[868] berührte nicht die Danziger Frage.

5. Vereinigung von Bundesrepublik Deutschland und Deutscher Demokratischer Republik

Es bleibt schließlich die Frage zu beantworten, ob die im Zusammenhang mit der Vereinigung der Bundesrepublik Deutschland und der Deutschen Demokratischen Republik geschlossenen bilateralen und internationalen Verträge eine Lösung des Problems "Freie Stadt Danzig" zum Inhalt hatten. Diese Frage ist zu verneinen.

Die Änderung der Präambel des Grundgesetzes der Bundesrepublik Deutschland durch Art.4 Nr.1 des Einigungsvertrages vom 31. August 1990[869], mit der die Aufforderung an das gesamte Deutsche Volk, in freier Selbstbestimmung die Einheit und Freiheit Deutschlands zu vollenden[870], aufgehoben worden ist, berührt die Freie Stadt Danzig nicht. Nach der überzeugenden Rechtsauffassung der Völkergemeinschaft, der Siegermächte, der Bundesrepublik Deutschland und der Freien Stadt Danzig ist der Danziger Staat nicht Teil des in der alten Fassung der Präambel des Grundgesetzes angesprochenen Deutschlands.[871] Dies gilt um so mehr für die dieses Deutschland verkleinernde Präambel in ihrer neuen Fassung.

Mit dem zwischen den Vier-Mächten, der Bundesrepublik Deutschland und der Deutschen Demokratischen Republik geschlossenen Zwei-plus-Vier-Vertrag vom 12. Sep-

---

867 Vgl. die Entschließung des Deutschen Bundestages zum Moskauer und Warschauer Vertrag vom 10.5.1972 (Sten.Ber. 6.Wahlperiode 187.Sitzung 10.5.1975 S.10960: Blumenwitz aaO Dok G/X S.89 f.), in der deutlich gemacht wurde, daß es sich nicht um Grenzverträge gehandelt hat.
868 Vertrag über die Grundlagen der Beziehungen zwischen der Bundesrepublik Deutschland und der Deutschen Demokratischen Republik (BGBl 1973 II S.423; Blumenwitz aaO Dok G/XIII S.103 f.).
869 Vertrag zwischen der Bundesrepublik Deutschland und der Deutschen Demokratischen Republik über die Herstellung der Einheit Deutschlands – Einigungsvertrag – (BGBl 1990 II S.889; azw. abg. bei Böttcher, Materialien, 1989-91 S.146 ff.; vgl. auch unten S.236 f.).
870 So gemäß Satz 1 und Satz 3 der Präambel des Grundgesetzes für die Bundesrepublik Deutschland vom 23. Mai 1949 (BGBl S.1; III 100-1). Das Wiedervereinigungsgebot erfaßte das Deutschland in den Grenzen vom 31.12.1937 (vgl. Eckart Klein, Die territoriale Reichweite des Wiedervereinigungsgebotes, S.14; Kimminich, Die abschließende Regelung mit Polen, ZdP 4/91 S.361 ff., azw. abg. bei Böttcher/Dahm, Materialien, S.334).
871 So auch Skubiszewski, Die Westgrenze Polens, S.314, der die Kompetenz der BRepD, über die Freie Stadt Danzig – außerhalb der Grenzen Deutschlands von 1937 – zu verhandeln, verneint.

tember 1990[872] ist keine Regelung der völkerrechtlichen Fragen der Freien Stadt Danzig verbunden worden. Im Vorspruch beziehen sich die Vertragspartner auf die *"Rechte und Verantwortlichkeiten der Vier Mächte in bezug auf Berlin und Deutschland als Ganzes"*. Die entsprechenden Vereinbarungen und Beschlüsse der Vier Mächte aus der Kriegs- und Nachkriegszeit werden berücksichtigt, also auch die Nichtzugehörigkeit der Freien Stadt Danzig zu Deutschland und die auch für Danzig vereinbarte Friedenskonferenzklausel.[873] Im Vorspruch und in Art. 7 wird außerdem hervorgehoben, daß *"die Rechte und Verantwortlichkeiten der Vier Mächte in bezug auf Berlin und Deutschland als Ganzes ihre Bedeutung verlieren"* (Vorspruch) und deshalb beendet sind (Art.7 Abs.1).[874] Auch aus dieser Vereinbarung wird deutlich, daß die Rechte und Verantwortlichkeiten in bezug auf die Freie Stadt Danzig nicht berührt werden. Im Art.1 sind nur die Grenzen des *"vereinten Deutschland"* angesprochen. Eine Grenzregelung enthält diese Bestimmung auch für Deutschland weder konstitutiv noch deklaratorisch.[875] Die Verpflichtung des vereinten Deutschland, über seine Grenze zu Polen einen Vertrag mit der Republik Polen zu schließen (Art.1 Abs.2), um den endgültigen Charakter der Grenzen des vereinten Deutschland als wesentlichen Bestandteil der Friedensordnung in Europa zu bestätigen (Art.1 Abs.1 Satz 2), betrifft ebenfalls nicht die Territorialsouveränität der Freien Stadt Danzig.[876]

Für dieses Ergebnis ist es ohne Belang, ob den Verhandlungen über den Zwei-plus-Vier-Vertrag und die weiteren im Zusammenhang mit der Vereinigung der BRepD und der DDR geschlossenen Verträge Friedenskonferenz-Charakter zugemessen wird.[877] Jedenfalls steht die notwendige vertragliche Lösung der völkerrechtlichen Probleme Danzigs noch offen.[878]

Weder der deutsch-sowjetische Partnerschaftsvertrag[879], noch die beiden deutsch-polnischen Verträge[880] enthalten Anhaltspunkte für eine Regelung der territorialen Souve-

---

872 Vertrag über die abschließende Regelung in bezug auf Deutschland (BGBl 1990 II S.1318); abg. bei Böttcher, Materialien 1989-91 S.158 ff.
873 Zur Bindung an das Selbstbestimmungsrecht der Völker vgl. unten S.236 ff.
874 Vgl. auch die Erklärung der Vier Mächte über die Aussetzung ihrer Vorbehaltsrechte über Berlin und Deutschland als Ganzes vom 1.10.1990 in New York mit Wirkung vom 3.10.1990; abg. bei Böttcher, Materialien 1989-91, S.166.
875 Vgl. Blumenwitz, Der Vertrag vom 12.9.1990, S.3044; vgl. auch Uschakow, Die Grenzregelung, S.108.
876 Etwas anderes ergibt sich auch nicht aus der Charta von Paris für ein neues Europa vom 21.11.1990, in der die Staats- und Regierungschefs dieser KSZE-Konferenz von dem Zwei-plus-Vier-Vertrag Kenntnis nehmen (Bulletin 137/90, S.1409; EA 24/90, D 656 ff.; azw. abg. bei Böttcher, Materialien 1989-91 S.223 ff.[225]).
877 Nach Blumenwitz, Das Offenhalten, S.21, ist der Zwei-plus-Vier-Vertrag kein Friedensvertrag, hat aber dessen Aufgabe übernommen, wenngleich auch wesentliche Komplexe unerledigt geblieben sind; vgl. auch die weiteren Nachweise ebda. Anm.3.
878 So auch Gornig, Die deutsch-polnische Grenzregelung, S.183 Anm.111.
879 Im Vertrag über gute Nachbarschaft, Partnerschaft und Zusammenarbeit zwischen der Bundesrepublik Deutschland und der Union der Sozialistischen Sowjetrepubliken vom 9.11.1990 (BGBl 1991 II S.703; Bulletin 133/90 S.1379 ff.; EA 3/91 S.85 ff.; azw. abg. bei Böttcher, Materialien 1989-91, S.251 ff.) und im Zwei-plus-Vier-Vertrag (Anm.872) ist nicht einmal die Übertragung der Territorialsouveränität über das Königsberger Gebiet (Nordostpreußen) an die Sowjetunion angesprochen worden (vgl. hierzu Gornig, Der Rechtsstatus des nördlichen Ostpreußen, S.154, der meint, die Gebietsaufgabe außerhalb

ränität des Danziger Staates. Die Freie Stadt Danzig ist nicht Gegenstand des Grenzbestätigungsvertrages vom 14. November 1990.[881] Die Bundesrepublik Deutschland hat über Danzig, das außerhalb der Grenzen des Deutschen Reiches vom 31. Dezember 1937 liegt, nicht verhandelt.[882] Der deutsch-polnische Nachbarschaftsvertrag vom 17. Juni 1991[883] ist zwischen der Bundesrepublik Deutschland und der Republik Polen abgeschlossen und erfaßt nicht die Freie Stadt Danzig und ebensowenig die Rechte und Pflichten der Danziger. Dies schließt nicht aus, daß einige Vertragsvorschriften, die auf völkerrechtliche Normen wie Menschenrechte, KSZE-Dokumente auf die anzustrebende Friedensordnung in Europa Bezug nehmen, in denen die beiden Vertragspartner sich gegenseitig bindend die Verpflichtung zur Wahrnehmung von Verantwortungen übernehmen, auch außerhalb dieser beiden Staaten, somit auch für die Danziger von Bedeutung sind. Das gilt insbesondere für Verpflichtungen der Bundesrepublik Deutschland für die unter polnischer Verwaltung und die in Deutschland lebenden Danziger, da sie für diese Vollksgruppe die 1939 als Sammeleinbürgerung verliehene deutsche Staatsangehörigkeit anerkannt hat.[884]

6. Zusammenfassung

Die am 7. April 1945 in Kraft getretene Vollziehung der verwaltungsmäßigen Einbeziehung des Gebietes der Freien Stadt Danzig durch Dekret des Polnischen Nationalrates vom 30. März 1945 schloß sich an die Vereinbarung der Krimkonferenz vom 11. Februar 1945 (Verschiebung einer endgültigen Lösung) und den kurz darauf erlassenen Stalin-Geheimbeschluß vom 20. Februar 1945 (Verschiebung und Verwaltungsbesetzung durch Polen) an, die den vorläufigen Charakter der polnischen Verwaltungsbesetzung deutlich gemacht hatten. Im Hinblick auf diese insoweit im Ergebnis übereinstimmenden Entscheidungen und unter Berücksichtigung der dominierenden Stellung,

---

der Grenzen der Bundesrepublik, der DDR und Berlin könne als "Dereliktion" qualifiziert werden, mit der Folge, daß Nordostpreußen der dort bereits die Gebietshoheit ausübenden Sowjetunion zufiel.
880 Grenzbestätigungsvertrag vom 14.11.1990 (BGBl 1990 II S.1329; abg. bei Böttcher, Materialien 1989-91 S.286 ff.) und Nachbarschaftsvertrag vom 17.6.1991 (BGBl 1991 II S.1315; azw. abg. bei Böttcher aaO S.293 ff.); beide Verträge am 16.1.1992 in Kraft getreten (BGBl 1992 II S.118).
881 Anm.880; vgl. zu der strittigen Rechtsfrage, wann und durch welchen Akt die territoriale Souveränität des östlich der Oder-Neiße-Linie liegenden Teiles von Deutschland auf die Republik Polen übergegangen ist, Anm.1202. In einem Erlaß der Rechtsabteilung des Auswärtigen Amtes der BRepD vom 29.1.1993 wird darauf hingewiesen, *"daß dem deutsch-polnischen Grenzbestätigungsvertrag keine konstitutive Wirkung zukommt"*. Der Bundesminister der Justiz hat sich mit dem Erlaß vom 11.2.1993 – 1 A 1 – 3480 II-130141/93 diesen Ausführungen angeschlossen. Die nicht veröffentlichten Erlasse befinden sich in den Akten der Vertretung der Freien Stadt Danzig.
882 Auf Anfrage eines Danzigers hat das Auswärtige Amt der BRepD mit den Erlassen vom 4. und 8. Juli 1991 – 500-500.10/5 im Auftrage des Bundeskanzlers Kohl und des Bundesaußenministers Genscher zum deutsch-polnischen Grenzbestätigungsvertrag geantwortet: *"...In bezug auf Danzig hat die Bundesrepublik Deutschland keine rechtserheblichen Handlungen vorgenommen"*. Die nicht veröffentlichten Erlasse befinden sich in den Akten der Vertretung der Freien Stadt Danzig. Vgl. auch S.214 f.
883 Vertrag zwischen der Bundesrepublik Deutschland und der Republik Polen über gute Nachbarschaft und freundschaftliche Zusammenarbeit (Anm.880).
884 Vgl. unten S.261.

die von der Sowjetunion gegenüber der von ihr aus der Taufe gehobenen Lubliner Regierung ausgeübt wurde, ist davon auszugehen, daß die neue polnische Regierung den Geheimbeschluß Stalins für verbindlich hielt. Angesichts der Mitwirkung der Sowjetunion an der entsprechenden Regelung in Potsdam nach der Kapitulation des Deutschen Reiches ist es unter diesen Umständen und trotz der üblichen Verwaltungshandeln im Zustand militärischer Besetzung weit überziehenden polnischen Maßnahmen nicht vertretbar, an der bisherigen Auffassung[885] festzuhalten, Polen habe mit dem Eingliederungsdekret vom 30. März 1945 in bezug auf Danzig seinen Annexionswillen nach außen zum Ausdruck gebracht.[886]

Im "Potsdamer Abkommen" und in allen späteren Entscheidungen und Erklärungen der Alliierten wurde zwischen Deutschland in den Grenzen vom 31.12.1937 und der Freien Stadt Danzig deutlich unterschieden. Während für Deutschland schließlich im Zusammenhang mit der Vereinigung von Bundesrepublik Deutschland und Deutscher Demokratischer Republik mit dem Zwei-plus-Vier-Vertrag vom 12. September 1990, dem deutsch-sowjetischen Partnerschaftsvertrag vom 9. November 1990 sowie den beiden deutsch-polnischen Verträgen vom 14. November 1990 und 17. Juni 1991 neue Wege beschritten und Grenzregelungen gesucht wurden, ist für die Freie Stadt Danzig das Potsdamer Provisorium (Verwaltungsbesetzung durch Polen bis zu einer vertraglichen Lösung) bis heute unverändert bestehen geblieben.

II. Rechtsfolgen für den Danziger Staat

1. Argumentation aus polnischer Sicht

Die bisherigen Ausführungen haben gezeigt, daß die nach 1920, nach 1939, vor allem aber nach 1945 entstandenen Danziger Probleme – Status der Freien Stadt Danzig und Rechte der vertriebenen und der gebliebenen Danziger Bevölkerung – noch einer Lösung harren. Zur Beurteilung der Rechtsfolgen für den Danziger Staat und für die Danziger Menschen sowie möglicher Lösungen der offenen Fragen ist es erforderlich zu erkennen, welcher Rechtsstandpunkt polnischerseits eingenommen wird oder eingenommen werden könnte.

---

885 Vgl. Böttcher, Die völkerrechtliche Lage, S.117.
886 Vgl. auch die sowjetische Antwortnote vom 17.4.1945 auf den US-Protest vom 8.4.1945 gegen *"angebliche förmliche Einverleibung der Freien Stadt Danzig"* durch Polen (vgl. Lane S.256 f.), in der die Sowjetunion erklärte, es handele sich lediglich um örtliche für polnische Bevölkerung eingerichtete Verwaltung, die in keiner Beziehung zur Grenzfrage stehe. Auf nochmalige US-Abmahnung vom 8.5.1945 mit Bezug auf Jalta, die nun auch Vertreibungen deutscher Bevölkerung und Umsiedlungen von Polen in die deutschen Gebiete und die Vereinbarung ansprach, die deutschen Ostgebiete bis zur endgültigen Friedensregelung unter sowjetischer militärischer Besetzung zu belassen, bestätigte die sowjetische Regierung in ihrer Antwortnote vom 16.5.1945 nochmals, daß die endgültige Festlegung der westlichen Grenze Polens bei der Friedenskonferenz erfolgen werde.

Nach der Eingliederung Danzigs in den polnischen Staat hat Polen sehr viel Mühe aufgewendet, diese Maßnahme und deren Endgültigkeitsanspruch zu begründen, um sie vor der Welt zu rechtfertigen. Auffällig ist die unterschiedliche und wechselnde Argumentation, auf die sich polnische Politiker und Rechtswissenschaftler zur Begründung ihres einseitigen Vorgehens gegen die Oder-Neiße-Gebiete[887] und gegen die Freie Stadt Danzig stützen.

So haben sie sich zunächst auf eine vertragliche Regelung mit den Alliierten zugunsten Polens, anschließend auf Zuweisung des Gebietes durch die Alliierten berufen, um schließlich bezüglich Danzigs einen Anspruch auf unmittelbaren Zugriff mit der Begründung zu erheben, Die Freie Stadt Danzig sei 1945 souveränitätsfreies, herrenloses Gebiet gewesen und in das polnische Mutterland "zurückgekehrt".

a) "Rückkehr" Danzigs als historische Begründung

Die polnische Auffassung von der *"Rückkehr in die polnischen Grenzen"*[888] als im Sinne des geltenden Völkerrechts rechtmäßiger Akt wird u.a. von Skubiszewski wiederholt geltend gemacht und eingehend zu begründen versucht.[889] Eine sachgerechte Auseinandersetzung mit dieser Rechtsmeinung wird sehr erschwert, weil zu zahlreichen für die Beurteilung der Danziger Lage wesentlichen historischen und rechtsrelevanten Stationen grundsätzliche Positionen bezogen werden, die unter Anlegung des Maßstabes der herrschenden Völkerrechtslehre und -praxis sowie der historischen Fakten nicht haltbar sind. So war die deutsche Hansestadt Danzig nach Darstellung Skubiszewskis vor ihrem Anschluß an Preußen im Jahre 1793 Bestandteil des polnischen Königreiches[890], so daß Polen 1919 die "Rückkehr" des angeblich polnischen Danzig fordern konnte. Danzig wurde im Jahre 1920 nach dieser Auffassung nicht Staat und Völkerrechtssubjekt. Polen habe mithin nach seinem Einmarsch in Danzig im März 1945 unter Berufung auf seine alten Rechte und auf die Regelung von Versailles nur zuzugreifen brauchen, um Danzig "zurückzuholen". Das "Potsdamer Abkommen" habe das legitimiert. Fremde Souveränitätsrechte seien dadurch nicht verletzt worden. Auch die Vertreibung der Danziger sei eine rechtmäßige Maßnahme gewesen, ebenso wie die Enteignungen des Danziger öffentlichen und privaten Vermögens.

---

887 Vgl. Uschakow, Die Grenzregelung, S.95, 97, 103 ff. und S.117 Anm.86 mwN. polnischer Lit. Zu den weiteren Bemühungen, die Potsdamer Beschlüsse und den Zwei-plus-Vier-Vertrag in rechtliche Übereinstimmung zu bringen, vgl. auch Steffens/Uschakow, Die deutsche Frage, S.107 ff.; Seiffert, Die Verträge, S.25 f.

888 Skubiszewski, Die Westgrenze Polens 1975, S.285; vgl. auch ders. S.306: *"Rückkehr Danzigs zur Republik"* und *"Rückkehr zum polnischen Staat"*, S.308: *"Am 27. März 1945 wurde Danzig von der deutschen Okkupation befreit"*, S.316: *"... kann Danzig als von Polen zurückgewonnenes Gebiet bezeichnet werden"*; ders. Die Westgrenze Polens 1969, S.278: *"... daß die Rückkehr Danzigs zur Republik Polen aktuell wurde"*; ders., Danzig im Völkerrecht 1956 S.271; vgl. auch die Forderung auf einer Konferenz der UPP in Moskau am 28.6.1943, zit: Umiastowski S.156.

889 Vgl. Skubiszewski, Die Westgrenze Polens 1975, S.285 ff.; vgl. zu den polnischen Begründungen sog. historischer Ansprüche auch Klafkowski, Vorwort zu Wiewióra, S.XX ff., ders., Die Rechtsgrundlage der Oder-Neiße-Grenze, S.116 ff.

890 Vgl. Skubiszewski aaO S.287 f.

Polen, das nach jahrhundertelangen, immer wieder vergeblichen Versuchen, die begehrte Stadt Danzig zu erobern und zu behalten, in den Jahren seit 1945 erstmalig einen faktischen dauerhaften Erfolg erzwang, indem es das Gebiet übernahm, nahezu die gesamte Bevölkerung vertrieb und bis heute aussperrt, sucht nun die Motivierung politischer Interessen als Grundlage seiner rechtlichen Konstruktionen zu vermitteln. Im Prinzip handelt es sich bei diesen Versuchen einer Rechtfertigung polnischer Eroberungspolitik um Methoden, die den intensiven Anstrengungen polnischer Diplomaten am Ende des Ersten Weltkrieges vergleichbar sind, die Staatenwelt davon zu überzeugen, daß Danzig eine Stadt polnischen Charakters sei.[891] Zum Beweis seiner "Rückkehr"-Theorie zitiert Skubiszewski[892] S.Mackiewicz[893]:

> " Im 18.Jahrhundert hatten die Danziger den polnischen Staat verteidigt, gegen Preußen gekämpft, aber im 18.Jahrhundert hatte es noch keinen gesamtdeutschen Patriotismus gegeben. Es gab, wie Bainville lapidar sagt, die Deutschen noch nicht. Dagegen unterlagen die Danziger im 19.Jahrhundert dem Strom der Geschichte: Sie verwandelten sich zunächst in Preußen, dann in Deutsche".

Er verwechselt mit diesem Zitat das Bekenntnis zum Deutschtum, zur deutschen Kultur, zur deutschen Sprache mit der späteren Entwicklung zu Nationalstaaten oder gar zu nationalistischen Auffassungen in Europa. Danzig hatte nicht den polnischen Staat verteidigt, sondern in Erfüllung seiner Vertragspflichten den polnischen Wahlkönig. Es hat nicht nur gegen Preußen, sondern u.a. gegen den polnischen König gekämpft, jeweils gegen diejenigen, die seine Unabhängigkeit und seine wirtschaftlichen Entfaltungsgrundlagen antasteten. Es gab zwar noch keine gesamtdeutsche Nationalität. Es gab aber die verbindende deutsche Sprache; und sie war nach der Verfassung der Stadtrepublik Danzig Voraussetzung für den Erwerb der Danziger Staatsbürgerschaft mit allen daran geknüpften Folgewirkungen. Skubiszewski[894] vermengt außerdem bei seiner Darstellung der Danzig-polnischen Entwicklung die in Danzig durchaus ausgeprägte Abwehrhaltung der Danziger gegen das Hitlerregime[895], die auch im Deutschen Reich selbst vorhanden war, mit einer angeblichen Abkehr von der Bindung an den Staat Deutschland. Er verkennt, daß Deutschland, von dem Danzig gegen den Willen seiner Bevölkerung zugunsten bestimmter polnischer Befugnisse abgetrennt worden war, die Freie Stadt Danzig so weit wie möglich gegen die fortwährenden Versuche zu schützen suchte, den polnischen Einfluß in diesem deutschen Territorium zu mehren.[896] Demge-

---

891 Vgl. Skubiszewski aaO S.285. Sachlicher und damit verständigungsfördernd wirken dagegen neuere wissenschaftliche Äußerungen wie z.B. von dem polnischen Historiker Andrzejewski, der in seiner in deutscher Sprache herausgegebenen historischen Arbeit, Opposition und Widerstand in Danzig 1933-1939, S.7 f., zur Geschichte Danzigs bemerkt: "Allmählich kommt jedoch immer mehr polnischen Einwohnern dieser Stadt zu Bewußtsein, daß die Geschichte Danzigs in hohem Grade deutsche Geschichte ist".
892 AaO S.293 und dort Anm.18.
893 Die Politik Becks, Paris 1964 S.87.
894 AaO S.294.
895 Daran hat kürzlich Andrzejewski S.7 f. erinnert.
896 Vgl. zu den Einflußnahmen Polens in Danzig zwischen 1919 und 1939 u.a. die Darstellungen und Würdigungen bei Ziehm, Aus meiner politischen Arbeit (1957); Sahm, Erinnerungen (1958); Böttcher, Die völkerrechtliche Lage der Freien Stadt Danzig (1958); Denne, Das Danziger Problem (1959); Burckhardt, Meine Danziger Mission (1960); Sprenger, Heinrich Sahm (1969); Ruhnau, Die Freie

genüber spricht Skubiszewski von einer langanhaltenden Prussifizierung Danzigs, das am Ende des Ersten Weltkrieges eine polnische Minderheit von 10% enthalten habe. Bekanntermaßen gab es etwas über 2% Polen in Danzig[897], was dazu beitrug, die Forderungen des neuen polnischen Staates zu verwerfen, sich die deutsche Stadt schon damals einzuverleiben.

Die polnischen Darstellungen von der historischen Zugehörigkeit Danzigs zum polnischen Staat sind unzutreffend. Polen fordert fremdes Staatsgebiet, und zwar hinsichtlich aller geschichtlichen Epochen.[898] Das ist aus der überblickartigen Darstellung im ersten Abschnitt zu folgern:

- Das nach Abzug der Goten seit ca 6. Jahrhundert n.Chr. slawisch beherrschte Danzig gehörte zu Pommerellen, nicht zum südlich gelegenen Polen.
- Nach Abzug des Deutschen Ordens gehörte die in einer Schutzbeziehung mit der Krone Polen verbündete deutsche Stadtrepublik Danzig nicht zum polnischen Staat.
- Nach Abtrennung vom Deutschen Reich wurde Danzig selbständiger deutscher Staat.

Selbst aber falls Polen sich mit dem Standpunkt durchzusetzen vermöchte, daß z.B. die Verbindung seines Königs mit der deutschen Stadtrepublik Danzig (1454 bis 1793) einer Zugehörigkeit Danzigs zum polnischen Staat gleichgekommen sei, könnte es mit dieser Begründung keinen Territorialanspruch auf Danzig herleiten, weil das Völkerrecht derartige historisch begründete Anspruchsgrundlagen nicht kennt.[899]

b) Die Freie Stadt Danzig als "souveränitätsfreies" Gebiet

Neben der historisch bezogenen Aussage der "Rückkehr Danzigs in den polnischen Staat" sind es vor allem die Versuche von Völkerrechtlern, rechtstheoretisch den Nachweis zu erbringen, daß die polnischen Handlungen rechtmäßig und rechtswirksam waren, das Gebiet der Freien Stadt Danzig seiner Danziger Bevölkerung wegzunehmen, die Danziger auszusperren und die territoriale Souveränität der Republik Polen jedenfalls faktisch auf dieses Gebiet auszudehnen. Significant für alle diese Bemühungen sind vor allem die umfassenden Veröffentlichungen von Skubiszewski, der als Vertreter der Völkerrechtswissenschaft sowie in der praktischen Anwendung als Außenminister der Republik Polen die staats- und völkerrechtlichen Probleme untersucht, aber zugleich auch die politischen Zusammenhänge und Vorgänge beleuchtet und bewertet hat.

Stadt Danzig (1979); Ramonat, Der Völkerbund und die Freie Stadt Danzig (1979); Neumeyer, Westpreußen, (1993, S.399 ff.); Andrzejewski, Opposition und Widerstand in Danzig (1994).
897 Siehe oben S.91 und Anm.370.
898 Eine derart auf Jahrhunderte rückbezogene Gebietsforderung wird überdies, selbst von dem gegenüber Deutschen kritischen polnischen Schriftsteller Jedrzej Giertych, "Die Frage der wiedergewonnenen Gebiete im Lichte der Ethik", veröffentlicht vom Hause des Polnischen Buches (1948; zit.: Kraus S.44, mit weiterem Hinweis auf entspr. poln. Lit.), für zweifelhaft gehalten.
899 Vgl. die eingehenden Ausführungen von Kraus, Der völkerrechtliche Status, S.44 ff.; Krülle, Die völkerrechtlichen Aspekte, S.295 ff.; vgl. auch Menzel, Annexionsverbot, S.46 ff.; ders. DöV 1971 S.375; Scheuer, Der deutsche Staat in rechtlicher Sicht, S.65.

Die Auseinandersetzung mit diesen – sehr komplexen – Rechtfertigungsversuchen macht deutlich, daß es der polnischen Seite nicht gelungen ist, den Nachweis der gewünschten Ergebnisse zu liefern. Unbestreitbar haben die Siegermächte im Verlaufe des Krieges unter dem Eindruck der rechtswidrigen Aggressionen Hitlers sehr weitgehende Pläne zur Aufteilung Deutschlands verfolgt. Dazu gehörte auch die Planung, einen neuen polnischen Staat auf Kosten großer Teile Deutschlands zu errichten. Auch das Gebiet der Freien Stadt Danzig sollte der Republik Polen zugestanden werden. Über derartige Planungen waren sich die Siegermächte im Prinzip einig. Aber abgesehen davon, daß sie auf dem Boden der von den drei Westmächten wiederholt geäußerten Auffassungen, denen sich die Sowjetunion anschloß, rechtlich gehindert waren, ohne Beteiligung der Betroffenen – Deutschland, Freie Stadt Danzig – so weitgehende Eingriffe zu vollziehen, haben sie sich dazu auch nicht entschließen können. Sie haben die Lösung territorialer Fragen ausgeklammert und aufgeschoben.

Zu Danzig vertritt nun die polnische Seite, wie bereits angedeutet[900], die These, die Freie Stadt Danzig sei kein Staat gewesen, lediglich eine nach dem Muster eines Staates organisierte "staatsähnliche Korporation"[901], habe folglich keine Souveränität innegehabt. Auf Grund des Versailler Vertrages sei die territoriale Souveränität über das Danziger Gebiet auf die Alliierten und Assoziierten Hauptmächte übergegangen und dann aber mit Errichtung der Freien Stadt Danzig erloschen. Danach habe es keine Souveränität über das Danziger Gebiet mehr gegeben. Polen sei – um seine Sonderrechte aus dem VV des freien Zugangs zur Ostsee zu wahren – berechtigt gewesen, seine territoriale Souveränität auf das souveränitätsfreie herrenlose Gebiet des von der Sowjetunion und von Polen kriegsbesetzten Danzig auszudehnen.[902]

Das Eingliederungsdekret vom 30. März 1945 sei nur ein Teilakt der Vollziehungsmaßnahmen gewesen. Um die Annexion eines Staates habe es sich somit nicht gehandelt, sondern um die erlaubte Einverleibung eines herrenlosen Gebietes.[903] Zur Zeit des Potsdamer Abkommens sei dieser Akt bereits vollendet gewesen. Anders als für die Oder-Neiße-Gebiete sei im Potsdamer Abkommen auch keine Regelung zu Danzig getroffen worden.[904] Danzig habe zu dieser Zeit bereits zu Polen gehört. Von den Alliierten sei diese Lösung anerkannt worden. Die betroffenen Danziger seien mangels Souveränität Danzigs nicht zu beteiligen gewesen. Da sie nach 1919 zur Rückkehr nach Deutschland strebten, anstatt für polnische Lösungen zu optieren, hätten sie damit gegen die Versailler Regelung verstoßen und könnten sich schon aus diesem Grunde nicht auf ihre Rechte aus dem VV berufen.[905]

---

900 Oben S.125ff., 180f..
901 So Skubiszewski aaO S.291.
902 Vgl. zu diesen Ausführungen Skubiszewski aaO S.291 f., 312.
903 Vgl. Skubiszewski aaO S.312. Die Wiedervereinigung vom 1.9.1939 bezeichnet Skubiszewski (aaO S.300 ff., 304) bemerkenswerterweise aber als "Annexion" mit der Rechtsfolge der Unwirksamkeit.
904 Vgl. ders. S.314.
905 Vgl. ders. S.310 ff.

Alle diese Argumente sind nicht geeignet, die oben dargelegten Ergebnisse zu erschüttern. Zur Frage des Staatscharakters der Freien Stadt Danzig vermögen die Ausführungen Skubiszewskis, die der oben dargestellten herrschenden Meinung entgegensteht, nicht zu überzeugen. Die vom Völkerbundsrat genehmigte Danziger Verfassung und die ständige Praxis sind stärker als die wiederholten Äußerungen, mit denen die Republik Polen versucht, Gegenpositionen zu beziehen oder durchzusetzen. Selbst aber, wenn der polnischen Auffassung, die übrigens rechtlich nicht begründet worden ist, gefolgt würde, könnte wohl kaum ernsthaft gefolgert werden, daß eine staatsähnlich, nach staatlichem Muster organisierte Korporation mit eigenen Regierungsorganen und einer eigenen geschlossenen Bevölkerung dem rechtsfreien Zugriff eines fremden Staates ausgesetzt wäre. Die Rechtsfolge der verbotswidrigen Annexion wäre also, abgesehen von der Bindungswirkung des Selbstbestimmungsrechts der Völker[906], mangels anderer rechtsstaatlicher Schranken, zumindest analog anzuwenden, mit der Konsequenz, daß Polen wiederum in Beweisnot geriete, die Rechtfertigung seines Handelns nachzuweisen. Es läßt sich übrigens auch kaum nachvollziehen, daß Skubiszewski im Falle der polnischen Einverleibung Danzigs 1945 die Rechtsform der verbotenen Annexion verneint[907], sie jedoch für die Wiedervereinigungsakte des Deutschen Reiches 1939 zum Nachweis der Rechtsfolge der Unwirksamkeit der deutschen Eingliederung ins Feld führt.[908] Skubiszewski hebt hervor, daß die Bundesrepublik Deutschland nur für das Deutschland in den Grenzen vom 31. Dezember 1937 sprechen konnte, nicht also für die Freie Stadt Danzig[909], die auch nach polnischer Auffassung nicht Bestandteil des Deutschen Reiches geworden war. Die Bundesrepublik hat sich in allen deutsch-polnischen Vertragschlüssen in der Folgezeit entsprechend verhalten. Danzig war nicht Gegenstand ihrer Verträge.[910]

Bei allen Ausführungen Skubiszewskis über die deutsch-polnischen, insbesondere Danzig-polnischen Beziehungen ist die Verwunderung, ja der Vorwurf zu erkennen, daß die Danziger sich seit 1920 an Deutschland anlehnten und nicht an Polen. Polens Mißverständnis war, daß es in der Nationalstaatsepoche Danzig begehrte und nicht berücksichtigte, daß diese Zeit mit der Epoche der Monarchien und Dynastien des 17. und 18. Jahrhunderts nicht verglichen werden kann, in der es für Danzig in seinen Beziehungen zu Preußen und Polen nur darauf ankam, seine Unabhängigkeit als deutsche Stadtrepublik zu bewahren. Es wollte seinen wirtschaftlich günstigsten Standort finden, aber es wollte auch damals nicht polonisiert werden. Bemerkenswert ist, daß sich Skubiszewski auch gegen europäische Lösungen für Danzig mit der Begründung wehrt, der Grenzabbau werde nur für Deutschland Vorteile mit sich bringen.[911]

---

906 Siehe unten S.245.
907 Vgl. Skubiszewski aaO S.310 ff.
908 Ders. S.304; vgl. Anm.903.
909 Ders. S.314.
910 Vgl. oben 177 f.
911 Vgl. Skubiszewski, Die Westgrenze Polens 1969, S.565.

c) Etwaige weitere polnische Rechtfertigungsgründe

Im Hinblick auf die in Polen vertretene Auffassung, die Freie Stadt Danzig sei in die Territorialsouveränität der Republik Polen übergegangen, ist – nach Verneinung historischer Ansprüche und der These eines souveränitätsfreien Danzig – zu den insoweit vorgebrachten unterschiedlichen Argumenten und sonst möglicherweise in Betracht zu ziehenden Rechtfertigungsgründen unter völkerrechtlichen Aspekten Stellung zu nehmen.

aa) Kontinuität des polnischen Staates

Im Mittelpunkt der Argumentation der Polen, d.h. ihrer Rechtfertigungsbemühungen, steht das Grundverständnis zu dem in einem neuen Staatsgebiet unter sowjetischer Kontrolle wieder errichteten Polen.[912] Eingespannt in machtpolitisch bestimmte Festpunkte – nämlich fixierte Ostgrenze (Curzon-Linie[913]) zur Sowjetunion und damit verbundene Westverschiebung weit nach Deutschland hinein (Oder-Neiße-Linie) – fällt es dieser in ihrem Territorialstandort nach Deutschland verschobenen polnischen Republik auch unter sicherheitspolitischen Aspekten nun sehr schwer, ihre existentiellen Fundamente in diesem veränderten Territorialrahmen staatsrechtlich und völkerrechtlich zu begründen.[914]

Die Begründung wird neuerdings noch zusätzlich erschwert, da Polen sich anschickt, sich in das rechtsstaatliche System einer modernen freiheitlichen europäischen Friedensordnung einzupassen und sich in diesem Prozeß den menschenrechtlichen Bedingungen und institutionellen Kontrollen und Vollzugsverfahren zu unterwerfen. Gleichwohl bemüht sich die Republik Polen, an der Kontinuität des polnischen Staates und an der Rechtsverbindlichkeit von dessen Eroberungen festzuhalten. Seinen formellen Ausdruck fand dies in der symbolischen Verschmelzung der Exilpolen mit der politischen Vertretung im Lande. Der erste freigewählte Präsident der Republik Polen Lech Wałęnsa hat am 22. Dezember 1990 die 3. Republik ausgerufen und im Königsschloß in Warschau die Insignien des Präsidenten der 2. Republik (1918-1939) aus der Hand des bisherigen Präsidenten der Londoner Exilregierung, Ryszard Kaczorowski entgegengenommen.[915] Spätestens mit diesem Akt sind die staatsrechtlichen Mängel als geheilt zu

---

912 Vgl. die Erläuterung des polnischen Standpunktes im Rahmen seines Staatsverständnisses bei Uschakow, Das Potsdamer Abkommen, S.179 ff.(180 f.).

913 Die vom britischen Außenminister Lord Curzon während des polnischen Feldzuges gegen Rußland 1919/20 vorgeschlagene ethnisch bezogene Trenungslinie zwischen den kämpfenden Truppen, die sodann Grundlage für den Friedensvertrag von Riga vom 18.3.1921 wurde (vgl. Uschakow, Die Grenzregelung, S.113).

914 Nach Uschakow, Das Potsdamer Abkommen, S.180, ist die polnische Auslegung des "Potsdamer Abkommens" keine These der Völkerrechtslehre oder Staatsrechtslehre, sondern das tragende politische Element des polnischen Staates.

915 Vgl. Bingen, Innen- und Außenpolitik, S.216. Neben der Londoner Exilregierung wurde unter sowjetischem Einfluß am 21.7.1944 das Lubliner Komitee als Gegenregierung gebildet (vgl. oben S.151). Mit Note vom 25.4.1943 hatte die Sowjetunion ihre diplomatischen Beziehungen zur legalen polnischen Regierung in London wegen angeblich feindlicher Haltung gegenüber Moskau abgebrochen. Beide Regierungen haben sich im Sommer 1945 unter Mitwirkung der Alliierten in der polnischen Provisorischen Regierung der Nationalen Einheit vereinigt. Trotz Beschneidung der Souveränität durch die UdSSR wird in Polen die Rechtskontinuität des polnischen Staates bis zur Errichtung der 3. Republik

betrachten, sofern sie der Auffassung vom kontinuierlichen Fortbestand des polnischen Staatswesens und von der Rechtmäßigkeit der vom – durch die Sowjetunion 1944 als Gegenregierung eingesetzten – "Lubliner Komitee" geschlossenen Verträge entgegengehalten würden.[916] Schon bei der Bildung der Provisorischen Regierung der Nationalen Einheit im Juni 1945 hatten die Botschafter der Drei Mächte die völkerrechtliche Vormundschaft übernommen.[917] Die USA und Großbritannien hatten ihre Anerkennung der polnischen Exilregierung zurückgezogen; Polen hatte seine östliche Revisionspolitik durch die neue Westpolitik ersetzt.[918]

bb) Das "Potsdamer Abkommen"

(1) Vollziehung der alliierten Planungen

So kommt denn auch der Hervorhebung des Status quo als Ausdruck des politischen Realismus im polnischen Meinungsbild eine besondere Bedeutung zu.[919]

Aus dieser Vorgabe folgen die Bemühungen Polens, zur Rechtfertigung territorialer Veränderungen nicht so sehr die Völkerrechtssätze und die Ergebnisse vertraglicher Regelungen heranzuziehen, sondern sich in erster Linie auf die außenpolitischen Umstände, Entwicklungen und Planungsziele, insbesondere während der Kriegskonferenzen zu stützen und deren Absichtserklärungen durch Auslegung des Erklärungswillens der Konferenzteilnehmer der rechtlichen Begründung ihrer Haltung zugrundezulegen. In dieser Konsequenz sieht Polen die Ergebnisse der faktischen Festlegungen im "Potsdamer Abkommen" als verbindliche Bestätigung der vorher politisch erzielten Einigungen, wobei der Friedensvertragsklausel lediglich formelle, vollziehende Bedeutung beigemessen wird. Den Nachweis der Endgültigkeit der Potsdamer Grenzbestimmungen sucht die polnische Lehre mit dem Hinweis zu erbringen, das "Potsdamer Abkommen" habe sich auf die Ergebnisse der Krimkonferenz bezogen, in denen die polnische Ostgrenze endgültig festgelegt worden sei. Mit Rücksicht auf die Abhängigkeit von Ost- und Westgrenze ("Kompensationsthese") komme der zur Westgrenze eingebrachten Friedenskonferenzklausel lediglich formelle Bedeutung zu.[920]

Unabhängig von der Frage der Rechtswirksamkeit des "Potsdamer Abkommens" für Grenzregelungen eines nicht beteiligten Staates – Freie Stadt Danzig – kann dieser Deutung angesichts des eindeutigen Wortlauts der einschlägigen Bestimmungen des "Potsdamer Abkommens" jedoch nicht beigepflichtet werden.

---

nicht bezweifelt (vgl. Uschakow, Die Grenzregelung, S.112 f. mit Hinweisen auf poln. wiss. Stellungnahmen).
916 Vgl. die Ausführungen zur staatlichen Kontinuität unten S.246 ff.
917 Vgl. Bingen aaO S.216; vgl. auch Uschakow, Das Potsdamer Abkommen, S.188.
918 Vgl. u.a. Kowalski S.43, zit.: Uschakow aaO S.188 Anm.16.
919 Vgl. Uschakow aaO S.181 f.
920 Vgl. ders. S.189.

(2) Alliierte Vereinbarungen im "Potsdamer Abkommen"

Unter weitgehender Bezugnahme auf die vorstehende Würdigung des "Potsdamer Abkommens"[921] werden hier die polnischen Argumente hervorgehoben.

Im Gegensatz zu der von Skubiszewski vertretenen Meinung[922] hat die Freie Stadt Danzig ihren Niederschlag im "Potsdamer Abkommen" gefunden. Ebenso wie die Oder-Neiße-Gebiete wurde auch Danzig als "frühere" Freie Stadt Danzig bezeichnet, was nach dem erklärten Willen der Siegermächte aber nur auf die faktische Lage Bezug nahm und keinen Schluß auf die noch offengelassenen Rechtsverhältnisse zuließ. Auch für Danzig wurden die territorialen Entscheidungen aufgeschoben. Das entsprach dem für Danzig schon vorher von der Sowjetunion getroffenen Geheimbeschluß vom 20. Februar 1945.[923] Wie oben[924] dargestellt wurde, haben die Alliierten im "Potsdamer Abkommen" für Danzig eine vorläufige Regelung herbeigeführt. Sie haben für Danzig polnische Verwaltungsbesetzung verfügt und endgültige Territorialregelung einer künftigen Friedensvertragslösung vorbehalten. Die vertraglichen Regelungen zwischen den Alliierten, Deutschland und Polen bezüglich der Oder-Neiße-Gebiete im Zusammenhang mit der Vereinigung der Bundesrepublik und der DDR bestätigen die Relevanz dieser Rechtsauffassung. Die Alliierten hielten sich jedenfalls an den Grundsatz, bei territorialen Veränderungen den Betroffenen zu beteiligen.

Auch die polnische Deutung, die Rückstellungsklausel habe lediglich Gelegenheit geben wollen, die "Delimination" als formelle Absteckung der endgültigen Grenze nachzuholen[925], ist somit nicht haltbar.[926] Für Danzig ist dieses Argument schon deshalb nicht zu gebrauchen, weil es zur Eingliederung Danzigs durch Polen keiner Grenzfeststellungen zwischen Deutschland und Polen bedurfte.

Mit Blick auf die vorstehenden Ausführungen kann Polen auch nicht mit der Behauptung gehört werden, das für die Verwaltung verwendete Wort "administration" sei mit "government" als Ausübung territorialer Souveränität gleichzusetzen.[927]

Schließlich können auch die Massenausweisungen der Danziger Bevölkerung nicht als Nachweis für die endgültige Grenzregelung herangezogen werden. Abgesehen von der Völkerrechtswidrigkeit der von Polen mitgetragenen und vollendeten "ethnischen Säuberung"[928] sind die Vertreibungen und Aussperrungen aus dem Gebiet der Freien Stadt Danzig im "Potsdamer Abkommen" nicht angeordnet worden.

---

921 Insbesondere oben S.160 ff.
922 Die Westgrenze Polens, 1975, S.314.
923 Anm.706.
924 S.162 ff., 167 ff.
925 Vgl. Wiewióra S.94 ff.
926 Vgl. die Nachweise bei Kraus, Der völkerrechtliche Status, S.25 f.
927 Vgl. Klafkowski, Die Rechtsgrundlagen der Oder-Neiße-Grenze, S.110 ff.
928 Vgl. auch Kraus, Der völkerrechtliche Status, S.28 ff. und Veiter, Potsdamer Abkommen und Vertreibung, S.63 ff.

Danzig gehörte zu dem von den Siegermächten kriegsbesetzten Gebiet. Denn es war von allen Kriegsparteien als Kriegsschauplatz in den Krieg einbezogen worden. Ähnlich wie für Deutschland war auch für die Freie Stadt Danzig als Folge der Kriegsereignisse keine handlungsfähige Regierung vorhanden.

Ohnehin kann Polen sich nicht auf das "Potsdamer Abkommen" berufen[929], weil es nicht Partner der Potsdamer Vereinbarungen gewesen ist. In diesem Sinne war es "Dritter", und zwar sowohl gegenüber den Unterzeichnerstaaten, als auch gegenüber der Freien Stadt Danzig. Eine Vereinbarung zu seinen Gunsten[930] kann es aber schon deshalb nicht gegeben haben, weil es hierzu der Mitwirkung der Danziger bedurft hätte.[931]

cc) Annexion

Da die Alliierten in ihren Kriegskonferenzen und im Potsdamer Abkommen von einer Übertragung der territorialen Souveränität der Freien Stadt Danzig auf die Republik Polen abgesehen haben, ist die Übernahme Danzigs in die polnische Verwaltung und die Eingliederung in die Republik Polen im Jahre 1945 als einseitiger polnischer Akt zu bewerten, der von der Sowjetunion unterstützt wurde. Von polnischer Seite[932] ist diese Maßnahme ausdrücklich nicht als "Annexion"[933] bezeichnet worden. Unter dem Gesichtspunkt der Annexion wäre eine rechtswirksame Einverleibung auch nicht möglich gewesen.

Die Rechtsfolgen sind die gleichen, wie sie für die deutsche Eingliederung im Jahre 1939 dargestellt worden sind.[934] Während des Zweiten Weltkrieges ist das völkerrechtliche Gewalt- und Annexionsverbot noch gefestigt worden.[935] Die Atlantik-Charta vom 14. August 1941[936] war für diese Entwicklung von hervorragender Bedeutung. Sie wurde zwischen dem US-Präsidenten und dem britischen Premierminister vereinbart. Später sind ihr sehr viele Staaten, einschließlich der Sowjetunion und Polen, beigetreten. Die beteiligten Staaten verzichteten auf Annexionen, zunächst für die bevorstehenden Friedensregelungen, jedoch mit deutlichen Konsequenzen für die weitere Bekräftigung des Annexionsverbots bis zur vertraglichen Festlegung in der Charta der Vereinten Nationen vom 26. Juni 1945.[937] Art.2 Nr.4 VN-Satzung enthält den umfassenden Verzicht auf Drohung oder Gewalt gegenüber der territorialen Unversehrtheit irgendeines Staates.

---

929 Vgl. auch Jasica S.72 ff., der die These von der endgültigen Grenzregelung in Potsdam – auch für die Freie Stadt Danzig – vertritt. Auffällig ist, daß er in dem von ihm zitierten englischen Text des Abschnitts IX PA das Wort "Danzig" in das polnische Wort "Gdańsk" geändert hat. Wo im Bericht der Regierungschefs von übereinstimmenden Meinungen die Rede ist, spricht er von "Entscheidungen". Er vertritt außerdem unzutreffenderweise die Auffassung, die Alliierten seien befugt gewesen, endgültig über die deutschen Grenzen zu entscheiden (S.73); so auch Skubiszewski, ArchVR 1985 Bd.23 S.31 ff.
930 Vgl. die polnischen Stellungnahmen, zit. bei Kraus aaO S.34.
931 Vgl. Kraus aaO S.36 f.
932 Vgl. Anm.903.
933 Vgl. zum Begriff der "Annexion" S.140; vgl. auch Gornig, Das Memelland, S.116 mwN.
934 Vgl. S.140 ff.; vgl. auch Verdross-Simma § 970, S.606, § 1163, S.759.
935 Vgl. zum Annexionsverbot auch Blumenwitz, Ex factis jus oritur, S.46 ff.
936 Anm. 748.
937 Abg. bei Kraus-Heinze Nr.6; Basic Documents S.117 ff.; azw. in engl. Text bei Kraus, Der völkerrechtliche Status, Anhang V S.119.

Auch für jene Fälle haben die VN Mitglieder auf Annexionen verzichtet, in denen sie – wie die Sowjetunion und Polen – in einem Verteidigungskrieg den Sieg davongetragen haben.[938] Die polnischen Inkorporationsmaßnahmen sind nach kriegerischer Eroberung Danzigs durch Polen während des Krieges und und der sich anschließenden "occupatio bellica" vorgenommen worden. Eine völkerrechtswidrige, während einer "occupatio bellica" vollzogene Annexion ist aber nicht rechtswirksam.[939]

Da Polen seinen Willen, sich Danzig endgültig einzuverleiben, mit seinem Eingliederungsdekret vom 30. März 1945 und durch die anschließenden Vorgänge[940] eindeutig zum Ausdruck brachte, bedurfte es keiner die Annexionserklärung beinhaltenden ausdrücklichen Notifikation gegenüber der Staatenwelt.[941]

Wird demnach die Einverleibung der Freien Stadt Danzig durch die Republik Polen unter dem Gesichtspunkt einer Annexion betrachtet, so ist die Rechtsfolge des Überganges der territorialen Souveränität nicht eingetreten.

dd) Okkupation und Dereliktion

Dem von polnischer Seite behaupteten Anspruch des Zugriffs auf herrenloses, souveränitätsfreies Danziger Gebiet[942] kann schon deshalb nicht gefolgt werden, weil die Freie Stadt Danzig über staatliche Souveränität verfügte, deren Kontinuität auch nach der Wiedervereinigung im Jahre 1939 während des Krieges nicht geleugnet werden kann.[943] Selbst eine kürzere Unterbrechung der effektiven Herrschaftsausübung hebt eine einmal begründete territoriale Souveränität nicht auf.[944] Ein derartiger Erwerbstitel

---

938 Vgl. Kraus aaO S.81; Blumenwitz aaO S.47. Zur Verneinung eines Annexionsrechts des Siegers vgl. Menzel EA 1949 S.1893 f.; Schätzel, Der Friede, S.33 ff.; Scheuner, Der fehlende Friede, S.198; ders., Die Annexion, S.90; Wehberg, Eroberung, S.103 f. Eine sog. "Gegenannexion" zulasten des Aggressors liegt nicht vor, weil die Freie Stadt Danzig nicht Kriegsteilnehmer war und kein Gebiet annektiert hat. Vgl. hierzu die gegenüber der Auffassung eines völkerrechtlichen Verbots der Gegenannexion skeptischen Ausführungen von Menzel (DöV 1971 S.361 ff. (374 f.) in Einschränkung der überzeugenden Darlegung seiner Ansicht eines allgemein geltenden umfassenden Annexionsverbots als unmittelbare Folge des allgemeinen Gewalt- und Kriegsverbots (vgl. Menzel, Völkerrecht 1962, S.178). Seinem späteren Hinweis (DöV 1971 S.374), im Falle des Verbots der Gegenannexion wäre das Vorgehen des annektierenden Aggressors nahezu risikolos, ist die Reparations- und Restitutionsverpflichtung des Angreiferstaates entgegenzuhalten.

939 Vgl. Bode S.41 f.; H.-J. Jellinek S.250; Mattern, Die Exilregierung, S.24; Schätzel, Der Friede, S.339; ders., Die Annexion 1920, S.149; Scheuner, Die Annexion, S.88 ff.; Verdroß, Völkerrecht 3.Aufl., S.212; Verdross-Simma § 970, S.606.

940 Vgl. Böttcher aaO S.117 ff.

941 Vgl. ders. S.89 mwN. in Anm.346.

942 Vgl. oben S.183 und Anm.903; vgl. auch Skubiszewski, Die Westgrenze Polens, 1975, S.309 ff.: In Potsdam sei die Zugehörigkeit Danzigs nicht erörtert worden. Das sei auch nicht erforderlich gewesen, weil die Zugehörigkeit zu Polen vorher bereits gelöst worden sei. Anders als Skubiszewski vertreten Ehrlich und Makowski (zit.: Stoll S.45 Anm.158) die Auffassung, Polen habe bereits seit der Errichtung der Freien Stadt Danzig im Jahre 1920 die Souveränität über das Danziger Gebiet ausgeübt, eines besonderen Eingliederungsaktes habe es folglich nicht bedurft.

943 Vgl. oben S.148 f.

944 So Verdross-Simma § 1154, S.752 unter Hinweis auf den Schiedsspruch im Falle Island of Palmas.

für Polen ist zu verneinen. Danzig war Staat und Völkerrechtssubjekt und Inhaber der territorialen Souveränität. Polen hatte schon deshalb kein Zugriffsrecht, weil die Okkupationsentscheidungen der Alliierten für Danzig entgegenstanden.[945]

Es hat auch keine Dereliktion – Aufgabe der territorialen Souveränität – stattgefunden. Abgesehen davon, daß die Räumung des Danziger Gebietes mit Mitteln der Gewalt erfolgte, fehlte es auch am "animus derelinquendi"[946], da das vertriebene Danziger Staatsvolk im Gegenteil bis heute seinen Willen bekundet, an seinem Status festzuhalten.[947]

ee) Adjudikation

Von einigen polnischen Völkerrechtlern wird der Standpunkt vertreten, die deutschen Ostgebiete seien Polen durch endgültige Entscheidung der Alliierten zugewiesen worden. Die Alliierten seien nach der bedingungslosen Kapitulation Deutschlands und nach Übernahme der obersten Regierungsgewalt zu dieser Entscheidung befugt gewesen.[948] Ein Friedensvertrag sei nicht erforderlich. Jasica[949] bezieht das Danziger Gebiet in diese Befugnis ein, während Skubiszewski[950] die Zuweisung Danzigs durch die Alliierten verneint, die nach seiner Auffassung keine Verfügungsgewalt über Danzig gehabt hätten. Polen habe seine Souveränität auf das Territorium der Freien Stadt Danzig "suo iure" ausgedehnt und nicht aus den Händen der Drei Mächte empfangen.

Polen kann sich auf Adjudikation als Erwerbstitel zur Aneignung Danzigs nicht berufen.[951] Es fehlt an einem völkerrechtlichen Adjudizierungsorgan, dem ein derart weitgehendes Verfügungsrecht durch völkerrechtlichen Vertrag eingeräumt worden ist, über die Zugehörigkeit des Danziger Gebiets zu entscheiden.[952] Es fehlt aber vor allem an einer Ermächtigung durch den betroffenen Danziger Staat, sich der seinem Wesen nach schiedsrichterlichen Entscheidung[953] zu unterwerfen.

In Verkennung dieser rechtlichen Bedeutung einer Adjudikation hat Posser in einem am 2. Dezember 1989 gehaltenen Vortrag, den Standpunkt vertreten, der Wille der Alliierten sei *"auf die Adjudikation, d.h. auf Zuweisung der deutschen Ostgebiete an Polen gerichtet"* gewesen.[954] Zurecht ist ihm von Brauns[955] entgegnet worden, eine Adjudikation sei der Sache nach ein Vertrag zulasten Dritter, der gegenüber dem belasteten Dritten nur dann wirksam ist, wenn dieser der getroffenen Regelung zustimmt.

---

945 Vgl. oben S.162 ff.
946 Vgl. in diesem Sinne Verdross-Simma § 1156, S.754.
947 Vgl. oben S.70 ff. mit Anm.283 und unten S.240 ff., 248 ff.
948 Vgl. Jasica S.72 f.
949 Ders. S.72.
950 AaO S.314.
951 Im polnischen Schrifttum wird diese Verfügungsbefugnis im Hinblick auf die deutschen Ostgebiete vertreten (vgl. die Nachweise bei Krülle, Die völkerrechtlichen Aspekte, S.189; Gornig, Die deutschpolnische Grenzregelung, S.173).
952 Vgl. Verdross-Simma § 1164, S.760.
953 Vgl. Kraus, Der völkerrechtliche Status, S.16; Gornig aaO S.173; Brauns S.436.
954 Vgl. Posser, Die deutsche Frage, S.424 f.
955 Vgl. Brauns, Anmerkungen, S.435 f.

ff) Kompensationsthese

Auch auf die "Kompensationsthese", Entschädigung Polens für die an die Sowjetunion verlorenen Gebiete auf Kosten deutscher Gebiete[956], kann die Republik Polen sich nicht berufen. Polnische Autoren und Politiker haben die Abhängigkeit der polnischen Anerkennung der Ostgrenze von der Festlegung der verschobenen Westgrenze vertreten.[957] Mit der Konstruktion eines Vertrages zugunsten Dritter wurde der Beschluß der Jalta-Konferenz als Angebot angesehen, das mit Annahme durch die polnische Delegation zu einer rechtskräftigen Grenzregelung geführt habe.[958]

Polnische staatliche Organe haben zwar den ihrer derzeitigen Ostgrenze im wesentlichen zugrundliegenden Hitler-Stalin-Pakt vom 23. August 1939 inzwischen als nicht rechtsverbindlich bezeichnet. Das gilt auch für die Stimmen in der Sowjetunion.[959] Abgesehen davon, daß der Danziger Staat von einer Kompensation zulasten des Deutschen Reiches rechtlich nicht betroffen war, hat Polen sich aber unter Bezugnahme auf die Berliner Konferenz vom Juli/August 1945 durch den am 16. August 1945 mit der Sowjetunion geschlossenen Grenzvertrag[960] auf diese Ostgrenze völkerrechtlich verbindlich festgelegt. Polen ist folglich gehindert, jene Kompensation durch Absage an die Annexionsfolgen an seiner Ostgrenze wieder aufzubrechen. Die Sowjetunion – und unter ihrem Einfluß auch Polen – haben die Verknüpfung der polnischen Grenzregelungen in Ost und West unter dem Eindruck der neuen US-Ostpolitik in der Befürchtung wieder aufgegeben, abermalige Diskussionen könnten die Curzon-Linie wieder in Frage stellen.[961] Der sowjetischen Regierung kam es ausschließlich darauf an, eine Garantie für ihre Westgrenze zu Polen gegenüber der widerstrebenden polnischen Exilregierung zu erreichen.[962]

---

956 Zur Entstehung des Kompensationsgedankens vgl. Uschakow, Das Potsdamer Abkommen, S.184 und ders., Die Oder-Neiße-Linie/Grenze, S.311, 313. Der territoriale Verlust Polens an seiner Ostgrenze betraf im übrigen im wesentlichen die Gebiete, die Piłsudski in seinem 1920 gegen Rußland geführten Eroberungsfeldzug errungen hatte (vgl. oben S.53).
957 Vgl. Skubiszewski, La frontière, S.248; Uschakow, Die Oder-Neiße-Linie/Grenze, S.320 ff., der sich auf Klafkowski, Skubiszewski, Kokot, Wiewióra sowie auf Äußerungen des polnischen Staatspräsidenten Bierut vom 24.8.1945 und des polnischen Regierungschefs Osóbka-Morawski vom 30.9.1946 bezieht.
958 Nach sowjetischer Beurteilung wurde die Staatsgrenze zwischen der UdSSR und Polen – im wesentlichen die Curzon-Linie mit einigen Verbesserungen zugunsten Polens – juristisch in den Grenzverträgen vom 27.7.1944 und 16.8.1945 vollzogen (vgl. Uschakow aaO S.319 f.).
959 Vgl. Uschakow aaO S.299 ff. Art.1 des von der Sowjetunion mit der polnischen Exilregierung in London geschlossenen Bündnisvertrages vom 30.7.1941 (sog. Sikorski-Majskij-Pakt) lautete: *"Die Regierung der UdSSR anerkennt, daß die sowjetisch-deutschen Verträge des Jahres 1939 bezüglich der territorialen Veränderungen in Polen ihre Gültigkeit verloren haben. ..."* (vgl. Uschakow aaO S.310 f.); so auch der russische Staatsrechtler Boguslawskij S.4 f., ebenfalls unter Hinweis auf den sowjetisch-polnischen Vertrag und auf spätere sowjetische Verlautbarungen. Vgl. unten S.211 und Anm.1086.
960 Anm.851.
961 Bei der 4. Außenministerkonferenz in Moskau vom 10.3. bis 24.4.1947 wandte sich der US-Außenminister Marshall energisch gegen eine endgültige Einbeziehung der deutschen Ostgebiete in den polnischen Staat (vgl. Uschakow aaO S.322). Am 9.4.1947 distanzierte sich auch Molotow von der Kompensationsthese, blieb allerdings mit neuen angeblichen historischen Begründungen bei der Verlagerung der polnischen Westgrenze auf Kosten Deutschlands (vgl. Kraus, Der völkerrechtliche Status, S.62 f.).
962 Vgl. auch Kraus aaO S.64 f.

Jedenfalls kann Polen sich zur Rechtfertigung seiner Westgrenze auf die Kompensationsthese nicht stützen. Einerseits ist im "Potsdamer Abkommen" die von Polen behauptete Grenzregelung nicht getroffen worden.[963] Außerdem findet die Entschädigung eines Staates für annektiertes oder sonst beanspruchtes Land durch eine weitere Annexion zulasten eines dritten Staates – hier Freie Stadt Danzig[964] – im Völkerrecht keine Grundlage.[965] Deshalb trägt auch nicht die polnische Argumentation im Zusammenhang mit der Rückstellungsklausel im "Potsdamer Abkommen", es habe keines Friedensvertrages bedurft, weil das Potsdamer Abkommen selbst Teil der erforderlichen Friedensregelung gewesen sei.[966]

d) Zusammenfassung

Keiner der von Polen konstruierten Rechtsansprüche hält der Prüfung stand. Zur Rechtfertigung der Einverleibung der Freien Stadt Danzig kann die Republik Polen sich weder auf "historische Ansprüche" berufen, noch auf ein Recht zur Aneignung "souveränitätsfreien", "herrenlosen" Gebietes. Die "Kompensationsthese", also der Anspruch auf neuen Lebensraum auf Kosten fremden Staatsgebietes als Ersatz für im Osten verlorene Gebiete bietet ebensowenig eine Rechtsgrundlage wie Gründe einer Verbesserung der sicherheitspolitischen Lage oder einer "Bestrafung" für das von Deutschland zugefügte Leid.[967] Schließlich sind auch die Beschlüsse der Alliierten in ihrem "Potsdamer Abkommen" nicht geeignet, als Rechtsgrundlage für die polnische Eroberung herangezogen zu werden, weil sie einerseits das polnische Begehren nicht erfüllt haben, es andererseits ohne Beteiligung der Freien Stadt Danzig völkerrechtlich nicht erfüllen konnten.

Die Prüfung der polnischen Argumentationsversuche zur Rechtfertigung der einseitigen Maßnahmen mit dem Ziel der Einverleibung der Freien Stadt Danzig hat das bisherige Ergebnis bestätigt: Die Republik Polen übt eine vorläufige Verwaltungsbesetzung über das Gebiet der Freien Stadt Danzig aus. Die territoriale Souveränität Danzigs ist weder auf die Alliierten noch auf die Republik Polen übergegangen. Die für den Danziger Staat und für sein Staatsvolk als Folge der beiden Weltkriege entstandenen Probleme bedürfen einer endgültigen Lösung.

---

963 Vgl. oben S.162 f., 186 ff.. Ohne rechtliche Relevanz waren die von westlichen Politikern 1944/45 wiederholt geäußerten politischen, nicht rechtsverbindlichen Überlegungen, Polen im Westen deutsche Gebiete zuzugestehen (vgl.Kraus aaO S.63 f.).

964 Bei Bejahung des behaupteten völkerrechtlich erlaubten Kompensationsgrundsatzes könnte beispielsweise das Danziger Staatsvolk als Kompensation für den Verlust seines Territoriums, falls er endgültig würde, die Wiedererrichtung seines Staatsgebietes zulasten der Rußländischen Föderation im Königsberger Gebiet (Nordostpreußen) verlangen.

965 Vgl. Kraus aaO S.61; Menzel DöV 1971 S.375; Scheuer, Der deutsche Staat, S.66; Krülle, Die völkerrechtlichen Aspekte, S.321 ff.

966 Vgl. Uschakow aaO S.322.

967 Vgl. Menzel, DöV 1971 S.375.

Wenn die Siegermächte nicht nur die deutschen Ostgebiete, sondern auch die Freie Stadt Danzig unter polnische Verwaltungsbesetzung stellten, so konnten sie die Berechtigung hierfür aus dem im Versailler Vertrag begründeten kollektivvertraglichen Schutzsystem für Danzig entnehmen. An die Alliierten und Assoziierten Hauptmächte war die territoriale Souveränität über Danzig nach dessen Abtretung auf Grund des Versailler Vertrages bis zur Errichtung des Staates übergegangen. Die USA, Großbritannien und Frankreich stehen heute in dieser Verantwortung. Japan und Italien sind infolge ihrer 1947 und 1951 geschlossenen Friedensverträge ausgefallen. Die Sowjetunion – heute Rußländische Föderation – hat sich angeschlossen.[968] Ebenso wie über Deutschland haben die Vier Mächte auch für Danzig die Regierungsgewalt wahrgenommen, ohne das Gebiet zu annektieren und aus dieser Ermächtigung die Maßnahme der Übertragung der Verwaltungsbesetzung hergeleitet. Dies war und ist die Konsequenz der Versailler Regelung. Der von den Siegermächten des Ersten Weltkrieges mit den Danziger Fragen beauftragte Völkerbund existierte seit 1946 nicht mehr. Die VN haben diese Aufgaben bisher nicht wahrgenommen. So lag es nahe, daß die Siegermächte des Zweiten Weltkrieges aus ihrer oben bezeichneten Kompetenz infolge bestehenden Handlungsbedarfs und in Wahrnehmung ihrer Schutzpflicht selbst die zunächst erforderlichen Maßnahmen ergriffen. Anders als für Deutschland bedurfte es deshalb in bezug auf Danzig keines formellen Aktes zur Übernahme der Regierungsgewalt. Nichts spricht demnach dafür, die Anordnung der Verwaltungsbesetzung aus dem "Potsdamer Abkommen" als Duldung einer endgültigen Gebietsübernahme durch Polen zu deuten. In Potsdam konnten ohnehin nur vorläufige Maßnahmen getroffen werden, weil Entscheidungen zulasten Dritter weder gewollt waren, noch beschlossen wurden. Endgültige Entscheidungen sind nur unter Beteiligung der Betroffenen zulässig; und es ist nicht erkennbar, daß die Vier-Mächte sich in der Danziger Frage über diesen Grundsatz hinwegzusetzen gedachten.

Bemerkenswert für den unsicheren Argumentationsboden, auf dem Polen sich selbst wähnt, sind die Schlußbetrachtungen von Skubiszewski zu seiner im Jahre 1975 erschienenen Abhandlung "Die Westgrenze Polens im Lichte der Verträge". Er zitiert dort[969] einen Satz von Jennings[970], indem er ausführt: *"Treffend erinnerte kürzlich ein Autor, daß es im internationalen Recht 'keine klarere Norm gibt als die Vorschrift, daß kein Staat rechtlich Bemühungen zur Erlangung der Souveränität über ein anderes Territorium unternehmen darf.'"*

Am Schluß führt er aus[971]:

"Die Tatsache, daß die polnisch-deutsche Grenzänderung nach dem II. Weltkrieg nicht in eine traditionelle Kategorie eingereiht werden kann, bedeutet keine rechtliche Schwächung dieser Grenze. Zumindest seit Mitte des 20. Jahrhunderts hält das klassische internationale Recht nicht mehr Schritt mit der zeitgenössischen Praxis. Das beweist die Entstehung zahlreicher neuer Staaten auf den Trümmern europäischer Kolonialreiche. Die neuen Staaten in Afrika,

---

968 Vgl. oben S. 170 f.
969 S.325.
970 The acquisition of Territory in International Law, Manchester-New York 1963, S.69.
971 S.329.

Asien und der Karibik erwarben ihr Staatsterritorium auf keine der erwähnten 5 Arten. Und doch unterliegt die territoriale Oberhoheit dieser Staaten keinem Zweifel. Also muß vielmehr festgestellt werden, daß mit den traditionellen Arten nicht alle Möglichkeiten des Erwerbs von Territorien erschöpft sind. Die komplizierte Rechtsgeschichte der polnischen Westgrenze illustriert diesen Gesichtspunkt."

Mit anderen Worten: Weil die Eroberung durch kein Rechtsargument gestützt werden kann, wird die für zweckmäßig gehaltene Lösung als rechtswirksam behandelt.

2. Folgen für den Status Danzigs

a) Einseitige Eingliederung während der occupatio bellica und Eingriff in den Internationalen Status

Die vielfältigen Maßnahmen Polens zur Eingliederung des Danziger Staatsgebietes schon vor Beendigung des Krieges und anschließend in der von den Alliierten verfügten Fortsetzung der Verwaltungsbesetzung im Stadium der "occupatio bellica" haben die territoriale Souveränität Danzigs nicht verändert. Die Alliierten haben bei Überlassung des Gebietes unter polnische Verwaltung einen Souveränitätswechsel nicht vornehmen wollen.

In Anwendung des Rechtsgedankens der Unwirksamkeit einer Annexionserklärung im Zustand der "occupatio bellica"[972] sowie unter Berücksichtigung der Rechtsstellung des Internationalen Status der Freien Stadt Danzig und der ihn garantierenden kollektivvertraglichen Schutzbeziehung[973] wären sie wie im Zusammenhang mit der deutschen Eingliederung am 1. September 1939 oben[974] dargestellt worden ist, rechtlich hierzu auch nicht in der Lage gewesen. Die Eingliederung ist eine einseitige Maßnahme Polens im Sinne der Frage des Überganges der Territorialsouveränität. Eine rechtsgültige Einverleibung ist nicht erfolgt.

Nach den Beurteilungskriterien einer gewaltsamen Gebietsveränderung während der "occupatio bellica" haben die Danzig betreffenden Maßnahmen der Alliierten und der Republik Polen den Fortbestand des Danziger Staates nicht berührt. Die polnischen Einverleibungsakte werden dauernd unwirksam bleiben, wenn die "occupatio bellica" aufgehoben und der völkerrechtswidrige Zustand rückgängig gemacht wird.

---

972 Vgl. oben S.144 ff. Die vorzeitige Annexion im Kriege ist nach heutigem Völkerrecht kein gültiger Erwerbstitel (Hailbronner/Renner Einl E Rn 45. S.57: vgl. Verdross-Simma § 1163, S.759; vgl. auch Art.2 Nr.4 VN-Charta).
973 Vgl. oben S.147 f.
974 S.148 f.

b) Nichtanerkennung gewaltsamen Gebietserwerbs

aa) Rechtliche Bedeutung – Nichtigkeit und Nichtanerkennung

Die Feststellung der Rechtsunwirksamkeit der völkerrechtswidrigen polnischen Maßnahmen zur Einverleibung des Danziger Staatsgebietes ist nur dann von rechtserheblicher Bedeutung, wenn sie sich für den Fortbestand der Freien Stadt Danzig auswirkt, wenn sie also in die Rechtswirklichkeit umgesetzt wird. Die Diskrepanz zwischen der Feststellung der Rechtsunwirksamkeit völkerrechtswidriger gewaltsamer Gebietsveränderungen auf Grund der geltenden Völkerrechtsordnung und der Möglichkeit ihrer Anpassung an die Rechtswirklichkeit in der Völkergemeinschaft ist auch unter Berücksichtigung der fortschrittlichen vertraglichen Bindungen ein immer noch schwer lösbares Problem.

Im Kampf gegen den im klassischen Völkerrecht vorherrschenden Grundsatz der Effektivität, nach dem nur wesentliche Formverstöße der Durchsetzung völkerrechtswidriger Akte im Wege standen[975], hat der Prozeß der Ächtung von Kriegen und gewaltsamen Gebietsveränderungen nach dem Ersten Weltkrieg bis in die jüngste Zeit schnell an Bedeutung gewonnen.

Auch im modernen Völkerrecht bleibt jedoch die Rechtswirkung verbindlicher Regelungen – wie insbesondere die Nichtigkeitsklausel in der Wiener Vertragsrechtskonvention[976] – im Falle des Verstoßes gegen eine zwingende Norm des allgemeinen Völkerrechts – "ius cogens" – von der Fähigkeit und von der Bereitschaft der Staaten in den verschiedenen Einflußsphären abhängig, ihren Rechtsregeln und -erkenntnissen zur Anerkennung zu verhelfen. Die rechtsverbindliche Feststellung der Nichtigkeit einer gewaltsamen Gebietsveränderung ist nur dann rechtswirklich, wenn sie die Verpflichtung der Staatengemeinschaft bewirkt, die rechtswidrigen Handlungen und den rechtswidrigen Zustand nicht anzuerkennen und wenn sie die tatsächliche Nichtanerkennung zur Folge hat. Daraus ergibt sich außerdem das Erfordernis, alle möglichen Anstrengungen zu unternehmen, den rechtmäßigen Zustand auch faktisch wiederherzustellen.[977]

Ein wesentlicher Markstein auf dem Wege zur Nichtanerkennungsverpflichtung[978] sind nach dem Briand-Kellogg-Pakt vom 27. August 1928[979] die Stimson-Doktrin vom 7. Januar 1932[980] und die anschließende Entschließung der VBV vom 11. März 1932.[981]

---

975 Vgl. Anzilotti in seinem abweichenden Votum im Ostgrönlandstreit, StIG Serie A/B Nr.53, S.76, 95; Guggenheim, Lehrbuch, Bd.II S.511.
976 § 53 des Wiener Übereinkommens über das Recht der Verträge (Anm.801).
977 Vgl. Wehberg, Eroberung, S.105 ff.
978 Vgl. zur Entwicklung der Rechtsverpflichtung der Nichtanerkennung gewaltsamer Gebietsveränderungen Kraus, Der völkerrechtliche Status, S.90 ff.; Berber, Lehrbuch, I.Bd. S.245 f.; Meissner, Die Sowjetunion, S.286 ff.; Böttcher aaO S.136 ff.
979 Anm.655.
980 Anm.660.
981 Anm.662.

Insbesondere der Stimson-Doktrin kommt ein erheblicher Einfluß auf die Entwicklung des Nichtanerkennungsgrundsatzes zu.[982] Sie bezog sich nicht nur auf Verträge, sondern auch auf Situationen.

Außerdem sind insoweit zu erwähnen die Atlantik-Charta vom 14. August 1941[983], Art.2 Nr.4 der VN-Satzung vom 26. Juni 1945[984] und die "Friendly Relations Declaration" vom 24. Oktober 1970[985], in der die VN-Generalversammlung erklärt, daß kein durch Androhung oder Anwendung von Gewalt herbeigeführter Gebietserwerb als rechtmäßig anerkannt werden darf.[986]

bb) Staatenpraxis

Wie schwer es heute noch ist, Soll- und Istzustände bei gewaltsamem Gebietserwerb in Deckung zu bringen, zeigt ein Blick in die Staatenpraxis. Auslöser der Politik der Nichtanerkennung derartiger Gebietsveränderungen und einer Rechtspflicht zur Nichtanerkennung war die im Mandschurei-Konflikt entstandene, soeben erwähnte Stimson-Doktrin, die allerdings wirksame Maßnahmen gegen die japanischen Verletzungen territorialer Unversehrtheit nicht erreichen konnte. Erst im Zweiten Weltkrieg wurde das von Italien 1934 annektierte Abessinien wieder als Staat anerkannt. Vorher war die Eroberung von zahlreichen Staaten anerkannt worden.[987]

Auch der "Anschluß" Österreichs an Deutschland fand zunächst internationale Anerkennung[988], die im Zweiten Weltkrieg, am 30. Oktober 1943 in Moskau von den Alliierten widerrufen wurde.[989] Die Annexion von Böhmen und Mähren durch das Deutsche Reich im Frühjahr 1939 wurde zwar von den meisten Staaten nicht anerkannt. Auch hier wurde jedoch verständlicherweise erst in den letzten Kriegsjahren die Nichtanerkennung vollzogen.[990]

Weitere Beispiele für die nicht gelungene Durchsetzung des Grundsatzes der Nichtanerkennung sind die sowjetischen Eroberungen finnischen, polnischen, tschechischen und rumänischen Gebietes zu Beginn des Zweiten Weltkrieges. Die kriegerische Einverleibung finnischen Gebietes durch die Sowjetunion im Jahre 1940 wurde mit dem sowjetisch-finnischen Frieden vom 12. März 1940 abgeschlossen. Auch hier setzte sich die Nichtanerkennungspflicht nicht durch.[991] Hingegen führten die deutschen Annexionen

---

982 Vgl. Kraus aaO S.91.
983 Anm.748.
984 Basic Doc.S.117 ff.; ZaöRV 11/1942-43 S.89 ff.; amtl. dt. Üb.: BGBl 1973 II S.431; vgl. auch Hüfner, Die Vereinten Nationen, Teil 1, S.37 ff.
985 Anm.1176.
986 Vgl. Berber aaO S.246. In einer Rede vor dem Ministerrat der KSZE am 30 November 1993 hob Papst Johannes Paul II. die Verpflichtung hervor, mit Gewalt erreichte Landgewinne und "ethnische Säuberungen" als Verletzung elementarster Regeln des Menschenrechts nicht anzuerkennen (Orig. Französisch in: L'osservatore Romano vom 2.12.1993, S.4).
987 Vgl. v. Nostiz-Wallwitz S.38 ff.
988 Auch von den USA wurde diese Eingliederung jedenfalls de facto anerkannt (vgl. Garner S.423).
989 Anm.666.
990 Vgl. Scheuner, Die Annexion, S.87.
991 Vgl. Art.1 und 2 Des Friedensvertrages mit Finnland vom 15.9.1947, UNTS Bd.48 S.203; vgl. auch Menzel, Die Friedensverträge, S.195 f.

und Teilannexionen zu Beginn und im Verlaufe des Zweiten Weltkrieges, wie Danzig, Luxemburg[992] und in Polen, zu den Konsequenzen der Kriegführung, zunächst auf Grund der Kriegserklärungen Englands und Frankreichs.

Ein Fall, in dem die Nichtanerkennung von Annexionen teilweise durchgehalten wurde und letztlich in Übereinstimmung von Rechtslage und günstiger politischer Konstellation die staatliche Kontinuität erleichtert hat, sind die Baltischen Staaten. Die baltischen Völker der Esten, Letten und Litauer, die mit ihren einzelnen Teilen Estland, Livland und Kurland sowie Litauen im 18. Jahrhundert in das Russische Reich eingegliedert worden waren, wurden in den Friedensverträgen von 1920 als eigene Republiken in der RSFSR – seit Ende 1922 UdSSR – errichtet.[993] Die Einverleibung der drei Baltischen Staaten durch bewaffnete Intervention der Sowjetunion im August 1940 war eine gewaltsame Aneignung fremden Staatsgebietes und als solche nichtig.[994] Die meisten westlichen Staaten, einschließlich der USA und der Bundesrepublik Deutschland, bis in die jüngste Zeit[995], haben die Annexion der Baltischen Staaten de jure nicht anerkannt.[996] In einzelnen Fällen lag eine die staatliche Souveränität nicht berührende De-facto-Anerkennung vor.[997] Die diplomatischen Vertretungen der drei Republiken in Washington galten weiter als legitime Abgesandte ihrer Länder. Die Staatsangehörigkeit wurde anerkannt; auch in vermögensrechtlichen Fragen wurde entsprechend verfahren. In Paris amtierte ein Litauischer Geschäftsträger.[998] Exilregierungen wurden nicht gebildet, aber sog. "Befreiungsausschüsse" bzw. ein "Vollzugsrat" zur Wahrnehmung der Angelegenheiten dieser Staaten.[999]

Die Sowjetunion hat nach Umgestaltung der drei Baltischen Staaten zu Unionsrepubliken im August 1940 das Fortbestehen einer gewissen staatlichen Souveränität anerkannt, allerdings eingebunden in eine übergeordnete Souveränität des sowjetischen Bundesstaates.[1000] Mit Beginn der sowjetischen Reformbewegungen wurden auch die ersten Schritte zur Unabhängigkeit der Baltischen Staaten unternommen, mit den Deklarationen "über die Souveränität" der Estnischen SSR vom 16. November 1988, Litauens vom 18. Mai 1989 und Lettlands vom 28. Juli 1989.[1001] Es folgten 1990 in schwierigen

---

992 Vgl. Mattern, Die Exilregierung, S.18 f.
993 Vgl. Meissner, Die staatliche Kontinuität der baltischen Länder, S.73.
994 Vgl. Meissner, Die staatliche Kontinuität und völkerrechtliche Stellung der baltischen Länder, S.197 f.
995 Vgl. Meissner aaO S.200 ff.
996 Außer der Bundesrepublik Deutschland 13 weitere NATO-Staaten (vgl. Sten.Ber.8/184.Sitzung, Anlg.48 S.14541).
997 Vgl. Meissner aaO S.199. Nach Auffassung von Meder S.63 hat die britische Regierung die Annexion seit Anfang 1947 de facto anerkannt; so auch Meissner, Die Sowjetunion, S.297 ff.; de facto-Anerkennung durch Frankreich seit 1940 (vgl. Meissner aaO S.300; Mattern aaO S.54).
998 Vgl. Mattern aaO S.53 ff.
999 Vgl. Mattern aaO S.54 f.; vgl. auch Meissner, Die Sowjetunion, S.134 ff.
1000 Vgl. Meissner, Die staatliche Kontinuität und völkerrechtliche Stellung der baltischen Staaten, S.209.
1001 Vgl. Meissner aaO S.210 mit Nachweisen.

Auseinandersetzungen mit der sowjetischen Führung die Akte zur Wiederherstellung der Baltischen Staaten.[1002] Die Hervorhebung der Kontinuität der staatlichen Souveränität ergibt sich aus dem Inhalt aller dieser Dokumente.

Am Beispiel der Baltischen Staaten wird deutlich, daß das Festhalten mehrerer Staaten an ihrer Haltung der Nichtanerkennung der völkerrechtswidrigen Einverleibungsmaßnahmen zur Bewahrung des verletzten rechtlichen Bestandes führen kann. Vermittels beharrlicher Verfolgung der Unabhängigkeitsidee durch die betroffenen Staaten selbst – und zwar durch ihre Repräsentationsorgane, jedoch ohne formelle Exilregierung – wurde diese Rechtswirkung in einer dafür günstigen außenpolitischen Konstellation unterstützt. Dies ist ein für die Beurteilung der Danzig Frage besonders eindrucksvolles Beispiel.

cc) Rechtliche Wirkung der Nichtanerkennung

Da das Prinzip der Nichtigkeit gewaltsamer Gebietsveränderungen auch in der heutigen Völkerrechtsordnung nicht durchsetzbar ist, kommt der Nichtanerkennung besondere Bedeutung zu. Sie ist jedoch wie die Anerkennung kein Rechtstitel. Sie bewirkt nicht die rechtliche Ignorierung durch die Völkergemeinschaft mit der Folge, daß durch den Willen der nichtanerkennenden Staaten die Territorialsouveränität des einverleibten Staates unangetastet bleibt.[1003] Die Nichtanerkennung als eine eigenständige rechtliche Kraft des Willens der Staatengemeinschaft, über die Souveränität ihrer einzelnen Mitglieder zu verfügen, hat sich gegenüber der Effektivitätswirkung bisher nicht so weit durchsetzen können, daß sie gleichsam mit der Wirkung absoluter Nichtigkeit den Untergang des eroberten Staates verhindern könnte.[1004] Die Nichtanerkennung bietet lediglich die Möglichkeit, der Verwirklichung des Rechtszustandes tatsächlich etwas näherzukommen und damit Rechtsklarheit und Rechtsfrieden zu erleichtern. Die Verpflichtung zur Nichtanerkennung gewaltsamer Territorialveränderungen kann die Aussicht auf Durchsetzung des rechtmäßigen Zustandes noch verbessern. Immerhin kann die Nichtanerkennung gewichtiger Staatengruppen als scharfe politische Waffe wirken, muß doch ein rechtsbrechender Staat jederzeit mit Wiederherstellungs- oder Wiederauflebensforderungen rechnen.[1005]

1002 – Akt des Obersten Rates der Republik Litauen über die Wiederherstellung des Litauischen Staates vom 11. März 1990;
– Deklaration des Obersten Rates der Lettischen Sowjetischen Sozialistischen Republik über die Wiederherstellung der Unabhängigkeit der Republik Lettland vom 4. Mai 1990 und
– Gesetz der Estnischen Sowjetischen Sozialistischen Republik über die staatliche Symbolik Estlands vom 8. Mai 1990, unter Berücksichtigung des Beschlusses des Obersten Rates der Estnischen SSR über den staatlichen Status Estlands vom 30. März 1990 (EA 15/1990 D 375 ff.).
1003 Vgl. zu den insoweit bejahenden Auffassungen die Zusammenstellung bei H.-J. Jellinek S.133 ff.
1004 Vgl. Guggenheim aaO Bd.I S.190 ff.; Langer S.285 ff., Oppenheim-Lauterpacht Bd.I S.138, 524 f.; H.-J. Jellinek S.108 ff.; Mattern aaO S.71; Menzel EA 1949 S.1893; Scheuner, Die Annexion S.87 ff. und das bei H.-J. Jellinek S.128 ff. aufgeführte Schrifttum.
1005 So Schätzel, Die Annexion 1950, S.26 ff.

c) Nichtanerkennung der Eingliederungen Danzigs

Aus dem Verhalten des Völkerbundes, der Westmächte sowie weiterer westlicher Staaten, des Vatikan, der UdSSR und Polens nach 1939 und nach 1945 läßt sich ableiten, welcher Standpunkt jeweils zur Anerkennung oder Nichtanerkennung der Eingliederungen der Freien Stadt Danzig eingenommen wurde.

aa) Der Völkerbund

(1) Verhalten des Völkerbundes nach der Wiedervereinigung 1939

Der Völkerbundsrat hat zur Besetzung Danzigs und zu den Ereignissen, die zur Eingliederung in das Deutsche Reich führten, nicht offiziell Stellung bezogen. Aus dem Verhalten des VB und des Hohen Kommissars des VB in Danzig sowie aus den Veröffentlichungen des VB bis zu seiner Auflösung im Jahre 1946 ist jedoch erkennbar, daß der VB die kurz nach Ausbruch des Krieges vollzogene Eingliederung Danzigs in das Deutsche Reich nicht anerkannte und die Freie Stadt Danzig als fortbestehend betrachtete.

Der Hohe Kommissar des VB Carl Jacob Burckhardt, der bereits am 25. August 1939 demonstriert hatte, daß er die Ernennung des NS-Gauleiters Forster zum Staatsoberhaupt der Freien Stadt Danzig nicht anerkannte[1006], wurde am 1. September 1939 um 8 Uhr vom Danziger "Staatsoberhaupt" Albert Forster aufgesucht. Forster erklärte, der Führer habe den Versailler Vertrag zerrissen. Er forderte Burckhardt auf, das Danziger Gebiet innerhalb von 2 Stunden zu verlassen.[1007] Burckhardt erhob mündlich Protest gegen die Gewaltmaßnahmen, durch die der Danziger Staat de facto ausgelöscht wurde und die ihn an der Ausübung seiner Funktionen hinderten.[1008] Gegen 8.30 Uhr verließ er, begleitet von seinen Mitarbeitern, Danzig.[1009]

Darüberhinaus haben allerdings weder die im VB vertretenen Großmächte noch der VB selbst bei der Regierung des Deutschen Reiches formell protestiert. In der 20. Sitzung der VB-Versammlung im Dezember 1939 ist das Thema Danzig offiziell nicht behandelt worden. In den speziell Danzig betreffenden Dokumenten für diese Sitzung ist nur der tatsächliche Geschehensablauf kurz dargestellt worden.[1010] Auch der am 19. März 1940 veröffentlichte Schlußbericht Burckhardts[1011] enthält nur eine Darstellung der Ereignisse bis zum 1. September 1939. Als Anhang zum Schlußbericht ist der abschließende Briefwechsel zwischen dem Generalsekretär des VB und dem Hohen Kommissar des VB veröffentlicht worden.[1012] Burckhardt erklärte lediglich, er betrachte sein Amt als beendet und bitte um Entlastung. In dem Antwortschreiben beschränkt sich der Ge-

---

[1006] Vgl. oben S.130.
[1007] Burckhardt, Meine Danziger Mission, S.353.
[1008] Burckhardt, Rapport, S.15.
[1009] Burckhardt, Meine Danziger Mission, S.353.
[1010] SdN Rapport, Juillet – Mi-novembre 1939 Genève 1er décembre 1939 S.9 Offizielle Nr.A.6.(a) 1939 Publikationsnr. Questions générales/General 1939.4; zit. bei Lotze, S.135 f.
[1011] Burckhardt, Rapport aaO.
[1012] Vgl. Lotze, S.136.

neralsekretär – unterzeichnet vom Untergeneralsekretär Walters – auf eine bloße Kenntnisnahme der von Burckhardt berichteten Vorgänge sowie dessen Auffassung von der Beendigung der Tätigkeit und vermeidet eine formelle Entlassung des Hohen Kommissars des VB.

Bis etwa 1942 enthielten zahlreiche amtliche Veröffentlichungen des VB auf dem Rükkumschlag eine Liste der autorisierten Verkaufsstellen in den verschiedenen Ländern. Die Danziger Verkaufsstelle war bis zuletzt unter eigener Rubrik "Dantzig" und "Dantzig (Ville libre de)" und nicht bei "Allemagne" aufgeführt.[1013] In den seit 1944 wieder geführten Listen war Danzig – wie auch z.B. Frankreich und die Beneluxstaaten – nicht mehr enthalten, weil dort keine belieferbaren Verkaufsstellen mehr verfügbar waren.[1014] Lotze[1015] führt weitere Beispiele an, aus denen erkennbar ist, daß der VB den Danziger Staat als fortbestehend behandelt hat. So ist die Freie Stadt Danzig in der 21. Zusammenstellung des Standes der Unterzeichnungen, Ratifikationen und Beitritte zu internationalen Abkommen enthalten, die der VB am 10. Juli 1944, als einzige während des Krieges, herausgegeben hat.

Daß diese Beispiele relevant sind, wird bei einem Vergleich mit Österreich deutlich, dessen Eingliederung im Jahre 1938 vom VB nicht als rechtswidrig behandelt worden war. Seit 1938 wurde Österreich in der Liste der Verkaufsstellen nicht mehr aufgeführt, die Wiener Verkaufsstelle vielmehr unter "Allemagne" eingeordnet. In der oben erwähnten 21. Zusammenstellung des VB von 1944 war Österreich nicht mehr enthalten. Die Baltischen Staaten hingegen, Albanien und die Tschechoslowakei sind in der 21. Liste und in der Liste der Verkaufsstellen vertreten, weil der VB die jeweiligen Völkerrechtsakte der Sowjetunion, Italiens und Deutschlands – ebenso wie im Falle Danzigs – als rechtswidrig behandelte.

(2) Maßnahmen des Völkerbundes zur Überleitung seiner Aufgaben auf die Vereinten Nationen

Die Auffassung des VB, daß die Freie Stadt Danzig nach den Eingliederungsakten im Jahre 1939 und 1945 nicht zu bestehen aufgehört hat, kommt besonders deutlich in den Veröffentlichungen zum Ausdruck, mit denen der VB eine Überleitung seiner Aufgaben auf die VN vorbereitet hat.[1016] In einer im Juli 1944 herausgegebenen 48 seitigen Broschüre mit einer Liste aller sich aus internationalen Verträgen ergebenden Zustän-

---

1013 Vgl. SdN Rapport, 1941-1942, Genève 1942 (C.35.M.35. 1942. 1.): "Dantzig – Georg Stilke, Buchhandlung, Langgasse 27, Dantzig".
1014 Vgl. Lotze, S.137 Anm.452.
1015 S.137 ff.
1016 Vgl. die umfassende Darstellung bei Lotze, S.99 ff.

digkeiten des VB[1017] und einer im Anschluß daran im September 1945 erschienenen 160 seitigen Darstellung der Rechtsquellen dieser Kompetenzen[1018] sind alle die Freie Stadt Danzig betreffenden Verantwortlichkeiten des VB aufgeführt.

Mit diesen Veröffentlichungen sollte eine Liste aller dem VB noch obliegenden Aufgaben erstellt werden, die unter Ausklammerung der inzwischen unanwendbar gewordenen Bestimmungen noch rechtswirksam bestanden und deshalb mit Auflösung des VB nach dessen Auffassung für eine Überleitung, also Fortführung vorzusehen waren.[1019] Unter den gebietsbezogenen Daueraufgaben des VB sind die 1935 ausgelaufenen Saarbestimmungen und die Bestimmungen über das Statut des Sandschak von Alexandrette in beiden Veröffentlichungen nicht genannt worden.[1020]

In diesem Zusammenhang ist noch eine Studie des britischen Außenministeriums vom 19. Februar 1945 zu erwähnen, die später der vorbereitenden Kommission für die VN zugänglich gemacht wurde[1021] und wesentliche Grundlage für die dortigen Beratungen war.[1022] Sie enthält eine Zusammenstellung der rechtlich noch bestehenden Verantwortlichkeiten des VB und Vorschläge über Auswahl und Art der Überleitungen.

Bei Unterscheidung der rechtlich und tatsächlich noch ausübbaren Funktionen nach "politischen" und "nicht politischen" Aufgaben wurde der Schutz Danzigs unter den "special political functions" ausdrücklich erwähnt[1023]:

> "the protection of minorities; the protection of the Free City of Danzig; the non-fortification and neutralisation of the Aaland Islands; and the régime of the Straits".

In den Erläuterungen heißt es[1024]:

> "The functions of the League to the protection of Danzig are conferred by the Treaty of Versailles (Art. 102-4) and by the Convention between Poland and the Free City of Danzig (1920), which may now be regarded as inoperative."

Die ausdrückliche Anführung Danzigs im Rahmen der Verantwortlichkeiten des VB in den beiden genannten Veröffentlichungen des VB und in dem zitierten Bericht des britischen Außenministeriums setzte den Bestand der Freien Stadt Danzig jedenfalls im September 1945 noch voraus. Daraus ist zu schließen, daß die Freie Stadt Danzig nach der deutschen und auch nach der polnischen Eingliederung als fortbestehend angesehen

---

1017 *"Compétences attribuées à la Société des Nations par les traités internationaux"*, in: SdN RT, Offizielle Nr. C.3.M.3.1944.V/ Publikationsnr."V. Questions juridiques ("V.Legal) 1944.V.1".
1018 *"Liste des Conventions et indications des articles conférant des compétences aux organes de la Société des Nations"*, in: SdN RT, Offizielle Nr.C.100.M.100.1945.V/ Publikationsnr."V.Questions juridiques ("V.Legal) 1945.V.1".
1019 Vgl. Lotze S.104.
1020 Vgl. Lotze S.105.
1021 Vgl. Lotze S.105 ff.; Myers S.324.
1022 Vgl. Lotze S.146.
1023 Zitiert mit Quellenangabe bei Lotze S.106.
1024 Zitiert bei Lotze S.106 f. Anm.357.

wurde.[1025] Diese Auffassung, nach der die VB-Aufgaben in bezug auf die Freie Stadt Danzig zu den politischen Funktionen gerechnet wurden, deren Übernahme die VN selbst entscheiden sollten, wurde im Jahre 1948 von Denys P. Myers[1026] bestätigt:

> "...Those instruments were, in the view of the General Assembly, either technical and non-political or "political" in character. ... The second category consisted of various clauses, compromisory provisions, protection of minorities, protection of the Free City of Danzig, specific jurisdiction conferred on the Council of the League, etc., as well as attributions of a more general character".

bb) Die Westmächte

Die Stimmen ausdrücklicher formeller Erklärungen der Nichtanerkennung der Wiedervereinigung Danzigs mit dem Deutschen Reich sind bei den Westmächten nicht sehr deutlich hervorgetreten. Es gibt aber zahlreiche Bekundungen, Veröffentlichungen und Maßnahmen, die den Standpunkt der Alliierten erkennbar werden lassen. Sie haben die Einverleibung der Freien Stadt Danzig am 1. September 1939 als einseitige Maßnahme des Deutschen Reiches abgelehnt und in diesem Sinne die Danziger Probleme behandelt. Die Alliierten sind davon ausgegangen, daß eine Übereinkunft mit den VB-Staaten, die den Schutz der Freien Stadt Danzig und die Garantie für die Danziger Verfassung übernommen hatten, nicht stattgefunden habe. Die Eingliederung ist daher entsprechend der vorher eingenommenen Haltung[1027] nicht anerkannt worden. Die Alliierten haben die nach dem 31. Dezember 1937 vollzogenen deutschen Gebietserwerbungen nicht anerkannt.[1028] Der Internationale Militärgerichtshof zu Nürnberg hat die Eingliederng Danzigs als Bruch des Versailler Vertrages bezeichnet[1029] Die gleiche Beurteilung in noch deutlicherer Ausprägung hat die polnische Eingliederung Danzigs im Jahre 1945 erfahren.

(1) Vereinigte Staaten von Amerika

Die von den USA eingenommene Haltung folgte ihrer grundsätzlichen Auffassung der Nichtanerkennung gewaltsam bewirkter Gebietsveränderungen (Stimson-Doktrin). Dieser auch in die Praxis umgesetzten Einstellung entsprach es, daß sie die Eingliederung Danzigs 1939 nicht anerkannten, wie in mehreren vermögensrechtlichen und staatspolitischen Entscheidungen zum Ausdruck kam.

1025 So auch Friedrich Klein S.59 f und Lotze S.145.
1026 Specialist on International Organization, Legal Adviser's Office im US Außenministerium; Auszug aus seinem Aufsatz "Liquidation of League of Nations functions" in: AJIL Bd.42 1948 S.320 ff.(335).
1027 Vgl. oben S.130 f. und unten 203 ff.: Beistandspakt Englands mit Polen vom 25.8.1939, auch gegen einen Eingriff in Danzig; Protestnote Polens an den Danziger Senat vom 24.8.1939 gegen die Staatsoberhaupt-Verordnung vom 23.8.1939; Protestdemonstration des VBK und des polnischen Vertreters in Danzig gegen das Danziger "Staatsoberhaupt" beim Einlaufen des deutschen Kriegsschiffes "Schleswig-Holstein" im Danziger Hafen am 25.8.1939; Teilmobilmachung der polnischen Armee am 24.8.1939.
1028 Vgl. Ziff.1 des Londoner Protokolls vom 12.9.1944 – in Kraft getreten am 7./8. Mai 1945 (siehe oben S.159).
1029 Vgl. IMG Bd.I S.242.

In der Executive Order des Präsidenten der Vereinigten Staaten vom 16. April 1941[1030] über die Sperre von Guthaben der Angehörigen der Achsenmächte und der von ihnen besetzten Staaten wurden Danzig, Österreich, die Tschechoslowakei, Polen und Albanien gesondert aufgeführt. Dieser Rechtsauffassung widersprach allerdings das "Local Board Memorandum" Nr.112 vom 3. Juni 1943[1031], in dem Deutschland einschließlich Österreich und Danzig unter den Feindländern genannt wurde. Jedoch spiegelte diese örtliche Verwaltungsentscheidung nicht die allgemein übliche Praxis wider. Im Jahre 1945 erklärte das State Department, daß Danzig kein Teil Deutschlands sei. Danzig stelle eher ein befreites als feindliches Land dar.[1032] Im Juni 1946 brachte das "Office of the Alien Property Custodian" in seinem Jahresbericht[1033] zur Kenntnis, daß Eigentum der Danziger Bürger im Gegensatz zu deutschem Eigentum nicht mehr beschlagnahmt würde, da Danzig nicht ein Teil Deutschlands sei. Ausgenommen von dieser Vergünstigung wurden Personen, die für den Feind tätig gewesen waren:

> *"Property of residents of Ausstria, Sudetenland or Danzig, other than citizens of Germany or Japan, is no longer vested except upon the finding that such persons have acted for or on behalf of the enemy. The State Department has determined that these areas are not parts of Germany and constitute liberated rather than enemy territory."*

Noch eindeutiger kommt der Grundsatz der Nichtanerkennung in dem Urteil eines amerikanischen Bundesgerichts vom 9. Juli 1947 in Sachen Zeller[1034] zum Ausdruck, in dem ausgeführt wird, die USA hätten die Einverleibung Danzigs niemals anerkannt. Bemerkenswerterweise wird aber das Fortbestehen der Danziger Staatsangehörigkeit nach gesonderten Kriterien beurteilt, nämlich von dem Willen abhängig gemacht, den der einzelne in den USA wohnende Danziger bekundet. Wer durch sein Verhalten erkennen ließ, daß er den Anschluß billige – was unter den außergewöhnlichen Umständen nach Kriegsende, Flucht und Vertreibung häufig wohl kaum nachzuweisen war –, wurde trotz der völkerrechtlichen Ungültigkeit der Einverleibung Danzigs durch das Deutsche Reich als deutscher Staatsangehöriger angesehen. Hier klingt ein grundsätzlicher Gedanke an, dem spätere deutsche Entscheidungen[1035] zum Durchbruch verholfen haben, nämlich die Berücksichtigung des ständig bekundeten individuellen Willens und die Folgerung, daß sich eine Person, die sich mit der Wiedervereinigung einverstanden erklärte und die entsprechende Haltung einnahm, nicht auf die völkerrechtliche Unwirksamkeit dieses Anschlusses berufen kann.[1036]

Konsequenterweise haben die USA auch die Eingliederung Danzigs in die Volksrepublik Polen im Jahre 1945 nicht anerkannt. Nach der Besetzung Danzigs durch sowjetische und polnische Truppen wandten sie sich in einer offiziellen Note vom 8. April

---

1030 Zitiert nach Langer S.169.
1031 Ders. S.173.
1032 Ders. S.205.
1033 Annual Report, Office of the Alien Property Custodian, Fiscal Year Ending June 1945 S.7.
1034 U.S.ex rel. Zeller v.Watkins, 72 F. Supp.980 (S.D.N.Y. 1947), azw. abg. in AJIL Bd.42 S.226 (1948).
1035 Vgl. unten S.259 ff.
1036 Vgl. auch die Anm.Bishop zum Fall Zeller, AJIL, Bd.42 S.194, 199.

1945 durch ihren Botschafter an die Sowjetunion.[1037] Sie protestierten gegen das "fait accompli" im Osten. Nach Presse- und Radioberichten seien gewisse sowjetisch besetzte Gebiete, darunter "die Freie Stadt Danzig", in aller Form einverleibt worden[1038]; es werde um Aufklärung über den gegenwärtigen Status ersucht. In ihrer Antwortnote am 17. April 1945 behauptete die Sowjetunion, nach Abzug der deutschen Truppen sei in jenen Gebieten nur polnische Bevölkerung zurückgeblieben, für die eine polnische Verwaltung habe eingerichtet werden müssen. Die Maßnahme stehe jedoch in keiner Beziehung zur Grenzfrage. Die amerikanische Regierung insistierte und verlangte in einer Note am 8. Mai 1945 die Einhaltung der Vereinbarungen von Jalta, nach denen die deutschen Ostgebiete bis zur endgültigen Friedensregelung unter sowjetischer militärischer Besetzung bleiben müßten. Die USA hätten bisher den Eindruck gehabt, daß polnische Behörden nur vereinzelt für die örtliche technische Verwaltung eingesetzt worden seien. Sie hätten aber Meldungen erhalten, nach denen die Warschauer Regierung mit Zustimmung sowjetischer Besatzungsbehörden in aller Form die Einverleibung der fraglichen Gebiete in das polnische Staatssystem dekretiert, polnische Volkszugehörige aus Polen zur Verwaltung dieser Gebiete eingesetzt und Umsiedlungen polnischer Bevölkerung dorthin veranlaßt habe. Wiederholt sind auch später Äußerungen der amerikanischen Regierung bekanntgeworden, in denen sie ihre Auffassung über die Fortexistenz des Danziger Staates zum Ausdruck brachte. Zu erwähnen ist in diesem Zusammenhang eine im Januar 1950 an den Kongreß gerichtete Botschaft des amerikanischen Außenministeriums, die von der Fortexistenz des Danziger Staates ausging.[1039] In Verbindung mit der Berufung auf die im Potsdamer Abkommen getroffene Regelung haben die USA ihre häufig bekundete Auffassung von der Nichtanerkennung der polnischen Inkorporation aufrechterhalten.[1040] Als Deutschland haben sie das Gebiet in den Grenzen vom 31. Dezember 1937 angesehen[1041], also ausschließlich Danzigs, das sie aber nicht Polen zusprachen, sondern gemeinsam mit Großbritannien und der Sowjetunion bis zur Friedensregelung unter polnische Verwaltungsbesetzung gestellt hatten.

Diese rechtliche und politische Haltung der Amerikaner ist in den darauffolgenden Jahren auch durch feste Kontakte mit der Vertretung der Freien Stadt Danzig, dem von den vertriebenen Danzigern in der Bundesrepublik Deutschland gewählten Exilorgan[1042],

---

1037 Deutsches Büro für Friedensfragen, Heft 6 S.109; vgl. ferner dass. Heft 15 S.67; vgl. auch Lane S.256 f.
1038 Die Formulierung *"in aller Form einverleibt"* bezieht sich offensichtlich auf das polnische Dekret zur Eingliederung Danzigs vom 30.3.1945 (vgl. oben S.153 und Anm.719).
1039 Vgl. Unser Danzig 9/1950 S.7.
1040 Vgl. Protesterklärung der USA vom 9.7.1950 nach Abschluß des Görlitzer Vertrages vom 6.7.1950 – DDR-GBl 1950 II S.1205 ff. (Göttinger Arbeitskreis, Ostdeutschland S.89); "Was war wann?", 1950 S.245 C; Friedrich Hoffmann S.3; England, Frankreich und die Bundesrepublik Deutschland gaben ähnliche Erklärungen ab, so auch die Danziger auf einer Großkundgebung in Hamburg am 6.8.1950 (Vgl. Unser Danzig 9/1950 S.7).
1041 Berliner Erklärung vom 5.6.1945, ABl.KR. Erg.Bl.Nr.1, S.11 (azw. abg. bei Blumenwitz Antworten Dok.Bd.S.21 ff.); so auch in den Gesetzen der Mil.Reg. Deutschland Nr. 52 Art. VII e, Nr. 53 Art. VII g und Nr. 161 Nr. 3 vom 18.9.1944 (Abl. der Mil.Reg Deutschland "Kontrollgebiet der sechsten Armeegruppe", Nr. 1 S.27, 31, 36; Abl. Nr. 3, S.18, 22, 35).
1042 Vgl. oben S.69 ff.

praktiziert worden.[1043] Erst als Folge der späteren amerikanisch-sowjetischen Annäherungsbemühungen sahen sich die USA, allerdings ohne offizielle Änderung ihrer Rechtsmeinung, zu zurückhaltenderer Praxis veranlaßt, was z.B. bei den mit der amerikanischen Botschaft in diesen Fragen geführten Gesprächen spürbar wurde.

(2) Großbritannien

Die Nichtanerkennung der deutschen wie polnischen Einverleibung Danzigs ist am klarsten von Großbritannien ausgesprochen worden. In den übereinstimmenden Noten Großbritanniens und Frankreichs wurden zwar nur die deutschen Angriffshandlungen gegen Polen auf polnischem Territorium genannt.[1044] In ihren Reden vor dem britischen Ober- und Unterhaus am 2. September 1939 haben Lord Halifax und Chamberlain als Kriegsgrund aber den deutschen Einmarsch in Polen und ausdrücklich das einseitige Vorgehen in der Danzig-Frage genannt. Beide haben ausdrücklich betont, daß die Regierung Großbritanniens die Eingliederung Danzigs in das Deutsche Reich nicht anerkenne.[1045] Sie verstoße gegen den von England mitunterzeichneten Vertrag[1046] und das Abkommen zwischen Polen und Danzig.

Diese Einstellung Großbritanniens wurde auch gegenüber den polnischen Eingriffen gegen Danzig 1945 aufrechterhalten. Das Foreign Office bestätigte 1945 seine Haltung in einer Stellungnahme zur Frage der englischen Politik hinsichtlich der Danziger Staatsangehörigkeit, wie aus dem Schreiben einer UNRRA-Dienststelle in der britischen Besatzungszone Deutschlands vom 3. August 1945 hervorgeht[1047]: Die englische Regierung erkenne die Eingliederung Danzigs 1939 nicht an. Die Danziger Staatsangehörigkeit bestehe fort. Nach dieser Erklärung sollen die Danziger allerdings in der Praxis wie Deutsche behandelt werden, da Danzig nicht polnisch sei und als Freistaat faktisch aufgehört habe zu existieren. Diese Regelung trifft jedoch, wie aus späteren Maßnahmen ersichtlich ist[1048], nur auf die seit Ende des Krieges in Deutschland lebenden Danziger zu, über deren Behandlung man sich zunächst nicht einig war.[1049]

Am 17. September 1945 gab der britische Außenminister eine Erklärung ab, mit der sich das Foreign Office gegen das fait accompli des Ostens wandte.[1050] Am 31. Oktober 1945 erklärte Bevin vor dem Unterhaus auf eine Anfrage des Abgeordneten Pickthorn, die rechtliche

---

1043 Nach Aufzeichnungen der Vertretung der Freien Stadt Danzig. Auf die Neujahrseingabe 1962 an den US-Präsidenten wurde in der amerikanischen Antwort vom 20.3.1962 an den Präsidenten der Vertretung der Freien Stadt Danzig die Hoffnung zum Ausdruck gebracht, daß die Danziger Frage möglichst bald gelöst werde (Unser Danzig 8/62 S.3).
1044 Vgl. ADAP VII Nr.513 S.410, Nr.515 S.412. Skubiszewski, Die Westgrenze Polens 1975, S.299 Anm.42, versucht daraus ohne Begründung die Konstruktion herzuleiten, die Noten hätten sich gegen die Angriffe auf die "Westerplatte", nicht aber gegen die deutschen Truppen in der Freien Stadt Danzig im übrigen gerichtet.
1045 Parl.Deb.HC vom 2.9.1939; Livre Jaune Français S.340 f.; English Blue Book S.172 f.; abg. bei Böttcher aaO S.178.
1046 VV vom 28.6.1919 (Anm.319) und Errichtungsurkunde der Freien Stadt Danzig vom 15.11.1920 (Anm.360).
1047 Abg. bei Böttcher aaO S.179.
1048 Vgl. Böttcher aaO S.53 Anm.163.
1049 Siehe die Beispiele bei Böttcher aaO S.53 Anm.164.
1050 Deutsches Büro für Friedensfragen, Heft 15 S.166.

Situation der Freien Stadt Danzig sei unverändert und werde bis zu einer Friedensvertragsregelung so bleiben.[1051] Großbritannien hat somit aus der Politik der Nichtanerkennung, die sich sowohl auf die deutsche als auch auf die polnische Eingliederung bezog, die Folgerung gezogen, daß der Danziger Staat de jure noch bestehe.

Im Unterhaus ist diese Frage noch mehrmals zur Sprache gebracht worden, wobei sich herausstellte, daß trotz der Ansicht, eine Danziger Staatsangehörigkeit bestehe noch, vom britischen Arbeitsministerium die Danziger zeitweise als deutsche Staatsangehörige behandelt wurden, was sich z.B. in der Verweigerung der Arbeitserlaubnis äußerte. Durch Aussprachen wurde jedoch eine Bereinigung dieser Divergenz in Aussicht gestellt.[1052] Am 24. November 1947 wurde die von Bevin am 31. Oktober 1945 geäußerte Auffassung noch einmal bestätigt.[1053] In diesem Zusammenhang sei auch die Erklärung des britischen Außenministers Lloyd George im Unterhaus am 10. Juli 1957 erwähnt, daß seine Regierung die Oder-Neiße-Linie nicht anerkennen werde, sondern sich an das Potsdamer Abkommen vom August 1945 gebunden halte.[1054] Diese Rechtsauffassung ist von Großbritannien – wenn auch Danzig nicht ausdrücklich genannt wurde – unter Hinweis auf das Deutschland in den Grenzen vom 31. Dezember 1937 und auf das Potsdamer Abkommen vom 2. August 1945, insbesondere auf die Friedensvertragsklausel ständig vertreten worden.[1055]

(3) Frankreich

Es ist wohl auch auf die besonderen Beziehungen Frankreichs zu dem nach dem Ersten Weltkrieg wiedererstehenden Polen und seiner damit zusammenhängenden zurückhaltenden Position zur Danziger Frage zurückzuführen, daß französische Politiker in ihren Erklärungen vor dem Parlament bei Kriegsausbruch Danzig nicht ausdrücklich erwähnt haben. Frankreich verfolgte jedoch zumindest in der unmittelbaren Vorkriegszeit die gleiche Politik wie Großbritannien und erklärte Deutschland am gleichen Tage wie sein Bündnispartner aus dem gleichen Grunde den Krieg. Indem Frankreich sich vorher bemüht hatte, Polen von einem militärischen Eingriff in Danzig zurückzuhalten[1056], brachte es jedenfalls auch zum Ausdruck, daß es sich an den Schutz der Freien Stadt Danzig durch die Völkerbundstaaten und an ihre Neutralität gebunden halte. Wie die anderen Mitglieder der Vereinten Nationen hat Frankreich das Urteil von Nürnberg an-

---

1051 Parl.Deb. HC vom 31.10.1945; abg. bei Böttcher aaO S.180.
1052 Vgl. Parl.Deb. HC vom 18.11. und 12.12.1946; abg. bei Böttcher aaO S.180.
1053 Parl.Deb. HC vom 24.11.1947.
1054 Parl.Deb. HC vom 10.7.1957.
1055 Vgl. Sir Julian Bullard (damals brit. Botschafter in der BRepD): Die Deutschlandfrage gestern und heute aus der Sicht der Alliierten (1988), azw. abg. bei Böttcher, Materialien zur Deutschlandfrage 1988/89 S.550 ff.; Sir Christopher L.G. Mallaby (damals brit. Botschafter in der BRepD): Der britische Standpunkt zur europäischen Sicherheit und zur deutschen Frage, Rede am 12.4.1989 in der Friedrich-Ebert-Stiftung in Bonn, azw. abg. bei: Böttcher aaO S.555 ff. und Richard Davy: Die deutsche Frage aus britischer Sicht aaO.
1056 Livre Jaune Français, S.247, 250, 255.

erkannt, in dem das deutsche Vorgehen in Danzig als Völkerrechtsbruch gewertet wurde. Ebenso läßt sich aus späteren Erklärungen schließen, daß Frankreich die deutschen Erwerbungen seit 1938 nicht anerkennt.[1057]

Die Eingliederung Danzigs durch Polen entgegen den Vereinbarungen der Alliierten von Potsdam ist auch von Frankreich nicht anerkannt worden, wie aus den Äußerungen bei den verschiedenen Außenministerkonferenzen ersichtlich ist und wie nach dem Görlitzer Vertrag vom 6. Juli 1950 ausdrücklich bekundet wurde.[1058]

Die französische Regierung hat somit die der englischen entsprechende Auffassung vertreten: Der Danziger Staat wird als de jure existent betrachtet. Es gibt eine Danziger Staatsangehörigkeit. Danzig steht nach dem Potsdamer Abkommen unter vorläufiger polnischer Verwaltungsbesetzung. Eine endgültige Regelung kann erst durch einen Friedensvertrag erfolgen.

(4)   Heiliger Stuhl

Der Heilige Stuhl hat die 1920 errichtete Freie Stadt Danzig als Staat und Völkerrechtssubjekt behandelt. Kennzeichnend für die grundsätzliche Einstellung der westlichen Welt der Völkergemeinschaft im Rahmen der Ost/West-Polarität ist auch die rechtspolitische Praxis des Heiligen Stuhls in den Nachkriegsjahren (nach 1945), die für die Entscheidungen in den die Danziger betreffenden Fragen von Bedeutung gewesen ist. Entsprechend der auch von ihm vertretenen Auffassung, daß Deutschland in den Grenzen vom 31. Dezember 1937 fortbestand, hat er die Freie Stadt Danzig nach 1945 als nicht untergegangen betrachtet. Erst durch die Neuzirkumskription der Diözesen in der heutigen Republik Polen vom 25. März 1992[1059] wurden die Grenzen des neuen Erzbistums Danzig verändert und entsprechen seither nicht mehr dem Gebiet der Freien Stadt Danzig.[1060]

Für das Staatsgebiet Freie Stadt Danzig war für den katholischen Teil der Danziger Bevölkerung[1061] durch Päpstliche Bulle vom 30. Dezember 1925 ein eigenes Bistum geschaffen worden.[1062] Der bisherige Apostolische Administrator Graf O'Rourke (seit 1922) wurde am 3. Januar 1926 im Einvernehmen mit der Danziger Regierung zum Bischof der Diözese Danzig ernannt, einem exemten – d.h. nur dem Papst unterstellten – Bistum. Nach seinem Rücktritt am 13. Juni 1938 wurde der Zoppoter Carl Maria Splett im Einvernehmen mit dem Senat der Freien Stadt Danzig zum Bischof ernannt. Auch nach seiner Entlassung aus polnischer Haftstrafe, die er bis zu seiner Abschiebung in den Westen im Jahre 1956 verbüßt hatte und nach vergeblichen polnischen Versuchen,

---

1057 Erklärung der französischen Regierung vom 7.7.1950, zit. in Friedrich Hoffmann S.3.
1058 Ebda.
1059 AAS 84 (1992) S.1097 ff.
1060 Vgl. Wothe S.8.
1061 Für 1925 von Lingenberg, Oliva– 800 Jahre, S.300, mit 38,6 % der Danziger Bevölkerung angegeben; vgl. auch für die weiteren Ausführungen über die Katholische Kirche in Danzig, Lingenberg ebda. S.299 ff. und Samerski S.72 ff., 107 ff., 163 ff., 171 ff.
1062 Päpstliche Bulle "Universa Christifidelium cura" (AAS 18 (1926) S.38 f.); vgl. Samerski S.160; Lingenberg aaO S.302.

ihn zum Rücktritt zu bewegen, hielt der Heilige Stuhl am Danziger Bischofstitel von Splett fest, der sein Amt mit Sitz in Düsseldorf weiter ausübte. Erst nach seinem Tode am 5. März 1964 wurde der für die in Danzig neuangesiedelten polnischen Katholiken eingesetzte polnische Administrator, der Bistumskoadjutor Edmund Nowicki zum regulären Bischof der Diözese Danzig erhoben, unter Beibehaltung der exemten Stellung des Bistums[1063] und der Diözesangrenzen, die erst im Jahre 1992[1064] geändert worden sind. Gleichwohl ernannte der Papst jedoch schon am 21. März 1964 den bisherigen Stellvertreter von Bischof Splett, Prälat Anton Behrendt, zum Apostolischen Visitator für die nach Deutschland geflüchteten und vertriebenen Danziger Katholiken, der dieses Amt bis zu seinem Tode im Jahre 1968 ausübte. Sein Nachfolger wurde Prälat Prof. Franz-Josef Wothe durch Dekret vom 27. März 1968, wie sein Vorgänger mit der Würde eines "Apostolischen Protonotars a.i.p." ausgestattet.[1065] 1985 wurde er emeritiert.[1066] Ende 1986 wurde der heute noch amtierende Prälat Johannes Bieler vom Heiligen Stuhl als Nachfolger eingesetzt.

Der Heilige Stuhl trug somit den völkerrechtlichen Gegebenheiten der Nichtanerkennung der von den sozialistischen Staaten erzwungenen Gebietsveränderungen aus seinen pastoralen Erfordernissen Rechnung. Immerhin blieben die Diözesangrenzen Danzigs bis zur Neustrukturierung der Kirche Polens mit Wirkung vom 25. März 1992 – also sogleich nach Inkrafttreten des deutsch-polnischen Grenzbestätigungsvertrages (16. Januar 1992) – mit dem Gebiet der Freien Stadt Danzig identisch.[1067] Die kirchenpolitische Praxis des Heiligen Stuhls korrespondierte hierdurch mit dem Willen aller Alliierten nach Ende des Zweiten Weltkrieges, die Lösung der Danziger Frage bis zu einer Friedensregelung aufzuschieben und Polen mit der vorläufigen Verwaltungsbesetzung des Territoriums der Freien Stadt Danzig zu beauftragen.

(5) Weitere Staaten

Verwaltungs- und Gerichtsverfahren in vermögensrechtlichen Fragen der Danziger sind auch aus anderen Staaten, vor allem aus den Niederlanden, aber auch aus der Schweiz und aus Schweden bekanntgeworden. In diesen Entscheidungen hat sich im wesentlichen ebenfalls die Auffassung vom Fortbestehen der Freien Stadt Danzig und der Danziger Staatsangehörigkeit niedergeschlagen.[1068]

1063 Vgl. die Antwortschreiben des Apostolischen Nuntius in Deutschland Corrado Bafile im Auftrag des Kardinalstaatssekretärs des Papstes vom 3. und 7. April 1964 an den Präsidenten der Vertretung der Freien Stadt Danzig (Vgl. Unser Danzig 9/64 S.3 f.). Nach einer die vertriebenen Danziger irritierenden politischen Predigt des Primas von Polen Kardinal Wyszyński anläßlich der Ernennung Nowickis zum residierenden Bischof der Diözese Danzig (*"polnischer Charakter Danzigs"*) wurde die oben dargestellte Auffassung des Heiligen Stuhles in einer Audienz nochmals bekräftigt, die der Päpstliche Nuntius Bafile dem Präsidenten der Vertretung der Freien Stadt Danzig Norbert Sternfeld gewährte (vgl. Unser Danzig 11/64 S.5).
1064 Anm.1059.
1065 Vgl. Unser Danzig 9/68 S.6.
1066 Vgl. Stachnik, Danziger Priesterbuch, S.196. Prof. Wothe starb am 27.8.1994 und wurde in Hildesheim beigesetzt.
1067 Vgl. Wothe S.8.
1068 Siehe die Darstellung von Einzelfallentscheidungen bei Böttcher aaO S.56 ff.

(6) Westliche Besatzungszonen

Mit der Rechtsmeinung ihrer Regierungsorgane stimmte häufig die Praxis der Besatzungsmächte in Westdeutschland gegenüber den dorthin verschlagenen Danzigern nicht überein. Bei der Behandlung von Fragen der Staatsangehörigkeit und von Versorgungsfragen wurde vor allem in der britischen Besatzungszone, in der die meisten vertriebenen Danziger Aufnahme fanden, an die Tatsache des Wohnsitzes in Deutschland angeknüpft.[1069] Nach Richtlinien des Foreign Office sowie der britischen Militärregierung[1070] wurden die in Deutschland aufgenommenen Danziger anders als die außerhalb der BRepD lebenden trotz Anerkennung des Fortbestehens der Danziger Staatsangehörigkeit *wie* oder später sogar *als* Deutsche behandelt. Es mögen Gründe der innen- oder außenpolitischen Zweckmäßigkeit, evtl. der diplomatischen Rücksichtnahme gegenüber dem Osten für diese pragmatische Haltung in der britischen, teils auch amerikanischen Besatzungszone maßgebend gewesen sein. Andererseits zeigt sich in dieser Anknüpfung an die im Grundsatz als rechtswidrig bezeichnete gesetzliche deutsche Sammeleinbürgerung vom 1. September 1939 ein bereits erwähnter Trend, der sich mit überzeugender Begründung der Vermeidung rechtsmißbräuchlichen staatlichen Handelns in der Verfassungsrechtsprechung und der Gesetzgebung der Bundesrepublik Deutschland wiederfand.[1071]

cc) Polen und Sowjetunion

(1) Polen

Trotz aller Versuche rechtlicher Begründungen war auch die jeweilige Einstellung des Ostalliierten – der Sowjetunion – sowie Polens abhängig von Stand und Veränderungen der außenpolitischen und militärpolitischen Entwicklungen. Das unter sowjetischer Herrschaft und nach sowjetischem System begründete und gesteuerte Polen des Jahres 1945 ist insoweit deutlich von dem Polen zu unterscheiden, das im Jahre 1939 dem deutschen Angriff und der daraus folgenden zeitweisen Vollbesetzung preisgegeben war, aber auch von dem nach 1919 in großen Teilen zulasten deutscher Gebiete (Korridor) wiedererstandenen Polen. Die Rechte, die 1919/20 auf Kosten Deutschlands zugunsten Polens in Danzig durchgesetzt worden waren, wurden durch die Wiedervereinigung 1939 wieder beseitigt. Deshalb hat Polen auch folgerichtig diese einseitige Lösung der Danziger Frage verurteilt und nicht anerkannt.[1072]

Schon vorher hatte Polen erklärt, daß es im Falle der Beeinträchtigung seiner Rechte auch vor militärischem Einsatz nicht zurückschrecken werde. Die Regierung Polens hatte vor dem deutschen Angriff mehrmals hervorgehoben, sie würde eine deutsche Intervention in Danzig als Kriegsgrund behandeln.[1073] Davon abgesehen hat sie sogar

---

1069 Vgl. die Falldarstellung bei Böttcher aaO S.58 ff.
1070 Vgl. die Nachweise ders. S.53 f., 58 ff.
1071 Siehe unten S.259 ff.
1072 So auch Skubiszewski, Die Westgrenze Polens 1975, S.305.
1073 Livre Jaune Français, S.112, 210.

selbst erwogen, Danzig im Handstreich zu besetzen.[1074] In einer Note an den Senat der Freien Stadt Danzig vom 24. August 1939 protestierte die polnische Regierung gegen das fait accompli der Ernennung Gauleiter Forsters zum "Staatsoberhaupt".[1075] Am gleichen Tage ordnete Polen die Teilmobilmachung seiner Armee an[1076] Nach der Besetzung Danzigs und Polens bezeichnete die am 30. September 1939 zunächst in Paris gebildete polnische Exilregierung die Rückgängigmachung der Eroberung Danzigs durch das Deutsche Reich als ein Ziel ihrer Politik.[1077] Im Kriegsverbrecherprozeß gegen den letzten Präsidenten des Senats der Freien Stadt Danzig Arthur Greiser wurde dem vom polnischen Obersten Gerichtshof am 9. Juli 1946 zum Tode Verurteilten vorgeworfen, er sei an der verfassungs- und völkerrechtswidrigen Gesetzgebung, die die Eingliederung Danzigs am 1. September 1939 eingeleitet hatte, maßgeblich beteiligt gewesen.[1078] Die Vorwürfe richteten sich auch gegen das "Danziger Staatsoberhaupt"[1079] Albert Forster, der am 29. April 1948 in Danzig zum Tode verurteilt wurde.[1080]

Bezeichnenderweise hat Polen aber nicht die These vom Fortbestehen des Danziger Staates vertreten. Zwei Gründe waren dafür maßgebend. Das Danziger völkerrechtliche Gebilde von 1920 wurde von Polen nicht als Staat anerkannt. Polen erhob Anspruch auf Danzig, von dem es behauptete, es sei polnisches Gebiet und müsse nun – was 1919 nicht gelungen sei – zu Polen "zurückkehren".[1081] Hier lag auch die Begründung für das vom heutigen Polen wohl längst bedauerte zutiefst menschenverachtende und kriminelle Verhalten, die deutsche Bevölkerung in der Mehrzahl, soweit sie nicht schon vorher unter dem Druck der eindringenden Streitkräfte und ihrer Greueltaten das Land verlassen hatte, zu peinigen, zu vertreiben und anschließend auszusperren. Auf der gleichen Ebene liegen alle polnischen die Deutschen treffenden Folgemaßnahmen im Zusammenhang mit Staatsangehörigkeitsregelungen, Enteignungen, Umsiedlungen polnischer Bevölkerung in großem Umfang in das den Danzigern gehörende Gebiet.[1082] Polen stützt seine Forderungen auf angebliche geschichtliche (Verbindung der deutschen Stadtrepublik Danzig mit der Krone Polen), wirtschaftspolitische (Zugang zur Ostsee zulasten eines anderen Staates) und rechtliche (Zugriff auf herrenloses Gebiet und Zuweisung durch Alliierte als Kompensation für an die Sowjetunion verlorene Ge-

---

1074 Vgl. die Bemühungen Frankreichs, Polen von einem militärischen Eingreifen in Danzig zurückzuhalten (Anm.1056).
1075 Vgl. English Blue Book, S.106; Anm.580.
1076 Vgl. Livre Jaune Français, S.248; vgl. oben S.130.
1077 Vgl. die Rundfunkerklärung der polnischen Exilregierung an das polnische Volk am 20.12.1939 (Deutsches Büro für Friedensfragen, Osthandbuch Heft 6 S.12).
1078 LR Vol.XIII, London 1949, case No.74, S.70.
1079 Vgl. oben S.129 f.
1080 IoP, Chronology of Events; nach Auskunft des Deutschen Roten Kreuzes ist Forster kurz vor Weihnachten 1955 hingerichtet worden.
1081 Vgl. die Forderung auf einer Konferenz der UPP in Moskau am 28.6.1943, zit.: Umiastowski, S.156; vgl. auch Skubiszewski, Gdańsk, S.271; vgl. im einzelnen zur Begründung der polnischen Ansprüche oben S.179 ff.
1082 Vgl. im einzelnen Böttcher, Die völkerrechtliche Lage, S.61 f.; vgl. auch oben S.151 ff.

biete) Ansprüche, die je nach machtpolitischen Konstellationen der Ost/West-Beziehungen mit unterschiedlichen Gewichten und verschiedenen Argumenten vertreten worden sind, aber alle jeder zutreffenden Begründung entbehren.[1083]

(2) Sowjetunion

Anders als Polen war die Sowjetunion auf Grund ihres mit dem Deutschen Reich am 23. August 1939 geschlossenen Nichtangriffspaktes (sog."Hitler-Stalin-Pakt")[1084] und des Geheimen Zusatzprotokolls vom gleichen Tage[1085] an der Wiedervereinigung Danzigs beteiligt und billigte die Aktion als Bündnispartner des Deutschen Reiches. Diese Haltung änderte sich gegenüber dem späteren Kriegsgegner Deutschland. Bereits am 30. Juli 1941 wurde in London der sowjetisch-polnische Bündnisvertrag geschlossen[1086], der ohne Ratifikation sofort in Kraft trat.[1087] In Art.1 dieses Vertrages heißt es:

"Die Regierung der UdSSR anerkennt, daß die sowjetisch-deutschen Verträge des Jahres 1939 bezüglich der territorialen Veränderungen in Polen ihre Geltung verloren haben".

Die Freie Stadt Danzig gehörte zwar nicht zu Polen. Mit dem Einschub *"bezüglich"*[1088] wird indessen die Thematik des Vertrages umschrieben, nicht etwa die Ungültigkeitsfeststellung im Hinblick auf die Polen berührenden Gebietsveränderungen eingeschränkt.[1089] Dem Vertrag kam deklaratorische Wirkung zu, indem insoweit das Erlöschen des Hitler-Stalin-Paktes durch Ausbruch des Krieges zwischen Deutschland und der Sowjetunion festgestellt wurde.[1090] Die Sowjetunion war lediglich dann bemüht, ihre eigene 1939 entstandene Grenze zu Polen nicht wesentlich zu verändern und möglichst bald endgültig festzuschreiben. Mit der Ungültigkeitserklärung der damaligen Verträge brachten somit die Sowjetunion und Polen zum Ausdruck, daß sie die damals zulasten Polens, also mit Rücksicht auf die polnischen Rechte im Danziger Staat auch für Danzig, getroffenen Veränderungen nicht anerkennen. Mit dem Vorstoß der sowjetischen Streitkräfte an die Weichsel 1944 war die UdSSR an einer Festlegung ihrer Grenzen zu Polen interessiert. Das war mit der Londoner Exilregierung nicht zu erreichen, sondern nur mit einer durch die Sowjetunion kontrollierten Regierung.

1083 Vgl. im einzelnen oben S.179 ff.
1084 Nichtangriffsvertrag zwischen Deutschland und der Union der Sozialistischen Sowjetrepubliken (RGBl 1939 II S.968), abg. in dt. Sprache: ADAP VII Nr.228 S.205 f. und bei Gornig, ROW 7/1989 S.396.
1085 Geheimes Zusatzprotokoll vom 23.8.1939, abg. in dt. Sprache: ADAP VII Nr.229 S.206 f. und bei Gornig ebda.
1086 Der sog."Sikorski-Majskij-Pakt", unterzeichnet vom Chef der polnischen Exilregierung Sikorski und dem sowjetischen Botschafter in London Majskij. Vgl. Anm.959.
1087 Deutsche Übersetzung bei Rhode/Wagner, Quellen, S.27; zitiert mit Quellenangaben und erläutert von Uschakow, Die Oder-Neiße-Linie und der Hitler-Stalin-Pakt, S.311.
1088 Polnisch: "dotyczące" = "betreffend".
1089 Vgl. auch Uschakow aaO S.313: Erlöschen des Vertrages durch den Ausbruch des Krieges.
1090 Vgl. Uschakow aaO S.312 ff.

Mit dem Mitte Juli 1944 aus linken Kräften im besetzten Gebiet, polnischen Sozialisten und Kommunisten, in der UdSSR gebildeten "Lubliner Komitee"[1091] schloß sie zwei Abkommen, die miteinander zusammenhängen und auch die Zukunft Danzigs betrafen. Mit dem Abkommen vom 26. Juli 1944 wurde dem Lubliner Komitee die Verwaltung polnischer Gebiete westlich des Flusses Bug übertragen.[1092] In dem geheimen Grenzabkommen vom 27. Juli 1944[1093] sind die Regierung der UdSSR und das Polnische Komitee der Nationalen Befreiung

> *"übereingekommen, daß der nördliche Teil Ostpreußens mit der Stadt und dem Hafen Königsberg an die UdSSR, der ganze übrige Teil Ostpreußens sowie der Danziger Bezirk mit der Stadt und dem Hafen Danzig dagegen an Polen übergehen" (Art.2).*

In dieser Formulierung liegt der Wille zu einer endgültigen Entscheidung über die angesprochenen Gebiete, während die UdSSR bezüglich der Abtretung der übrigen deutschen Ostgebiete an Polen eine Verpflichtung zur Unterstützung übernimmt (Art.4). Die Entscheidung über Danzig ist später relativiert worden. Auf der Grundlage der Verhandlungsergebnisse mit den Westalliierten wurde durch den ebenfalls geheimen Stalin-Beschluß vom 20. Februar 1945[1094] eine vorläufige Grenzregelung *"bis zur endgültigen Festlegung der West- und Nordgrenze Polens auf der künftigen Friedenskonferenz"* getroffen. (Nr.1 des Beschlusses). Der Danziger Bezirk mit der Stadt und dem Hafen Danzig waren in diese Regelung einbezogen. Auf der Grundlage des Abkommens vom 26. Juli 1944 wurde die polnische Verwaltung eingesetzt (Nr.2). Aus dem Zusammenhang mit Nr.1 ergibt sich, daß in die Verwaltungsbesetzung auch das Danziger Gebiet einbezogen werden sollte. Diese sowjetischen Maßnahmen entsprachen im wesentlichen den später gemeinsam mit den beiden Westalliierten im Potsdamer Abkommen vereinbarten Regelungen. Auch die Sowjetunion hat mithin – ohne sich allerdings zur Frage des Fortbestehens oder Unterganges des Danziger Staates zu äußern – für das Gebiet der Freien Stadt Danzig nach Beendigung des Zweiten Weltkrieges keine endgültigen Entscheidungen getroffen.

dd) Deutschland

Aus der Rechtshaltung und der staatspolitischen Praxis der Bundesrepublik Deutschland ergibt sich, daß sie seit ihrer Gründung im Jahre 1949 der Auffassung der Westalliierten zur Deutschland- und Danzigfrage gefolgt ist. Konsequenz ihrer Auffassung von der Kontinuität Deutschlands in den Grenzen vom 31. Dezember 1937 war, daß sie die Freie Stadt Danzig nicht als Bestandteil Deutschlands behandelte. Die Einverleibung Danzigs

---

1091 "Polnisches Komitee der Nationalen Befreiung"; vgl. Uschakow aaO S.316.
1092 Vgl. Uschakow aaO S.316 ff.
1093 Abkommen über die polnischen Staatsgrenzen zwischen dem Polnischen Komitee der Nationalen Befreiung und der Regierung der Union der Sozialistischen Sowjetrepubliken, abg. in dt. Üb. mit einer Anmerkung von Uschakow bei Böttcher, Materialien 1988/89 S.473 ff.
1094 Beschluß des Staatskomitees für Verteidigung der UdSSR Nr.7558; in dt. Üb. mit einer Anmerkung von Uschakow abg. bei Böttcher, Materialien 1988/89 S.475 ff.

durch Polen hat sie aber auch nicht anerkannt[1095], sondern den Standpunkt vertreten, daß eine völkerrechtliche Regelung der Danzig-Probleme ausstehe. Diese Auffassung wird in der nachstehenden Antwort bestätigt, die vom Geschäftsbereich des Auswärtigen Amtes auf eine Anfrage des Abgeordneten Schily am 30. April 1985 im Deutschen Bundestag erteilt worden ist[1096]:

"6. Abgeordneter Schily (DIE GRÜNEN)

Teilt die Bundesregierung die Auffassung des Bundes der Danziger, wonach die Stadt Danzig durch die Artikel des Versailler Vertrages 100 bis 108 zu einem souveränen Staat wurde und diese Rechtslage weiterhin Gültigkeit hat?

Antwort des Staatsministers Möllemann vom 30. April

Objekt der kriegerischen Besetzung am Ende des Zweiten Weltkrieges war Deutschland in den Grenzen vom 31. Dezember 1937. Hinsichtlich des Völkerrechtssubjekts der Freien Stadt Danzig haben die Siegermächte auf der Potsdamer Konferenz die Vereinbarung getroffen, daß auch dieses Gebiet bis zu der endgültigen Festlegung der Westgrenze Polens in einer friedensvertraglichen Regelung unter die Verwaltung des polnischen Staates kommen sollte. Im Verhältnis der Bundesrepublik Deutschland zur Volksrepublik Polen gilt die Aussage von Artikel 1 des Warschauer Vertrages, wonach die dort bezeichnete Grenzlinie die westliche Staatsgrenze der Volksrepublik Polen bildet.

Abgeordneter Schily (DIE GRÜNEN)

Ist es nach Auffassung der Bundesregierung möglich, daß die Danziger Staatsangehörigkeit neben der deutschen Staatsangehörigkeit fortbesteht, bzw. welche Staatsangehörigkeit erkennt die Bundesregierung bei solchen Personen an, die 1939 in das Deutsche Reich eingebürgert wurden, aber ihre Danziger Staatsangehörigkeit nicht durch eine ausdrückliche Ausschlagungserklärung ablegten?

1095 In dem Runderlaß des Auswärtigen Amtes vom 2.3.1953 – 524-00 V.50.400/53 (Erläuterungen zum Gesetz über das Paßwesen vom 4.3.1952, BGBl I S.290), abg. bei Ruby, S.840, 844, wird ausgeführt: "... *Die Verleihung der deutschen Staatsangehörigkeit an Danziger Staatsangehörige ... ist im Zuge einer occupatio bellica erfolgt. Auch die polnische Besetzung Danzigs stellt sich als eine occupatio bellica dar. Deshalb ist auch die Nichtanerkennung der Danziger Staatsangehörigkeit durch Polen völkerrechtswidrig.*" Zur völkerrechtlich ungeklärten Lage fährt der Erlaß fort: "*Ein völkerrechtlich anerkanntes staatliches Gebilde Danzig, welches seine Staatsangehörigen in Anspruch nehmen könnte, besteht nicht.*". Vgl. auch den schriftlichen Bericht des 8. Ausschusses des Deutschen Bundestages für Angelegenheiten der inneren Verwaltung über den Entwurf des 1.StARegG vom 24.9.1954 (BT Drs 2/249 S.1), in dem die Auffassung zum Ausdruck kommt, daß die Danziger Staatsangehörigkeit durch nachträgliche Anerkennung der am 1.9.1939 verliehenen deutschen Staatsangehörigkeit nicht erlischt.
1096 BT Drs 10/3329 S.2.

Antwort des Staatsministers Möllemann vom 30. April

Die Bundesrepublik Deutschland gewährt allen Deutschen im Sinne des Artikels 116 des Grundgesetzes, die sich ihr zuordnen, Schutz und Hilfe, ungeachtet des Umstands, ob die Deutschen daneben noch die Staatsangehörigkeit eines anderen Völkerrechtssubjekts haben."

Diese Beantwortung durch die Bundesregierung enthält folgende Aussagen, deren Bedeutung unter Berücksichtigung der deutlichen politischen Zurückhaltung der Bundesrepublik Deutschland in allen deutschen Ostfragen um so gewichtiger einzuschätzen ist.:

1. Die Bundesrepublik Deutschland betrachtet die Freie Stadt Danzig als Völkerrechtssubjekt.
2. Danzig ist im Potsdamer Abkommen bis zur friedensvertraglichen Regelung unter polnische Verwaltung gestellt worden, und zwar als Objekt der kriegerischen Besetzung, wie sich aus dem Wort "auch" in Satz 2 der Antwort zu 6. ergibt.
3. Der Warschauer Vertrag vom 7. Dezember 1970 (Gewaltverzicht bezüglich der deutsch-polnischen Grenze) bezieht sich nur auf die Rechtsbeziehungen zwischen der Bundesrepublik Deutschland und der Republik Polen, nicht also zwischen Danzig und Polen.
4. Die Frage des Fortbestandes der Danziger Staatsangehörigkeit neben der anerkannten deutschen Staatsangehörigkeit, wird offengelassen, der Fortbestand nicht bestritten.

Die Bundesregierung der Bundesrepublik Deutschland hat bis heute, auch nach der Vereinigung von BRepD und DDR, nicht zu erkennen gegeben, daß sie von dieser Rechtsauffassung abzuweichen gedenke. Diese Haltung ist von der Bundesregierung in zahlreichen Gesprächen bestätigt worden, die in all den Jahren in den verschiedenen Wahlperioden z.B. vom Auswärtigen Amt und Bundeskanzleramt mit den Vertretern der Danziger staatspolitischen Organe – Rat der Danziger und Vertretung der Freien Stadt Danzig – geführt worden sind.[1097] Zu keinem Zeitpunkt sind von der Bundesregierung Zweifel an der Vertretungsbefugnis der Danziger Organe zum Ausdruck gebracht worden.

In mehreren Erlassen im Auftrag des Bundeskanzlers Helmut Kohl und des Bundesaußenministers Hans-Dietrich Genscher[1098] ist auf Anfragen von Danziger Bürgern vom Auswärtigen Amt unter Bezugnahme auf den deutsch-polnischen Grenzbestätigungsvertrag vom 14. November 1990[1099] ausgeführt worden:

1097 Zuletzt am 4.7.1989 mit dem Beauftragten des Bundeskanzlers für die Verhandlungen über die deutsch-polnischen Verträge, Horst Teltschik, und am 28.3.1995 mit der Rechtsabteilung des Auswärtigen Amtes. Diese Ausführungen beruhen auf Informationen des Rates der Danziger und der Vertretung der Freien Stadt Danzig.
1098 Anm.882.
1099 Anm.880.

"Der deutsch-polnische Vertrag vom 14. November 1990 bestätigt die bestehende Grenze zwischen der Bundesrepublik Deutschland und der Republik Polen. Außerdem erklären beide Vertragspartner, daß sie gegeneinander keinerlei Gebietsansprüche haben und solche in Zukunft nicht erheben werden.

In bezug auf Danzig hat die Bundesrepublik Deutschland keine rechtserheblichen Handlungen vorgenommen."

In diesem Zusammenhang ist auch das Bundesvertriebenengesetz in seiner am 1. Januar 1993 in Kraft getretenen Fassung[1100] aufschlußreich:

"§ 1 Vertriebene

Vertriebener[1101] *ist, wer als deutscher Staatsangehöriger **oder** deutscher Volkszugehöriger seinen Wohnsitz in den ehemals unter fremder Verwaltung stehenden deutschen Ostgebieten oder in den Gebieten außerhalb der Grenzen des Deutschen Reiches nach dem Gebietsstande vom 31. Dezember 1937 hatte und diesen im Zusammenhang mit den Ereignissen des zweiten Weltkrieges infolge Vertreibung, insbesondere durch Ausweisung oder Flucht, verloren hat. ...*

*Vertriebener ist **auch**, wer als deutscher Staatsangehöriger oder deutscher Volkszugehöriger*

...

*nach Abschluß der allgemeinen Vertreibungsmaßnahmen vor dem 1. Juli 1990 oder danach im Wege des Aufnahmeverfahrens vor dem 1. Januar 1993 die **ehemals** unter fremder Verwaltung stehenden **deutschen Ostgebiete, Danzig,** Estland, Lettland, Litauen, die ehemalige Sowjetunion, Polen, die Tschechoslowakei, Ungarn, Rumänien, Bulgarien, Jugoslawien, Albanien oder China verlassen hat oder verläßt, ...*

§ 2 Heimatvertriebener

*Heimatvertriebener ist ein **Vertriebener**, der am 31. Dezember 1937 oder bereits einmal vorher seinen Wohnsitz **in dem Gebiet desjenigen Staates** hatte, aus dem er **vertrieben** worden ist (Vertreibungsgebiet), und dieses Gebiet vor dem 1. Januar 1993 verlassen hat; ..."*

"Danzig" ist in der Aufzählung bei der Bezeichnung der Vertreibungsgebiete neben den "ehemals unter fremder Verwaltung stehenden Ostgebieten" für den Zeitpunkt bis zum 1. Januar 1993 – Inkraftsetzung der Neufassung – in der Reihe der 13 Staaten aufgeführt worden. (Art.1 Abs.2 Nr.3 BVFG). Anders als bei den deutschen Ostgebieten und bei der Sowjetunion ist das Wort "ehemals" bzw. "ehemalig" nicht beigefügt worden. Bei der Kenn-

---

1100 Neufassung des Gesetzes über die Angelegenheiten der Vertriebenen und Flüchtlinge (Bundesvertriebenengesetz – BVFG) vom 19.5.1953 (BGBl I S.201) auf Grund des Art.21 des Kriegsfolgenbereinigungsgesetzes vom 21.12.1992 (BGBl I S.2094).
1101 Hervorhebungen im zitierten Text vom Verfasser.

zeichnung der Eigenschaft als "Heimatvertriebener" (§ 2 Abs.1) wird nochmals bestätigt, daß Danzig als Staat angesprochen wird; das ergibt sich aus der Verbindung mit der Vertriebeneneigenschaft nach § 1.[1102]

Es könnte eingewendet werden, daß sich diese Rechtsgrundhaltung im Laufe der Zeit zumindest abgeschwächt habe. Die Bundesregierung hat am 4. Oktober 1990 in Danzig ein Generalkonsulat eingerichtet. Mit dieser Maßnahme, die sich in ihrem Zuständigkeitsbereich nicht nur auf Danzig, sondern auch auf westpreußische Gebiete[1103], u.a. ehemalige "Korridor"-Gebiete bezieht, ist aber lediglich der Tatsache Rechnung getragen worden, daß sich die genannten Territorien tatsächlich unter der Herrschaftsgewalt der Republik Polen befinden, daß für die dort lebenden Deutschen gesorgt werden muß, die auch die deutsche Staatsanghörigkeit besitzen und daß sie im Sinne der deutsch-polnischen Zusammenarbeit Aufgaben der friedlichen Beziehungen zu erfüllen haben, zu denen die Bundesrepublik Deutschland und die Republik Polen sich im Nachbarschaftsvertrag vom 17. Juni 1991[1104] verpflichtet haben.

Anläßlich des letzten Besuches des Bundespräsidenten der Bundesrepublik Deutschland Richard von Weizsäcker in Danzig am 21. September 1993[1105] gemeinsam mit dem Präsidenten der Französischen Republik François Mitterrand zur Verleihung der Ehrendoktorwürde durch die nach 1945 errichtete polnische Universität in Danzig hat die Vertretung der Freien Stadt Danzig an v.Weizsäcker geschrieben. In ihrem Schreiben vom 15. September 1993 hat sie an die Sonderlage der Freien Stadt Danzig erinnert und diese in einem zugleich überreichten staats- und völkerrechtlichen Gutachten eingehend erläutert. Sie hat hierbei ihr Bestreben hervorgehoben, im Rahmen der europäischen Entwicklung in konstruktiven Beziehungen zum polnischen Volk ihren Beitrag einzubringen. Aus der zurückhaltenden und ausweichenden Antwort des Bundespräsidialamtes, die nur das Vertragsverhältnis zwischen der Bundesrepublik Deutschland und der Republik Polen anspricht, ergaben sich jedoch keine Anhaltspunkte für eine Änderung der Rechtsauffassung der Bundesrepublik Deutschland in der Danziger Frage.[1106]

Im Görlitzer Vertrag zwischen der DDR und Polen vom 6. Juli 1950[1107] ist das Danzig-Problem nicht erwähnt worden.[1108] Auch sonst gibt es keine Hinweise auf Äußerungen der DDR zur Danziger Frage, die für sie als Angehörige des sowjetischen Lagers durch das "Potsdamer Abkommen" als endgültig geregelt gegolten haben muß.

1102 Vgl. die gegenüber der die deutsch-polnischen Grenzfragen berührenden deutschen Gesetzgebung kritischen Bemerkungen von Jasica S.75 ff.
1103 Generalkonsulin wurde die Danzigerin Marianne Wannow mit dem Amtsbezirk der Wojewodschaften Danzig, Allenstein, Bromberg, Elbing, Suwalki, Stolp und Thorn. Inzwischen ist eine Nachfolgerin entsandt worden.
1104 Anm.880.
1105 Vgl. Bulletin 81/1993 S.935 f. Gelegentlich eines Staatsbesuchs in der Republik Polen im Jahre 1990 besuchte v. Weizsäcker vorher schon Danzig.
1106 Der Briefwechsel ist abg. in: Unser Danzig 20/1993 S.5.
1107 Anm.855.
1108 Vgl. oben S.173.

Schließlich enthalten weder der Zwei-plus-Vier-Vertrag vom 12. September 1990[1109], noch der deutsch-polnische Grenzbestätigungsvertrag vom 14. November 1990[1110] Bestimmungen, die sich auf die Grenzen der Freien Stadt Danzig beziehen.[1111]

d) Bedeutung der Nichtanerkennung im Falle Danzigs

Wie dargelegt worden ist, haben die Westmächte, andere westliche Staaten und Polen sowie der Völkerbund die Einverleibung Danzigs im Jahre 1939 nicht anerkannt. Das Verhalten der Sowjetunion ist insoweit ohne Bedeutung, weil sie als Aggressor und Beteiligter, als mit dem Deutschen Reich verbündeter Staat handelte.[1112] Entsprechendes gilt für die übrigen Verbündeten Deutschlands. In einigen Fällen wurde die Nichtanerkennungswirkung durch Kriegserklärungen an das Deutsche Reich mit dem Ziele der Wiederherstellung des rechtmäßigen Zustandes noch verstärkt. In der Tat wurde die Freie Stadt Danzig dem Deutschen Reich wieder entrissen und damit die Umwandlung der occupatio bellica in eine vollendete Annexion verhindert.

Von den Westmächten ist der Einverleibung der Freien Stadt Danzig mehrmals die Anerkennung versagt worden. Alle Kriegsalliierten haben in der Berliner Konferenz eine Regelung für Danzig abgelehnt, die endgültige Lösung verschoben und kraft der von ihnen wahrgenommenen Regierungsgewalt eine vorläufige Verwaltungsbesetzung durch Polen im Rahmen der occupatio bellica angeordnet. Die Freie Stadt Danzig wurde auch vom Heiligen Stuhl als de jure fortbestehend behandelt. Im übrigen hat die Nichtanerkennung im Ausland ihre Auswirkungen vor allem in Vermögens- und Staatsangehörigkeitsfragen gezeigt.

Im Laufe der langen seit 1945 verflossenen Zeit ohne Erreichung der in Aussicht gestellten Lösungen sind zwar keine Anerkennungen ausgesprochen worden. Die Zeichen und Nachweise fortgesetzter Nichtanerkennung sind aber in dem Maße, in dem deren Bestätigung gegenüber der Entwicklung neuer politischer Beziehungen unbequem wurde, immer leiser und undeutlicher geworden. Deshalb ist die Frage des Fortbestehens der Freien Stadt Danzig auch unter dem rechtlichen Aspekt des Erlöschens der Souveränitätsrechte durch Ersitzung zu untersuchen und der Frage nachzugehen, wie weit die Betroffenen – das Danziger Volk – selbst in die Speichen greifen und damit ihr staatliches Rechtsschicksal beeinflussen. Die völkerrechtlichen Prozesse des Gewalt-, Kriegs- und Annexionsverbots, des Verbots der Gegenannexion, der Nichtanerkennung, der Ersitzung, des Verschweigens, des Selbstbestimmungsrechts, einschließlich des Rechtes auf die Heimat und der Minderheiten- und Volksgruppenrechte, haben zahlreiche gleiche Wurzeln[1113], die den Menschen, ihre Kern-Rechte und ihre Existenzgrundlagen stärken und in den Mittelpunkt des internationalen Pflichtengeflechts rücken. Im Übergangsstadium der occupatio bellica, also im Zustand der bewußt angeordneten

---

1109 Anm.872.
1110 Anm.880.
1111 Vgl. oben S.176 ff.
1112 Vgl. Stödter S.140.
1113 Vgl. auch Kraus, Der völkerrechtliche Status, S.90 ff.

Vorläufigkeit kommt der Nichtanerkennung erhebliche Bedeutung zu. Sie kann den Prozeß zur endgültigen Einverleibung zumindest verzögern und damit die Fortexistenz des Staates Freie Stadt Danzig ermöglichen.

e) Ersitzung

Eine Gebietsaneignung könnte trotz ihrer Völkerrechtswidrigkeit unter allerdings sehr begrenzten Voraussetzungen[1114] zum endgültigen Erwerb führen, wenn der die Herrschaft ausübende Staat berechtigt wäre, sich auf Ersitzung zu berufen.

Der im Völkerrecht mächtige Effektivitätsgrundsatz neigt in seinem Streben nach Rechtssicherheit, Rechtsfrieden und Stabilität zur Legalisierung veränderter Zustände. Die Danziger sind seit bald 50 Jahren aus ihrem Lande verbannt. Seit dieser Zeit ist polnische Bevölkerung in großer Zahl dort angesiedelt worden. Folglich stellt sich die Frage, ob trotz der Verletzung völkerrechtlich zwingender Normen und der Bejahung einer Rechtspflicht, den einseitig veränderten Zustand nicht anzuerkennen, durch Zeitablauf, ständige Übung und letztlich nachträgliche Heilung des Verletzungstatbestandes ein Erwerbstitel für Polen entstanden ist und ob bejahendenfalls der Danziger Staat trotz der geschilderten rechtlichen Hinderungsgründe infolge Ersitzung untergegangen ist.

Die Frage, ob Polen die territoriale Souveränität über die Freie Stadt Danzig ersessen hat, ist jedoch zu verneinen. Das Begriffspaar "ex factis ius oritur" und "ex iniuria ius non oritur" steht nicht im Widerspruch, wie Berber[1115] meint. Unrecht kann nicht nachträglich Recht werden. Mit Hilfe der Ersitzung könnte aber im Sinne der "normativen Kraft des Faktischen"[1116] neues, anderes Recht wachsen, wenn die Verletzung des Rechts nicht oder nicht mehr gerügt oder verfolgt wird, d.h. anderenfalls z.B. ein rechtsfreier Raum entstände, die alte Rechtsgrundlage obsolet geworden ist. Der Verwirkungsgedanke, z.B. durch Verschweigen seitens der Betroffenen und Berechtigten ("qui tacet consentire videtur") kommt hier zum Tragen[1117], während der im innerstaatlichen Recht entwickelte Grundsatz der Verjährung nach Ablauf einer bestimmten Frist, entgegen der östlichen Lehre, nicht ohne weiteres zur Anwendung kommen kann.[1118] Zurecht wenden sich indessen Verdross-Simma gegen die schrankenlose Anwendung des Effektivitätsgrundsatzes in Fällen rechtswidriger Gebietsaneignung, die im geltenden Völkerrecht als Bestandteil des "ius cogens" die Nichtigkeit der einseitigen Akte zur Folge hätte.[1119]

1114 Vgl. Verdross-Simma, §§ 1162 f., S.757 ff.; Blumenwitz, ex factis ius oritur, S.43 f.
1115 Lehrbuch 2.Aufl.I.Bd.§ 54, S.365 Anm.184.
1116 Vgl. Berber aaO § 54, S.365.
1117 Vgl. Krülle, Die völkerrechtlichen Aspekte, S.215. Vgl. zur Verwirkung bei Geltendmachung des Wiederherstellungsanspruchs als Verstoß gegen Treu und Glauben: Kraus aaO S.51 f.
1118 Vgl. Krülle aaO S.313, 217; vgl. auch Blumenwitz aaO S.49 und 55 f. mwN. in Anm.50 unter Hinweis auf die im Völkerrecht fehlende innerstaatliche Regelung, die eine Unterbrechung der Verjährungsfrist durch Klageerhebung ermöglicht; vgl. auch Kraus aaO S.49.
1119 Vgl.Verdross-Simma § 1163, S.759 f.: Der Grundsatz der Effektivität gelte nur in dem vom Völkerrecht abgesteckten Rahmen. Seine schrankenlose Anwendung würde zur Aufhebung des Völkerrechts führen.

Falls überhaupt die Anwendbarkeit des Ersitzungstatbestandes auf das besetzte Danziger Territorium bejaht würde, wäre Voraussetzung für die Feststellung des Überganges der Territorialsouveränität über das Staatsgebiet der Freien Stadt Danzig auf die Republik Polen nach herrschender Lehre und Staatenpraxis die ungestörte, ununterbrochene und unbestrittene Herrschaftsausübung mit nach außen dokumentiertem Aneignungswillen.[1120] Die Bösgläubigkeit Polens im Hinblick auf den Verletzungstatbestand würde dem Eintreten der Ersitzungswirkung nach hM. nicht entgegenstehen.[1121] Es handelt sich um die Anerkennung einer neuen, anderen Rechtslage, für die der gute Glaube an die Rechtmäßigkeit des durch Ersitzung überholten rechtswidrigen Zustandes nicht mehr von Bedeutung ist.

Polen übt seine Herrschaft über das Gebiet der Freien Stadt Danzig seit 1945 ständig aus. Das für die Annahme einer Ersitzung erforderliche Kriterium der dauernden, ununterbrochenen Herrschaftsausübung über einen langen Zeitraum kann nicht für sich beantwortet werden. Da das Völkerrecht keine präzisen Anhaltspunkte für Zeitgrenzen bietet[1122], muß auf die Umstände des Einzelfalles abgestellt werden. Insoweit ist von Bedeutung, daß infolge der Vertreibung fast der gesamten Bevölkerung die polnische Herrschaft nicht über das Danziger Staatsvolk ausgeübt werden kann, die Herrschaftsausübung über das Danziger Gebiet folglich nicht ungestört ist.

Auf den mangelnden Widerstand der Danziger Bevölkerung im Danziger Staatsgebiet kann Polen sich zur Begründung einer effektiven Herrschaftsausübung nicht berufen, weil es ein entsprechendes Verhalten des Danziger Staatsvolkes durch Vertreibung und Unterdrückung gewaltsam verhindert hat. Polen würde gegen das auch im Völkerrecht anwendbare Verbot des "venire contra factum proprium", gegen den Grundsatz von Treu und Glauben verstoßen, somit rechtsmißbräuchlich handeln.[1123] Erst die Gelegenheit zur Ausübung des Selbstbestimmungsrechts[1124] würde die Danziger in die Lage versetzen können, ihrem staatsbezogenen Willen Ausdruck zu verleihen.

Insbesondere ist aber die unbestrittene Wahrnehmung der staatlichen Funktionen zu verneinen, weil die Ausübung der Staatsgewalt durch Polen dem erklärten Willen der beteiligten Staaten sowie dem beharrlichen Widerspruch des beherrschten Danziger Staatsvolkes entgegensteht. Die als verbindlich angesehenen Verträge für und mit Danzig seit 1919, zuletzt die Vereinbarungen und Verfügungen der Vier-Mächte im "Potsdamer Abkommen", die seither nicht geändert worden sind, verhindern auch unter Berücksichtigung der Staatenpraxis[1125] eine im Widerstreit zum universellen Völkerrecht – Gewaltverbot, Verbot einseitiger Aneignung, Bindung an den Internationalen Status, Verbindlichkeit des abwehrenden Selbstbestimmungsrechts – stehende Ersitzung.

Die Regelung der im "Potsdamer Abkommen" von den Siegermächten angeordneten Verwaltungsbesetzung und die Inaussichtstellung einer, noch nicht getroffenen, endgül-

---

1120 Vgl. Verdross-Simma § 1162 f., S. 757 ff.; Blumenwitz aaO S.49; Berber aaO S.365; Krülle aaO S.215.
1121 Vgl. im Ergebnis Blumenwitz aaO S.49.
1122 Vgl. Blumenwitz ebda.
1123 Vgl. unten S.261 f.
1124 Vgl. hierzu unten S.243 ff.
1125 Vgl. Blumenwitz aaO S.49 ff.; Krülle aaO S.210 ff.

tigen völkerrechtlichen Lösung unterliegt der Verantwortung und Billigung der Vier-Mächte, steht folglich nicht zur Disposition. Die aus verschiedenen Aspekten Betroffenen oder Mitbetroffenen, die Danziger, die Bundesrepublik Deutschland und auch Polen, müssen an den Zukunftslösungen – Vollziehung der vorläufigen Verwaltung und Ablösung der Verwaltung durch eine endgültige völkerrechtliche Regelung für die Danziger – beteiligt werden.

Im sowjetisch-polnischen Vertrag vom 16. August 1945 ist durch die Bezugnahme auf die Berliner Konferenz auch für Danzig die Friedensvertragsklausel bestätigt worden. Die Vier-Mächte haben ihre treuhänderische Aufgabe der Wahrnehmung der Regierungsgewalt für die Freie Stadt Danzig bisher nicht aufgegeben und entsprechend den Ankündigungen in eine endgültige völkerrechtliche Lösung überführt. Sie haben auch keine abweichenden politischen Absichten mitgeteilt. Sie haben somit auch keine Maßnahmen getroffen, die als Anerkennung der von der Republik Polen gewünschten Rechtslage der Übertragung der territorialen Souveränität gedeutet werden könnten.[1126]

Die Ersitzung ist auch unter dem Gesichtspunkt der Bewahrung eines "nudum ius", eines entkleideten Rechts, de iure-Zustandes, zu verneinen. In der Völkerrechtswissenschaft hat sich die Meinung durchgesetzt, daß im Falle des Auseinanderklaffens von tatsächlichem und rechtlichem Zustand die Rechtsposition eines "nudum ius" nicht negiert werden dürfe, ohne dem Wortlaut der diesen Zustand herbeigeführten Verträge Gewalt anzutun. Das verwaltete Gebiet bleibe Bestandteil seines Territorialstaates.[1127] *"Die zu einem nudum ius eingeschrumpfte territoriale Souveränität"* gelange *"automatisch wieder zur vollen Entfaltung"*, wenn sich der Verwalterstaat zurückzieht.[1128] Die Substanz der Territorialsouveränität der Freien Stadt Danzig ist durch die Übertragung der Aufgabe der vorläufigen Verwaltungsbesetzung auf Polen nicht angetastet worden.

Polen kann sich zur Begründung der Ersitzung schließlich nicht auf den Tatbestand des Verschweigens des betroffenen Staatsvolkes stützen. Die das Danziger Staatsvolk repräsentierenden staatspolitischen Organe haben seit 1945 bis heute beharrlich den Willen, ihren Staat nicht aufzugeben, nach Innen und nach Außen vertreten.[1129]

Ersitzung durch Verschweigen wird von Schweisfurth[1130] angenommen. Auch Schweisfurth hält es zwar für zweifelhaft, daß der Danziger Staat infolge der polnischen Maßnahmen nach 1945 untergegangen ist. Er erwähnt auch das gewählte Danziger Parlament, den "Rat der Danziger", als Repräsentationsorgan der Freien Stadt Danzig,

---

1126 Zur Problematik und zur Wirkung der Anerkennung im Völkerrecht, insbes. im Zusammenhang mit der Ersitzung vgl. Krülle, Die völkerrechtlichen Aspekte, S.222 ff.
1127 Vgl. die Nachweise bei Krülle aaO S.287 f. und die Hinweise auf die Staatenpraxis bei Blumenwitz aaO S.54.
1128 Verdross-Simma § 1042, S.659 f.
1129 Vgl. oben S.69 ff.
1130 S.88; vgl. auch Kloss S.226 f., der die Bewahrung des Danziger Staates durch die Aktivitäten für rechtlich-möglich hält.

kommt dann aber – offenbar auf Grund nicht erschöpfender Informationen – zur Aussage, die Aktivitäten der Danziger "have meanwhile faded away", es existiere keine Exilregierung, und es habe auch keine andere Organisation die Wiederherstellung des Danziger Staates gefordert. Dieser auf unzutreffende Fakten gestützten Begründung kann nicht gefolgt werden. Die von Schweisfurth zur Verhinderung des Unterganges des Danziger Staates verlangten Bedingungen sind erfüllt.

Die Fortsetzung des rechtswahrenden, staatsbewahrenden Verhaltens der Danziger wird auch zukünftig eine wesentliche Voraussetzung für die Verhinderung der Ersitzung oder Verwirkung und somit des Erlöschens der Rechte des Danziger Staatsvolkes durch Ersitzung sein. Dazu ist es allerdings nicht erforderlich, daß das Danziger Staatsvolk bei jeder sich bietenden Gelegenheit formell protestiert.[1131]

Im "Potsdamer Abkommen" wird ausdrücklich auf eine noch ausstehende friedensvertragliche Regelung abgestellt. Von polnischer Seite ist das Erfordernis einer Friedensvertragsregelung verneint worden. Es gebe keinen Regelungsbedarf mehr.[1132] Für die moderne völkerrechtliche Entwicklung ist zwar das Ausbleiben förmlicher Friedensschlüsse symptomatisch.[1133] Während im klassischen Völkerrecht die mit kriegerischen Auseinandersetzungen verbundenen Territorialfragen üblicherweise in einem Friedensvertrag geregelt wurden[1134], entsteht in der heutigen Zeit die Frage, ob auch ohne Friedensvertrag eine rechtliche Normalität eintreten kann. Das setzt die Wiederaufnahme friedlicher Beziehungen voraus.[1135] Der Kriegszustand kann als rechtliche Beziehung zwischen den beteiligten Staaten jedenfalls auf völkerrechtlicher Ebene nicht durch einen einseitigen Akt beendet werden.[1136] Falls sich bei den Beteiligten auch in Ermangelung eines förmlichen Friedensvertrages die Ansicht durchsetzte, daß wieder Frieden herrsche und diese Annahme durch den Austausch friedlicher Beziehungen unter Duldung der veränderten Situation zum Ausdruck gebracht würde, ließe sich die Ansicht vertreten, daß der eroberte Staat durch Konsolidierung eines ursprünglich rechtswidrigen Zustandes erloschen ist.[1137] Diese Voraussetzungen sind aber für die Danziger Frage zu verneinen. Ein Friedensvertrag ist ausdrücklich vorgesehen, nach dem schriftlich bekundeten Willen aller Beteiligten. Die Danziger haben nicht auf vertragliche Regelung verzichtet. Sie haben den neuen Zustand nicht widerspruchslos hingenommen[1138]; sie dulden nicht die veränderte Lage.

1131 Vgl. Blumenwitz aaO S.54. Zu den Aktivitäten der vertriebenene Danziger vgl. Nachtrag, S. 317 ff.
1132 Vgl. oben S.192 ff.
1133 Vgl. Scheuner, Der fehlende Friede, S.190.
1134 Vgl. Scheuner ebda. S.191; H.-J. Jellinek, S.249.
1135 Vgl. Scheuner ebda. S.196; Erich Kaufmann, Deutschlands Rechtslage, S.15.
1136 Vgl. Stödter S.116
1137 Vgl. Böttcher, Die völkerrechtliche Lage, S.145.
1138 Vgl. Verdross-Simma aaO § 1162, S.758.

f) Selbstbestimmungsrecht der Völker als Rechtsquelle des Volkes der Freien Stadt Danzig

Neben dem Anspruch des Danziger Staatsvolkes auf Wiederherstellung seiner durch Gewaltakte, insbesondere Einverleibung der Freien Stadt Danzig verletzten Rechte stützt sich das Begehren des Danziger Volkes auch auf das Selbstbestimmungsrecht der Völker. Der Entwicklungsprozeß und die aktuelle Bedeutung der Ausgestaltung des Prinzips der Selbstbestimmung zur Rechtsnorm führt zu dieser Schlußfolgerung.

aa) Entwicklung des Selbstbestimmungsrechts und seine Bedeutung bei Errichtung der Freien Stadt Danzig

(1) Bis zum Ersten Weltkrieg

Das auf Freiheit und Selbstbestimmung gerichtete Streben des einzelnen Menschen und später auch der Gemeinschaft von Menschen, blickt auf einen langen dornenreichen Weg zurück, der gekennzeichnet war von dem ständigen Bemühen, Formen engerer Bindungen zu ersinnen, auszugestalten und zur Wirkung zu bringen, in denen der Gedanke des Selbstbestimmungsrechts verfestigt werden konnte.[1139] Die vielfältigen Erscheinungsformen des Selbstbestimmungsgedankens – von anfangs religiösen Fragen der individuellen Glaubensfreiheit bis zum Erstarken des Bewußtseins der Herrschaft des Volkes im Sinne einer historisch, kulturell und ethnisch begründeten Einheit in der jeweiligen Auseinandersetzung mit den Souveränitätselementen des Staates – spiegeln die verschiedenen Epochen mit ihren spezifischen Bedingungen und ihren Entwicklungsstand wider.[1140] Das Ringen des aus dem Gedankengut der französischen Revolution sich entwickelnden Nationalitätenprinzips und der staatsbildenden Kraft des Volkes sowie der Volkssouveränität, dem national homogenen Staat mit der Idee des mehrere Nationalitäten verwaltenden Vielvölkerstaates diente schließlich der Verfestigung des Selbstbestimmungsrechts in seinen späteren Erscheinungsformen.[1141] Zugleich wuchs die Erkenntnis, daß individuelle Selbstbestimmung und Selbstbestimmung als Gruppenrecht von der Idee der allgemeinen Menschenrechte nicht zu trennen und mit den Erfordernissen der modernen Demokratie eng verbunden sind.[1142]

1139 Vgl. zur Entstehung, Entwicklung und Bedeutung des Selbstbestimmungsrechts: Decker, Das Selbstbestimmungsrecht der Nationen (1955); Rabl, Das Selbstbestimmungsrecht der Völker (2.Aufl.1973); Heidelmeyer, Das Selbstbestimmungsrecht der Völker (1973); Doehring, Das Selbstbestimmungsrecht der Völker als Grundsatz des Völkerrechts (1974); Veiter, Die Entwicklung des Selbstbestimmungsrechts (1981); Espiell, Der Begriff des Selbstbestimmungsrechts der Völker in heutiger Sicht (1982); Zieger, Gebietsveränderungen und Selbstbestimmungsrecht (1984); Murswiek, Offensives und defensives Selbstbestimmungsrecht (1984); Rumpf, Das Subjekt des Selbstbestimmungsrechts (1984); Kimminich, Der Selbstbestimmungsgedanke am Ende des Ersten Weltkrieges (1985); Thürer, Das Selbstbestimmungsrecht (1986); Eckart Klein, Das Selbstbestimmungsrecht der Völker und die deutsche Frage (1990); Seiffert, Selbstbestimmungsrecht und deutsche Vereinigung (1992); Gornig, Der Inhalt des Selbstbestimmungsrechts (1993).
1140 Vgl. die übersichtliche Darstellung der einzelnen Stationen der allmählichen Verfestigung des Selbstbestimmungsrechts bei Eckart Klein aaO S.11 ff.
1141 Vgl. Eckart Klein aaO S.15 ff.
1142 Vgl. Seiffert aaO S.12 f.

Wenn auch noch keine völkerrechtlich verbindliche Norm festzustellen war, so haben sich doch bis zum Ende des Ersten Weltkrieges in einzelnen Staaten und zwischen den Staaten Prinzipien herauskristallisiert, von denen bereits politisch wirksame Kräfte auf das Leben der Völker Einfluß nahmen und denen sich die verschiedenen Staaten in Verfolg ihrer eigennützigen Ziele nicht mehr ohne weiteres entziehen konnten. Das wurde besonders deutlich bei den Friedensregelungen nach Beendigung des Ersten Weltkrieges, wenngleich trotz aller fortschrittlichen Bekenntnisse politisches Machtstreben, Opportunismus und die Egoismen auch der sich neu bildenden Staaten letztlich häufig die Oberhand gewannen und das Prinzip des Selbstbestimmungsrechts eigentlich mehr als politische Kraft eingesetzt wurde, um die machtpolitischen Ziele durchzusetzen.[1143] Wie außergewöhnlich schwierig es auch heute noch ist – trotz inzwischen weit fortgeschrittener Prozesse der Entwicklung von Völkergewohnheitsrecht und Vertragsrecht in diesem Bereich–, die einzelnen Staaten und Staatengemeinschaften ohne eine entsprechende Vollzugsgewalt zur Einhaltung und Anwendung dieser völkerrechtlichen Regeln zu bewegen, zeigen die zahlreichen aktuellen Beispiele, zu denen die Probleme des deutschen Ostens genauso gehören wie die große Zahl unbewältigter Lösungsversuche in der ganzen Welt, bis hin zu den schwerwiegenden, menschenunwürdigen Auswüchsen auf dem Balkan, denen sich die europäischen Staaten ausgesetzt sehen, jedoch keine Möglichkeit ergreifen, dem Völkerrecht zum Durchbruch zu verhelfen.

(2) Der sowjetische Einfluß

Die Weiterentwicklung des Selbstbestimmungsrechts ist im Verlaufe des Ersten Weltkrieges von zwei sehr unterschiedlichen Anstößen und in durchaus voneinander abweichenden politischen und inhaltlichen Ausprägungen und Gewichten nachhaltig beeinflußt worden. Während die revolutionäre Bewegung in Rußland sich der Idee des Selbstbestimmungsrechts in unterschiedlichen Facetten im wesentlichen als Mittel des Kampfes um den Sozialismus bediente, richtete der amerikanische Präsident Wilson mit den 14 Punkten seinen Friedensappell unter dem Motto "Friede ohne Sieg" an die Völker der Welt, in dem er das Erfordernis der Zustimmung des Volkes zu dessen Regierung und der ansässigen Bevölkerung zu einer Grenzveränderung hervorhebt.

Unter dem Gesichtspunkt der Bekämpfung des Imperialismus und Kolonialismus zur Befreiung der unterdrückten Nationen wurde das Selbstbestimmungsrecht auch zu einem die Durchsetzung der sozialistischen Ideen unterstützenden Mittel. Als Träger dieses als völkerrechtliche Rechtsregel geforderten Grundsatzes wurde die territorial bezogene Nation angesehen.[1144] Das so verstandene Selbstbestimmungsrecht richtete sich sowohl gegen das zaristische Rußland und wurde andererseits in den Dienst der Weltrevolution gestellt.[1145]

1143 Vgl. Eckart Klein aaO S.16.
1144 Vgl. Seiffert aaO S.19 f.; Eckart Klein aaO S.20; Meissner, Die marxisitsch-leninistische Auffassung vom Selbstbestimmungsrecht, S.99 ff.
1145 Vgl. Eckart Klein ebda.

Im Zusammenhang mit der Ablehnung von gegen den Willen der ansässigen Bevölkerung vollzogenem gewaltsamen Gebietserwerb (Annexion)[1146] schlugen sich die Prinzipien des Selbstbestimmungsrechts in dem "Dekret über den Frieden" vom 8. November 1917 nieder, mit dem die Sowjetregierung ihren Friedensvorschlag unterbreitete.[1147] Bei den Gebietsveränderungen auf Grund des Friedensvertrages von Brest-Litowsk vom 3. März 1918 wurde zwar auch hervorgehoben, daß der Wille der Bevölkerung berücksichtigt werden solle. Dazu kam es dann aber nicht mehr, weil die Siegermächte (im November 1918) und anschließend Sowjetrußland (am 13. November 1918) den Vertrag für nichtig erklärten und das im Ersten Weltkrieg besiegte Deutschland im Versailler Vertrag auf seine Rechte aus dem Vertrag von Brest-Litowsk verzichtete.[1148]

Bei den Vertragsverhandlungen trat Sowjetrußland – wie vorher schon Deutschland[1149] – für die Unabhängigkeit Polens ein und annullierte, nach dem Friedensvertrag von Brest-Litowsk, mit Dekret vom 29. August 1918 alle mit Preußen und Österreich-Ungarn geschlossenen Verträge über die Teilung Polens und über die Annexion polnischer Gebiete als *"dem Prinzip der Selbstbestimmung der Völker und den revolutionsgesetzlichen Vorstellungen des russischen Volkes zuwider".*[1150]

(3) Die Botschaft Wilsons

Im Hinblick auf die Abtrennung Danzigs vom Deutschen Reich und die Errichtung der Freien Stadt Danzig auf Grund des Versailler Vertrages ist die Frage von Bedeutung, welche Rolle der Selbstbestimmungsgedanke in diesem Zusammenhang gespielt hat. Die Bemühungen des Präsidenten der Vereinigten Staaten von Amerika Woodrow Wilson sind bekannt, in die friedensvertraglichen Lösungen das Prinzip des Selbstbestimmungsrechts einfließen zu lassen. Ihm ist es – wenn er auch seine diesbezüglichen weitgreifenden menschenrechtlichen Ziele gegenüber den von den Alliierten erstrebten erheblichen Gebietsgewinnen nicht durchzusetzen vermochte[1151] – gelungen, in der Weltöffentlichkeit die Einsicht in die Dringlichkeit dieser völkerrechtlichen Forderungen zu stärken.

1146 Vgl. Meissner aaO S.103 f. zum Begriff der Annexion nach sowjetischer Auffassung, die nicht das Kriterium der Gewalt im Vordergrund sieht, sondern die Verletzung des Selbstbestimmungsrechts.
1147 Von Lenin entworfenes und vom II. Allrussischen Sowjetkongreß verabschiedetes Dokument (Text: Lenin, Werke, S.239 ff. Vgl. hierzu Meissner, Die Sowjetunion, die baltischen Staaten und das Völkerrecht, S.267, 286 f.; Eckart Klein aaO S.20; Seiffert aaO S.20, alle unter Bezugnahme auf Rudolf Laun, Der Wandel der Ideen Volk und Staat, S.203, der auf den völkerrechtsgestaltenden Charakter dieses Dekrets aufmerksam gemacht hat. Vgl. auch Decker, Das Selbstbestimmungsrecht der Nationen, S.100 ff.
1148 Vgl. Eckart Klein aaO S.21.
1149 Entschließung des Reichstages, unter Bezugnahme auf die Erklärung des Reichskanzlers vom 26. November 1917 und die Erklärungen des deutschen Friedensunterhändlers in Brest-Litowsk, azw. wiedergegeben bei Decker aaO S.106.
1150 Vgl. Seiffert aaO S.21 mit Angabe der Quelle: "Dekrete der Sowjetmacht, Bd.I, Moskau 1957, S.480 (russisch)".
1151 Im Versailler Vertrag wurde Deutschland ohne Berücksichtigung des Selbstbestimmungsrechts gezwungen, ein Achtel seines Territoriums mit einem Zehntel seiner Bevölkerung an andere Staaten abzutreten (vgl. Seiffert aaO S.25).

Am 27. Mai 1916 führte er in einer Ansprache an die Amerikanische Friedensliga zur Erzwingung des Friedens in Washington aus[1152]:

> *"Wir glauben an diese grundlegenden Dinge: Erstens, daß jedes Volk ein Recht hat, die Souveränität zu wählen, unter der es leben will..."*

In einer Mitteilung vom 9. Juni 1917 an die Provisorische Regierung von Rußland erklärte er[1153]:

> *"Kein Volk darf unter eine Herrschaft gezwungen werden, unter der es nicht zu leben wünscht".*

Auch in der Rede Wilsons vor dem Senat am 22. Januar 1917 war die Danziger Frage noch nicht aktuell; aber schon damals hob er auf der Grundlage der Demokratie und der Bedeutung des Volkes die Notwendigkeit hervor, für die künftigen Friedensregelungen die Zustimmung der ansässigen Bevölkerung zu einer Grenzveränderung und zu ihrer Regierung durchzusetzen.[1154]

Die folgenden Ausführungen dieser Rede zeigen bereits die Forderung, die grundsätzliche Zubilligung eines Zugangs zu den Verkehrsstraßen des Meeres zugleich in die Schranken des Selbstbestimmungsrechts einzubinden[1155]:

> *"Außerdem sollte, soweit möglich, jedes Volk, das jetzt um die volle Entwicklung seiner Mittel und seiner Macht kämpft, ein unmittelbarer Zugang zu den großen Verkehrsstraßen des Meeres zugebilligt werden. Wo dies nicht durch Gebietsabtretungen geschehen kann, kann es zweifellos durch die Neutralisierung unmittelbarer Wegerechte unter der allgemeinen Friedensbürgschaft geschehen. In einer echten Rechtsgemeinschaft braucht kein Volk vom freien Zutritt zu den offenen Pfaden des Welthandels ausgeschlossen zu bleiben".*

In seiner Botschaft an den U.S.-Kongreß am 8. Januar 1918 verkündete Wilson seine berühmt gewordenen 14 Grundsätze für den allgemeinen Weltfrieden, mit denen er den Versuch unternahm, neuen Ordnungsprinzipien für das Zusammenleben der Völker zum Durchbruch zu verhelfen. Von "Selbstbestimmung" hatte Wilson in seinen 14 Punkten nicht ausdrücklich gesprochen. Er forderte aber freie Gelegenheit zu autonomer Entwicklung, z.B. für die Völker Österreich-Ungarns (Punkt 10) und für die unter türkischer Herrschaft stehenden Völker (Punkt 12).

Im Zusammenhang mit dem damals künftigen Schicksal der Danziger bedarf Punkt 13 der Erwähnung[1156]:

1152 U.S.Congressional Record, Vol.53 Pt.9 p.8854; dt.Üb. bei Decker aaO, S.109; vgl. auch Sahm, Erinnerungen, S.176.
1153 Vgl. Sahm ebda.
1154 Azw.in dt.Üb.abg. bei Decker aaO S.109.
1155 Presidential Messages, Addresses, and other Papers, S.407 ff.; dt.Üb. dieses Auszuges bei Sahm S.177; vgl. zur heutigen Vertragslage über die Gewährung eines freien Zugangs zum und vom Meer Art. 17 ff., 124 ff. des Seerechtsübereinkommens der Vereinten Nationen vom 10.12.1982 (BGBl 1994 II S.1799), für Deutschland in Kraft getreten am 16.11.1994 (Bek. vom 15.5.1995, BGBl II S. 602).
1156 U.S.Congressional Record, Vol.56 Pt.2 p.1952; engl. Text auch bei Decker aaO Anlage 10, S.359 f.; dt.Üb. siehe oben S.77.

> "An independent Polish state should be erected which should include the territories inhabited by indisputably Polish populations, which should be assured a free and secure access to the sea, and whose political and economic independence and territorial integrity should be guaranteed by international covenant".

Die Forderung auf Wiederrichtung eines polnischen Staates, der 125 Jahre zuvor untergegangen war, knüpfte Wilson zwar nicht an die Zustimmung des betroffenen Volkes; er stellte aber eine eindeutige Verbindung des polnischen Staates und eines Territoriums mit unbestreitbar polnischer Bevölkerung her. Wie z.B. die späteren Abtretungen umfangreicher deutscher Gebiete östlich und südlich der Oder-Neiße-Gebiete (sog."Korridor") zeigen, sind die von Wilson geforderten Grundsätze in den friedensvertraglichen Regelungen in wichtigen Fällen nicht beachtet worden.

In bezug auf die spätere Danziger Freistaat-Lösung ist die in allgemeiner Aussage schon früher erhobene Forderung Wilsons von besonderem Interesse, dem neuen polnischen Staat solle ein freier und gesicherter Zugang zum Meere gewährleistet werden. Unabhängig von der rechtlichen Fragwürdigkeit dieses politischen Postulats einer Verbindung zur Ostsee, jedenfalls in der Form einer Territorialforderung[1157], hat Wilson jedoch bereits selbst die Schranken derartigen Begehrens aufgezeigt.[1158]

In der Botschaft Wilsons an den Kongreß vom 11. Februar 1918[1159], in der er zu Reaktionen auf seine 14 Grundsätze Stellung nahm, werden diese Einschränkungen besonders deutlich:

> *"Es soll keine Annexionen geben...; es sollen keine Völker durch eine internationale Konferenz oder durch Vereinbarung zwischen Gegnern von einer Staatsgewalt der anderen ausgeliefert werden. Nationale Ansprüche müssen beachtet werden, die Völker dürfen nur noch mit ihrer eigenen Zustimmung beherrscht und regiert werden. Das ‚Selbstbestimmungsrecht' ist nicht eine bloße Phrase, es ist ein gebieterischer Grundsatz des Handelns, den die Staatsmänner künftig nur auf ihre eigene Gefahr mißachten werden."*

> *"Der Krieg hatte seine Wurzeln in der Nichtbeachtung der Rechte der kleinen Nationen und Nationalitäten, denen die Einigkeit (Einheit) und die Macht fehlten, ihre Ansprüche, ihre eigene Staatsangehörigkeit und die eigene Form ihres politischen Lebens durchzusetzen. Vertragliche Verpflichtungen müssen nun eingegangen werden, die solche Dinge künftig unmöglich machen, und diese Verpflichtungen müssen durch die vereinigte Macht aller Nationen, die die Gerechtigkeit lieben und willens sind, sie um jeden Preis aufrechtzuerhalten, gestützt werden."*

1157 Vgl. oben S.81 und unten S. 240.
1158 Vgl. Rede vom 22.1.1917 (Anm.1154); siehe oben S. 225.
1159 In dt.Üb. azw. abg. bei Decker aaO S.110 f.

Punkt 3: "*Jede Lösung einer Gebietsfrage, die durch diesen Krieg aufgeworfen wurde, muß im Interesse und zugunsten der betroffenen Bevölkerung und nicht als Teil eines bloßen Ausgleichs oder Vergleichs der Ansprüche rivalisierender Staaten getroffen werden.*"

Punkt 4: "*Alle klar umschriebenen nationalen Ansprüche sollen die weitgehendste Befriedigung finden, die ihnen zuteil werden kann, ohne neue Streitursachen herbeizuführen oder alte zu verewigen, die den Frieden Europas und somit der Welt bald wieder stören würden.*"

Mit der Rede vom 27. September 1918[1160] wiederholte Wilson seine Forderung gleicher Rechte für alle betroffenen Völker.

Obwohl die deutsche Regierung die 14 Punkte Wilsons ausdrücklich akzeptierte, haben die Alliierten entgegen der vom amerikanischen Präsidenten gewiesenen Grundrichtung den Boden des Selbstbestimmungsrechts als Grundlage der Friedensregelung zugunsten des Nationalitätenprinzips und zulasten der Kriegsgegner später wieder aufgeweicht.[1161]

Zahlreiche Beispiele, so die Neugründung von Staaten wie Polen, Tschechoslowakei, Jugoslawien, Österreich usw. lassen sich aus dieser Zeit für den Vorrang machtpolitischer Bestrebungen anführen. Das gilt auch für die Abtretung deutscher Gebiete rein deutscher oder mehrheitlich deutscher Bevölkerung ohne Abstimmung wie Sudetenland, Südtirol und Memelland. In Westpreußen, Ostpreußen, Oberschlesien usw. wurden einige Abstimmungen nur dort zugelassen, wo nach Willen und Auslegung der Siegermächte die Auffassung vom Vorhandensein deutscher Bevölkerung geduldet wurde. Gebietsentscheidende Relevanz wurde den Befragungen von den Siegermächten nicht zugemessen, die letztlich ein Recht auf Zuweisung fremder Gebiete in Anspruch nahmen[1162] und somit das Selbstbestimmungsrecht der Völker als im wesentlichen politisches Argument einsetzten. Das gilt schließlich auch für die Abtrennung Danzigs und die Errichtung des Staates "Freie Stadt Danzig" gegen den eindeutig entgegengesetzten Willen der Danziger Bevölkerung.[1163]

Indessen wird gerade am Beispiel Danzig zugleich das inzwischen stärker gewordene Gewicht des Prinzips des Selbstbestimmungsrechts deutlich, mit dem die von Polen hartnäckig erstrebte Eingliederung dieser deutschen Stadt in die Republik Polen damals noch verhindert worden ist.

Ein weiteres Beispiel für allmähliche Erstarkung des Prinzips der Selbstbestimmung ist das Gutachten einer internationalen Juristenkommission vom 5. September 1920 im

---

1160 Vgl. Decker S.111.
1161 Vgl. Decker S.115 ff.; Eckart Klein, Das Selbstbestimmungsrecht der Völker und die deutsche Frage, S.19; vgl. auch oben S.81 zur Verletzung der Vorfriedensvereinbarungen.
1162 Vgl. den Überblick bei Eckart Klein aaO S.22 ff., der allerdings die Konzeption "Freie Stadt Danzig" mißverständlich als "*Zuordnung dieses Gebiets an Polen*" anspricht.
1163 Vgl. oben S.80 f.

Streit um die Zugehörigkeit der Aalandsinseln, das diese Grundsätze jedenfalls auf Fälle anwenden will, in denen sich instabile Lagen der Klärung im Rahmen staatlicher Zuständigkeit entziehen.[1164]

bb) Selbstbestimmungsrecht seit dem Ende des Zweiten Weltkrieges

(1) Prozeß der Normenbildung

Obwohl mit der territorialen Ausdehnungspolitik des Deutschen Reiches nach 1933 – sich großenteils auf das Selbstbestimmungsrecht der Völker berufend – zahlreiche ursprüngliche Verletzungen des Selbstbestimmungsrechts bereinigt wurden, verhinderten die in erster Linie verfolgten machtpolitischen und wirtschaftlichen Interessen, die über die Vollziehung der Selbstbestimmung weit hinausgingen oder wie z.B. bei der Preisgabe der Südtiroler an Italien das Selbstbestimmungsrecht sogar völlig außer Acht ließen, einen bemerkenswerten Fortschritt der völkerrechtlichen Normierung. Hitler berief sich zwar – wie auch im Falle Österreichs und des Sudetenlandes – auf das Selbstbestimmungsrecht, erreichte sein Ziel aber durch innenpolitische Beeinflussungen in den von ihm begehrten Territorien – so in Danzig –, die dann zu den vorbestimmten Terminen die erwarteten politischen Akte erließen.[1165] Danzig wurde ebenso wie es 1920 ohne Befragung seiner Bevölkerung abgetrennt wurde, im Jahre 1939 wieder eingegliedert, ohne die Zustimmung des Danziger Staatsvolkes zu ermitteln oder bestätigen zu lassen. Angesichts der höchst komplexen Lage zu Beginn des Zweiten Weltkrieges, die sich im Innen- und Außenverhältnis Danzigs, z.B. in der starken Opposition gegen das nationalsozialistische Regime, widerspiegelte[1166], wäre indessen die Beteiligung des Danziger Volkes von erheblicher Bedeutung gewesen.

Unbeschadet dieser Abstriche – zugleich aber auch als Konsequenz der krassen Völkerrechtsverstöße – wurde es für die Staatenwelt immer schwieriger, sich dem fortschreitenden Prozeß der Normenbildung des Selbstbestimmungsrechts im Zusammenhang mit Gebietsveränderungen zu entziehen. Wichtige Etappen auf diesem Wege der Erstarkung des Prinzips der Selbstbestimmung von der politischen Leitidee ständig wachsenden Gewichts zur bindenden Völkerrechtsnorm zeichneten sich im Zuge der Entwicklung während und nach dem Ersten Weltkrieg, insbesondere bei Bewältigung der Kriegsfolgen ab.

(2) Atlantik-Charta

In der Atlantik-Charta vom 14. August 1941[1167] wurde erklärt, daß keine territorialen Veränderungen ohne die Zustimmung der betroffenen Völker erfolgen sollten (Punkt 2) und daß alle Völker das Recht haben, ihr eigenes Regierungssystem zu wählen

---

1164 Vgl. Eckart Klein aaO S.26 ff.
1165 Vgl. Heidelmeyer, Das Selbstbestimmungsrecht der Völker, S.103 f.; Seiffert, Selbstbestimmungsrecht und deutsche Vereinigung, S.34.
1166 Vgl. Burckhardt, Meine Danziger Mission, S.81 ff.; Denne S.54 ff.; Ziehm, Aus meiner politischen Arbeit in Danzig, S.196 ff.
1167 Anm. 748.

(Punkt 3). Dieser Erklärung des amerikanischen Präsidenten Roosevelt und des britischen Premierministers Churchill über gemeinsame Prinzipien für eine bessere Zukunft der Welt schlossen sich bis zum Kriegsende über 50 Staaten an, zu denen auch die UdSSR gehörte.

Obwohl dieses Programm für die Nachkriegsordnung alle Staaten, einschließlich der Besiegten, betreffen sollte (Punkt 4)[1168], wurde seine Anwendung u.a. auf die deutschen Probleme mit Blick auf die Verursachungen Deutschlands allerdings ausgeklammert[1169], und zwar bis in die jüngste Zeit, nämlich bei der Regelung des "Zwei-plus-Vier-Vertrages" vom 12. September 1990[1170], was die Aussagekraft erheblich minderte.

(3) Charta der Vereinten Nationen

Dennoch ist unter dem Eindruck des zu Ende gehendes Weltkrieges – was die Staaten in der Völkerbund-Satzung noch nicht vermocht hatten – das Selbstbestimmungsrecht in die Charta der Vereinten Nationen vom 26. Juni 1945[1171] jedenfalls als politisch verbindlicher Grundsatz aufgenommen worden. Angesichts der aufkeimenden Unabhängigkeitsbestrebungen waren die Kolonialmächte noch an zurückhaltenden Formulierungen interessiert, als sie für die Zielsetzung der Vereinten Nationen in Art.1 Ziff.2, Art.55 der VN-Charta die Achtung vor dem Grundsatz der Selbstbestimmung neben der Gleichberechtigung der Völker, also neben dem Erfordernis der Berücksichtigung staatlicher Souveränität, als Voraussetzung für freundschaftliche Beziehungen zwischen den Nationen zur Festigung des Weltfriedens hervorhoben. Förderung der Entwicklung von Selbstregierung oder Unabhängigkeit im Sinne der frei geäußerten Wünsche der Bevölkerung wurde als Zweck des gemäß Art.75 VN-Charta von den Vereinten Nationen eingerichteten Treuhandsystems bezeichnet (Art.76 lit.b der VN-Charta).

Dieser Grundsatz des Rechts auf Selbstregierung war für das Danziger Staatsvolk von hervorragender Bedeutung, während der noch vernachlässigte Gedanke des Rechts auf Abtrennung das Danziger Problem nicht unmittelbar berührte.

(4) Entschließungen und Verträge der Vereinten Nationen

Die Weiterentwicklung der internationalen Achtung und Anerkennung eines Rechts der Völker auf Berücksichtigung ihres Willens der Selbstbestimmung verlief indessen sprunghaft und schlug sich in den verschiedenen VN-Resolutionen nieder.[1172] Abhän-

---

1168 Vgl. Seiffert aaO S.39 unter Hinweis auf die hierzu abweichende Auffassung von Heidelmeyer aaO S.121 ff.
1169 Vgl. Eckart Klein aaO S.31; Seiffert ebda.
1170 Anm.872; vgl. Gornig, Der Inhalt des Selbstbestimmungsrechts, S.13 mwN. (Anm.19 auf S.25); vgl. auch die sog. "Feindstaatenklausel" (Art.53, 107 VN-Charta).
1171 Unterzeichnet mit Abschluß der Konferenz von San Francisco (25.4.-26.6.1945); siehe Anm.984.
1172 Vgl. die von Eckart Klein, Vereinte Nationen und Selbstbestimmungsrecht, S.108 f. beschriebenen vier Phasen dieser Entwicklung; vgl. auch Eckart Klein, Das Selbstbestimmungsrecht der Völker, S.31 ff.

gige Territorien und Treuhandgebiete wurden einbezogen.[1173] Der Entkolonialisierungs- und Befreiungsprozeß wurde beschleunigt. In der Erklärung über die Gewährung der Unabhängigkeit an koloniale Länder und Völker vom 14. Dezember 1960[1174] wurde bereits vom Rechtsanspruch auf Verwirklichung des Selbstbestimmungsrechts gesprochen.

So ist das Selbstbestimmungsrecht der Völker als allgemeinverbindliche Völkerrechtsnorm in den jeweiligen gleichlautenden Art. 1 der beiden VN-Menschenrechtspakte vom 19. Dezember 1966[1175] verankert worden:

Art.1 Abs.1:

"Alle Völker haben das Recht auf Selbstbestimmung. Kraft dieses Rechts entscheiden sie frei über ihren politischen Status und gestalten in Freiheit ihre wirtschaftliche, soziale und kulturelle Entwicklung."

Art.1 Abs.3:

"Die Vertragsstaaten, einschließlich der Staaten, die für die Verwaltung von Gebieten ohne Selbstregierung und von Treuhandgebieten verantwortlich sind, haben entsprechend den Bestimmungen der Charta der Vereinten Nationen die Verwirklichung des Rechts auf Selbstbestimmung zu fördern und dieses Recht zu achten."

Unabhängig von noch vorhandenen Lücken bezüglich des Rechts auf Autonomie für innerstaatliche Minderheiten und des Rechts auf Sezession ist im Hinblick auf die Danziger Interessen von Bedeutung die eindeutige Festlegung auf den Rechtsanspruch der Völker, kraft des Selbstbestimmungsrechts frei über ihren politischen Status zu entscheiden.

Zu erwähnen ist im Zusammenhang mit der Normwerdung des Selbstbestimmungsrechts schließlich noch die "Friendly-Relations-Declaration" der VN vom 24. Oktober 1970.[1176] In Grundsatz 5 verkündet die Generalversammlung in

Absatz 1:

"Auf Grund des in der Charta der Vereinten Nationen verankerten Grundsatzes der Gleichberechtigung und Selbstbestimmung der Völker haben alle Völker das Recht, frei und ohne Einmischung von außen über ihren politischen Status zu entscheiden und ihre wirtschaftliche, soziale und kulturelle Entwicklung zu gestalten, und jeder Staat ist verpflichtet dieses Recht im Einklang mit den Bestimmungen der Charta zu achten."

1173 Res.637 (VII) vom 10.12.1952; Res.1541 (XV) vom 15.12.1960 (zit.: Eckart Klein aaO S.31 f.).
1174 Res.1514 (XV) vom 14.12.1960; Text: Djonovich Vol VIII 1974 S.188 f.
1175 Internationaler Pakt über bürgerliche und politische Rechte (BGBl 1973 II S.1534) und Internationaler Pakt über wirtschaftliche, soziale und kulturelle Rechte (BGBl 1973 II S.1570). Beide Pakte sind 1976 in Kraft getreten (BGBl 1976 II S.1068 und BGBl 1976 II S.428). Bis Ende 1989 waren dem ersten Pakt 87, dem zweiten Pakt 92 Staaten – einschließlich der Sowjetunion – beigetreten.
1176 UN Doc A/Res/2625(XXV) vom 24.10.1970; dt.Üb. VN 4/1978 S.138 ff.

Absatz 4:

> *"Die Errichtung eines souveränen und unabhängigen Staates, die freie Vereinigung oder Verschmelzung mit einem unabhängigen Staat oder der Übergang zu irgendeinem anderen vom Volk frei bestimmten politischen Status stellen Möglichkeiten der Verwirklichung des Selbstbestimmungsrechts durch das Volk dar."*

Absatz 5:

> *"Jeder Staat hat die Pflicht, jede Gewaltmaßnahme zu unterlassen, die den in der Erläuterung dieses Grundsatzes erwähnten Völkern ihr Recht auf Selbstbestimmung, Freiheit und Unabhängigkeit entzieht. ..."*

Absatz 7:

> *"Nichts in den vorhergehenden Absätzen darf dahin ausgelegt werden, als solle dadurch irgendeine Handlung gerechtfertigt oder begünstigt werden, die die Unversehrtheit des Gebietes und die politische Einheit souveräner oder unabhängiger Staaten gänzlich oder teilweise zerstören oder antasten würde, wenn diese Staaten sich dem Grundsatz der Gleichberechtigung und Selbstbestimmung der Völker entsprechend verhalten und dementsprechend über eine Regierung verfügen, die das gesamte zum Gebiet gehörige Volk ohne Unterschied der Rasse, des Glaubens oder der Hautfarbe vertritt."*

Absatz 8:

> *"Alle Staaten unterlassen jede Handlung, die auf die teilweise oder vollständige Zerstörung der nationalen Einheit und der territorialen Unversehrtheit eines anderen Staates oder Landes gerichtet ist."*

Mit dieser Prinzipienerklärung, die sich auf die VN-Charta bezieht und die Aussage in den beiden VN-Menschenrechtspakten übernimmt, wird bestätigt, daß das Selbstbestimmungsrecht als universelle Völkerrechtsnorm nicht mehr verneint werden kann.[1177] Hervorzuheben sind hiernach das Recht auf freie Bestimmung des politischen Status, das Recht eines Volkes, sein politisches, wirtschaftliches und soziales System sowie seine kulturellen Ausdrucksformen frei zu bestimmen und zu entwickeln, Bindung an das Gewaltverbot, zugleich das Recht, bei Verletzungen des Selbstbestimmungsrechts die VN einzuschalten. Aus dem letzten Absatz ergibt sich schließlich, daß auch die Siegerstaaten nach Beendigung eines Krieges ohne Rücksicht auf die Verursachungen der militärischen Auseinandersetzung an diese Grundsätze gebunden sind.[1178]

[1177] Vgl. Eckart Klein aaO S.33; vgl. auch Gornig, Der Inhalt des Selbstbestimmungsrechts, S.15 f.; Thürer, Das Selbstbestimmungsrecht der Völker, S.125; Seiffert, Selbstbestimmungsrecht und deutsche Vereinigung, S.42 f. mwN.; Fiedler, Selbstbestimmungsrecht und deutsche Einigung, S.40 f.; Berber, Lehrbuch des Völkerrechts, 1.Bd.2.Aufl.S.76; Kimminich, Das Recht auf die Heimat, S.178.

[1178] Vgl. Seiffert aaO S.43.

Diese Grundsätze haben in der "Wiener Erklärung und Aktionsprogramm" der VN-Menschenrechtsweltkonferenz (14. bis 25. Juni 1993) vom 25. Juni 1993[1179] ihre volle Bestätigung gefunden, in der das Recht der Völker auf Verwirklichung der Selbstbestimmung insbesondere für Fremdherrschaft und ausländische Besetzung anerkannt und außerdem die Verweigerung des Selbstbestimmungsrechts als eine Menschenrechtsverletzung bezeichnet wird:

Ziff.I.2.:

> *"Alle Völker haben das Recht auf Selbstbestimmung. Kraft dieses Rechts entscheiden sie frei über ihren politischen Status und betreiben frei ihre wirtschaftliche, soziale und kulturelle Entwicklung.*
>
> *Unter Berücksichtigung der besonderen Situation der Völker, die unter Kolonial- oder anderen Formen der Fremdherrschaft oder ausländischer Besetzung stehen, anerkennt die Weltkonferenz über die Menschenrechte das Recht der Völker, alle im Einklang mit der Satzung der Vereinten Nationen stehenden legitimen Maßnahmen zu ergreifen, um ihr unveräußerliches Recht auf Selbstbestimmung zu verwirklichen. Die Weltkonferenz über die Menschenrechte betrachtet die Verweigerung des Selbstbestimmungsrechts als eine Menschenrechtsverletzung und unterstreicht die Bedeutung der wirksamen Durchsetzung dieses Rechts. ..."*[1180]

(5) KSZE-Prozeß

Die KSZE-Schlußakte von Helsinki vom 1. August 1975[1181] zitiert bereits das zur Rechtsnorm gewordene Selbstbestimmungsrecht. Korb I Prinzip VIII "Gleichberechtigung und Sebstbestimmungsrecht der Völker" lautet:

> *"Die Teilnehmerstaaten werden die Gleichberechtigung der Völker und ihr Selbstbestimmungsrecht achten, indem sie jederzeit in Übereinstimmung mit den Zielen und Grundsätzen der Charta der Vereinten Nationen und den einschlägigen Normen des Völkerrechts handeln, einschließlich jener, die sich auf die territoriale Integrität der Staaten beziehen.*
>
> *Kraft des Prinzips der Gleichberechtigung und des Selbstbestimmungsrechts der Völker haben alle Völker jederzeit das Recht, in voller Freiheit, wann und wie sie es wünschen, ihren inneren und äußeren politischen Status ohne äußere Einmischung zu bestimmen und ihre politische, wirtschaftliche, soziale und kulturelle Entwicklung nach eigenen Wünschen zu verfolgen.*

1179 Dok.Nr.A/Conf.157/23 vom 12.7.1993; engl. Text in Sonderheft der United Nations: World Conference of Human Rights, The Vienna Declaration and Programme of Action, June 1993 S.25 ff.; dt.Üb. des Ausw.Amtes in: Deutsche Gesellschaft für die Vereinten Nationen e.V.(Hrsg), DGVN-Texte 43, S.13 ff.
1180 DGVN-Texte aaO S.15.
1181 Bulletin 102/1975 S.968 ff.

Die Teilnehmerstaaten bekräftigen die universelle Bedeutung der Achtung und der wirksamen Ausübung der Gleichberechtigung und des Selbstbestimmungsrechts der Völker für die Entwicklung freundschaftlicher Beziehungen zwischen ihnen sowie zwischen allen Staaten; sie erinnern auch an die Bedeutung der Beseitigung jeglicher Form der Verletzung dieses Prinzips."

Bemerkenswert ist der im Prinzip I verankerte Grundsatz des *"friedlichen Wandels"* (peaceful change), der eine Veränderung der Grenzen in Europa *"in Übereinstimmung mit dem Völkerrecht durch friedliche Mittel und durch Vereinbarung"* zuläßt.[1182]

In der "Charta von Paris für ein neues Europa" vom 21. November 1990[1183] wird das Selbstbestimmungsrecht noch einmal in einer politisch herausgehobenen Form bestätigt[1184]:

"Wir begrüßen die Gemeinsame Erklärung von zweiundzwanzig Staaten über die Verbesserung ihrer Beziehungen ... Wir bekräftigen die Gleichberechtigung der Völker und ihr Selbstbestimmungsrecht in Übereinstimmung mit der Charta der Vereinten Nationen und den einschlägigen Normen des Völkerrechts, einschließlich jener, die sich auf die territoriale Integrität der Staaten beziehen. ...".

Nr. 2 dieser Gemeinsamen Erklärung[1185] lautet:

"Sie rufen ihre Verpflichtungen aus der Charta der Vereinten Nationen in Erinnerung und bekräftigen alle ihre Verpflichtungen gemäß der Schlußakte von Helsinki. Sie betonen, daß alle zehn Prinzipien von Helsinki von grundlegender Bedeutung sind und daß sie folglich gleichermaßen und vorbehaltlos angewendet werden, wobei ein jedes von ihnen unter Beachtung der anderen ausgelegt wird. In diesem Zusammenhang bekräftigen sie ihre Verpflichtung, sich der Androhung oder Anwendung von Gewalt zu enthalten, die gegen die territoriale Integrität oder die politische Unabhängigkeit irgendeines Staates gerichtet ist, sowie des Versuches, bestehende Grenzen durch Androhung oder durch Anwendung von Gewalt zu ändern, und ferner aller Handlungen, die auf irgendeine andere Weise mit den Prinzipien und Zielen dieser Dokumente unvereinbar sind. ..."

Mit dem Dokument des Dritten Treffens der Konferenz über die Menschliche Dimension der KSZE in Moskau vom 3. Oktober 1991[1186] hoben die Teilnehmerstaaten hervor,

---

1182 Vgl. auch Seiffert aaO S.46.
1183 Erklärung der Staats- und Regierungschefs beim KSZE-Treffen in Paris (Bulletin 137/90 S.1409 ff.; EA 24/90 D 656 ff.); vgl. auch das sich auf die Schlußakte und die anderen KSZE-Dokumente beziehende Dokument des zweiten Kopenhagener Treffens über die Menschliche Dimension vom 29. Juni 1990 (Bulletin 88/90 S.757 ff.; EA 15/90 D 380 ff.).
1184 Bulletin 137/90 S.1410.
1185 Gemeinsame Erklärung von zweiundzwanzig Staaten am 19.11.1990 beim KSZE-Treffen der Staats- und Regierungschefs in Paris (Bulletin 137/90 S.1422 f.; EA 24/90 D 654 f.).
1186 Bulletin 115/91 S.909 ff.

> "daß gemäß der Schlußakte der Konferenz über Sicherheit und Zusammenarbeit in Europa und der Charta von Paris für ein neues Europa die Gleichberechtigung der Völker und deren Recht auf Selbstbestimmung entsprechend der Charta der Vereinten Nationen und den einschlägigen völkerrechtlichen Normen – einschließlich jener zur territorialen Integrität der Staaten – zu achten sind".

Das KSZE-Helsinki-Dokument 1992[1187] spricht zwar das Selbstbestimmungsrecht nicht deutlich an. In Nr.7 ihrer Gipfelerklärung

> "bekräftigen" die Staats- und Regierungschefs indessen "erneut die Gültigkeit der Leitprinzipien und gemeinsamen Werte der Schlußakte von Helsinki und der Charta von Paris, welche die Verantwortung der Staaten untereinander sowie der Regierungen gegenüber ihren Völkern zum Ausdruck bringen. Sie sind das kollektive Gewissen unserer Gemeinschaft. Wir " – so fahren die Staats- und Regierungschefs fort – "anerkennen unsere gegenseitige Verantwortung für ihre Einhaltung. Wir unterstreichen die demokratischen Rechte der Bürger, von ihren Regierungen die Achtung dieser Werte und Normen zu fordern."

Nr.5 der Gipfelerklärung lautet:

> "Das Streben der Völker, ihren inneren und äußeren politischen Status frei zu bestimmen, hat zur Ausbreitung der Demokratie geführt und jüngst seinen Ausdruck in der Entstehung einer Reihe souveräner Staaten gefunden. Ihre volle Teilnahme verleiht der KSZE eine neue Dimension."

Beim Treffen der Staats- und Regierungschefs der Teilnehmerstaaten der KSZE am 5./6. Dezember 1994 in Budapest[1188] wurden "die Prinzipien der Schlußakte von Helsinki und der nachfolgenden KSZE-Dokumente" "bekräftigt" (Nr.2 der Gipfelerklärung). Angesichts neuer Konflikte und Krisenherde wurde eine organisatorische Stärkung der KSZE beschlossen, die ab 1. Januar 1995 den Namen "Organisation für die Sicherheit und Zusammenarbeit in Europa" (OSZE) trägt (Ziff.I.1. der "Beschlüsse von Budapest"). Im Hinblick auf die ungelösten Danziger Fragen ist von Interesse, daß in einer besonderen *"Erklärung zu Fragen der baltischen Region"* die Unabhängigkeitsentwicklung der Baltischen Staaten und vornehmlich die positiven Erfahrungen im Bereich der menschlichen Dimension und der Zusammenarbeit mit dem Rat der Ostseeanrainer-Staaten hervorgehoben worden sind. Schutz und Unterstützung Nichtstaatlicher Organisationen und Nationaler Minderheiten sollen verbessert werden (vgl. Ziff. 2, 3, 6, 17, 21 f.).

Die Bedeutung der Tätigkeit des Hohen Kommissars für Nationale Minderheiten (HKNM) wird unterstrichen (Ziff.VIII.3.); sein Sekretariat soll verstärkt, seine Ressourcen aufgestockt werden (Nr.9 der Gipfelerklärung, Ziff.I.21 der Beschlüsse von Buda-

---

[1187] Dokument der KSZE-Konferenz in Helsinki vom 10.7.1992 (Bulletin 82/92 S.777 ff.).
[1188] Budapester Dokument 1994, abg. im Bulletin 120/94 S.1097 ff.

pest). Bezeichnend für den Stand der Prinzipien des Schutzes der Nationalen Minderheiten ist die zurückhaltende Formulierung der Aufgaben des HKNM in Ziff. VIII.7 der Beschlüsse von Budapest:

"Die Teilnehmerstaaten bestätigen erneut ihre hohe Wertschätzung für den HKNM, dem es in voller Übereinstimmung mit seinem Mandat gelungen ist, sich auf eine Reihe von Fragen nationaler Minderheiten zu konzentrieren und diese mit Erfolg zu behandeln, unter Berücksichtigung der besonderen Situation der direkt betroffenen Teilnehmerstaaten und Parteien.

Sie ermutigen den HKNM, seine derzeitigen Aufgaben fortzuführen, und unterstützen ihn bei der Übernahme neuer und weiterführender Aufgaben, einschließlich der mit seinen Empfehlungen im Zusammenhang stehenden Aufgaben. Sie werden ihre Bemühungen um Durchführung dieser Empfehlungen verstärken."[1189]

(6) Die deutschen Verträge im Zusammenhang mit der Vereinigung

Eine weitere Bekräftigung hat das Selbstbestimmungsrecht in allen Verträgen erfahren, die im Zusammenhang mit der Vereinigung der beiden deutschen Staaten und der Umkehr im Osten von der Bundesrepublik Deutschland geschlossen worden sind.

Im Vorspruch des Zwei-plus-Vier-Vertrages vom 12. September 1990[1190] nehmen die Vertragspartner auf ihre Verpflichtungen *"aus der Charta der Vereinten Nationen"* Bezug, *"freundschaftliche, auf der Achtung vor dem Grundsatz der Gleichberechtigung und Selbstbestimmung der Völker beruhende Beziehungen zwischen den Nationen zu entwickeln und andere geeignete Maßnahmen zur Festigung des Weltfriedens zu treffen"*. Sie heben hier auch ihre Bindung an die Prinzipien der KSZE-Schlußakte von Helsinki als *"feste Grundlagen für den Aufbau einer gerechten und dauerhaften Friedensordnung in Europa"* hervor.

Im deutsch-sowjetischen Partnerschaftsvertrag vom 9. November 1990[1191] bekräftigen die Vertragspartner ihr Bekenntnis zur VN-Charta, zur KSZE-Schlußakte von Helsinki vom 1. August 1975[1192] und zu den nachfolgenden KSZE-Dokumenten. In Art.1 bekräftigen sie ausdrücklich

"das Recht aller Völker und Staaten, ihr Schicksal frei und ohne äußere Einmischung zu bestimmen und ihre politische, wirtschaftliche, soziale und kulturelle Entwicklung nach eigenen Wünschen zu gestalten".

[1189] Mit dieser unbestimmten Sprachregelung wird es dem HKNM nicht schwerfallen, Gründe für die im Jahre 1994 ohne Begründung beschiedene Ablehnung eines Informationsgesprächs darzulegen, das die Vertreter der Danziger Volksgruppe ihm vorgeschlagen hatten, um ihre Probleme vorzutragen. Der Schriftwechsel sowie die Aufzeichnung über die zunächst mündlich zum Ausdruck gebrachte Bereitschaft des HKNM, die Danziger Delegation zu empfangen, kann beim Sekretariat des Bundes der Danziger eingesehen werden.
[1190] Anm.872.
[1191] Anm.879.
[1192] Vgl. auch den Hinweis auf die KSZE-Schlußakte in Art.5 des deutsch-sowjetischen Vertrages.

Bemerkenswerterweise enthält auch der deutsch-polnische Nachbarschaftsvertrag vom 17. Juni 1991[1193] in Art.2 eine gleichlautende Bindungsklausel an das Selbstbestimmungsrecht. Außerdem wird in Art.2 allgemein die Übereinstimmung mit dem Völkerrecht, insbesondere mit der VN-Charta, der KSZE-Schlußakte von Helsinki, der Charta von Paris für ein neues Europa vom 21. November 1990 sowie den Dokumenten der KSZE-Folgetreffen hervorgehoben.

Die deutschen Partnerschaftsverträge mit Bulgarien[1194], Ungarn[1195], Tschechoslowakei[1196] und Rumänien[1197] enthalten in ihren jeweiligen Artikeln 2 wortgleiche Wiederholungen der Bindung an das Selbstbestimmungsrecht, die sich jedoch nur auf das Recht der *"Völker"*, nicht wie im deutsch-sowjetischen und deutsch-polnischen Partnerschaftsvertrag auch der *"Staaten"*, beziehen. Alle Verträge bringen in nahezu gleichen Formulierungen die Übereinstimmung mit dem Völkerrecht, insbesondere mit VN-Charta und KSZE-Dokumenten zum Ausdruck.

Mit den drei Baltischen Staaten hat die Bundesrepublik Deutschland Gemeinsame Erklärungen[1198] vereinbart, die in nahezu gleicher Formulierung wie bei den Partnerschaftsverträgen die Bindung an das Selbstbestimmungsrecht der Völker und an die völkerrechtlichen Dokumente bekräftigen.

(7) Inhalt des Selbstbestimmungsrechts und Zusammenfassung

So ist denn – gemessen an der Bewußtseinslage nach dem Ersten Weltkrieg – inzwischen ein sehr hoher Grad an Bindungswirkung im Hinblick auf die Anwendung eines international anerkannten Rechts auf Selbstbestimmung als Grundsatz des Völkerrechts, als Völkerrechtsregel, erreicht. Mit der Befestigung des Selbstbestimmungsrechts zur Völkerrechtsnorm darf es ohne Berücksichtigung des freien Willens des betroffenen Volkes einen völkerrechtlich gültigen Gebietsübergang nicht mehr geben.[1199] Murswiek[1200] kann deshalb gefolgt werden, wenn er ausführt: *"Das Recht jedes Volkes, seinen einmal entstandenen Staat zu behalten, in diesem Staat politische Einheit zu sein und zu bleiben, wird weltweit als der 'harte Kern' des Selbstbestimmungsrechts von allen Nationen uneingeschränkt verteidigt."*

1193 Anm.880.
1194 Vertrag zwischen der Bundesrepublik Deutschland und der Republik Bulgarien über freundschaftliche Zusammenarbeit und Partnerschaft in Europa vom 9. Oktober 1991 (BGBl II S.559).
1195 Vertrag zwischen der Bundesrepublik Deutschland und der Republik Ungarn über freundschaftliche Zusmmenarbeit und Partnerschaft in Europa vom 6. Februar 1992 (BGBl II S.475).
1196 Vertrag zwischen der Bundesrepublik Deutschland und der Tschechischen und Slowakischen Föderativen Republik über gute Nachbarschaft und freundschaftliche Zusammenarbeit vom 27. Februar 1992 (BGBl II S.463).
1197 Vertrag zwischen der Bundesrepublik Deutschland und Rumänien über freundschaftliche Zusammenarbeit und Partnerschaft in Europa vom 21. April 1992 (BGBl 1993 II S.1775).
1198 Gemeinsame Erklärung über die Grundlagen der Beziehungen zwischen der Bundesrepublik Deutschland und der Republik Lettland vom 20. April 1993 (Bulletin 33/93 S.286 ff.), der Republik Estland vom 29. April 1993 (Bulletin 35/93 S.304 ff.) und der Republik Litauen vom 21. Juli 1993 (Bulletin 66/93 S.695 f.). Vgl. auch die entsprechende Gemeinsame Erklärung mit der Republik Moldau vom 11. Oktober 1995 (Bulletin 87/95 S. 84.
1199 Vgl. Gornig, Der Inhalt des Selbstbestimmungsrechts, S.24; Kimminich, Die abschließende Regelung mit Polen, S.377; Eckart Klein, Das Selbstbestimmungsrecht der Völker und die deutsche Frage, S.45.
1200 Das Staatsziel der Einheit Deutschlands, S.42.

Mit dieser dem Selbstbestimmungsrecht innewohnenden starken territorialen Komponente gewinnt das völkerrechtliche Verbot der Annexion, der Vertreibung und der Aussperrung eines Volkes eine diese Rechtswirkungen ergänzende verstärkende Völkerrechtsnorm, um zu verhindern, daß dem Volk ein neuer Souverän aufgedrängt wird.[1201] Und doch zeigen gerade die jüngsten Beispiele im Widerstreit des durchgesetzten fortschrittlichen Gedankenguts mit den machtpolitisch bedingten Erfordernissen, die Stabilität staatlicher Souveränität nicht zu gefährden, – auch in Europa – die erheblichen Schwierigkeiten der rechtlichen Einordnung bei der Anwendung der im Grundsatz anerkannten zwingenden Völkerrechtsnorm. Die bisher rechtswissenschaftlich nur unzulänglich beantwortete Frage, wie beispielsweise die deutsche im Zusammenhang mit dem Zweiten Weltkrieg entstandene Gebietsproblematik und ihre Regelungsbestrebungen in den Rahmen dieses Ermittlungsstandes einzupassen sind, macht die Unzulänglichkeiten besonders deutlich, die einzelnen Fälle der völkerrechtlichen Norm zuzuordnen, zu beurteilen und einer rechtlich vertretbaren Lösung zuzuführen.[1202]

1201 Vgl. Gornig aaO S.20.
1202 Vgl. aus den zahlreichen kritischen Stimmen
    1. **zur verfassungsrechtlichen Problematik,** insbesondere der Änderung der Präambel des Grundgesetzes der Bundesrepublik Deutschland: Geiger, Wohin Extratouren, S.22 ff.; ders., Grundgesetzänderungen, S.131 ff.; ders., 40 Jahre Bundesverfassungsgerichtsbarkeit, S.363; Murswiek, Das Staatsziel, S.17 ff., 39; Dürig, Grundgesetz, S.12 f.; Fiedler, Selbstbestimmungsrecht und deutsche Einigung, S.40 ff.; Seiffert, Die beständige Aktualität der Präambel, S.99 ff.
    2. **zur völkerrechtlichen Beurteilung** der Verträge im Zusammenhang mit der Vereinigung der Bundesrepublik Deutschland und der Deutschen Demokratischen Republik, insbesondere des Zwei-plus-Vier-Vertrages und des deutsch-polnischen Grenzbestätigungsvertrages. Die Meinungsunterschiede deutscher Rechtswissenschaftler betreffen weniger die Feststellung des Überganges der Territorialsouveränität deutscher Gebiete an Polen nach dem Zwei-plus-Vier-Vertrag und dem deutsch-polnischen Grenzbestätigungsvertrag. Vielmehr bleibt die Frage nicht oder nicht überzeugend beantwortet, welcher Rechtsgrund zum Souveränitätsübergang geführt hat und zu welchem Zeitpunkt:
    (1) Kimminich (ZfP 4/91 S.361 ff.; Auszüge bei Böttcher/Dahm, Materialien S.331 ff.), der schon dem Warschauer Vertrag von 1970 eine Bindungswirkung beimißt, also seit 1990 für das vereinigte Deutschland gelte. Die Frage des Rechtstitels für den Gebietsübergang auf Polen sei offengeblieben. Bedingung sei das Friedensziel der europäischen Friedensordnung, in der Grenzen nicht mehr trennen *("Versöhnung statt Grenzen")*. Die völkerrechtswidrige Vertreibung sei unter Berücksichtigung der Menschenrechte und des Selbstbestimmungsrechts der Völker noch eine nicht gelöste Frage.
    (2) Gornig, Die deutsch-polnische Grenzregelung S.182 f.: Offengeblieben sei, *"wann und durch welche konstitutiven Akte die territoriale Souveränität – von welchen Gebieten? – auf die neuen Gebietsherrn übergegangen ist"*. So auch Hans v.Mangoldt, Die Staatsangehörigkeitsfrage, S.71 f.: Die bisherige Rechtslage und damit die Natur der Grenzbestätigung sei ausgelassen. Gornig bietet die Konstruktion des Verzichts oder Dereliktion und Okkupation herrenlosen Gebiets – nach einer logischen Sekunde der Herrenlosigkeit – an. Er stellt aber (S.190 f.) die Vereinbarkeit dieses Gebietserwerbs mit dem Selbstbestimmungsrecht der Völker (als ius cogens) und der *"menschenrechtswidrigen Vertreibung"* in Frage; vgl. auch ders. ROW 4/91 S.99.
    (3) Rauschning, DVBl 1990 S.1281, läßt die Frage unbeantwortet, wobei er das Recht der Alliierten, über die deutschen Gebiete zu entscheiden, bezweifelt. Der deutsch-polnische Grenzbestätigungsvertrag schaffe keinen Rechtstitel für den Gebietsübergang. Die Territorialsouveränität Polens sei aber völkerrechtlich verbindlich (JuS 12/91 S.977 ff.; azw.abg. bei Böttcher/Dahm S.303 f.).
    (4) Fiedler, Die Wiedererlangung der Souveränität Deutschlands (in Böttcher/Dahm S.298), stellt unter Anerkennung der Gebietsabtretung die Frage nach dem *"Ausmaß der freien Selbstbestimmung"*.
    (5) Seiffert, Die Verträge zwischen Deutschland und seinen östlichen Nachbarn, S.28, 41 f., spricht von einer faktischen Zuordnung der deutschen Ostgebiete zu den Erwerberstaaten mit völkerrechtlicher Verbindlichkeit. Grundlage für den Konsens eines Überganges der Territorialsouveränität ohne völkerrechtliche Übertragungs-Norm (weder Annexion noch Zession) sei Dereliktion. Das verletzte Selbst-

Neben dem territorialen Anspruch auf Bewahrung des politischen Status, der dem Identitätsverständnis des betroffenen Volkes entspricht, gehören zum Inhalt des Selbstbestimmungsrechts als Abwehrrecht[1203] auch die ihm anhaftenden unmittelbaren Rechtswirkungen, ohne die eine wirksame Realisierung nicht denkbar wäre. Dazu gehört deshalb nicht nur der rechtliche Widerstand gegen den Staatsuntergang durch gewaltsame Eingliederung in einen anderen Staat, sondern auch gegen die Entwurzelung durch Verbannung des Volkes aus seinem Staat und in diesem Kontext das Recht auf Rückkehr[1204] unter Wiederherstellung der alten und gewünschten Lebensbedingungen.

---

bestimmungsrecht, insbesondere der unmittelbar Betroffenen, bestehe fort (modus vivendi-Charakter der Verträge). Die betroffenen Volksgruppen – gebliebene und vertriebene – hätten ein Recht auf Geltendmachung ihrer Rechte, insbesondere des Rechts auf die Heimat, einschließlich des Rechts auf Rückkehr zu Besitz und Wohnstätte. Die Bundesrepublik Deutschland sei zur außen- und innenpolitischen Unterstützuung verpflichtet.

(6) Frowein, VVDStRL, Heft 49/1990 S.7 ff. (11-14), vertritt den Standpunkt der Anerkennung der Annexion der deutschen Gebiete durch Deutschland (vgl. dagegen konsequenterweise Seiffert aaO, S.27 f., unter Hinweis auf die Unvereinbarkeit dieser These mit dem zwingenden völkerrechtlichen Gewaltverbot.

(7) Blumenwitz (Das Offenhalten der Vermögensfrage, S.21 Anm.3, S.24 ff. mwN.; ders. Das vereinigte Deutschland und die europäische Friedensordnung, S.18 f., 23) vertritt im Ergebnis eine Streiterledigungslösung. Der Grenzbestätigungsvertrag enthalte keine Gebietsübertragung. Polen und Deutschland seien jedoch einig über die völkerrechtliche Gültigkeit der neuen Grenze nach Abschluß des Vertrages. Neueste Meinungsäußerungen aus dem polnischen Regierungslager kommen dieser Auffassung nahe, indem sie, von der Nichtlösbarkeit des deutsch-polnischen Rechtsstreits ausgehend, das Gewicht auf die völkerrechtliche Gültigkeit der Grenze seit Vertragschluß legen (vgl. Jan Barcz in einem Vortrag am 4.6.1994 an der Europa-Universität in Frankfurt/Oder; zit. bei Uschakow, Die Grenzregelung, S.96 Anm.2; vgl. auch Seiffert aaO S.26, der ebenfalls Barcz zitiert. Uschakow aaO S.95 spricht von einem Konsens auf der Grundlage der geringsten gemeinsamen Nenners). Blumenwitz (NJW 48/1990 S.3043) bezweifelt aber auch, daß von freier Ausübung des Selbstbestimmungsrechts die Rede sein könne. Der Auffassung von Blumenwitz (Streiterledigung durch völkerrechtliche Anerkennung der faktischen Lage und zugleich Anspruch auf Gewährung des verletzten Selbstbestimmungsrechts – insbesondere des Rechts auf die Heimat, dessen Kriterien wie z.B. Eigentum, Staatsangehörigkeit die Bundesrepublik Deutschland bei Vertragsabschluß ausdrücklich bestätigt hat) ist zuzustimmen. Sie entspricht auch der oben zitierten Würdigung Seifferts.

1203 Vgl. Murswiek, Offensives und defensives Selbstbestimmungsrecht, S.533 Anm.33.
1204 Vgl. Eckart Klein, Das Selbstbestimmungsrecht der Völker, S.45; vgl. auch de Zayas, Population, S.440 mwN.; Kimminich, Rechtscharakter, S.43 ff. unter Hinweis auf die bisher ergangenen VN-Resolutionen zum "Rückkehrrecht" der Palästinenser, allerdings noch zurückhaltend in der Frage des Zusammenhanges von Selbstbestimmungsrecht und Rückkehrrecht, später dann aber bejahend (ders. Das Recht auf die Heimat S.180 ff.); Blumenwitz, Recht auf die Heimat, S.55 f., unter Hinweis auf den Rechtsanspruch: *"return to their homes and property"*.

cc) Aktuelle Bedeutung des Selbstbestimmungsrechts der Völker für das Danziger Staatsvolk

(1) Wirtschaftliches Selbstbestimmungsrecht

Die Anwendung der Völkerrechtsnorm auf die Danziger Frage macht es erforderlich, die Bedeutung des Selbstbestimmungsrechts, die rechtliche Zuordnung und die Möglichkeiten der Anwendung zu bestimmen.

Weder die weit fortgeschrittene Entkolonisierung als rechtlicher Sondertatbestand[1205], noch das sog. "wirtschaftliche Selbstbestimmungsrecht der Staaten"[1206], als internes Selbstbestimmungsrecht eines Volkes, sein politisches und wirtschaftliches System frei zu wählen[1207], haben das Selbstbestimmungsrecht der Völker in seiner normativen Bedeutung für dem terrritorialen Status zurückdrängen können oder wollen.[1208] An die politischen Bestrebungen nach dem Ersten Weltkrieg – aber auch nach Beginn des Zweiten Weltkrieges –, wirtschaftliche Aspekte in den Vordergrund zu stellen, sei in diesem Zusammenhang erinnert. Das 1918 wiedererstehende Polen forderte auf der Pariser Friedenskonferenz die Ausdehnung seines Staatsgebietes bis an die Weichselmündung und darüberhinaus an die Ostseeküste auf Kosten anderer Staatsvölker. Polen erhob Ansprüche auf Danzig. Da die Weichsel ein polnischer Strom sei, müsse auch das Mündungsgebiet zu Polen gehören.[1209] Auch die Ansprüche Polens auf das Memelgebiet wurden mit wirtschaftlichen Argumenten begründet.[1210]

Während es Polen nach dem Ersten Weltkrieg in der Auseinandersetzung um die Verwirklichung der Prinzipien des Selbstbestimmungsrechts, unter Verletzung dieses Rechts, an der Ostsee "nur" gelang, einen fremden Gebietsstreifen an der deutschen hinterpommerschen Ostseeküste, einschließlich Gdingen ("Korridor") zu gewinnen, hat es mit seinen Annexionen deutschen Staatsgebietes seit 1945, einschließlich Hinterpommern, Westpreußen, Südostpreußen und einschließlich u.a. der Häfen Stettin, Kolberg, Danzig und Elbing fremdes Staatsgebiet mit weit mehrheitlich nichtpolnischer Bevölkerung in großem Umfange erobert und damit dem Selbstbestimmungsrecht in seiner praktischen Anwendung einen schweren Rückschlag versetzt.

Für die Danziger Frage war schon die Versailler Lösung Gegenstand intensiver Auseinandersetzungen mit dem Prinzip des Selbstbestimmungsrechts. Es ist bereits dargestellt worden[1211], daß diesen Grundsätzen jedenfalls insoweit Rechnung getragen wurde, als Danzig entgegen der polnischen Forderung nicht in die Republik Polen eingegliedert

---

1204 Vgl. Eckart Klein aaO S.38; Gornig aaO S.16.
1206 Vgl. Art. 1 der Charta der wirtschaftlichen Rechte und Pflichten der Staaten vom 12.12.1974, VN-Resol. 3281 (XXIX), Text: Djonovich, Dusan (ed.) aaO S.300 ff.; vgl. auch den Internationalen Pakt über wirtschaftliche, soziale und kulturelle Rechte vom 19.12.1966 (Anm.1175).
1207 Vgl. Eckart Klein aaO S 43; vgl. Seiffert, Selbstbestimmungsrecht und deutsche Vereinigung, S.42 f.
1208 Vgl. Gornig aaO S.17; Seiffert aaO S.44.
1209 Vgl. Skubiszewski, Die Westgrenze Polens 1969, S.276 ff., 565; 1975, S.286; vgl. auch oben S.81 und Anm.1215.
1210 Vgl. Gornig, Das Memelland, S.29 f.; ders. Der Inhalt des Selbstbestimmungsrechts, S.16 f.
1211 Oben S.87 ff.

wurde, sondern als "Freie Stadt Danzig" einen deutschen Status behielt. Immerhin wurde einem schon vom amerikanischen Präsident Wilson erhobenen[1212] und im Versailler Vertrag[1213] sowie im Danzig-polnischen Pariser Vertrag vom 9. November 1920[1214] vertraglich bestätigten politischen Postulat gefolgt, Polen mit Hilfe der Verselbständigung Danzigs einen freien Zugang zum Meer zu verschaffen. Das vorgebliche Spannungsfeld zwischen falsch verstandenem wirtschaftlichen Selbstbestimmungsrecht der Völker sowie der völkerrechtlich nicht begründbaren Behauptung Polens, über die im internationalen Seerecht entwickelten Grundsätze der freien Zufahrt zu Häfen hinaus gebe es für Binnenländer einen völkerrechtlichen Anspruch auf Erwerb fremden Territoriums, um einen eigenen Platz am Meer zu gewinnen[1215], einerseits und dem Prinzip des Sebstbestimmungsrechts andererseits wurde zulasten des Selbstbestimmungsrechts im Sinne machtpolitischen Begehrens aufgelöst.

(2) Anwendbarkeit des Selbstbestimmungsrechts auf das Danziger Volk

Der Anwendung des Selbstbestimmungsrechts zur Stützung der von den Danzigern geltend gemachten Rechtsentwicklung kann auch nicht entgegengehalten werden, das Selbstbestimmungsrecht habe erst nach dem Zweiten Weltkrieg seine universelle Bestätigung als Völkerrechtsnorm erfahren. Im Zeitpunkt der Eingliederungsakte durch den polnischen Staat haben sich die beteiligten Staaten an das Selbstbestimmungsrecht gebunden gehalten, das bereits in der Versailler Regelung zum politisch gewichtigen Prinzip erhoben worden war.[1216] Aus allen Akten der Siegermächte bis hin zu den Potsdamer Beschlüssen ist deutlich geworden, daß sie die Problematik der Freien Stadt Danzig offengehalten haben und erst in einem Friedensvertrag zu lösen gedachten. Mit einer Annexion oder einer sonstigen endgültigen Einverleibung haben sie sich nicht einverstanden erklärt.[1217] Selbst wer die polnische Auffassung teilt, die Verwaltungsbesetzung durch die Republik Polen sei als endgültige Eingliederung Danzigs zu charakterisieren, muß sich deshalb die hindernde Wirkungskraft des Selbstbestimmungsrechts entgegenhalten lassen. Jede Lösung der offengehaltenen Fragen kann nicht mehr dem inzwischen eindeutig zur völkerrechtlichen Norm erstarkten Rechtsinstitut des Selbstbestimmungsrechts der Völker entzogen werden. Der Prozeß seiner Entwicklung zur zwingenden Völkerrechtsnorm hat vielmehr das Hinausschieben einer Regelung und das ausdrückliche Offenhalten der Danziger Frage sowie zugleich die Verpflichtunmg zu unverzüglicher Lösung noch zusätzlich begründet und befestigt.[1218]

1212 Vgl. oben S.77.
1213 Art.104 Nr.1 bis 4.
1214 Art.19 ff., insbes. Art. 26 und 28.
1215 Vgl. Stoll S.52 f.; Böhmert, Die Rechtsgrundlagen, S.7 ff.; vgl. oben S.81, 226; vgl. zur Frage des freien Zugangs zum Meer Anm. 1155.
1216 Siehe oben S.78 f., 224 ff.
1217 Siehe oben S.157 ff.
1218 So auch Eckart Klein aaO S.65., für die Behandlung der deutschen Frage; vgl. auch Murswiek, Offensives und defensives Selbstbestimmungsrecht, S.545 f.; ders. Systematische Überlegungen zum Selbstbestimmungsrecht des deutschen Volkes, S.243 f., 249 ff.

(3) Durchsetzung des Selbstbestimmungsrechts – Rechtsqualität und Träger des Selbstbestimmungsrechts

Die Entwicklung des Selbstbestimmungsrechts zur verbindlichen Rechtsnorm, wie sie überblicksartig dargestellt wurde, wird in der Völkerrechtswissenschaft heute überwiegend bestätigt.[1219] Auch das Bundesverfassungsgericht bezeichnet das Selbstbestimmungsrecht der Völker als Teil der heute geltenden universalen Völkerrechtsordnung.[1220] Hinsichtlich der Einstufung dieser Rechtsnorm als zwingende Norm des Völkerrechts – ius cogens[1221] – im Sinne der Nichtigkeitsfolge bei Nichtbeachtung (vgl. Art.53 und 64 WVRK) weist Eckart Klein[1222] zu Recht darauf hin, daß mit dieser von ihm bejahten rechtlichen Qualifizierung keineswegs der automatische Wegfall von Verträgen verbunden sei.[1223] So muß die Verwirklichung auch des universell wirkenden Selbstbestimmungsrechts der Völker doch immer das Streben zum Ausgleich, zur allseits tragbaren Lösung zum Ziel haben.

Bei der Auseinandersetzung über die Frage, ob das Staatsvolk, oder Teile des Staatsvolkes – bezogen auf bestimmte territoriale Zugehörigkeit[1224] – Träger des Selbstbestimmungsrechts seien, besteht jedenfalls insoweit keine Meinungsverschiedenheit, als es um die Bewahrung eines Staates mit seinem identischen Staatsvolk geht.[1225]

Die Danziger gehören nach ihrer Sprache und Kultur zur deutschen Nation (Kulturnation). Im Sinne des Selbstbestimmungsrechts sind sie "Volk". Das Danziger "Staatsvolk" als Gesamtheit der dem Danziger Staat kraft Danziger Staatsangehörigkeit zugeordneten Personen[1226] ist eine geschlossene homogene Gemeinschaft, die – abgesehen von den preußisch-deutschen Unterbrechungen 1793-1807 und 1815-1919) – auf eine fast 800 jährige eigenständige Entwicklung zurückzuführen ist.[1227] Die Entscheidungen der Siegermächte des Zweiten Weltkrieges und anschließend der Bundesrepublik Deutschland, das Gebiet der Freien Stadt Danzig als nicht zum Deutschen Reich

---

1219 Vgl. Eckart Klein aaO S.35; ders. Vereinte Nationen und Selbstbestimmungsrecht, S.110; Seiffert aaO S.51 ff; vgl. die Meinungsübersicht, auch bezüglich des ius cogens-Charakters, bei Seiffert aaO S.76 f.; vgl. auch Gornig, Der Inhalt des Selbstbestimmungsrechts, S.12, 24; Murswiek, Systematische Überlegungen, S.243 ff.; Kimminich, Rechtscharakter, S.46; Thürer, Das Selbstbestimmungsrecht, S.125; Doehring, Das Selbstbestimmungsrecht der Völker, S.10 ff.
1220 BVerfGE 77, 137 (161 ff.).
1221 So Seiffert aaO S.53 f., 78; Eckart Klein, Das Selbstbestimmungsrecht, S.56 f.; ders. Vereinte Nationen, S.121; Fritz Münch, Deutsche Ostfragen, S.228 f.; Ermacora, Die sudetendeutschen Fragen, S.3; Kimminich, Die Renaissance des Selbstbestimmungsrechts, S.607 f.; ders. Das Recht auf die Heimat, S.178.
1222 AaO S.57.
1223 Gornig, Das nördliche Ostpreußen, S.162 Anm.994, merkt an, neuerdings werde die Qualität des Selbstbestimmungsrechts wieder bestritten, *"um diesem politisch kaum lösbaren Problem aus dem Wege zu gehen".*
1224 Zum Selbstimmungsrecht im unmittelbaren Bezug zum Territorium vgl. Seiffert, Selbstbestimmugsrecht, S.60 ff.; Eckart Klein aaO S.43 ff.; Gornig, Der Inhalt des Selbstbestimmungsrechts, S.17.
1225 Vgl. Eckart Klein aaO S.40 f.
1226 Vgl. Stern, Das Staatsrecht, S.209; ähnlich auch Georg Jellinek, Allgemeine Staatslehre 1904, S.406 ff.; Herzog, Allgemeine Staatslehre 1971, S.45 f.; Gornig, Das Memelland, S.94 f.
1227 Siehe oben S.25 ff.

gehörend zu behandeln[1228] und ihr Schicksal ohne Lösung im Ungewissen zu belassen, hat die Danziger noch stärker in ihrer Rolle als Volk im Sinne des Selbstbestimmungsrechts verfestigt.

Die spätere Anerkennung der 1939/40 den Danzigern verliehenen deutschen Staatsangehörigkeit durch die Bundesrepublik Deutschland[1229] bedeutet keine Schwächung dieses Arguments. Insoweit kann Seiffert[1230] mißverstanden werden, wenn er den Fortbestand der deutschen Staatsangehörigkeit mit der Weiterexistenz des deutschen Staatsvolkes gleichsetzt. Seine weiteren Ausführungen machen die Schwäche dieser Argumentation noch deutlicher. Seiffert vertritt die Auffassung, die deutsche Staatsangehörigkeit bilde das staatliche Band (Staatsvolk), das jeden einzelnen mit der Nation verbindet und in besonderer Weise das deutsche Volk als Träger des völkerrechtlichen Selbstbestimmungsrechts heraushebt. Während Danzig mit seinem Staatsvolk aus Deutschland ausgegrenzt wird, weil es nicht als zum Deutschen Reich in den Grenzen von 1937 gehörend betrachtet wird, würden demnach die Danziger zufolge der ihnen zugebilligten deutschen Staatsangehörigkeit im Sinne der Trägerschaft des Selbstbestimmungsrechts in das Deutsche Volk wieder einbezogen werden. Mit einer derartigen Schlußfolgerung würde den Danzigern die Verwirklichung ihres defensiven Selbstbestimmungsrechts als Abwehrrecht gegen gewaltsame Einverleibung, Vertreibung und Aussperrung entzogen. Vielmehr hat die Bundesrepublik Deutschland lediglich zur Vermeidung rechtsmißbräuchlichen Handelns gegenüber den von den rechtswidrigen Akten des Deutschen Reiches Betroffenen die seinerzeitigen Sammeleinbürgerungen anerkannt. In die staatsrechtlichen besonderen Bedingungen hat sie nicht eingegriffen.[1231]

Hat ein Staat wie im Falle der Freien Stadt Danzig, ohne untergegangen zu sein, seine Handlungsfähigkeit eingebüßt, indem er mit seinem ganzen Volk unter die Herrschaft eines anderen Staates geraten ist, kann nicht nur der Staat, sondern kraft Selbstbestimmungsrechts auch das mit ihm identische Staatsvolk, im Falle Danzigs zugleich mit ihm identische Volk, als ethnische Gemeinschaft seine Rechte geltend machen.[1232] Das Selbstbestimmungsrecht hat zur Folge, daß Ausweisung und Vertreibung an der Zuge-

---

[1228] Vgl. die Übersicht über die Entscheidungen der Alliierten bei Seiffert aaO S.96 ff.; Blumenwitz, Denk ich an Deutschland aaO, S.57 ff.
[1229] Siehe unten S.259 ff.
[1230] AaO S.99, 107, 116.
[1231] Vgl. unten S.262; siehe auch Anm.1346; vgl. auch Seiffert aaO S.102.; das verkennt auch Stritzel S.84 ff. (vgl. auch ders. S.132 f.), der die Anerkennung der deutschen Staatsangehörigkeit durch die Gesetzgebung der Bundesrepublik Deutschland unzutreffenderweise und ohne schlüssige Begründung als ein wesentliches Element dafür anführt, daß Danzig 1939 rechtswirksam Bestandteil des Deutschen Reiches geworden sei.
[1232] Vgl. zum Begriff "Volk" und "Staatsvolk" als Träger des Selbstbestimmungsrechts: Eckart Klein aaO S.41, 59 f.; Seiffert, S.65 ff.; Thürer, Das Selbstbestimmungsrecht der Völker, S.197; Murswiek, Offensives und defensives Selbstbestimmungsrecht, S.528, 538 Anm.42; Blumenwitz, Die staatliche Reorganisation, S.12, der dem "Staatsvolk" das defensive Selbstbestimmungsrecht zugesteht; Doehring, Das Selbstbestimmungsrecht der deutschen Nation, S.555 ff., der die nichtorganisierte Nation dem Staatsvolk als Rechtssubjekt des Selbstbestimmungsrechts gleichsetzt; vgl. auch Doehring, Formen und Methoden, S.70 f.

hörigkeit zum Volk nichts ändern.[1233] In einer seiner Funktionen, dem "defensiven Selbstbestimmungsrecht", wie Murswiek[1234] es vom sog. offensiven Selbstbestimmungsrecht abgrenzt, bewirkt es die Abwehr eines äußeren Eingriffs in einen mit dem Selbstbestimmungsrecht übereinstimmenden Territorialstatus.[1235] Staat mit Volk und Staatsvolk sind hier identisch.[1236] Das Selbstbestimmungsrecht verhindert völkerrechtlich den Staatsuntergang, sofern dieser faktisch wie in Danzig ohne Beachtung des Selbstbestimmungsrechts erzwungen worden ist.[1237] Das Selbstbestimmungsrecht steht in diesem Falle nicht im Widerstreit mit staatlichen Souveränitätsansprüchen. Die schwierige Auseinandersetzung in Völkerrechtslehre und -praxis, ob sich in Verfolg des Selbstbestimmungsrechts eine Sezession gegenüber der Souveränität des verletzenden Staates durchzusetzen vermag[1238], berührt die Danziger nicht, die ihren eigenen Staat bewahren wollen. Indem es die einseitige Einverleibung verhindert, stärkt es vielmehr den Souveränitätsgrundsatz.[1239] Als Folge der Entwurzelung ("ethnische Säuberung") wird auch das Recht auf Rückkehr, Rücksiedlung mit umfaßt.[1240]

(4) Mittel der Willensäußerung

Für die Anwendung des abwehrenden Selbstbestimmungsrechts stellt sich nun die Frage, in welcher Weise, mit welchen Mitteln dem freien und wirklichen Willen des Volkes Rechnung getragen werden kann. Die Frage des Selbstbestimmungs-Subjekts ist nicht zu trennen von der Ermittlung der Abstimmungsberechtigten oder von der in dieser Frage zur Willensäußerung Berechtigten.[1241] Der Wille des Volkes als Selbstbestimmungs-Subjekt muß erfahrbar gemacht werden, und zwar ohne Diskriminierung, d.h. unter Garantie der Vermeidung jeder Druckausübung. Eine Volksabstimmung ist – auch wo sie letztlich nicht in freier Form realisiert worden ist, z.B. nach dem Ersten Weltkrieg – die wohl sicherste Ermittlungsmethode. Auf das Danziger Staatsvolk angewendet würde dies eine Heranziehung der geflüchteten, vertriebenen und ausgesperrten Danziger und ihrer Nachkommen sowie der in der Heimat gebliebenen Danziger und ihrer Nachkommen und letztlich eine zuverlässige Festlegung des zu befragenden Kreises – z.B. im Sinne des Danziger Staatsangehörigkeitsgesetzes – und der zur Abstimmung zu stellenden Fragen erfordern. Für das Selbstbestimmungsrecht der Danziger sind alle diese Fragen relativ einfach zu beantworten, weil der Kreis der Selbstbestimmungsbe-

---

1233 Vgl. Gornig, Der Inhalt des Selbstbestimmungsrechts, S.17 f.; Eckart Klein aaO S.41; vgl. auch Doehring aaO; de Zayas, Population, S.440. Auch das durch Vertreibung gewaltsam auseinandergerissene Volk (Vertriebene und Gebliebene) bleibt zusammengehörige Volksgruppe, Staatsvolk (vgl. Espiell, Das Selbstbestimmungsrecht des Volkes Südtirols, S.20; Thürer, Volksgruppenrecht und Selbstbestimmungsrecht, S.86).
1234 Vgl. Anm.1203.
1235 Murswiek ebda. S.532 f.; vgl. auch Eckart Klein aaO S.44.
1236 Vgl. Gornig aaO S.22.
1237 Vgl. Eckart Klein aaO S.45; vgl. auch Kimminich, Die Menschenrechte, S.104 f.
1238 Vgl. Doehring, Das Selbstbestimmungsrecht der Völker als Grundsatz des Völkerrechts, S.31 ff., der ein Sezessionsrecht in Fällen schwerwiegender Diskriminierung bejaht.
1239 Vgl. Eckart Klein aaO S.49; vgl. auch Seiffert aaO S.55 f.
1240 Vgl. Anm.1204.
1241 Vgl. Eckart Klein aaO S.50 f.

rechtigten ohne größere Schwierigkeiten ermittelt und festgelegt werden kann. Die Problematik der Vererbbarkeit des Selbstbestimmungsrechts und des Rechts auf die Heimat wird für die Danziger Staatsangehörigen nicht relevant.[1242] Hier stellt sich sogar die Frage, ob es zur Realisierung des freien Willens des Danziger Staatsvolkes überhaupt einer Abstimmung bedarf. Da dieses Staatsvolk sich Repräsentationsorgane gewählt hat, die beauftragt sind, die Danziger zu vertreten und deren Ansprüche zu verfolgen[1243], können diese staatspolitischen Organe als ausreichend legitimiert angesehen werden, den freien Willen der Danziger mit der Konsequenz der Verwirklichung des Selbstbestimmungsrechts zum Ausdruck zu bringen.[1244]

Die Wahlen zur Repräsentationskörperschaft sind ein wichtiger Schritt zum Selbstbestimmungsakt, der als Kollektivakt von der freien Willensentscheidung des einzelnen getragen sein muß. So wenig Zweifel berechtigt sind, daß ein Staatsvolk sich unter Berufung auf das Selbstbestimmungsrecht gegen seine Eingliederung in einen anderen Staat zur Wehr setzen kann[1245], so sehr wird die Durchsetzung dieses Rechtsanspruchs davon abhängig sein, ob es gelingt, z.B. mit Hilfe anderer Staaten oder unter Einschaltung internationaler Organisationen wie der Vereinten Nationen, wirksame Prozeduren und Absprachen zur Erfüllung der rechtlich untermauerten Interessen zu erreichen.

Das – möglicherweise vorübergehende – Fehlen oder Nichtsichtbarsein von Nachweisen faktischer Anerkennung des Danziger Staates im Völkerkonzert mangels einer formalisierten "Exilregierung" könnte die Durchsetzungsfähigkeit hinsichtlich des Selbstbestimmungsrechts erschweren. Wenn die Freie Stadt Danzig somit aus diesen Gründen z.B. nicht zu den Vertragsstaaten des Internationalen Paktes über bürgerliche und politische Rechte gehört, so kann jedoch dieser Umstand angesichts der Wirkungskraft der zwingenden Völkerrechtsnorm des Selbstbestimmungsrechts kein Hindernis gegen die Verwirklichung dieses Rechts sein. Die den Danziger Repräsentationsorganen insoweit zukommende erhebliche Bedeutung ist bereits dargestellt worden.[1246] Einer formellen "Exilregierung" bedarf es hierzu jedenfalls nicht.[1247]

Internationale Organisationen, wie Vereinte Nationen, Europarat, Europäische Union, OSZE, werden sich diesen Argumenten nicht verschließen können. Hier liegt wohl auch ein Schlüssel für die noch zu beantwortende Frage nach der Verantwortlichkeit der Vereinten Nationen und der Alliierten des Zweiten Weltkrieges für das Danziger Staatsvolk in Anknüpfung an die Regelungen des Versailler Vertrages mit den Verpflichtungen der Alliierten und Assoziierten Hauptmächte nach dem Ersten Weltkrieg und an die insoweit dem Völkerbund übertragenen Schutzfunktionen.[1248]

Bei allen Bestrebungen nach einem Ausgleich der aus der rechtlichen Balance geratenen Danziger Lage und nach vertraglichen Lösungen wird dank der Entwicklung des Selbst-

---

1242 Vgl.Kloss S.211 ff., der zur Bejahung der Vererbbarkeit neigt.
1243 Vgl. oben S.69 ff.
1244 Vgl. unten S.248 ff.; zur Durchführung des Selbstbestimmungsaktes durch gewählte Repräsentationskörperschaften des Staatsvolkes Eckart Klein aaO S.52.
1245 Vgl. Eckart Klein aaO S.53; Gornig aaO S.21 f.
1246 Vgl. oben S.69 ff., Anm.283 und unten S.247 ff.
1247 Vgl. Mattern, Die Exilregierung, S.57 f.; Schweisfurth S.88; Kloss S.226; vgl. auch unten S.247 f.
1248 Siehe unten S.300 ff.

bestimmungsrechts zur zwingenden Norm des allgemeinen Völkerrechts (ius cogens)[1249], deren Inhalt sich der Disposition der Staaten entzieht[1250], keine vertragliche Lösung mehr haltbar sein, die das Selbstbestimmungsrecht nicht berücksichtigt und insbesondere das betroffene Völkerrechtssubjekt Freie Stadt Danzig, mithin das Danziger Staatsvolk, nicht beteiligt.[1251] Die Qualifikation als zwingende Norm des allgemeinen Völkerrechts verhindert auch den Untergang eines Völkerrechtssubjekts als Folge faktischen Auslöschens der Staatsgewalt entgegen dem auf Fortbestand gerichteten Willen des Staatsvolkes. Den Ausführungen von Eckart Klein[1252] ist somit beizupflichten:

> *"Das Selbstbestimmungsrecht des Volkes verhindert da ein Rechtsvakuum und läßt die Abwehr und den Anspruch auf Restitution durch das bisherige Staatsvolk zu, das als Nation noch den Willen zum Staat hat. Freilich spricht heute ohnehin viel dafür, daß sich ein Staatsuntergang gegen den Willen des Staatsvolkes im Rechtssinne gar nicht vollziehen kann. In diesem Fall fehlt es aber trotz rechtlicher Fortexistenz des Staates zumindest an handlungsfähigen Staatsorganen, die Rechte des Staates einzufordern in der Lage wären. Auch hier bedarf es somit des Rückgriffs auf das Selbstbestimmungsrecht des (Staats-) Volkes, mit dem der Anspruch auf die auch faktische Wiederherstellung der Eigenstaatlichkeit betrieben werden kann".*

Für die Danziger bedeuten diese Ergebnisse eine wesentliche Verstärkung und Festigung ihrer Rechtsposition. Die These vom Fortbestand der Freien Stadt Danzig nach der völkerrechtswidrigen Einverleibung des Danziger Staatsgebietes sowie der "ethnischen Säuberung" durch Polen und die daraus resultierenden Restitutionsansprüche haben mit dem Selbstbestimmungsrecht der Völker eine weitere erhebliche Stütze erfahren. Massenausweisungen, Vertreibungen, Aussperrungen, also Umsiedlungen von Bevölkerungen aus ihrem Territorium ohne deren Zustimmung sind die wichtigsten Fälle der Verletzung des Selbstbestimmungsrechts auf das eigene angestammte Gebiet.[1253]

Während im Zuge der Effektivitätswirkungen im Völkerrecht trotz nachweisbarer staatspolitischer Vertretung des Danziger Staatsvolkes der Risikodruck der Anerkennungslage in der Völkergemeinschaft stärker wurde[1254], hat sich mit der schnell wachsenden Erstarkung des bereits bei Ende des Zweiten Weltkrieges relevanten Grundsatzes des Selbstbestimmungsrechts der Völker zur allgemeinen Norm des Völkerrechts ein Gegengewicht herausgebildet, das die Behauptung vom Untergang des Danziger Staatsvolkes als staatsrechtlich zu bewahrende Größe ausschließt. In diesem Stadium könnte nur noch die Selbstaufgabe der Danziger zu einer Veränderung dieser Lage füh-

---

1249 Siehe oben S.241.
1250 Vgl. die Nichtigkeitswirkung gem. Art.53, 64 WVRK; vgl. auch Art.66 WVRK (Anrufung des IGH bei Verletzung einer ius cogens-Norm).
1251 Vgl. Eckart Klein aaO S.57 und Murswiek, Systematische Überlegungen, S.250, die Beteiligung des Selbstbestimmungssubjekts verlangen.
1252 AaO S.60, unter Bezugnahme auf Murswiek, Offensives und defensives Selbstbestimmungsrecht, S.538 Anm.42; vgl. auch Gornig aaO S.21 f.
1253 Vgl. Seiffert, Selbstbestimmungsrecht, S.61 f.; Krülle, Vertreibung im Völkerrecht, S.68, 72.
1254 Vgl. Böttcher, Die völkerrechtliche Lage, S.136 ff., 156 f.

ren. Und das Gewicht der aktuellen Probleme wird sich auf alle diejenigen Fragen zu konzentrieren haben, die der Durchsetzung des Rechts und damit zugleich der Erreichung zukünftiger dem Frieden dienender Lösungen gewidmet werden.

g) Staatliche Kontinuität

aa) Rechtliche "Fiktion" der staatstragenden Elemente

Der von einzelnen deutschen Autoren[1255] bezweifelten Kontinuität der Freien Stadt Danzig steht schließlich der Wille des Staatsvolkes entgegen, an seinem Staat festzuhalten und damit den staatlichen Untergang zu verhindern. Voraussetzung für die Rechtswirksamkeit dieser von den Danzigern vertretenen Rechtsfolge ist der Nachweis der Existenzfähigkeit und Identität des Staates, nämlich der den Staatscharakter bedingenden staatsrechtlichen Elemente Staatsgebiet, Staatsgewalt und Staatsvolk.[1256]

H.-J.Jellinek[1257] begründet seine Auffassung vom Untergang des Danziger Staates mit dem Fehlen einer handlungsfähigen Regierung und des Danziger Staatsvolkes, das "in alle Winde zerstreut" worden sei. Schätzel[1258], Crusen[1259] und Makarow[1260] bestreiten zwar eine rechtswirksame Einverleibung Danzigs durch Polen, halten aber einen etwaigen Fortbestand des Danziger Staates für eine Fiktion. Sie lassen die Frage des rechtlichen Status unbeantwortet und setzen sich mit den Rechtsfolgen der von den Alliierten veranlaßten interventionistischen und treuhänderischen Besetzungsmaßnahmen mit Vorläufigkeitscharakter nicht auseinander. Sie nehmen auch nicht zu der Frage Stellung, ob der völkerrechtliche Kontinuitätsgrundsatz mit seiner Zurückhaltung bezüglich eines Wechsels der Rechtssubjekte auf das Rechtsschicksal des Danziger Staates anzuwenden ist. Menzel[1261] bejaht die Wirkungskraft des Kontinuitätsprinzips gegenüber dem die Völkerrechtsordnung sonst beherrschenden Grundsatz der Effektivität auch dann noch, wenn der alte Rechtszustand zur bloßen Fiktion geworden sei. Er hält den Staat erst dann für erloschen, wenn mit einer Rückkehr zu dem alten Rechtszustand nicht mehr zu rechnen ist.[1262]

Zu Recht äußert Uschakow[1263] – wohl grundsätzlich auch auf dieser Linie – Bedenken gegen den Begriff der Fiktion, der in diesem Zusammenhang lediglich die Unsicherheit

---

1255 Vgl. Bode S.16 ff.; Crusen, DRZ 49 499; Hermann von Mangoldt, Schreiben vom 27.11.1948 an den Senat der Hansestadt Hamburg (nicht veröffentlicht); H.-J. Jellinek S.213 f.; Scheuner, Staatsangehörigkeit und Lastenausgleich, S.5 f.; Stritzel S.140; Seeler S.50 (siehe aber Anm.1288).
1256 Vgl. zur Bedeutung dieser Staatskriterien im modernen Völkerrecht; Böttcher aaO S.149 ff.
1257 AaO S.213.
1258 Der heutige Stand, S.295 ff.
1259 DRZ 1949, 499.
1260 Zwangseinbürgerungen, S.405.
1261 Menzel, Völkerrecht, S.218, hebt das Bemühen der Völkerrechtsordnung, die Kontinuität der staatlichen Rechtssubjekte zu bewahren, hervor und weist in diesem Zusammenhang auch auf das Beispiel Danzig hin (aaO S.219).
1262 Vgl. Menzel aaO S.219 f.
1263 Die Wiederherstellung Polens, S.122 f.

der Aufrechterhaltung des Rechtszustandes deutlich macht. Solange das Fortbestehen des besetzten Staates aus dem anzuwendenden Recht angenommen werden muß[1264], ist dieser Staat nicht rechtliche Fiktion sondern Rechtswirklichkeit.[1265]

bb) Exilregierung

H.-J.Jellinek knüpft die Bewahrung der Staatsgewalt im Falle ihrer Unterdrückung durch Eroberung oder Besetzung an das Vorhandensein einer "Exilregierung".[1266] Dieser Ansicht, nach der die Aufrechterhaltung der Staatsgewalt nur durch eine Regierung des eroberten Staates bewirkt wird, kann jedoch nicht gefolgt werden. Das von Jellinek gewählte Beispiel Polens, das keine einheitlich wirkende Exilregierung hatte, überzeugt nicht.[1267] Vielmehr wurde die Annexion Polens als während des Krieges also vorzeitig erfolgt und deshalb nicht rechtswirksam angesehen.[1268]

Ähnliche Bedenken ergeben sich im Hinblick auf Jugoslawien nach dem deutschen Einmarsch am 6. April 1941.[1269] Die vom Deutschen Reich am 15. März 1939 besetzte Tchechoslowakei bildete erst nach Ausbruch des Zweiten Weltkrieges eine Exilregierung.[1270] Österreich hat nach seinem "Anschluß" an das Deutsche Reich im März 1938 keine Exilregierung gebildet. Nach Beendigung des Zweiten Weltkrieges hat es der alliierten Auffassung von der Kontinuität des österreichischen Staates durch seine Unabhängigkeitserklärung vom 27. April 1945 Ausdruck verliehen.[1271] Österreich wurde nun als von Deutschland besetztes Gebiet behandelt. Auf diese Rechtsauffassung wurde die Feststellung von der Kontinuität des Staates gestützt.

1264 a) Die Auffassung vom Fortbestand des Danziger Staates wird u.a. vertreten von:
Deutsches Büro für Friedensfragen S.23 f.; Hahn, ZaöRV 14/1951 S.261 Anm.4; Erich Kaufmann, Der rechtliche Status der Freien Stadt Danzig, S.5; Laun, Rechtsgutachten; Maßfeller, 2.Aufl. S.314, vgl. auch 1. Aufl. S.215; Mattern S.57 f.; Mrose S.37, 87 ff.; Blumenwitz, Was ist Deutschland, S.32; du Buy, Gutachten, S.21 f.; Friedrich Klein S.52; Lotze S.145; offenbar auch Zieger, Die gesamtdeutsche Staatsangehörigkeit, S.118 f.
b) Ungültigkeit der Eingliederungen 1939 und 1945 (ohne Beantwortung der Frage des staatlichen Fortbestandes): Crusen, DRZ 49, 499; Lichter, 2.Aufl. S.216 f.; Mehnert-Schulte S.201 f.; Makarov, JZ 1952, 405; Schätzel, Der heutige Stand, S.302 ff.
1265 Insoweit präzisiert der Verfasser seine früher (Böttcher aaO S.143, 150, 157) geäußerte Auffassung von der etwaigen Entwicklung zur "Fiktion" der Annahme des Fortbestandes der Freien Stadt Danzig. Vgl. auch die kritischen Bemerkungen gegen den *"Vorwurf der Fiktion"* bei Fiedler, Das völkerrechtliche Kontinuitätsproblem, S.15.
1266 S.121. Mit dieser Begründung folgert er das Weiterbestehen Polens nach 1939, für das er den Kampf der Bundesgenossen mit dem Ziele der Befreiung des vom Deutschen Reich und der Sowjetunion kriegsbesetzten polnischen Staates allein nicht für ausreichend hält (aaO S.119 ff.). Vgl. zum Begriff der Exilregierung Mattern, Exilregierung, in: Lexikon des Rechts Sept 1990.
1267 Vgl. Uschakow, Das Potsdamer Abkommen in polnischer Sicht, S.183 ff.; Mattern, Die Exilregierung, S.20 ff.
1268 Vgl. Mattern aaO S.21.
1269 Vgl. ders. S.16 f.
1270 Vgl. ders. S.48 ff.
1271 Vgl. im einzelnen oben S.143 f.

Die drei baltischen Staaten sind – ebenfalls ohne Exilregierung, aber durch hierfür geschaffene Repräsentationsorgane – im Frühjahr 1990 als nicht untergegangene Staaten wieder ins Leben gerufen worden.[1272]

Eine Reihe signifikanter Beispiele aus der Staatenpraxis, bis in die heutigen Jahre, können somit für die Kontinuität von Staaten aufgezeigt werden, deren Staatsgewalt infolge einseitiger Eroberungsakte während längerer Zeit nicht oder nicht regulär ausgeübt werden konnte. Obwohl die Staatsgewalt als das wesentliche Element des Staatsbestandes gesehen wurde[1273], war für den Fortbestand und für das Wiederaufleben der besetzten und einverleibten Staaten, auch dies zeigt die Staatenpraxis, das Vorhandensein einer Exilregierung nicht eine entscheidende Voraussetzung.[1274] Es wäre auch wenig überzeugend, das Erlöschen eines Staates nach hM.[1275] mit der Begründung zu verneinen, daß die Einverleibung während der Okkupation vollzogen wurde und zugleich als Bedingung für die staatliche Kontinuität eine Exilregierung zu fordern.

So hält Mattern das Vorhandensein der Merkmale Staatsgewalt, Staatsgebiet und Staatsvolk nicht für maßgebend für den rechtlichen Weiterbestand eines völkerrechtswidrig vernichteten Staates.[1276] Zugleich vertritt er indessen die Auffassung, daß das nach 1945 von den vertriebenen Danzigern gebildete staatspolitische Repräsentationsorgan eine vom Danziger Parlament – Rat der Danziger – gewählte "Exilregierung" sei.[1277] Abgesehen davon, daß mit dem Begriff Exilregierung gemeinhin eine vom Staatsvolk getrennte Regierung mit Amtssitz im Ausland gemeint ist[1278], macht Mattern einschränkend zu Recht aber auch deutlich, daß diese "Exilregierung" das Danziger Staatsvolk in einem – aus anderen Gründen – weiterbestehenden Staat vertritt.[1279] Damit wird das Gewicht der Bedeutung einer Exilregierung auf die Frage verlagert, ob eine Repräsentation, nämlich eine "Exilregierung" oder eine andere zur Vertretung des Staatsvolkes berechtigte Institution vorhanden ist, die dem Vorwurf des staatszerstörenden Verschweigens durch das Staatsvolk entgegengesetzt werden kann.

cc) *Staatsvolk als Träger der Staatsgewalt*

So wird die enge Wechselbeziehung offenbar, die sich zwischen dem für den Staatsbegriff wesentlichen Element der Staatsgewalt[1280] und dem des Staatsvolkes in der Neu-

---

1272 Vgl. oben S.197 f.
1273 Vgl. Georg Jellinek, Allgemeine Staatslehre 1921, S.427 ff.; v.Dassel S.6; Kelsen, Allgemeine Staatslehre, S.95 ff.; Helfritz, Allgemeines Staatsrecht, S.113 ff.; Küchenhoff S.21, 78 f., 83; Stödter S.44.
1274 Vgl. Menzel, JIR Bd.1/1948 S.43 (65, Anm.65); Stödter S.50.
1275 Vgl. oben S.144 ff.
1276 Mattern S.55.
1277 Ebda. S.58.
1278 Vgl. Mattern, Lexikon des Rechts, S.1.
1279 Vgl. Mattern, Die Exilregierung, S.58.
1280 Vgl. Anm.1273 und Verdross-Simma, § 378 ff., S.223 ff.; Berber, Lehrbuch des Völkerrechts I.Band, S.119 ff.

zeit entwickelt hat.[1281] Nach dem dieser modernen Staatsidee zugrundeliegenden Prinzip, daß alle Staatsgewalt vom Volke ausgeht, verkörpern die Menschen als geschlossene völkische Einheit ihre Staatsgewalt. Für die Beantwortung der Frage, ob ein Staat noch besteht, genügt deshalb zur Feststellung seines Unterganges nicht der Nachweis, daß die die Staatsgewalt ausübenden Organe unterdrückt oder ausgelöscht worden sind. Vielmehr kommt es entscheidend darauf an, ob der Wesenskern des Staatsgebildes, das Staatsvolk als Träger der Staatsgewalt und als Träger der Territorialsouveränität[1282], noch lebendig ist und seinem staatsbewahrenden Willen Ausdruck verleiht. Solange noch ein geschlossenes Staatsvolk als Träger der Staatsgewalt vorhanden, bereit und in der Lage ist, den Staat nach Wegfall der Okkupation wieder aufleben zu lassen, kann die zeitweilige Zurückdrängung der ausübenden Gewalt durch kriegerische Besetzung des Staatsgebietes nicht den Untergang des Staates nachsichziehen.

dd) Das Danziger Staatsvolk

Die für den Staatsbegriff genannten Elemente Staatsgebiet und Staatsvolk[1283] fallen in der aktuellen Lage der Freien Stadt Danzig auseinander. Das in Art.100 VV festgelegte und für die Freie Stadt Danzig eingerichtete Staatsgebiet ist vorhanden. Flucht, Vertreibung und Aussperrung sowie Neuansiedlung polnischer Bevölkerung als einheitliche politische Aktion haben die gewaltsame Trennung bewirkt und aufrechterhalten. Trotz der Vertreibung der Danziger Bevölkerung auf verschiedene deutsche Aufnahmeländer bildet sie im Rahmen der durch die gewaltsam herbeigeführte Lage belassenen Möglichkeiten noch eine staatsbewußte Einheit, als Gesamtheit der Danziger Staatsangehörigen[1284] mit dem Willen, ihre staatliche Einheit nicht zu verlieren.[1285] Sie sind nicht im Sinne des Staatszerfalls "in alle Winde zerstreut".[1286]

Zum Staat gehören die ihn konstituierenden Menschen. Zur Bejahung dieser Voraussetzung hält Berber[1287] es für gleichgültig, *"ob die zum Staat zusammengefaßten Menschen eine Nation im soziologischen Sinne bilden, ob sie die gleiche Sprache sprechen,*

1281 Vgl. hierzu bezüglich der zahlreichen Theorien über die Souveränität im Völkerrecht: Georg Jellinek aaO S.435 ff.; Kelsen aaO S.102 ff; Laun, Allgemeine Staatslehre, S.75 ff.; Verdross-Simma § 31 ff., S.25 ff.; Berber aaO S.121 ff.
1282 Vgl. zur Frage der Bedeutung der staatlichen Souveränität, für den Staatsbegriff verneinend Georg Jellinek, Allgemeine Staatslehre 3.Aufl.1904, S.495 ff.; Gornig, Das Memelland, S.95 f.; vgl. auch Berber aaO S.121 ff., in kritischer Auseinandersetzung mit dem Begriff der Souveränität des Staates, der Staatsgewalt: *"In der Tat ist die Berufung auf die Souveränität für die schwächeren Staaten eine Art generellen juristischen Titels, um sich der Intervention mächtiger Staaten erwehren zu können, ...".* Zum Begriff der *"Territorialsouveränität",* als *"Recht des Staates auf das von ihm beherrschte Gebiet",* in Unterscheidung von der *"Gebietshoheit"* vgl. Verdross-Simma §§ 1038 ff., S.655 ff.
1283 Vgl. zum Begriff des Staatsvolkes als Träger des Selbstbestimmungsrechts der Völker oben S.241 ff.
1284 Vgl. zum staatsrechtlichen Begriff des Staatsvolkes Laun, Allgemeine Staatslehre, S.30, 40; Liszt-Fleischmann,Völkerrecht, S.105, gegenüber dem hier nicht ausreichenden Begriff der "Nation" als ethnisch bedingtes soziologisches Phänomen (vgl. in diesem Sinne Cybichowski, ZfVR 34, 318 ff.).
1285 Zur Forderung dieses zusätzlichen Merkmals vgl. Georg Jellinek Allgemeine Staatslehre 1921, S.406 ff.; Küchenhoff S.45; Hellfritz aaO S.100 f.; vgl. für Danzig Mattern S.57; Mrose S.46.
1286 So H.-J. Jellinek S.213; Crusen DRZ 49 S.500.
1287 AaO S.116 ff.

der gleichen Rasse oder historischen Tradition oder Religion angehören. ...". Es bedürfe also keines natürlichen, historischen oder kulturellen Bandes. Notwendig sei aber ein verfassungsrechtliches Band, *"das soziologisch durch das Vorhandensein anderer Bande zweifellos gestützt und intensiviert werde".*[1288]

Nur in dieser für die Kontinuität des Staates eingeschränkten Bedeutung stellt sich somit die Frage nach dem fortbestehenden Staatsbewußtsein der Danziger. Die somit ergänzende Fragestellung, ob die Danziger eine staatsbewußte Einheit bilden, muß unter den außergewöhnlichen und beispiellosen Bedingungen beurteilt werden, die sich aus der zwangsweisen Trennung von Staatsgebiet und Staatsvolk ergeben haben. Die Lage der Danziger unterscheidet sich von den üblicheren Verhältnissen, in denen einem Volk, das sein Staatsgebiet verlassen hat und dessen Beziehungen zu seinem Staatsgebiet nahezu gänzlich abgeschitten sind, der Charakter eines Staatsvolkes nicht mehr zuerkannt werden kann.

Von den etwa 400.000 Danzigern[1289] sind ca 230.000 in Westdeutschland und West-Berlin angesiedelt worden. Hinzu kommen die später durch Verlassen der DDR und als Folge der Vereinigung von Bundesrepublik Deutschland und DDR zusätzlich erfaßten ca 60.000 Danziger. Infolge der Öffnung des Ostens stehen die vertriebenen Danziger seit einigen Jahren mit den in der Heimat gebliebenen schätzungsweise ca 10.000 Danzigern in enger Verbindung. Wenn man die Zahl von rund 100.00 bis 105.000 Danzigern abrechnet, deren Schicksal ungeklärt ist, die aber zum größten Teil durch Krieg, Flucht, Vertreibung und Deportation in den Osten umgekommen sind, werden die übriggebliebenen ca 300.000 Danziger heute von den Danziger Repräsentationsorganen[1290] – Bund der Danziger sowie staatspolitisch Rat der Danziger und Vertretung der Freien Stadt Danzig – vertreten, die von den in Westdeutschland und West-Berlin angesiedelten Danzigern nach 1945 gebildet und seither in demokratischen Wahlen bis heute immer wieder gewählt und fortgeführt worden sind. Das Parlament der Danziger (der Rat der Danziger) und ihr Exekutivorgan (die Vertretung der Freien Stadt Danzig) haben den ihnen erteilten Auftrag im Rahmen ihrer durch die Vertreibungslage eingeschränkten Möglichkeiten erfüllt. In ihrer Wahlordnung, die zugleich eine vorläufige Verfassungsergänzung darstellt, heißt es in der Präambel (in der am 1.6.1979 bestätigten Fassung)[1291]:

"Der Rat der Danziger, der bis zur Wiedergewinnung der Heimat und der Wiederherstellung der staatlichen Ordnung in der Freien Stadt Danzig als die frei gewählte Vertretung der Danziger die Aufgaben des Danziger Volkstages wahr-

---

1288 Seeler S.50, bemerkt, ein spezielles Danziger Volk habe es nie gegeben, da Danzig vom deutschen Volk zur Schaffung des Freistaates abgetrennt worden sei. Dieser Ansicht kann, unabhängig von der Nichtberücksichtigung historischer Entwicklungen, nicht gefolgt werden. Sie ist nicht schlüssig, und sie unterstützt aber die von Berber geäußerte Meinung, daß es auf den "Nation"-Begriff im soziologischen Sinne zur Bejahung des Staatsvolkes nicht ankomme. Da die 1920 errichtete Freie Stadt Danzig als Staat anerkannt war, hatten ihre Staatsangehörigen zwangsläufig Staatsvolkcharakter.
1289 Vgl. zu den hier wiedergegebenen Zahlen oben S.155 f.
1290 Siehe oben S.68 ff.
1291 Die Dokumente sind von der Vertretung der Freien Stadt Danzig und vom Bund der Danziger zur Verfügung gestellt worden. Vgl. die erste Wahlordnung vom 20.3.1951 für die Wahlen am 3.6.1951 (Unser Danzig 4/51 S.4); vgl. Anhang, Dok. 17.

nimmt, soweit unter den gegebenen Verhältnissen ein Tätigwerden möglich ist, hat in seiner Sitzung vom 1.6.1979 festgestellt, daß sein Mandat, das er durch unmittelbare, geheime Wahlen nach der Wahlordnung vom 1. Februar 1970 erhalten hat, am 31. Dezember 1980 erlischt. Der Rat hat durch Beschluß vom 1.6.1979 festgelegt, daß auf Grund der folgenden Wahlordnung im Laufe des Jahres 1980 der neue Rat gewählt werden soll. In der durch die Vertreibung entstandenen Notlage werden die Ratsmitglieder für die nächste Wahlperiode nach folgender Wahlordnung, die demokratischen Grundregeln entspricht, gewählt. Diese Wahlordnung trägt der Zielsetzung Rechnung, daß möglichst viele Danziger an der Wahl beteiligt werden."

In Anpassung an die aktuelle europäische Entwicklung und die Grundsätze einer Friedensordnung Europas hat der Rat der Danziger in seiner 4. Wahlperiode mit Beschluß vom 1. Mai 1992 den Wortlaut der Präambel modifiziert, nicht jedoch in seiner Kernaussage verändert, daß der Rat im Rahmen der gegebenen Umstände die Aufgaben des Volkstages wahrzunehmen hat:

"Der Rat der Danziger, der bis zur Erreichung einer die Menschenrechte und das Heimatrecht der deutschen Danziger in einem freien Europa gewährleistenden Friedensordnung als die gewählte Vertretung der Danziger die Aufgaben des Danziger Volkstages wahrnimmt, soweit unter den gegebenen Verhältnissen ein Tätigwerden möglich ist, hat in seiner Sitzung am 1. Mai 1992 in Lübeck die folgende Wahlordnung für die Wahlperioden ab 1993 beschlossen:"

Trotz der außergewöhnlich erschwerten Umstände, unter denen die Wahlen der Danziger in der zerstreuten Vertreibungslage jeweils haben durchgeführt werden können, tagt der aus diesen Wahlen hervorgegangene Rat der Danziger seit Mai 1993 in seiner 5. Wahlperiode. Ende 1996 werden die Wahlen für die 6. Wahlperiode durchgeführt.

Auf eine Staatenpraxis können die Danziger sich nicht stützen, weil es in der modernen Völkerrechtspraxis keine Beispiele zur Frage der staatlichen Kontinuität für ein im Ganzen aus seinem Staatsgebiet zwangsweise verlagertes Staatsvolk gibt. Die Behandlung des Falles Danzig in der Völkergemeinschaft wird somit Anlaß für die Weiterentwicklung der Staatenpraxis und für die Fortbildung des Völkerrechts auf der Grundlage der geltenden Völkerrechtsnormen sein.

Wie oben[1292] dargestellt wurde, haben alle Danziger Repräsentationsorgane rege Tätigkeiten entfaltet, um mit den Berichten über ihre Lage und mit ihren Forderungen Gehör zu finden. Sie haben alle ihnen möglichen und zumutbaren Maßnahmen ergriffen, um das Danziger Staatsvolk weiter zu vertreten und sich somit zugleich dem Einwand des Verschweigens ihrer Rechtsposition zu entziehen. Ihre diesbezüglichen Bemühungen dauern bis heute an. Polen kann sich überdies zum Beweise des Unterganges des Dan-

---

[1292] Siehe oben S.66 ff., Anm.283. Hier ist auch Schweisfurth, Danzig, S.88, zu widersprechen, der auf Grund unzureichender Informationen über die fortdauernden Aktivitäten der Danziger zu der Annahme gekommen war, die Danziger hätten aufgehört, ihre Rechte geltend zu machen und könnten deshalb nicht mehr als ihren Staat bewahrendes Staatsvolk angesehen werden (vgl. oben S.220 f.). Vgl. auch oben S.71 ff. und Nachtrag, S.317 ff.

ziger Staatsvolkes und der Freien Stadt Danzig nicht auf die von ihm selbst gewaltsam herbeigeführte rechtswidrige Vertreibung und die Eingliederung des Danziger Staatsgebietes berufen.[1293]

Angesichts der von den Alliierten getroffenen Maßnahme einer occupatio bellica als Zwischenzustand bis zu einer endgültigen völkerrechtlichen Regelung und unter Berücksichtigung der organisierten Danziger, die der Lösung harren und an ihrem Rechtsstatus festhalten, kann nicht von einem Erlöschen ihrer Rechtspositionen ausgegangen werden.

Dies gilt um so mehr, als das Recht auf Wiedereinsetzung in den Rechtszustand der territorialen Souveränität wegen des absoluten Verbots der gewaltsamen Gebietsveränderung während der occupatio bellica durch ein weiteres Rechtselement gestützt wird, das aus dem Selbstbestimmungsrecht als Abwehrrecht resultiert und das dem Untergang des eroberten Staates entgegensteht.

Es bedarf auch nicht des Zurückgreifens auf den aus dem älteren Völkerrecht stammenden Rechtsgedanken des "postliminium", des automatischen Wiederauflebens der früheren Souveränität nach Wegfall der Besetzung.[1294] Denn die Danziger sind noch in der Lage, die Vertretung ihrer Angelegenheiten wahrzunehmen[1295] und sich für die staatliche Kontinuität ihres Staatsgebildes einzusetzen. Sie vertreten ihren noch bestehenden Staat und nicht eine frühere Territorialsouveränität.[1296] Ein Volk, das seine staatliche Organisation vorübergehend preisgeben muß, kann gleichwohl die Kontinuität des Staates sichern, wenn es als weiterbestehendes Staatsvolk den Staat selbst verkörpert.[1297]

An dem Beispiel des Deutschland nach 1945 zeigt sich, daß ein Staat als Rechtssubjekt fortbestehen kann, obwohl er seine Handlungsfähigkeit vorübergehend verloren hat. Derartige Beispiele sind auch Österreich nach der später als Okkupation behandelten Eingliederung in das Deutsche Reich im Jahre 1938, die Tschechoslowakei 1939 nach ihrer vorübergehenden Einverleibung in fremdes Staatsgebiet und die drei Baltischen Staaten nach ihrer Annexion durch die Sowjetunion 1940.

Die Grenze der Kontinuitätswirkung könnte dort zu sehen sein, wo jede reale Chance der tatsächlichen Wiederherstellung entfällt[1298], wobei das in Fragen des Wechsels von Rechtssubjekten zurückhaltende Völkerrecht in der *"Wechselbeziehung zwischen dem*

[1293] Vgl. zu dem auch im Völkerrecht anwendbaren Grundsatz eines Verbots des "venire contra factum proprium" Böttcher aaO S.165 mwN.
[1294] Vgl. Seidl-Hohenveldern, Völkerrecht, S.206.
[1295] Vgl. Uschakow., Die Wiederherstellung Polens, S.126.
[1296] Der Rechtsgedanke eines "postliminium" kommt der Annahme eines fiktiven Fortbestandes des Staates sehr nahe (vgl. oben S.246 f.).
[1297] Verdross-Simma § 391, S.232, unter Hinweis auf die gegenteiligen Meinungen, die das Schwergewicht auf die staatliche Organisation legen.
[1298] So Berber, Lehrbuch I.Bd., S.249 f.; vgl. Menzel, Das Problem der völkerrechtlichen und staatsrechtlichen Kontinuität, S.82 f., ders., Völkerrecht, S.219 f.

Effektivitätsprinzip und der Nichtendgültigkeit (Offenheit) der neuen rechtlichen wie tatsächlichen Situation"[1299] dazu neigt, solche Schwebezustände erst nach ihrem tatsächlichen Ausgang und endgültiger Klärung zu beurteilen.[1300]

3. Zusammenfassung

Das Gebiet der Freien Stadt Danzig ist auf Grund sowjetischer und polnischer Maßnahmen – anschließend im "Potsdamer Abkommen" durch Verfügungen der Alliierten des Zweiten Weltkrieges bestätigt – unter vorläufige polnische Verwaltungsbesetzung gestellt worden. Eine endgültige völkerrechtliche Lösung wurde bis zu einer friedensvertraglichen Regelung aufgeschoben. Polen hat unter Verletzung dieser treuhänderischen Aufgabe das Danziger Staatsgebiet als endgültig einverleibtes Territorium behandelt, das widerrechtlich vertriebene Staatsvolk ausgesperrt und durch Neuansiedlung polnischer Bevölkerung vollendete Tatsachen zu erreichen versucht. Das polnische Verhalten hat jedoch den Verwaltungsstatus nicht zu verändern vermocht und nicht zum Untergang des Staates "Freie Stadt Danzig" geführt.

Allen Versuchen Polens, seine Haltung zu rechtfertigen, ist der rechtliche Erfolg versagt geblieben. Einer Einverleibung während der occupatio bellica und gegen den Willen des betroffenen Volkes steht das Völkerrecht entgegen. Die Maßnahmen der Alliierten standen in Einklang mit der von ihnen geschaffenen, auch die Republik Polen bindenden kollektivvertraglichen Schutzbeziehung für den Internationalen Status Danzigs, auf der Grundlage des VV. Entgegenstehende Maßnahmen Polens bleiben ohne dauernde rechtserhebliche Wirkung. Sie unterliegen außerdem dem Grundsatz der Verpflichtung zur Nichtanerkennung.

Der Danziger Staat ist auch nicht durch eigenes Verschweigen seiner Rechtsposition untergegangen. Das Danziger Staatsvolk ist bis heute ohne Unterbrechung von seinen staatstragenden Repräsentationsorganen vertreten worden, die an ihrem Staat festhalten. Ihr Recht, keine Veränderung der Territorialsouveränität gegen ihren Willen hinzunehmen, wird durch das zur zwingenden Völkerrechtsnorm erstarkte Selbstbestimmungsrecht der Völker als Abwehrrecht bestätigt.

Die Aufrechterhaltung des Zustandes der Verwaltungsbesetzung und die Fernhaltung des Staatsvolkes verstößt gegen die im "Potsdamer Abkommen" auch ausdrücklich

---

1299 Fiedler, Das völkerrechtliche Kontinuitätsproblem, S.15; vgl. auch Balekjian S.31 ff., 38 f., der auf die Dehnbarkeit der Begriffe "Effektivität" und "Staat", auf die mangelnde Abgrenzung der Existenz des Staates im Völkerrecht und auf die Befugnisse der VN sowie auf Ersuchen des IGH hinweist, sich mit nichtanerkannten Staaten zu befassen. Angesichts dieser beachtlichen Stellung nichtanerkannter Staaten muß um so mehr die Aufmerksamkeit der internationalen Organe dem Gebilde Freie Stadt Danzig zugewandt werden, das sich als anerkanntes Mitglied der Staatengemeinschaft bewegt hat und Gegenstand der vertraglich von den Alliierten garantierten Schutzbeziehung für den Internationalen Status Danzigs ist. Unter diesen Umständen wird es den VN schwerfallen, die Behandlung der Freien Stadt Danzig als Staat im Sinne des Völkerrechts abzulehnen (vgl. Balekjian aaO S.159) und sich, da inzwischen ein Antrag gestellt worden ist, der Mitverantwortung für die Schutzfunktion zu entziehen.
1300 Vgl. Menzel, Völkerrecht, S.222.

festgelegte Verpflichtung, eine völkervertragsrechtliche Lösung herbeizuführen. Das gilt um so mehr, als die politischen Bedingungen für endgültige friedliche Begradigungen zwischen Ost und West nach den Umbrüchen seit 1989 sehr viel günstiger geworden sind. Die Danziger haben schon nach der HLKO einen Anspruch auf alsbaldige Überleitung in ihren endgültigen Rechtszustand. Jede neue Regelung, insbesondere auch von der geltenden Rechtsstellung etwa abweichende Lösungen, bedürfen der vollen Mitbestimmung durch das Danziger Staatsvolk als Träger der Staatsgewalt.

III. Rechtsfolgen für die Danziger Staatsangehörigen

1. Staatsangehörigkeit der Danziger

a) Rechtslage nach 1939

aa) Die staatlichen Regelungen

Mit der Wiedervereinigung der Freien Stadt Danzig mit dem Deutschen Reich war nach deutschem Recht auch der Übergang der Staatsangehörigkeit verbunden. Als völkerrechtliche Normen verletzende Sammeleinbürgerung fehlte diesen Rechtsakten zwar die rechtliche Verbindlichkeit.[1301] Gleichwohl war die mit dem Deutschen Reich identische Bundesrepublik später unter dem Gesichtspunkt der Vermeidung des Rechtsmißbrauchs verpflichtet, diese Einbürgerungsakte gegen sich gelten zu lassen.[1302]

§ 2 des Wiedervereinigungsgesetzes vom 1. September 1939 lautet:

> *"Die Staatsangehörigen der bisherigen Freien Stadt Danzig sind deutsche Staatsangehörige nach Maßgabe näherer Vorschriften."*

Folgende Vorschriften wurden erlassen:

1. Erlaß des Führers und Reichskanzlers über die Gliederung und Verwaltung der Ostgebiete vom 8. Oktober 1939[1303]

Die Staatsangehörigkeitsregelung enthält § 6:

> *"(1) Die Bewohner deutschen oder artverwandten Blutes der eingegliederten Gebiete werden deutsche Staatsangehörige nach Maßgabe näherer Vorschriften.*

1301 Vgl. Böttcher, Die völkerrechtliche Lage, S.158 ff.; zum Wiedervereinigungsgesetz siehe Anm.597.
1302 Vgl. Blumenwitz in: Staudinger, BGB 12.Aufl., Kommentar zu Art.5 EGBG Rdnr.59 ff., 91 ff.; vgl. auch unten S.261 f.
1303 RGBl I S.2042, in Kraft getreten am 26.10.1939 (RGBl I S.2057).

Die Volksdeutschen dieser Gebiete werden Reichsbürger nach Maßgabe des Reichsbürgergesetzes".[1304]

Gemäß § 9 wurden für das Gebiet der Freien Stadt Danzig im übrigen die Bestimmungen des Wiedervereinigungsgesetzes vom 1. September 1939 nicht berührt.

2. Runderlaß des Reichsministers des Innern betreffend Erwerb der deutschen Staatsangehörigkeit in den in das Deutsche Reich eingegliederten Ostgebieten vom 25. November 1939.[1305]

Dieser Erlaß bezieht sich auf die bisher erlassenen Regelungen und bestimmt vorbehaltlich abschließender gesetzlicher Regelung für den Danziger Bereich im Absatz 2:

"Deutsche Staatsangehörige sind diejenigen deutschen Volkszugehörigen, die bis zum 1.9.1939 die Danziger Staatsangehörigkeit besessen haben..."

Die Absätze 3 bis 5 enthalten Sonderregelungen für Ehefrauen und Kinder.

3. Verordnung über die deutsche Volksliste und die deutsche Staatsangehörigkeit in den eingegliederten Ostgebieten vom 4. März 1941[1306] in der Fassung der Zweiten Verordnung über die deutsche Volksliste und die deutsche Staatsangehörigkeit in den eingegliederten Ostgebieten vom 31. Januar 1942.[1307]

Durch diese auf Grund des Erlasses vom 8. Oktober 1939 ergangene Verordnung wurde in den eingegliederten Ostgebieten zur Aufnahme der deutschen Bevölkerung eine Deutsche Volksliste eingerichtet, die sich in vier Abteilungen gliederte.[1308] Die Verordnung enthielt zugleich die abschließende Regelung der Staatsangehörigkeit der Danziger.[1309] In § 4 der Verordnung wurde wiederholt, daß die ehemaligen Danziger Staatsangehörigen mit Wirkung vom 1. September 1939 die deutsche Staatsangehörigkeit erwarben. Als ehemalige Danziger Staatsangehörige wurden gem. § 1 Abs.3b der VO vom 4. März 1941 diejenigen Personen bezeichnet, die am 1. September 1939 Danziger Staatsangehörige oder staatenlos waren, zuletzt aber die Danziger Staatsangehörigkeit besessen oder am 1. September 1939 ihren Wohnsitz im ehemaligen Freistaat Danzig hatten.

Bis auf wenige Ausnahmen erfüllten die Danziger die Voraussetzungen für die Aufnahme in die Abteilungen 1 oder 2 der deutschen Volksliste.[1310] Eine Eintragung gemäß § 1 Abs.4c der Verordnung vom 4. März 1941 idF vom 31. Januar 1942 war daher für sie nicht vorgesehen (§ 4 Abs.1). "Juden" und "Zigeuner" erfüllten die Voraussetzungen

---

1304 Vom 15.9.1935 (RGBl 1935 I S.1146), durch Kontrollratsgesetz Nr.1 vom 20.9.1945 (ABl.KR.S.6) aufgehoben.
1305 RMBliV 1939 S.2385, 1941 aufgehoben (vgl. Böttcher aaO S.38 Anm.118).
1306 RGBl 1941 I S.118; abg. bei Schütze S.434 ff.
1307 RGBl 1942 I S.51; in dieser Fassung azw.abg. bei Maßfeller S.241 ff.
1308 Gemäß Runderlaß des RMdI vom 13.3.1941 Ie 5125/41 – 5000 Ost II Abs.4 bis 7 (nicht veröffentlicht; Text bei Maßfeller S.244 ff.).
1309 Vgl. II Abs.1 des RdErl. des RMdI vom 13.3.1941 (Anm.1308); Text bei Maßfeller S.244; Ruby S.674; vgl. auch Hailbronner/Renner, Einl.B. Rn.13 (S.13).
1310 Vgl. II Abs.9. des RdErl. des RMdI vom 13.3.1941 (Anm.1308); Text bei Maßfeller S.248 f.

nicht; bei "jüdischen Mischlingen" konnten Ausnahmen zugelassen werden (§ 4 Abs.2). Diese rechtsstaatswidrigen Regelungen sind später in der Bundesrepublik Deutschland bereinigt worden.[1311]

Eine Sonderregelung war für einige Danziger vorgesehen, bei denen nachgewiesen wurde, daß sie die Voraussetzungen für die Aufnahme in Abteilungen 1 oder 2 der Deutschen Volksliste nicht erfüllten. Wurde eine solche Feststellung bis zum 30. September 1942 getroffen, erwarben sie die deutsche Staatsangehörigkeit auf Widerruf[1312], wenn sie in Abteilung 3 der deutschen Volksliste aufgenommen wurden (§ 5).[1313] Die ehemals polnischen Staatsbürger erwarben die deutsche Staatsangehörigkeit durch Sammeleinbürgerung mit Wirkung vom 26. Oktober 1939, wenn sie die Voraussetzungen für die Aufnahme in die Abteilung 1 oder 2 der Deutschen Volksliste erfüllten (§ 3). Die Beweislast war in diesen Fällen also umgekehrt. Fanden sie Aufnahme in Abteilung 3 der Volksliste, erwarben sie wie die ehemaligen Danziger Staatsangehörigen die deutsche Staatsangehörigkeit auf Widerruf (§ 5). Wurden die ehemaligen Danziger und polnischen Staatsbürger in Abteilung 4 der Volksliste aufgenommen, erwarben sie durch Einbürgerung die deutsche Staatsangehörigkeit auf Widerruf (§ 6 Abs.1).[1314] Ehemalige Danziger Staatsangehörige fremder Volkszugehörigkeit konnten ausnahmsweise auf Grund besonderer Richtlinien die deutsche Staatsangehörigkeit auf Widerruf durch Einbürgerung erwerben (§ 6 Abs.2). Die übrigen ehemaligen Danziger und polnischen Staatsangehörigen wurden, wenn sie ihren Wohnsitz im Inland hatten, Schutzangehörige des Deutschen Reiches (§ 7 Abs.1).[1315] "Juden" und "Zigeuner" waren ausgenommen (§ 7 Abs.2).[1316]

4. Runderlaß des Reichsministers des Innern betreffend Erwerb der deutschen Staatsangehörigkeit durch ehemalige polnische und Danziger Staatsangehörige vom 13. März 1941[1317]

Dieser Erlaß ist die Durchführungsbestimmung zur VO über die deutsche Volksliste und die deutsche Staatsangehörigkeit in den eingegliederten Ostgebieten vom 4. März 1941. Er enthält nähere Bestimmungen über die Einrichtung der deutschen Volksliste

---

1311 Vgl. unten S.259 f.
1312 Gemäß der 12. VO zum Reichsbürgergesetz vom 25.4.1943 (RGBl.I S.268) betreffend die Staatsangehörigkeit auf Widerruf; Widerruf und Verzicht auf das Widerrufsrecht gem. § 5 Abs.2 der VO v.4.3.1941 bis zu 10 Jahren, gem. § 28 StARegG bis zum 8.5.1945.
1313 Durch RdErl. des RMI vom 4.5.1942 I Ost 628/42 – 4160 (nicht veröffentlicht, zit. nach Lichter S.302 Anm.13) wurde angeordnet, die Feststellung, daß ein ehemaliger Danziger Staatsangehöriger die Voraussetzungen für die Aufnahme in die Abteilung 1 oder 2 der deutschen Volksliste und damit für den Erwerb der deutschen Staatsangehörigkeit gemäß § 4 nicht erfülle, sei dem Betreffenden schriftlich mit einer Rechtsmittelbelehrung zu eröffnen.
1314 Widerruf binnen 10 Jahren (§ 6 Abs.3 der VO v.4.3.1941).
1315 Allgemeine Regelungen über die StAng. auf Widerruf und die Schutzangehörigkeit in 12. VO zum Reichsbürgergesetz, VO über die StAng. auf Widerruf und 1. VO über die Schutzangehörigkeit des Deutschen Reiches (alle vom 25.4.1943, RGBl.I 268, 269, 271).
1316 Diese rechtsmißbräuchliche Regelung wurde in der Gesetzgebung der Bundesrepublik Deutschland bereinigt (vgl. unten S.259 f.).
1317 Anm.1308.

und die in die vier verschiedenen Abteilungen aufzunehmenden Personenkreise. Unter Nr.III b wurden die in der VO vom 4. März 1941 getroffenen Staatsangehörigkeitsregelungen wiederholt:

> *"Die ehemaligen Danziger Staatsangehörigen haben grundsätzlich mit Wirkung vom 1.9.1939 die deutsche Staatsangehörigkeit erworben. ..."*

§ 4 Abs.1 der VO vom 4.3.1941 idF. vom 31.1.1942 lautet:

> *"Die ehemaligen Danziger Staatsangehörigen erwerben ohne Aufnahme in die Deutsche Volksliste mit Wirkung vom 1. September 1939 die deutsche Staatsangehörigkeit, sofern nicht die beim Regierungspräsidenten in Danzig eingerichtete Bezirksstelle der Deutschen Volksliste oder in den Fällen des § 1 Abs.4 Buchst.d* [1318] *die für die Ausfertigung von Einbürgerungsurkunden zuständigen Behörden bis zum 30. September 1942 feststellen, daß sie die Voraussetzungen für die Aufnahme in die Abteilungen 1 oder 2 der Deutschen Volksliste nicht erfüllen."*

Aus dem Wiedervereinigungsgesetz in Verbindung mit den oben genannten Regelungen ergibt sich, daß der Erwerb der deutschen Staatsangehörigkeit nach dem Willen des deutschen Gesetzgebers mit dem gewollten Hoheitswechsel am 1. September 1939 grundsätzlich automatisch eintreten sollte. Für einige Danziger Staatsangehörige nichtdeutschen Volkstums ergab sich noch die Möglichkeit des Erwerbs der deutschen Staatsangenhörigkeit durch Einstellung in die deutsche Wehrmacht, die Waffen-SS, die deutsche Polizei, den Reichsarbeitsdienst und die Organisation Todt.[1319]

bb) Die rechtlichen Folgen

Die deutsche Staatsangehörigkeit wurde der Bevölkerung der Freien Stadt Danzig nicht in der Form von Einzeleinbürgerungen, sondern als Sammeleinbürgerung verliehen.[1320] Sammeleinbürgerungen werden als Zwangseinbürgerungen völkerrechtlich in der Regel nicht anerkannt.[1321] Das Völkerrecht billigt derartige Kollektiveinbürgerungen nur im Zusammenhang mit einem Souveränitätswechsel[1322] und auch nur innerhalb der vom Völkerrecht gesetzten Schranken.[1323] Grundsätzlich hat zwar jeder Staat in dem

---

1318 Fälle von Wohnsitzverlegungen vor dem 1.1.1937 aus der Freien Stadt Danzig in das Deutsche Reich.
1319 Quellen bei Böttcher aaO S.158 Anm.688. Diese Regelung ist später in der Bundesrepublik Deutschland nur eingeschränkt anerkannt worden (vgl. unten S.260).
1320 Auch die für nur wenige Danziger im Volkslistenverfahren durchgeführten Einbürgerungen waren nicht Einzeleinbürgerungen i.S. des in §§ 8-16 RuStAG geregelten Verfahrens gleichzusetzen (vgl. Menzel, Bonner Kommentar Art.116 S.16; Becker ÖV 55, 47; a.A. Geilke ÖV 54 545, der dem schriftlichen Antrag auf Eintragung in die Deutsche Volksliste zugleich staatsangehörigkeitsrechtliche Bedeutung beimißt.
1321 Vgl. Hailbronner/Renner Einl.E Rn.34 (S.51).
1322 Vgl. W. Hoffmann, Kommentar S.13; H.-J. Jellinek S.183 f.; Lichter, 2.Aufl. S.210.
1323 Vgl. zu den Anknüpfungskriterien Makarov, Allgemeine Lehren, S.99 ff.; Verdroß, Völkerrecht, 3.Aufl. S.235 ff.; zu Sammeleinbürgerungen bei gültigen Gebietsabtretungen Sauer, Grundlehre des Völkerrechts, 3.Aufl. S.99 ff.; Verdroß aaO S.237 f.; Hailbronner/Renner, Einl E Rn. 45 (S.57) mwN.

vom Völkerrecht vorgegebenen Rahmen nach seinem Ermessen als seine "inneren Angelegenheiten"[1324] das Recht zu bestimmen, wer seine Staatsangehörigen sind.[1325] Dieses Recht ist jedoch auf das Hoheitsgebiet des Staates begrenzt.[1326]

Die Kollektiveinbürgerungen der Danziger erfolgten aber nicht im Zusammenhang mit einem rechtswirksamen Souveränitätswechsel. Deutschland vollzog seine Einbürgerungsakte nicht als Inhaber der Territorialsouveränität über Danzig, sondern, wie oben dargestellt wurde, als Okkupant auf völkerrechtlich "fremdem Staatsgebiet", das militärisch besetzt war. Die Verleihung der Staatsangehörigkeit gehörte nicht zu den Befugnissen des besetzenden Staates. Die einseitigen deutschen Einbürgerungsakte blieben insoweit ohne Wirkung, weil ihnen durch den Kriegsausgang die Grundlage wieder entzogen wurde.[1327] Diese Rechtsfolge ist durch weitere Beispiele bestätigt worden, aus denen sich ergibt, daß Sammeleinbürgerungen durch das Deutsche Reich gegenüber der Bevölkerung besetzter Gebiete als rechtsunwirksam behandelt worden sind.[1328] Die jeweiligen Erklärungen[1329] haben lediglich deklaratorischen Charakter. Das Ausbleiben einer entsprechenden Feststellung im Falle Danzigs[1330] ändert nichts an diesem Ergebnis.[1331] Für die Danziger war überdies die Frage offen, ob sie von ihrem Staat in Anspruch genommen werden.

Indessen lebt die aus ihrem Staatsgebiet vertriebene Danziger Bevölkerung überwiegend heute in Deutschland, das die Sammeleinbürgerung veranlaßt hat und das die Danziger den deutschen Staatsangehörigen gleichstellt.

1324 Vgl. Hailbronner/Renner Einl E Rn. 2 (S.39) mwN.
1325 Vgl. Lichter, ÖV 55, 428; Verdroß aaO S.235 ff.(S.788); Makarov aaO S.60, 161; Hailbronner/Renner Einl E Rn 1 ff.(S.38 f); Verdroß/Simma § 1192, S.788; BGHZ 3, 181; BVerfGE 1, 322, 328 f.; BVerfGE 37, 217 f.; vgl. auch die "Nottebohm"-Entscheidung des IGH vom 6.4.1955 (ICJ Reports 1955, 4, 23).
1326 Vgl. Verdroß aaO S.240; Makarov aaO S.101; Lichter, Die Staatsangehörigkeit 2.Aufl., S.210; Verdroß/Simma § 1195, S.790.
1327 Vgl. Verdroß/Simma ebda., die Sammeleinbürgerungen ohne Zustimmung der Eingebürgerten im besetzten Gebiet während eines Krieges für völkerrechtlich nichtig halten; vgl. auch Hailbronner/Renner Einl E Rn. 45, S.57.
1328 Verleihung der deutschen StAng. durch die
– VO über die StAng. der Bewohner von Eupen, Malmedy und Moresnet vom 23.9.1941 (RGBl.1941 I S.584 idF. der Berichtigung vom 22.10.1941, RGBl.1941 I S.652),
– VO über die StAng. im Elsaß, in Lothringen und in Luxemburg vom 23.8.1942 (RGBl.1942 I S.533),
– VO über den Erwerb der StAng. in den "befreiten Gebieten" der Untersteiermark, Kärntens und Krains vom 14.10.1941 (RGBl.1941 I S.648),
– VO über die Verleihung der deutschen StAng. an die in die deutsche Volksliste der Ukraine eingetragenen Personen vom 19.5.1943 (RGBl 1943 I S.321).
1329 Die Kollektivverleihung der deutschen StAng. an französische und luxemburgische Staatsangehörige wurde durch Gesetz Nr.12 der Alliierten Hohen Kommission vom 17.11.1949 (ABl.AHK S.36) und durch das gleichlautende Gesetz Nr.6 der Alliierten Kommandantur Berlin vom 4.3.1950 (VOBl. für Groß-Berlin 1950 S.85) für *"von Anfang nichtig und rechtsunwirksam"* erklärt. Belgien hat die Verleihung der deutschen StAng. nicht anerkannt (vgl. W. Hoffmann, Kommentar, S.17; Lichter aaO S.907). Die BRepD hat durch Verbalnote des Auswärtigen Amtes vom 21.4.1954 (BAnz Nr.84 vom 4.5.1954) gegenüber Belgien erklärt, daß die erlassenen Vorschriften für die von ihnen erfaßten Personen den Erwerb der deutschen StAng. nicht zur Folge gehabt haben.
1330 So auch für die durch Deutschland besetzten jugoslawischen und ukrainischen Gebiete.
1331 Vgl. Maßfeller S.253, 255; H.-J. Jellinek S.213.

b) Rechtslage nach 1945

aa) Staatsangehörigkeit der geflüchteten und vertriebenen Danziger

(1) Gesetzliche Regelung der Bundesrepublik Deutschland

In der Bundesrepublik Deutschland wurde die Frage, ob die Verleihung der deutschen Staatsangehörigkeit an die Danziger rechtswirksam war, unter dem Gesichtspunkt deutscher Rechtsgeltung geregelt.

Die aus Danzig geflüchteten und vertriebenen Deutschen sind gemäß Art.116 Abs.1 GG – vorbehaltlich anderweitiger gesetzlicher Regelung – Deutsche im Sinne des Grundgesetzes, wenn sie die deutsche Staatsangehörigkeit besitzen. Auch ohne die deutsche Staatsangehörigkeit sind sie Deutsche im Sinne des Grundgesetzes, wenn sie als Flüchtling oder als Vertriebener deutscher Volkszugehörigkeit oder als dessen Ehegatte oder Abkömmling in dem Gebiete des Deutschen Reiches nach dem Stande vom 31. Dezember 1937 Aufnahme gefunden haben.

Gemäß § 1 Abs.1 d des Gesetzes zur Regelung von Fragen der Staatsangehörigkeit (1.StARegG) vom 22. Februar 1955[1332] sind die deutschen Volkszugehörigen aus Danzig deutsche Staatsangehörige geworden, wenn ihnen die Staatsangehörigkeit auf Grund der o.g. VO über die deutsche Volksliste und die deutsche Staatsangehörigkeit in der Fassung vom 31. Januar 1942[1333] verliehen worden ist und wenn sie die deutsche Staatsangehörigkeit nicht bis zum Ablauf eines Jahres nach Inkrafttreten des Gesetzes (§ 5 Abs.1) ausgeschlagen haben (negative Option). Entsprechendes gilt für die Ehefrau und die Kinder eines Ausschlagungsberechtigten, und zwar unabhängig davon, ob dieser von seinem Ausschlagungsrecht Gebrauch gemacht hat.

Die Verleihung der deutschen Staatsangehörigkeit im Zusammenhang mit dem Zweiten Weltkrieg wird als "Zwangssammeleinbürgerung" zwar völkerrechtlich als unverbindlich angesehen. Die Bundesrepublik Deutschland behandelt sie innerstaatlich gleichwohl als wirksam, weil sie die Berufung auf die Völkerrechtswidrigkeit der von ihr selbst (Deutsches Reich) gesetzten Akte als Rechtsmißbrauch ablehnt.[1334]

Im Sinne von Art.116 GG sind in §§ 11, 12 1.StARegG jedoch die Mißbrauchsregelungen bereinigt worden, durch die aus politischen, rassischen oder religiösen Gründen die deutsche Staatsangehörigkeit entzogen worden war. Das gilt z.B. für den Ausschluß von Danzigern vom Erwerb der deutschen Staatsangehörigkeit aus rassischen Gründen bei der Sammeleinbürgerung im Zusammenhang mit der Wiedervereinigung am 1. September 1939. § 11 1.StARegG erkennt in diesen Fällen einen Anspruch auf Einbürgerung zu. Gemäß § 12 1.StARegG steht der Einbürgerungsanspruch auch demjenigen zu,

---

1332 BGBl I S.65; zuletzt geändert durch Ges. vom 18.7.1979 (BGBl I S. 1061), BGBl III 102-5.
1333 Anm.1306, 1307.
1334 Vgl. Anm.1302 und unten S.261 f.

der aus rassischen, politischen oder religiösen Gründen in der Zeit vom 30. Januar 1933 bis zum 8. Mai 1945 durch Erwerb einer fremden Staatsangehörigkeit die deutsche Staatsangehörigkeit verloren hat.

Es sind allerdings nicht alle Mißbrauchsfälle eindeutig erfaßt worden. Einem Danziger Staatsangehörigen, der im Jahre 1938 wegen Verfolgung aus rassischen Gründen aus Danzig auswanderte, durch Erwerb einer fremden Staatsangehörigkeit seine Danziger Staatsangehörigkeit verlor und nach 1945 seinen Wohnsitz in der späteren Bundesrepublik Deutschland nahm, konnte nur – nach Einschaltung der Landesregierung – im Wege einer Ermessenseinbürgerung gemäß § 9 RuStAG mit der Begründung geholfen werden, daß seine Ehefrau die deutsche Staatsangehörigkeit besaß.[1335] Unter Berücksichtigung der besonderen Umstände dieses Falles gelang es allerdings, eine Ermessensbindung durchzusetzen.

Der Erwerb der deutschen Staatsangehörigkeit an einige Danziger Staatsangehörige nichtdeutschen Volkstums durch Einstellung in die deutsche Wehrmacht und andere Organisationen der NS-Zeit wurde gemäß § 10 1.StARegG in der Bundesrepublik Deutschland nur anerkannt, wenn ein Feststellungsbescheid der zuständigen Stellen zugestellt worden war.

Bis zur Errichtung der Bundesrepublik Deutschland war die Verwaltungspraxis der Länder hinsichtlich der Staatsangehörigkeit der Danziger weitgehend an den Anordnungen der Besatzungsmächte ausgerichtet.[1336] In der britischen Besatzungszone wurden die Betroffenen in versorgungsrechtlichen Fragen als Danziger behandelt. In staatsangehörigkeitsrechtlichen Fragen wurde indessen die Verleihung der deutschen StAng anerkannt. Diese Praxis wurde auch in der französischen Besatzungszone angewendet. Die Frage, ob daneben die Danziger StAng. weiterbestand, blieb unbeantwortet. Eine Ausnahme bildete Hamburg. Dort wurden wie in den Ländern der amerikanischen Besatzungszone entsprechend der Praxis in den USA die Danziger mit der Begründung als Danziger Staatsangehörige angesehen, daß der Danziger Staat nicht untergegangen sei. Nach Errichtung der BRepD sind Äußerungen aus dem Geschäftsbereich des Auswärtigen Amtes bekanntgeworden, in denen die Auffassung zum Ausdruck kam, daß die Danziger StAng fortbestand. Später wurden diese Verlautbarungen in der Richtung ergänzt, daß die vertriebenen Danziger sich auf die Verleihung der deutschen StAng berufen konnten.[1337]

[1335] Nicht veröffentlichte Entscheidung aus dem Lande Rheinland Pfalz.
[1336] Vgl. den Nachweis einzelner Entscheidungen bei Böttcher aaO S.69 ff.
[1337] Vgl. Schreiben des Generalkonsulats der BRepD in London vom 14.9.1951, Erlaß des Ausw.Amtes vom 28.7.1953 -522-08/86-V-53065/53 und RdErl des Ausw.Amtes vom 2.3.1953 -524-00V.50/400/53 (Texte bei Böttcher aaO S.183 ff.).

(2) Rechtliche Würdigung

(a) Deutsche Staatsangehörigkeit

Mit ihrer gesetzlichen Regelung hat die Bundesrepublik Deutschland dem vom Bundesverfassungsgericht[1338] entwickelten Rechtsgedanken Rechnung getragen, daß die mit den deutschen "Annexionen" seit dem 1. Januar 1938 verbundenen Zwangseinbürgerungen dennoch als rechtswirksam betrachtet werden könnten, wenn der annektierte Staat seine Staatsbürger nicht mehr *"in Anspruch nimmt"* und die Eingebürgerten nach dem Zusammenbruch 1945 ständig ihren Willen bekundet haben, als deutsche Staatsbürger behandelt zu werden.[1339]

Der Grundsatz der Inanspruchnahme ist zwar auf das Danziger Staatsvolk nicht anzuwenden, weil der z.Zt. handlungsunfähige Danziger Staat sich zu dieser Frage nicht äußern kann.[1340] Die Frage, ob die Danziger Staatsangehörigen von ihrem Staat in Anspruch genommen wurden, kann erst nach Beendigung des derzeitigen "Zwischenzustandes" entschieden werden, nämlich erst dann, wenn endgültig feststeht, ob die Verwaltungsbesetzung durch die Republik Polen in die Wiedereinsetzung der Freien Stadt Danzig übergeleitet wird oder eine andere völkerrechtliche Lösung getroffen wird.

Wenn die BRepD gleichwohl die Danziger in ihre gesetzliche Regelung einer Anerkennung der Kollektivverleihung einbezogen hat, ist sie einer Verpflichtung nachgekommen, die Einbürgerung denjenigen Staatsbürgern nicht zu versagen, die im Sinne der angeführten Entscheidung des BVerfG ihren Willen bekundet haben, an der deutschen StAng festzuhalten, die ihnen am 1. September 1939 völkerrechtswidrig verliehen worden ist. Deutschland würde den auch im Völkerrecht anerkannten Grundsatz des Verbots des "venire contra factum proprium"[1341] verletzen, somit rechtsmißbräuchlich handeln, wollte es sich auf die Rechtswidrigkeit der von ihm selbst vorgenommenen Kollektiv-

---

1338 Beschluß des BVerfG vom 28.5.1952 (Fall Czastka), BVerfGE 1, 322; vgl. auch die Entscheidung des BVerfG vom 12.12.1952 (Fall Rubesch), BVerfGE 2, 98; vgl. auch den RdErl vom 7.6.1952 (1429 A-510/52, abg. bei Maßfeller S.284), mit dem der BMI die Entscheidungsgründe des o.a. Beschlusses des BVerfG vom 28.5.1952 als Richtlinie an die Länder weitergab und sie auch u.a. auf die in Westdeutschland lebenden Danziger bezog.
1339 Zur entsprechenden Rechtslage vor Inkrafttreten des StARegG vgl. Böttcher aaO S.161 ff., abweichend aber unten S.263f.
1340 In der Begründung zum Entwurf des 1.StARegG (BT Drs 2/44 Anl.1 S.7; abg. bei Maßfeller, S.368 ff.) wurde ausgeführt, daß die Vorfrage, ob die Bevölkerung Danzigs von ihrem Heimatstaat in Anspruch genommen werde, z.Zt. nicht beantwortet werden könne. Eine völkerrechtlich handlungsfähige Danziger Regierung sei gegenwärtig nicht vorhanden. Solange eine Inanspruchnahme nicht vorliege, erscheine es nicht angängig, den kollektiv eingebürgerten Danzigern, die deutsche Staatsangehörige zu sein wünschen, die Anerkennung dieses Status vorzuenthalten; vgl. auch Maßfeller S.365; Lohse S.6.
1341 Vgl. zur innerstaatlichen Geltung dieses Rechtsgrundsatzes Riezler, Venire contra factum proprium; Lehfeldt S.27; zur völkerrechtlichen Wirkung Lehfeldt S.32 f.; Menzel, Deutschland, S.66; Laun, Der gegenwärtige Rechtszustand, S.18 und weitere Nachweise bei Böttcher aaO S.165 Anm.722.

einbürgerung berufen.[1342] Die Anknüpfung an die deutsche Rechtsordnung ist in der deutschen Volkszugehörigkeit begründet und in Verbindung mit dem individuellen Willen der Betroffenen zu bejahen.

Durch das 1.StARegG sind die Zweifelsfragen behoben worden, ob die Eingebürgerten sich auf die deutsche Staatsangehörigkeit zu berufen wünschten. In der Form der negativen Option wurde der Wille, deutscher Staatsangehöriger zu sein, gesetzlich vermutet, wenn nicht vom Ausschlagungsrecht Gebrauch gemacht wurde. Aus der rechtsunwirksamen Kollektiveinbürgerung ist unter Berücksichtigung des Einzelwillens eine rechtlich zulässige Individualeinbürgerung mit ex tunc-Wirkung entstanden.

(b) Fortbestehen der Danziger Staatsangehörigkeit

Mit der Regelung des 1.StARegG war jedoch eine Entscheidung über die Loslösung von der früheren, hier der Danziger StAng nicht verbunden.[1343] Die Fortexistenz der Freien Stadt Danzig hat zur Folge, daß auch die StAng dieses Staates weiterbesteht.[1344] Wer die Danziger StAng erwirbt oder verliert, beurteilt sich nach dem Danziger Staatsangehörigkeitsgesetz.[1345]

Die Danziger Staatsangehörigkeit bleibt neben der gemäß dem 1.StARegG im Falle der Nichtausübung des Ausschlagungsrechts verliehenen deutschen Staatsangehörigkeit also grundsätzlich bestehen. § 16 DzStAG, nach dem die Danziger StAng mit dem Erwerb einer ausländischen StAng verlorengeht, wenn der Erwerb auf Antrag erfolgt, steht nicht entgegen. Die Nichtausübung des Ausschlagungsrechts beruht zwar auf der Freiheit individueller Entscheidung. Das Stillschweigen kann aber der ausdrücklichen Willensäußerung durch Antrag nach § 16 nicht gleichgesetzt werden. Eine entgegensetzte Auffassung wäre auch mit dem provisorischen Charakter der deutschen gesetzlichen Regelung nicht vereinbar.[1346] Folglich behalten die nicht Ausschlagenden neben der deutschen StAng die Danziger StAng. Sie sind Doppelstaater.[1347]

1342 So Menzel, Bonner Kommentar, Art.116 S.22; vgl. auch ders., Deutschland, S.66; ders., Gutachten, S.46 ff.; Maßfeller 2.Aufl. S.314, Vorbem. 3 zu §§ 1 ff.StARegG; Lichter S.216 f.; Ruby S.388; Geilke, ÖV 54, 549 f.; Schätzel, Der heutige Stand, S.297; Makarov, JZ 1952, 405; Mehnert-Schulte S.261 f.
1343 Vgl. W. Hoffmann, Kommentar, S.26, der den für die Ausschlagung verwendeten Begriff "negative Option" aus diesem Grunde für nicht ganz zutreffend hält.
1344 So auch Laun, Rechtsgutachten; Kaufmann, Der rechtliche Status, S.5 f.; Mrose S.37, 87 ff.; Mattern, Die Exilregierung, S.57 f.; Rechtsgutachten des V.Senats des Obersten Finanzgerichtshofes in Bayern vom 5.4.1946 (JIR Bd.1 S.193); so wohl auch Hahn S.261 Anm.4; Zieger, Die gesamtdeutsche Staatsangehörigkeit, S.105.
1345 Anm.377.
1346 Vgl. die Begründung zum Gesetzentwurf (Anm.1340); vgl. auch Schriftl. Bericht des 8. Ausschusses für Angelegenheiten der inneren Verwaltung über den Entwurf des 1.StARegG vom 24.9.1954 (BT-Drs 2/849, S.1: "... *Nach § 16 des Danziger StAG geht die Danziger Staatsangehörigkeit nur verloren, wenn ein Danziger die Verleihung einer anderen Staatsangehörigkeit beantragt und auf seinen Wunsch hin erhält. Die Sammeleinbürgerung vom 1. September 1939 erfüllt diese Voraussetzungen nicht; auch die Unterlassung der Ausübung eines Ausschlagungsrechtes steht der Stellung eines Einbürgerungsantrages als einem positiven Tun nicht gleich. ... Dieser Gesetzentwurf soll die alten Heimatrechte nicht beseitigen, sie sollen erhalten bleiben, fortleben. ... Die endgültige Regelung der einschlägigen Fragen, insbesondere des Heimat- und Rückkehrrechts dieser deutschen Volkszugehörigen muß dem Friedensvertrag oder sonstigen völkerrechtlichen Verträgen vorbehalten bleiben. Die auf Grund dieses*

Wegen der zahlreichen Konfliktrisiken hat sich die Staatenpraxis gegen Doppel- und Mehrfach-Staatsangehörigkeiten grundsätzlich zurückhaltend eingestellt[1348], wenngleich das Völkerrecht unter Achtung des Rechtes der Staaten, ihre StAng zu regeln, die mehrfache StAng nicht verbietet.[1349] In neuerer Zeit setzt sich jedoch unter Berücksichtigung der verstärkten Wanderungsbewegungen in Europa mehr und mehr die Tendenz durch, diesen Grundsatz aufzulockern.[1350] Mehrere Staatsangehörigkeiten sind beispielsweise in Fällen festzustellen, in denen die Einbürgerung nicht zum Verlust der bisherigen StAng führt.[1351] Das trifft auf die Danziger Staatsangehörigen zu, die während des völkerrechtlich ungeklärten Zwischenzustandes ihre StAng nicht verlieren.[1352]

In der Frage der Duldung der doppelten StAng durch einen Drittstaat – z.B. in Fällen der Wahrnehmung des Diplomatischen Schutzes zur Durchsetzung von Rechtsansprüchen gegenüber diesem Staat – hat sich nach hM. das Prinzip der effektiven Staatsangehörigkeit im Sinne von Art. 5 der Haager Konvention vom 12. April 1930[1353] als allgemein anerkannte Regel des Völkerrechts entwickelt und das in Art. 4 der Haager Konvention niedergelegte Prinzip der Staatengleichheit allmählich abgelöst. Demnach muß der Drittstaat die Ausübung des Diplomatischen Schutzes für den Mehrstaater nur durch den Staat dulden, zu dem die effektive Staatsangehörigkeitsbeziehung besteht, dem der betroffene Staatsangehörige nämlich in der engeren Lebensbeziehung, z.B. durch gewöhnlichen Aufenthalt, Lebensmittelpunkt, verbunden ist.[1354]

Eine der gesetzlichen Regelung entsprechende Rechtsfolge ist auch für die Zeit vor Inkrafttreten des 1.StARegG anzunehmen. Ein Danziger, der sich vor 1955 auf seine am 1. September 1939 verliehene deutsche StAng berufen hat, unterlag ebenso wie der nach 1955 Nichtausschlagende der ungeklärten provisorischen Übergangssituation der Freien Stadt

---

Gesetzes abgegebenen Erklärungen berühren das Heimatrecht der Vertriebenen nicht und greifen der sich aus ihr ergebenden künftigen Regelung ihrer Staatsangehörigkeit nicht vor."

1347 vgl. Maßfeller aaO S.314: *"Die Danziger sind zur Zeit also Doppelstaater"*. Staatenlosigkeit der Danziger vertritt H.-J. Jellinek S.213 ff.; LG Tübingen, Urt.vom 2.3.1949 DRZ (49, 499).

1348 Vgl. die auf der Kodifikationskonferenz in Den Haag verabschiedete Haager Konvention vom 12.4. 1930 über gewisse Fragen beim Konflikt von Staatsangehörigkeitsgesetzen (vgl. Hailbronner/Renner Einl E Rn. 12, F Rn. 8, S.42, 73 f.).

1349 Vgl. Hailbronner/Renner Einl F Rn. 2 (S.69).

1350 Vgl. ebda. Rn. 11 ff. (S.75 ff.).

1351 Vgl. ebda. Rn. 2 (S.69).

1352 Vgl. Ausschußbericht zum Entwurf des 1.StARegG (Anm.1346) S.2: *"...Grundsätzlich wird noch bemerkt, daß nach deutschem Recht mehrere Staatsangehörigkeiten sich in einer Person kumulieren können; alle Staatsangehörigkeiten sind rechtswirksam. ..."*

1353 Anm.1348. Vgl. Hailbronner/Renner aaO Rn. 8 (S.73 f.): *"(Art.5) Wer mehreren Staaten angehört, ist in einem dritten Staat so zu behandeln, als besäße er nur eine Staatsangehörigkeit. Der dritte Staat braucht auf seinem Gebiet...von den Staatsangehörigkeiten des Beteiligten ausschließlich diejenige des Staates anzuerkennen, in dessen Gebiet der Beteiligte seinen gewöhnlichen u. hauptsächlichen Aufenthalt hat, oder die Staatsangehörigkeit des Staates, mit dem der Beteiligte den Umständen nach tatsächlich am meisten verbunden zu sein scheint."*; vgl. auch ebda. Einl F Rn 10 (S.75).

1354 Vgl. die Entscheidung des IGH im Nottebohm-Fall vom 6.4.1955 (ICJ Reports 1955, 4), die allerdings insoweit nicht für unbedenklich gehalten wird, als sie auf Grund dieses für Doppelstaater zutreffenden Effektivitäts-Grundsatzes auch die Befugnis der Staaten zur Verleihung ihrer StAng beschränken will (vgl. Hailbronner/Renner Einl E Rn 18 ff., S.44 ff.); vgl. auch Hans v.Mangoldt in EPIL 2 (1981), 215 f.; ders., Die Staatsangehörigkeitsfrage, S.74.

Danzig.[1355] Der Wille zum endgültigen Statuswechsel wäre nur zu bejahen, wenn dieser Danziger zum Ausdruck gebracht hätte, daß er seine Danziger StAng aufzugeben wünschte.

Eine endgültige Klärung der Frage des Fortbestandes der deutschen StAng wie auch der Danziger StAng wird sich erst nach Beendigung des derzeitigen Schwebezustandes auf Grund der ausstehenden völkervertraglichen Regelungen erreichen lassen.

bb) Staatsangehörigkeit der in Danzig Gebliebenen

Die gleiche Rechtsfolge trifft nach § 1 1.StARegG für die Danziger zu, die in ihrer Heimat geblieben sind. Sie besitzen die deutsche Staatsangehörigkeit, wenn sie ihnen gemäß der o.g. VO über die deutsche Volksliste und die deutsche Staatsangehörigkeit[1356] verliehen wurde, sofern sie nicht vom Ausschlagungsrecht Gebrauch gemacht haben. Nach dem Wortlaut des 1.StARegG werden auch die Kollektiveingebürgerten mit ständigem Wohnsitz außerhalb der Bundesrepublik Deutschland erfaßt. Das entspricht dem allgemeinen Grundsatz der Wirkungsmöglichkeit staatsangehörigkeitsrechtlicher Regelungen[1357], der hier vermittels der besonderen Anknüpfung der Bindungsverpflichtung zur Vermeidung rechtsmißbräuchlichen Handelns[1358] noch verstärkt wird.

Hailbronner[1359] weist auf die Befugnis der BRepD hin, ihre StAng mit Rücksicht auf die Rechtslage des fortbestehenden deutschen Gesamtstaates auch auf die eingebürgerten Deutschen im Gesamtstaat auszudehnen. Bei seinen Ausführungen wird aber nicht deutlich, daß diese Anknüpfung auch nach Abschluß der diese StAng-Fragen offengelassenen deutsch-polnischen Verträge[1360] und auch für außerhalb der Oder-Neiße-Gebiete wohnende Deutsche, ggf. neben ihrer polnischen StAng gilt. Der gleiche grundsätzliche Maßstab ist auf die Danziger anzuwenden, deren Rechtslage unverändert ist und die wegen Fortbestehens ihres Staates ihre Danziger StAng behalten und die deutsche StAng zusätzlich erworben haben.

Die Verleihung der polnischen Staatsangehörigkeit an diesen Personenkreis als Zwangssammeleinbürgerung ändert an dieser Rechtslage nichts.[1361] Für die Bewohner der "ehemaligen Freien Stadt Danzig", insbesondere diejenigen, die vor dem 1. September 1939 dort ihren ständigen Wohnsitz hatten, regelte das Gesetz vom 22. Oktober 1947 über die polnische Staatsangehörigkeit von Personen polnischer Nationalität, die im Gebiet der ehemaligen Freien Stadt Danzig wohnhaft waren[1362], den Erwerb der polnischen Staatsangehörigkeit. In Art. 3 knüpfte es an das für die sog. "wiedergewonnenen

---

1355 Insoweit unter Aufgabe der gegenteiligen Auffassung bei Böttcher aaO S.169.
1356 Anm.1306 und 1307.
1357 So auch Blumenwitz in Staudinger Art.5 Rn. 94.
1358 Vgl. S.261 f.
1359 In Hailbronner/Renner Einl G Rn 27 ff. (S.106 ff.).
1360 Anm.880.
1361 Vgl. Blumenwitz, in Staudinger Art.5 Rn. 95 f.; vgl. auch Hailbronner/Renner Einl G Rn 27 ff. (S.106 ff.).
1362 Dz.U.1947 Nr.65, Pos.378; dt.Üb.in Dok dV I/3 Nr.115 S.434 f.

Gebiete" erlassene Gesetz vom 28. April 1946[1363] an, mit dem zwischen dem Gebiet der Freien Stadt Danzig und "wiedergewonnenen Gebieten" des Deutschen Reichs unterschieden wurde.[1364] Die im Gebiet der Freien Stadt Danzig gebliebenen, nicht als Reichsangehörige oder als polnische Bürger mit "unbekannter Staatsangehörigkeit"[1365] vertriebenen Danziger wurden von Polen als sog. "Autochthonen" (Ureinwohner) bezeichnet, d.h. solche Personen, die ihre "polnische" Volkszugehörigkeit im Verifizierungsverfahren bestätigt haben.[1366] Sie mußten sich durch Unterschrift zu loyalem Verhalten gegenüber den Polen verpflichten.[1367] Über Art. 3 des Gesetzes über die polnische Staatsbürgerschaft vom 8. Januar 1951[1368] kam es auch zu Sammel- und Zwangseinbürgerungen bei nicht verifizierten Autochthonen.[1369]

Bei Ausübung des Diplomatischen Schutzes zur Wahrnehmung von Rechtsansprüchen der gebliebenen Danziger gegenüber der Republik Polen entstehen keine Kollisionsprobleme, weil die Kollektivverleihung der polnischen StAng nicht rechtswirksam geworden ist. Unter dem Gesichtspunkt der effektiven StAng kann die Bundesrepublik Deutschland das Schutzrecht an Stelle des in seiner Staatsgewalt unterdrückten Danziger Staates ausüben. Das kann sie aber auch bei Bejahung der polnischen Rechtsauffassung (Danziger Bevölkerung mit polnischer StAng ohne Berücksichtigung der Unwirksamkeit der Zwangseinbürgerung), weil Polen, das diese Eroberungslage rechtswidrig herbeigeführt hat, rechtsmißbräuchlich handeln würde, falls es sich auf Art. 4 der o.g. Haager Konvention oder auf Art. 5 beriefe.[1370]

cc) Unionsbürgerschaft der Danziger

Mit Inkrafttreten des Vertrages über die Europäische Union am 1. November 1993[1371] haben alle Danziger, die deutsche Staatsangehörige sind, die Unionsbürgerschaft der Europäischen Union erworben. Die Freie Stadt Danzig ist zwar nicht Mitglied der Europäischen Union. Die Bundesrepublik Deutschland vermittelt jedoch als Unionsmitglied den Danzigern über deren deutsche StAng die Unionsbürgerschaft. Im Zweiten Teil des Vertrages "Die Unionsbürgerschaft" heißt es:

1363 Dz.U.1946 Nr.15 Pos.106; dt.Üb in Dok dV I/3 Nr.48 S.197; vgl. zu den polnischen Maßnahmen auch oben S.155 f.
1364 Vgl. Böttcher aaO S.115 ff.
1365 Vgl. Uschakow, Die menschenrechtliche Lage der Deutschen in Polen, S.103.
1366 Vgl. Böttcher aaO S.40.
1367 Vgl. Lippky S.28; Göttinger Arbeitskreis, Ostdeutschland, S.19; vgl. auch Uschakow aaO S.97 ff.(102 f.).
1368 Dz.U.1951 Nr.4 Pos.25; dt.Üb.in Dok dV I/3 Nr.129 S.497 f.
1369 Vgl. Krülle, Die Konfiskation deutschen Vermögens durch Polen, S.85; vgl. auch Hans v. Mangoldt, Die Staatsangehörigkeitsfrage, S.63.
1370 *"(Art.4) Ein Staat kann seinem Staatsangehörigen den diplomatischen Schutz nicht gewähren gegenüber einem Staate, dem der Beteiligte gleichfalls angehört."* Zu Art. 5 siehe Anm.1353 (vgl. Hailbronner/Renner Einl F Rn. 8 S.73).
1371 Vertrag vom 7. Februar 1992 (BGBl 1992 II S.1251; gem.Art.R Abs.2 am 1.11.1993 in Kraft getreten). Die Vorschriften über die Unionsbürgerschaft (Art.8, 8a bis 8e und *"Erklärung zur Staatsangehörigkeit eines Mitgliedstaats"* in der Schlußakte) sind abg. in Böttcher/Dahm Materialien 1991/92 S.211 ff.

"Artikel 8

(1) Es wird eine Unionsbürgerschaft eingeführt.
Unionsbürger ist, wer die Staatsangehörigkeit eines Mitgliedstaats besitzt.
(2) Die Unionsbürger haben die in diesem Vertrag vorgesehenen Rechte und Pflichten."

Von dieser Regelung sind auch die in der Heimat gebliebenen Danziger mit deutscher StAng erfaßt. Die Mitgliedstaaten haben sich allerdings vorbehalten[1372], gemäß ihrer innerstaatlichen Regelung *"anzugeben, wer für die Zwecke der Gemeinschaft als ihr Staatsangehöriger anzusehen ist"*.

c) Zusammenfassung

Die Kollektivverleihung der deutschen StAng im Zusammenhang mit der Wiedervereinigung der Freien Stadt Danzig am 1. September 1939 nach Beginn des Krieges war völkerrechtswidrig. Auch die Sammeleinbürgerungen durch die Republik Polen nach 1945 führten nicht zum rechtswirksamen Erwerb der polnischen StAng.

Die 1939 kollektiv verliehene deutsche StAng bestand trotz ihrer Völkerrechtswidrigkeit für diejenigen Danziger – das waren nahezu alle – fort, die nicht durch entsprechende Anträge zum Ausdruck brachten, daß sie die deutsche StAng nicht zu erwerben wünschten. Nach dem auch im Völkerrecht geltenden Grundsatz des Verbots des venire contra factum proprium konnte Deutschland sich, ohne rechtsmißbräuchlich zu handeln, nicht auf die Rechtswidrigkeit der von ihm selbst vollzogenen Akte berufen. Diese Rechtslage hat die BRepD durch ihr 1.StARegG vom 22. Februar 1955 bestätigt.

Die vertriebenen und in der Heimat gebliebenen Danziger haben somit nach deutschem und Danziger Recht und im Einklang mit dem geltenden Völkerrecht die Danziger und die deutsche StAng. Die gebliebenen Danziger haben nach polnischer dem Völkerrecht entgegenstehender Rechtsauffassung die polnische StAng. Soweit Polen die deutsche und Danziger StAng im Sinne des Völkerrechts nicht bestreitet und zugleich aber die Verleihung der eigenen StAng für rechtswirksam erklärt, sind die in der Heimat gebliebenen Danziger heute unter Zugrundelegung polnischer Auffassung Dreistaater. Alle Danziger mit deutscher StAng sind gemäß Art. 8 des Unionsvertrages seit dessen Inkrafttreten am 1. November 1993 zusätzlich Unionsbürger der Europäischen Union.

Eine endgültige Klärung der Statusbeziehungen der Danziger wird erst möglich sein, wenn der Zwischenzustand der occupatio bellica in der fortbestehenden Freien Stadt Danzig durch eine endgültige völkervertragliche Regelung für den Danziger Staat und die Danziger Staatsangehörigen abgelöst wird. Sowohl die BRepD in ihrem als Provisorium bezeichneten 1.StARegG als auch die Alliierten in Potsdam und danach sind von der Notwendigkeit und der Verpflichtung ausgegangen, die vorläufigen Maßnahmen bezüglich Danzigs und der Danziger so bald wie möglich in eine endgültige Friedenslösung überzuleiten.

1372 *"Erklärung zur Staatsangehörigkeit eines Mitgliedstaats"* (Anm.1371).

2. Das rechtliche Schicksal des staatlichen und privaten Vermögens der Freien Stadt Danzig und der Danziger

a) Staatliche Beschlagnahme- und Enteignungsakte

Das staatliche und private Vermögen der Freien Stadt Danzig und seines Staatsvolkes wurden beschlagnahmt und entschädigungslos enteignet.[1373] Mit den entsprechenden innerstaatlichen Akten begann Polen im Zusammenhang mit der Vertreibung und Verfolgung der deutschen Bevölkerung aus den deutschen Ostgebieten sowie aus dem Gebiet der Freien Stadt Danzig bereits, bevor die Siegermächte im "Potsdamer Abkommen" vom 2. August 1945 das Gebiet zur Verwaltungsbesetzung übergaben. Die folgenden staatlichen Akte wurden insoweit erlassen:

- Dekret vom 6. September 1944 über die Durchführung der Bodenreform[1374] (Unentgeltliche Enteignung landwirtschaftlicher Grundstücke) und vom 12. Dezember 1944 betreffend die Übernahme einiger Forstgebiete in das Eigentum des Staates[1375];
- Gesetze vom 28. Februar 1945 und vom 6. Mai 1945 über den Ausschluß feindlicher Elemente aus der polnischen Volksgemeinschaft[1376];
- Gesetz vom 6. Mai 1945 über das verlassene und aufgegebene Vermögen (deutsches Eigentum wurde als "herrenlos" bezeichnet und der Verwaltung des polnischen Staates unterstellt)[1377];
- Gesetz vom 3. Januar 1946 betreffend die Übernahme der Grundzweige der nationalen Wirtschaft in das Eigentum des Staates[1378] (Enteignungen von Industrie-, Bergbau-, Verkehrs-, Bank-, Versicherungs- und Handelsunternehmen – für Deutsche entschädigungslos; für Angehörige anderer Staaten folgten Entschädigungsabkommen);
- Dekret des Ministerrats vom 8. März 1946 über das verlassene und ehemals deutsche Vermögen[1379] (ersetzte das Gesetz vom 6. Mai 1945 und erstreckte sich auch auf das Vermögen der Danziger und der Freien Stadt Danzig).
- Dekret vom 6. September 1946 über die Agrarverfassung und Ansiedlung in den wiedergewonnenen Gebieten und der ehemaligen Freien Stadt Danzig[1380] (ergänzte die Dekrete vom 6. September 1944 und vom 8. März 1946)

In mehreren Gesetzen und Verordnungen wurde die Weiterveräußerung des konfiszierten deutschen Eigentums an Neusiedler geregelt:

1373 Vgl. die detaillierte Darstellung bei Krülle aaO S.86 ff.
1374 Bekanntmachung vom 18.1.1945 Dz.U.Nr.3 Pos.13; dt.Üb. in Dok dV I/3 Nr.10 S.26 ff.
1375 Dz.U. 1944 Nr.15 Pos.82; dt.Üb. in Dok dV I/3 Nr.9 S.24 f.; beide Dekrete mit Inkrafttreten des Dekretes vom 30.3.1945, am 7.4.1945 (Anm.719) für das Gebiet der Freien Stadt Danzig wirksam.
1376 Dz.U.1945 Nr.7 Pos.30 und Nr.17 Pos.96; dt.Üb.in Dok dV I/3 Nr.12 S.34 ff. und Nr. 19 S.57 ff.
1377 Dz.U.Nr.17 Pos.97; dt.Üb. in Dok dV I/3 Nr.20 S.65 ff.; siehe auch Kap.III des o.g. Dekretes vom 28.2.1945 (Anm.719, 1376).
1378 Dz.U.1946 Nr.3 Pos.17; dt.Üb.in Dok dV I/3 Nr.30 S.97 ff.
1379 Dz.U.1946 Nr.13 Pos.87; dt.Üb.in Dok dV I/3 Nr.38 S.126 ff.
1380 Dz.U.1946 Nr.49 Pos.279; dt.Üb.in Dok dV I/3 Nr.72 S.282 ff.

- Verordnungen des Ministers für die Wiedergewonnenen Gebiete vom 24. März 1946[1381] und des Vorsitzenden des Ministerrats vom 11. Juli 1946[1382] über die Erfassung bzw. Veräußerung ehemals deutschen beweglichen Eigentums;
- Dekret vom 6. Dezember 1946 betreffend die Übertragung von nichtlandwirtschaftlichem Vermögen innerhalb der Wiedergewonnenen Gebiete und der ehemaligen Freien Stadt Danzig durch den Staat.[1383]

b) Rechtsfolgen der Konfiskation staatlichen Vermögens

Beim staatlichen und städtischen Vermögen[1384] ist zu unterscheiden das öffentliche Eigentum oder Verwaltungsvermögen (bewegliches und unbewegliches Vermögen, das der Ausübung staatlicher Hoheitsgewalt dient, wie z.B. Eisenbahnanlagen, Elektrizitätsversorgungs-Einrichtungen, Verwaltungsgebäude) und das fiskalische oder Finanzvermögen (Vermögen – z.B. Liegenschaften –, das nicht unmittelbar hoheitlichen Aufgaben dient.[1385]

Nach polnischer Rechtsauffassung ist Polen als Inhaber der vollen territorialen Souveränität über das Territorium des Danziger Staates nach den Regeln der Staatensukzession Eigentümer am Danziger öffentlichen Eigentum geworden.

Hinsichtlich des fiskalischen Vermögens sind die Auffassungen unterschiedlich. Die Meinung, Finanzvermögen sei nicht wie privates Eigentum, sondern wie öffentliches Eigentum zu behandeln, hat sich jedenfalls bisher nicht durchgesetzt.[1386] Die Geltendmachung eines entsprechenden Anspruchs würde deshalb auch aus polnischer Sicht nicht völkerrechtswidrig sein.

Da das Gebiet der Freien Stadt Danzig aber – wie oben nachgewiesen – nicht an Polen übergegangen ist, befindet sich das öffentliche Vermögen noch im Eigentum des Danziger Staates. Dies hat sich mit dem deutsch-polnischen Grenzbestätigungsvertrag vom 14. November 1990[1387] nicht geändert, weil Danzig nicht Gegenstand dieses Vertrages sowie des Zwei-plus-Vier-Vertrages vom 12. September 1990[1388] ist.

Mit der gemäß "Potsdamer Abkommen" von den Alliierten verfügten polnischen Verwaltungsbesetzung Danzigs waren die Kompetenzen Polens durch die Haager Landkriegsordnung (HLKO) begrenzt. Die Enteignung staatlichen Vermögens ist unzulässig. An unbeweglichem öffentlichen Eigentum hat Polen nur ein Verwaltungs- und Nutzungsrecht. An beweglichem Vermögen hat es auch kein Kriegsbeuterecht. Abgesehen von den grundsätzlichen völkerrechtlichen Bedenken gegen Beuterecht könnte Polen

---

1381 Dz.U.M.Z.O.1946 Nr.3 Pos.25; dt.Üb.in Dok dV I/3 Nr.40 S.142 ff.
1382 Dz.U.1946 Nr.33 Pos.206; dt.Üb.in Dok dV I/3 Nr.66 S.255 ff.
1383 Dz.U.1946 Nr.71 Pos.389; dt.Üb.in Dok dV I/3 Nr.86 S.339 ff.
1384 Vgl. zu den enteigneten Objekten im einzelnen Krülle, Die Konfiskation deutschen Vermögens durch Polen, S.90 f.
1385 Vgl. Krülle, Eigentumsfragen, S.80 f.
1386 Vgl. Krülle aaO S.81.
1387 Anm.880.
1388 Anm.872.

sich auch unter dem Gesichtspunkt des Kriegsschauplatzcharakters Danzigs für das Deutsche Reich nicht auf ein Beuterecht berufen, soweit es sich nicht um bewegliches Vermögen der Danziger handelt, dem Kriegsmitteleigenschaft zukommt (Art.53 HLKO).[1389]

Falls Polen etwa von den Alliierten oder von den VN den Auftrag erhalten sollte und rechtlich könnte, bis zur völkerrechtsgemäßen Lösung vorläufige Friedensverwaltung im Danziger Gebiet auszuüben, würde der polnische Staat volles Eigentum erwerben, aber nur zur treuhänderischen Verwendung mit Rückgabeverpflichtung nach Beendigung der Verwaltung.[1390] Auch in diesem Falle wären Konfiskationen öffentlichen Eigentums nicht zulässig. Hinsichtlich des fiskalischen Eigentums könnten für Danzig Ansprüche geltend gemacht werden.

Soweit Polen im Rahmen seiner Verwaltungstätigkeit für die deutsche Danziger Bevölkerung Nutzen ziehen darf, wird es verpflichtet, über eine anteilige Übernahme der vorhandenen Staatsschulden Vereinbarungen zu schließen. Entsprechendes gilt für das Schicksal insonderheit die Erhaltung und Nutzung von Archivmaterial und Kulturgütern.[1391]

c) *Das rechtliche Schicksal des Danziger Privatvermögens*

aa) *Polnische Rechtsauffassung*

Polen hatte die "Wiedervereinigung" der Freien Stadt Danzig mit dem Deutschen Reich vom 1. September 1939 als einseitigen völkerrechtswidrigen Akt nicht anerkannt. Schon vorher hatte die polnische Regierung wiederholt erklärt, daß sie eine deutsche Intervention in Danzig als Kriegsgrund ansehen würde.[1392] Die am 30. September 1939 in Paris gebildete polnische Exilregierung forderte, die deutsche "Eroberung" Danzigs rückgängig zu machen.[1393] Im Jahre 1945 sprach Polen im Zusammenhang mit seinen Annexionshandlungen aber von der "Rückkehr" Danzigs.[1394] Polen wollte nun die 1919/1920 mißlungene Eingliederung des deutschen Danzig, das von der polnischen Regierung nicht als Staat anerkannt worden war, nachholen.[1395] Im Zuge dieser Fiktionspolitik hat Polen die deutsche Danziger Bevölkerung verfolgt, vertrieben, ausgesperrt, entschädigungslos enteignet und eigene Bevölkerung in den entleerten Räumen angesiedelt.

1389 Vgl. Krülle aaO S.80 Anm.20; dies., Die Konfiskation, S.20 Anm.21; Blumenwitz, Das Offenhalten der Vermögensfrage, S.47 f.
1390 Vgl. Krülle, Die völkerrechtlichen Aspekte des Oder-Neiße- Problems, S.275 ff.
1391 Vgl. Krülle, Eigentumsfragen, S.81 f.; vgl. auch die detaillierten Untersuchungen von Thurner in Fiedler, Internationaler Kulturgüterschutz, S.109 ff.
1392 Livre Jaune Français, S.112, 210.
1393 Vgl. die Rundfunkerklärung der polnischen Exilregierung an das polnische Volk vom 20.12.1939 (Anm. 1077).
1394 Vgl. die Forderung auf einer Konferenz der UPP in Moskau am 28.6.1943, zit.: Umiastowski S.156; vgl. auch Skubiszewski in: Juristisch-Historische Zeitschrift (polnisch) Bd.VIII, S.271.
1395 Vgl. Böttcher aaO S.61.

Die provisorische polnische Lubliner Regierung begann im Zusammenhang mit der Verfolgung und Vertreibung der deutschen Bevölkerung schon vor der Übernahme der Verwaltung und später unter fehlsamer Bezugnahme auf das "Potsdamer Abkommen" vom 2. August 1945[1396] mit Maßnahmen zur Enteignung deutschen öffentlichen und privaten Vermögens.[1397] Diese Maßnahmen dienten der zweckgerichteten Verfolgung und Vertreibung der deutschen Bevölkerung aus den Oder-Neiße-Gebieten, dem Korridorgebiet und dem Gebiet der Freien Stadt Danzig. Die weiteren Konfiskationsmaßnahmen sind oben unter 2 a dargestellt.

Im Sinne der polnischen Rechtsauffassung der rechtmäßigen Einrichtung in einem Gebiete seiner territorialen Souveränität wurde deutsches Eigentum somit konfisziert und auch an die in den Danziger Raum umgesiedelten Polen "zu Eigentum" übertragen. Zweifel wurden gemäß Art.172 § 2 des polnischen Zivilgesetzbuches spätestens mit Ersitzung auch bösgläubigen Besitzes an Liegenschaften nach Ablauf von 20 Jahren behoben.[1398]

Den Ansprüchen der Danziger auf Wiedergutmachung der völkerrechtswidrigen entschädigungslosen Enteignungen stehen polnische Rechtsauffassungen gegenüber, die jedoch nicht begründet sind.

Polen behauptet, die Alliierten hätten mit dem "Potsdamer Abkommen" eine endgültige Zuweisung der territorialen Souveränität über das Gebiet der Freien Stadt Danzig an Polen vorgenommen.[1399] Eine solche Regelung, mag sie auch der politischen Grundsatzplanung für spätere endgültige Regelungen entsprochen haben, ist aber in Potsdam nicht getroffen worden. Selbst in dem geheimen Stalin-Beschluß vom 20. Februar 1945[1400] wurde u.a. Danzig den Polen nur zur Verwaltungsbesetzung unter Friedensvertragsvorbehalt übergeben. Auch in Potsdam wurde lediglich die Verwaltungsbesetzung verfügt *"vorbehaltlich der endgültigen Bestimmung territorialer Fragen bei der Friedensregelung"* (Abschnitt VI und IXb des "Potsdamer Abkommens"). Die Alliierten hatten sich zu diesem Zeitpunkt nicht auf eine Lösung der Fragen deutscher Territorien einigen können. Sie wünschten vor einer Friedenskonferenz keine endgültige Regelung, auch nicht über Danzig, das sie neben den Oder-Neiße-Gebieten Deutschlands gesondert erwähnten. Im Gegensatz zur Regelung über die sowjetische Verwaltungsbesetzung von Nordostpreußen haben sie sich nicht einmal auf eine politische Unterstützungsklausel für die Friedensvertragslösung festlegen lassen (Abschnitt XIII des "Potsdamer Abkommens").

1396 ABl.KR.Erg.Bl.Nr.1, S.13 ff.
1397 BVerfGE 40, 141 (160).
1398 Vgl. Blumenwitz, Vermögensfrage, S.46.
1399 Vgl. Skubiszewski, Die Westgrenze Polens 1975, S.306 ff.
1400 Anm.706.

Die Unsicherheit der Begründungsversuche Polens wird später deutlich, als von polnischer Seite behauptet wird, die Freie Stadt Danzig sei kein Staat gewesen; Polen habe das Recht gehabt, das 1945 herrenlos gewordene Gebiet mit Zustimmung der Aliierten in endgültigen Besitz zu nehmen.[1401]

Im übrigen konnte die Vereinbarung der Alliierten in Potsdam ohne Beteiligung der betroffenen Staaten – Deutschland und Freie Stadt Danzig – keine diese Staaten bindenden Rechtswirkungen erzeugen.[1402] Selbst wenn der polnischen Rechtsauffassung des Erwerbs der territorialen Souveränität über Danzig gefolgt würde, könnte das nicht zur Verneinung der Ansprüche der Danziger führen. Von der völkerrechtlichen Verpflichtung zur Wiedergutmachung kann Polen sich nicht lösen (Verstoß gegen Fremdenrechte und Menschenrechte).[1403]

Polen kann auch nicht ein Recht auf Kriegsbeute geltend machen, abgesehen davon, daß Polen und die Freie Stadt Danzig sich nicht im Kriegszustand befanden. Nach geltenden Bestimmungen des Kriegsvölkerrechts sind Plünderungen und Entziehung von Privateigentum auch nicht unter dem Gesichtspunkt der Repressalie zugelassen.[1404]

Auch auf die Gewährung von Leistungen nach dem Lastenausgleichsgesetz[1405] der Bundesrepublik Deutschland an die geflüchteten und vertriebenen Danziger Staatsangehörigen kann Polen sich nicht berufen. Es handelt sich um eine innerstaatliche Regelung, die von der Bundesrepublik Deutschland im Rahmen ihrer Schutzpflicht auf die bei ihr lebenden Danziger ausgedehnt worden ist. Durch diese der Fürsorge für die entwurzelten Menschen aus den deutschen Ostgebieten dienenden Leistungen, die keinen Verzicht auf Vermögensansprüche begründen, ist der polnische Staat nicht begünstigt, nicht von Ansprüchen freigestellt worden.[1406]

bb) Völkerrechtliche Fragen der Entziehung von Privateigentum der Danziger durch Polen

(1) Haftung der Republik Polen und einzelner Verantwortlicher

Der polnische Staat haftet für die von seinen Organen und Funktionsträgern durch die entschädigungslosen Entziehungen von privatem Eigentum verschuldeten Völkerrechtsverletzungen und ist verpflichtet, den vollen Schaden wiedergutzumachen.[1407] Die Verantwortung Polens erstreckt sich auch auf die Völkerrechtsverletzungen der provisorischen polnischen Regierung von 1944/45. Polen kann sich auch nicht mit dem Hinweis auf alliierte oder sowjetische Verantwortung für die Vertreibungen freizeich-

---

1401 Vgl. Skubiszewski aaO S.306 ff.(312).
1402 Vgl. im Hinblick auf Deutschland: Blumenwitz, Vermögensfrage, S.47.
1403 Vgl. Blumenwitz aaO S.49 ff.; siehe unten S.272 ff.
1404 Vgl. ders. S.47 f.
1405 BGBl 1952 I S.447.
1406 Vgl. Schaefer, IFLA 1991 S.107.
1407 Vgl. Seidl-Hohenveldern, Völkerrecht, Rn.1685 f.; Verdross-Simma § 1262 ff. S.845 ff.

nen.¹⁴⁰⁸ Polen ist mithandelnder Nutznießer und haftet nicht nur für die Vertreibungsexzesse, sondern für alle folgenden Maßnahmen der Vertreibung, Verfolgung, Enteignungen, Verhinderung der Rückkehr der Vertriebenen sowie der Weiterveräußerung des Eigentums.¹⁴⁰⁹ Es unterliegt als besetzender Verwalterstaat den Bestimmungen der HLKO, hat das Fremdenrecht verletzt und gegen die Menschenrechte verstoßen. Soweit Völkermord und Verbrechen gegen die Menschlichkeit vorzuwerfen sind, haften auch die Täter persönlich. Im einzelnen sind hierfür die nachstehenden Fragestellungen von Bedeutung.

(2) Polnische Verwaltungsbesetzung

Als besetzender Verwalterstaat ist Polen an die Bestimmungen der HLKO¹⁴¹⁰ gebunden, die der polnische Staat mit Gesetz vom 10. März 1927 in Landesrecht tranformiert hatte.¹⁴¹¹ Im besetzten Gebiet ist das Privateigentum grundsätzlich unverletzlich (Art.46 f. HLKO). Die Enteignungen des Privateigentums dienten nicht dem Zweck der Verwaltung, den Polen im Auftrage der Alliierten im Rahmen der Aufgaben der sowjetischen Besatzungszone zu erfüllen hat. Sie waren somit völkerrechtswidrig.¹⁴¹² Diese Lage hat sich bis heute nicht geändert, da Danzig, wie oben dargestellt wurde, nicht Gegenstand des Warschauer Vertrages, des Zwei-plus-Vier-Vetrages und der jüngsten beiden deutsch-polnischen Verträge ist.¹⁴¹³ Sie könnte nur durch eine vertragliche Regelung abgelöst werden, an der die aus dem Versailler Vertrag verpflichteten Alliierten sowie Rußland, Polen und Deutschland und eine Vertretung des Danziger Staatsvolkes zu beteiligen wären.¹⁴¹⁴

(3) Fremdenrecht

Falls demgegenüber die Auffassung vertreten wird, daß die polnische Verwaltungsbesetzung als eine Friedensbesetzung anzusehen ist, bliebe sie eine im Auftrage des Koimperiums der Alliierten wahrzunehmende vorläufige Verwaltung, die den gleichen Rechtsschranken unterläge.¹⁴¹⁵

Jedenfalls muß sich Polen, selbst falls ihm keine Überschreitung seiner Verwaltungsbefugnisse vorgeworfen würde, eine Verletzung des Fremdenrechts entgegenhalten lassen, der Verpflichtung der Staaten untereinander, in der Person der Ausländer die Menschenwürde zu achten.¹⁴¹⁶ Seine einseitig gegen die Deutschen, einschließlich der Danziger, gerichteten Vertreibungs- und Enteignungsmaßnahmen sowie die Verweige-

---

1408 Vgl. Skubiszewski, Die Westgrenze Polens aaO S.322 f.
1409 Vgl. Blumenwitz, Vermögensfrage, S.67 f.
1410 RGBl 1910 S.107.
1411 Vgl. Uschakow, Geheimdokumente, S.477.
1412 Vgl. Blumenwitz, JOR 1972 S.183; ders., Das Offenhalten, S.53 f.; Krülle, Die völkerrechtlichen Aspekte des Oder-Neiße-Problems, S.277. Außerdem verletzten die Enteignungen Art.49 des IV. Genfer Rotkreuz-Abkommens (vgl. Anm.848).
1413 Vgl. oben S.175 ff.; so auch Gornig, Gutachten, S. 59 f.
1414 Vgl. unten S.300 ff.
1415 Vgl. Böttcher aaO S.132 ff.
1416 Vgl. Verdross/Simma § 1212, S.801.

rung jeglicher Entschädigungsverpflichtung[1417] verstießen gegen das mit dem Fremdenrecht geschützte Diskriminierungsverbot. Sie waren nicht allein Ungleichbehandlungen im Vergleich zu den polnischen Staatsbürgern, sondern zielten als willkürliche Schlechterstellung der Danziger gegenüber den polnischen und anderen Staatsangehörigen[1418] auf eine Lösung der angeblichen Minderheitenfrage durch Vertreibung und Aussperrung.[1419]

Das Diskriminierungsverbot gilt auch für die gesetzlich vorgesehenen Nationalisierungen, sofern man sie im Rahmen der treuhänderischen Verwaltungspflichten im Verwaltungsgebiet überhaupt für zulässig hält, da auch insoweit die Danziger sich einer Ungleichbehandlung ausgesetzt sehen.[1420]

(4) Menschenrechte

Die gewaltsame kollektive Ausweisung der Danziger, begleitet von Auswüchsen und Unmenschlichkeiten, ausschließlich auf Grund interner Verwaltungsanweisungen[1421], im Zusammenhang mit Enteignung und Rückkehrverweigerung, dienten der Verfolgung und Austreibung mit dem Ziel, aus dem fremden Gebiet ein national homogenes polnisches Staatswesen zu schaffen[1422]; sie stellten eine erhebliche menschenwidrige Diskriminierung der Danziger wegen ihrer deutschen nationalen Herkunft und somit schwere Verstöße gegen die Menschenrechte dar.[1423] Diese Maßnahmen waren völkerrechtswidrig[1424]; sie sind als Verbrechen gegen die Menschlichkeit zu bezeichnen. Während der occupatio bellica ist die HLKO anzuwenden (Art.43, 46 und 50 dritter Abschnitt).[1425] Aber ungeachtet der verschiedenen Rechtsmeinungen der Polen und der Alliierten über die Besatzungsform nach der Kapitulation der Bundesrepublik Deutschland im Mai 1945[1426] ist davon auszugehen, daß Vertreibung und Deportation sowie

---

1417 Eine Entschädigungspflicht wurde bereits im Zeitpunkt der polnischen Enteignungsmaßnahmen als völkerrechtlich bindend angesehen (so Blumenwitz aaO S.51 Anm.165; Ermacora, Rechtsgutachten, Ziff.184); vgl. auch Tomuschat in seiner Rezension des Ermacora-Gutachtens, abg. bei Böttcher/Dahm S.353 ff. (354), der sich allerdings zur Bewertung der Enteignungsmaßnahmen als Teil des Gesamttatbestandes "Völkermord" zurückhaltend äußert.
1418 Vgl. Blumenwitz aaO S.50 ff.
1419 So im Ergebnis auch Skubiszewski in einem Vortrag vor der Gesellschaft für Auswärtige Politik am 7.2.1990 in Bonn-Bad Godesberg, der die Vertreibung, obwohl sie gerade in Danzig, aber im wesentlichen auch in den Oder-Neiße-Gebieten aus einem nahezu rein deutschen Bevölkerungsgebiet erfolgte, als notwendige Bewältigung der Minderheitenprobleme (Vermeidung von Mischgebieten) rechtfertigte, zugleich aber unzutreffenderweise die alleinige Verantwortung dafür den Alliierten zuwies. Vgl. hierzu auch Herbert Hupka in einem Leserbrief (FAZ vom 28.10.1995 S. 10).
1420 Vgl. polnisches Gesetz über die Durchführung der Bodenreform vom 6.9.1944 (Anm.1374) und das Gesetz vom 3.1.1946 betr. die Übernahme der Grundzweige der nationalen Wirtschaft in das Eigentum des Staates (Anm.1378).
1421 Vgl. Dok dV I/3 Vorbem. S.XI.
1422 Vgl. Raschhofer S.14.
1423 Vgl. Leisner, NJW 1991 S.1569 ff.(1572). Vgl. die Anklageschrift wegen Völkermord und Verbrechen gegen die Menschlichkeit beim Intern. Kriegsverbrechertribunal für das ehemalige Jugoslawien (FAZ vom 9.8.1995 S.5).
1424 Vgl. de Zayas, Die Vertreibung in völkerrechtlicher Sicht, S.244 f.; Blumenwitz, Das Offenhalten, S.55 ff.; Gornig, Rechtliche Würdigung von Vertreibung und Enteignung, S.77.
1425 Vgl. Anm.1410 und 1411.
1426 Vgl. für die polnische Auffassung des sofortigen Souveränitätsüberganges an Polen: Skubiszewski, ArchVR 23/1985 S.32 ff.

Verbrechen gegen die Menschlichkeit bereits 1945 völkerrechtlich verboten waren.[1427] Außerdem sind die Vermögenskonfiskationen, die dem Ziel der vollendeten Eroberung dienten, Bestandteil der schweren Menschenrechtsverletzungen – Vertreibung und Verfolgung als Tatbestand des Völkermords. Der Auffassung Ermacoras[1428], daß die Enteignungsmaßnahmen in diesem Zusammenhang selbst Genocidcharakter haben, ist deshalb zuzustimmen.

(5) Potsdamer Abkommen

Das "Potsdamer Abkommen" der Alliierten vom 2. August 1945 war das "Schlußkommuniqué einer Konferenz von drei Siegermächten nach dem Ende des Zweiten Weltkrieges".[1429] Abschnitt XIII war nicht die vertragliche Begründung für Massenvertreibungen, vielmehr der Versuch, die in Gang befindlichen Austreibungen in humane Bahnen umzulenken und weitere Ausweisungen einzustellen. Es handelte sich im übrigen nach dem Wortlaut der Potsdamer Erklärung um Ausweisungen aus "Polen", nicht aus der "Freien Stadt Danzig". Aber abgesehen von dem Mangel an Rechtfertigungsgründen hatten die Siegermächte keine unumschränkte Verfügungsgewalt über den Danziger Staat, von dessen Fortexistenz sie ausgingen.[1430]

(6) Weitere Einwendungen

Im Rahmen der von der Bundesrepublik Deutschland für das Danziger Staatsvolk in seiner Eigenschaft als deutsche Staatsangehörige wahrzunehmenden Diplomatischen Schutzpflicht könnte der Überleitungsvertrag vom 26. Mai 1952 zur Regelung durch Krieg und Besatzung entstandener Fragen[1431] im Rahmen seiner im Zusammenhang mit dem Zwei-plus-Vier-Vertrag vereinbarten teilweisen Fortgeltung von Bedeutung sein. Das ist aber zu verneinen. Der damit verbundene Einwendungsverzicht der Bundesrepublik Deutschland sollte die drei Westmächte als Vertragspartner, nicht aber einen Dritten, Polen, begünstigen.[1432] Er ist aber auch schon deshalb nicht relevant, weil das Privateigentum der Danziger nicht deutsches Auslandsvermögen darstellt, das für Zwecke der Reparation oder Restitution auf Grund des Kriegszustandes oder auf Grund von Abkommen der drei Westmächte mit anderen Staaten beschlagnahmt wurde.[1433]

d) Die völkerrechtlichen Folgen der polnischen Maßnahmen

Aus den völkerrechtswidrigen Handlungen des polnischen Staates ergeben sich zahlreiche Konsequenzen für seine Verantwortung und Haftung. Unbeschadet der polnischen Ansprüche wegen rechtswidriger Handlungen, die von der Republik Polen gegenüber

---

1427 Siehe Nachweise bei Blumenwitz, Das Offenhalten der Vermögensfrage, S.57.
1428 Ermacora, Rechtsgutachten, S.187.; vgl. auch Tomuschat (Anm.1417).
1429 Vgl. Kimminich, Die Menschenrechte, S.106 f.; siehe auch oben S. 160f., 165 ff.
1430 Vgl. oben S.168ff.
1431 BGBl.1955 II S.405, 944.
1432 Vgl. Blumenwitz aaO S.64 ff.
1433 Vgl. Blumenwitz aaO S.62.

Deutschland und ggf. Danzig geltend gemacht werden können, haftet der polnische Staat[1434] für die entschädigungslosen Enteignungen von Privateigentum der Danziger in Verbindung mit den Vertreibungen und für alle weiteren Verletzungen menschenrechtlicher Verpflichtungen durch die polnische Verwaltung. Außerdem haften die Täter für die begangenen Völkerrechtsverbrechen (Völkermord, Verbrechen gegen die Menschlichkeit) auch persönlich.[1435] Polen kann sich demgegenüber auch nicht auf Veranlassungen der UdSSR berufen. Polen war abgesehen von seinen eigenen Beteiligungen[1436] mit allen diesen Maßnahmen einverstanden und trägt überdies seine eigene Handlungsverantwortung infolge der Enteignungen und der Verhinderung jeder Rückkehr und Wiederansiedlung der vertriebenen Bevölkerung.

In erster Linie folgen aus dieser Rechtslage völkerrechtliche Ansprüche auf Naturalrestitution. Polen ist verpflichtet, das volle Eigentum mit allen damit verbundenen Rechten wieder einzuräumen. Folglich muß Polen den Vertriebenen auch das Recht einräumen, sich in ihrer Heimat und in ihren Besitzungen wieder niederzulassen. Das nach polnischer Rechtsauffassung im Staatseigentum befindliche Privatvermögen ist zurückzugeben. Im Falle zwischenzeitlicher Weiterübertragung wäre Polen ggf. sogar verpflichtet, Enteignungen vorzunehmen, um seiner Rückgabepflicht nachkommen zu können.[1437]

Ist die Wiedereinsetzung eines durch Polen enteigneten Berechtigten in seine Eigentumsrechte unmöglich, weil das Eigentum z.B. nicht mehr existiert, hat er einen Anspruch auf volle Entschädigung gegen den polnischen Staat. Alle Schäden sind zu ersetzen, die durch die Enteignung einschließlich der Vertreibung verursacht worden sind.[1438]

Die Ansprüche richten sich gegen den polnischen Staat. Sie können von den einzelnen geschädigten Privatpersonen geltend gemacht werden, die von ihren gewählten Exilorganen zu unterstützen sind. Im Wege des diplomatischen Schutzes[1439] ist die Bundesrepublik Deutschland im Hinblick auf die von ihr gesetzlich anerkannte deutsche Staatsangehörigkeit der Danziger unter dem Gesichtspunkt der Mediatisierung des Bürgers im Völkerrecht[1440] berechtigt und verpflichtet[1441], die Ansprüche auf bilateraler Ebene durchzusetzen.

Die klassische "Objekttheorie", nach der das Individuum im Sinne der strikten Trennung zwischen Völkerrecht und innerstaatlichem Recht nur über das Medium des Staa-

---

1434 Vgl. oben S.271 f.
1435 Vgl. Ermacora, Rechtsgutachten, Ziff.246; vgl. auch oben S.272, 273 f.
1436 Vgl. Dok dV I/3 Vorbem. S.V ff.
1437 Vgl. Verdross, Völkerrecht, S.401.
1438 Vgl. Verdross aaO S.401 f.
1439 Vgl. Blumenwitz, Das Offenhalten der Vermögensfrage, S.79 ff.; Eckart Klein, Diplomatischer Schutz; Kimminich, Das Recht auf die Heimat, S.102 ff.
1440 Vgl. Seidl-Hohenveldern, Rn.1602; Blumenwitz aaO S.79; Ipsen, Völkerrecht, S.74 ff.
1441 Zur im innerstaatlichen Recht verankerten Schutzpflicht der BRepD vgl. Eckart Klein, Diplomatischer Schutz, S.36 ff.

tes mit dem Völkerrecht verbunden, somit bloßes Objekt des Völkerrechts ist[1442], hat inzwischen jedoch erhebliche Einbrüche erfahren. Die Erfahrungen seit dem Ende des Ersten Weltkrieges und insbesondere nach dem Zweiten Weltkrieg mit den unbewältigten Flüchtlings- und Vertriebenenproblemen hat den Trend zur Stärkung individueller Rechte bei der Geltendmachung von Ansprüchen gegenüber fremden Staaten gefördert. Zwar hat sich der Grundsatz der originären Völkerrechtssubjektivität des Individuums noch nicht durchgesetzt. Immerhin sind dem Menschen als Subjekt in bestimmten Regelungsbereichen unter Verdrängung der Mediatisierung in Beziehung zu den vertraglich beteiligten Staaten unmittelbare Rechte und Pflichten zugeordnet worden.[1443] Im Rahmen des Veränderungsprozesses des Völkerrechts zeichnet sich ein Trend ab, in dem der völkerrechtliche Schutz von Einzelpersonen und Gruppen nicht mehr ausschließlich mit Hilfe des auf den Staat bezogenen diplomatischen Schutzes wahrgenommen, sondern durch die immer drängender erhobene Forderung auf internationalen Schutz verstärkt wird.[1444]

In Ansehung dieser deutlichen Entwicklung einer Qualitätsanhebung des Individuums in seinem völkerrechtlichen Umfeld läßt sich nicht mehr der Standpunkt vertreten, daß ein in seinen Rechten verletzter Danziger Staatsangehöriger seinem gegen die Republik Polen gerichteten Anspruch nur mittelbar über den eigenen Staat Geltung verschaffen kann. Zu Recht weist Kimminich[1445] auf die Fragwürdigkeit der völkerrechtlichen Konstruktion der Mediatisierung des einzelnen durch seinen Staat hin, der wegen militärischer Besetzung nicht mehr in der Lage ist, seine Bürger zu schützen. Die Verweisung auf den Danziger Staat, die Freie Stadt Danzig, wäre wegen zeitlich nicht eindeutig fixierter Suspendierung der Staatsgewalt nicht rechtens. Auch die Alliierten bleiben als Medium für Danziger Staatsangehörige außer Betracht. Sie haben zwar die Staatsgewalt übernommen, die Ausübung – vorläufige Verwaltungsbesetzung – jedoch der Republik Polen übertragen, die den gegen sie erhobenen, von ihr verneinten Anspruch nicht gegen sich selbst vertreten kann. Entsprechendes gilt auch für die im Versailler Vertrag (Art.104 Nr.6) der polnischen Regierung auferlegte Verpflichtung, den Schutz der Staatsangehörigen der Freien Stadt Danzig im Ausland zu übernehmen.

Als rechtsmißbräuchlich wäre es im übrigen abzulehnen, die Danziger auf ihre Eigenschaft als auch deutsche Staatsangehörige zu verweisen. Im Verhältnis von Deutschland zu Polen sind die Ansprüche allerdings nicht erloschen. Die Bundesrepublik Deutschland hat weder ausdrücklich noch stillschweigend verzichtet. Im Gegenteil ergibt sich schon aus Ziff.5 des Briefes zum deutsch-polnischen Nachbarschaftsvertrag vom 17. Juni 1991[1446], daß vermögensrechtliche Fragen in diesem Vertrag nicht behandelt werden. Das gilt insoweit auch für die Danziger Ansprüche.

1442 Vgl. Knut Ipsen aaO S.75 f.; Kimminich, Das Recht auf die Heimat, S.73 ff., 102.
1443 Vgl. Knut Ipsen aaO S.76 ff.; Kimminich aaO S.73 ff., 102 ff.
1444 Vgl. Kimminich aaO S.102.
1445 AaO S.185.
1446 BGBl 1991 II S.1315; Briefaustausch: BGBl 1991 II S.1326; Bulletin, 1991, S.541 ff.; Vertrag und Briefaustausch der Außenminister azw. abg. bei Böttcher, Materialien 1989-91, S.293 ff.

Die Bundesrepublik Deutschland hat ihre Ansprüche auch nicht durch Aufrechnung bei den Polen gewährten hohen finanziellen Leistungen preisgegeben.[1447] Polen kann sich auch nicht auf Verjährung oder Verwirkung der deutschen Schadensersatzforderungen berufen. In wiederholten Erklärungen – z.B. beim Warschauer Vertrag vom 7. Dezember 1970[1448] und in Ziff.5 des Briefes zum deutsch-polnischen Nachbarschaftsvertrag vom 17. Juni 1991[1449] – ergibt sich im Gegenteil, daß Deutschland seine Ansprüche für fortbestehend hält. Hinzu kommt die in der VN-Konvention über die Nichtverjährbarkeit von Kriegsverbrechen und Verbrechen gegen die Menschlichkeit vom 26. November 1968[1450] vereinbarte Nichtverjährbarkeit von Vertreibungsverbrechen. Auch Polen hat diese Konvention ratifiziert und in innerstaatliches Recht transformiert.[1451]

Die gegen zwingendes Recht (Verbot von Vertreibungsverbrechen, Gewaltverbot, Selbstbestimmungsrecht der Völker) verstoßenden völkerrechtswidrigen Akte der polnischen Gesetzgebung dürfen gemäß Art.25 GG iVm. Art.6 EGBGB im deutschen innerstaatlichen Recht nicht anerkannt werden. Ungeachtet dieser ius cogens-Rechtsfolge ergibt sich die Verpflichtung zur Nichtanerkennung der Konfiskationen aber auch schon unter dem Gesichtspunkt des "ordre public" aus der Verpflichtung des Art.6 EGBGB, den allgemeinen völkerrechtlichen Grundsatz des Verbots der entschädigungslosen diskriminierenden Enteignungen zu beachten.[1452]

Andererseits hat die Bundesrepublik Deutschland kaum Möglichkeiten, die Rechte am außerhalb des Geltungsbereichs des Grundgesetzes gelegenen Eigentum der Danziger außerhalb gerichtlicher Verfahren durchzusetzen. Anders als bei den Oder-Neiße-Gebieten ist zwar die territoriale Souveränität der Freien Stadt Danzig nicht an Polen übergegangen. Sie ist nicht Gegenstand des deutsch-polnischen Grenzbestätigungsvertrages.[1453] Polen übt aber gemäß Entscheidung der Siegermächte die Gebietshoheit über Danzig aus. Damit entziehen sich auch insoweit die polnischen völkerrechtwidrigen Maßnahmen dem unmittelbaren deutschen Zugriff. Überdies hat die Bundesrepublik Deutschland in ihrem europäischen und auch bilateralen Verhalten nicht erkennen lassen, daß sie die erforderlichen Schritte zur Durchsetzung der den Danzigern zustehenden Ansprüche unternehmen wolle.

Unter diesen Umständen wird den Danzigern in ihrer Eigenschaft als Danziger Staatsangehörigen nicht verwehrt werden können, ihre Rechte selbst zu vertreten.[1454] Ihre Exilorgane werden sie im Rahmen der durch die Vertreibungslage eingeschränkten Fähigkeiten hierbei zu unterstützen haben. Eine Ablehnung des Individualrechts hieße, die

---

1447 Vgl. Blumenwitz aaO, S.71.
1448 Anm.866.
1449 Anm.880. Text des Briefaustausches der Außenminister vom 7.12.1970 abg. bei Böttcher, Materialien 1989-91, S.305 f.
1450 Res.2391 vom 16.11.1968, abg. in: Djonovich, Vol.XII 1968-69, S.154 f.
1451 Dz.U.1970 Nr.26, S.277 f.
1452 Vgl. Blumenwitz aaO S.76 f.
1453 Vgl. Anm.880.
1454 Vgl. Kimminich aaO S.78 ff., der (S.80) den Flüchtling auf dem Gebiete des internationalen Flüchtlingsschutzes als Beispiel für die fortschrittliche Entwicklung der Anerkennung des einzelnen Menschen als Völkerrechtssubjekt bezeichnet und sich Lauterpacht mit der Meinung anschließt, daß die VN-Charta einen bedeutsamen Schritt in dieser Richtung vollzogen hat.

Danziger rechtlos zu stellen und ihnen den völkerrechtlichen Individualschutz zu versagen, der ihnen zwar z.B. durch die Pakte und Konventionen der Vereinten Nationen zum Schutz der Menschenrechte zugebilligt wird, den sie aber in deren Rahmen nicht durchzusetzen vermögen.

3. Recht auf die Heimat

Im Zusammenhang mit der Begründung der oben dargestellten Rechtsansprüche des vertriebenen und an der Rücksiedlung gehinderten Danziger Volkes könnte auch die Berufung auf das Recht auf die Heimat[1455] als zusätzliche Stütze von Bedeutung sein. In unserem von Wanderungs- und Flüchtlingsbewegungen, Umsiedlungen, Vertreibungen und Entwurzelungen großen Ausmaßes erschütterten 20. Jahrhundert nimmt die Auseinandersetzung um die Herauskristallisierung und Verwirklichung eines eigenständigen Rechtsinstituts "Recht auf die Heimat"[1456] einen wesentlichen Platz in den politischen, historischen, soziologischen, wirtschaftlichen, kulturellen, theologischen Bereichen und somit auch den rechtswissenschaftlichen Untersuchungen und Analysen ein. Die vielfach gegeneinander gerichteten, häufig machtpolitisch eigennützig orientierten Interessen und daraus erwachsenen Spannungen und Verstrickungen der Staaten erschweren die durchgängige Verständigung auf einen grundsätzlich nicht mehr bestrittenen Tatbestand.

In diesen Zusammenhang ist auch die Aufrechterhaltung und sogar Vermehrung völkerrechtswidriger Maßnahmen in der Zeit nach Kriegsende einzuordnen, die sich bis heute mit immer neuen Fällen heimatmißachtender, menschenfeindlicher Aktionen fortsetzen. Ein solches Beispiel ist auch die Vertreibung und Verbannung von 12 Millionen Menschen aus ihrer ostdeutschen Heimat und die damit verbundene Unterdrückung und Fehldarstellung historischer Tatsachen sowie das Beharren auf einseitigen Schuldzuweisungen. Diese heutzutage mit dem politischen Begriff "ethnische Säuberung" pointierten Unrechtstaten der Entwurzelung ganzer Bevölkerungsgruppen haben Wunden aufgerissen, zu deren Heilung im Friedensprozeß Europas noch keine überzeugenden Rezepte angeboten worden sind. Das Bekenntnis zum Recht auf die Heimat scheitert bisher, neben anderen Gründen, an dem Bewußtsein, zugleich der Befürchtung[1457] einzelner Staaten, daß sie sich den Forderungen nach Wiederansiedlung von Rückkehrwilligen nicht länger verschließen können, wenn sie als glaubwürdige Partner in die europäische Friedensordnung integriert werden wollen.

1455 Vgl. zum rechtlich bezogenen Begriff der "Heimat" die Untersuchung bei Kimminich, Das Recht auf die Heimat, S.20 ff., der die Beziehung von Raum, Mensch und Zeit hervorhebt (vgl. auch ders. S.195) und das territoriale Element im Vordergrund sieht (vgl. ders. S.48).
1456 Vgl. zum Begriff "Recht auf die Heimat" Kimminich aaO S.18 f., der zum Ausdruck bringt, mit dieser Formel sei im Gegensatz zu den unpräzisen Formulierungen "Recht auf Heimat" und "Heimatrecht" die eindeutige Aussage verbunden, *"daß der Rechtsträger, sei es ein einzelner oder sei es eine Gruppe, berechtigt ist, eine ganz bestimmte Heimat zu "haben"..."*.
1457 Vgl. Kimminich aaO S.196.

Auch die Danziger gehören zu dem Kreis der Opfer derartiger ungelöster Probleme. Sie sind zu etwa 98 % ausgewiesen. Soweit sie dabei nicht umgekommen sind, werden sie an der Rücksiedlung in ihre Heimat und an der Wiedereinsetzung in ihre dortigen Lebensgrundlagen gehindert. Die im Heimatgebiet gebliebenen Menschen des Danziger Staatsvolkes sind in ein neues anderes Rechtsgebilde inmitten andersprachiger Menschen anderen Kulturlebens gepreßt worden, in einen Zustand somit, in dem das Element der Heimat in seinem Kern bedroht ist.

Im Hinblick auf die Häufung von Unrechtstatbeständen, die die Verdrängung von Bevölkerungsgruppen aus ihrem angestammten Siedlungsgebiet – Heimatgebiet – zum Gegenstand haben, ist es verständlich, daß über das Recht auf die Heimat vornehmlich im Zusammenhang mit der Bedeutung als Abwehrrecht gegen den gewaltsamen Entzug des territorialen Elements der Heimat diskutiert wird.

Bei dem Versuch einer rechtlich verbindlichen Erfassung und Anwendung ist das Recht auf die Heimat, als Individualrecht oder Volksgruppenrecht, lange Zeit Gegenstand heftiger Meinungsstreitigkeiten gewesen. Auch heute noch sind die Stimmen derer, die ein Recht auf die Heimat als im Völkerrecht geltenden Rechtssatz in Abrede stellen, sehr zahlreich.[1458] Sie berufen sich darauf, daß ein derartiges Recht sich weder in völkerrechtlichen Kodifizierungen niederschlage noch aus der Staatenpraxis abzuleiten und nachweisbar sei. Es existiert weder eine Konvention zum Schutze des Rechts auf die Heimat, noch ist ein derartiges Recht ausdrücklich in Menschenrechtskonventionen oder in bilateralen Verträgen enthalten.

Hingegen mehren sich die Stellungnahmen in der Völkerrechtswissenschaft, die eine enge Beziehung des Rechts auf die Heimat zu anderen bereits als gültige Völkerrechtsnorm anerkannten Rechtsbereichen (wie Selbstbestimmungsrecht der Völker als Abwehrrecht mit Verhinderung des Staatsunterganges und Rücksiedlungsrecht, Vertreibungsverbot, die auch nach Kriegsrecht verbotene Deportation, Verbot von Zwangsumsiedlungsverträgen, Verbot des Völkermordes, Eigentumsschutz, Recht auf Freizügigkeit usw. sowie die individuellen und kollektiven Menschenrechte in ihren aktuellen hohen Entwicklungsstadien) herstellen und von daher inhaltlich das Recht auf die Heimat mit seinen einzelnen Kriterien als Ausfluß anderer Rechtsinstitute oder gar identisch sehen.[1459] Soweit sie die Erstarkung zum Rechtssatz noch nicht für abgeschlossen hal-

---

[1458] Vgl. die Nachweise der ablehnenden und bejahenden Auffassungen bei Kimminich aaO, insbesondere S.189 ff.

[1459] Vgl. in diesem Sinne die – allerdings nicht rechtsverbindliche – Resolution der Unterkommission der Vereinten Nationen für Diskriminierungsverhütung und Minderheitenschutz "The right to freedom of movement" vom 26.8.1994 (UN-Doc.E/CN.4/Sub.2/1994/L.11/Add.3). Dieses Recht auf Freizügigkeit führt die Kommission auf § 12 der Konvention über bürgerliche Rechte vom 19.12.1966 (vgl. Anm.1175) und auf § 13 der Allgemeinen Erklärung der Menschenrechte vom 10.12.1948 (vgl. Anm.1476) zurück. Die Kommission verurteilt jede Form gewaltsamer Massenvertreibungen und "ethnischer Säuberung" als Entzug des Rechts auf Freizügigkeit. Sie *"1. Affirms the right of persons to remain in peace in their own homes, on their own lands and in their own countries; 2. Also affirms the right of refugees and displaced persons to return, in safety and dignity, to their country of origin and/or within it, to their place of origin or choice; 3. Urges Governments and other actors involved to do everything possible in order to cease at once all practices of forced displacement, population transfer and ethnic cleansing in violation of international legal standards; 4. Decides to include under the agenda item entitled "Freedom of movement" a sub-item relating to questions of displace-*

ten, erheben sie die Forderung, dieses lediglich noch der Rechtsform entbehrende Ergebnis in eigenständiges positives Recht als allgemein anerkanntes Menschenrecht überzuleiten.[1460]

So könnte das Recht auf die Heimat bereits heute als übergeordneter Begriff für eine Reihe von Einzelrechten Bedeutung gewinnen, die für den einzelnen gewaltsam aus seinem Territorium Verbannten und auch für die gesamte diesem Schicksal unterworfene Volksgruppe in der Völkergemeinschaft anerkannt werden.

Kimminich hält das Recht auf die Heimat schon jetzt für einen Bestandteil des geltenden Völkerrechts.[1461] Das Recht auf die Heimat widerspreche nicht der Struktur des geltenden Völkerrechts. Es sei zwar nicht kodifiziert, doch aber in der Staatenpraxis nachzuweisen. Das ergebe sich aus der Dreielementenlehre, wonach die Existenz eines Staates von dem Vorhandensein der Elemente Gebiet, Volk und Staatsgewalt abhängig sei. Der Staat müsse, um als Völkerrechtssubjekt existieren zu können, die Zusammengehörigkeit dieser Elemente wahren und damit sein Volk auf seinem Gebiet behalten.[1462] Die internationale Friedensordnung müsse folglich jeden internationalen Sachverhalt abwehren, der das Beziehungsfeld Raum, Mensch und Zeit und damit die Bewahrung der Heimat gefährde.

Auch wer diesen Ableitungen nicht bis zur letzten Konsequenz zu folgen vermag, wird sich der Feststellung nicht verschließen können, daß die Rechtsfigur "Recht auf die Heimat" sich aus einer Reihe einzelner jeweils als geltende Völkerrechtsnorm anerkannter Rechtssätze zusammensetzt. "Recht auf die Heimat" ist demnach lediglich eine Sammelbezeichnung, mit der mehrere bereits erwähnte verbindliche Völkerrechtsnormen zusammengefaßt werden können, von der jeder ihre eigenständige Bedeutung zukommt, die aber ggf. auch in ihrer einen komplexen Tatbestand erfassenden Gesamtheit in dieser Vereinfachung sinnvoll sein kann. Die Übertragung dieses Ergebnisses auf die Rechtslage der Danziger ist evident, wird doch deren bisher ermittelte Rechtsposition gegenüber den völkerrechtswidrigen Eingriffen um ein weiteres Standbein jedenfalls argumentativ zusätzlich abgesichert.

Gleichwohl kann auch von der Realisierung des Rechts auf die Heimat nicht ohne jede menschenrechtliche Bindungspflicht Gebrauch gemacht werden. Das Recht auf die Heimat unterliegt als – wenn auch nach mancher Auffassung noch wachsender – Bestandteil des geltenden Völkerrechts der allgemeinen Friedenspflicht.[1463] Der Inhaber

---

*ment entitled "Population displacement" and to keep under constant review respect for the right to freedom of movement, including **the right to remain and to return"**.* Vgl. auch Blumenwitz, Das Recht auf die Heimat, S.49.

[1460] Vgl. du Buy, Das Recht auf die Heimat, S.174, 178, der allerdings auf den Umstand hinweist, daß diese von ihm für notwendig gehaltene Entwicklung zur anerkannten Rechtsnorm infolge des häufig noch überwiegenden Machtanspruchs erschwert wird. Demgegenüber weist Kimminich (aaO S.189) zutreffend darauf hin, daß die Existenz eines Völkerrechtssatzes nicht von seiner Beachtung abhängig sein kann.

[1461] AaO S.189 ff. (201).

[1462] Vgl. ders. S.200.

[1463] Vgl. Art.1, 2 VN-Charta.

des Rechts auf die Heimat steht also gleichermaßen in der Verantwortung, im Bemühen um den Frieden seinem Recht Geltung zu verschaffen, zugleich aber auch die hierdurch in ihrer Neuexistenz gefährdeten Menschen im Rahmen des Möglichen zu schützen und damit zur Erhaltung des Friedens beizutragen.[1464] In diesem Sinne haben auch die Danziger wiederholt erklärt, daß sie sich den in der Charta der Heimatvertriebenen verankerten Grundsätzen des Gewaltverbots für verpflichtet halten.[1465] Alle diese Probleme wie insbesondere des Schutzes der betroffenen Menschen und der Regelung von Kollisionsfällen, werden in Verträgen zu lösen sein, die für die Beendigung des noch andauernden Besetzungszustandes notwendig sind, aber noch ausstehen.

4. *Minderheitenschutz, Volksgruppenrechte*

Bei der Beurteilung der Rechte des Danziger Staatsvolkes braucht bei der derzeitigen Lage auf den Minderheitenschutz und die Volksgruppenrechte nicht zurückgegriffen zu werden. Seit der KSZE-Schlußakte von Helsinki vom 1. August 1975[1466], in der der Minderheitenschutz erstmalig verankert wurde[1467], ist zwar eine bemerkenswerte Fortentwicklung der Rechte nationaler Minderheiten im Völkerrecht zu verzeichnen.[1468] Die vertriebenen und in der Heimat gebliebenen Danziger stellen indessen als Staatsvolk eine Einheit dar. Der zur Zeit in Danzig wohnende Teil dieser Einheit ist als faktische

---

1464 Vgl. Kimminich aaO S.201.
1465 Vgl. zuletzt in der Erklärung der Vertretung der Freien Stadt Danzig von 1990 "Für Danzigs Recht" (Unser Danzig 7/1990 S.3); vgl. Anm.283.
1466 Bulletin 102/1975 S.968 ff.
1467 Korb I Prinzip VII Abs.4.
1468 Hervorzuheben sind:
 – Abschnitt IV des Schlußdokuments von Kopenhagen vom 29.6.1990 anläßlich des Zweiten Treffens der Konferenz über die Menschliche Dimension der KSZE (Bulletin 88/90 S.757 ff.; EA 15/90 D 380 ff.; Auszüge: Böttcher, Materialien 1989-91 S.217 ff., 409 ff.; vgl. auch Blumenwitz, Minderheiten und Volksgruppenrecht, S.53, 132 ff.);
 – KSZE-Charta von Paris für ein neues Europa vom 21.11.1990 (Bulletin 137/90 S.1409; EA 24/90 D 656 ff.; Auszüge: Böttcher aaO S.223 ff.);
 – Schlußdokument des KSZE-Expertentreffens über nationale Minderheiten in Genf vom 19.7.1991 (Bulletin 109/91 S.86 ff.; vgl. Blumenwitz aaO S.53 f.; Böttcher aaO S.210 f., 228);
 – Prager Dokument der KSZE vom 31.1.1992 (Bulletin 12/92 S.83 ff.; EuGRZ 1992 S.124 ff.; Auszüge: Blumenwitz aaO S.140 f.; Böttcher-Dahm, Materialien 1991/92 S.193 ff.);
 – Helsinki-Dokument der KSZE vom 10.7.1992 mit Einsetzung eines Hohen Kommissars der KSZE für nationale Minderheiten (Bulletin 82/92 S.777 ff.; Auszüge: Blumenwitz aaO S.141 ff.; Böttcher-Dahm aaO S.197 ff.);
 – Europäische Charta für Regionale- und Minderheitensprachen vom 24.6.1991, von der BRepD im Herbst 1992 unterzeichnet, noch nicht ratifiziert (Text in Sitzungs-Dok. Council of Europe, Strasbourg, 24.6.1991 – CAHLR/ DELA 91.1; Text des Entwurfs vom 24.6.1991 bei Blumenwitz aaO S.148 ff.; siehe auch die Üb. des Ausw. Amtes der BRepD – 105-613.40/6-92/5253, Stand 21.7.1993, "Fassung für Deutschland und die Schweiz";
 – Deklaration der Generalversammlung der VN vom 18.12.1992 über die Rechte von Personen, die zu nationalen oder ethnischen, religiösen oder sprachlichen Minderheiten gehören (vgl. Klaus Dicke, Die UN-Deklaration über Minderheitenschutz, in: EA 4/1993 S.107 ff.);
 – Minderheitenschutz-Regelungen in den bilateralen Verträgen der BRepD mit den Staaten des ehemaligen Ostblocks nach der Vereinigung mit der DDR (Auszüge der Vertragstexte bei Böttcher aaO S.251 ff., 293 ff.; Böttcher-Dahm aaO S.29-190).
 Zur Entwicklung der Minderheitenschutz-Regelungen vgl. Blumenwitz aaO S.35 ff.

Minderheit jedoch Bestandteil der gewaltsam reduzierten weit überwiegenden Mehrheit.[1469] Die Rechte des gesamten Volkes resultieren, wie oben dargestellt worden ist[1470], aus den Verpflichtungen des Verwalterstaates mit allen Konsequenzen seiner rechtswidrigen Überschreitungen der ihm übertragenen Aufgaben der Verwaltungsbesetzung. Dazu gehört der Anspruch, die Verwaltungsbesetzung unverzüglich in eine endgültige Friedensregelung überzuleiten. Es handelt sich somit um eine sehr viel stärkere Rechtsstellung, als sie durch ein Minderheitenrecht vermittelt werden könnte. Fragen des Minderheitenschutzes und der Volksgruppenrechte würden sich nur stellen, falls die ausstehende völkervertragliche Regelung zu dem Ergebnis führte, daß künftig Danziger und Polen gemeinsam das Gebiet der Freien Stadt Danzig bevölkerten. In einem derartigen Vertrag werden ggf. die Rechte und Pflichten beider Bevölkerungsgruppen einer Lösung zugeführt werden müssen.

Immerhin ist dem Minderheitenschutz als unbestreitbare Mindestforderung für die in der Heimat gebliebene Danziger Bevölkerung eine gewisse Bedeutung beizumessen. Da die Danziger auch deutsche Staatsangehörige sind[1471], kann die Republik Polen, wenn sie den völkerrechtlichen Status der Verwaltungsbesetzung für Danzig verneint, sich jedenfalls den Minderheitenschutz-Regelungen des deutsch-polnischen Nachbarschaftsvertrages (insbes. Art.20 ff.)[1472] nicht entziehen.

IV. Rechtsfolgen für die polnischen Neusiedler

1. Recht auf die Heimat

Wesentlicher Bestandteil der politischen Idee, die Eroberungen der ostdeutschen Gebiete durch vollendete Tatsachen unumkehrbar zu machen und beispielsweise eine Rückkehr der vertriebenen Bevölkerung zu erschweren oder zu verhindern, ist die in großem Maßstab unternommene Umsiedlung polnischer Bevölkerung aus Polen in diese Gebiete. Im Vertrauen auf den hohen und wachsenden Stellenwert, der dem allgemeinen Schutz des Menschen eingeräumt wird, haben diese Maßnahmen entscheidend dazu beigetragen, den Planungsprozeß der Entwurzelung, der sog. "ethnischen Säuberung" zu verwirklichen. Das trifft in besonderem Ausmaß für das Gebiet der Freien Stadt Danzig zu, in dem heute auf Grund der Neusiedlungen der polnische Bevölkerungsanteil sehr viel höher ist, als seiner Zeit vor Flucht und Vertreibung der Umfang des Danziger Staatsvolkes gewesen war.

1469 Vgl. zur Abgrenzung der Begriffe "Volksgruppe", "Nationale Minderheit" und "Ethnische Minderheit" in diesem Sinne: Murswiek, Minderheitenschutz, S.5 Anm.6.
1470 S.172 f.
1471 Vgl. oben S.259 ff.
1472 Anm.880.

Im Hinblick auf die Völkerrechtswidrigkeit der polnischen Eingliederungsakte gegenüber Danzig und der daraus folgenden Ansprüche auf Wiedereinsetzung in die suspendierten und verletzten Rechte, stellt sich die Frage, in welcher Weise die von den Gewaltakten Polens ebenfalls betroffene polnische Bevölkerung gegenüber nachteiligen, unzumutbaren Folgen der Restitution geschützt werden kann.

Obwohl seit 1945 wegen der langen Dauer des Besetzungszustandes bereits in mehreren Generationen polnische Menschen im Weichselmündungsgebiet wohnen, können diese Neuangesiedelten sich nicht auf ein Recht auf die Heimat berufen. Polen bestreitet zwar ein Recht auf die Heimat für die im Osten beheimatete deutsche Bevölkerung, will es aber zur Rechtfertigung der Aufrechterhaltung der Neusiedlungen anwenden.[1473] Da das "Recht auf die Heimat" ein von dem besetzten Staat – hier Freie Stadt Danzig – geltend zu machendes Recht darstellt und der besetzende Staat verpflichtet ist, den Besetzungszustand zu beenden, hat dieser seinerseits keinen Rechtsgrund, das Recht auf die Heimat für seine Menschen auf fremdem Staatsgebiet anzuwenden. Entsprechendes gilt auch für die Frage, ob die rechtswidrig angesiedelte Bevölkerung sich auf das Selbstbestimmungsrecht der Völker berufen kann. Auch das ist zu verneinen, weil der Staatsbürger Schicksal und Verantwortung des Staates regelmäßig teilt.[1474]

Ein Recht auf die Heimat ist jedoch neben dem Selbstbestimmungsrecht und verschiedenen Wiederherstellungsrechten für diejenigen Polen zu bejahen, die gegen ihren Willen aus ihrem Heimatgebiet ausgesiedelt worden sind. Auch sie können sich in dem oben dargestellten Sinne auf die schweren Menschenrechtsverletzungen berufen, die sie durch die gewaltsamen Vertreibungen und Umsiedlungen aus ihren angestammten Gebieten erlitten haben.

2. *Menschenrechte*

Wie die kollektiven und individuellen Menschenrechte in engem Zusammenhang mit dem Recht auf die Heimat eine "friedensstiftende Wirkung"[1475] ausüben, so verpflichten sie darüberhinaus die in der Völkergemeinschaft Verantwortlichen, der Erhaltung eines dauerhaften Friedens zu dienen. Erneute Massenumsiedlungen – auch auf Vertragsbasis[1476] – wären mit diesen Grundsätzen nicht vereinbar. Sie sind deshalb als Grundlage aller denkbaren Projekte zur Wiedereinsetzung der Danziger in ihre Rechte nicht brauchbar.[1477]

1473 Vgl. Kimminich aaO S.16 mwN.
1474 Vgl. Doehring, Formen und Methoden, S.71, der in diesem Fall auch einen "Vertrauensschutz" verneint.
1475 Vgl. Kimminich aaO S.201; ders., Die Menschenrechte, S.65.
1476 Zu den völkerrechtlichen Bedenken bei Umsiedlungsverträgen vgl. Blumenwitz, Das Offenhalten, S.58 f.; Krülle, Options- und Umsiedlungsverträge, S.150 f.; Kimminich, Das Recht auf die Heimat, S.200.
1477 Vgl. oben S.280 f. Vgl. zur Entwicklung des Menschenrechtsschutzes im Wandel von den beharrenden Kräften des Souveränitätsdenkens der Staaten (so noch Art.2 Abs.1, Art.7 VN-Charta; vgl. aber auch das Postulat bezüglich der Achtung vor den Menschenrechten und Grundfreiheiten in der Präambel und Art.1 Abs.3, 55c, 56 VN-Charta) zur allmählichen Erstarkung des internationalen Schutzes individueller Menschenrechte, wobei die drängenden Probleme des internationalen Flüchtlingsschutzes im Vor-

Alle Versuche, das Recht auf die Heimat als verbindlichen Rechtssatz zu begründen, werden wegen des engen Zusammenhanges von Heimat und menschlichem Schicksal auf die Menschenrechte zurückgeführt. So weisen die einzelnen völkerrechtlich relevanten Menschenrechte als solche zugleich die rechtlichen Schranken gegenüber willkürlichen Eingriffen der Staaten in den Wohnsitz des Menschen als Bestandteil seiner Lebensgrundlagen. Die Abwehr von Vertreibung, Ausweisung, Massenumsiedlung, Enteignung sowie das Recht auf den Wohnsitz gehören in diesen Bereich der völkerrechtlich geschützten Menschenrechte.[1478]

Wenn man insbesondere den Prozeß des Wandels im Völkerrecht von einem ausschließlichen Recht der Staaten zur Stärkung eines Rechts der Menschheit beobachtet[1479], so wird jedenfalls in der westlichen individualistischen Sicht der Menschenrechte keine Lösung mehr hingenommen werden können, die diese Lebensbedingungen des

---

dergrund stehen: Kimminich, Die Menschenrechte, S.61 ff., ders., Die Vereinten Nationen und die Menschenrechte, S.25 ff.; ders., Das Recht auf die Heimat, S.108 ff.; Eckart Klein, Die völkerrechtliche Lage, S.9 ff. Weitere wichtige Etappen in diesem Prozeß:
– Konvention über die Verhütung und Bestrafung des Völkermordes vom 11.12.1946 (UNTS Bd.78 S.277, dt.Üb. BGBl 1954 II S.730);
– Die allgemeine Erklärung der Menschenrechte der VN-Generalversammlung vom 10.12.1948 (UN Doc A/Res/217 (III) vom 10.12.1948);
– Die Europäische Menschenrechtskonvention vom 4.11.1950 (BGBl 1952 II S.686);
– Die Flüchtlingskonvention vom 28.7.1951 (BGBl 1953 II S.560);
– Die Konvention über die Beseitigung aller Formen von Rassendiskriminierung vom 7.3.1966 (BGBl 1966 II S.961);
– Die beiden auch von den Warschauer Pakt-Staaten ratifizierten internationalen Menschenrechtspakte vom 19.12.1966 (BGBl 1973 II S.1533 (Anm.1175) sowie
– Der KSZE-Prozeß bis in seine heutige Entwicklungsstufe (KSZE Helsinki Dokument vom 10.7.1992, Bulletin 82/1992 S.777 ff.; vgl. zum KSZE-Prozeß auch Blumenwitz, Minderheiten- und Volksgruppenrecht, S.52 ff., 132 ff.). Hinzuweisen ist schließlich auf
– Die "Wiener Erklärung und Aktionsprogramm" der VN-Menschenrechtsweltkonferenz (14. bis 25. Juni 1993) vom 25. Juni 1993 (Anm.1179) mit ihrer Hervorhebung des engen Zusammenhanges von individuellen Menschenrechten und Minderheitenrechten (Ziff.I.15, 19, II.25, DGVN-Texte 43 S.16, 19, 31 f.), Forderung nach Förderung und Schutz der Rechte der eingeborenen Bevölkerungen (Ziff.I.20, II.28 ff., ebda. S.20, 32), des Rechts auf Rückkehr in das eigene Land (Ziff.I.23 ebda S.21) und Verurteilung u.a. "ethnischer Säuberungen" <"ethnic cleansing"> (Ziff.I.28, ebda. S.23) sowie auf
– Die Wiener Erklärung des Gipfeltreffens der Staats- und Regierungschefs der Mitgliedstaaten des Europarates vom 9. 10. 1993 anläßlich des 40 jährigen Bestehens der Europäischen Menschenrechtskonvention mit entsprechenden Forderungen (Bulletin 91/1993 S.1021 ff.).
Vgl. auch den unterstützenden BT-Beschluß in der 235. Plenarsitzung (Sten.Ber.235.Sitzung, 23.6.1994 S.20644 ff. <20651 u.Anl.9 S.20664 ff., Anl.10 S.20666 f.>; BT-Drs 12/6384, 7773).

1478 Vgl. hierzu insbes. das von der BRepD ratifizierte Vierte Zusatzprotokoll zur EMRK (Anm.1476) vom 16.9.1963 (BGBl 1968 II S.423). Die EMRK läßt unter Anerkennung der Garantie der Menschenrechte der Einzelpersonen (Art.1 EMRK) die Individualbeschwerde zur Menschenrechtskommission zu (Art.24 EMRK) und eröffnet einen zweitinstanzlichen Rechtsweg zum Europäischen Gerichtshof für Menschenrechte (Art.47 f. EMRK).

1479 Vgl. S.275 ff.

Individuums außer Acht läßt. Der nach vierzigjährigen Bemühungen inzwischen verwirklichte Vorschlag der Bestellung eines VN-Hochkommissars für Menschenrechte[1480] weist deutlich in diese Richtung.[1481]

Im Interesse der zwangsumgesiedelten polnischen Bevölkerung werden in den ausstehenden Verträgen zur Lösung der offenen Danziger Fragen Regelungen vorzusehen sein, die sowohl den Heimatberechtigten als auch den Neusiedlern gerecht werden. Wie damit gerechnet werden kann, daß Teile des Besatzungsvolkes in ihre Heimatgebiete zurückstreben, sofern es gelingt, dort ausreichende Lebensbedingungen wiederherzustellen und andere ihren neuen Wohnsitz behalten, so werden viele vertriebene Danziger oder ihre Nachfahren sich nicht zur Rückkehr entschließen wollen.

V. Zusammenfassung

Danzig wurde im März 1945 von sowjetischen und polnischen Truppen auf ihrem Vormarsch gegen Deutschland besetzt, zerstört und unter vorläufige Verwaltungsbesetzung Polens gestellt. Eine endgültige völkerrechtliche Lösung wurde zurückgestellt. Eine vertragliche Regelung wurde vorbehalten. Die Danziger Bevölkerung – ca 400.000 Menschen – wurde in ihrer großen Mehrheit vertrieben, entschädigungslos enteignet und an der Rückkehr gehindert. Über 100.000 Danziger sind hierbei umgekommen. In Potsdam haben die Vier Mächte die Entschließung über die vorläufige Verwaltungsbesetzung bestätigt, nicht allerdings die Vertreibung des Danziger Staatsvolkes. Die völkervertragliche Regelung für Danzig steht noch aus.

Polen hat den völkerrechtlich zulässigen Rahmen bei Wahrnehmung der ihm übertragenen Verwaltungsaufgabe durch seine Maßnahmen zur Eingliederung Danzigs seit 30. März 1945 u.a. unter Verletzung der HLKO überschritten. In den deutsch-polnischen Verträgen von 1970 und im Zusammenhang mit der Vereinigung der BRepD und der DDR sowie im Zwei-plus-Vier-Vertrag wurden über Danzig keine Vereinbarungen getroffen, da die Freie Stadt Danzig auch nach polnischer Auffassung nicht zum Deutschen Reich in den Grenzen vom 31. Dezember 1937 gehört.

Die Territorialsouveränität über den Danziger Staat ist unter keinem rechtlichen Gesichtspunkt auf die Republik Polen übergegangen. Die von polnischer Seite vorgetragenen Rechtfertigungsversuche zum Nachweis der Richtigkeit ihrer Auffassung endgültiger Einverleibung Danzigs in den polnischen Staat sind unbegründet. Danzig ist zu keiner Zeit seiner Geschichte eine polnische Stadt gewesen. Davon abgesehen kennt das Völkerrecht keine lediglich aus historischer Vergangenheit abgeleiteten Gebietsansprüche. Auf die Potsdamer Beschlüsse kann Polen sich nicht berufen. Polen hat auch nicht

---

1480 Ernennung des equadorianischen VN-Botschafters José Ayala Lasso im Februar 1994 für das im Dezember 1993 geschaffene Amt (vgl. FAZ vom 2.2.1994 S.2 und vom 16.2.1994 S.10).
1481 Vgl. die insoweit skeptischen Bemerkungen bei Kimminich, Das Recht auf die Heimat, S.110, im Zusammenhang mit seinem Hinweis auf die unzureichenden Durchsetzungsmöglichkeiten der Menschenrechte.

herrenloses Gebiet eingegliedert. Danzig war seit 1920 Staat und in der Staatengemeinschaft anerkanntes Völkerrechtssubjekt. Die polnische Argumentation, Danzig sei souveränitätsfreies Territorium gewesen, trifft nicht zu. Die polnischen Eroberungsmaßnahmen hatten nicht den Untergang Danzigs als Staat und Völkerrechtssubjekt zur Folge.

Die Staatengemeinschaft war zur Nichtanerkennung der polnischen Anennexionsmaßnahmen verpflichtet. Zahlreiche Beispiele belegen, daß sie dieser Verpflichtung nach 1945 im wesentlichen auch nachgekommen ist. Diese Rechtsfolge wird durch die Entwicklung des Selbstbestimmungsrechts der Völker zur zwingenden Völkerrechtsnorm noch bekräftigt. Gegen den Willen des Danziger Staatsvolkes ist die Auflösung seines Staates nach den Grundsätzen des Selbstbestimmungsrechts als Abwehrrecht nicht rechtsgültig. Das Danziger Staatsvolk verhindert durch seine demokratisch gewählten Exil-Organe seit 1945 die Rechtsfolge eines Staatsunterganges durch Verschweigen oder Rechtsverwirkung. Danzig unterliegt im übrigen infolge der kollektivvertraglich garantierten Schutzbeziehung seines Internationalen neutralen Status der Schutzverpflichtung der Vier Mächte.

Die Danziger Staatsbürger besitzen nach wie vor ihre Danziger Staatsangehörigkeit, und zwar neben der 1939 verliehenen deutschen Staatsangehörigkeit, die als an sich völkerrechtswidrige Sammeleinbürgerung von der Bundesrepublik Deutschland zur Vermeidung rechtsmißbräuchlichen Verhaltens gesetzlich anerkannt worden ist. Das gilt auch für die ca 10.000 in Danzig gebliebenen Angehörigen des Staatsvolkes. Die Danziger sind Eigentümer des rechtswidrig enteigneten öffentlichen und privaten Vermögens. Das Eigentum ist zurückzugeben; wo nicht mehr möglich, ist volle Entschädigung zu leisten. Hinzu kommt, daß Vertreibung, Enteignung, Aussperrung und Neuansiedlung fremder Staatsbürger mit dem Ziele der gewaltsamen Umwandlung dieses Gebietes in ein unumkehrbar homogenes polnisch besiedeltes Land, somit Vernichtung eines Staatsvolkes den völkerrechtlichen Konsequenzen des Genocidverbots unterliegt.

Die polnischen Neusiedler haben neben den gewaltsam unterdrückten Rechten der Danziger kein Recht auf die Heimat in Danzig. Sie können sich aber auf menschenrechtliche Grundsätze berufen. Soweit sie nicht selbst auf Rückkehr in ihre Heimat im Osten bestehen, wird es Aufgabe vertraglicher Regelungen sein, Rechtskonflikte einer für alle Betroffenen vertretbaren Lösung zuzuführen.

Teil 4: Verantwortung für Danzig und die Danziger

I. *Verantwortung der Alliierten und der Vereinten Nationen*

1. *Überleitung der Völkerbundsaufgaben für die Freie Stadt Danzig auf die Vereinten Nationen*

Die Übernahme der Regierungsgewalt für die Freie Stadt Danzig im Jahre 1945 durch die Alliierten und die Übertragung der Aufgabe der Verwaltungsbesetzung an die Republik Polen führt zu der Frage, welche Folgen sich für die Danzig bezogenen Schutzpflichten der Alliierten und für die Aufgaben zur Erfüllung dieser Schutzfunktion ergeben, die bis zu seiner Auflösung im Jahre 1946 der Völkerbund wahrzunehmen hatte. Die weitere Frage schließt sich an, ob und wieweit die Vereinten Nationen in die Garantiepflichten eingetreten sind.

a) Vorbereitung der Überleitung bei Auflösung des Völkerbundes und Errichtung der Vereinten Nationen

aa) Studie des britischen Außenministeriums und Berichte des Völkerbundes

Der Gedanke, den Völkerbund aufzugeben und zur Erfüllung der Planungen für eine zeitgerechte Weltordnung eine völlig neue internationale Organisation ins Leben zu rufen, gewann während des II. Weltkrieges zunehmend Gestalt. Anders als die USA und die Sowjetunion, die auf jeweils eigene negative Erfahrungen mit dem Völkerbund zurückblickten, sah der dritte Alliierte, Großbritannien, den Völkerbund als Keimzelle für die geplante neue Institution und bemühte sich um eine möglichst umfassende Überführung von Aufgaben.[1482] So wurde im britischen Außenministerium die bereits erwähnte[1483] Studie vom 19. Februar 1945 erarbeitet, die eine wesentliche Grundlage für die später vom Executive Committee der Vorbereitenden Kommission für die VN zugeleitete Stellungnahme bildete. In dieser Studie wurde die Schutzpflicht des VB für die Freie Stadt Danzig unter den politischen Aufgaben ("special political functions") ausdrücklich aufgeführt ("the protection of the Free City of Danzig")[1484], die zwar rechtlich und tatsächlich noch ausübbar waren, demnach für eine Übernahme durch die VN grundsätzlich in Betracht kamen, die aber nicht für die unmittelbare Übertragung auf die VN vorgeschlagen wurden. Auf die oben zitierten[1485] Zusammenstellungen des VB zur Vorbereitung einer Überleitung seiner Aufgaben auf die VN vom Juli und September 1945, in denen alle die Freie Stadt Danzig betreffenden Verantwortlichkeiten des VB als

---

1482 Vgl. zu den Ausführungen über die Funktionsüberleitung von VB-Aufgaben auf die VN die eingehenden Darstellungen mit Nachweisen bei Friedrich Klein S.61 ff. und Lotze S.108 ff.
1483 S.201, Anm.1021.
1484 Vgl. Friedrich Klein S.63, 162.
1485 S.201 f.

überzuleitende Aufgaben aufgeführt waren, wird auch in diesem Zusammenhang nochmals hingewiesen.

bb) Die VN-Vorbereitungskonferenzen und -Kommissionen

Die Ergebnisse der vom 21. August bis 7. Oktober 1944 tagenden Dumbarton Oaks-Konferenz, in der Vorstellungen über die Grundlinien der künftigen VN festgelegt wurden, enthielten noch keine Vorschläge über die Beziehungen des VB zu den VN und zur Frage der Überleitung von Aufgaben.[1486] Auf der Konferenz von San Francisco vom 25. April bis 26. Juni 1945 wurden diese Fragen in Anwesenheit einer Delegation des VB zwar eingehend erörtert, nicht aber entschieden, sondern auf die aus den 51 Staaten der San Francisco-Konferenz zusammengesetzten "Preparatory Commission" verlagert. In einem von dieser Vorbereitungs-Kommission gebildeten aus 14 Staaten bestehenden "Executive Committee", das vom 16. August bis 24. November 1945 in London tagte, befaßte sich insbesondere ein Unterausschuß, das "Committee 9" mit den Fragen der Funktionsüberleitungen. Der Unterausschuß legte der Vorbereitungskommission einen Abschlußbericht vor, der die wesentlichen Ergebnisse seiner Beratungen enthielt. Das Committee 9 stützte sich insbesondere auf die oben[1487] zitierten drei Dokumente (zwei Zusammenstellungen des VB vom Juli 1944 und September 1945 sowie die im britischen Außenministerium gefertigte Studie) und schloß sich der Empfehlung an, nur die "technischen", "nicht politischen" Aufgaben auf die VN überzuleiten. Insoweit war von Bedeutung, daß sich gegen den Widerstand der sowjetischen Delegation[1488] der Vorschlag durchsetzte, diese Funktionen "en bloc" zu überführen, was dem Prinzip einer "Rechtsnachfolge" der VN zumindest sehr nahe kam. Diese Überleitungsempfehlung wurde übrigens auch vom VB-Generalsekretär Sean Lester vertreten, dem ehemaligen (bis 1937) Hohen Kommissar des VB in der Freien Stadt Danzig, der dem Committee 9 mit seiner persönlichen Beratung zur Verfügung stand. Der Schlußbericht des Executive Committee übernahm diese Empfehlungen[1489], die auch Grundlage der folgenden Beratungen in der vom 24. November bis 24. Dezember 1945 ebenfalls in London tagenden Preparatory Commission bildeten.

Die Preparatory Commission übernahm in ihren Schlußbericht die Ergebnisse ihres Unterausschusses – "Committee 7 (League of Nations)" und eines für diesen tätigen Entwurfskomitees, zu dem auch ein Vertreter Polens gehörte.[1490] Es blieb bei dem vorge-

---

1486 Vgl. Lotze S.108.
1487 S.200 f.
1488 Vgl. Klein aaO S.69; Lotze S.114.
1489 Vgl. Lotze S.115.
1490 Vgl. ders. S.116 f.

schlagenen Ausschluß der politischen VB-Aufgaben – einschließlich Danzig – aus den Empfehlungen für eine Überleitung auf die VN. Im Schlußbericht des Komitees 7 heißt es:

"C. Functions and Powers under Treaties and International Conventions Agreements and other instruments having a political charakter.

The General Assembly will istself examine, or will submit to the appropriate organ of the United Nations, any request from the parties that the United Nations should assume the exercise of functions or powers entrusted to the League of Nations by treaties and international conventions, agreements or other instruments having a political character."

Folglich sollten die VN bei politischen Aufgaben des VB auf Antrag die Frage der Übernahme entscheiden.

b) Erste VN-Vollversammlung und Schlußsitzung der Völkerbundsversammlung

Diese Überleitungsempfehlungen wurden in der Sitzung der ersten Vollversammlung der VN (10. Januar bis 14. Februar 1946) am 12. Februar 1946 ohne Änderung in die VN-Resolution übernommen.[1491]

Die Schlußsitzung (21. Sitzung) der VB-Vollversammlung (8. bis 18. April 1946) befaßte sich mit der Auflösung des VB[1492] und Übertragung von VB-Aufgaben auf die VN gemäß den mit den VN bereits vereinbarten Bedingungen und erließ die entsprechenden Beschlüsse. Die politischen Funktionen des VB, zu denen alle gebietsbezogenen Aufgaben gerechnet wurden, blieben von der Überleitung ausgeklammert. Die Entscheidung über ihre Übernahme sollte den VN überlassen bleiben. Das rechtliche Schicksal dieser Aufgaben blieb somit nach den Schlußresolutionen des VB ungeregelt. Daß die Danziger Aufgaben des VB zu diesen von der Überleitung ausgeklammerten politischen Aufgaben gehörten, ergibt sich daraus, daß die oben zitierten Arbeitsmaterialien, in denen die Danzig bezogenen VB-Funktionen unter den politischen Aufgaben aufgezählt waren, Hauptgrundlage der VN-Resolution vom 12. Februar 1946 sind. Umgekehrt gibt es auch keine Hinweise, daß die Danziger VB-Aufgaben etwa als nicht mehr existent angesehen wurden. So schreibt der Experte für internationale Organisationen im State Department Denys P.Myers[1493] noch 1948[1494]:

"... Those instruments were, in the view of the General Assembly, either technical an non-political or "political" in character. ... The second category consisted of various

---

1491 VN-Dokument A/64.
1492 Mit Wirkung vom 19.4.1946 war gemäß Res. der VB-Versammlung in ihrer Schlußsitzung der VB aufgelöst (LoNOJSpS Annex 27 S.275 ff.). Das Board of Liquidation beendete seine Arbeit am 31.7.1947 (vgl. Schlußbericht des Board of Liquidation League of Nations, Final interim Report, VB-Document C.5.M.5.1947.1.).
1493 "Specialist of International Organization, Legal Advisor's Office, Department of State" (vgl. Myers, AJIL 42 1948 S.320).
1494 Ebda S.335.

clauses, compromisory provisions, protection of minorities, protection of the Free City of Danzig, specific jurisdiction conferred on the council of the League, etc., as well as attributions of a more general character."

Die Danzig bezogenen Aufgaben gehörten somit zu den politischen Aufgaben des VB, die nach der Schlußresolution des VB und der VN-Resolution 24 (1) vom 12. Februar 1946 nicht für eine unmittelbare Überführung auf die VN vorgesehen wurden. Die VN behielten sich vielmehr insoweit vor, die Funktionsübernahme und Weiterführung auf Antrag zu prüfen. In Nr.3 ihrer Resolution erklärte die VN-Vollversammlung ihre Bereitschaft,

"to assume the exercise of certain functions and powers previously entrusted to the League of Nations"

und hat dann in die hierzu erlassene Decision C die oben zitierte Überleitungsempfehlung aufgenommen.[1495]

c) Folgerungen der Übernahmebefugnis der Vereinten Nationen für die Freie Stadt Danzig

Die Vereinten Nationen haben bisher von der ihnen durch VN-Resolution vom 12. Februar 1946 eingeräumten Befugnis zur Übernahme politischer Funktionen des Völkerbundes nicht Gebrauch gemacht. Auch für die Freie Stadt Danzig war, abgesehen von den zahlreichen Eingaben der "Vertretung der Freien Stadt Danzig" mit dem Ziele der Wiederherstellung des Danziger Status, ein förmlicher in diesem Sinne präzisierter Antrag auf Wahrnehmung der Verantwortlichkeiten des VB für den Danziger Staat und seine Verfassung bisher noch nicht an die VN gerichtet worden. Offenbar hatten die Danziger Exilorgane die Rechtslage in dieser Konsequenz bisher nicht gesehen oder den Antrag wegen der Ost/West-Polarität für aussichtslos gehalten. Da der Danziger Staat nicht untergegangen ist, kann der Antrag aber auch jetzt noch gestellt werden[1496], es sei denn, die Übernahmebefugnis wäre inzwischen durch Zeitablauf als erloschen anzusehen.

Friedrich Klein hat überzeugend nachgewiesen[1497], daß die genannten VB-Funktionen nicht nur nach dem Willen von VB und VN von der Auflösung des VB nicht berührt wurden[1498], sondern daß sie auch später weiterbestanden, durch Zeitablauf nicht erloschen sind und noch heute geltend gemacht werden können. Er bezieht sich auf eine Studie der Menschenrechtskommission des Wirtschaftssozialrates der VN zur Fortgeltung der unter der Kontrolle des VB stehenden Minderheitenschutzbestimmungen[1499], aus der er folgert, daß alle Rechtsbeziehungen des VB, die Verpflichtungen ihm gegen-

---

1495 Anm.1491.
1496 Der Antrag ist inzwischen im April 1995 von der Vertretung der Freien Stadt Danzig gestellt worden (vgl. Anm.287).
1497 AaO S.77 ff.; vgl. auch Lotze S.165 ff.
1498 Vgl. Friedrich Klein, S.79 f.
1499 United Nations, Economic and Social Council, Commission on Human Rights, Sixth Session, Study of the legal validity of the undertakings concerning minorities, VN-Doc. E/CN.4/367 vom 7.4.1950.

über und seine Verantwortlichkeiten nach seiner Auflösung fortwirkten.[1500] Eine Einschränkung wird nur für Fälle gesehen, in denen die zu übernehmende Verpflichtung selbst nicht mehr besteht.

Dieser Ausnahmefall trifft für Danzig nicht zu. Das Schutzverhältnis beruht nicht auf einem Vertrag mit dem VB. Die Freie Stadt Danzig – eingebettet in das Vertrags-, Garantie- und Kontrollsystem auf Grund des Versailler Vertrages – ist nach 1939 und nach 1945 nicht untergegangen.[1501] Die von den Alliierten des Ersten Weltkrieges im Hinblick auf Danzig übernommene und auf den VB delegierte Schutz- und Garantie- Verpflichtung besteht noch. Eine von diesem Ergebnis abweichende Auffassung der VN, die im übrigen mit deren Erklärungen von der Übertragbarkeit der politischen Funktionen des VB – einschließlich Danzig – nicht in Einklang stehen würde, ist nicht bekanntgeworden. Solange also der Internationale Status des Danziger Staatsgebietes noch besteht, das bis zur endgültigen Bereinigung in einem Friedensvertrag oder entsprechendem völkerrechtlichen Vertrag unter vorläufige Verwaltungsbesetzung der Republik Polen gestellt worden ist, können die VN von ihrer Übernahmebefugnis insoweit Gebrauch machen.

Für den Anstoß zur Prüfungspflicht der VN über ihre Wahrnehmung von VB-Aufgaben hat die VN-Resolution vom 12. Februar 1946 "any request from the parties" genannt. Demnach kommen für die Antragsbefugnis ohne enge formelle Beschränkung alle "parties", d.h. alle Betroffenen, Interessenten, in Betracht, alle Partner der im Zusammenhang mit der Errichtung des Internationalen Status der Freien Stadt Danzig geschlossenen Verträge. Das sind die Alliierten und Assoziierten Hauptmächte als Signatarstaaten des Versailler Vertrages (ohne die 1947 ausgeschiedenen Staaten Japan und Italien), einschließlich Deutschlands, des deutsch-Alliierten Pariser Abkommens vom 9. Januar 1920[1502] sowie des auf Grund des VV geschlossenen Danzig-polnischen Pariser Vertrages vom 9. November 1920.[1503] Die USA gehören seit dem deutsch-amerikanischen Vertrag vom 25. August 1921[1504] ebenfalls zu dem Kreis der insoweit Verpflichteten und Berechtigten. Zu den in dieses Vertragsgefüge eingebundenen und somit verpflichteten Staaten gehört auch Polen, dem überdies als Verwalterstaat entsprechende Verpflichtungen obliegen. Die Rußländische Föderation ist wegen der in Potsdam eingegangenen Bindungen ebenfalls verpflichtet. Nicht zuletzt ist der Danziger Staat selbst antragsberechtigt. Es wurde bereits dargestellt[1505], daß die gewählten Exilorgane in Ermangelung einer für das kleine zerstreute Staatsvolk nicht realisierbaren und vor allem nicht erforderlichen regulären "Exilregierung" in der Lage und berechtigt sind, die staatsbewahrenden staats- und völkerrechtlichen Belange der Danziger ordnungsgemäß zu vertreten. Das gilt umso mehr für den hier angesprochenen "request", dessen Antragsberechtigte mit dem Begriff "parties" lediglich allgemein umschrieben

---

1500 Friedrich Klein S.79 f.
1501 Siehe oben S.148 f., 178f., 246 ff.
1502 Anm.326.
1503 Anm.353.
1504 Anm.335.
1505 Siehe oben S.246 ff.

und nicht an enge Formvoraussetzungen gebunden worden sind. Selbst diejenigen, die den Staatscharakter Danzigs verneinen und lediglich von einem Internationalen Status sprechen, könnten schwerlich das berechtigte Interesse der Danziger Repräsentanten für die Antragstellung an die VN leugnen.[1506]

Soweit Art.107 VN-Charta iVm. der "Feindstaatklausel" (Art.53) noch für rechtlich relevant gehalten werden sollte, ist diese Bestimmung jedenfalls für die o.g. Antragsbefugnis kein Hindernis, da Danzig im Jahre 1939 nicht Bestandteil des Deutschen Reiches, sondern besetztes Gebiet wurde.[1507]

2. *Frage des automatischen Überganges von Völkerbundsaufgaben für die Freie Stadt Danzig auf die Vereinten Nationen*

a) Völkerbundsmandate

Die VN haben von ihrer Übernahmebefugnis hinsichtlich politischer VB-Funktionen bisher nicht Gebrauch gemacht. Sie haben sich aber mit zwei VB-Mandaten befaßt, die nicht nach Auflösung des VB gemäß Art.75 iVm. Art.77 Abs.1 a VN-Charta in das internationale Treuhandsystem der VN einbezogen wurden[1508] und nicht oder im Falle "Namibia" erst später selbständige Staaten geworden waren, nämlich mit den übriggebliebenen Teilen des Mandatsgebietes Palästina und mit Südwestafrika, dem heutigen Namibia. In diesem Zusammenhang ist die Frage aufgeworfen worden, ob auch ohne ausdrücklichen Übernahmebeschluß der VN die politischen Aufgaben für Gebiete mit Internationalem Status einer Wahrnehmungsverpflichtung der VN unterliegen, ob somit ein automatischer Funktionsübergang – ipso facto Übergang – stattgefunden hat.

b) Palästina

Nach den vergeblichen Antrengungen der Mandatsmacht Großbritannien – bis zur Niederlegung des Mandats am 14. Mai 1948 –, eine Zukunftslösung zu finden, sind auf britische Initiative die VN tätig geworden und hierbei durch Errichtung der Staaten Israel und Jordanien sowie die zeitlich allerdings begrenzte Unterstellung Jerusalems unter ein besonderes Treuhandsystem[1509] weit über die ihnen gemäß Art.10 und 14 VN-Charta übertragenen Kompetenzen, Empfehlungen zu geben, hinausgegangen.

Es gab zahlreiche staatspolitische und fachwissenschaftliche kritische Stimmen, die zwar den Fortbestand des Mandats annahmen, jedoch eine derartige Zuständigkeit der VN

1506 So auch Friedrich Klein S.82.
1507 Siehe oben S.140 ff.
1508 Vgl. die Aufzählung der nicht in das VN-Treuhandsystem übernommenen Mandatsgebiete bei Lotze, S.167 Anm.541.
1509 Vgl. Eckart Klein, Statusverträge im Völkerrecht, S.109.

verneinten.[1510] Die Annahme eines automatischen Funktionsüberganges[1511] ließ sich mit der VN-Resolution vom 12. Februar 1946 über eine ausdrückliche Übernahmebefugnis auf Antrag schwerlich vereinbaren. Verständlicher wäre es, anzunehmen, daß die VN in diesem Falle im Rahmen ihrer allgemeinen Zuständigkeit zur friedlichen Beilegung von Streitigkeiten (Kap.VI iVm. Art.1 VN-Charta) ohne ausdrücklichen Antrag von ihrer Übernahmebefugnis Gebrauch machten. Immerhin lag ein formeller Anstoß Großbritanniens vor, das die VN am 2. April 1947 gebeten hatte, *"to make recommendations under Article 10 of the Charter, concerning the future Government of Palestine"*[1512]. Zu einer restlichen Klärung dieser Fragen – z.B. durch den IGH – ist es nie gekommen.[1513]

c) Südwestafrika

aa) Gutachten des Internationalen Gerichtshofes

Sehr viel stärker ist die Auseinandersetzung über das Schicksal der Völkerbundsfunktionen durch das zweite Beispiel eines VB-Mandats (Südwestafrika) beeinflußt und entwickelt worden. Südwestafrika wurde auch von der Südafrikanischen Union als fortbestehendes Mandat angesehen, aber nicht in das Treuhandsystem der VN überführt.[1514] Die Südafrikanische Union strebte an, sich dieses Gebiet endgültig einzugliedern.

In einem IGH-Gutachten vom 11. Juli 1950[1515] wurde eine Verpflichtung der Südafrikanischen Union, das Mandatsgebiet in das VN-Treuhandsystem zu überführen, nicht, wohl aber eine Verpflichtung der VN festgestellt, das Mandatsgebiet zu überwachen. Die VN-Generalversammlung billigte das IGH-Gutachten. Als die Südafrikanische Union ihre Verwaltungsaufgaben nicht im Sinne der das IGH-Gutachten umsetzenden VN-Resolution 449 (V) vom 13. Dezember 1950 und 570 (VI) vom 19. Januar 1952[1516]

1510 Vgl. Friedrich Klein S.86 ff.; Lotze S.170 ff.; vgl. auch Silagi, Zur Vertragssukzession internationaler Organisationen, S.13 ff., der ebenfalls den automatischen Übergang auf die VN verneint, allerdings die Frage des Fortbestandes der VB-Mandate offen läßt. Siehe auch Anm.1515, 1519.
1511 Vgl. die Nachweise bei Friedrich Klein S.88 f; Lotze S.170 ff.
1512 VN Doc.A/286, General Assembly, Official Records, First special Session, Vol I S.183.
1513 Vgl. Friedrich Klein S.89.
1514 Vgl. die eingehende Darstellung dieser Mandatsentwicklung mit Einzelnachweisen bei Lotze S.174 ff.
1515 International Court of Justice, International status of South-West-Africa. ICJ Reports 1950 S.128 ff.; vgl. die weiteren IGH-Gutachten in dieser Sache 1955 und 1956, die die 1950 vertretene Rechtsauffassung bestätigten und vertieften (South West Africa-Voting procedure, Advisory Opinion of June 7th, 1955; ICJ Reports 1955 S.67; Admissibility of hearings of petitioners by the Committee on South West Africa, Advisory Opinion of June 1st, 1956; ICJ Reports 1956, S.23) sowie mehrere u.a. durch Klagen Äthiopiens und Liberias ausgelöste Entscheidungen 1962/66 und 1971 (South West Africa Cases, Preliminary Objections, Judgement of 21 December 1962; ICJ Reports 1962, S.319; South West Africa Cases, Second Phase, Judgement of July 18th, 1966; ICJ Reports 1966, S.6); vgl. auch Silagi, Namibia, S.V.
1516 VN Yearbook 1951 S.630 u. 644 f.

erfüllte, entzogen die VN der Südafrikanischen Union das Mandat und unterstellten es unmittelbar ihrer eigenen Verantwortlichkeit, mit dem Ziele, SWA in einen unabhängigen Status überzuleiten.[1517] Ergebnis war der im Jahre 1990 entstandene Staat "Namibia".

Die Fragestellung der Wahrnehmung der aus der VB-Verpflichtung resultierenden Mandatsüberwachungsaufgabe durch die VN im Rahmen mehrerer Gutachten des IGH[1518] bot Anlaß, das Problem eines Funktionsüberganges ohne ausdrücklichen Übertragungsakt zu untersuchen. Der IGH bejahte das Fortbestehen einer internationalen Mandatsverpflichtung und einer internationalen Überwachungspflicht nach Auflösung des VB. Obwohl die Überwachungspflicht über die Mandatsgebiete nicht ausdrücklich auf die VN übertragen oder von den VN übernommen wurde, müsse – da die internationale Überwachungspflicht nicht erloschen sei – wegen ihrer Notwendigkeit davon ausgegangen werden, daß die VN mit Rücksicht auf die Entsprechung ihrer Überwachungsfunktionen und -Organe diese Aufgaben wahrnehmen dürfen[1519], und zwar die Überwachung der Ausführung des Mandats (Mandatsverwaltung) und die Zustimmung zur Änderung des Mandats. Die Bestimmung und Abänderung des Internationalen Status von SWA liege bei der Südafrikanischen Union, die aber an die Zustimmung der VN gebunden sei. Der IGH bezog sich auf Art. 80 VN-Satzung, der u.a. bezwecke, die Rechte der Bevölkerung der Mandatsgebiete bis zum Abschluß eines Treuhandabkommens sicherzustellen. Das stehe auch mit der Schlußresolution des VB vom 18. April 1946 in Einklang. Außerdem sei die VN-Generalversammlung gemäß Art.10 VN-Satzung befugt, sich mit derartigen ihren Auftrag betreffenden Problemen zu befassen.

bb) Wertung des IGH-Gutachtens

Bei den Deutungsbemühungen dieser komplexen, teils widersprüchlichen Begründung ist vor allem die Frage erörtert worden, ob ein Fall von Rechtsnachfolge, etwa automatischer Sukzession, anzunehmen sei. Die Bejahung dieser Frage wäre auch im Falle Danzigs von Bedeutung, weil die weitere Frage ausgelöst würde, ob die Schutzfunktion des VB in seiner Zuständigkeit für einen Internationalen Status in einer dem Mandat entsprechenden Rechtsfolge ebenfalls den VN obliege.

Die Auffassung, daß der IGH keine Rechtsnachfolge angenommen, ja diese Frage gar nicht behandelt habe, wird von Winiarski[1520] vertreten, der das Mehrheitsgutachten des IGH selbst als Richter mitgetragen hatte. Fünf weitere Richter[1521] sehen die Frage der Rechtsnachfolge nicht berührt. Lalive[1522] meint überdies, der IGH sei aus Rechtsgrün-

---

1517 VN Res.2145 (XXI) vom 28.10.1966 (VN-Doc.A/Res.2145 (XXI) 28 Oct.1966).
1518 Anm.1515.
1519 ICJ, International status of South-West Africa, ICJ Reports 1950 S.128 ff. Der IGH führt aus: *"The necessity of supervision continues to exist despite the disappearance of the supervisory organ the Mandates System. It cannot be admitted that the obligation to submit to supervision has disappeared merely because the supervisory organ has ceased to exist, when the United Nations has another international organ performing similar, though not identical, supervisory functions."* (ICJ Reports 1950, S.136); vgl. Silagi, Vertragssukzession, S.21 ff.
1520 Sondervotum zum Gutachten vom 1.6.1956 (ICJ Reports 1956 S.33).
1521 ICJ Reports 1956 S.66 ff.; namentlich aufgeführt bei Friedrich Klein S.175 Anm.80.
1522 AaO S.1264.

den gehindert gewesen, die Rechtsnachfolge für die VN zu bejahen. Der IGH hat in der Tat an keiner Stelle seines Gutachtens zum Ausdruck gebracht, daß bei seinen Hinweisen auf die Übernahme von Funktionen des VB die Wahrnehmung solcher Funktionen auf allgemeiner Rechtsnachfolge beruhe.[1523] Der Auffassung, Rechtsnachfolge sei zwischen gleichen internationalen Organisationen anzunehmen[1524], ist Arangio-Ruiz[1525] entgegengetreten. Alle internationalen Organisationen, auch VB und VN, seien "essentially precarious phenomena"; daher könne es zwischen ihnen keine automatische Nachfolge geben.

So sind auch die Gegenstimmen insoweit nicht überzeugend. Lauterpacht bezieht sich in seiner Interpretierung des IGH-Gutachtens – insoweit zutreffend – auf den Internationalen Status des nicht erloschenen Mandats, der für die Überwachungsfunktion nicht an die Existenz des VB gebunden gewesen sei und nur von den VN habe fortgeführt werden können.[1526] Verzijl[1527], der eine Rechtsnachfolge für bejaht hält, räumt ein, daß dem Gutachten dieses Ergebnis jedenfalls nicht ausdrücklich innewohne. Hudson[1528] beurteilt eine Rechtsnachfolge in die Überwachungsfunktion zwar kritisch, hält sie jedoch für vom IGH bejaht. Der Richter McNair spricht sich in seinem Sondervotum[1529] gegen die Rechtsnachfolge aus, ohne allerdings deutlich zu machen, welche Rechtsmeinung nach seiner Auffassung vom IGH vertreten worden ist. Der Richter Alvarez[1530] betont in seinem Sondervotum, der Übergang der Funktionen des VB auf die VN sei *"ipso facto"* erfolgt. VB und VN seien verschiedene Darstellungssformen ein und derselben *"community of States"* mit einer *"existence and personality distinct from those of its members"*. Fitzmaurice[1531] meint, daß *"an automatic or necessary"* Übertragung gewisser Überwachungsfunktionen in bezug auf Mandatsgebiete auf die VN vom IGH angenommen worden sei. Damit habe das Gericht die Auffassung einer automatischen Rechtsnachfolge vertreten.[1532] Friedrich Klein[1533] sucht seinen Standpunkt, der IGH habe Rechtsnachfolge angenommen, damit zu untermauern, daß er auf entscheidende Überlegungen des Gerichts hinweist, mit denen Befürworter und Gegner der Nachfolgethese, aber auch neutrale Stellungnahmen weitgehend übereinstimmen.

Dieser Gedanke, möglichst den nicht erloschenen internationalen Gebietsstatus zu sichern und unter den veränderten Umständen eine Aufsichtspflicht aufrechtzuerhalten, bietet aber keine Anhaltspunkte für die Annahme, der IGH habe die VN als Rechtsnachfolger behandeln wollen, zumal das Gericht die Rechtsnachfolge nicht angesprochen hat, was bejahendenfalls nahegelegen hätte. Die Formulierungen deuten vielmehr

---

1523 Vgl. auch Friedrich Klein S.108, der allerdings Rechtsnachfolge bejaht.
1524 Vgl. den Richter Alvarez in seinem Sondervotum 1950 (ICJ Reports 1950 S.182).
1525 AaO S.252 ff.
1526 AaO S.169; vgl. auch Sondervotum Lauterpachts zum Gutachten vom 1.7.1956 (ICJ Reports 1956 S.48).
1527 Ned.Tijdschrift 1956 S.319.
1528 AaO in AJIL 1951 S.19.
1529 ICJ Reports 1950 S.159 ff.
1530 Diss.Op.Alvarez (Anm.1524).
1531 AaO in BYIL 1952 S.8 f.
1532 AaO in BYIL 1950 S.10 Fn.3; siehe auch in BYIL 1950 S.19 § 1.
1533 AaO S.107 ff.

darauf hin, daß der IGH bestrebt war, in einem Fall von internationalem politischen Gewicht, der sich ohne die Lösung eines sonst schutzlos preisgegebenen Gebietes zu einer erheblichen Gefährdung hätte auswachsen können, einen auch aus der Sicht des VN-Auftrages vertretbaren Weg aufzuzeigen. Zu regeln war dieser einzelne von den Mandatsgebieten übriggebliebene Fall.

Eine Änderung des bei Auflösung des VB gefundenen Konsenses, wonach im Einzelfall zu entscheiden war, ob die VN eine politische Aufgabe des VB übernehmen, ist nicht ersichtlich. Im Gutachten des IGH wird hervorgehoben, daß die Aufsichtsfunktionen des VB im Falle der nicht in das VN-Treuhandsystem übernommenen Mandate weder ausdrücklich auf die VN übertragen, noch von diesen übernommen worden seien.[1534] Mit Blick auf das Fortbestehen des Mandats brachte der IGH dann aber zum Ausdruck:[1535]

"...When the authors of the Covenant created this system, they considered that the effective performance of the sacred trust of civilization of the mandatory Powers required that the administration of the mandated territories should be subject to international supervision. ..."

In diesen Formulierungen wird bestätigt, daß die besondere Bedeutung des Einzelfalles zur Entscheidung führte.

cc) Meinungsstreit

Die Frage der Rechtsnachfolge der VN in Mandatsaufgaben des VB für SWA hat sich unabhängig von den Auslegungen des IGH-Gutachtens auch in der Fachwissenschaft und in den Sondervoten einzelner Richter des IGH-Gutachtens niedergeschlagen.[1536] Das vielfältige Meinungsbild läßt jedenfalls erkennen, daß auch hier der Weg zur Rechtsnachfolge wenn überhaupt nur sehr zurückhaltend beschritten wird. Mehrere Autoren[1537] bejahen den Fortbestand des Mandats, sehen aber keinen Rechtsgrund für einen automatischen Übergang entsprechender Aufgaben auf die VN. Von John Quincy Wright ist in einer Rezension der Gedanke einer "de facto"-Nachfolge erwogen worden, indem er die Frage aufwirft, ob die VN für die Wahrnehmung derartiger Aufgaben zuständig seien.[1538] Auch die Argumentation des VN-Vertreters Kerno[1539] führt nicht weiter, der bei seinem Vortrag vor dem IGH im SWA-Verfahren eine Funktionsübernahme durch die VN erwägt, jedoch deutlich zum Ausdruck bringt, daß die VN nicht

---

1534 ICJ Reports 1950 S.136 Abs.3 u.4.
1535 Ebda.
1536 Umfassende Darstellung der verschiedenen Auffassungen, einschließlich derer, die die Mandate des VB mit dessen Auflösung für erloschen halten, bei Lotze S.205 ff.
1537 Brierly S.155 Fn.1; H. D. Hall S.273; Richter Read (ICJ Reports 1950 S.172); Richter McNair (ICJ Reports 1950 S.159); Soelling S.170 Fn.290, S.172 Fn.294 unter Berufung auf McNair; Dahm, Bd.II S.143 Fn.11 unter Berufung auf Read; Kahn S.91 unter Berufung auf beide Richter (McNair und Read); Scheuner, Die Funktionsnachfolge, S.48 und Hudson S.19, der allerdings im Ergebnis das IGH-Gutachten billigt; vgl. die umfassende Darstellung bei Lotze S.208 ff.
1538 AaO S.1425.
1539 Annexe aux procès-verbaux. 1.Exposé de M.Ivan S.Kerno (Pleadings 1950 S.160 ff.).

allgemein Rechtsnachfolger des VB sein können, weil sie eben das nicht gewollt haben. Deshalb hätten sie nicht die Zuständigkeit, bestimmte Aufgaben der aufgelösten Organisation wahrzunehmen. Einen "de facto"-Übergang auf die VN als Organ der internationalen Gemeinschaft hält er in diesem besonderen Fall, unter ausdrücklicher Ablehnung einer Rechtsnachfolge, für vertretbar. Der oben bereits zitierte Lalive[1540] stellt gelegentlich seiner Erörterung des IGH-Gutachtens die Frage, ob etwa die Annahme einer These von einer "de facto"- oder "implicite" Nachfolge zum gleichen vom IGH gefundenen Ergebnis kommen könne.[1541] Deutlicher befürwortet Lauterpacht die Regel eines Aufgabenüberganges ohne ausdrückliche Nachfolgevereinbarung zwischen internationalen Organisationen[1542] unter dem Gesichtspunkt der aus dem Organisationszweck zu folgernden Absichten der Organisation.

Dieser Argumentation folgt auch Friedrich Klein, der unter Berufung auf die IGH-Gutachten und die zitierten Befürworter dieses Rechtsgedankens die Auffassung vertritt, daß nach dem Grundsatz der "automatic succession" die Überwachungsaufgaben des VB auf die VN übergegangen seien. Klein[1543] und Lotze[1544], die die Meinung vertreten, im Völkerrecht habe sich bereits ein Völkergewohnheitsrecht der "automatic succession" durchgesetzt, berufen sich in erster Linie auf den britischen Völkerrechtler und späteren Richter am IGH, Sir Gerald Fitzmaurice.[1545] Oben[1546] ist bei der Würdigung des SWA-Gutachtens des IGH bereits nachgewiesen worden, daß ein Fall der Rechtsnachfolge, geschweige denn automatic succession, für das SWA-Mandat nicht anzunehmen war. Damit entfällt auch die wesentliche Begründung für die Schlußfolgerung von Fitzmaurice, das Verhalten der VN und des IGH spiegelten den Völkerrechtssatz einer "automatic succesion" wieder. Außerdem sind der gescheiterte VB und die VN als neuer und anderer Versuch, den Weltfrieden zu sichern, nicht gleichartige Organisationen. Die VN nehmen nicht Aufgaben des VB wahr und verfolgen, wenn auch teilweise ähnliche politische Ziele zugrundeliegen, andere Zwecke. Überdies waren sich VN und VB bei Auflösung des VB über die Funktionen einig, die von den VN übernommen werden sollten oder konnten.

Lauterpacht[1547] fordert Kontinuitätsregelungen. Scheuner[1548], der die Rechtsnachfolge im Zusammenhang mit dem SWA-Gutachten des IGH verneint, hält die Entwicklung des Gedankens der "Funktionsnachfolge" im Völkerrecht für zweckmäßig. Sehr zurückhaltend zur Funktionsnachfolge äußert sich Dahm[1549], der zugleich darauf hinweist[1550], daß die Sonderregelungen beim Übergang vom VB auf die VN Vorrang ha-

---

1540 Anm.1522.
1541 Lalive S.1268.
1542 Oppenheim-Lauterpacht, International Law, S.168.
1543 Friedrich Klein S.118 ff.
1544 AaO S.225 ff.
1545 In: BYIL vol.XXVII (1950) S.8, BYIL vol.XXIX (1952) S.8 ff.; vgl. Friedrich Klein S.106, 111, 119 ff.
1546 S.294 ff.
1547 In Oppenheim-Lauterpacht 1955 S.158.
1548 Die Funktionsnachfolge, S.46 ff.
1549 AaO Bd.I S.565.
1550 AaO Bd.II S.143 Fn.13.

ben. Kiss[1551] bezieht sich zur Begründung seiner Auffassung eines automatischen Funktionsüberganges – unzutreffenderweise, wie bereits dargelegt war[1552] – auf das IGH-Gutachten von 1950. Auch Hahn[1553] verweist zur Begründung seiner Auffassung eines automatischen Funktionsüberganges, den er mit dem deutschen Rechtsbegriff der "Funktionsnachfolge" vergleicht, auf das o.g. IGH-Gutachten. Daß der IGH den Begriff "succession" vermieden habe, hänge mit den Schwierigkeiten der Transmission des privatrechtlichen Begriffs in ganz andere Lagen der internationalen Ordnung zusammen, sei indessen zweckmäßig – wie er ausführt – zur Beschreibung der Übernahme bestimmter Funktionen einer aufgelösten Organisation, und zwar solcher Aufgaben, deren weitere Ausübung für die effektive Wahrnehmung anderer Funktionen der neuen Organisation notwendig ist.[1554]

Dem Standpunkt, es habe bezüglich SWA eine automatische Nachfolge stattgefunden, ist zu Recht Silagi[1555] entgegengetreten. Er beruft sich u.a. auf den bereits zitierten[1556]Arangio-Ruiz[1557], der die These von der Rechtsnachfolge zwischen angeblich übereinstimmenden Organisationen verwirft[1558] sowie auf die Praxis der Völkerrechtskommission der VN (ILC).[1559] *"Von einem automatischen (oder implizierten, quasi automatischen) Übergang der Funktionen des VB als Partei des SWA-Mandats auf die UNO"* könne *"demnach keine Rede sein."* Es hätte dazu einer ausdrücklichen konventionellen Regelung bedurft. Die VN hätten automatisch oder kraft Implikation nicht einmal bloßes Überwachungsorgan im Rahmen zwischenstaatlicher Verträge aus der VB-Zeit werden können.[1560]

Mit Blick auf die oben zitierte VN-Decision C der Nr.3 der Res.24 (I) vom 12. Februar 1946[1561], wonach die Wahrnehmung politischer VB-Aufgaben durch die VN eines ausdrücklichen Beschlusses bedürfte, ist der von Arangio-Ruiz geäußerten und von Silagi[1562] aufgegriffenen sehr kritischen Würdigung zu folgen, VN und IGH hätten in ihrer rechtlichen Analyse gegen die Regeln der Vernunft verstoßen und mit dem Mantel des Rechts verbrämte politische Ziele verfolgt.

Wenn man somit im Einklang mit der Praxis bei Auflösung des VB und Begründung der VN, den Entscheidungen des IGH sowie den überwiegenden Stellungnahmen der

---

1551 AaO S.480.
1552 Oben S.294 f.
1553 AaO S.193 ff.
1554 Ebda S.199.
1555 Vertragssukzession, S.13 ff.
1556 Anm.1525.
1557 AaO S.252.
1558 Siehe auch die weiteren Nachweise für die Auffassung von Arangio-Ruiz bei Silagi, Vertragssukzession, S.23 f.
1559 Vgl. Silagi aaO S.23.
1560 Ders. S.30.
1561 Anm.1491.
1562 AaO S.30.

Völkerrechtslehre[1563] dem Standpunkt folgt, daß die Mandate nach Auflösung des VB fortbestanden und sich zugleich aber der Meinung anschließt, daß kein ipso facto Übergang von Rechtsbeziehungen vom VB auf die VN eingetreten ist, daß es sich vielmehr um Einzelfallregelungen mehr oder weniger politischen Charakters handelt, so wird deutlich, daß diese Ergebnisse auch nicht zum Nachweis der Theorie einer "automatic succession" tauglich sind.

d) Folgerungen für die Lehre der "automatic succession"

Nach allem läßt sich eine Kontinuität der Rechtsbeziehungen des Völkerrechtssubjekts Völkerbund[1564] nach dessen Auflösung zum Völkerrechtssubjekt Vereinte Nationen weder aus dem Institut einer Rechtsnachfolge zwischen den beiden internationalen Organisationen noch aus einer Identität beider Organisationen – unter dem Gesichtspunkt der Erfüllung gleicher Aufgaben – herleiten. So kann auch der Schlußfolgerung von Friedrich Klein[1565] nicht gefolgt werden, die Lehre von der "automatic succession" – gestützt auf die IGH-Gutachten im SWA-Mandat des VB und die daraus entstandene fachwissenschaftliche Meinungsbildung – sei als Gewohnheitsrecht geltendes Völkerrecht geworden. Angesichts der eingehenden Erörterungen und Regelungen der Fragen von Aufgabenübergängen durch VB und VN ist auch kein Raum für weitere nicht dem Willen dieser Organisationen unterliegende und ihrem Willen widersprechende, automatische Übergänge von Rechten und Pflichten.

Die Befürworter der Lehre von der "automatic succession" beschränken ihre Ergebnisse nicht auf das Mandatssystem des VB. Auch die Freie Stadt Danzig ist ein – nicht erloschener – Internationaler Status, für dessen Garantie der VB im Auftrag der Alliierten des Ersten Weltkrieges wesentliche Verpflichtungen zu erfüllen hatte, die denen der Mandatspflichten inhaltlich wesensverwandt sind und deren künftige Sicherstellung im Interesse der gebotenen Friedensordnung für die Völkergemeinschaft dringend der Regelung bedarf.

Mit Rücksicht auf die Ablehnung der Lehre vom automatischen Funktionsübergang in Form eines ipso facto-Überganges stellt sich somit die Frage, ob die oben[1566] dargestellte Befugnis der VN, in die Pflichten und Rechte für den Danziger Status als politische Funktion des VB einzutreten und folglich hierfür Aktivitäten zu entfalten, sich unter Anwendung ihrer nach der VN-Charta zugewiesenen Aufgaben zu einer Verpflichtung verstärkt, derartige Funktionen wahrzunehmen.

1563 Vgl. Simma, Das Reziprozitätselement, S.190; vgl. auch die Darstellung des Schrifttums bei Lotze S.157 ff.; kritisch, jedoch nicht verneinend Silagi, Zur Vertragssukzession, S.31, unter Hinweis auf Rostow S.159.
1564 Nach hM. war der VB, wie auch jetzt die VN, Völkerrechtssubjekt (vgl. Lotze S.221 mwN.).
1565 AaO S.131.
1566 S.288 ff.

3. Rechtsfolgen für den Internationalen Status Freie Stadt Danzig

a) Kontinuität der Schutzverpflichtung der Alliierten für die Freie Stadt Danzig

Wie sich aus den Ausführungen über den Fortbestand der Freien Stadt Danzig[1567] ergibt, haben die Ereignisse nach 1945 nicht zum Erlöschen dieses auf Grund des Versailler Vertrages begründeten Internationalen Status geführt. Mit Auflösung des VB blieb die ihm übertragene Aufgabe der Schutz- und Garantieverpflichtung für Danzig, deren Träger die Vier Mächte sind, bestehen. Diese international kollektivvertraglich verankerten Schutz- und Garantiepflichten und die damit verknüpften Rechte – auch und vornehmlich für die betroffenen Menschen – sind wesentlicher Bestandteil dieses Internationalen Status des Danziger Staates, der wegen der durch seine Abtretung und der den Polen dort eingeräumten Rechte und Einflußmöglichkeiten hervorgerufenen Spannungsbedingungen ohne eine derartige übergeordnete Kontroll- und Überwachungsfunktion nicht existenzfähig sein kann. Die Gewährleistung eines durch unfreiwillige Abtretung vom Deutschen Reich und Versagung der Wiedervereinigung entstandenen konfliktbefrachteten Zustandes bedingt zugleich die Sicherung dieses Internationalen Status gegen etwaige gewaltsame Eingriffe, wie die Praxis erwiesen hat.

Die Schutz- und Garantiepflicht ist durch Wegfall der Garantenorganisation, des VB, und auf Grund der in Potsdam beschlossenen Maßnahmen der Wahrnehmung der Regierungsgewalt durch die Alliierten und der Übertragung der vorläufigen Verwaltungsbesetzung an Polen bis zu einer Friedensregelung faktisch suspendiert worden. Gemäß Res. vom 12. Februar 1946[1568] haben sich die VN bereiterklärt, die Übernahme der dem VB obliegenden politischen Aufgaben, zu denen auch die VB-Funktionen in bezug auf Danzig gerechnet wurden, zu prüfen. In seiner Schlußresolution vom 18. April 1946 hat die VB-Versammlung den Generalsekretär der VN ersucht, die Übernahme solcher politischen VB-Aufgaben auf die VN zu erleichtern. Die VN haben bisher zur Übernahme dieser politischen Funktionen keine Entscheidung getroffen. Ein entsprechender Antrag war bisher jedenfalls nicht ausdrücklich an die VN herangetragen worden. Der Antrag kann jederzeit gestellt werden; und die VN können, wie oben dargelegt wurde[1569], diese für die Bewahrung des Internationalen Status Danzigs notwendigen VB-Pflichten und Rechte auch heute noch übernehmen.

1567 Oben S.253 f.
1568 Siehe oben S.289 f.
1569 S.290; vgl. zu dem inzwischen gestellten Antrag Anm. 287.

b) Originäre Zuständigkeit der Vereinten Nationen

Die Wahrnehmung derartiger Schutzaufgaben gehört zu dem Kompetenzkreis, wie er sich aus der VN-Charta und aus der Praxis der VN-Tätigkeiten ergibt.

aa) Beispiel Palästina

In Palästina haben die VN im Hinblick auf Jerusalem für eine begrenzte Zeitspanne territoriale Kompetenzen in Anspruch genommen, die über die ihnen durch Art.10 und 14 der VN-Charta zugewiesenen Zuständigkeiten weit hinausgingen. Mit der Res.181 (II) A vom 29. November 1947[1570] billigte die VN-Vollversammlung mit dem Palästina-Teilungsplan u.a. auch die Einführung eines "special regime" für die Stadt Jerusalem und ihre Umgebung. Zweck dieses Sonderstatus unter der Verwaltung von VN-Organen sollte sein, einen Kompromiß zu sichern, der die wesentlichen Interessen der arabischen und der jüdischen Bevölkerung berücksichtigte.

bb) Beispiel Triest

Ein weiterer Fall, in dem die VN ähnliche Schutzfunktionen wahrnahmen, wie sie vorher dem VB oblagen, ist das Projekt des Freien Territoriums von Triest. In Art.21 Abs.3 des am 10. Februar 1947 in Paris geschlossenen Friedensvertrages der Alliierten und Assoziierten Mächte mit Italien[1571] wurde vorgesehen, Triest nach zwischenzeitlicher Verwaltung durch die VN endgültig unter eine vom VN-Sicherheitsrat zu bestimmende Verwaltung zu stellen. In der vom Sicherheitsrat in seiner 91. Sitzung am 10. Januar 1947[1572] gebilligten "Permanent statute for the Free Territory of Triest" ist eine Schutzverpflichtung der VN vorgesehen, die den VB-Funktionen für Danzig (Schutz der Freien Stadt Danzig, Garantie der Verfassung und Minderheitenschutz) im Ergebnis entspricht. Triest sollte internationalisiert und neutralisiert sein und von einem vom VN-Sicherheitsrat auf jeweils fünf Jahre ernannten Gouverneur kontrolliert werden.[1573] Auch hier ging es darum, die Stabilität des Internationalen Status in dem durch die territorialen Nachkriegsregelungen erzeugten Spannungsfeld zwischen den Bevölkerungen der Nachbarstaaten – hier Italien und Jugoslawien – im Gleichgewicht sicherzustellen. Die Auflösung des Spannungsfeldes verlief jedoch anders. Da die Großmächte sich nicht einigen konnten, ist der Status nie in Kraft getreten; 1954 wurde das Gebiet zwischen Italien und Jugoslawien aufgeteilt.

c) Verantwortung der Vereinten Nationen

Die Beispiele Jerusalem und Triest zeigen, obwohl in beiden Fällen der geplante Internationale Status nicht eingerichtet wurde, daß derartige Überwachungsaufgaben von den VN als in ihrem Kompetenzbereich liegende Aufgaben behandelt wurden, zu deren Übernahme sie sich für verpflichtet hielten. Im Rahmen der in der VN-Charta beschrie-

---

1570 United Nations, General Assembly, Official Records, 2nd session 1947, vol II S.1424 f.
1571 UNTS 49 S.171; vgl. auch Kelsen, The Law of the United Nations, S.829 f.
1572 UN Yearbook 1947/48 S.352.
1573 Vgl. Berber 2.Aufl.1975 I.Bd. § 18 Nr.16 S.156.

benen Ziele und Grundsätze (Art.1 und 2), den Weltfrieden und die internationale Sicherheit zu wahren, wird ein weiter Bogen über den Bereich von Fragen allgemeiner politischer Bedeutung gespannt, in dem Empfehlungen der VN-Generalversammlung für zulässig gehalten werden.[1574] Bezüglich der von den VN gehandhabten Praxis ist festzustellen, daß sie nicht nur eng begrenzt von den im Rahmen ihrer Charta oder den bei Auflösung des VB übernommenen Befugnissen zur Wahrnehmung bestimmter Funktionen Gebrauch machen. Sie halten sich ohne Rücksicht auf strenge Satzungsbindungen für verpflichtet, in Fällen tätig zu werden, in denen sie dies auf Grund des Ersuchens von Staaten oder auf Grund eigener Erkenntnisse und Initiativen für erforderlich und zweckmäßig ansehen.

Infolge dieser Praxis hat sich eine Übung herausgebildet, die das Handlungsermessen so weit einbindet, daß ein Untätigbleiben nur schwer zu rechtfertigen ist. Das gilt insbesondere in einem Fall wie Danzig, in dem die Gefährdung des Internationalen Status durch Ablehnung von Schutzfunktionen und völkerrechtlichen Lösungsunterstützungen die Friedensordnung insoweit aus dem Gleichgewicht drängen würde. Einem Ersuchen, sei es von einem beteiligten Staat oder von der Repräsentation des Danziger Staatsvolkes an die VN herangetragen, werden die VN sich unter Berücksichtigung aller dieser Umstände nicht versagen dürfen. Einschränkend ist allerdings zu bemerken, daß diese Aktivitäten mangels Weisungsbefugnissen nur in Empfehlungen realisiert werden können.

d) Verantwortung der Alliierten

Solchen Entscheidungen mit Empfehlungscharakter käme jedoch mit Rücksicht auf die unmittelbare Zuständigkeit der Alliierten, die auf Grund ihrer Bindung an den kollektivvertraglich geschaffenen und gesicherten Internationalen Status die vorläufige Regierungsgewalt für die Freie Stadt Danzig übernommen haben, eine erhebliche Bedeutung zu. Die Regierungsgewalt ist von den Alliierten bisher nicht aufgegeben worden. Sie haben die Freie Stadt Danzig in Potsdam unter vorläufige Verwaltungsbesetzung der Republik Polen gestellt und zugleich die Verpflichtung übernommen, endgültige vertragliche Regelungen folgen zu lassen. Die Regelungen stehen aus. Die Alliierten sind aus ihrer Verantwortung nicht entlassen. Sie folgt aus der Übernahme der Territorialsouveränität über Danzig im Jahre 1920, die sie mit Errichtung der Freien Stadt Danzig unter Beauftragung des VB in eine Schutzfunktion überleiteten. Diese auf dem VV beruhende und fortbestehende Rechtsbeziehung[1575] beinhaltet die in Potsdam ausdrücklich bestätigte und ausgefüllte Verpflichtung der Alliierten, die wegen der machtpolitischen Hinderungsgründe bisher aufgeschobene endgültige völkervertragliche Lösung für die Freie Stadt Danzig so bald wie möglich herbeizuführen.

1574 Vgl. Verdross/Simma §§ 264, 265, S.161.
1575 Vgl. oben S.88 f., 253 f.

II. Verantwortung der Bundesrepublik Deutschland

Eine Verpflichtung zur Mitwirkung an einer Lösung der offenen völkerrechtlichen Danziger Frage trifft auch die Bundesrepublik Deutschland. Sie ist als mit dem Deutschen Reich identischer Staat[1576] in das Vertragsgeflecht für die Freie Stadt Danzig auf Grund des VV eingebunden. Da die hieraus resultierenden Rechtsbeziehungen nicht erloschen sind und von den Alliierten wahrgenommen werden, kann auch die BRepD sich diesen Pflichten nicht unter Hinweis auf den Kriegsausgang entziehen. Die Alliierten haben mit ihren Beschlüssen in Potsdam und mit ihrer Unterscheidung zwischen Deutschland von 1937 und u.a. der Freien Stadt Danzig deutlich gemacht, daß sie an der Versailler Ordnung insoweit festzuhalten gedenken. An diesen Teil der Friedensordnung ist auch die BRepD gebunden. Ihren aus dem Verhalten des Deutschen Reiches folgenden Verantwortungen hat sie z.B. durch gesetzliche Anerkennung der vom Deutschen Reich an die Danziger verliehenen deutschen StAng Rechnung getragen. Diese von der BRepD wahrgenommene Verantwortung beruht aber nicht nur auf der Schutz- und Obhutspflicht für die durch die Kriegsereignisse verletzten Danziger[1577], sondern in erster Linie auf der Einbindung Deutschlands in das Versailler Vertragsgeflecht.

Eine staatliche Schutzpflicht, auch gegenüber anderen Staaten, wird in Fällen bejaht, in denen als Grundrechte geschützte Rechtsgüter eigener Staatsangehöriger verletzt werden. Zur Begründung dieser grundrechtlichen Schutzpflicht wird auf die Friedenspflicht des einzelnen Staatsbürgers verwiesen, der infolge Verbots privater Gewaltanwendung zum Zwecke der Selbstverteidigung auf das Eintreten des Staates angewiesen ist, der das Gewaltmonopol innehat. Da die Grundrechte die Rechtsgüter beschreiben, die für die staatliche Friedensordnung als unabdingbar gelten, gewinnen sie ihre Bedeutung als Grundlage für die staatlichen Schutzpflichten.[1578] Von der staatlichen Schutzpflicht werden nur Individualansprüche erfaßt – wie z.B. Eigentum- und Wohnrecht – und auch nur mit der Einschränkung eines Ermessensspielraumes des Staates, der die Schutzbedürftigkeit der Rechtsgüter auf der Grundlage der Friedensordnung und somit des Gemeinwohls abzuwägen hat. Auf die Ausführungen zum Diplomatischen Schutz der eigenen Staatsangehörigen sei in diesem Zusammenhang hingewiesen.[1579] Die staatliche

---

[1576] Vgl. für die nahezu einhellige staatsrechtliche und völkerrechtliche Auffassung: Blumenwitz, Was ist Deutschland, S.38 f.

[1577] Vgl. Eckart Klein, Grundrechtliche Schutzpflicht des Staates in NJW 27/1989, S.1633 ff., mit umfassenden Nachweisen; Blumenwitz, Zusammenfassung, S.92, der die Schutzpflicht der BRepD für alle Deutschen anspricht; vgl. auch Mattern, Die Obhut für die Deutschen, S.3 ff., der eine Obhutspflicht der BRepD für alle deutschen Staatsangehörigen und Statusdeutschen gemäß Art.116 Abs.1 GG nachweist; für die zahlreichen Äußerungen deutscher Politiker zur Schutz- Obhuts- und Sorgepflicht der BRepD für alle Deutschen, vgl. Theodor Waigel in seiner Rede vom 15.4.1989 in München als Parteivorsitzender der CSU, abg. bei Böttcher, Materialien 1988/89, S.132: *"...nationale Schutz- und Sorgepflicht der Bundesrepublik Deutschland für alle Deutschen..."*

[1578] Vgl. Eckart Klein aaO S.1635 f. unter Berücksichtigung der Entscheidungen des BVerfG und der rechtswissenschaftlichen Literatur.

[1579] Oben S.275 f. Zur Verpflichtung der BRepD, für das Selbstbestimmungsrecht der deutschen Staatsangehörigen außen- und innenpolitisch einzutreten, vgl. Seiffert, Die Verträge, S.42.

Schutzpflicht bietet jedoch keine Handhabe zur Durchsetzung von Ansprüchen, die sich auf das Völkerrechtssubjekt Freie Stadt Danzig und dessen Schicksal beziehen. Dieser Fragenkomplex ist vielmehr an der kollektivvertraglich begründeten Schutzbeziehung für den Danziger Staat zu messen, im Rahmen derer auch Deutschland seinen Teil an Verantwortung zu tragen hat.

Aus dieser Verpflichtung ist die BRepD auch nicht durch den Zwei-plus-Vier-Vertrag[1580] entlassen worden, der lediglich die Außengrenzen des vereinten Deutschlands festlegt, ausdrücklich auf die "Berücksichtigung der Rechte und Verantwortlichkeiten der Vier Mächte in Bezug auf Berlin und Deutschland als Ganzes und der entsprechenden Vereinbarungen und Beschlüsse der Vier Mächte aus der Kriegs- und Nachkriegszeit" Bezug nimmt und keine Regelung über die Freie Stadt Danzig enthält.

Mit dem Zwei-plus-Vier-Vertrag wird die BRepD schließlich nicht verpflichtet, die Verwaltungsbesetzung Danzigs durch Polen als endgültige Regelung der Territorialsouveränität anzuerkennen. Vielmehr deuten die im Vorspruch hervorgehobenen bindenden Grundsätze in die entgegengesetzte Richtung:

- Verpflichtungen aus der Charta der Vereinten Nationen;
- Achtung vor dem Grundsatz der Gleichberechtigung und Selbstbestimmung der Völker;
- Festigung des Weltfriedens;
- Prinzipien der KSZE-Schlußakte von Helsinki;
- Feste Grundlage dieser Prinzipien für den Aufbau einer gerechten und dauerhaften Friedensordnung in Europa;
- Notwendigkeit, Gegensätze endgültig zu überwinden und die Zusammenarbeit in Europa fortzuentwickeln.

Mit diesem Vertragsfundament wird nicht nur die Verantwortlichkeit der Alliierten sondern auch Deutschlands verstärkt, im Sinne dieser Pflichtenkriterien zu handeln und somit auch für die Freie Stadt Danzig, für das Danziger Volk die ausstehende Lösung herbeizuführen.[1581]

Aus der Teilhabe der BRepD an der Versailler Rechtsschöpfung Freie Stadt Danzig könnte andererseits aber auch die Frage aufgeworfen werden, ob Ansprüche auf Überprüfung abzuleiten sind. Die BRepD könnte sich darauf berufen, daß die Bedingungen der Versailler Regelung für die Abtretung und Verselbständigung Danzigs, Polen besondere Rechte zur Sicherung eines freien Zuganges zur Ostsee in Danzig zu gewähren, inzwischen entfallen sind, weil Polen nicht nur in dem von ihm selbst ausgebauten Gdingen, sondern auch an der von ihm übernommenen ausgedehnten ostdeutschen Küste einen ausgedehnten Zugang zum Meer erreicht hat. Diese Bedingung hat freilich

---

1580 Anm.872.
1581 Zu den Mindestpflichten der BRepD, wie sie im deutsch-polnischen Nachbarschaftsvertrag beschrieben sind, gegenüber den Danzigern als deutschen Staatsangehörigen vgl. oben S.281 f.

nicht Eingang in den Vertragstext des VV gefunden, war aber übereinstimmende Begründung der von den Alliierten des Ersten Weltkrieges genannten Vertragsgrundlagen.[1582]

III. Verantwortung der Republik Polen

Auch die Republik Polen ist als Partner des Versailler Vertrages sowie der Anschlußvereinbarungen in das Vertragsgerüst der Versailler Regelungen eingebunden.[1583] In ihren Beziehungen zu Deutschland kann sie sich darauf berufen, daß die 1939 völkerrechtswidrig in das Deutsche Reich eingegliederte Freie Stadt Danzig wiederherzustellen ist. Gegenüber dieser Rechtshaltung würde der Hinweis auf die inzwischen entfallenen Bedingungen des VV (freier Zugang zur Ostsee) nicht durchgreifen, weil Ersatzregelungen nur mit Hilfe neuer Verträge ermöglicht werden könnten. Polen trifft aber in seiner Eigenschaft als treuhänderischer Verwalterstaat des kriegsbesetzten Gebietes der Freien Stadt Danzig eine Verpflichtung zur Erfüllung des Verwaltungsauftrages im Sinne seines Zweckes. Zum Zweck der vorläufigen Verwaltungsbesetzung gehört es aber, diesen provisorischen Zustand so schnell wie möglich in eine endgültige Lösung zu überführen, folglich unverzüglich alles Erforderliche zur Beendigung der Verwaltung beizutragen. Nach der "Wende" im Osten kann Polen sich nicht mehr mit der Begründung exkulpieren, daß ihm machtpolitisch die Hände gebunden seien.

Unabhängig von der Mitverantwortung Polens für die Wiedereinsetzung der Danziger in ihre Rechte besteht die Haftung der Republik Polen für die oben dargestellte rechtswidrige Ausuferung ihres Verwaltungshandelns mit dem Ziele der endgültigen Einverleibung.

IV. Zusammenfassung

Die völkerrechtlich relevanten Einbindungen von Staaten und Staatengruppen führen zu Verantwortungen der Beteiligten für die ordnungsgemäße Erfüllung der eingegangenen Verpflichtungen und für erforderliches Eingreifen dort, wo die Einhaltung der vertraglich festgelegten Zielsetzungen gefährdet sind oder gar Schaden nehmen.

Die Alliierten und Assoziierten Hauptmächte des Ersten Weltkrieges (ohne Japan und Italien) und die Alliierten des Zweiten Weltkrieges sowie die Republik Polen und die Bundesrepublik Deutschland sind verpflichtet, die Rechte der Danziger wiederherzustellen und eine gerechte Lösung für die Danziger zu erreichen. Der Versailler Vertrag, die auf ihm beruhenden Vereinbarungen, die Entwicklung seit 1939 sowie die Potsdamer Beschlüsse über die treuhänderische Verwaltung Danzigs durch Polen, für die die Vier-Mächte verantwortlich zeichnen, sind hierbei zu berücksichtigen. Den Vereinten Natio-

---

1582 Vgl. die Mantelnote der Alliierten und Assoziierten Hauptmächte vom 16.6.1919 (Anm.308).
1583 Diese Rechtslage wird von der polnischen Regierung vertreten (vgl. Uschakow, Die Grenzregelung, S.117).

nen obliegt schon auf Grund der dem Völkerbund von den Alliierten übertragenen und nicht erloschenen besonderen Schutzpflicht für die Freie Stadt Danzig auf Grund ihrer originären Aufgaben nach der VN-Charta die Verantwortung, an dieser Lösung mitzuwirken. Sinngemäß gilt dies auch für die europäischen Organisationen, insbesondere Europarat, Europäische Union und OSZE. Dem Antrag der Danziger Exil-Organe oder eines anderen Staates, sich auf Grund der fortbestehenden besonderen Schutzpflicht des Völkerbundes für eine Lösung der Danziger Fragen einzusetzen, dürfen die Vereinten Nationen sich nicht versagen.

Dritter Abschnitt: Schlußfolgerungen

I. Gesamtergebnis

1. Geschichtlicher Rückblick

Die viele tausend Jahre dauernde wechselvolle Geschichte des im Mündungsgebiet der Weichsel an der Ostsee liegenden Siedlungsplatzes Danzig läßt sich anhand der Forschungsergebnisse seit etwa 1.800 v.Chr. deutlicher nachweisen. Zu jener Zeit begannen die Wanderungsbewegungen skandinavischer Völker, die in den ca 2.300 Jahren dieser Siedlungsepochen ihre kulturschöpfenden Spuren im Danziger Raum bis heute hinterlassen haben. Um die Jahrtausendwende werden die Danziger auf ca 3.800 Jahre Geschichte dieser Siedlung zurückblicken.

Im Rückblick auf die Geschichte des Danziger Gebietes und der dort lebenden Menschen wird zunächst erkennbar, daß in dem über die Jahrtausende – abgesehen von geringfügigen Veränderungen im Weichselmündungsgebiet – gleichgebliebenen Siedlungsraum Danzig in den verschiedenen Zeitaltern verschiedene Menschen und Völkerstämme gelebt und gewirkt haben. In ihren Wanderungs- und Siedlungsepochen lösten sie einander ab. Begegnungen und auch Verschmelzungen mit den nicht weiterwandernden Siedlern prägten den späteren Danziger Bürger.

Außerdem ist deutlich geworden, daß diese verschiedenen Bevölkerungen im wesentlichen auf friedlichem Wege in den Danziger Siedlungsraum gelangt waren. Das gilt für die aus dem Norden eingewanderten Volksstämme, aber auch für die seit dem 6. Jahrhundert n.Chr. aus dem Osten aufgebrochenen slawischen und baltischen Stämme; und es trifft für die anschließende im 12. Jahrhundert beginnende, mit der Ausbreitung des Christentums einhergehende deutsche Siedlungsbewegung zu, aus der auch die 1224/25 gegründete deutsche Stadt Danzig hervorging. Davon zu unterscheiden sind die kriegerischen Auseinandersetzungen der Herrschergeschlechter seit Anfang des 13. Jahrhunderts, wobei die Abwehrkämpfe der pommerellischen Slawen gegen die nach Norden drängenden polnischen Herzöge und Könige für die künftigen Geschicke der Stadt Danzig und ihrer historischen Rollen besondere Bedeutung gewannen. Später wurde auch der von den Polen zur Bewältigung der baltischen (prussischen) Aggressionen herbeigerufene Deutsche Orden nach dessen eigenen missionarischen Eroberungsfeldzügen in die schicksalsträchtigen Kämpfe mit Polen verwickelt.

Das redliche Bemühen, die vergangenen Abläufe zu deuten und mißverständliche Beurteilungen auszugleichen, erleichtert die realistische Einschätzung der gegenwärtigen Lage und die Perspektive einer gemeinsamen Zukunft. Beim Rückblick mag deutlich geworden sein, daß in den verschiedenen geschichtlichen Epochen die treibenden Kräfte für die vielfältigen territorialen Verschiebungen die Herrscher und Dynastien waren mit ihren durch Erbfolge, machtpolitische Einflußnahmen, Zwangsverträge, kriegerische Eroberung häufig zufällig und ohne Rücksicht auf ethnische Bedingungen gewonnenen

Ansprüchen und nicht so sehr die betroffenen Menschen. Danziger und Polen haben sich in den vergangenen Jahrhunderten stets leichter getan in der Pflege ihrer Begegnungen und nachbarschaftlichen Beziehungen als ihre Landesherren oder Souveräne.

Danzig erlebte seit der Stadtgründung in den zahlreichen sehr unterschiedlichen staatspolitischen Zuordnungsbeziehungen – wie zu den Herzögen von Pommerellen, dem Deutschen Ritterorden, in der Schutzbeziehung zum König von Polen, zu Preußen, in der Schutzbeziehung zu den Königen von Preußen und Sachsen unter französischer Herrschaft, zum Deutschen Reich – sowie in seiner weltoffenen Rolle und Bedeutung als führende Stadt der Deutschen Hanse im Großen und Ganzen eine gedeihliche Entwicklung. Nach der Verbindung der deutschen Stadtrepublik mit der Krone Polen (1454-1793) und der Abtrennung von Preußen unter französischer Besetzung (1807-1814) war die dritte Errichtung eines Freistaates Danzig (seit 1920) keine Lösung, die auf Dauer haltbar sein konnte. Die Fehler und Unzulänglichkeiten des Versailler Projektes begünstigten das menschenverachtende Kräftespiel der Mächte, dessen tragisches Opfer die Danziger 1945 wurden. Die heutige Lage ist – da einseitig und dem Willen der Danziger entgegengesetzt – als nicht gesichert und nicht tragfähig einzuschätzen. Die Aussichten, gerechte und vertretbare Lösungen zu erreichen, sind indessen in dem Maße gewachsen, wie von beiden Seiten die Erkenntnis an Überzeugung gewinnt, daß nur eine gemeinsam gestaltete Friedensordnung im Rahmen des europäischen Staatensystems in eine befriedete Zukunft führen wird.

2. *Rechtslage*

1. Unter schärfstem Protest der Danziger Bevölkerung und unter Verletzung der von den Alliierten des Ersten Weltkrieges berufenen Prinzipien des Selbstbestimmungsrechts wurde das deutsche Gebiet der Stadt Danzig mit drei weiteren Städten und deren Umland mit Inkrafttreten des Versailler Vertrages vom Deutschen Reich abgetrennt. Zwar wurde der politischen, völkerrechtlich nicht begründbaren Forderung des wieder erstehenden polnischen Staates, Danzig zum Zwecke eines freien Zuganges zur Ostsee in die Republik Polen einzuverleiben, vor allem infolge des Widerstandes Großbritanniens nicht Rechnung getragen. Danzig wurde indessen als eigenständiger deutscher Staat errichtet, der Polen bestimmte Rechte einzuräumen hatte.

Die Territorialsouveränität über Danzig wurde auf die Alliierten und Assoziierten Hauptmächte übertragen, die Danzig 10 Monate als Kondominium verwalteten und am 15. November 1920 die "Freie Stadt Danzig" als Staat und Völkerrechtssubjekt errichteten. Die Sonderrechte Polens wurden gemäß VV in dem zwischen Danzig und Polen geschlossenen Pariser Vertrag vom 9. November 1920 geregelt. Die Polen zum Zwecke erleichterten Zuganges über Weichsel und Danziger Hafen zur Ostsee zugestandenen Rechte berührten nicht die Völkerrechtssubjektivität des Staates. Dieser Rechtsstandpunkt wurde in der Staatenpraxis, durch zahlreiche Entscheidungen des Völkerbundes und des IGH sowie in der überwiegenden Auffassung der Völkerrechtswissenschaft bestätigt und nur von Polen in Zweifel gezogen.

Zur Sicherung dieses zwischen Deutschland und Polen gelegenen unbewaffneten kleinen Staatsgebildes wurde eine internationale Schutzbeziehung der Alliierten und Assoziierten Hauptmächte kollektivvertraglich begründet, durch die sie den Schutz der Freien Stadt Danzig nach außen und die Garantie für die unter ihrer Mitwirkung zustandegekommene Verfassung übernahmen. Die Durchführung dieser Schutzaufgabe übertrugen sie dem Völkerbund, dessen Begründung ebenfalls Bestandteil des VV war. Der VB unterzog sich seiner Schutz- und Schiedsrichteraufgabe mit Hilfe eines Hohen Kommissars, der seinen Sitz in Danzig nahm und die erstinstanzlichen Entscheidungen zu treffen hatte.

Danzig gelang es, seinen neutralen und auch in der Verfassung verankerten Internationalen Status gegen ständige Versuche Polens zu festigen, dessen Sonderrechte zur Vermehrung des polnischen Einflusses zu nutzen. Danzig blieb gleichwohl ein deutsches Territorium (etwas über 2 % Polen) mit deutschem Rechtssystem und engen Bindungen an Deutschland. Seine Bemühungen um nachbarschaftlich freundliche Beziehungen zu Polen waren zeitweise erfolgreich, wurden jedoch immer wieder getrübt durch die nicht aufgegebenen polnischen Bestrebungen, Danzig im Ergebnis in die Republik Polen einzuverleiben. Ständige intensive politische Anstrengungen aller deutschen Regierungen diese Danziger Konstruktion des VV wieder rückgängig zu machen, trugen zwar im verantwortlichen internationalen Bereich allmählich Früchte, scheiterten jedoch an der gleichbleibenden Ablehnung Polens und schließlich endgültig an dem militärischen Eingreifen Hitlers in Polen.

2. Die aus Deutschland infiltrierte Nationalsozialistische Partei vermochte sich im Laufe der Jahre auch in Danzig, wenn auch gegenüber einer bis zuletzt starken und Widerstand leistenden Opposition, durchzusetzen, weil sie sich als Garant gegen die polnischen Einflußbestrebungen sowie für die Bereinigung der Versailler Belastungen darstellte.

Nach Kriegsbeginn – am 1. September 1939 – wurde Danzig auf Antrag des NS-Gauleiters Albert Forster, der sich am 23. August 1939 vermittels eines Staatsstreichs als "Staatsoberhaupt" an die Spitze des Staates gestellt hatte, in das Deutsche Reich eingegliedert. Diese Maßnahmen wurden im Zustand bereits vollzogener militärischer Besetzung durchgeführt. Sie stellten einen einseitigen Eingriff in den durch das internationale Schutzsystem gesicherten Internationalen Status, in die Danziger Verfassung, den Versailler Vertrag sowie den Danzig-polnischen Vertrag dar und wurden in der Staatenpraxis sowie in der Völkerrechtslehre als Annexion angesehen, die nicht zur rechtswirksamen Eingliederung führen konnte, da sie im Kriege erklärt worden war und in dessen Verlauf wieder rückgängig gemacht wurde.

3. Auch die einseitigen polnischen Eingliederungsmaßnahmen während des Zweiten Weltkrieges (u.a. Eingliederungsgesetz vom 30. März 1945) und nach dessen Beendigung führten als Annexion nicht zur rechtswirksamen Eingliederung Danzigs in den abermals errichteten polnischen Staat.

Wie für das Deutsche Reich übernahmen die Alliierten auch für die Freie Stadt Danzig, deren Staatsgewalt wegen Vertreibung der Bevölkerung nicht handlungsfähig war, die Regierungsgewalt und unterstellten das Danziger Territorium vorläufiger polnischer Verwaltungsbesetzung mit der Maßgabe endgültiger vertraglicher Regelungen im Zusammenhang mit den Friedensvertragsverhandlungen für Deutschland. Stalin hatte die

309

vorläufige Verwaltungsbesetzung Danzigs durch die von ihm eingesetzte provisorische polnische Regierung bereits vorher, am 20. Februar 1945, angeordnet. Die polnischen Annexionsmaßnahmen wurden im Westen nicht anerkannt, die Vertreibung der Danziger Bevölkerung auch in Potsdam nicht gedeckt.

Polen beruft sich zur Rechtfertigung seines Eingliederungsanspruchs – zu Unrecht – auf angebliche Rechte aus der Geschichte und – ebenfalls zu Unrecht – auf die angeblich endgültige Regelung im "Potsdamer Abkommen". Die Freie Stadt Danzig sei kein Staat gewesen. Da es – angeblich – in früheren Jahrhunderten zu Polen gehört habe, sei Polen berechtigt gewesen, Danzig, über das keinerlei Souveränität ausgeübt worden sei, "zurückzuholen". Das sei in Potsdam bestätigt worden.

Polen ist im Stadium der vorläufigen Verwaltungsbesetzung des Territoriums der Freien Stadt Danzig, einer occupatio bellica, an die hierfür bestehenden Regeln, z.B. der HLKO, gebunden.

4. Die Freie Stadt Danzig ist als Staat und Völkerrechtssubjekt nicht untergegangen. Die staatliche Kontinuität ergibt sich aus den Rechtsfolgen:

- der Annexion im Stadium des noch nicht aufgelösten militärischen Besetzungszustandes,
- des einseitigen Eingriffs in das kollektivvertraglich garantierte Schutzsystem für den Internationalen Status des Danziger Staates,
- des einseitigen Eingriffs in den neutralen Status dieses Staates,
- des einseitigen Verstoßes gegen das Selbstbestimmungsrecht der Völker gegen den Willen und ohne Beteiligung des noch existierenden Danziger Staatsvolkes.

Das Danziger Staatsvolk, die Gemeinschaft der Danziger Staatsangehörigen, wird repräsentiert durch die seit 1945 ständig wiedergewählten und vor allem von den USA und der Bundesregierung der Bundesrepublik Deutschland unterstützten Exilorgane – "Rat der Danziger" (Parlament anstelle des Volkstages der Freien Stadt Danzig), "Vertretung der Freien Stadt Danzig" (anstelle der Regierung – Senat – des Danziger Staates) und "Bund der Danziger" (als landsmannschaftliche Organisation der vertriebenen Danziger in der Bundesrepublik Deutschland). Diese staatspolitischen und staatsrechtlich relevanten Organe bekunden nach außen, daß die Danziger an ihrem Staat festhalten, daß sie sich nach wie vor als Staatsvolk verstehen.

Die Rechtsfolgen sind vergleichbar denen der Baltischen Staaten und Österreichs, die ihre Kontinuität erfolgreich bewahrt haben. Vertreibung und Aussperrung als Versuch der "ethnischen Säuberung" mindern nicht diese rechtlichen Konsequenzen, da die Exillage der Danziger unter Zwang steht. Danzig ist als außerhalb der Grenzen des Deutschen Reiches vom 31. Dezember 1937 gelegenes Territorium auch nicht Gegenstand des Zwei-plus-Vier-Vertrages sowie der deutsch-polnischen Verträge.

5. Die geflüchteten, vertriebenen und ausgesperrten sowie die in der Heimat gebliebenen Danziger haben neben ihrer fortbestehenden Danziger Staatsangehörigkeit gemäß der Danziger Verfassung und dem Danziger Staatsangehörigkeitsgesetz und ggf. neben einer den noch in der Heimat wohnenden Danzigern nach polnischer Rechtsauffassung verliehenen polnischen Staatsangehörigkeit nach dem Recht der Bundesrepublik Deutschland die deutsche Staatsangehörigkeit.

6. Das Danziger Staatsvolk hat einen Anspruch auf Rückgabe des beschlagnahmten öffentlichen Vermögens der Freien Stadt Danzig.

Die Danziger haben einen Anspruch auf Rückgabe ihres konfiszierten Eigentums oder soweit die Rückgabe objektiv unmöglich ist, auf volle Entschädigung.

Der Anspruch richtet sich in erster Linie gegen Polen, das völkerrechtswidrig enteignet hat.

7. Das von seinen gewählten Exilorganen in der Bundesrepublik Deutschland vertretene Danziger Staatsvolk fordert eine Lösung seiner offenen völkerrechtlichen Fragen.

Auf dieser Grundlage haben die Danziger in der Vertreibung und in der Heimat als Staatsvolk und als Volksgruppe einen völkerrechtlich fundierten Anspruch darauf, daß die ihnen entzogenen Rechte wiederhergestellt werden und daß alsbald für sie eine ihre Lebensbasis und ihr Recht auf die Heimat sichernde Lösung im Rahmen der europäischen Friedensordnung geschaffen wird, an der sie kraft ihres Selbstbestimmungsrechts voll zu beteiligen sind.

8. Ungeachtet der durch Unrecht erzwungenen Lage – Vertreibung/ Aussperrung/ Enteignung der Danziger und Neuansiedlung von Polen –, die ein neues, kontradiktorisches Recht auf die Heimat ausschließt, wird jede gemeinsame Zukunftslösung die Menschenrechte der jetzt in Danzig lebenden polnischen Fremdbevölkerung zu garantieren haben, die ihr eigenes Exilschicksal ebenfalls nicht verschuldet hat. Auch diese Menschen sind zu beteiligen.

9. Die Verantwortung für eine vertragliche Lösung der offenen völkerrechtlichen Fragen des Danziger Volkes ist aus der nicht abgerissenen Kette einer Reihe zusammengeschmolzener Glieder eines vertraglichen Pflichtengeflechts abzuleiten, das in Versailles begründet worden ist. Ausgehend von den Regelungen des Versailler Vertrages und seiner Folgevereinbarungen sind die Glieder aneinandergereiht worden:

- Abtrennung Danzigs von Deutschland zum Zwecke und unter der Bedingung einer Staatsgründung,
- Übertragung der Territorialsouveränität an die Alliierten und Assoziierten Hauptmächte,
- Zehn Monate Kondominialverwaltung Danzigs durch die Alliierten,
- Errichtung der Freien Stadt Danzig und Übertragung der Territorialsouveränität auf diesen Staat unter Bewahrung der Verantwortungsträgerschaft der Hauptmächte mit Hilfe einer kollektivvertraglich gesicherten Schutzbeziehung (zur Garantie der Integrität des Staatsgebildes nach Außen und nach Innen), in die der Völkerbund als Vollziehungsorgan eingebunden wurde,
- Vertragliche Einbindung Polens mit einem System von Sonderrechten und -pflichten,
- Bewahrung des neutralen internationalen Status und der Schutzbeziehung nach 1945 (als "politische Aufgabe" für Völkerbund und Vereinte Nationen),
- Handeln der Alliierten in dieser Verantwortungskette durch Übernahme der Staatsgewalt für die wegen Vertreibung insoweit nicht handlungsfähigen Danziger und Übertragung der vorläufigen Verwaltungsbesetzung an die Republik Polen ("Potsdamer Abkommen") mit der Anweisung einer Ablösung dieser treuhänderischen Aufgabe durch endgültige friedensvertragliche Lösung.

Die bisherigen friedensvertraglichen Ersatzvereinbarungen haben Danzig ausgelassen. Die Pflichtenkette ist nicht unterbrochen worden. Die Alliierten (aus dem Ersten Weltkrieg – außer Japan und Italien wegen ihrer Sonderfriedensverträge – USA, Großbritannien und Frankreich und im Zweiten Weltkrieg angeschlossen und vertraglich eingebunden die UdSSR, jetzt Rußländische Föderation) sind aus ihrer Verantwortung nicht entlassen worden.

Unmittelbare Beteiligte und Verpflichtete des Versailler Vertragssystems sind außerdem die Bundesrepublik Deutschland für das Deutsche Reich und die Republik Polen, letztere nun zusätzlich verpflichtet in der treuhänderischen Folgeaufgabe des Verwalterstaates. Überdies obliegen Verantwortungen für die Mitwirkung an einer baldigen gerechten und sachgerechten Lösung für das Danziger Volk den Vereinten Nationen, denen ein Antrag der Danziger Exilorgane vom April 1995 vorliegt sowie den für die europäische Entwicklung zuständigen Organisationen, insbesondere der Europäischen Union, dem Europarat und der Organisation für Sicherheit und Zusammenarbeit in Europa.

II. Lösungsmöglichkeiten

Untersuchung der Rechtslage mit dem Herausfinden und dem Nachweis bestimmter Ergebnisse ist eine Seite, die Wegweisung auf der Grundlage dieser Erkenntnisse die andere. Das Wissen um das rechtliche Fundament und um die bindenden Grenzen des Handlungsrahmens ist zwar unverzichtbar, führt aber für sich nicht weiter, es sei denn, die gestaltenden Möglichkeiten für die notwendigen Folgerungen könnten aufgezeigt werden. Die Rechtslage auch im Falle Danzigs besteht nicht nur aus unschwer einsichtigen und prinzipiell umsetzbaren Ergebnissen. Wie die vorstehende Auseinandersetzung erkennen läßt, wird sie in Deutungen sichtbar, schlägt sich in Divergenzen nieder, stößt in der Meinungsvielfalt auf Widerspruch. Mit anderen Worten: Sie wirft Fragen auf, beschreibt Ansprüche und Forderungen, macht Konfliktstoff sichtbar. Die Darstellung der aus den gewonnenen Erkenntnissen ermittelten Rechtslage verdeutlicht die Probleme. Es bedarf folglich der Antworten und der Vorschläge für Lösungen, die den möglichen Weg weisen, auf dem die verschiedenen oft auseinanderstrebenden Interessengruppen in rechtlich zulässiger und vertretbarer Weise im Konsens zusammengeführt werden können.

So soll auch hier der Versuch unternommen werden, in gebotener Straffung aus den Ergebnissen der Prüfung der zahlreichen Probleme naheliegende Schlußfolgerungen jedenfalls anzudeuten, die erforderliche Antworten ermöglichen für den weiteren Weg der betroffenen Menschen im Rahmen der gemeinsamen europäischen Zukunft. Dies erfordert in erster Linie eine politische Fragestellung. Sie muß aber im Zusammenhang mit einer staats- und völkerrechtlichen Untersuchung erlaubt sein, die sich ständig an der Grenze zwischen Rechtserkenntnissen und politisch bezogener Rechtsschöpfung bewegt. Recht zu schaffen, wo das bisher geltende im Stadium der Fortentwicklung nicht mehr ausreicht, den Lebensbedingungen der im Rechtszustand lebenden Menschen gerecht zu werden, ist eine Aufgabe, zu der auch die rechtliche Würdigung ihren Beitrag zu leisten hat.

Für Danzig wird dieses Erfordernis besonders deutlich. Polen leben dort, wo die Danziger ihr Recht haben. Dieser Konflikt der zunächst gegensätzlichen Interessen bedarf der konstruktiven Auflösung, und zwar im Rahmen der als geltendes Recht erkannten Lage. Die Danziger haben sich den Zielen und Bedingungen der europäischen Friedensordnung verschrieben. Sie haben auf Anwendung von Gewalt verzichtet. Sie haben sich verpflichtet, zur Wiederherstellung der ihnen mit Gewalt entzogenen Rechtspositionen mit friedlichen Mitteln zu reagieren. An dieser Grundeinstellung ist ihr politisches Verhalten bisher mit sehr viel Geduld ausgerichtet gewesen. Sie haben aber feststellen müssen, daß ihnen in der Völkergemeinschaft immer weniger Verständnis, Anteilnahme oder Unterstützung zuteil wurde.

Manche Staaten, wie z.B. die USA, sind lange Zeit – jedenfalls bis Mitte der 60 er Jahre – bemüht gewesen, die Danziger Exilorgane in ihren Aktivitäten zu stützen und zu fördern. Auch die Einstellung der verschiedenen Regierungen der Bundesrepublik Deutschland bewegte sich in dieser Richtung. Mit der Umorientierung der weltmachtpolitischen Gewichte zwischen den USA und der Sowjetunion verringerte sich zusehends dieses unterstützende Interesse und gab mehr und mehr einer Haltung Raum, die wohl an der überzeugenden Rechtsauffassung festhielt, jedoch immer deutlicher zögerte, sich mit diesem außenpolitischen Ballast zu beschweren. Hier erweist sich bisher der Mangel der schwachen Berechtigten und bei den anderen das Fehlen an Einsicht, aber zugleich auch an Weitblick in den politischen und wirtschaftlichen Nutzen von Anstrengungen für bessere und weittragende Lösungen. Aktuelle Beispiele wie in Jugoslawien gibt es heute genügend.

Die Danziger sind gleichwohl ihren Weg weitergegangen. Durch die langjährigen, intensiven und letztendlich erfolgreichen Bemühungen, z.B. der Baltischen Staaten, werden sie ermutigt. Auch sie sind überzeugt, daß eine politische Konstellation eintreten kann, die eine Lösung ermöglicht, mit der an Geschichte, Kultur und Recht anzuknüpfen ist.

Jeder Lösungsvorschlag für Danzig hat einige Grundbedingungen als Festpunkte zu berücksichtigen, nämlich:

1. Die Rechtslage Danzigs und der Danziger:
   - Fehlen einer völkerrechtlichen Lösung;
   - Anspruch auf Wiederherstellung der verletzten Rechte;

2. Die Rechtslage in Europa und in der Welt:
   - Lage der Staaten und der Staatengemeinschaften und ihrer Organisationen;

3. Die europäische Friedensordnung:
   - Einbettung jeder Lösung in diesen Rahmen;

4. Die aktuelle Bevölkerungslage im Danziger Raum
   - Polnische Neusiedler in Danzig;

5. Gewaltverzicht:
   - Friedliche Lösungsbestrebungen auf vertraglicher Basis;

6. Historische Wahrheit:
   - Offenheit und Aufrichtigkeit bei allen Betroffenen im Hinblick auf
   - die geschichtliche Vergangenheit sowie
   - das beiderseits seit dem Ersten Weltkrieg zugefügte Unrecht.[1584]

Bei jeder in Betracht zu ziehenden Lösung wäre von der geltenden Rechtslage auszugehen, von dorther jedoch eine Einpassung in den Entwicklungsprozeß der europäischen Friedensordnung anzustreben. Sie hätte dem heutigen Zustand, somit allen betroffenen Menschen Rechnung zu tragen. Die durchaus nicht unrealistische Zukunftsvision eines Europa, in dem das Zusammenleben der verschiedenen Völkerstämme durch Aufweichung allzu starrer Grenzen gefördert wird, wäre wohl die einzige erfolgversprechende Konzeption hierfür.

Für die europäischen Zielsetzungen könnte Danzig an alte Traditionen anknüpfen, in denen die deutsche Stadtrepublik eine bedeutsame Rolle eingenommen hatte. In diesem Zusammenhang sei an die oben erwähnte weit vorausdenkende Konzeption einer europäischen Einigung erinnert, die der enge Berater und Finanzminister Heinrichs IV., der Hugenotte Freiherr von Rosny und spätere Herzog von Sully (1560-1641) entwarf. In seinem berühmten im Hinblick auf die Überwindung nationalstaatlicher Ideen visionären Plan zur Organisation Europas und zur Durchführung eines ewigen Friedens hatte er Danzig eine zentrale Funktion zugewiesen.[1585] In der von Heinrich IV. (1589-1610) auf Vorschlag von Sully geplanten Staaten-Konföderation unter dem Heiligen Römischen Reich Deutscher Nation sollte Danzig (für die nordöstlichen Reiche) Sitz eines der sechs Provinzialen Räte eines Europa-Rates werden, der neben einem Allgemeinen Rat als Organ dieser christlichen Republik von Europa geplant war.

Die Lösung wäre derart auszugestalten, daß sie einerseits Konflikte ausschlösse, andererseits den Interessen aller Beteiligten und Betroffenen (Danzig, Polen, Deutschland, Alliierte, Europäische Staaten, einschließlich Förderung der Ziele der Ostseestaaten[1586]) entsprechen würde und allen Betroffenen Vorteile zu bieten hätte. Eine solche Lösung könnte erreicht werden, wenn sich insbesondere die Republik Polen, die Bundesrepublik Deutschland und die Danziger als Hauptbetroffene über die Zielsetzung einig würden, eine Selbstverwaltungskörperschaft, etwa unter international garantierter Souveränität der Republik Polen, im Danziger Raum entstehen zu lassen. Auf der Grundlage und in Auswertung bereits gewonnener Erfahrungen – wie z.B. in der "Sonderwirtschaftszone"

1584 Vgl. die Rede des Bundespräsidenten der BRepD Roman Herzog am 1. August 1994 in Warschau bei der Feierstunde zum Gedenken an den Warschauer Aufstand vor 50 Jahren: *"...wenn unsere Völker sich dem Grauen ihrer jüngsten Geschichte in aller Offenheit stellen...Mit dem Mut der vollen Wahrheit ...nichts verschweigen und nichts aufrechnen".* (FAZ vom 2.8.1994).
1585 Vgl. S.42 und Anm.106.
1586 Vgl. Erstes Treffen des Rates der Ostseestaaten am 5./6.März 1992 in Kopenhagen (Erklärung der Konferenz der Außenminister der Ostseestaaten vom 5.3.1992, Bulletin 26/1992 S.257 ff.), Zweites Treffen am 16./17. März 1993 in Helsinki (Kommuniqué, Bulletin 25/1993 S.213 ff.), Drittes Treffen am 24./25. Mai 1994 in Tallinn (Kommuniqué, Bulletin 70/1994 S.660 ff.), Viertes Treffen am 18./19. Mai 1995 in Danzig (Kommuniqué, Bulletin 46/1995 S.406 f.), Fünftes Treffen am 2./3. Juli 1996 in Kalmar (Kommuniqué, Bulletin 66/1996, S.716 ff.), Sechstes Treffen am 2./3. Juli 1997 in Riga (Kommuniqué, Bulletin 61/1997, S.729 ff.), Siebtes Treffen am 22./23. Juni 1998 in Nyborg/Dänemark (Kommuniqué vom 23.6.1998, nicht veröffentlicht, vom AA zur Verfügung gestellt), Achtes Treffen für 1999 in Litauen vorgesehen (Nr. 7 des zuletzt genannten Kommuniqués).

des Königsberger Gebietes[1587] – könnte unter Aufhebung der polnischen Verwaltungsbesetzung über das Territorium des Danziger Staatsgebietes eine Wirtschaftszone als autonomes Gebiet errichtet werden, das von Danzigern, polnischen Neusiedlern und weiteren interessierten Europäern bewohnt und verwaltet würde. Das Konzept wäre durch eine vertragliche Regelung zu realisieren, an der außer den Danzigern die Alliierten sowie die Vereinten Nationen im Sinne ihrer Schutzbeziehung für Danzig, die Republik Polen, die Bundesrepublik Deutschland, die Europäische Union, der Europarat und die OSZE mitzuwirken hätten.

Abgesehen von den Handlungszwängen, die sich aus der gegenwärtigen rechtlichen Schieflage ergeben, wird es darauf ankommen, eine Konzeption zu entwerfen, mit Hilfe derer alle Beteiligten überzeugt werden, daß die eingeräumten Vorteile als Grundlage für die gemeinsame Gestaltung einer europäischen Friedensordnung gegenüber gewissen Kompromißerfordernissen eindeutig überwiegen. Neben allen wirtschaftlichen, politischen und kulturfördernden Anreizen wird der Anknüpfung an geschichtliche und kulturelle Entwicklung in Jahrhunderten bewährter Danzig-polnischer Nachbarschaft besondere Bedeutung beizumessen sein.

Allen Beteiligten kann es nicht gleichgültig sein, daß sie in die Lage versetzt werden, einen Konfliktherd auszuräumen, von dem auf Grund der bisherigen Erfahrungen erwartet werden muß, daß er ein dauerhaftes sehr hohes Gefahren-Risiko darstellt.

III. Schlußbemerkungen

Mit diesem kursorisch gezeichneten Konzept ist angedeutet worden, daß Lösungsansätze denkbar sind, die mit den wirtschaftlichen und politischen Interessen, insbesondere auch dem Sicherheitsbedürfnis aller Beteiligten in Einklang zu bringen sind. Die stichwortartig angerissenen Empfehlungen bedürfen der Vertiefung und Ausgestaltung durch die jeweiligen Experten.

Es mag andere Lösungen geben. Dieses Projekt mag auch modifiziert oder verbessernden Änderungen unterzogen werden. Möglicherweise ist die Entwicklung der deutschpolnischen Beziehungen trotz aller erfreulicher sich mehrender Anzeichen der Annäherung doch noch nicht so weit gereift, daß die Verwirklichung derart enger Verbindungen in Angriff genommen werden kann, die immer zugleich auch eine konsequente Minderung bisher für unverzichtbar gehaltener Herrschaftsrechte im Gefolge zu haben scheinen. Dieser Reifeprozeß ist in verschiedenen Facetten von allen Beteiligten zu leisten. Immerhin sind die Beteiligten auch Betroffene. Sie haben die Aussicht, sich von der Last schwelenden Dauerkonflikts zu befreien und sich gemeinsam den bedeutsamen Aufgaben für den Ausbau und die Fortgestaltung einer friedlichen Staatengemeinschaft in Europa zu widmen.

Die politische Gesamt-Konstellation ist nach dem Umbruch der Ost-West-Beziehungen für die Lösung der aufgezeigten Probleme günstiger denn je zuvor, weil die Bereitschaft

---

1587 Vgl. Gornig, Der Rechtsstatus des nördlichen Ostpreußen, S.155 ff.

zu Annäherung, Partnerschaft und gemeinsamer Verfolgung von Zielen, die das friedliche Zusammenleben der Menschen zukünftig erleichtern wird, zugenommen hat.

Der Problemkreis der Freien Stadt Danzig ist ein hervorragender Modellfall für die Frage der Qualität und Bewährung von Rechtsregeln, mit deren hochgezüchtetem Maßstab die Völkergemeinschaft ihr Ordnungssystem postuliert, auf dessen Grundlage sie sich anschickt, mit fortschrittlichen Erwartungen in ein drittes Jahrtausend des Friedens einzutreten. Auch am Erfolg der Bewältigung der bisher noch nicht gelösten Fragen des machtpolitisch schwachen Danziger Staatsvolkes wird die Durchsetzungsfähigkeit und damit der Grad der Glaubwürdigkeit des modernen Völkerrechts gemessen werden können.

Nachtrag 1999[1588]

Erster Abschnitt: Die Eingaben der Danziger Exilorgane
I. Die Eingaben von 1995

Die von den vertriebenen Danzigern gewählten Exilorgane, Rat der Danziger (Parlament) und Vertretung der Freien Stadt Danzig (Exekutive)[1589], haben im April/ Mai 1995 entsprechend den Beschlüssen des Rates in Anknüpfung an die zahlreichen vorausgegangenen Initiativen[1590] nochmals Eingaben mit dem Ziele versandt, eine Befassung mit den ungelösten völkerrechtlichen und politischen Fragen der Danziger zu erreichen. Den hierfür gewählten Zeitpunkt hielten die Organe der Danziger für günstig, in der Annahme, daß nach dem Umbruch im Osten die Bereitschaft gewachsen sein mußte, die noch offenen Friedensprobleme so bald wie möglich zu bereinigen, d.h. gerechten und vertretbaren Lösungen zuzuführen.

Die Danziger Exilorgane haben sich bei der Auswahl der Adressaten ihrer verschiedenen Eingaben und bei der inhaltlichen Abfassung der jeweiligen Eingabe von der von ihnen vertretenen Auffassung zur Rechtslage Danzigs und der Danziger leiten lassen.[1591] In einer Petition haben sie die Alliierten des Zweiten Weltkrieges, soweit sie diese als Träger der Schutzbeziehung und somit in der Verantwortung für Danzig sehen (Vereinigte Staaten von Amerika, Großbritannien, Frankreich, Rußländische Föderation), aufgefordert, eine völkerrechtliche, vertragliche Lösung im Rahmen des zusammenwachsenden Europa unter Beteiligung des Danziger Volkes herbeizuführen. Außerdem haben sie einen Antrag an die Vereinten Nationen gestellt, in Verfolgung ihrer Rechtsüberzeugung, daß ein förmlicher Antrag notwendige Voraussetzung für die Übernahme der Völkerbundsverpflichtungen und folglich für die Befassung der VN mit der Danziger Frage ist. Mit einer Note, also mit einem förmlichen Schreiben eines Staates an einen anderen, richteten die Danziger Exilorgane an die Republik Polen das Ersuchen, die Verwaltungsbesetzung Danzigs zu beenden und in Verhandlungen über gemeinsame Lösungen im künftigen Europa einzutreten. Die Bundesrepublik Deutschland wurde mit einem Schreiben ersucht, sich im Rahmen ihrer Mitverantwortung für die Danziger Staatsangehörigen, als nach deutschem Recht zugleich deutschen Staatsangehörigen, an den Bestrebungen für eine völkerrechtliche Lösung für die Danziger zu beteiligen. Die europäischen Organisationen Europarat, Europäische Union, Europäi-

---

1588 Die im Nachtrag behandelten und die im Dokumentenanhang zum Nachtrag abgedruckten Dokumente sind, soweit nicht andere Quellen genannt werden, von der Vertretung der Freien Stadt Danzig oder vom Bund der Danziger zur Verfügung gestellt und erläutert worden.
1589 Vgl. S. 66 ff.
1590 Anm. 283
1591 Vgl. S.68 ff.

sches Parlament und OSZE wurden schriftlich aufgefordert, völkerrechtliche Lösungen für die Danziger zu unterstützen.

Diesen Schritten der Danziger Exilorgane lag folgende Rechtsauffassung zugrunde:[1592]

1) Zur Rechtslage:

a) Die Annexion Danzigs sei

- *wegen Gewalt- und Annexionsverbotes,*
- *wegen Verstoßes gegen das Selbstbestimmungsrecht der Völker und*
- *wegen Vertragsbruchs (Versailler Vertrag und Errichtungsgrundlage der Freien Stadt Danzig) völkerrechtswidrig.*

b) Die Vertreibung der Danziger Bevölkerung, Enteignungen und die Verbannung – "ethnische Säuberung"- (die Verweigerung von Heimatrecht, insbesondere Rücksiedlungsrecht) sei Völkerrechtsverbrechen. Die Enteignungen seien völkerrechtswidrig und staatsrechtlich (z.B. in Polen, das jedoch die Rechtslage nicht beachte) rechtswidrig.

c) Die von den Alliierten als Träger der Garantie und des Schutzes des Danziger Staates angeordnete vorläufige Verwaltungsbesetzung Danzigs durch Polen sei völkerrechtswidrig über das notwendige Maß (zeitlich und inhaltlich) hinaus ausgedehnt worden.

d) Die völkerrechtlichen Verträge zwischen Deutschland und den Alliierten (2+4-Vertrag) und mit Polen (Grenzbestätigungsvertrag) berührten Danzig und die Danziger nicht.

e) Das bisherige weitgehende Schweigen der Eingabe-Empfänger, die Unterlassung einer Antwort und das Unterlassen von Aktivitäten seien ein Verstoß gegen die rechtsstaatlichen Grundsätze, nach denen rechtliches Gehör zu gewähren ist, auf Petitionen Bescheide zu erteilen und zu begründen sowie Rechtswege zu eröffnen sind. Das alles zu verweigern, untätig zu bleiben und nicht zu reagieren, sei mit den rechtsstaatlichen Prinzipien der europäischen Staaten und der Europäischen Union nicht zu vereinbaren und könne vor den Gerichtshöfen eingeklagt werden. Das gelte auch gegenüber Polen, insbesondere unter dem Aspekt der geschehenen Aufnahme in den Europarat und des Antrages zur Aufnahme in die NATO und in die EU.

2) Zu den Rechtsfolgen:

a) Eine völkerrechtliche Lösung für Danzig und die Danziger stehe aus. Die von den Vier Mächten angeordnete vorläufige Verwaltungsbesetzung des Gebietes der Freien Stadt Danzig sei in eine Friedenslösung zu überführen. An den hierfür erforderli-

---

1592 Vgl. Vermerk der Vertretung der Freien Stadt Danzig vom 4.2.1998 im Zusammenhang mit der Behandlung der Eingaben (von der Vertretung zur Verfügung gestellt).

chen vertraglichen Regelungen sei auch die betroffene Danziger Volksgruppe zu beteiligen.

b) Das Recht auf die Heimat (Menschenrechte) sei zu vollziehen, insbesondere die Rücksiedlung der betroffenen Menschen unter zumutbaren Bedingungen zu ermöglichen.

c) Die rechtswidrigen Enteignungsgesetze seien aufzuheben. Die Enteignungen seien rückgängig zu machen; wo nicht möglich, sei voll zu entschädigen.

d) Die in Danzig entstandene Lage (Umsiedlung der Polen nach Vertreibung der Danziger) sei trotz der rechtswidrigen Verursachungen aus menschenrechtlichen Gründen zu berücksichtigen und in die zu verhandelnden Regelungen einzubeziehen.

e) Die Zukunft der Danziger könne sich nur als gemeinsamer Weg mit Polen im Rahmen des zusammenwachsenden Europa vollziehen.

3) Zu den erforderlichen Maßnahmen:

a) Die Rechte der Danziger Individuen könnten völkerrechtlich grundsätzlich nur von ihrem Staat geltend gemacht werden.

- *Der Staat der Danziger, Die Freie Stadt Danzig, sei aber nicht handlungsfähig,*
- *Der verwaltende Staat sei selbst Anspruchsgegner,*
- *Die verantwortlichen Alliierten seien verpflichtet, die Danziger Rechte wahrzunehmen, seien bisher jedoch untätig geblieben,*
- *Die Bundesrepublik Deutschland sei verpflichtet, die Rechte der Danziger, da sie die deutsche Staatsangehörigkeit neben der Danziger Staatsangehörigkeit gesetzlich anerkannt habe, im Rahmen des Diplomatischen Schutzes zu verfechten.*
- *Die VN seien verpflichtet, sich auf Antrag der Danziger Fragen anzunehmen und auf eine Lösung hinzuwirken. Der Antrag sei gestellt worden.*

b) Infolge der bisherigen Untätigkeit der verpflichteten Staaten und Organisationen müßten die Danziger ihre Rechte und Interessen auch selbst durchsetzen; d.h., die von ihnen gewählten Exilorgane, die, soweit möglich, an Stelle ihrer Regierung handeln, seien im Rahmen ihrer Exilaufgaben berechtigt und verpflichtet, die Rechte und Ansprüche der Danziger zu verfolgen. Die Vertretung der Freien Stadt Danzig und der Rat der Danziger, unterstützt vom Bund der Danziger, seien deshalb verpflichtet, konkrete Schritte zu unternehmen, um die Rechte der Danziger einzufordern und Verhandlungen über eine gerechte Lösung in einem Europa des Friedens zu führen, in dem auch die Danziger ihren angemessenen Platz finden.

Die in deutscher und englischer Sprache abgefaßten, vom Präsidenten des Rates der Danziger, Günter Oberste-Berghaus, und vom Präsidenten der Vertretung der Freien

Stadt Danzig, Helmut Roick, unterzeichneten Eingaben werden nachstehend im deutschen Wortlaut[1593] wiedergegeben:

1. *Petition an die Alliierten*

Diese Petition wurde am 22. Mai 1995 an den Präsidenten der Vereinigten Staaten von Amerika, Bill Clinton, den Premierminister von Großbritannien, John Major, den Präsidenten der Französischen Republik, François Mitterrand und den Präsidenten der Rußländischen Föderation, Boris N. Yeltsin, gerichtet:

"Exzellenzen!

Die Exilorgane des Danziger Volkes beehren sich, die nachstehende Eingabe an die Vier Mächte zu richten.

1. Die Vertretung der Freien Stadt Danzig – sie repräsentiert seit 1945 das Danziger Staatsvolk im Exil (durch Flucht, Vertreibung und Verbannung erzwungen) – wendet sich an die Vier Mächte, die gemeinsam für den Schutz Danzigs und seiner Bevölkerung die Verantwortung tragen. Die Vertretung der Freien Stadt Danzig richtet die dringende Bitte an die oben bezeichneten Vier Mächte, so schnell wie möglich die noch ausstehende völkerrechtsgemäße Lösung für die Danziger herbeizuführen, zu diesem Zwecke die erforderlichen Schritte einzuleiten und hierbei die Exilorgane der Danziger voll zu beteiligen.

2. Das Territorium des Danziger Staates befindet sich immer noch unter Verwaltungsbesetzung der Republik Polen. Es gilt, diese vorläufige Maßnahme ohne weiteren Verzug in einen endgültigen Friedenszustand überzuleiten, der den Rechts- und Lebensgrundlagen des vertriebenen Danziger Staatsvolkes entspricht (von ca 400.000 Danzigern sind mehr als 100.000 umgekommen, ca 300.000 in der Vertreibungslage und etwa 10.000 in der Heimat geblieben; etwas über 2 % waren Polen).

Die Danziger sind nicht bereit, die an ihnen vollzogene "ethnische Säuberung", den Bruch der Menschenrechte wie den Verstoß gegen das Selbstbestimmungsrecht der Völker hinzunehmen. Sie sind überzeugt, daß nach dem Umbruch im Osten mit den neuen rechtsstaatlichen und demokratischen Bemühungen der Boden bereitet ist, ihnen nach all den Jahren des Schweigegebots nun Gehör zu schenken und Gerechtigkeit widerfahren zu lassen.

Im Jahre 1945 haben die vier kriegführenden Mächte – Vereinigte Staaten von Amerika, Vereinigtes Königreich von Großbritannien und Nordirland, Französische Republik Frankreich und die Sowjetunion – die Regierungsgewalt über das militärisch besetzte Territorium der Freien Stadt Danzig übernommen, das nicht zum Deutschen Reich in den Grenzen vom 31. Dezember 1937 gehörte. Auf ihrer Drei/Vier-Mächte-Konferenz in Potsdam haben sie in Ausübung der für den Danziger Staat wahrgenommenen Regierungsgewalt die vorläufige Verwaltungsbesetzung über das Gebiet der Freien Stadt

---

1593 Vgl. Unser Danzig 6/1995 S.21 und 9/1995 S.11

Danzig auf den wiederhergestellten polnischen Staat übertragen. Bedingung dieser Entscheidung war, das Provisorium so schnell wie möglich in eine Friedensregelung überzuleiten.

Wegen der Kriegsereignisse und der Vertreibungsmaßnahmen konnte die Staatsgewalt der Freien Stadt Danzig zeitweise nicht ausgeübt werden. Das Danziger Staatsvolk konnte mithin nicht beteiligt werden. Deshalb war die Entscheidung der Fremdverwaltung als vorübergehende Maßnahme im Rahmen der Verantwortlichkeiten der Vier Mächte als Schutzmächte für den Danziger Staat notwendigerweise zu respektieren. Die über diese Entscheidung hinausgehenden Handlungen der Republik Polen mit dem einseitigen Bestreben endgültiger Einverleibung – Vertreibung, Vernichtung, Aussperrung, Enteignung – verstoßen jedoch gegen zwingendes Völkerrecht und gegen die Grundsätze der europäischen Friedenspolitik. Sie werden vom Danziger Staatsvolk nicht hingenommen. Gewaltverbot, Annexionsverbot, Selbstbestimmungsrecht der Völker und die nicht untergegangene kollektivvertraglich gesicherte Schutzbeziehung der Siegermächte des I. und II. Weltkrieges zu dem Internationalen Status des neutralen Staates Freie Stadt Danzig stehen diesen einseitigen Handlungen und Maßnahmen entgegen.

3. Die Freie Stadt Danzig wurde im November 1920 nach dem Ende des I. Weltkrieges als neutraler deutscher Kleinstaat durch die Alliierten und Assoziierten Hauptmächte errichtet, an die Deutschland auf Grund des Versailler Vertrages im Januar 1920 die Territorialsouveränität übertragen hatte. Den Vollzug der durch den Versailler Vertrag begründeten Schutzbeziehung übertrugen die Alliierten auf den Völkerbund, der die Garantie für die Danziger Verfassung und die Schutzpflicht für die Freie Stadt Danzig für die Schutzmächte nach außen wahrzunehmen hatte. Diese Aufgabe wurde bis zum 1. September 1939 durch einen ständigen Hohen Kommissar des Völkerbundes mit Sitz in Danzig wahrgenommen.

Die Beziehungen der Republik Polen und der Freien Stadt Danzig zur Sicherung des Polen zugesagten freien Zuganges über die Weichsel zur Ostsee wurden durch den zwischen den beiden Staaten geschlossenen und von den Alliierten genehmigten Pariser Vertrag vom 9. November 1920 geregelt.

Sowohl der 1946 aufgelöste Völkerbund, als auch die neubegründete Organisation der Vereinten Nationen haben die Schutzbeziehung für die Freie Stadt Danzig zu den fortbestehenden politischen Aufgaben gerechnet, deren weitere Behandlung zu den Kompetenzen der Vereinten Nationen gehört. Ein ausdrücklicher Antrag des Danziger Staatsvolkes oder eines anderen Beteiligten verpflichtet somit die Vereinten Nationen, sich mit der ungelösten völkerrechtlichen Problematik der Danziger zu befassen. Die Verantwortlichkeit für eine baldige Lösung liegt in erster Linie bei den Hauptmächten des I. Weltkrieges USA, Großbritannien und Frankreich (zufolge der Friedensverträge von 1947 ohne Japan und Italien) wegen der von ihnen begründeten Schutzbeziehung, und darüber hinaus Rußland, das sich als UdSSR in Potsdam und danach diesen Verpflichtungen angeschlossen hat.

Die Freie Stadt Danzig ist zwar vom Deutschen Reich zum Kriegsschauplatz gemacht worden; sie hat jedoch keinem anderen Staat den Krieg erklärt und war nicht Kriegsteilnehmer. Sie gehört als außerhalb der Grenzen des Deutschen Reiches vom 31. Dezember 1937 liegendes Territorium nicht zu den Oder-Neiße-Gebieten, über die der am 16. Januar 1992 in Kraft getretenen Grenzbestätigungsvertrag zwischen der Bundesrepublik Deutschland und der Republik Polen vom 14. November 1990 geschlossen worden ist. Für die Freie Stadt Danzig besteht folglich die Verwaltungsbesetzung durch die Republik Polen fort. Der Status der Verwaltungsbesetzung ist nach den anzuwendenden Vorschriften der Haager Landkriegsordnung so schnell wie möglich rückgängig zu machen und in eine rechtlich gebotene vertragliche Regelung im Rahmen der europäischen Friedensordnung zu überführen.

4. Die legitime völkerrechtliche Exilvertretung der Freien Stadt Danzig und des Danziger Staatsvolkes – die "Vertretung der Freien Stadt Danzig" – ist durch demokratische (allgemeine, freie und geheime), ständig wiederholte Wahlen des Parlaments "Rat der Danziger" nach 1945 zustandegekommen. Sie ersucht die insoweit verantwortlichen vier Siegermächte des II. Weltkrieges – USA, Großbritannien, Frankreich und Rußland –, die von ihnen angeordnete Verwaltungsbesetzung zu beenden, die Rechte des Danziger Staatsvolkes wiederherzustellen und eine mit den Beteiligten auszuhandelnde völkervertragliche Lösung herbeizuführen. Das Eigentum ist zurückzugeben; Schäden sind zu ersetzen. Die Rücksiedlung ist zu ermöglichen. Über Rechte und Stellung der derzeitigen Bürger in Danzig und über die Kosten der Verwaltungsbesetzung ist zu verhandeln. Nach den völkerrechtlich zwingenden Grundsätzen des Selbstbestimmungsrechts der Völker darf keine Regelung zugelassen werden, an der die betroffene vertriebene Danziger Bevölkerung nicht voll und ganz beteiligt worden ist.

5. Als ihre politische Zielsetzung erstreben die Danziger eine feste Verankerung in einer Friedensordnung der europäischen Staaten. Im Rahmen des zusammenwachsenden Europa sehen sie ihre Zukunft in einer engen Verbindung mit ihrem polnischen Nachbarvolk, auf der Grundlage

- *der Einsicht und Respektierung, daß Geschichte nicht rückdrehbar ist,*

- *der Achtung der historischen Wahrheit bei allen Beteiligten,*

- *der Anknüpfung an bewährte Nachbarschaften der deutschen Stadtrepublik Danzig und Polen in früheren Jahrhunderten,*

- *einer Politik offener Grenzen,*

- *der Erkenntnis und Berücksichtigung gemeinsamer Interessen, der Garantie der Menschenrechte und des Selbstbestimmungsrechts des Danziger Volkes wie der polnischen Neusiedler,*

- *der Zusicherung geeigneter Prozeduralien einer angemessenen gemeinsamen Selbstverwaltung der Danziger und polnischen Bevölkerung im Territorium Danzigs, mit gleichen Rechten für die beiden Volks- und Sprachstämme, einschließlich der Rücksiedler,*

- Erneuerung einer internationalen, vor allem europäischen Schutzbeziehung zur Garantie der gemeinsamen Existenzgrundlagen für die Bevölkerung im Danziger Raum.

Die Vertretung der Freien Stadt Danzig steht für die erforderlichen Verhandlungen über die gemeinsame Zukunft bereit und bittet dringend um baldige Eröffnung der ersten Kontakte. Da die Danziger infolge der rechtswidrigen Enteignungen ihres gesamten öffentlichen und privaten Vermögens durch die früheren sozialistischen Regierungen nur über unzureichende finanzielle Mittel verfügen, werden die Verhandlungspartner auch insoweit um tatkräftige Unterstützung gebeten.

Für die geschichtlichen, kulturellen, wirtschaftlichen und rechtlichen Grundlagen wird in Anknüpfung an das "Danziger Grünbuch" von 1920, über die Beziehungen zwischen der Freien Stadt Danzig und Polen, auf das beigefügte "Grünbuch Freie Stadt Danzig – Gerechtigkeit für die Danziger" 1994 verwiesen, in dem das im Jahre 1965 veröffentlichte Grünbuch der Danziger Exilorgane seine Aktualisierung erfahren hat. Weiteres Material, insbesondere völkerrechtliche Gutachten und Veröffentlichungen wird die Vertretung vorlegen, sobald dies im Rahmen der bevorstehenden Verhandlungen förderlich ist.

Die Danziger haben auf die Anwendung jeder Form von Gewalt zur Wiederherstellung gerechter Lösungen verzichtet. Umsomehr erwarten sie die Bereitschaft und Initiative der Verantwortlichen und Beteiligten, sie auf ihrem friedlichen Weg in eine gerechte Zukunft zu begleiten und zu unterstützen.

Die Vertretung der Freien Stadt Danzig bittet die Vier Mächte um eine baldige Beantwortung dieser Eingabe. Sie schlägt vor, eine Kommission zu bestellen, zu deren Sitzungen neben der Vertretung der Freien Stadt Danzig die Republik Polen und die Bundesrepublik Deutschland eingeladen werden sollten.

Mit vorzüglicher Hochachtung"

2. Antrag an die Vereinten Nationen

Dieser am 22. April 1995 unterzeichnete Antrag wurde an den Generalsekretär der Vereinten Nationen, Boutros Boutros-Ghali, gerichtet:

"Exzellenz!

Die Vertretung der Freien Stadt Danzig – sie repräsentiert seit 1945 das Danziger Staatsvolk im Exil (durch Flucht, Vertreibung und Verbannung erzwungen) – wendet sich an die Vereinten Nationen mit dem Antrag, sich mit der Danziger Frage zu befassen, zur Herbeiführung einer noch ausstehenden völkerrechtsgemäßen Lösung für die Danziger beizutragen, zu diesem Zwecke so bald wie möglich die erforderlichen Schritte einzuleiten und hierbei die Exilorgane der Danziger voll zu beteiligen.

Zur näheren Begründung des Antrages wird auf die an die vier Schutzmächte für Danzig (Vereinigte Staaten von Amerika, Vereinigtes Königreich von Großbritannien und

Nordirland, Französische Republik und Rußland) gerichteten Eingabe Bezug genommen, die als Anlage beigefügt ist. Das aktualisierte "Grünbuch Freie Stadt Danzig – Gerechtigkeit für die Danziger" 1994 ist mit der Bitte um Kenntnisnahme ebenfalls als Anlage beigefügt.

Die Danziger im Exil bitten die Vereinten Nationen dringend um Unterstützung. Sie verfolgen ihre Ziele im Sinne der friedenserhaltenden Aufgaben der Vereinten Nationen. Sie stellen ihre politischen Vorschläge in den Rahmen der Friedensordnung der Welt und Europas. Sie berücksichtigen die Interessen aller Beteiligten. Sie sind überzeugt, daß die Verwirklichung ihrer Zielsetzungen dem Frieden dienen wird.

Die Vertretung der Freien Stadt Danzig bittet um baldige Beantwortung dieses Antrages. Sie schlägt vor, eine Kommission einzusetzen, zu deren Sitzungen neben der Vertretung der Freien Stadt Danzig die Republik Polen und die Bundesrepublik Deutschland eingeladen werden sollten.

Mit vorzüglicher Hochachtung"

3. Note an die Republik Polen

Die an den Premierminister der Republik Polen, Józef Oleksy, gerichtete Danziger Note hat nachstehenden Wortlaut:

"Exzellenz!

Die Vertretung der Freien Stadt Danzig – sie repräsentiert seit 1945 das Danziger Staatsvolk im Exil – wendet sich an die Regierung der Republik Polen mit dem dringenden Ersuchen, sich mit der Danziger Frage zu befassen, zur Herbeiführung einer noch ausstehenden völkerrechtsgemäßen Lösung für die Danziger beizutragen, zu diesem Zwecke alsbald die erforderlichen Schritte einzuleiten und hierbei die Exilorgane der Danziger voll zu beteiligen. Zur näheren Begründung dieses Anliegens der Danziger wird auf die an die Vier Schutzmächte für Danzig (USA, Großbritannien, Frankreich und Rußland) gerichtete Eingabe und auf den bei den Vereinten Nationen gestellten Antrag sowie auf das Schreiben an die Bundesrepublik Deutschland Bezug genommen, die als Anlagen beigefügt sind. Das aktualisierte "Grünbuch Freie Stadt Danzig – Gerechtigkeit für die Danziger" 1994 ist ebenfalls als Anlage beigefügt.

Die Danziger hoffen, die Republik Polen davon überzeugen zu können, daß sie auf der Grundlage der von ihr auf dem Territorium Danzigs ausgeübten Gebietshoheit Vorschläge einbringen wird, die dem Interesse der betroffenen Menschen und Staaten gerecht werden und geeignet sind, dem Frieden in Europa zu dienen.

Die Danziger respektieren die Hürde der für Polen zu überwindenden Schwierigkeiten. Sie erinnern jedoch an das bemerkenswerte Opfer, das sie im Interesse einer Zukunft des Friedens im zusammenwachsenden Europa ihrerseits zu tragen bereit sind. Die Danziger meinen, daß eine an die überwiegend bewährten Epochen vergangener Jahrhunderte Danzig-polnischer Nachbarschaften anknüpfende Lösung – unter Berücksichtigung der Ordnungssysteme und international garantiert – den Zukunftsinteressen aller

Beteiligten gerecht zu werden vermag. So kann auch der Friede trotz eines Zustandes wiederhergestellt und gesichert werden, der – durch die Kriegsereignisse und den anschließenden Eisernen Vorhang erzwungen – die Keimzelle von Konfliktstoffen zu verewigen schien. Die Vertretung der Freien Stadt Danzig ist zur Aufnahme zunächst eines Gedankenaustausches bereit und bietet Polen die Hand zur gemeinsamen Planung einer gemeinsamen Zukunft.

Die Vertretung der Freien Stadt Danzig bittet die Regierung der Republik Polen um eine baldige Beantwortung dieser Note.

Mit vorzüglicher Hochachtung"

4. Eingabe an die Bundesrepublik Deutschland

An Bundeskanzler Dr. Helmut Kohl – zugleich an den Bundesminister des Auswärtigen, Dr. Klaus Kinkel und den Bundesminister des Innern, Manfred Kanther – wurde nachstehende Petition übersandt:

"Sehr geehrter Herr Bundeskanzler!

Die Vertretung der Freien Stadt Danzig erlaubt sich, beiliegende Abdrucke der an die Schutzmächte der Freien Stadt Danzig, die Vereinten Nationen und an die Republik Polen gerichteten Schriftstücke mit der Bitte um Kenntnisnahme zu überreichen. Außerdem ist das aktualisierte "Grünbuch Freie Stadt Danzig – Gerechtigkeit für die Danziger" 1994 als Anlage beigefügt.

Die Bundesrepublik Deutschland wird gebeten, die Planungen und Vorschläge zur Lösung der offenen völkerrechtlichen Fragen des Danziger Volkes im Rahmen ihrer Obhutsverpflichtungen für die Danziger (Identität der Bundesrepublik Deutschland mit dem Deutschen Reich) wirksam zu unterstützen.

Die Danziger erinnern sich dankbar der jahrelangen verständnisvollen Haltung aller Bundesregierungen ihren Problemen und ihrem Rechtsstandpunkt gegenüber. Sie wissen auch, daß sich die Bundesrepublik schon aus völkerrechtlichen Gründen nicht in der Lage gesehen hat, bei den deutsch-polnischen Vertragsverhandlungen die Danziger Frage aufzugreifen. Sie anerkennen insbesondere die hilfreiche und fürsorgliche Einstellung aller Deutschen bei der Aufnahme der vertriebenen Danziger in der Bundesrepublik.

Die Danziger werden ihre Heimat nicht preisgeben. Sie werden aber friedliche Wege gehen, um gemeinsam mit ihren polnischen Nachbarn und mit den polnischen Neusiedlern in Danzig im Rahmen der zusammenwachsenden europäischen Staaten die gerechten und vertretbaren Lösungen im Interesse aller Beteiligten zu erreichen.

Die Vertretung der Freien Stadt Danzig wünscht alle Schritte auf diesem Wege in engem Benehmen mit der Bundesrepublik Deutschland zu unternehmen. Sie bittet um eine baldige Beantwortung dieses Schreibens. Sie schlägt vor, ihr in einem nahen Termin Gelegenheit zur Erörterung zu geben.

Mit vorzüglicher Hochachtung"

5. Eingabe an europäische Organisationen

Die dem Generalsekretär des Europarates, Prof. Dr. Daniel Tarschys, dem Präsidenten der Europäischen Kommission, Jacques Santer, dem Präsidenten des Europäischen Parlaments, Klaus Hänsch und dem Generalsekretär der OSZE, Dr. Wilhelm Höynck, am 2. Juni 1995 zugeleitete Eingabe hat nachstehenden Wortlaut:

"Exzellenzen!

Die Vertretung der Freien Stadt Danzig – sie repräsentiert seit 1945 das Danziger Staatsvolk im Exil (durch Flucht, Vertreibung und Verbannung erzwungen) – erlaubt sich, beiliegende Abdrucke von Schriftstücken mit der Bitte um Kenntnisnahme zu überreichen. Die Danziger, die mit großer Geduld und Friedenswillen lange Jahre ihr schweres Verbannungsschicksal getragen haben, hoffen nach dem Umbruch im Osten nun einer friedlichen und völkerrechtsgemäßen Lösung ihrer offenen Fragen näherzukommen. Sie erbitten für diesen Weg im Rahmen der Friedensordnung der zusammenwachsenden Staaten Europas die nachhaltige und wirksame Unterstützung der europäischen Organisationen.

Mit vorzüglicher Hochachtung"

II. Reaktionen

Der an die VN gerichtete Antrag ist am 27. April 1995 von einem bevollmächtigten Vertreter der Danziger Exilorgane im Generalsekretariat der VN überreicht und eingehend erläutert worden.[1594] Seitens der VN wurde bei diesem Gespräch zum Ausdruck gebracht, daß die Danziger Probleme weiterhin aufmerksam beobachtet würden und daß um weitere laufende Informationen gebeten werde.

Im Namen des Generalsekretärs des Europarates hat der Direktor für Politische Angelegenheiten, Hans-Peter Furrer, am 28. Juli 1995 nachstehende Antwort gegeben:

[1594] Unser Danzig 6/1995 S.21; vgl. auch S.74; einzelne Informationen stammen von der Vertretung der Freien Stadt Danzig.

"COUNCIL OF EUROPE
SECRETARIAT GENERAL

Strasbourg, 28 July 1995

Herr Günter Oberste-Berghaus
President of the Danzig Council
Herr Helmut Roick
President of the Executive-in-Exile of the
Free City of Danzig
Engelsgrube 66
D-23552 Lübeck

Dear Sirs,

The Secretary General has asked me to reply to your letter of June 1995.

I enclose for your information the Vienna Declaration, adopted by the Heads of State and Government of the member States of the Council of Europe at their summit conference held in Vienna on 9 October 1993. This document exposes the position of the Organisation as to the present and future Europe, a position that ist in line with the principles of the OSCE.

With kind regards
gez. Hans P. Furrer
Hans-Peter Furrer
Director of Political Affairs"

Deutsche Übersetzung:[1595]

"Sehr geehrte Herren,

Der Generalsekretär hat mich gebeten, Ihren Brief vom 2. Juni 1995 zu beantworten.

Zu Ihrer Unterrichtung füge ich die Wiener Erklärung bei, die von den Staats- und Regierungschefs der Mitgliedstaaten des Europarats auf ihrem Gipfeltreffen in Wien am 9. Oktober 1993 verabschiedet worden ist. Dieses Dokument bringt die Auffassung der Organisation zum gegenwärtigen und künftigen Europa zum Ausdruck, eine Auffassung, die mit den Grundsätzen der OSZE in Einklang steht.

Mit freundlichen Grüßen"

Diese im Auftrag des Generalsekretärs des Europarats erteilte Antwort auf die Unterstützungsbitte der Danziger ist aus mehreren Gründen bedeutsam.

1595 Vom Verfasser besorgte Übersetzung aus dem Englischen

1) Die Antwort ist ausdrücklich an die Präsidenten des Rates der Danziger und der Vertretung der Freien Stadt Danzig adressiert, die die Petition unterzeichnet und abgesendet haben. Sie enthält keine förmlichen Bedenken gegen die Verwendung dieser offiziellen Funktionsbezeichnungen der Vertretungen der Danziger im Exil.

2) Die Antwort enthält keine Ablehnung oder Zurückweisung der von den Danzigern vorgetragenen Lage.

3) Aus der Antwort ergibt sich ein positiver, konstruktiver Ansatz durch die Bezugnahme auf die beigefügte Wiener Erklärung von 1993[1596] mit allen ihren Teilbereichen, einschließlich des Schutzes der nationalen Minderheiten und der Verweise auf die geltende völkerrechtliche Grundlage – somit auch auf das Selbstbestimmungsrecht der Völker. Besonders hervorgehoben werden in der Wiener Erklärung die Menschenrechte, das Rechtsstaatsprinzip, die Achtung der territorialen Unversehrtheit und die Gewährleistung der nationalen Souveränität der Staaten.

III. Erinnerungen von 1998

Da weitere Reaktionen ausblieben, beschloß der Rat der Danziger in seiner Sitzung am 12. April 1997, Erinnerungsschreiben zu versenden und diese mit dem Versuch zu verbinden, die Staatenwelt von dem redlichen Bemühen der vertriebenen Danziger zu überzeugen, an der Gestaltung eines Europas des Friedens mitzuwirken.

Nachstehend wird der deutsche Wortlaut der im Februar 1998 in deutscher und englischer Sprache verfaßten Eingaben abgedruckt:[1597]

1. Petition an die Alliierten

Petition vom 18. Februar 1998 an Bill Clinton (Präsident der USA), Tony Blair (Premierminister der UK), Jacques Chirac (Präsident der Französischen Republik) und Boris N. Yeltsin (Präsident der Rußländischen Föderation):

"Exzellenzen,

die seit 1945 freigewählten Exilorgane des Danziger Staatsvolkes haben am 22. Mai 1995 an die für die Danziger verantwortlichen Vier Mächte Eingaben mit dem Ziele gerichtet, die noch immer ausstehende völkerrechtliche Regelung für die vertriebenen und verbannten Danziger einzuleiten, von denen noch über 300.000 Menschen leben.

Diese Petition, der eine Ausfertigung eines den Vereinten Nationen am 27. April 1995 in New York überreichten Antrages beigefügt war, ist bisher ohne Antwort geblieben.

1596 Vgl. Anm. 1477
1597 Von der Vertretung der Freien Stadt Danzig zur Verfügung gestellt.

Die vertriebenen Danziger, deren Stadt und Umland zu keiner Zeit ihrer 774 jährigen Geschichte (und auch vor der Gründung der deutsch-rechtlichen Stadt im Jahre 1224 nicht) polnisch gewesen ist, haben ihre Schicksalsfrage an Sie, als Träger der Schutzbeziehung für Danzig, herangetragen. Sie haben diesen Schritt in der Überzeugung unternommen, daß sich die angerufenen Staaten im Rahmen ihrer Verantwortungskompetenz und mit Rücksicht auf die in der Staatenwelt geltenden demokratischen und rechtsstaatlichen Grundsätze für verpflichtet halten, den Petenten zu antworten und zugleich Gelegenheit einräumen, angehört zu werden, ihre Anliegen zu vertreten und zu erörtern.

Wie mit Deutschland im Zwei-plus-Vier-Vertrag vom 12. September 1990 eine abschließende Regelung zahlreicher Fragen erreicht worden ist, muß es möglich sein, auch mit den Danzigern eine völkerrechtliche Anschlußlösung auszuhandeln und zu verwirklichen. Die Danziger werden sich im künftigen Miteinander der europäischen Völker nicht ausschließen lassen. Sie haben bereits vielfältig und eindrucksvoll bewiesen, daß sie in der Lage und willens sind, am Neubau des europäischen Friedenssystems konstruktiv mitzuwirken. Sie erwarten dringend die Eröffnung der hierfür geeigneten und erforderlichen Verfahren. Sie werden sich weiterhin an diesem dem Frieden für alle betroffenen Menschen dienenden Prozeß in einer forschrittlichen Einstellung beteiligen, die eine europäische Zukunft mit allen angrenzenden Völkern im zusammenwachsenden Europa gewährleistet.

Die Vertretung der Freien Stadt Danzig bezieht sich auch inhaltlich auf die Eingabe vom 22. Mai 1995. Sie bittet um Bestätigung des Eingangs der Eingabe sowie dieses Schreibens, um möglichst baldige Einleitung geeigneter Maßnahmen, um Beantwortung der aufgeworfenen Fragen und um Stellungnahme zu den Vorschlägen. Sie wiederholt ihren Vorschlag, eine Kommission zu bestellen, zu deren Sitzungen auch die Republik Polen, die Bundesrepublik Deutschland und die Vertretung der Freien Stadt Danzig eingeladen werden sollten.

Mit vorzüglicher Hochachtung"

2. Eingabe an die Vereinten Nationen

Wortlaut des an Kofi Annan (Generalsekretär der VN) gerichteten Schriftstücks:

"Sehr geehrter Herr Generalsekretär,

der Antrag der seit 1945 freigewählten Exilorgane des Danziger Staatsvolkes an die Vereinten Nationen, für eine völkerrechtsgemäße Lösung der offenen Danziger Frage tätig zu werden, ist am 27. April 1995 in New York übergeben und erläutert worden. Eine schriftliche Beantwortung bzw. eine Stellungnahme ist jedoch bisher ausgeblieben.

Rat der Danziger (Parlament) und Vertretung der Freien Stadt Danzig (Exekutive) vertreten auf Grund demokratischer Wahlen seit 1945 die über 300.000 wegen Vertreibung, Verbannung und Enteignung im Exil lebenden Danziger, deren Stadt und Umland zu keiner Zeit ihrer 774 jährigen Geschichte (und auch vor der Gründung der deutsch-

rechtlichen Stadt im Jahre 1224 nicht) polnisch gewesen ist). Rat und Vertretung, als die einzigen von der Danziger Volksgruppe legitimierte Exil-Repräsentation, bitten die Vereinten Nationen, sich möglichst bald mit dem Antrag zu befassen. In den Gründungsverhandlungen haben die Vereinten Nationen erklärt, daß die Schutzbeziehung und Verantwortung für Danzig und die Danziger zu den politischen Aufgaben des Völkerbundes gehört, die von den Vereinten Nationen zu übernehmen seien, wenn ein Antrag gestellt würde.

Die Danziger berufen sich für die Behandlung ihres Antrages auf das heute rechtsstaatlich gesicherte Prinzip, nach dem jeder in seinen Rechten Betroffene einen Anspruch auf Anhörung und auf Beantwortung seiner vorgebrachten Anliegen hat.

Die Danziger Exilorgane wiederholen ihre Bitte, sobald wie möglich eine Kommission zu bilden, die sich mit den friedensfördernden und sehr konstruktiven wie realistischen Vorschlägen des Danziger Staatsvolkes auseinandersetzt. In dem beigefügten Vermerk ist die Lage der Danziger nochmals zusammengefaßt dargestellt.

Der am 27. April 1995 im Generalsekretariat der Vereinten Nationen übergebene Antrag wird nochmals beigefügt.

Mit diesem Schreiben wird die Bitte verbunden, den Eingang des Schreibens zu bestätigen und sich möglichst bald der dringenden Anliegen der Danziger anzunehmen.

Mit vorzüglicher Hochachtung"

3. Schreiben an die Republik Polen

Wortlaut des an Prof. Dr. Jerzy Buzek (Premierminister der Republik Polen) gesandten Schreibens:

"Exzellenz,

der Rat der Danziger und die Vertretung der Freien Stadt Danzig – als die seit 1945 freigewählten Exilorgane der Danziger – erlauben sich, an ihr Schreiben zu erinnern, das sie am 22. Mai 1995 an den damaligen Premierminister der Republik Polen Józef Oleksy gerichtet haben und das bis heute ohne Antwort geblieben ist.

Die vertriebenen und aus ihrer Heimat ausgeschlossenen Danziger sind überzeugt, daß die Republik Polen an einer völkerrechtlichen Anschlußlösung für Danzig interessiert sein muß. Im Zusammenhang mit den Plänen für eine Integration Polens in die europäischen Organisationen wird diese Frage mit dem Ziel eines möglichst baldigen Zusammenwachsens der europäischen Staaten besonders aktuell. Die Danziger dürfen im künftigen Miteinander der europäischen Völker nicht ausgeschlossen werden; und sie werden sich nicht ausschließen lassen.

Die Danziger haben vielfältig bewiesen, daß sie aufgeschlossen und konstruktiv wo immer möglich schon jetzt ihren wichtigen Beitrag leisten. Ihre gemeinsamen Veranstaltungen mit den polnischen Organen in Danzig, ihre Beiträge am Wiederaufbau Danziger Kulturdenkmäler, die jährlichen erfolgreichen deutsch-polnischen Begegnungen zu

Wissenschaft und Kultur der wiederaufgelebten Danziger Naturforschenden Gesellschaft und die übrigen zahlreichen bewährten, weiterführenden Kontakte, wie z.B. gemeinsame Ausstellungen, Vorträge, Konzerte usw. Dies alles sind sehr erfreuliche Beispiele und Anhaltspunkte für die Aussicht, auf rechtlich geordneter Grundlage gemeinsame Aufbauarbeit zu bewältigen. Die Republik Polen und die Polen im heutigen Danzig sollten sich zu einer in die Zukunft weisenden Haltung durchringen und den von den Danzigern dargebotenen Vorschlag, in Anknüpfung an geschichtliche Vorbilder einen gemeinsamen Weg zu beschreiten, ernsthaft bedenken. Mit Gesprächen, die zunächst dem Meinungsaustausch dienen, sollte alsbald begonnen werden.

Die Vertretung der Freien Stadt Danzig bittet um Bestätigung des Eingangs dieser Erinnerung und im Sinne der in der europäischen Staatenwelt anerkannten rechtsstaatlichen Grundsätze um möglichst baldige Beantwortung.

Mit vorzüglicher Hochachtung"

4. *Schreiben an die Bundesrepublik Deutschland*

Wortlaut des an Bundeskanzler Dr. Helmut Kohl, zugleich an den Bundesminister für Auswärtiges, Dr. Klaus Kinkel und den Bundesminister des Innern, Manfred Kanther, gerichteten Schreibens:

"Sehr geehrter Herr Bundeskanzler,

der Rat der Danziger und die Vertretung der Freien Stadt Danzig – als die von den vertriebenen Danzigern seit 1945 freigewählten Exilorgane und die einzigen legitimierten Repräsentanten des Danziger Staatsvolkes (noch über 300.000 Menschen) – haben Ihnen am 22. Mai 1995 Abdrucke von Eingaben übersandt, die an die Vier Mächte, die Vereinten Nationen, die Republik Polen und an europäische Organisationen gerichtet waren. Die Bundesrepublik Deutschland wurde gebeten, die Planungen und Vorschläge zur Lösung der offenen völkerrechtlichen Fragen des Danziger Volkes im Rahmen ihrer Obhutspflichten für die Danziger (deutsche Staatsangehörigkeit der Danziger Staatsangehörigen nach dem Recht der Bundesrepublik) zu unterstützen.

Unser Schreiben ist bis heute ohne Antwort geblieben, ein unter rechtsstaatlichen Grundsätzen schwer verständliches Verfahren, zumal die Bundesregierung anderen vertriebenen Volksgruppen gegenüber offensichtlich deutliches Bemühen bekundet, den berechtigten Anliegen der betroffenen Menschen Rechnung zu tragen.

Die Vertretung der Freien Stadt Danzig erlaubt sich, Ihnen die unter gleichem Datum an die Vier Mächte, die Vereinten Nationen, die Republik Polen und an europäische Organisationen versandten Erinnerungsschreiben mit der Bitte um Kenntnisnahme zuzuleiten.

Die Danziger haben vielfältig und überzeugend nachgewiesen, daß sie willens und in der Lage sind, am Bau eines Europas des Friedens zwischen allen seinen Völkern mitzuwirken. Sie haben sich an zahlreichen Veranstaltungen wie Ausstellungen, Vorträgen, Einweihungen, usw in Danzig beteiligt, sie haben am Wiederaufbau der Stadt Danzig durch die Polen mitgewirkt, und sie haben in nun schon mehreren erfolgreichen deutsch-polnischen Begegnungen zu Wissenschaft und Kultur der wiederbelebten Danziger Naturforschenden Gesellschaft gemeinsam mit polnischen Wissenschaftlern aus Danzig Beispiele für ihre weltoffenen, in die Zukunft gerichteten Bestrebungen gegeben. Die Danziger werden sich aber nicht ausgrenzen und von dem gemeinsamen Weg in die Zukunft Europas nicht ausschließen lassen. Sie halten es für geboten, daß sie bei allen künftigen Regelungen, die sie betreffen, beteiligt werden; und sie erwarten, daß sie von der Bundesrepublik Deutschland in ihrem Streben nach gerechten und vertretbaren Lösungen auf der Grundlage des geltenden Völkerrechts nachhaltig unterstützt werden.

Die geplante Eingliederung der Republik Polen in das europäische Staaten- und Sicherheitssystem bietet eine Gelegenheit und zugleich ein Erfordernis, diese Fragen zu behandeln, zu beantworten und zu bewältigen. Die vertriebenen und die wenigen in ihrer Heimat gebliebenen Danziger haben neben ihrer fortbestehenden Danziger Staatsangehörigkeit nach der Gesetzeslage der Bundesrepublik Deutschland auch die deutsche Staatsangehörigkeit. Eingedenk der daraus resultierenden Verantwortung Deutschlands wird der dringende Vorschlag erneuert, mit den Danziger Repräsentationsorganen in Gespräche einzutreten und unter rechtlichen und unter politischen Aspekten die Möglichkeiten zu beraten, den Anliegen der Danziger gerecht zu werden.

Mit der Bitte, den Eingang dieses Schreibens zu bestätigen, möglichst bald zu antworten und Gelegenheit zur Erörterung zu geben und

mit vorzüglicher Hochachtung"

5. Schreiben an den Europarat

Wortlaut des an Prof. Dr. Daniel Tarschys (Generalsekretär des Europarates) gesandten Schreibens:

"Sehr geehrter Herr Generalsekretär,

Rat der Danziger und Vertretung der Freien Stadt Danzig erlauben sich, Ihnen als Anlage Ausfertigungen der an die Vier Mächte, die Vereinten Nationen, die Republik Polen, die Bundesrepublik Deutschland und europäische Organisationen gerichteten Eingaben mit der Bitte um Kenntnisnahme zuzuleiten.

Die seit 1945 freigewählten Exilorgane der jetzt noch lebenden über 300.000 vertriebenen und verbannten Danziger sind dem Europarat dankbar für seine Antwort vom 28. Juli 1995, die für die betroffenen Danziger Menschen durchaus als hilfreich und verständnisvoll aufgefaßt worden ist.

Wir bitten den Europarat um Unterstützung der Anliegen der Danziger im Bemühen um gerechte völkerrechtliche Lösungen im zusammenwachsenden Europa des Friedens, im Sinne der von Ihnen zitierten völkerrechtlichen Grundätze.

Mit vorzüglicher Hochachtung"

6. Eingaben an weitere europäische Organisationen.

Wortlaut der an Jacques Santer (Präsident der Europäischen Kommission), José Maria Gil-Robles Gil-Delgado (Präsident des Europäischen Parlaments), Javier Solana Madariaga (Generalsekretär der NATO) und Giancarlo Aragona (Generalsekretär der OSZE) gerichteten Eingaben:

"Exzellenzen,

die seit 1945 freigewählten Exilorgane des vertriebenen und verbannten Danziger Staatsvolkes – der Rat der Danziger (Parlament) und die Vertretung der Freien Stadt Danzig (Exekutive) – erlauben sich beiliegende Ausfertigungen von Schriftstücken mit der Bitte um Kenntnisnahme zu überreichen.

Die Danziger bitten um wirksame Unterstützung ihrer dringenden Anliegen.

Mit vorzüglicher Hochachtung"

7. Schreiben an die Baltischen Staaten

Gleichlautende Schreiben an Dr. Algirdas Brazauskas, Guntis Ulmanis und Lennart Meri (Präsidenten der Republiken Litauen, Lettland und Estland):

"Exzellenz,

die seit 1945 freigewählten Exilorgane des vertriebenen und verbannten Danziger Staatsvolkes – der Rat der Danziger (Parlament) und die Vertretung der Freien Stadt Danzig (Exekutive) – erlauben sich, beiliegende Ausfertigungen von Schriftstücken mit der Bitte um Kenntnisnahme zu überreichen.

Die Danziger, die mit großer Geduld und Friedenswillen lange Jahre ihr schweres Verbannungsschicksal getragen haben, hoffen nach dem Umbruch im Osten nun einer friedlichen und völkerrechtsgemäßen Lösung ihrer offenen Fragen näherzukommen. Sie erbitten für diesen Weg im Rahmen der Friedensordnung der zusammenwachsenden Staaten Europas die nachhaltige und wirksame Unterstützung der europäischen Staaten und Organisationen. Die betroffenen Danziger Menschen sind überzeugt, in Ihrem inzwischen befreiten Land Verständnis für die Dringlichkeit einer Regelung der offenen Fragen zu finden.

Mit vorzüglicher Hochachtung"

IV. Antworten

1. Europäische Kommision

Für die Europäische Kommission hat der Leiter des Referats B2, Polen und die Baltischen Staaten, im Generaldirektorat IA, Auswärtige Beziehungen, Jean Trestour, mit nachstehend abgedrucktem Schreiben vom 14. April 1998 in deutscher Sprache geantwortet:

*"**EUROPEAN COMMISSION**
DIRECTORATE GENERALIA
EXTERNAL RELATIONS: Europe and the New Independant States, Common Foreign and Security Policy and External Missions
Poland and the Baltic States'
Head of Unit B2   Brüssel, den 15.4.1998*
DG IA/B2/MG D (98) 10 703

Sehr geehrter Herr Oberste-Berghaus,

sehr geehrter Herr Roick!

Der Präsident der Europäischen Kommission, Jacques Santer, läßt für Ihr Schreiben vom Februar 1998 und die beigelegten Unterlagen danken. Er hat mich gebeten, Ihnen zu antworten.

Die Kommission nimmt Ihre Position zur Situation Danzigs zur Kenntnis. Allerdings sehen wir derzeit keinen geeigneten und erfolgversprechenden Ansatzpunkt, Ihre Anliegen als Initiative der Europäischen Kommission im Rahmen internationaler Kontakte einzubringen. Dies würde im Rahmen internationalen Rechts in erster Linie der deutschen Bundesregierung zustehen.

Die Wahrung von rechtsstaatlichen Verhältnissen und Grundrechten ist selbstverständlich auch eine Grundvoraussetzung für den Beitritt Polens zur Europäischen Union. Die Kommission wird daher auch in Zukunft die weitere rechtsstaatliche und demokratische Entwicklung in Polen genau verfolgen und insoweit das ihr Mögliche tun.

Mit freundlichen Grüßen
gez. Trestour
Jean TRESTOUR

An die
Präsidenten der Vertretung der Freien Stadt Danzig
Herrn Günter Oberste-Berghaus   Herrn Helmut Roick

Haus Hansestadt Danzig, Engelsgrube 66, D – 23552 Lübeck"

Ähnlich wie die Reaktion des Europarates vom 28. Juli 1995 ist diese Antwort bemerkenswert, weil sie – bei aller politischen Zurückhaltung – eine sachlich begründete, konstruktive Stellungnahme beinhaltet. Auffallend ist auch an diesem Schreiben, daß es an den Absender, die Vertretung der Freien Stadt Danzig, in der auch förmlich zutreffenden Bezeichnung adressiert ist. Die Stellungnahme enthält keine Ablehnung des Danziger Standpunktes. Diese Frage wird offengelassen, lediglich zum Ausdruck gebracht, daß die Kompetenz für die Einbringung der Anliegen der Danziger "in erster Linie" im Rahmen geltenden internationalen Rechts bei der deutschen Bundesregierung liege. Der Hinweis auf die Zuständigkeit der deutschen Bundesregierung steht mit der Auffassung in Einklang, daß der Bundesrepublik Deutschland gegenüber den Danzigern, die auch die deutsche Staatsangehörigkeit besitzen, eine Obhutspflicht obliegt.[1598] Mit den Worten "in erster Linie" wird zutreffenderweise angedeutet, daß es auch noch andere Verantwortliche gebe.[1599] Insoweit ist auch die Hervorhebung des geltenden internationalen Rechts in diesem Rahmen von Bedeutung. Am wichtigsten ist aber die im Schlußabsatz niedergelegte Aussage, daß für den Beitritt Polens zur Europa-Union eine "selbstverständliche Grundvoraussetzung" erfüllt sein müsse, nämlich die Wahrung von rechtsstaatlichen Verhältnissen und von Grundrechten. Neben dieser ausdrücklichen Bezugnahme auf die notwendige Einhaltung der Grundrechte, wozu auch die Menschenrechte, der Schutz nationaler Minderheiten und die einzelnen Kriterien des Rechts auf die Heimat gehören[1600], wird außerdem von der Europäischen Kommission deren Rechtspflicht zum Ausdruck gebracht, im Bereich ihrer Möglichkeiten initiativ und aktiv zu werden, um die vorausgesetzte rechtsstaatliche und demokratische Entwicklung in Polen zu gewährleisten. Mit anderen Worten: Polen muß aus der Sicht der EU diese Rechtsvoraussetzungen nachgewiesen haben, bevor die EU dem Beitritt zustimmt.

2. *Bundesrepublik Deutschland*

Auch die Bundesrepublik Deutschland hat auf die Erinnerung vom 18. Februar 1998 nun reagiert, und zwar mit einer Stellungnahme des Auswärtigen Amtes vom 20. März 1998[1601], deren Wortlaut nachstehend wiedergegeben wird:

"Herrn
Günter Oberste-Berghaus
Engelsgrube 66

23552 Lübeck

Sehr geehrter Herr Oberste-Berghaus,

das Auswärtige Amt bestätigt den Eingang Ihres Schreibens an Bundesminister Kinkel vom 18. Februar 1998.

1598 Vgl. S.303 ff.
1599 Vgl. S.287 ff.
1600 Vgl.S.273 f., 278 ff.
1601 Der bisher nicht veröffentlichte Erlaß des Auswärtigen Amtes vom 20.3.1998 Gz.: 214-500.00 POL wurde von der Vertretung der Freien Stadt Danzig zur Verfügung gestellt.

In Bezug auf Danzig hat die Bundesrepublik Deutschland keine rechtserheblichen Handlungen vornehmen können, da Danzig schon seit der friedensvertraglichen Regelung nach dem Ersten Weltkrieg nicht mehr zu Deutschland gehörte. Objekt der kriegerischen Besetzung am Ende des Zweiten Weltkriegs war Deutschland in den Grenzen vom 31. Dezember 1937. Hinsichtlich des Völkerrechtssubjekts der Freien Stadt Danzig haben die Siegermächte auf der Potsdamer Konferenz die Vereinbarung getroffen, dass auch dieses Gebiet bis zu der endgültigen Festlegung der Westgrenze Polens in einer friedensvertraglichen Regelung unter die Verwaltung des polnischen Staates kommen sollte.

Der deutsch-polnische Vertrag vom 14. November 1990 hat die bestehende Grenze zwischen der Bundesrepublik Deutschland und der Republik Polen bestätigt. Außerdem haben beide Vertragsparteien erklärt, dass sie gegeneinander keinerlei Gebietsansprüche haben und solche in Zukunft nicht erheben werden.

Mit dem "Vertrag über die abschliessende Regelung in Bezug auf Deutschland" vom 12. September 1990 (2+4-Vertrag) hat sich nach Einschätzung der beteiligten Mächte auch die Frage einer weiteren friedensvertraglichen Regelung erledigt.

Mit freundlichen Grüßen

Im Auftrag"

Da vom Bundeskanzleramt keine Antwort vorliegt, ist davon auszugehen, daß vom Auswärtigen Amt als zuständigem Ressort die Auffassung der Bundesregierung wiedergegeben worden ist.

Absatz 2 enthält im Vergleich zu den vorangegangenen offiziellen Äußerungen des Auswärtigen Amts keine neue Aussage. Eine gewisse Verstärkung liegt in der Erweiterung: "*In bezug auf Danzig hat die Bundesrepublik Deutschland keine rechtserheblichen Handlungen vornehmen können, ...* "[1602] Danzig gehörte seit 1920 nicht mehr zu Deutschland. Die Bundesrepublik Deutschland hat deshalb nicht über den Status Danzigs verhandelt und insoweit keine Vereinbarungen getroffen. Danzig wurde wie Deutschland unter Verwaltungsbesetzung des polnischen Staates gestellt, und zwar begrenzt bis zur endgültigen Festlegung der Westgrenze Polens in einer friedensvertraglichen Regelung. Hier ist gegenüber dem Wortlaut des Erlasses richtigzustellen, daß auch Danzig unter militärische Besetzung gestellt worden ist. Es gehörte zur sowjetischen Besatzungszone und war nur soweit vom Besatzungsregime ausgenommen, wie es für das polnische Verwaltungshandeln im Rahmen des begrenzten, vorläufigen Verwaltungsauftrages erforderlich war.[1603]

Mit den Absätzen 3 und 4 spricht das Auswärtige Amt lediglich die vertraglichen Beziehungen Deutschlands zu den Siegermächten und zu Polen an. Die Freie Stadt Danzig ist nicht berührt, wie in Absatz 2 festgestellt wurde. Die Festlegung der Westgrenze Polens und der deutsche Verzicht auf Gebietsansprüche betrifft ebenfalls nicht den Status des Völkerrechtssubjekts Freie Stadt Danzig, hindert die Bundesrepublik Deutschland al-

---

1602 Vgl. Anm.882 mit der Formulierung "vorgenommen".
1603 Vgl. S.167 f.

lerdings auch nicht, ihrer Obhutspflicht gegenüber den Danzigern nachzukommen, insoweit eine völkerrechtliche Regelung zu verlangen und ihrer aus dem Völkerrecht resultierenden Verpflichtung zur Nichtanerkennung der Annexion Danzigs durch Polen und der Vertreibung der Danziger[1604] Geltung zu verschaffen.

Folgt man der Aussage, daß nach Auffassung der beteiligten Mächte der 2+4-Vertrag die im Jahre 1945 vorgesehene friedensvertragliche Regelung darstellt, und daß nach Einschätzung dieser Mächte die Frage einer weiteren friedensvertraglichen Regelung erledigt ist (Absatz 4), kann das nicht für Danzig gelten, weil für Danzig eine derartige Regelung aussteht. Abgesehen davon, daß im 2+4-Vertrag zahlreiche Probleme nicht geregelt worden sind, die zu einem Friedensvertrag gehören, ist eine friedensvertragliche Regelung mit dem Staatsvolk der Freien Stadt Danzig bisher nicht vereinbart worden. Als Antwort an die Exilorgane der vertriebenen Danziger auf ihre Forderung um Unterstützung genügte es folglich nicht, auf die Verträge der Bundesrepublik Deutschland hinzuweisen. Die Bundesrepublik Deutschland hätte klarstellen müssen, daß sie eine vertragliche, völkerrechtsgemäße Lösung für die Danziger verlangen und unterstützen wird.

Wenn man im Rückblick die offenbar zwischen Bundeskanzleramt und Auswärtigem Amt abgestimmten Äußerungen betrachtet, stellt man fest, daß die Beurteilung der Rechtslage Danzigs keine Änderung erfahren hat. Stets ist auf Anfragen von Danziger Bürgern geantwortet worden, die Bundesrepublik Deutschland habe bei Abschluß des deutsch-polnischen Grenzbestätigungsvertrages vom 14. November 1990 in bezug auf Danzig keine rechtserheblichen Handlungen vorgenommen.[1605]

In einem Erlaß vom 13. Mai 1998[1606] – Antwort an einen Danziger Bürger zu Fragen des Eigentums Vertriebener – hat das Auswärtige Amt diese Rechtsauffassung wiederholt. In einer kurze Zeit später erlassenen Antwort vom 3. Juni 1998[1607] auf Fragen eines Danziger Bürgers zum Eigentum in Danzig hat das Auswärtige Amt die bisherigen Erklärungen wiederholt, daß Danzig seit Ende des Ersten Weltkrieges nicht mehr zu Deutschland gehört habe, gelangt dann aber zu einer Schlußfolgerung, die nach den vorangegangenen Darlegungen dieses Erlasses weder schlüssig, noch sachlich und rechtlich nachvollziehbar ist. Dieser Teil des Erlasses lautet:

1604 Vgl. S.195 ff., 212 ff., 303 f. Vgl. zur Würdigung der Potsdamer Beschlüsse und ihrer Rechtsfolgen für die Vertreibungen neuerdings Fiedler, Soundly based in international law, S. 455 ff., der sich kritisch mit den Erklärungen der Westmächte zum "Potsdamer Abkommen" vom 14. und 16. Februar 1996 (veröffentlicht in: Die Friedens-Warte 72/1997, S.107 f.) auseinandersetzt, die sie anläßlich der deutsch-tschechischen Verhandlungen über eine gemeinsame Erklärung (unterzeichnet am 21.1.1997, Bulletin vom 22.1.1997, S. 61 f.) veröffentlicht haben. In dieser Erklärung wird der nachträgliche Versuch unternommen, die Potsdamer Beschlüsse als "historical fact" (so die Erklärung des US State Department vom 14.2.1996), historische Tatsachen, als unabänderliche Ergebnisse, völkerrechtlich zu rechtfertigen. Zurecht deckt Fiedler die Schwäche dieser Argumentation auf, die es nicht vermag, ihrem verständlichen Wunsch nach Erhaltung eines stabilen Nachkriegs-Europa auf dem Boden nachgewiesenen völkerrechtlichen Unrechts politische und rechtliche Unangreifbarkeit zu sichern.
1605 Vgl. Anm.882 und S.214 f.
1606 Der nicht veröffentlichte Erlaß des Auswärtigen Amtes vom 13.5.1998 – Gz. 503-553 E 18480 – befindet sich in den Akten der Vertretung der Freien Stadt Danzig.
1607 Der nicht veröffentlichte Erlaß des Auswärtigen Amtes vom 3.6.1998 – Gz. 503-E 18499 – befindet sich in den Akten der Vertretung der Freien Stadt Danzig.

"2. Danzig gehörte schon seit der friedensvertraglichen Regelung nach dem Ersten Weltkrieg nicht mehr zu Deutschland. Die zeitweilige Annexion durch das Deutsche Reich im Zweiten Weltkrieg änderte hieran nichts.

Der deutsch-polnische Grenzvertrag vom 11. November 1990 hat die bestehende Grenze zwischen der Bundesrepublik Deutschland und der Republik Polen bestätigt. Außerdem haben beide Vertragsparteien erklärt, daß sie gegeneinander keinerlei Gebietsansprüche haben und solche auch in Zukunft nicht erheben werden. Es geht daher in der Sache fehl, wenn Sie von einem 'von Polen besetzten deutschen Land' sprechen. Richtiger Ansprechpartner ist daher die polnische Seite".

In diesem Erlaß fehlt bemerkenswerterweise der bis dahin übliche Satz, daß die Bundesrepublik Deutschland keine rechtserheblichen Handlungen in bezug auf Danzig vorgenommen hat. Nach der zutreffenden Feststellung, daß Danzig nicht zu Deutschland gehört, wird im folgenden Satz aus dem zwischen Deutschland und Polen geschlossenen Grenzbestätigungsvertrag mit der Versicherung, daß Deutschland und Polen keine Gebietsansprüche gegeneinander erheben werden, gefolgert, Danzig sei kein von Polen besetztes deutsches Land. Mit diesem schwer verständlichen Versuch, die Verantwortung der Bundesrepublik Deutschland für die Danziger, deren seit etwa 800 Jahren deutsches Land durch die "ethnische Säuberung" von 1945/46 entdeutscht wurde, zu verneinen, wird immerhin ausgesagt: Weil das deutsche Danzig nicht zu Deutschland gehörte, war es somit nicht deutsches Land. Es fragt sich, warum Polen dieses Land besetzen mußte, wenn es nicht deutsches Land war. Hier kommt im ständigen Ringen um die Vereinbarkeit von Recht und gestaltender Politik ein neuer Trend politischer Einflußnahme zum Ausdruck, von dem man nur hoffen kann, daß er sich nicht nachteilig auf die bereits erreichten Verständigungsgrundlagen zwischen den deutschen und polnischen Betroffenen auswirken wird.

Zum Vergleich sei nachstehendes Schreiben des Leiters der Ostabteilung des Auswärtigen Amtes Ministerialdirektor Krapf vom 7. Februar 1962 an den Präsidenten der Vertretung der Freien Stadt Danzig Dr. Norbert Sternfeld als Antwort auf dessen Petitionen zum Jahreswechsel 1961/62 in Erinnerung gerufen[1608]:

"In Ihrem Schreiben vom 15. vorigen Monats und dem ihm beigefügten Memorandum, für deren Übersendung ich Ihnen im Auftrag des Herrn Bundesministers des Auswärtigen verbindlichen Dank sage, verweisen Sie auf das tragische Schicksal der Freien Stadt Danzig und ihrer zu 96 % deutschstämmigen Bewohner, die nach dem I. Weltkrieg gegen ihren Willen vom Deutschen Reich getrennt und nach dem II. Weltkrieg bis auf einen kleinen Rest aus ihrer Heimat vertrieben wurden. Das endgültige Schicksal der Freien Stadt Danzig bleibt nach den Potsdamer Abmachungen dem noch ausstehenden Friedensvertrag vorbehalten, bei dessen Beratung auch die Rechtsansprüche der unter die Obhut der Bundesrepublik gekommenen Danziger in einer gesamtdeutschen Regierung ihren Anwalt finden sollen. Möge es den verantwortlichen Staatsmännern – darin begegnen sich unsere Wünsche! – bei diesen Verhandlungen gelingen, im Sinne der UNO-Prinzipien und nach dem Vorbild der Befriedung unserer westlichen

---

1608 Abg. in Unser Danzig 8/1962 S.3

Grenzen, auch im Osten, hinter dem Eisernen Vorhang, ein neues Europa des guten Willens und der guten Nachbarschaft aufzubauen. Der Danziger Wappenspruch 'Nec temere nec timide'! soll uns mahnen, in diesem Bemühen um Gerechtigkeit, Freiheit und friedliche Verständigung nicht müde zu werden."

3. Baltische Staaten

Die Regierungen von Lettland und Estland haben sich betont wohlwollend und verständnisvoll geäußert:

a) Lettland

Für den Präsidenten der Republik Lettland gab der Chef des Präsidialamtes nachstehende Antwort, die er am 18. März 1998 an die Präsidenten des Rates der Danziger und der Vertretung der Freien Stadt Danzig richtete:

"*Dear Messrs. Oberste-Berghaus and Roick,*

On behalf of President Ulmanis thank you for your kind letter which the President read with great interest.

In your letter you touched upon problems which are a consequence of history and of the tragedies oft the past. The history of this century has been indeed very complicated, particularly for Central and Eastern Europe. We can well understand your point because Latvia, too, has experienced both occupation and extensive oppressions. We have comparatively recently regained the opportunity to govern our own country. Therefore we fully understand and sympathize with those people whom the harsh destiny has made to suffer painfully.

The President of Latvia has asked me to convey to you his best wishes.

Yours sincerely,
gez. Millers
Ivars Millers
Head of the Chancery of the President"

b) Estland

Für den Präsidenten der Republik Estland wurde vom Präsidialamt nachstehende Antwort vom 22. Mai 1998 gegeben:

"*Dear Mr. Roick,*

We would hereby like to thank you for your letter from February 18th and inform you that we have taken into consideration your information about the issues around the Free City of Danzig. However, the President asks to be excused while on account of his heavy workload he really cannot reply to your letter himself.

Actually Estonia follows with keen attention the roused situation you are writing about. We truly hope that we would have been able to help you, but we know the limits of our possibilities and thus we may only give you our warm sympathy supporting your struggle for independence.

Anyway, we are sure that you could devise significant steps for the development of your plans because the challenges of our time are many, and there ist much to accomplish in domestic as well as in international level.

We wish you every success in your responsible task.

Gez. J. Tepp
Jaan Tepp
Assistant to the Foreign Policy Adviser"

Zweiter Abschnitt: Das Danziger Währungsgold

Als signifikantes Beispiel für die problematische Haltung der Alliierten gegenüber dem durch sie für eine Übergangszeit veranlaßten Verwaltungsregime über Danzig durch Polen sei auf die Verfügungen über das Danziger Währungsgold hingewiesen.

Im Zuge der Inflationsentwicklung wurde Ende 1923 in der Freien Stadt Danzig die Währung der Deutschen Mark durch eine eigene Gulden-Währung abgelöst.[1609] Die Bank von England garantierte die Sicherheit des Danziger Guldens, der auf $^1/_{25}$ des englischen Pfundes festgesetzt wurde. Mit Wirkung vom 8. Dezember 1923 wurde die deutsche Währung abgeschafft. Am 5. Februar 1924 wurde die Bank von Danzig als Währungsbank gegründet. Im Jahre 1931 wurde der Gulden zur Rettung vor dem deutschen Zusammenbruch und dem Sturz des englischen Pfundes von der Bindung an die Sterling-Währung gelöst und auf Goldbasis umgestellt.[1610]

Im Jahre 1976 berichtete die Presse über die Auslieferung des Danziger Goldbestandes an Polen.[1611] Nach einem in der Revue Générale de Droit International Public abgedruckten Bericht[1612] war seit Ende des Krieges ein der Freien Stadt Danzig gehörender Goldbestand von etwa 10 Mill. $ in den Tresors der Bank von England und der Bundesbank für beschlagnahmte Bestände in New York zurückgehalten. Nachdem sich die britische und die amerikanische Regierung lange Zeit geweigert hätten, dieses Gold der polnischen Regierung auszuhändigen, die seit 1945 die Herrschaft über "*Gdansk (ex*

[1609] Einführung der Guldenwährung auf Grund des in Genf am 22.9.1923 unterzeichneten deutsch-polnischen Währungsabkommens, das am 11.12.1923 in Kraft trat (Gesetz zur Einführung der Guldenwährung im Gebiet der Freien Stadt Danzig, DzGBl vom 7.12.1923).
[1610] Vgl. Verwaltungsbericht der Bank von Danzig für das Jahr 1931, vorgelegt in der Hauptversammlung am 2.4.1932.
[1611] Vgl. Unser Danzig 24/1976, S.4.
[1612] Tome LXXXI-1977, S.575, unter dem Stichwort "Pologne, Règlement du problème de l'or de Dantzig (août 1976)", dort wiedergegeben nach International Harald Tribune vom 25.8.1976; vgl. auch Newsday vom 27.8.1976.

Dantzig) " ausübe, hätten sie im Juli 1976 entschieden, das Gold an Polen auszuliefern ["*restituer*"], entsprechend einer Empfehlung der Commission Tripartite pour la Restitution de l'Or monetaire de Bruxelles. Zwei Tonnen Gold seien Ende August 1976 bereits nach Warschau verbracht worden.

Gegen diese Maßnahme wandte sich die Vertretung der Freien Stadt Danzig, als gewähltes Exilorgan der Danziger, mit nachstehendem Schreiben an die Präsidentin der Dreier-Kommission und an deren beiden anderen Mitglieder:[1613]

"*Bonn, den 7. Juni 1977*

Betrifft: Übergabe des Danziger Münzgoldes an Polen

Sehr verehrte Mrs. Ruth Phillips!

Wir dürfen Sie in Ihrer Eigenschaft als derzeitige Präsidentin der Commission ... ansprechen.

Aus zahlreichen Veröffentlichungen im Inland und Ausland haben wir Danziger erfahren, daß die Commission Tripartite das Münzgold des Freistaats Danzig ganz oder teilweise der Volksrepublik Polen zugeteilt hat. Wir vermögen nicht zu erkennen, was die Commission zu dieser Maßnahme veranlaßt hat.

Das Danziger Münzgold ist seinerzeit bei der Gründung des Freistaats Danzig, die auf dem Versailler Vertrag beruhte, mit den Mitteln der alteingesessenen Danziger Bürger als Grundlage für die Danziger Guldenwährung angeschafft worden. ...Wenn jetzt eine Weitergabe des beschlagnahmten Danziger Münzgoldes stattfinden sollte, so wären die vertriebenen Danziger, vertreten durch diese Danziger Organisationen für den Empfang die allein Berechtigten.

Die Übergabe dieses Fundaments der Danziger Währung in der Freistaatzeit an Polen widerspricht auch dem Potsdamer Protokoll ... Dort ist ausdrücklich festgelegt worden, daß die Entscheidungen über die Zukunft der "Freien Stadt Danzig" einem Friedensvertrag vorbehalten bleiben. Die Maßnahmen der Commission Tripartite hinsichtlich des Danziger Münzgoldes bedeuten einen unzulässigen Vorgriff auf einen noch nicht geschlossenen Friedensvertrag.

Wir dürfen auch darauf hinweisen, daß von mehreren Siegermächten Erklärungen vorliegen, daß der Freistaat Danzig de jure auch heute noch besteht...

Daß Polen die Überlassung des Danziger Münzgoldes als eine politische Maßnahme auffaßt, geht aus einem Interview des polnischen Verhandlungsführers bei den Verhandlungen über das Danziger Münzgold hervor. Der erste polnische stellvertretende Finanzminister, Marian Krzak, hat in einem Interview, das er dem polnischen Presseorgan "Zycie Gospodarcze" am 10. Oktober 1976 gegeben hat, erklärt, diese Entscheidung über das Danziger Münzgold bestätige Polens Recht auf Danzig. Es sei

---

1613 Abg. in Unser Danzig 14/1977 S.4.

ein Dokument, das von der Einstellung der Vereinigten Staaten, Großbritanniens und Frankreichs zu den westlichen und nördlichen Grenzen Polens zeuge. Die Rückgabe des Danziger Münzgoldes sei der Schlußstrich unter eines der ältesten Kapitel des Zweiten Weltkrieges. Zu einem solchen Akt war Ihre Commission nicht legitimiert.

Wir protestieren gegen die rechtswidrige Überlassung des Danziger Münzgoldes an Polen. Die Danziger Bürger – vertreten durch ihre Organisationen – erheben Anspruch auf das Danziger Münzgold. Wir verlangen daher, daß Sie den Akt rückgängig machen und mit uns in Verhandlungen eintreten. Dies gilt auch für den Fall, daß ein Teil dieses Goldes noch nicht ausgeliefert sein sollte.

Wir sind keinesfalls bereit, die Aushändigung des Goldes an Polen anzuerkennen, und werden notfalls veranlassen, daß der Internationale Gerichtshof mit der Frage befaßt wird.

Wir fügen eine Petition der Danziger an die UNO vom 30. Mai 1976 bei, in der eingehend zu der Situation der Freien Stadt Danzig Stellung genommen wird.

In der sicheren Erwartung, daß die Commission Tripartite bestrebt sein wird, ihre Maßnahmen im Einklang mit den Grundlagen des Völkerrechts zu treffen, erbitten wir eine baldige Beantwortung dieses Schreibens.

Mit vorzüglicher Hochachtung

Homeier   *Dr. Leitreiter"*

Diese Danziger Protestnote blieb ohne Erfolg.

Auf die Anfrage eines Danzigers vom 3. Mai 1997 gab das Foreign & Commonwealth Office mit Schreiben vom 25. Juni 1997 folgende Antwort, die in diesem Zusammenhang von Bedeutung ist:

"*Thank you ... We have been asked to reply as the department responsible for Central Europe.*

The history of Danzig has been a fraught and complicated one. At Potsdam the United Kingdom together with the United States and the USSR, agreed:

'that, pending the final determination of Poland's western frontier, the former German territories ...and including the area of the former free city of Danzig shall be under the administration of the Polish state ... '

The Treaty on the Final Settlement with regard to Germany was signed in 1990 and came into force in 1991. Article 1 of this Treaty confirmed that the Eastern border of Germany was the Oder-Neisse line. In Article 1 (5) France, the USSR, the UK and the USA:

'took formal note of the corresponding commitments and declarations by the Governments of the Federal Republikc of Germany and the German Democratic Republic and declare that their implementation will confirm the definitive nature of the united Germany`s borders'

The implementation of the commitments and declarations referred to took place with the treaty between Germany and Poland and the amendment of the FRG constitution. In June 1991 this was followed up with the signing of a Polish/German Treaty on Good Neighbourly Relations and Friendly Cooperation. These treaties were welcomed by the EC and other Western states. The UK recognises Polish sovereignty over the former Free City of Danzig.

The signing of these treaties not only finalised the acceptance of Poland's western frontiers, the current Polish-German border, but was an important stage on the long and difficult path towards Polish-German reconciliation. It gave the process a new impetus and basis to work from. It is a process that is succeeding and we continue to support it.

Yours sincerely
gez. Lucy Joyce
Lucy Joyce
Central European Department"

Das Foreign Office hat somit zum Ausdruck gebracht, daß die polnische Herrschaft über die Freie Stadt Danzig von Großbritannien als endgültige Territorialsouveränität anerkannt werde. Begründet wird diese britische Haltung mit der endgültigen Festlegung der deutsch-polnischen Grenze im Zusammenhang mit der Vereinigung der Bundesrepublik Deutschland und der DDR. Da auch nach britischer Auffassung Danzig nicht zu Deutschland gehört, ist diese Begründung nicht schlüssig. Der Inhalt der Aussage ist völkerrechtswidrig, weil der Status Danzigs durch die Festlegung der Westgrenze Polens zwischen Deutschland und Polen nicht berührt ist.

Eine weitere Anfrage dieses Danziger Bürgers vom 18. August 1997 wurde mit Schreiben vom 18. September 1997 wie folgt beantwortet:

"*...I can confirm that in 1976 Poland received a share of the pool of gold held by the Tripartite Commission for the Restitution of Monetary Gold representing the amount of monetary gold seized by the Germans from the Free City of Danzig. For your information, I attach a short report in a French legal journal which draws upon press reports at the time.*

If you have further questions about the work of the Tripartite Commission you may like to write to it direct. The address is:

The Tripartite Commission
for the Restitution of Monetary Gold'Rue d'Arlon 85
1040 Brussels
BELGIUM
Yours sincerely
gez. Lucy Joyce
Lucy Joyce"

Der hier erwähnte kurze Bericht in einer französischen Zeitschrift ist bereits zitiert worden.[1614] Es ergibt sich kein zusätzliches Argument, das für die Rechtmäßigkeit der Auslieferung des Danziger Goldbestandes angeführt werden könnte.

Dritter Abschnitt: Widersprüche der deutschen Position

53 Jahre im Rechtszustand polnischer Verwaltungsbesetzung ohne die Aussicht auf Lösungen in absehbarer Zeit sind nicht ohne Auswirkungen auf die tatsächliche Entwicklung der Menschen, ihrer Existenzen und Beziehungen geblieben, der betroffenen Menschen, die in dem Eindruck der Unveränderlichkeit gelebt haben und den möglichen Ausgang dieses sich in so vielen Unbekannten bewegenden Prozesses nicht kennen und auch nicht einzuschätzen vermögen.

In einer solchen Zeit, in der die Aussichten, politische und rechtliche Regelungen zu erreichen, äußerst gering sind, drängt es die Menschen, nach Beziehungsformen zu suchen, in denen die Wege in die tatsächliche Zukunft erträglicher und überschaubarer erscheinen. Diese Epoche ist naturgemäß durchwirkt von Bestrebungen des guten Willens zur besseren Verständigung, andererseits von Initiativen und Handlungen, die gekennzeichnet sind durch die Unsicherheiten und Irritationen und bisweilen nicht ausreichenden Informationen über die wahren geschichtlichen Zusammenhänge oder auch deren einseitige Vermittlung. Inmitten dieses fließenden Prozesses ist es sehr schwierig, jeweils die Grenzen zu erkennen, bis zu denen die Annäherungs- und Verständigungsbemühungen vertretbar sind, ohne Würde und Recht im Kern zu treffen und ohne die Identität der betroffenen Menschen zu gefährden.

Der in versöhnlicher Geste vollzogene Händedruck des Generalinspekteurs der Bundeswehr, General Naumann, mit dem polnischen Generalstabschef, General Wilecki, am 1. September 1994 auf der für beide Seiten sensiblen Westerplatte an der Weichselmündung in Danzig[1615] ist ein Beispiel hierfür. Ähnliche Fragen stellen sich bei den offiziellen Besuchen der Bundespräsidenten der Bundesrepublik Deutschland Richard v. Weizsäcker zur Verleihung der Ehrendoktorwürde am 21. September 1993 durch die neue polnische Universität in Danzig[1616] und später am 30. Juni 1997 der Ehrenbürgerwürde der polnisch besetzten Stadt Danzig[1617] und Roman Herzog zur Eröffnung der 17. Internationalen Hansetage am 26. Juni 1997 in Danzig, wo er seine Rede mit den Worten begann: "das tausendjährige Danzig ist, in deutscher wie in polnischer Zeit, stets eine Stadt der Bürger gewesen".[1618]

1614 Anm.1612.
1615 Vgl. Glosse von Günther Gillessen, FAZ vom 2.9.1994 S.14 und Leserbrief dazu: FAZ vom 9.9.1994 S.10.
1616 Vgl. Bulletin 81/93 S.936 f.; Unser Danzig 20/1993 S.5.
1617 Vgl. FAZ vom 1.7.1997 S.1, Die Welt vom 2.7.1997 S.5.
1618 Abg. im Bulletin 57/1997 S.654 f.; vgl. auch Unser Danzig 9/1998 S.11 ff.

Angesichts der bis heute unveränderten Auffassung der Bundesregierung, daß für die Danziger bisher noch keine völkerrechtliche Anschlußlösung getroffen worden ist[1619], drängt sich unter dem Gesichtspunkt der Verpflichtung zur Nichtanerkennung von Gewaltakten die Frage nach den Schranken der Dehnbarkeit des Ermessensspielraumes für außenpolitisches Handeln auf. Das gilt vor allem für einige Beispiele im Rahmen der Länder- und Kommunalpolitik, so für das Auftreten des Bürgermeisters der Hansestadt Lübeck, Michael Bouteiller, in Danzig, der gleich zu Beginn seiner Rede zur Eröffnung der 17. Internationalen Hansetage am 26. Juni 1997 den "1000jährigen Geburtstag der Hansestadt Gdansk" pries.[1620]

Bereits im Jahre 1976 schloß der Präsident des Senats der Freien Hansestadt Bremen, Bürgermeister Hans Koschnick, eine Rahmenvereinbarung mit dem polnischen Präsidenten der von Polen besetzten Stadt Danzig.[1621] Bürgermeister Koschnick lehnte eine Beteiligung der Exil-Danziger ab und folgte auch nicht der Bitte der Danziger, im deutschen Text der Vereinbarung von der Stadt "Danzig" und nicht von "Gdansk" zu sprechen.

Im Jahre 1993 empfing der Bürgerschaftspräsident der Freien Hansestadt Bremen Dieter Link – wieder ohne Beteiligung der Danziger – eine polnische Delegation aus Danzig und versprach ihr die "Rückgabe" von 853 Büchern aus dem Privateigentum der alten Naturforschenden Gesellschaft zu Danzig, die ein Danziger Professor der Technischen Hochschule während des Krieges in den Westen gerettet und in der Form eines Leihvertrages der Bremischen Staats- später Staats- und Universitätsbibliothek zu treuhänderischer Verwaltung übergeben hatte.[1622] Die Naturforschende Gesellschaft ist von Danzigern inzwischen wieder belebt worden. Sie bereitet z.Zt. ihre vierte Nachkriegs-Jahrestagung als "deutsch-polnische Begegnung zu Wissenschaft und Kultur im zusammenwachsenden Europa" vor und ist bemüht, Zusammenarbeit und Austausch an die Stelle nicht begründeter Eigentumsansprüche zu setzen.[1623]

Im Juni 1954 beschloß der Rat der Stadt Düsseldorf, die Patenschaft für die Freie Stadt Danzig zu übernehmen. Die hierfür ausgefertigte Urkunde wurde der Vertretung der Freien Stadt Danzig am 7. August 1954 übergeben.[1624] Die Repräsentanten beider Städte waren sich darin einig, daß es Sinn dieser Patenschaft sein sollte, insbesondere das kulturelle Erbe des Deutschen Ostens zu erhalten und zu verbreiten. Diese Patenschaftsvereinbarung leitete eine sehr lebendige, kulturfördernde Beziehung zwischen der Stadt Düsseldorf und den Exil-Organisationen der Danziger ein. Mit Hilfe eines jährlichen Zuschusses von 15.000,-DM erlebte die Arbeit zur Erhaltung und Pflege Danziger

---

1619 Vgl. oben S. 335 f.
1620 Der Redetext ist azw. abg. bei Böttcher, Flucht vor der eigenen Geschichte, in: Unser Danzig 9/1998 S.11 ff.; vgl. auch die gegenüber dem Auftreten von Bürgermeister Bouteiller sehr kritische FS-Sendung des Bayerischen Rundfunks- Bayern 3 "Weder unbesonnen noch furchtsam" vom 15.8.1997 21.45 Uhr.
1621 Partnerschaftsvereinbarung vom 12.4.1976; vgl. Unser Danzig 19/1976 S.2 f.; abg. im Nachtrag Dok.3.
1622 Vgl. Böttcher, 773 Jahre Stadt Danzig, S.22.
1623 Vgl. das in dieser Angelegenheit im Auftrage des Bundesministeriums des Innern und des Auswärtigen Amtes erstellte Gutachten von Gilbert H. Gornig "Das rechtliche Schicksal der Danziger Kulturgüter seit 1939/45".
1624 Wortlaut der Patenschaftsurkunde abg. im Nachtrag Dok.2.

Kultur einen beachtlichen Aufschwung, wie sich z.B. bei der Durchführung von Jahrestagungen der Danziger in Düsseldorf, bei der Verleihung von Kulturpreisen an verdiente Danziger Wissenschaftler und Künstler, Ausstellungen und anderen Veranstaltungen erwies. Seit etwa 1973 erlebten die Danziger einen erheblichen Rückgang und bald ein völliges Einfrieren dieser Förderungen, so daß ein Patenschaftsverhältnis z.Zt. nur noch theoretisch existiert.

Vierter Abschnitt: Verständigungsbemühungen der Danziger

Die vertriebenen und zum größten Teil in der Bundesrepublik Deutschland lebenden Danziger vertreten zufolge der ständigen Verlautbarungen ihrer Exilorgane eine Europabezogene Politik. Sie bestehen zwar darauf, daß eine völkerrechtliche Regelung unter ihrer Beteiligung ihre Lage klären und ihre Rechte herstellen muß. Sie fordern aber nicht die Wiederherstellung des geschichtlich überholten Zustandes von 1939.[1625] Sie stehen auf dem Boden der Fortentwicklung zu einer europäischen Friedensordnung, getragen von Staaten, die sich zur Gewährleistung der Menschenrechte und zum Schutz der Identität der einzelnen Volksgruppen bekennen.

Die Danziger Volksgruppe war beim KSZE-Expertentreffen über Nationale Minderheiten im Juli 1991 in Genf vertreten und hat alle Teilnehmerstaaten über die Danziger Lage und die Zielvorstellungen unterrichtet. Insbesondere mit der polnischen Delegation (Leiter: Botschafter Prof. Dr. Barcz) waren eingehende Gespräche zustande gekommen.

Ein Sprecher der Danziger hat an den Gesprächen des Ständigen Rates der Ostdeutschen Landsmannschaften und Landesvertretungen im März 1998 in Warschau mit Vertretern der Regierung, des Parlaments, der Parteien und der Kirchen teilgenommen und bei dieser Gelegenheit über Lage, Auffassung und politische Ziele der Danziger Exilorgane unterrichtet.[1626]

Der Danziger Förderkreis e.V. mit dem Museum Haus Hansestadt Danzig in Lübeck pflegt die Kontakte auch zu den polnischen Instanzen der Stadt Danzig sowie den Museen der Stadt Danzig.[1627] Mit Vorträgen und Ausstellungen vermittelt er Danziger geschichtliche und kulturelle Themen auch in der Stadt Danzig.[1628]

Die vor über 500 Jahren von Danziger und Lübecker Kaufleuten und Schiffern gegründeten Banken-Brüderschaften des Artushofes in Danzig[1629] sind nach 1945 von vertrie-

---

1625 Splittergruppen, wie z.B. das sog. "Danzig Committee" in Frankfurt a.M., das ohne Legitimität und ohne Rückhalt oder Akzeptanz die Wiederherstellung der Freien Stadt Danzig von 1920 fordert, ändern nichts an der beschriebenen konzeptionellen Linie der Danziger, die als realistisch und politisch konstruktiv bezeichnet werden kann.
1626 Vgl. Unser Danzig 6/1998 S.4 ff.
1627 Der Partnerschaftsvertrag zwischen dem Direktor des Landesmuseums Haus Hansestadt Danzig, Lübeck und dem Direktor des Museums Haus Danzig ist abg. im Nachtrag Dok.4
1628 Vgl. Werner Hewelt: Danzig 50 Jahre danach, Schriftenreihe Landesmuseum Haus Hansestadt Danzig, Heft 2, Lübeck 1995 S.9 f.
1629 Zur Geschichte der Danziger Banken-Brüderschaften vgl. Simson, Der Artushof in Danzig.

benen Danzigern und von Bürgern der Stadt Lübeck wieder mit Leben erfüllt worden. Begegnungsstätte – anstelle der langen Banken im Danziger Artushof zur Pflege der deutschen Kulturleistungen der alten Hansestadt Danzig ist nun das Schabbelhaus der Kaufmannschaft in Lübeck. Als wichtige Aufgabe sehen die Banken aber auch die Förderung von Kontakten zum neuen Danzig im Rahmen der europäischen Entwicklung. In Verfolgung dieses Zieles werden die vier Banken am 14. Mai 1999 im Artushof in Danzig eine bereits paraphierte Vereinbarung über enge Zusammenarbeit mit dem Historischen Museum der Stadt Danzig[1630] unterzeichnen, die es den Banken neben gemeinsamen deutsch-polnischen Zielsetzungen auch ermöglichen wird, den Artushof für ihre Veranstaltungen und Treffen zu nutzen.

Die wieder ins Leben gerufene, 1743 gegründete Danziger Naturforschende Gesellschaft fördert die wissenschaftlichen Kontakte im Rahmen ihrer satzungsgemäßen Ziele u.a. zu den polnischen Organisationen und Wissenschaftlern in Danzig und trägt erheblich zur wachsenden Verständigung und zur Pflege der alten Danziger Kultur bei. Im September 1999 will sie ihre vierte Jahrestagung nach 1945 als "Deutsch-polnische Begegnung zu Wissenschaft und Kultur im zusammenwachsenden Europa"[1631] in Danzig durchführen.

Das Kulturwerk Danzig e.V. – Arbeitsgemeinschaft zur Rettung und Förderung Danziger Kulturguts – in Düsseldorf ist ebenfalls seit vielen Jahren bemüht, das Danziger Kulturerbe zu bewahren und zu tradieren.[1632]

1630 Abg. im Nachtrag Dok.5.
1631 Vgl. zuletzt Gornig, Gilbert (Hrsg.): Deutsch-polnische Begegnung zu Wissenschaft und Kultur im zusammenwachsenden Europa, Schriftenreihe der Danziger Naturforschenden Gesellschaft, Bd.2, Lübeck 1998.
1632 Vgl. Kulturwerk Danzig (Hrsg.): Sonderheft, 25 Jahre Kulturwerk Danzig (1972-1997), Düsseldorf 1998.

Anhang

Dokumente

Errichtung der Freien Stadt Danzig

1. Friedensvertrag von Versailles vom 28. Juni 1919 (Auszug: Abschn. XI Art. 100-108) *

Abschnitt XI.

Freie Stadt Danzig.

Artikel 100.

Deutschland verzichtet zugunsten der alliierten und assoziierten Hauptmächte auf alle Rechte und Ansprüche auf das Gebiet, das von den nachstehend angegebenen Grenzen umschlossen wird:

von der Ostsee nach Süden bis zu dem Punkte, an dem die Hauptschiffahrtswege der Nogat und der Weichsel zusammentreffen:

die ostpreußische Grenze, wie sie im Artikel 28 Teil II (Deutschlands Grenzen) des gegenwärtigen Vertrags beschrieben ist;

von dort der Hauptschiffahrtsweg der Weichsel talwärts bis zu einem Punkt ungefähr 6½ km nördlich der Dirschauer Brücke;

von dort nach Nordwesten bis zur Höhe 5, 1½ km südöstlich der Kirche von Güttland:

eine im Gelände noch zu bestimmende Linie;

von dort nach Westen bis zu dem Vorsprung, die die Grenze des Kreises Berent 8½ km nordöstlich von Schöneck bildet:

eine im Gelände noch zu bestimmende Linie, die zwischen Mühlbanz im Süden und Rambeltsch im Norden verläuft;

---

* RGBl 1919 S.687 ff (669 ff.). In Art.104 Nr.6 ist das Wort "Leitung" nach zutreffender Übersetzung (vgl. oben S.100 ff.) durch das Wort "Führung" zu ersetzen.

von dort nach Westen die Grenze des Kreises Berent bis zu der Einbuchtung, die sie 6 km nord-nordwestlich von Schöneck bildet;

von dort bis zu einem Punkte auf der Mittellinie des Lonkener Sees:

eine im Gelände noch zu bestimmende Linie, die nördlich von Neu-Fietz und Schatarpi und südlich von Barenhütte und Lonken verläuft;

von dort die Mittellinie des Lonkener Sees bis zu seinem Nordende;

von dort bis zum Südende des Pollenziner Sees:

eine im Gelände noch zu bestimmende Linie;

von dort die Mittellinie des Pollenziner Sees bis zu seinem Nordende;

von dort nach Nordosten bis zu dem ungefähr 1 km südlich der Kirche von Koliebken liegenden Punkt, wo die Eisenbahn Danzig–Neustadt einen Bach kreuzt:

eine im Gelände noch zu bestimmende Linie, die südöstlich von Kahmehlen, Krissau, Fidlin, Sulmin (Richthof), Mattern, Schäferei und nordwestlich von Neuendorf, Marschau, Czapielken, Hoch- und Klein-Kelpin, Pulvermühl, Renneberg und den Städten Oliva und Zoppot verläuft;

von dort der Lauf des oben erwähnten Baches bis zur Ostsee.

Die vorstehend beschriebenen Grenzen sind auf einer deutschen Karte im Maßstab 1:100 000, die dem gegenwärtigen Vertrag unter Nr. 3 als Anlage beigefügt ist, eingezeichnet.

Artikel 101.

Ein Ausschuß, der aus drei von den alliierten und assoziierten Hauptmächten ernannten Mitgliedern, darunter einem Oberkommissar als Vorsitzenden und aus je einem von Deutschland und von Polen ernannten Mitgliede besteht, tritt binnen zwei Wochen nach Inkrafttreten des gegenwärtigen Vertrags zusammen, um unter möglichster Berücksichtigung der bestehenden Gemeindegrenzen die Grenzlinie für das vorstehend bezeichnete Gebiet an Ort und Stelle festzulegen.

Artikel 102.

Die alliierten und assoziierten Hauptmächte verpflichten sich, die Stadt Danzig nebst dem im Artikel 100 bezeichneten Gebiet als Freie Stadt zu begründen; sie tritt unter den Schutz des Völkerbunds.

Artikel 103.

Die Verfassung der Freien Stadt Danzig wird im Einvernehmen mit einem Oberkommissar des Völkerbunds von ordnungsgemäß berufenen Vertretern der Freien Stadt ausgearbeitet. Die Verfassung wird von dem Völkerbund gewährleistet.

Der Oberkommissar wird ferner mit der erstinstanzlichen Entscheidung aller Streitigkeiten betraut, die zwischen Polen und der Freien Stadt aus Anlaß des gegenwärtigen Vertrags oder ergänzender Vereinbarungen und Abmachungen entstehen sollten.

Der Oberkommissar hat seinen Sitz in Danzig.

Artikel 104.

Die alliierten und assoziierten Hauptmächte verpflichten sich, ein Übereinkommen zwischen der polnischen Regierung und der Freien Stadt Danzig zu vermitteln, das mit der Begründung der Freien Stadt in Kraft treten und den Zweck haben soll:

1. die Freie Stadt Danzig in das polnische Zollgebiet aufzunehmen und die Einrichtung einer Freizone im Hafen in die Wege zu leiten;

2. Polen die freie Benutzung und den Gebrauch der Wasserstraßen, Docks, Binnenhäfen, Ladestraßen und der sonstigen im Gebiete der Freien Stadt belegenen, für die Ein- und Ausfuhr Polens notwendigen Anlagen ohne irgendwelche Einschränkung zu gewährleisten;

3. Polen die Überwachung und Verwaltung der Weichsel sowie des gesamten Eisenbahnnetzes innerhalb der Grenzen der Freien Stadt, mit Ausnahme der Straßenbahnen und der sonstigen in erster Linie den Bedürfnissen der Freien Stadt dienenden Bahnen, ferner die Überwachung und Verwaltung des Post-, Draht- und Fernsprechverkehrs zwischen Polen und dem Hafen von Danzig zu gewährleisten;

4. Polen das Recht zum Ausbau und zur Verbesserung der Wasserstraßen, Docks, Binnenhäfen, Ladestraßen, Eisenbahnen und der sonstigen vorerwähnten Anlagen und Verkehrsmittel zu gewährleisten, sowie das Recht zur Miete oder zum Ankauf des dazu erforderlichen Geländes und Eigentums zu angemessenen Bedingungen;

5. Vorsorge zu treffen, daß in der Freien Stadt Danzig keinerlei unterschiedliche Behandlung der Bevölkerung zum Nachteil der polnischen Staatsangehörigen und anderer Personen polnischer Herkunft oder polnischer Zunge stattfindet;

6. der polnischen Regierung die Leitung der auswärtigen Angelegenheiten der Freien Stadt Danzig sowie den Schutz ihrer Staatsangehörigen im Ausland zu übertragen.

Artikel 105.

Mit dem Inkrafttreten des gegenwärtigen Vertrags verlieren die in dem im Artikel 100 bezeichneten Gebiete wohnhaften deutschen Reichsangehörigen von Rechtswegen die deutsche Reichsangehörigkeit und werden Staatsangehörige der Freien Stadt Danzig.

Artikel 106.

Zwei Jahre lang nach Inkrafttreten des gegenwärtigen Vertrags sind die über achtzehn Jahre alten deutschen Reichsangehörigen, die in dem in Artikel 100 bezeichneten Gebiet ihren Wohnsitz haben, berechtigt, für die deutsche Reichsangehörigkeit zu optieren.

Die Option des Ehemanns erstreckt ihre Wirkung auf die Ehefrau, die Option der Eltern erstreckt ihre Wirkung auf Kinder unter achtzehn Jahren.

Personen, die von dem oben vorgesehenen Optionsrecht Gebrauch machen, müssen in den nächsten zwölf Monaten ihren Wohnsitz nach Deutschland verlegen.

Es steht ihnen frei, das unbewegliche Gut, das sie im Gebiete der Freien Stadt Danzig besitzen, zu behalten. Sie dürfen ihr gesamtes bewegliches Gut mitnehmen. Es wird dafür keinerlei Ausfuhr- oder Einfuhrzoll von ihnen erhoben.

Artikel 107.

Alles Gut des Deutschen Reiches oder der deutschen Staaten, das im Gebiete der Freien Stadt Danzig liegt, geht auf die alliierten und assoziierten Hauptmächte über, um von diesen, nach gerechtem Ermessen an die Freie Stadt oder den polnischen Staat weiter abgetreten zu werden.

Artikel 108.

Umfang und Art der finanziellen Lasten, die die Freie Stadt vom Deutschen Reiche und von Preußen zu übernehmen hat, werden nach Artikel 254 Teil IX (Finanzielle Bestimmungen) des gegenwärtigen Vertrags festgesetzt.

Alle anderen Fragen, die sich aus der Abtretung des in Artikel 100 bezeichneten Gebietes ergeben, werden durch spätere Bestimmungen geregelt.

2. Übereinkommen betreffend die Abtretung der Gebiete von Memel und Danzig vom 9. Januar 1920[*]

Die ordnungsmäßig bevollmächtigten Unterzeichneten haben folgende Bestimmungen über die Abtretung der Gebiete von Memel und Danzig vereinbart:

1. Durch Inkrafttreten des Friedensvertrages ist die Staatshoheit tatsächlich an die alliierten und assoziierten Hauptmächte übergegangen. Somit erfolgt die Übergabe der Gebiete an den Vertreter der alliierten und assoziierten Hauptmächte auf dessen Anordnung und in der von ihm bestimmten Weise durch hierzu von der deutschen Regierung bestellte besondere Vertreter, denen jede Freiheit und Erleichterung zugestanden wird.

2. Unbeschadet der späteren Abrechnung werden die deutsche Finanzverwaltung und ihre Rechnungsbücher sowie alle Register der Verwaltungs- und Justizbehörden am Tage der Gebietsübergabe mit Beschlag belegt. Sämtliche Archive und Register werden von der neuen Staatsgewalt übernommen, unbeschadet einer späteren Vereinbarung über diese Archive und Register zwischen den beteiligten Staaten.

3. Die oben vorgesehenen Maßnahmen werden von den betreffenden Vertretern der alliierten und assoziierten Hauptmächte und Deutschlands zu Protokoll genommen.

Ein angemessener Spielraum wird ihnen zur Erfüllung der verschiedenen Formalitäten gewährt.

4. Die Verwaltungs- und Justizbeamten und überhaupt alle Staatsbeamten, die in Übereinstimmung mit den Vertretern der alliierten und assoziierten Hauptmächte ihr Amt vorläufig weiter versehen, behalten ihre in Deutschland erworbenen Rechte.

Wenn diese Beamten später in deutsche Dienste zurücktreten, werden sie von der deutschen Regierung so angesehen, als wenn sie vorübergehend beurlaubt gewesen wären. Falls sie endgültig im Dienst der abgetretenen Gebiete zu bleiben wünschen, werden ihre Deutschland gegenüber erworbenen Rechte bei der Gebietsübergabe gewahrt und zum Gegenstand eines späteren Übereinkommens gemacht[1]).

5. Die Form der wirtschaftlichen und Zollverwaltung der abgetretenen Gebiete wird erst nach der Einführung der endgültigen politischen Regierungsform bestimmt. Falls in den jetzigen Beziehungen zwischen diesen Gebieten und Deutschland vorläufige Abänderungen erforderlich werden, so ist hierbei den beiderseitigen Wünschen der Bevölkerung Rechnung zu tragen.

Ausgefertigt in Paris, am 9. Januar 1920

v. Simson. le Rond.

---

[*] Text: Lewinsky-Wagner S. 194 f.

3. *Errichtungsurkunde der Freien Stadt Danzig vom 9. November 1920**

Das Britische Reich, Frankreich, Italien und Japan, die mit den Vereinigten Staaten von Amerika als Alliierte und Assoziierte Hauptmächte den Friedensvertrag von Versailles unterzeichnet haben, sind in der Erwägung, daß durch den Artikel 102 des am 28. Juni 1919 mit Deutschland zu Versailles abgeschlossenen Friedensvertrages die Alliierten und Assoziierten Haupmächte sich verpflichtet haben, die Stadt Danzig nebst dem in Artikel 100 des besagten Vertrages bezeichneten Gebiet als Freie Stadt zu errichten, übereingekommen, zu dieser Errichtung zu schreiten. Infolgedessen hat die Botschafterkonferenz folgendes beschlossen:

I

Die Stadt Danzig nebst dem Gebiet innerhalb nachstehender Grenzen, wie sie an Ort und Stelle durch die im Artikel 101 des Versailler Friedensvertrages vom 28. Juni 1919 vorgesehene Kommission festgesetzt sind oder werden, **wird als Freie Stadt errichtet** unter den Bestimmungen und Bedingungen, die von dem besagten Artikel vorgesehen sind:

Von der Ostsee nach Süden bis zu dem Punkte, wo sich die Hauptschiffahrtswege der Nogat und der Weichsel treffen:

Die Grenze Ostpreußens, wie sie im Artikel 28 des Teiles II (Grenzen Deutschlands) des vorliegenden Vertrages beschrieben ist, nämlich: Von einem Punkt an der Küste der Ostsee ungefähr 1½ Kilometer nördlich der Kirche des Dorfes Pröbbernau und in einer ungefähren Richtung von 159 Grad (von Nord nach Ost gerechnet): eine noch im Gelände zu bestimmende Linie von ungefähr 2 Kilometern; von dort in gerader Linie auf das Leuchtfeuer, das am Knie des Elbinger Fahrwassers auf ungefähr 54 Grad, 19½ Min. nördlicher Breite und 19 Grad, 26 Min. östlicher Länge von Greenwich gelegen ist; von da bis zur östlichen Mündung der Nogat in einer ungefähren Richtung von 209 Grad (von Nord nach Ost gerechnet); von da die Nogat aufwärts bis zu dem Punkte, wo dieser Fluß die Weichsel verläßt.

Von da den Hauptschiffahrtsweg der Weichsel stromabwärts bis zu dem Punkte, der ungefähr 6½ Kilometer nördlich der Brücke von Dirschau liegt. Von hier nach Nordwesten bis zur Höhe 5, die 1½ Kilometer südöstlich der Kirche von Güttland liegt: eine im Gelände festzulegende Linie; von hier nach Westen bis zu dem Vorsprung, den die Grenze des Kreises Berent 8½ Kilometer nordöstlich von Schöneck bildet: eine im Gelände festzulegende Linie, die zwischen Mühlbanz im Süden und Rambeltsch im Norden verläuft.

---

* Text: Lewinsky-Wagner S. 196 ff.

Von hier nach Westen die Grenze des Kreises Berent bis zu der Einbuchtung, die sie 6 Kilometer nordnordwestlich von Schöneck bildet; von hier bis zu einem Punkte auf der Mittellinie des Lonkener Sees: eine im Gelände festzulegende Linie, die nördlich von Neu-Fietz und Schatarpi und südlich von Barenhütte und Lonken verläuft.

Von hier die Mittellinie des Lonkener Sees bis zu seinem Nordende.

Von hier bis zu dem Südende des Pollenziner Sees: eine im Gelände festzulegende Linie.

Von hier die Mittellinie des Pollenziner Sees bis zu seinem Nordende.

Von hier nach Nordosten bis zu dem Punkte ungefähr 1 Kilometer südlich der Kirche von Koliebken, wo die Eisenbahn Danzig—Neustadt einen Bach überschreitet: eine im Gelände festzulegende Linie, die südlich von Kamehlen, Krissau, Fidlin, Sulmin (Richthof), Mattern, Schäferei und nordwestlich von Neuendorf, Marschau, Czapielken, Hoch- und Klein-Kelpin, Pulvermühle, Renneberg und den Städten Oliva und Zoppot verläuft; von hier den Lauf des obenerwähnten Baches bis zur Ostsee.

II

Die vorliegende Entscheidung tritt mit dem 15. November 1920 in Kraft.

III

Die Freie Stadt Danzig muß die von den Alliierten und Assoziierten Hauptmächten für die Verwaltung und militärische Besetzung ihres Gebiets aufgewendeten Kosten in einem von den besagten Mächten festzusetzenden angemessenen Verhältnisse tragen.

Gegeben zu Paris, den 27. Oktober 1920

    gez. Derby.   gez. Jules Cambon.
    gez. Bonin.   gez. Ishii.

Die unterzeichneten gebührend bevollmächtigten Vertreter der Freien Stadt Danzig erklären im Namen der Freien Stadt, die vorstehenden Bestimmungen anzunehmen.

Gegeben zu Paris, den 9. Novemebr 1920

  gez. Heinrich Sahm.   gez. W. Schümmer.

4. Beschluß des Rates des Völkerbundes vom 17. November 1920 – Danzig unter Schutz und Garantie des Völkerbundes (Auszug)*

Der Rat des Völkerbundes billigt die in dem Bericht des Vertreters Japans niedergelegten Schlußfolgerungen und erklärt:

Die Freie Stadt Danzig ist vom Tage ihrer Errichtung durch die alliierten Hauptmächte gemäß Art. 102 des Vertrages von Versailles **unter den Schutz des Völkerbundes gestellt.**

Die Verfassung der Freien Stadt Danzig, die durch die ordnungsgemäß bestimmten Vertreter der Freien Stadt ausgearbeitet ist, **ist gleichzeitig unter die Garantie des Völkerbundes gestellt.**

Der Rat des Völkerbundes bestimmt ferner:

Der gegenwärtige Oberkommissar des Völkerbundes wird ermächtigt, das Vorstehende mit dem Text des beigefügten Berichts der verfassunggebenden Versammlung der Freien Stadt Danzig mitzuteilen. Er hat hinzuzufügen, daß die Verfassunggebende Versammlung aufgefordert wird, ihm binnen einer Frist von drei Wochen den endgültigen Text der Verfassung, in folgender Form abgeändert, vorzulegen:

a) Die Worte „und Hansestadt" sind in allen Artikeln der Verfassung zu streichen.
b) Die Artikel 4 und 5 der Verfassung sind zu einem Artikel zusammenzufassen.
c) In die Verfassung ist ein Zusatz einzufügen dahin, daß die Bestimmungen der Artikel 41 und 44 f. in dem Sinne zu verstehen sind, daß sie die Vorschrift des Artikels 104, Nr. 6 des Vertrages von Versailles nicht beeinträchtigen dürfen.
d) Es ist in die Verfassung ein Zusatz einzufügen dahin, daß Abänderungen der Verfassung erst in Kraft treten können, nachdem sie dem Völkerbund mitgeteilt worden sind, und nachdem der Völkerbund erklärt hat, daß er keine Einwände zu erheben hat.
e) Es ist in die Verfassung ein Zusatz einzufügen dahin, daß die Regierung von Danzig binnen einer Frist von sechs Monaten nach der Mitteilung durch den Oberkommissar dem Völkerbunde die Grundsätze des Entwurfes eines Gesetzes zur Prüfung vorlegt, wie es im Artikel 71 der Verfassung vorgesehen ist, und das das Danziger Staatsbürgerrecht zum Gegenstande hat.
f) Es ist in die Verfassung ein Zusatz einzufügen dahin, daß der Völkerbund das Recht hat, zu jeder Zeit von der Regierung Danzigs amtliche Auskunft zu verlangen über die öffentlichen Angelegenheiten der Freien Stadt, und daß diesem Verlangen stets Folge gegeben werden muß.

---

* Text: Lewinsky-Wagner S. 198 f.

g) Es ist in die Verfassung ein Zusatz einzufügen dahin, daß die Freie Stadt nicht als Militär- oder Marinebasis dienen kann, daß sie keine Festungswerke errichten noch die Herstellung von Munition und Kriegsmaterial auf ihrem Gebiete gestatten darf, bevor sie nicht in jedem Falle die Zustimmung des Völkerbundes erhalten hat.

5. Bekanntmachung der Errichtung der Freien Stadt Danzig durch den Stellvertreter des Hohen Kommissars des Völkerbundes Oberst Strutt in der 43. Vollsitzung der Verfassungsgebenden Versammlung am 15. November 1920 in Danzig*

Herr Präsident! M. D. u. H.! Ehe ich die Freiheit der Stadt Danzig unter dem Schutz des Völkerbundes proklamiere, wollen Sie mir einige wenige Worte gestatten. Die Anerkennung der Begründung der Freien Stadt durch den Völkerbund ist mir bis zu dieser Stunde noch nicht zugegangen. Ich nehme aber an, daß der Rat des Völkerbundes sich mit der Danziger Frage ohne Verzögerung befassen wird, und daß es nur eine kurze Frist sein wird, bis der Völkerbund den Schutz der Freien Stadt übernimmt und auch die Gewährleistung der von Ihnen beschlossenen Verfassung. Mein Amt als alliierter Verwalter Danzigs ist beendet, ich bin lediglich stellv. Oberkommissar des Völkerbundes und Vertreter der alliierten Mächte. Da jedoch die Verfassung der Freien Stadt noch nicht anerkannt worden ist, habe ich angeordnet, daß die von Ihnen beschlossenen Bestimmungen in Artikel 116 der Verfassung über die vorläufige Regierung in Kraft gesetzt werden. Im Namen des bisherigen Verwalters der Stadt, Herrn Sir Reginald Tower sowohl als auch in meinem eigenen möchte ich Ihnen, den Vertretern der Freien Stadt Danzig, aufrichtigst für die Unterstützung und das Entgegenkommen, welches Sie uns in dieser fremden und natürlicherweise sehr schwierigen Lage gezeigt haben, meinen Dank aussprechen. Wir beide werden stets mit den herzlichsten Gefühlen der Freien Stadt gedenken. Gleichzeitig möchte ich meinen ergebensten Dank Herrn von Biesiadecki, dem Vertreter der polnischen Republik in Danzig, für die bisherige erfreuliche Zusammenarbeit aussprechen.

Und jetzt, meine Herren, als Soldat zu Soldaten sprechend — denn fast alle von Ihnen sind Soldaten gewesen, Soldaten der größten und bewundernswertesten Armee, die die Welt jemals gesehen hat —, sage ich Ihnen: laßt uns Frieden halten, jederzeit, sowohl innerhalb wie außerhalb dieses Hauses. Die Welt braucht Frieden. Mögen Danzig und Polen dem östlichen Europa darin ein Vorbild sein. Beide Völker mögen glücklich und zufrieden nebeneinander leben, wachsen und gedeihen, durch gegenseitiges Vertrauen und Freundschaft bei gegenseitiger Unterstützung.

Hiermit erkläre ich feierlichst die Stadt Danzig und das sie umgebende Gebiet mit dem heutigen Tage zur Freien Stadt.

---

* Text: Lewinsky-Wagner S. 199 f.

6. Pariser Vertrag vom 9. November 1920 zwischen der Freien Stadt Danzig und Polen*

Polen und die Freie Stadt Danzig haben hinsichtlich des Vertrages, der gemäß Artikel 104¹) des in Versailles von den alliierten und assoziierten Mächten und Deutschland am 28. Juni 1919 unterzeichneten Friedensvertrages von den alliierten und assoziierten Hauptmächten vermittelt werden sollte, und in dem Wunsche, daß dieser Vertrag zwischen ihnen entsprechend dem besagten Artikel des genannten Vertrages abgeschlossen werde, als ihre Bevollmächtigten bezeichnet:

Die Republik Polen
  Herrn Ignace Paderewski, ehemaligen Ministerpräsidenten,
die Freie Stadt Danzig
  Herrn Oberbürgermeister Sahm,
  Herrn Abgeordneten Schümmer.

Diese haben, nachdem sie ihre Vollmachten ausgetauscht haben, die als gut und richtig befunden worden sind, die folgenden Bestimmungen beiderseits genehmigt:

Kapitel I

Artikel 1

Ein diplomatischer Vertreter der polnischen Regierung mit dem Sitz in Danzig soll zwischen der polnischen Regierung und der Regierung der Freien Stadt als **Vermittler** dienen.

Artikel 2

Es soll Sache der polnischen Regierung sein, **die Führung der auswärtigen Angelegenheiten der Freien Stadt Danzig sowie den Schutz der Staatsangehörigen Danzigs in fremden Ländern sicherzustellen.** Dieser Schutz soll unter denselben Bedingungen sichergestellt werden wie derjenige der polnischen Staatsangehörigen.

Die Pässe, welche den Staatsangehörigen Danzigs ausgestellt werden, können ihnen den polnischen Schutz im Auslande nur sichern, wenn sie von dem Vertreter der polnischen Regierung in Danzig visiert worden sind.

---

* Text: Lewinsky-Wagner S.428 ff. Nach dem von beiden Vertragsparteien unterzeichneten Text lautet die Schlußformel in Art. 40 Abs.3: "dont les expéditions authentiques seront remises à chacune des Hautes Parties Contractantes" (vgl. Sahm S.29 f.).

Artikel 3

Ein oder mehrere Staatsangehörige der Freien Stadt Danzig, welche von der Freien Stadt zur Verfügung der polnischen Regierung gestellt werden, **sollen dem Personal der polnischen Konsulate** zugeteilt werden, die an den fremden Orten eingerichtet werden, **wo die Freie Stadt Danzig wichtige wirtschaftliche Interessen hat**[1]).

Diese Beamten sollen der polnischen Regierung verantwortlich sein und sollen unter der Leitung und Oberaufsicht des polnischen Konsuls mit den Angelegenheiten betraut werden, welche besonders die Interessen der Staatsangehörigen der Freien Stadt Danzig betreffen.

Artikel 4

Das Exequatur soll den fremden Konsuln mit dem Sitz in Danzig von der polnischen Regierung **nach Einvernehmen mit den Behörden der Freien Stadt** erteilt werden.

Artikel 5

Die Kosten der diplomatischen und konsularischen Vertretung der Freien Stadt Danzig sowie die Kosten für den Schutz ihrer Staatsangehörigen im Auslande sollen von Polen getragen werden.

Alle Abgaben und Gebühren, welche im diplomatischen oder konsularischen Dienst erhoben werden, sollen der polnischen Regierung gehören.

Artikel 6

Internationale Verträge oder Abkommen, an denen die Freie Stadt Danzig interessiert ist, sollen von der polnischen Regierung **nicht ohne vorherige Beratung mit der Freien Stadt** abgeschlossen werden; das Ergebnis dieser Beratung soll zur Kenntnis des Hohen Kommissars des Völkerbundes gebracht werden.

In allen Fällen hat der Hohe Kommissar das Recht, jedem internationalen Vertrag oder Abkommen, soweit diese die Freie Stadt betreffen, sein Veto entgegenzusetzen, wenn der Rat des Völkerbundes glaubt, daß sie den Bestimmungen dieses Vertrages oder der Rechtstellung der Freien Stadt widersprechen.

Artikel 7

Die Freie Stadt darf **ausländische Anleihen nur nach vorheriger Befragung der polnischen Regierung** aufnehmen, die ihre Antwort in einer Frist von vierzehn Tagen geben muß. Falls die polnische Regierung einen Einspruch erhebt, kann die Frage von der Freien Stadt der Beurteilung des Hohen Kommissars unterbreitet werden, dessen Sache es sein soll, unter den im Artikel 39 des vorliegenden Vertrages vorgesehenen Bedingungen zu entscheiden.

Der Hohe Kommissar hat die Pflicht, sich zu vergewissern, daß die Bedingungen der Anleihe weder mit den Bestimmungen des vorliegenden Vertrages noch mit der Rechtstellung der Freien Stadt in Widerspruch stehen.

Artikel 8

Das Recht, die **Danziger Handelsflagge** zu führen, wird den Schiffen vorbehalten, deren Eigentum ausschließlich Staatsangehörigen der Freien Stadt zusteht einschließlich der Gesellschaften oder Vereinigungen, die in der Freien Stadt eingetragen sind, und bei welchen Staatsangehörige der Freien Stadt überwiegende Interessen haben.

Die Freie Stadt wird der polnischen Regierung alle Eintragungen von Schiffen, die die Danziger Flagge führen, mitteilen mit Angabe der Eigentumsrechte und anderer dringlicher Rechte, deren Gegenstand die besagten Schiffe etwa sind.

Der polnischen Regierung soll es frei stehen, in Danzig bei der Dienststelle des polnischen Vertreters, der in Artikel 1 genannt ist, die polnischen Verwaltungszweige einzurichten, die zur Eintragung nud zur Beaufsichtigung der Seetüchtigkeit der polnischen Schiffe sowie zur Anmusterung der Schiffsmannschaften nötig sind.

Die Freie Stadt und Polen haben das Recht, in den Fragen, über die sie sich hinsichtlich dieses Artikels nicht einigen sollten, den Hohen Kommissar des Völkerbundes unter den im Artikel 39 vorgesehenen Bedingungen anzurufen.

Artikel 9

Die Freie Stadt Danzig und Polen verpflichten sich, ihre Gesetzgebung über das Flaggenrecht unter Berücksichtigung ihrer besonderen wirtschaftlichen Interessen soweit als möglich einander anzupassen.

Artikel 10

Die Freie Stadt verpflichtet sich, im Hafen von Danzig den Schiffen, welche die polnische Flagge führen, dieselbe Behandlung zu gewähren wie den Schiffen, welche die Flagge der Freien Stadt führen.

Artikel 11

Die unmittelbaren Beziehungen zwischen den örtlichen Verwaltungs- und Gerichtsbehörden der Freien Stadt Danzig und der Nachbargebiete Ostpreußens sollen unter denselben Bedingungen zugelassen werden, wie die unmittelbaren Beziehungen zwischen den polnischen und deutschen Behörden, wie sie durch einen Vertrag zu regeln sind, der zwischen Polen und Deutschland abgeschlossen werden soll.

Artikel 12

Unter Vorbehalt der Polen zustehenden, in Artikel 2 benannten Rechte soll die Fremdenpolizei auf dem Gebiete der Freien Stadt Danzig von den Behörden der Freien Stadt ausgeübt werden.

Kapitel II

Artikel 13

Die Freie Stadt Danzig wird in die **polnischen Zollgrenzen** aufgenommen; **Polen und die Freie Stadt bilden ein einziges Zollgebiet**, welches der polnischen Zollgesetzgebung und dem polnischen Zolltarif unterstellt ist.

Artikel 14

Das Gebiet der Freien Stadt **Danzig soll hinsichtlich der Zölle eine Verwaltungseinheit bilden, welche Beamten der Freien Stadt anvertraut ist** und unter der allgemeinen Überwachung der Zentralzollverwaltung Polens arbeitet, wobei die polnische Regierung durch polnische Inspektoren, die dem Danziger Personal beigeordnet sind, an der Überwachung des Zolldienstes teilnehmen soll. Diese Inspektoren, welche direkt von der polnischen Regierung bezahlt werden, sollen ihre Beobachtungen der polnischen Zentralzollverwaltung mitteilen.

Die Zollformulare, deren gedruckter Teil deutsch und polnisch abgefaßt sein soll, können sowohl deutsch wie polnisch ausgefüllt werden.

Die Freie Stadt soll zur Sicherstellung des Dienstes eine hinreichende Anzahl von Personen beschäftigen, die die polnische Sprache kennen.

Artikel 15

Die Danziger Zollverwaltung ist der Verwaltung der polnischen Zölle gegenüber für die Zolleinnahmen rechnungspflichtig und für ihre Erhebung sowie die Ausführung der Zollgesetze verantwortlich.

Die Verwaltungsausgaben, welche aus diesem Grunde von der Freien Stadt gemacht werden, sollen von der Gesamtsumme der Zolleinnahmen, die auf dem Gebiete der Freien Stadt erhoben werden, vorweggenommen werden. Die Zollabgaben sollen nach Wahl der Person, die sie zu bezahlen hat, entweder in Danziger oder in polnischem Gelde bezahlt werden.

Die Abrechnungen sollen am Ende jedes Vierteljahres vorgenommen werden, **und Polen soll der Freien Stadt einen festen Prozentsatz von den Nettoeinnahmen belassen**, der entsprechend den Bestimmungen des Artikels 17 festgesetzt werden soll.

Artikel 16

Die Bestimmungen dieses Kapitels sollen binnen drei Monaten nach dem Inkrafttreten dieses Vertrages wirksam werden, und bis dahin soll das vorläufige Abkommen vom 22. April 1920 in Anwendung bleiben.

Artikel 17

Innerhalb eines Monats vom Inkrafttreten dieses Vertrages sollen Verhandlungen zwischen Polen und der Freien Stadt stattfinden, die zum Ziele haben:

a) die Maßnahmen zu prüfen, die zu treffen sind, um die polnische Zollgesetzgebung und den polnischen Zolltarif auf die Freie Stadt anzuwenden und, soweit möglich, der polnischen Gesetzgebung die Danziger Gesetzgebung anzupassen, insofern sie sich auf die Monopole und im allgemeinen auf alle indirekten Abgaben und Steuern bezieht. Die Freie Stadt verpflichtet sich, die Ausführung der besagten Maßnahmen zu übernehmen und sicherzustellen,

b) Richtlinien für den Zeitraum, in dem die beiden Staaten verschiedene Währungen besitzen, bezüglich des Verrechnungskurses für die Erhebung der Zollabgaben in Danziger Geld im Hafen von Danzig gemäß einem dem polnischen entsprechenden Tarif festzusetzen,

c) den Prozentsatz der Nettoeinnahmen festzusetzen, der gemäß Artikel 15 Danzig zugeteilt werden muß. Bei Festsetzung dieses Prozentsatzes soll dem Verhältnisse der Zollgebühren Rechnung getragen werden, die von den Waren erhoben werden, welche dazu bestimmt sind, in Polen bzw. auf dem Gebiete der Freien Stadt verbraucht zu werden.

Artikel 18

Der gegenwärtig im Danziger Hafen vorhandene **Freihafen** soll bestehen bleiben. Dieser Freihafen soll unter die Überwachung und Verwaltung des Ausschusses gestellt werden, der in Artikel 19 vorgesehen ist, und der die Befugnis haben soll, über die Veränderung oder Ausdehnung der Grenzen des besagten Freihafens oder die Veränderung seiner inneren Verwaltung zu entscheiden unter Vorbehalt des Rechtes der Regierung der Freien Stadt und der polnischen Regierung, innerhalb fünfzehn Tagen gegebenenfalls ihren Einspruch zum Ausdruck zu bringen. Sofern keine Einigung zustande kommt, soll dieser Einspruch aufschiebende Kraft haben, und es soll den besagten Regierungen freistehen, den Hohen Kommissar des Völkerbundes unter den im Artikel 39 vorgesehenen Bedingungen anzurufen.

Kapitel III

Artikel 19

Unter dem Namen „**Ausschuß für den Hafen und die Wasserwege von Danzig**" soll ein Ausschuß geschaffen werden, der zu gleichen Teilen aus polnischen und Danziger Vertretern zusammengesetzt ist; ihre Anzahl darf **auf jeder Seite fünf** nicht überschreiten; sie werden von der polnischen Regierung bzw. von der Freien Stadt aus den Vertretern der wirtschaftlichen Interessen jedes der beiden Länder gewählt.

Der Präsident dieses Ausschusses soll im Einvernehmen zwischen der polnischen Regierung und der Regierung der Freien Stadt gewählt werden. Kommt innerhalb eines Monats nach Inkrafttreten dieses Vertrages ein Einvernehmen nicht zustande, so soll der Rat des Völkerbundes von dem Hohen Kommissar des Völkerbundes in Danzig ersucht werden, **einen Präsidenten Schweizer Nationalität** zu bestimmen. Falls die Stelle des Präsidenten frei wird, soll innerhalb eines Monats nach Beendigung der Tätigkeit des letzten Präsidenten ebenso verfahren werden.

Der Präsident soll für drei Jahre ernannt werden und soll wiedergewählt werden können.

Der Präsident soll die Verhandlungen leiten und soll sich bemühen, zwischen den Parteien eine Einigung herbeizuführen; er soll an der Abstimmung erst teilnehmen, nachdem er alle Mittel erschöpft hat, dieses Einvernehmen zu erreichen, wobei seine Stimme die Entscheidung herbeiführt, falls Stimmengleichheit vorliegt.

Die Unkosten und Ausgaben des Ausschusses sollen durch die Einnahmen gedeckt werden, die aus den Betrieben herrühren, die von dem genannten Ausschuß verwaltet werden.

Artikel 20

Der Ausschuß soll innerhalb der Grenzen der Freien Stadt **die Leitung, Verwaltung und Ausnutzung des Hafens, der Wasserwege und der gesamten Eisenbahnen ausüben, die besonders den Zwecken des Hafens dienen, sowie aller Güter und Einrichtungen, die ihrer Ausnutzung dienen,** aber mit Ausschluß der Güter und Einrichtungen, die dem allgemeinen Eisenbahnbetrieb dienen. Es soll Sache des Ausschusses sein, diejenigen Eisenbahnen zu bestimmen, die als besonders im Dienste des Hafens stehend angesehen werden müssen, unter Vorbehalt des Rechtes der Regierung der Freien Stadt und der polnischen Regierung, gegebenenfalls binnen fünfzehn Tagen ihren Einspruch zum Ausdruck zu bringen. Falls keine Einigung erfolgt, soll dieser Einspruch aufschiebende Wirkung haben, und es soll den besagten Regierungen freistehen, den Hohen Kommissar des Völkerbundes unter den im Artikel 39 vorgesehenen Bedingungen anzurufen.

Der Ausschuß soll sich mit der polnischen Regierung verständigen, um soweit als möglich die Verwaltung des ihm unterstellten Teiles der Weichsel mit der Verwaltung der polnischen Weichsel in Einklang zu bringen.

Der Ausschuß behält soweit als möglich die Beamten, Angestellten und Arbeiter im Dienste, die gegenwärtig im Dienste des Hafens oder der dem Ausschuß unterstehenden Wasserwege oder Eisenbahnen beschäftigt sind. Bei Annahme neuer Beamten und Arbeiter in der dem Ausschuß unterstehenden Verwaltung darf keine Unterscheidung zum Schaden polnischer Staatsangehöriger gemacht werden.

Artikel 21

Die Eisenbahnen, die nicht im Artikel 20 erwähnt sind, sollen, mit Ausnahme der Straßenbahnen und anderen Eisenbahnen, die hauptsächlich den Bedürfnissen der Freien Stadt dienen, **von Polen überwacht und verwaltet werden,** wobei Polen die Einnahmen erhalten und die Ausgaben tragen soll.

Artikel 22

Spätere Vereinbarungen zwischen Polen und der Freien Stadt, welche innerhalb vier Monaten nach dem Inkrafttreten des vorliegenden Vertrages abzuschließen sind, sollen alle Fragen regeln, zu denen die Ausführung des Artikels 21 Anlaß geben könnte, namentlich solche Fragen, die sich auf die Beibehaltung der gegenwärtig im Eisenbahndienst befindlichen Beamten, Angestellten und Arbeiter beziehen, unter Achtung erworbener Rechte, ferner solche Fragen, die sich auf die gegenseitig zu gewährenden Sicherungen für die Anwendung der Danziger und polnischen Sprache und Währung und für die Beachtung der Interessen der örtlichen Bevölkerung in allen Angelegenheiten der Verwaltung, des Betriebes und der Dienstzweige gemäß Artikel 21 beziehen[1]).

Falls eine Einigung nicht erfolgt, soll die Entscheidung von dem Hohen Kommissar des Völkerbundes entsprechend dem Artikel 39 getroffen werden.

Artikel 23

Der Ausschuß soll alle Abgaben, Gebühren und Einkünfte erhalten, die sich aus der im Artikel 20 vorgesehenen Verwaltung des Hafens, der Wasserwege und der Eisenbahnen ergeben, und soll alle Kosten ihrer Unterhaltung, Leitung, Ausnutzung, Verbesserung und Entwickelung bestreiten. Die Gewinne und Verluste sollen zwischen Polen und der Freien Stadt Danzig in einem Verhältnis geteilt werden, das in einem zwischen ihnen abzuschließenden Finanzvertrag festgesetzt werden soll.

Die Einnahmen und Ausgaben, welche die Freie Stadt seit dem 10. Januar 1920 für die Unterhaltung der in den Artikeln 20 und 21 genannten Dienstzweige bis zum Inkrafttreten der Artikel 20 und 21 und 23—26 gehabt hat, sollen in Berücksichtigung gezogen werden.

Artikel 24

Der Ausschuß soll alle zweckdienlichen Maßnahmen treffen, um in Übereinstimmung mit der polnischen Regierung **den freien Auswanderer- und Rückwandererverkehr** von oder nach Polen sicherzustellen.

Keine Schiffahrtsgesellschaft und keine andere Organisation, Gesellschaft oder Privatperson darf sich mit einem

---

[1]) Siehe Abkommen vom 22. 10. 21 (unten abgedruckt im nächsten Abschnitt 2) und Entscheidung des H. K. vom 5. 9. 21 (oben abgedruckt S. 352).

Auswanderer- oder Rückwandererunternehmen von oder nach Polen ohne die Ermächtigung der polnischen Regierung befassen.

Artikel 25

Die Freie Stadt Danzig und die polnische Regierung verpflichten sich, dem Ausschuß **das Eigentum aller Güter** des früheren Deutschen Reiches oder irgendeines deutschen Staates zu übertragen, die **einen Teil des Hafens bilden** oder mit der Verwaltung oder Ausnutzung des Hafens sowie der im Artikel 20 vorgesehenen Wasser- und Schienenwege im Zusammenhange stehen.

Diese Güter sollen durch die alliierten und assoziierten Hauptmächte bezeichnet werden.

Das Eigentum aller Güter des früheren Deutschen Reiches oder irgendeines deutschen Staates, die mit der Verwaltung oder Ausnutzung der im Artikel 21 genannten Eisenbahnen im Zusammenhange stehen, soll Polen übertragen werden.

Der Ausschuß soll das Recht haben, **alle anderen beweglichen oder unbeweglichen Güter, die auf dem Gebiete der Freien Stadt Danzig belegen sind, zu pachten oder zu erwerben**, soweit der Ausschuß es für Leitung, Verwaltung oder Ausnutzung des Hafens, der Wasser- und Schienenwege, die ihm anvertraut sind, oder für ihre Entwicklung oder Verbesserung für notwendig erachtet. **Die Freie Stadt Danzig verpflichtet sich,** alle Maßnahmen zu ergreifen, die notwendig sind, um die Entscheidungen des Ausschusses auszuführen und namentlich **zu Enteignungen zu schreiten,** deren Durchführung zu diesem Zweck erforderlich ist.

Die Freie Stadt verpflichtet sich, Polen die Enteignung des Geländes und anderen Eigentums, das für die Ausnutzung der im Artikel 21 bezeichneten Dienstzweige notwendig ist, unter angemessenen Bedingungen nicht zu versagen.

Falls dieser Artikel zu irgendeinem Streit zwischen der Regierung der Freien Stadt und der polnischen Regierung Anlaß gibt, soll die Meinungsverschiedenheit unter den im Artikel 39 vorgesehenen Bedingungen der Entscheidung des Hohen Kommissars unterbreitet werden.

Artikel 26

Der Ausschuß soll **verpflichtet sein, Polen die freie Benutzung und den Gebrauch des Hafens** und der im Artikel 20 bezeichneten **Verbindungsmittel ohne jede Einschränkung** und in dem für die Sicherstellung des Ein- und Ausfuhrverkehrs nach und von Polen notwendigen Maße **zu gewährleisten;** der Ausschuß soll **verpflichtet** sein, alle notwendigen Maßnahmen zu treffen, die den **Ausbau und die Verbesserung des Hafens und der Verbindungswege sicherstellen,** um allen Bedürfnissen dieses Verkehrs zu genügen.

Falls die obigen Bestimmungen nicht beachtet werden sollten, haben die Freie Stadt Danzig und Polen das Recht, den im Artikel 39 vorgesehenen Antrag auf Entscheidung zu stellen.

Artikel 27

Die Bestimmungen der Artikel 20, 21 und 23—26 sollen drei Monate nach der Ernennung des Präsidenten des Ausschusses in Kraft treten.

Artikel 28

Jederzeit und unter allen Umständen soll **Polen das Recht haben, über Danzig Waren**, gleichviel welcher Art, **einzuführen und auszuführen**, soweit dies nicht durch die polnischen Gesetze verboten ist.

Kapitel IV

Artikel 29

Polen soll das Recht haben, im Hafen von Danzig zur unmittelbaren Verbindung mit Polen einen Post-, Telegraphen- und Telephondienst einzurichten. Dieser Dienst erstreckt sich auf die Post- und Telegraphenverbindungen zwischen Polen und dem Auslande über den Hafen von Danzig, sowie auf die Verbindungen zwischen Polen und dem Hafen von Danzig.

Artikel 30

Die Freie Stadt Danzig verpflichtet sich, Polen unter angemessenen Bedingungen das Gelände oder die Gebäude zu verkaufen oder zu verpachten, die für die Einrichtung sowie den Betrieb der im Artikel 29 sowie im Artikel 21 vorgesehenen Dienstzweige notwendig sind. Die Freie Stadt verpflichtet sich, der polnischen Regierung alle erforderlichen Erleichterungen zur Einrichtung der Telegraphen- und Telephonlinien zu gewähren, die zur Ausführung des genannten Artikels notwendig sind.

Artikel 31

Alle anderen Post-, Telegraphen- und Telephonverbindungen auf dem Gebiete der Freien Stadt sowie die Verbindungen zwischen der Freien Stadt und dem Auslande sollen Sache der Freien Stadt sein.

Artikel 32

Polen und die Freie Stadt Danzig verpflichten sich, binnen sechs Monaten nach Inkrafttreten des Vertrages eine besondere Vereinbarung zu treffen zur **Einführung einheitlicher Post-, Telegraphen- und Telephontarife für den Verkehr** zwischen den beiden Staaten; diese Vereinbarung soll gleichzeitig die Einzelheiten für die Durchführung der Bestimmungen dieses Kapitels regeln.

Kapitel V

Artikel 33

Die Freie Stadt Danzig verpflichtet sich, auf die Minderheiten der Rasse, Religion oder Sprache Bestimmungen anzuwenden, die denjenigen ähnlich sind, welche von Polen in Ausführung des Kapitels I des in Versailles am 28. Juni 1919 zwischen Polen und den alliierten und assoziierten Hauptmächten geschlossenen Vertrages auf dem polnischen Gebiete angewendet werden, namentlich dafür Sorge zu tragen, daß **in der Gesetzgebung und in der Leitung der Verwaltung kein Unterschied zum Nachteil der polnischen Staatsangehörigen** und anderer Personen polnischer Herkunft oder polnischer Sprache gemacht wird, entsprechend dem Artikel 104, § 5 des Vertrages von Versailles mit Deutschland.

Die Bestimmungen der Artikel 14—19 des Vertrages, der in Versailles zwischen den alliierten und assoziierten Hauptmächten und Polen am 28. Juni 1919 abgeschlossen worden ist, sowie die Bestimmungen des Artikels 98 des Vertrages von Versailles mit Deutschland finden auf die Freie Stadt Danzig in gleicher Weise Anwendung.

Artikel 34

Die **Einbürgerungsbedingungen** in der Freien Stadt Danzig sowie die Bedingungen, unter welchen **ausländische Gesellschaften** sich in Danziger Gesellschaften umbilden können, sollen **im Einvernehmen zwischen der Freien Stadt und Polen festgesetzt werden.**

Artikel 35

Ein besonderes Abkommen soll in kürzester Frist zwischen Polen und der Freien Stadt Danzig abgeschlossen werden, um die **Vollstreckung der Urteile** der polnischen bzw. Danziger Gerichte in Polen bzw. auf dem Gebiete der Freien Stadt zu regeln, ferner die **Verfolgung von Verbrechern**, die sich auf das Gebiet von Polen oder der Freien Stadt Danzig flüchten, sowie ihre Auslieferung und alle anderen gerichtlichen Fragen.

Artikel 36

Polen und die Freie Stadt Danzig verpflichten sich, sobald es die Umstände erlauben, auf den Antrag der einen oder der anderen Partei in Verhandlungen einzutreten, um ihre **Währungen zu vereinheitlichen.** Eine Frist von einem Jahre muß vorgesehen werden, bevor diese Vereinheitlichung, nachdem sie einmal beschlossen ist, in Kraft tritt.

Artikel 37

Die polnische Regierung verpflichtet sich, mit der Freien Stadt in Verhandlungen einzutreten, um dieser auf jede Weise ihre Versorgung mit Lebensmitteln, Brennmaterial und Rohstoffen zu erleichtern.

Artikel 38

Spätere Abmachungen werden zwischen Polen und der Freien Stadt über alle Fragen getroffen werden, die in diesem Vertrage nicht behandelt sind.

Artikel 39

Jede zwischen Polen und der Freien Stadt aufkommende **Meinungsverschiedenheit** in bezug auf diesen Vertrag oder alle anderen späteren Abmachungen, Vereinbarungen und Abkommen oder alle die Beziehungen Polens und der Freien Stadt berührenden Fragen soll von der einen oder anderen Partei der **Entscheidung des Hohen Kommissars** unterbreitet werden, der die Angelegenheit, falls er es für nötig erachtet, an den Rat des Völkerbundes verweisen soll.

Beide Parteien behalten die Freiheit, **beim Rat des Völkerbundes Berufung** einzulegen.

Artikel 40

Eine Änderung an diesem Vertrag soll nur im Einvernehmen zwischen Polen und der Freien Stadt Danzig vorgenommen werden.

Dieser Vertrag, dessen französischer und englischer Wortlaut maßgebend ist, tritt gleichzeitig mit der Errichtung der Freien Stadt Danzig in Kraft.

Urkundlich dessen haben die obengenannten Bevollmächtigten den vorliegenden Vertrag unterzeichnet.

Gegeben zu Paris, den 9. November 1920, in einem einzigen Exemplar, das in den Archiven der Regierung der französischen Republik niedergelegt bleibt, und dessen authentische Ausfertigungen Polen und der Freien Stadt Danzig ausgehändigt werden.

(L.S.) gez. J. J. Paderewski
(L.S.) gez. Heinrich Sahm
(L.S.) gez. W. Schümmer

7. *Verfassung der Freien Stadt Danzig vom 19. August 1920 idF. der Bekanntmachung vom 17. September 1930*[*]

Erster Hauptteil.
Aufbau des Staates.
I. Allgemeines.
Artikel 1.

Die Stadt Danzig und das mit ihr verbundene Gebiet[2]) bilden unter der Benennung „Freie Stadt Danzig" einen Freistaat.

Artikel 2.

Das Staatswappen zeigt in rotem Schilde zwei übereinanderstehende silberne Kreuze, über denen eine goldene Krone schwebt.

Die Staatsflagge und die Handelsflagge zeigt auf rotem Tuch im ersten Drittel, von der Flaggenstange an gerechnet, parallel zu dieser zwei weiße Kreuze übereinander und darüber eine gelbe Krone[3]).

Artikel 3.

Die Staatsgewalt geht vom Volke aus.

---
[1]) Die ursprüngliche Form der Verfassung (Bd. I S. 1 ff.) ist durch Ges. vom 6. Juli 1930 abgeändert (G.Bl. S. 179) und durch Bek. vom 17. September 1930 (G.Bl. S. 181) neu verkündet. Kommentar von Obergerichtsrat Dr. Reiß, Danziger Rechtsbibliothek Nr. 14, Danzig, Georg Stilke 1931.
[2]) Über den Umfang des Staatsgebietes vgl. Art. 100 des V.V. (Bd. I S. 187).
[3]) Hierzu die Flaggenordnung vom 18. März 1922 G.Bl. S. 87 (Bd. I S. 1), die Entscheidung des Hohen Kommissars (Haking) über die Flagge des Hafen-Ausschusses v. 13. Dezember 1923 (Entsch. S. 36) und die Rechtsverordnung betr. den Schutz der Symbole der Freien Stadt Danzig und benachbarter Staaten. (Bd. II S. 42.)

Artikel 4.

Die Amtssprache ist deutsch.

Dem polnisch sprechenden Volksteil wird durch die Gesetzgebung und Verwaltung seine freie volkstümliche Entwickelung, besonders der Gebrauch seiner Muttersprache beim Unterricht, sowie bei der inneren Verwaltung und der Rechtspflege gewährleistet. Das Nähere wird durch Gesetz bestimmt[1]).

---
[*] Die Verfassung der Freien Stadt Danzig vom 19.8.1920 (nach den vom Völkerbundsrat verlangten Änderungen Bekanntmachung vom 14.6.1922, DzGBl 1922 S.141, Anlage zu S.144) idF. des Gesetzes vom 4.7.1930 (DzGBl 1930 S.179); Neuverkündung durch Bekanntmachung vom 17.9.1930 (DzGBl 1930 Anlage zu S.181) - drei Änderungen: 29.9.1926 (1926 S.285), 4.7.1930 (DzGBl 1930 S.179), 13.10.1931 (DzGBl 1931 S.743).

Artikel 5.

Ohne vorherige Zustimmung des Völkerbundes in jedem einzelnen Falle darf die Freie Stadt nicht:
1. als Militär- und Marinebasis dienen,
2. Festungswerke errichten,
3. die Herstellung von Munition oder Kriegsmaterial auf ihrem Gebiete gestatten.

II. Der Volkstag.

Artikel 6.

Der Volkstag besteht aus zweiundsiebzig Abgeordneten.

Artikel 7.

Die Abgeordneten zum Volkstag sind Vertreter des ganzen Volkes. Sie sind nur ihrem Gewissen unterworfen und an Aufträge nicht gebunden.

Artikel 8.

Die Abgeordneten werden in allgemeiner, gleicher, unmittelbarer und geheimer Wahl von den über zwanzig Jahre alten männlichen und weiblichen Staatsangehörigen nach den Grundsätzen der Verhältniswahl gewählt.

Wählbar zum Abgeordneten ist jeder Wahlberechtigte, der das fünfundzwanzigste Lebensjahr vollendet hat.

Von der Ausübung des Wahlrechts ist ausgeschlossen:
a) wer entmündigt ist oder unter vorläufiger Vormundschaft steht oder sich in Fürsorgeerziehung befindet;
b) wer infolge eines rechtskräftigen Urteils der bürgerlichen Ehrenrechte ermangelt.

Artikel 9.

Die Wahl des Volkstages erfolgt auf vier Jahre. Vor Ablauf der Wahlperiode kann der Volkstag aufgelöst werden:
a) durch eigenen Beschluß,
b) durch Volksentscheid.

Der Volksentscheid kann auch auf Verlangen des Senats stattfinden. Der Antrag auf Auflösung des Volkstages durch eigenen Beschluß bedarf der Unterschrift von wenigstens fünfzehn Abgeordneten. Er ist mindestens eine Woche vor der Verhandlung allen Abgeordneten und dem Senat mitzuteilen. Der Auflösungsbeschluß bedarf der Zustimmung der Mehrheit der gesetzlichen Zahl der Mitglieder des Volkstages.

Die Neuwahl des Volkstages findet an einem Sonntag im vorletzten Monat vor Ablauf der Wahlperiode statt.

Im Falle der Auflösung findet die Neuwahl an einem Sonntag binnen zwei Monaten, jedoch nicht vor sechs Wochen nach dem Tage der Auflösung statt. Der bisherige Volkstag führt die Geschäfte bis zur Neuwahl weiter.

Die Wahlperiode des neuen Volkstages beginnt, falls der Volkstag aufgelöst ist, mit dem Tage der Neuwahl, im übrigen mit dem Ablauf der Wahlperiode des alten Volkstages.

Das Nähere über die Wahl des Volkstages bestimmt das Wahlgesetz[1]).

Artikel 10.

Über Einsprüche gegen die Gültigkeit der Wahl der Abgeordneten entscheidet das Oberste Gericht der Freien Stadt Danzig auf Grund öffentlicher mündlicher Verhandlung.

Zur Erhebung des Einspruchs ist jeder Wahlberechtigte befugt. Der Einspruch ist binnen vier Wochen nach der amtlichen Feststellung des Wahlergebnisses bei dem obersten Gericht der Freien Stadt anzubringen und zu rechtfertigen.

Dem Volkstag sind die abgeschlossenen Akten über die Wahl der Abgeordneten vorzulegen.

Entstehen Zweifel darüber, ob die gesetzlichen Voraussetzungen der Mitgliedschaft vorhanden sind, so entscheidet auf Verlangen des Volkstages das Oberste Gericht der Freien Stadt Danzig.

Artikel 11.

Der Volkstag wählt seinen Präsidenten, dessen Stellvertreter und seine Schriftführer; er gibt sich seine Geschäftsordnung[2]).

Artikel 12.

Der Volkstag tritt auf Berufung seines Präsidenten zusammen. Der Volkstag muß berufen werden, wenn der Senat es verlangt, oder wenn wenigstens ein Sechstel der Mitglieder unter Darlegung des Zweckes es schriftlich beantragt.

Zur ersten Sitzung nach jeder Neuwahl tritt der Volkstag spätestens am dreißigsten Tage nach dem

Beginn der Wahlperiode auf Berufung des Senats zusammen.

Im Falle der Auflösung oder des Ablaufs der Wahlperiode führen der bisherige Präsident des Volkstages und seine Stellvertreter ihre Geschäfte bis zum Beginn der ersten Sitzung des neugebildeten Volkstages weiter.

Artikel 13.

Der Präsident übt das Hausrecht und die Polizeigewalt im Volkstagsgebäude aus. Ihm untersteht die Hausverwaltung; er verfügt über die Einnahmen und Ausgaben des Hauses nach Maßgabe des Staatshaushalts und vertritt die Freie Stadt in allen Rechtsgeschäften und Rechtsstreitigkeiten seiner Verwaltung.

Artikel 14.

Der Volkstag verhandelt öffentlich. Auf Antrag des Senats oder von mindestens einem Sechstel der Mitglieder kann mit Zweidrittelmehrheit die Öffentlichkeit ausgeschlossen werden.

Artikel 15.

Wahrheitsgetreue Berichte über die Verhandlungen in einer öffentlichen Sitzung bleiben von jeder Verantwortlichkeit frei.

Artikel 16.

Der Volkstag ist beschlußfähig, wenn mindestens die Hälfte der gewählten Abgeordneten anwesend ist.

Artikel 17.

Zu einem Beschluß des Volkstages ist einfache Stimmenmehrheit erforderlich, soweit nicht die Verfassung etwas anderes vorschreibt.

Artikel 18.

Der Senat ist zu jeder Sitzung des Volkstages einzuladen. Die Mitglieder und die Beauftragten des Senats müssen in den Sitzungen jederzeit gehört werden. Sie unterstehen der Ordnungsgewalt des Präsidenten.

Der Volkstag und seine Ausschüsse können die Anwesenheit jedes Senatsmitgliedes verlangen.

Artikel 19.

Der Volkstag ist berechtigt, vom Senat Auskunft über alle Staatsangelegenheiten zu begehren und sich von der Ausführung seiner Beschlüsse und von der Verwendung der Staatseinnahmen zu überzeugen. Die Gegenstände, über die Auskunft verlangt wird, sind dem Senat vorher schriftlich mitzuteilen.

Der Volkstag hat das Recht und auf Antrag von einem Fünftel seiner Mitglieder die Pflicht, Untersuchungsausschüsse einzusetzen, wenn die Gesetzlichkeit oder Lauterkeit von Regierungs= oder Verwaltungsmaßnahmen angezweifelt wird. Die Untersuchungsausschüsse dürfen in ein schwebendes gerichtliches oder Disziplinarverfahren nicht eingreifen. Diese Ausschüsse erheben in öffentlicher Versammlung die Beweise, die sie oder die Antragsteller für erforderlich halten. Die Öffentlichkeit kann vom Untersuchungsausschuß mit Zweidrittelmehrheit ausgeschlossen werden. Die Geschäftsordnung regelt das Verfahren des Ausschusses und bestimmt die Zahl seiner Mitglieder. Die Gerichte und Verwaltungsbehörden sind verpflichtet, dem Ersuchen dieser Ausschüsse um Beweiserhebungen Folge zu leisten. Die Akten dieser Behörden sind ihnen auf Verlangen vorzulegen. Auf die Erhebungen der Ausschüsse und der von ihnen ersuchten Behörden finden die Vorschriften der Strafprozeßordnung sinngemäße Anwendung; doch bleibt das Brief=, Post=, Telegraphen= und Fernsprechgeheimnis unberührt.

Artikel 20.

Niemand darf wegen seiner Abstimmung oder wegen der in Ausübung seines Berufes als Abgeordneter getanen Äußerungen gerichtlich oder auf dem Dienstwege verfolgt oder sonst außerhalb der Versammlung zur Verantwortung gezogen werden.

Artikel 21.

Kein Abgeordneter darf ohne Genehmigung des Volkstages wegen einer mit Strafe bedrohten Handlung zur Untersuchung gezogen oder verhaftet werden, es sei denn, daß der Abgeordnete bei Ausübung der Tat oder spätestens im Laufe des folgenden Tages festgenommen ist. Die gleiche Genehmigung ist erforderlich bei jeder anderen Beschränkung der persönlichen Freiheit, wodurch die Ausübung des Berufs als Abgeordneter beeinträchtigt werden kann.

Jedes Straf- oder Disziplinarverfahren gegen einen Abgeordneten und jede Haft oder sonstige Beschränkung der persönlichen Freiheit wird auf Verlangen des Volkstages für die Dauer der Mitgliedschaft aufgehoben.

Artikel 22.

Die Abgeordneten sind berechtigt, über Personen, die ihnen in ihrer Eigenschaft als Abgeordnete Tatsachen anvertrauen oder denen sie in Ausübung ihres Berufs als Abgeordnete solche anvertraut haben, sowie über diese Tatsachen selbst das Zeugnis zu verweigern. Auch hinsichtlich der Beschlagnahme von Schriftstücken stehen sie den Personen gleich, die ein gesetzliches Zeugnisverweigerungsrecht haben.

Eine Durchsuchung oder Beschlagnahme darf in den Räumen des Volkstages nur mit Zustimmung des Präsidenten des Volkstages vorgenommen werden.

Artikel 23.

Die Abgeordneten erhalten Entschädigung nach Maßgabe eines besonderen Gesetzes[1]).

Artikel 24.

Beamte, Angestellte und Arbeiter bedürfen zur Ausübung ihres Amtes als Mitglied des Volkstages, der Kreis- und Gemeindevertretungen, der Ämter und Ausschüsse keines Urlaubs.

Ist einer der Genannten in einem Wahlvorschlag als Bewerber aufgestellt, so ist ihm vom Zeitpunkt der Anordnung der Wahl ab der zur Vorbereitung der Wahl erforderliche Urlaub zu gewähren.

III. Der Senat.

Artikel 25.

Die Mitglieder des Senats werden auf unbestimmte Zeit vom Volkstag gewählt.

Der Senat besteht aus dem Präsidenten, dem stellvertretenden Präsidenten und zehn Senatoren.

Die Zahl der Senatoren kann durch Gesetz geändert, jedoch darf dabei die Zahl zehn nicht überschritten werden.

Der Präsident, der stellvertretende Präsident und vier Senatoren werden besoldet.

Durch Gesetz kann bestimmt werden, daß bei Herabsetzung der Senatorenzahl sämtliche Senatoren besoldet werden.

Für ein Gesetz, durch das die Zahl der Senatoren oder die Zahl der besoldeten Senatoren geändert wird, ist Zweidrittelmehrheit bei Anwesenheit von mindestens zwei Dritteln der gesetzlichen Zahl der Abgeordneten erforderlich.

Die Wahl der Mitglieder des Senats ist geheim und geschieht durch Abgabe von Stimmzetteln. Gewählt ist, wer die Mehrheit der abgegebenen Stimmen erhält. Wird die unbedingte Stimmenmehrheit bei der ersten Abstimmung nicht erzielt, so ist unter den beiden Personen, die die meisten Stimmen erhalten haben, abermals zu wählen. Erhalten bei der Stichwahl beide Bewerber die gleiche Stimmenzahl, so entscheidet das vom Präsidenten des Volkstages zu ziehende Los.

Artikel 26.

Wählbar zum Senatsmitglied ist, wer das fünfundzwanzigste Lebensjahr vollendet hat. Eine Wiederwahl ist zulässig.

Nicht wählbar ist:

a) wer entmündigt oder in der Geschäftsfähigkeit beschränkt ist oder unter vorläufiger Vormundschaft steht;

b) wer infolge eines rechtskräftigen Urteils der bürgerlichen Ehrenrechte ermangelt;

c) wer sich im Konkurse befindet.

Artikel 27.

Eine Verpflichtung zur Annahme der Wahl zum Mitgliede des Senats besteht nicht. Auch können die Senatsmitglieder jederzeit aus dem Senat ausscheiden.

Artikel 28.

In der nächsten nach der Wahl stattfindenden Sitzung des Volkstages wird das in den Senat eintretende Mitglied in Gegenwart des Senats durch den Präsidenten des Volkstages oder dessen Stellvertreter in sein Amt eingeführt.

Das neue Senatsmitglied hat durch Handschlag zu geloben:

„Ich werde die mir als Mitglied des Senats obliegenden Pflichten getreulich erfüllen, mein Amt gewissenhaft führen, die Verfassung und die Gesetze beobachten, verschwiegen sein in allem, was geheimzuhalten mir geboten wird, und das Wohl der Freien Stadt Danzig nach besten Kräften fördern."

Die Beifügung einer religiösen Beteuerung ist zulässig.

Artikel 29.

Die Mitglieder des Senats sind einzeln und in ihrer Gesamtheit von dem Vertrauen des Volkstages abhängig und haben von ihrem Amt zurückzutreten, wenn der Volkstag ihnen sein Vertrauen durch ausdrücklichen Beschluß entzieht. Der Antrag auf Entziehung des Vertrauens bedarf der Unterschrift von wenigstens fünfzehn Abgeordneten. Er ist mindestens eine Woche vor der Verhandlung allen Abgeordneten und dem Senat mitzuteilen. Der Beschluß erfordert die Zustimmung der Mehrheit der gesetzlichen Zahl der Abgeordneten und, sofern er nicht mit einer Mehrheit von zwei Dritteln der Anwesenden gefaßt ist, eine zweite Beratung und Abstimmung frühestens nach sieben Tagen. In diesem Falle genügt der Beschluß der Mehrheit der gesetzlichen Zahl der Abgeordneten.

Artikel 30.

Jedes Senatsmitglied scheidet aus dem Senat aus, wenn einer der seine Wählbarkeit ausschließenden Fälle des Artikels 26 eintritt.

Artikel 31.

Tritt der gesamte Senat zurück, so hat er bis zur Wahl eines neuen Senats die Geschäfte weiterzuführen.

Artikel 32.

Wegen schuldhafter Verletzung der Verfassung oder eines Gesetzes kann ein Mitglied des Senats auf Beschluß des Volkstages angeklagt werden. Der Antrag auf Erhebung der Anklage muß von mindestens einem Viertel der Mitglieder des Volkstages unterzeichnet sein. Die Entscheidung erfolgt durch das Oberste Gericht der Freien Stadt.

Das Nähere wird durch besonderes Gesetz geregelt [1]).

Artikel 33.

Die Rechtsverhältnisse der besoldeten Mitglieder des Senats sowie die Aufwandsentschädigung für die unbesoldeten Mitglieder des Senats werden durch Gesetz geregelt [1]).

Artikel 34.

Die besoldeten Mitglieder des Senats dürfen kein anderes öffentliches Amt und ohne Genehmigung des Senats auch keine sonstige Berufstätigkeit, die unbesoldeten ein öffentliches Amt nur mit Genehmigung des Senats ausüben.

Die Zugehörigkeit zu dem Verwaltungs- oder Aufsichtsrat einer auf Erwerb gerichteten Gesellschaft bedarf der Zustimmung des Senats.

Artikel 35.

Der Senat regelt seinen Geschäftsgang und die Verteilung der Geschäfte unter seine Mitglieder.

Artikel 36.

Der Präsident des Senats leitet und beaufsichtigt den gesamten Geschäftsgang der Verwaltung. In allen Fällen, wo die vorherige Beschlußfassung durch den Senat einen nachteiligen Zeitverlust verursachen würde, muß der Präsident die dem Senat obliegenden Geschäfte im Einvernehmen mit dem stellvertretenden Präsidenten oder in dessen Behinderung mit dem dienstältesten Senator vorläufig allein besorgen, jedoch dem Senat in der nächsten Sitzung zur Bestätigung oder anderweitigen Beschlußfassung Bericht erstatten.

Artikel 37.

Die Sitzungen des Senats sind nicht öffentlich. Der Senat ist beschlußfähig, wenn mindestens die Hälfte seiner Mitglieder zugegen ist. Die Beschlüsse werden nach Stimmenmehrheit gefaßt. Bei Stimmengleichheit entscheidet die Stimme des Vorsitzenden.

An der Beratung und Abstimmung über solche Gegenstände, die Eigenangelegenheiten eines Mitgliedes oder seiner Angehörigen berühren, darf das Mitglied nicht teilnehmen; es muß sich während der Beratung aus dem Sitzungssaal entfernen.

Artikel 38.

Der Senat bestimmt die Richtlinien der Politik und trägt dafür gegenüber dem Volkstage die Verantwortung.

Artikel 39.

Der Senat ist die oberste Landesbehörde. Insbesondere hat er:

a) die Gesetze innerhalb eines Monats nach ihrem verfassungsmäßigen Zustandekommen[1]) zu verkünden und die zu ihrer Ausführung nötigen Verordnungen zu erlassen;

b) die Landesverwaltung selbständig im Rahmen der Verfassung, der Gesetze und des Staatshaushaltsplanes zu führen und die Aufsicht über sämtliche Landesbehörden auszuüben;

c) den Entwurf des Haushaltsplanes aufzustellen;

d) das Eigentum und die Einkünfte des Staates zu verwalten, die Einnahmen und Ausgaben anzuweisen und die Rechte des Staates zu vertreten;

e) die Beamten zu ernennen, soweit nicht durch Verfassung oder Gesetz etwas anderes vorgeschrieben ist;
f) im Rahmen der Verfassung und der Gesetze für die Sicherheit und das Gemeinwohl des Staates und aller Staatsangehörigen zu sorgen und die hierzu erforderlichen Vorschriften zu erlassen.

Artikel 40.

Dem Senat steht der Erlaß von Strafen im Gnadenwege zu.

Artikel 41.

Der Senat vertritt die Freie Stadt Danzig insoweit, als dies nicht den Bestimmungen widerspricht, welche — in Übereinstimmung mit Artikel 104, Ziff. 6 des Friedensvertrages von Versailles — die Leitung der auswärtigen Angelegenheiten der Freien Stadt Danzig durch die polnische Regierung sichern.

Urkunden werden im Namen der Freien Stadt Danzig von dem Präsidenten oder dem stellvertretenden Präsidenten und von einem weiteren Mitgliede des Senats unterzeichnet.

Artikel 42.

Der Senat der Freien Stadt hat dem Völkerbund auf dessen Verlangen jederzeit amtliche Auskunft über die öffentlichen Angelegenheiten der Freien Stadt zu erteilen.

IV. Die Gesetzgebung.

Artikel 43.

Ein Gesetz kommt durch übereinstimmenden Beschluß von Volkstag und Senat zustande.

Stimmt der Senat einem vom Volkstage gefaßten Beschlusse binnen zwei Wochen nicht zu, so geht die Vorlage an den Volkstag zurück.

Bleibt der Volkstag bei seinem Beschlusse, so hat der Senat binnen einem Monat sich diesem Beschlusse zu fügen oder die Entscheidung des Volkes (Volksentscheid) anzurufen.

Artikel 44.

Die Gesetze treten mit dem achten Tage nach Ablauf des Tages in Kraft, an dem das betreffende Stück des Gesetzblattes für die Freie Stadt in Danzig ausgegeben ist, wenn nicht das Gesetz ein anderes vorschreibt.

Artikel 45.

Ein Gesetz ist auch erforderlich für:
a) die jährliche Feststellung des Staatshaushalts=
planes;
b) die Aufnahme von Anleihen;
c) die Einführung von Monopolen und die Er=
teilung von Privilegien;
d) die Veränderung der Grenzen der Kommunal=
verbände;
e) den allgemeinen Erlaß von Strafen;
f) den Abschluß von Verträgen mit anderen Staaten.
Jedoch darf diese Bestimmung keine Beschränkung
derjenigen Bestimmungen zur Folge haben,
welche — in Übereinstimmung mit Artikel 104,
Ziffer 6 des Friedensvertrages von Versailles —
die Leitung der auswärtigen Angelegenheiten der
Freien Stadt Danzig durch die polnische Regie=
rung sichern.

Artikel 46.

Gesetzesvorlagen werden von dem Senat oder aus
der Mitte des Volkstages oder von der durch Gesetz
zu schaffenden Berufsvertretung eingebracht.

Gesetzesvorlagen wirtschaftspolitischer oder sozial=
politischer Art sind der Berufsvertretung zur Begut=
achtung vorzulegen.

Artikel 47.

Ein Volksentscheid ist herbeizuführen, wenn ein
Zehntel der Wahlberechtigten es unter Vorlegung
eines ausgearbeiteten Gesetzentwurfes verlangt. Der
Entwurf ist von dem Senat unter Darlegung seiner
Stellungnahme dem Volkstage vorzulegen. Der Volks=
entscheid findet nicht statt, wenn der Entwurf von dem
Volkstage unverändert angenommen wird.

Artikel 48.

Über den Haushaltsplan, über Abgabengesetze und
über Besoldungsordnungen findet ein Volksentscheid
nur auf Verlangen des Senats statt.

An einem Volksentscheid können alle zum Volks=
tag wahlberechtigten Staatsangehörigen teilnehmen.
Es entscheidet die Mehrheit der abgegebenen Stimmen.
Durch einen Volksentscheid kann ein Beschluß des
Volkstages nur dann außer Kraft gesetzt werden,
wenn sich die Mehrheit der Stimmenberechtigten an
der Abstimmung beteiligt.

Das Verfahren beim Volksentscheid wird durch Gesetz geregelt[1]).

Artikel 49.

Ein Beschluß des Volkstages auf Abänderung der Verfassung kommt nur zustande, wenn die Abänderung in zwei mindestens einen Monat auseinanderliegenden Lesungen mit Zweidrittelmehrheit und bei Anwesenheit von mindestens Zweidrittel der gewählten Abgeordneten beschlossen wird.

Soll durch Volksentscheid eine Verfassungsänderung beschlossen werden, so ist die Zustimmung der Mehrheit der Stimmberechtigten erforderlich.

Abänderungen der Verfassung können erst in Kraft treten, nachdem sie dem Völkerbund mitgeteilt sind und dieser erklärt hat, daß er gegen die Abänderung keine Einwände zu erheben hat.

V. Die Verwaltung.

Artikel 50.

Alle Einnahmen und Ausgaben des Staates müssen für jedes Jahr im voraus veranschlagt und im Staatshaushaltsplan zusammengestellt werden[1]). Das Haushaltsjahr läuft vom 1. April bis zum 31. März.

Artikel 51.

Ist bis zum Schluß eines Rechnungsjahres der Haushaltsplan für das folgende Jahr nicht durch Gesetz festgestellt, so ist der Senat verpflichtet, den Entwurf eines vorläufigen Haushaltsgesetzes vorzulegen. Er ist nur berechtigt, die bisherigen Steuern und sonstigen Auflagen noch für sechs Monate nach Ablauf des Rechnungsjahres zu erheben, sowie solche Ausgaben zu leisten, die zur Erhaltung gesetzlich bestehender Einrichtungen oder zur Durchführung gesetzlich beschlossener Maßnahmen erforderlich sind; er ist ferner ermächtigt, die rechtlich begründeten Verpflichtungen des Staates zu erfüllen und Bautenbeschaffungen und sonstige Leistungen fortzusetzen, für die durch den Haushaltsplan eines Vorjahres bereits Bewilligungen stattgefunden haben.

Artikel 52.

Im Wege des Kredits dürfen Geldmittel nur bei außerordentlichem Bedarf und in der Regel nur für Ausgaben zu werbenden Zwecken beschafft werden.

Artikel 53.

Beschlüsse des Volkstages, welche Mehrausgaben außerhalb des Staatshaushaltsplanes zur Folge haben, müssen zugleich über die Deckung dieser Mehrausgaben Bestimmung treffen.

Artikel 54.

Zur Überschreitung des Haushaltes und zu einer außerplanmäßigen Ausgabe ist die nachträgliche Genehmigung des Volkstages erforderlich. Sie darf nur im Falle eines unvorhergesehenen und unabweisbaren Bedürfnisses erteilt werden.

Artikel 55.

Die Rechnungen über den Staatshaushaltsplan werden von einer unabhängigen Rechnungsstelle geprüft und festgestellt. Die allgemeine Rechnung über den Staatshaushalt jedes Jahres einschließlich einer Übersicht der Staatsschulden wird mit den Bemerkungen der Rechnungsstelle zur Entlastung des Senats dem Volkstage vorgelegt.

Artikel 56.

Die Zustimmung des Finanzrates ist einzuholen:
a) zu neuen Steuern;
b) zur Aufnahme von Anleihen und Übernahme von Bürgschaften;
c) zu Ausgaben, für welche noch keine Deckung vorhanden ist oder für welche die Deckung durch Anleihe erfolgen soll.

Gibt der Finanzrat seine Zustimmung nicht, so hat er dies innerhalb zweier Wochen dem Senat mitzuteilen und innerhalb weiterer zwei Wochen schriftlich zu begründen. Der Volkstag hat dann nochmals Beschluß zu fassen.

Die Zusammensetzung und das Verfahren des Finanzrates wird durch ein besonderes Gesetz geregelt[1]).

Artikel 57.

Das Eisenbahn-, Post- und Telegraphen- sowie Fernsprechwesen der Freien Stadt ist, unbeschadet des nach Artikel 104 des Friedensvertrages vom 28. Juni 1919 geschlossenen Abkommens, Angelegenheit des Staates.

Artikel 58.

Zur dauernden Verwaltung oder Beaufsichtigung einzelner Geschäftszweige werden Ämter gebildet, an denen wahlberechtigte Staatsangehörige als Mitglieder ehrenamtlich beteiligt werden können.

Die Ämter sind in allen Beziehungen dem Senat unterstellt.

Das Nähere wird durch Gesetz bestimmt [1]).

Artikel 59.

Zur Erledigung vorübergehender Aufgaben können Ausschüsse gebildet werden.

Artikel 60.

Soweit auf Grund völkerrechtlicher Vereinbarung zur Verwaltung von Anlagen und Einrichtungen und zur Erledigung dauernder oder vorübergehender Aufgaben internationale Ausschüsse zu bilden sind, werden die von der Freien Stadt zu bestellenden Vertreter von dem Volkstage gewählt. Der Volkstag kann die Bestellung der Vertreter einem seiner Ausschüsse oder dem Senat übertragen.

VI. Die Rechtspflege.

Artikel 61.

Die Richter sind unabhängig und nur dem Gesetz unterworfen.

Artikel 62.

Ausnahmegerichte sind unstatthaft. Niemand darf seinem gesetzlichen Richter entzogen werden.

Artikel 63.

Die Verfassung und Zuständigkeit der Gerichte wird durch Gesetz bestimmt.

Artikel 64.

Die Richter der ordentlichen Gerichtsbarkeit werden auf Lebenszeit durch einen besonderen Ausschuß gewählt, der gebildet wird aus dem Präsidenten und einem Mitgliede des Senats, den drei Präsidenten des Volkstages, dem Gerichtspräsidenten, drei Richtern, die von sämtlichen Richtern, und zwei Rechtsanwälten, die von sämtlichen Rechtsanwälten der Freien Stadt Danzig gewählt werden. Die nähere Regelung, insbesondere der Vertretung verhinderter Mitglieder des Ausschusses, der Wahlordnung und der Abstimmung, erfolgt durch Gesetz [1]).

Artikel 65.

Die Richter können wider ihren Willen nur kraft richterlicher Entscheidung und nur aus den Gründen und unter den Formen, die die Gesetze bestimmen, dauernd oder zeitweise ihres Amtes enthoben oder an eine andere Stelle oder in den Ruhestand versetzt werden. Das Gesetz kann Altersgrenzen festsetzen, bei deren Erreichung Richter in den Ruhestand treten.

Die vorläufige Amtsenthebung, die kraft Gesetzes eintritt, wird hierdurch nicht berührt.

Bei einer Veränderung in der Einrichtung der Gerichte oder ihrer Bezirke können unfreiwillige Versetzungen an ein anderes Gericht oder Entfernungen vom Amt, jedoch nur unter Belassung der vollen Dienstbezüge, durch den in Artikel 64 bezeichneten Ausschuß erfolgen.

Auf Handelsrichter, Schöffen und Geschworene finden diese Bestimmungen keine Anwendung.

Artikel 66.

Die Voraussetzungen für die Wählbarkeit der Richter und ihre Amtsverhältnisse werden durch ein besonderes Gesetz bestimmt, das nur in den Formen des Artikels 49 abgeändert werden kann.

VII. Die Kommunalverbände.

Artikel 67.

Das Staatsgebiet zerfällt in Stadtkreise und Landkreise.

Artikel 68.

Die Landkreise, die Städte und die Gemeinden haben nach Maßgabe besonderer Gesetze Selbstverwaltung unter Aufsicht des Senats; es können ihnen auch Geschäfte der Staatsverwaltung übertragen werden.

Artikel 69.

Die Stadt Danzig ist eine selbständige Gemeinde des Staates mit eigenem Vermögen.

Die Gemeindeangelegenheiten der Stadt Danzig gelten als Angelegenheiten des Staates und werden von Senat und Volkstag geleitet.

Zur Beschlußfassung über Gemeindeangelegenheiten der Stadt Danzig wird vom Volkstag aus seiner Mitte und aus anderen Angehörigen der Stadt Danzig eine Stadtbürgerschaft gewählt. Die Zusammensetzung und Zuständigkeit regelt ein besonderes Gesetz [1]).

Die Bestimmungen dieses Artikels können durch ein Gesetz geändert werden, das mit Zweidrittelmehrheit und bei Anwesenheit von mindestens zwei Dritteln der gewählten Abgeordneten beschlossen wird.

Der Senat ist verpflichtet, dem Volkstag ein solches Gesetz bis zum 31. Oktober 1931 vorzulegen.

Artikel 70.

Die Grundsätze für die Wahlen zum Volkstag gelten auch für die Stadt-, Kreis- und Gemeindewahlen; jedoch ist die Wahlberechtigung von halbjährigem Aufenthalt abhängig[1]).

Zweiter Hauptteil.
Grundrechte und Grundpflichten.

Artikel 71.

Die Grundrechte und Grundpflichten bilden Richtschnur und Schranke für die Gesetzgebung, die Rechtspflege und die Verwaltung im Staat.

I. Von den Personen.

Artikel 72.

Die Staatsangehörigkeit wird nach den Bestimmungen eines Gesetzes erworben und verloren.

Die Prinzipien des durch diesen Artikel vorgesehenen Gesetzentwurfes werden dem Völkerbund spätestens am 23. Mai 1921 zur Prüfung unterbreitet werden[2]).

Artikel 73.

Alle Staatsangehörigen der Freien Stadt sind vor dem Gesetze gleich. Ausnahmegesetze sind unstatthaft.

Männer und Frauen haben dieselben staatsbürgerlichen Rechte und Pflichten.

Öffentlich-rechtliche Vorrechte oder Nachteile der Geburt, des Standes oder Glaubens bestehen nicht.

Titel — abgesehen von akademischen Graden — dürfen nur verliehen werden, wenn sie ein Amt oder einen Beruf bezeichnen.

Orden und Ehrenzeichen dürfen von der Freien Stadt nicht verliehen werden.

Kein Danziger Staatsangehöriger darf Titel oder Orden annehmen.

Adelsbezeichnungen gelten nur als Teil des Namens und dürfen nicht mehr verliehen werden.

Artikel 74.

Die Freiheit der Person ist unverletzlich. Eine Beeinträchtigung oder Entziehung der persönlichen Freiheit durch die öffentliche Gewalt ist nur auf Grund von Gesetzen zulässig.

Personen, denen die Freiheit entzogen wird, sind spätestens am darauffolgenden Tage in Kenntnis zu setzen, von welcher Behörde und aus welchen Gründen die Entziehung der Freiheit angeordnet worden ist; unverzüglich muß ihnen Gelegenheit gegeben werden, Einwendungen gegen die Entziehung ihrer Freiheit vorzubringen.

Artikel 75.

Alle Staatsangehörigen genießen Freizügigkeit in der Freien Stadt und haben das Recht, sich an einem beliebigen Orte aufzuhalten und niederzulassen, Grundstücke zu erwerben und jeden Nahrungszweig zu betreiben. Einschränkungen bedürfen eines Gesetzes.

Artikel 76.

Jeder Staatsangehörige ist berechtigt, nach anderen Ländern auszuwandern. Die Auswanderung kann nur durch Gesetz beschränkt werden.

Dem Auslande gegenüber haben alle Staatsangehörigen inner- und außerhalb des Staatsgebietes Anspruch auf den Schutz des Staates.

Kein Staatsangehöriger darf einer ausländischen Regierung zur Verfolgung oder Bestrafung überliefert werden.

Artikel 77.

Auf Kosten der Allgemeinheit geschaffene staatliche Einrichtungen, die der inneren Kolonisation dienen, dürfen nicht zu ungunsten einer bestimmten Nationalität verwendet werden.

Artikel 78.

Das Briefgeheimnis sowie das Post-, Telegraphen- und Fernsprechgeheimnis sind unverletzlich. Ausnahmen können nur durch Gesetz zugelassen werden.

Artikel 79.

Jeder hat das Recht, innerhalb der gesetzlichen Schranken seine Meinung durch Wort, Schrift oder in sonstiger Weise zu äußern. An diesem Recht darf ihn kein Arbeits= oder Anstellungsverhältnis hindern, und er darf wegen der Ausübung dieses Rechts in keiner Weise benachteiligt werden.

Eine Zensur findet nicht statt. Für Lichtspiele können durch Gesetz abweichende Bestimmungen getroffen werden. Zur Bekämpfung der Schmutz= und Schundliteratur sowie zum Schutze der Jugend bei öffentlichen Schaustellungen und Darbietungen sind gesetzliche Maßnahmen zu treffen.

Artikel 80.

Die Ehe steht als Grundlage des Familienlebens unter dem besonderen Schutz des Staates. Sie beruht auf Gleichberechtigung der Geschlechter.

Kinderreiche Familien haben Anspruch auf ausgleichende Fürsorge. Die Mutterschaft hat Anspruch auf den Schutz und die Fürsorge des Staates.

Artikel 81.

Die Erziehung des Nachwuchses zur leiblichen, seelischen und gesellschaftlichen Tüchtigkeit ist oberste Pflicht und natürliches Recht der Eltern, über deren Betätigung die staatliche Gemeinschaft wacht.

Artikel 82.

Den unehelichen Kindern sind durch die Gesetzgebung die gleichen Bedingungen für ihre leibliche, seelische und gesellschaftliche Entwicklung zu schaffen wie den ehelichen.

Artikel 83.

Die Jugend ist gegen Ausbeutung sowie gegen sittliche, geistige und körperliche Verwahrlosung zu schützen. Fürsorgemaßregeln im Wege des Zwanges können nur auf Grund des Gesetzes angeordnet werden.

Artikel 84.

Alle Staatsangehörigen haben das Recht, sich ohne Anmeldung und ohne besondere Erlaubnis friedlich und unbewaffnet zu versammeln. Versammlungen unter freiem Himmel sind anmeldepflichtig und können bei unmittelbarer Gefahr für die öffentliche Sicherheit verboten werden. Zum Schutze des Volkstages können besondere Bestimmungen erlassen werden[1]). Kirchliche Umzüge sind nicht anmeldepflichtig.

Artikel 85.

Alle Staatsangehörigen haben das Recht, zu Zwecken, die den Strafgesetzen nicht zuwiderlaufen, Vereine oder Gesellschaften zu bilden. Dieses gilt auch für religiöse Vereine und Gesellschaften. Jedem Verein steht der Erwerb der Rechtsfähigkeit nach den Vorschriften des bürgerlichen Rechts frei. Sie darf nicht aus dem Grunde versagt werden, daß er einen politischen, sozialpolitischen oder religiösen Zweck verfolgt.

Artikel 86.

Die Wohnung jedes Staatsangehörigen ist für ihn eine Freistätte und unverletzlich. Ausnahmen sind nur auf Grund von Gesetzen zulässig.

Artikel 87.

Es ist Pflicht jedes Staatsangehörigen, die Verfassung gegen gesetzwidrige Angriffe zu schützen.

Artikel 88.

Alle Staatsangehörigen ohne Unterschied tragen im Verhältnis ihrer Mittel zu allen öffentlichen Lasten nach Maßgabe der Gesetze bei.

Artikel 89.

Alle Staatsangehörigen sind verpflichtet, nach Maßgabe des Gesetzes persönliche Dienste für den Staat und die Gemeinde zu leisten.

Artikel 90.

Alle Staatsangehörigen haben nach Maßgabe der Gesetze die Pflicht zur Übernahme ehrenamtlicher Tätigkeiten.

II. **Von den Beamten.**

Artikel 91.

Zu den öffentlichen Ämtern sind alle männlichen und weiblichen Staatsangehörigen entsprechend ihrer Befähigung und ihren Leistungen zugelassen.

Unverzüglich nach dem Inkrafttreten der Verfassung der Freien Stadt sind besondere Gesetze über Beamtenrecht und -besoldung zu erlassen. Die bestehenden Beamtenvertretungen sind zu den Vorarbeiten für diese Gesetze hinzuzuziehen.

Artikel 92.

Die Beamten werden auf Lebenszeit angestellt, soweit nicht durch die Verfassung oder durch ein Gesetz etwas anderes bestimmt ist. Ruhegehalt und Hinterbliebenenversorgung werden gesetzlich geregelt. Die wohlerworbenen Rechte der Beamten sind unverletzlich. Für die vermögensrechtlichen Ansprüche der Beamten steht der Rechtsweg offen.

Die Beamten können nur unter den gesetzlich bestimmten Voraussetzungen und Formen vorläufig ihres Amtes enthoben, entlassen, einstweilig oder endgültig in den Ruhestand oder in ein anderes Amt mit geringerem Gehalt versetzt werden. Gegen jedes dienstliche Straferkenntnis muß ein Beschwerdeweg und die Möglichkeit eines Wiederaufnahmeverfahrens eröffnet sein. In die Nachweise über die Person des Beamten sind Eintragungen von ihm ungünstigen Tatsachen erst vorzunehmen, wenn dem Beamten Gelegenheit gegeben war, sich zu äußern. Dem Beamten ist Einsicht in seine Personalnachweise zu gewähren.

Artikel 93.

Die Beamten sind Diener der Gesamtheit, nicht einer Partei. Ihnen steht Freiheit ihrer politischen Gesinnung und Vereinigungsfreiheit zu. Sie dürfen hierin nicht beeinträchtigt werden.

Artikel 94.

Die Beamten erhalten nach näherer gesetzlicher Bestimmung besondere Beamtenvertretungen.

Artikel 95.

Die Lehrer und Lehrerinnen der öffentlichen Schulen sind unmittelbare Staatsbeamte. Die Schulunterhaltungspflicht wird dadurch nicht berührt.

III. Religion und Religionsgesellschaften.

Artikel 96.

Es besteht volle Glaubens- und Gewissensfreiheit. Die ungestörte Religionsübung wird gewährleistet und steht unter staatlichem Schutze. Der Genuß bürgerlicher und staatsbürgerlicher Rechte sowie die Zulassung zu öffentlichen Ämtern sind unabhängig von dem religiösen Bekenntnis.

Niemand ist verpflichtet, seine religiöse Überzeugung zu offenbaren. Die Behörden dürfen nur soweit nach der Zugehörigkeit zu einer Religionsgesellschaft fragen, als davon Rechte und Pflichten abhängen und zu Zwecken einer gesetzlich angeordneten statistischen Erhebung.

Niemand darf zu einer kirchlichen Handlung oder Feierlichkeit gezwungen werden.

Wo in den bestehenden Gesetzen die Eidesleistung unter Benutzung einer religiösen Eidesform vorgesehen ist, kann die Eidesleistung rechtswirksam auch in der Weise erfolgen, daß der Schwörende unter Weglassung der religiösen Eidesform erklärt: „Ich schwöre". Im übrigen bleibt der in den Gesetzen vorgesehene Inhalt des Eides unberührt.

Den Religionsgesellschaften, bei welchen eine Beteuerungsformel an Stelle des Eides üblich ist, ist diese zu belassen.

Artikel 97.

Religionsgesellschaften, welche Körperschaften des öffentlichen Rechts sind, sind berechtigt, auf Grund der bürgerlichen Steuerlisten von ihren Mitgliedern Steuern zu erheben.

Artikel 98.

Das Eigentum und andere Rechte der Religionsgesellschaften und religiöser Vereine an ihren für Kultus-, Unterrichts- und Wohltätigkeitszwecke bestimmten Anstalten, Stiftungen und sonstigen Vermögen werden gewährleistet.

Artikel 99.

Soweit das Bedürfnis nach Gottesdienst und Seelsorge in Krankenhäusern, Strafanstalten und sonstigen öffentlichen Anstalten besteht, sind die Religionsgesellschaften zur Vornahme religiöser Handlungen zuzulassen, wobei jeder Zwang fernzuhalten ist.

Artikel 100.

Der Sonntag und die staatlich anerkannten Feiertage bleiben als Tage der Arbeitsruhe und der seelischen Erhebung gesetzlich geschützt.

IV. Bildung und Schule.

Artikel 101.

Die Kunst, die Wissenschaft und ihre Lehre sind frei. Der Staat gewährleistet ihnen Schutz und ist verpflichtet, ihre Pflege weitgehend zu fördern.

Artikel 102.

Das gesamte Schulwesen wird durch ein Gesetz geregelt, das unter Mitwirkung der bestehenden Vertretungen der Lehrerschaft vorbereitet wird.

Das gesamte Schulwesen steht unter der Aufsicht des Staates. Die Schulaufsicht wird durch hauptamtlich tätige fachmännisch vorgebildete Beamte ausgeübt.

Artikel 103.

Es besteht allgemeine Schulpflicht. Ihrer Erfüllung dient grundsätzlich die Volksschule mit mindestens acht Schuljahren und die anschließende Fortbildungsschule oder Fachschule für die männliche und weibliche Jugend bis zum vollendeten 18. Lebensjahre.

Die Unterhaltung der öffentlichen Schulen ist Sache des Staates; er kann die Gemeinden daran beteiligen.

Der Unterricht und die Lernmittel in den Volks- und Fortbildungsschulen sind unentgeltlich.

Artikel 104.

Das öffentliche Schulwesen ist auf simultaner Grundlage organisch auszugestalten. Vorhandene Schulen anderer Art bleiben bestehen. Berechtigten Wünschen der Erziehungsberechtigten ist auch hinsichtlich von Neueinrichtungen solcher Schulen Rechnung zu tragen, soweit hierdurch ein geordneter Schulbetrieb nicht beeinträchtigt wird.

Auf einer für alle gemeinsamen Grundschule baut sich die gesamte Volks-, mittlere und höhere Schulwesen auf. Für diesen Aufbau ist die Mannigfaltigkeit der Lebensberufe maßgebend. Für die Aufnahme eines Kindes in eine bestimmte Schule sind neben dem Willen der Erziehungsberechtigten Anlage und Neigung des Kindes maßgebend, nicht die wirtschaftliche und gesellschaftliche Stellung seiner Eltern.

Für minderbemittelte tüchtige Kinder sind der Unterricht und die Lernmittel auch an mittleren und höheren Schulen unentgeltlich.

Für minderbemittelte Tüchtige sind zum Besuche von Hochschulen und Universitäten Mittel bereitzustellen.

Artikel 105.

Private Schulen als Ersatz für öffentliche Schulen bedürfen der staatlichen Genehmigung und unterstehen der staatlichen Gesetzgebung. Die Genehmigung darf nur erteilt werden, wenn die Privatschule in ihrem Lehrziel und in ihren Einrichtungen sowie in der wissenschaftlichen Ausbildung ihrer Lehrkräfte nicht hinter der öffentlichen Schule zurücksteht und eine Sonderung der Schüler nach den Besitzverhältnissen der Eltern nicht gefördert wird. Die Genehmigung ist auch zu versagen, wenn die wirtschaftliche und rechtliche Stellung der Lehrkräfte nicht genügend gesichert ist.

Private Vorschulen dürfen nicht neu begründet, die bestehenden sollen aufgehoben werden.

Die Aufhebung der bestehenden Privatschulen einschließlich der Vorschulen darf nur gegen Entschädigung erfolgen. Das Nähere wird durch Gesetz bestimmt.

Artikel 106.

Der Religionsunterricht ist ordentliches Lehrfach der Schule. Er wird in Übereinstimmung mit den Grundsätzen der Religionsgesellschaften unbeschadet des Aufsichtsrechts des Staates erteilt.

Die Erteilung religiösen Unterrichts und die Vornahme kirchlicher Verrichtungen bleibt der Willenserklärung der Lehrer, das Fernbleiben von religiösen Unterrichtsfächern und kirchlichen Feiern und Handlungen der Willenserklärung desjenigen zu überlassen, der über die religiöse Erziehung des Kindes zu bestimmen hat.

Artikel 107.

Beim Unterricht in öffentlichen Schulen ist Bedacht zu nehmen, daß die Empfindungen andersdenkender nicht verletzt werden.

Artikel 108.

Staatsbürgerkunde ist Lehrgegenstand der Schulen. Jeder Schüler erhält bei Beendigung der Schulpflicht einen Abdruck der Verfassung.

Artikel 109.

Die Denkmäler der Kunst, der Geschichte und der Natur sowie die Landschaft genießen den Schutz und die Pflege des Staates.

Es ist Pflicht des Staates, die Abwanderung des Kunstbesitzes ins Ausland zu verhüten.

V. Wirtschaftsleben.

Artikel 110.

Das Eigentum wird gewährleistet. Eine Enteignung kann nur auf gesetzlicher Grundlage zum Wohle der Allgemeinheit und gegen angemessene Entschädigung erfolgen, wegen derer im Streitfalle der Rechtsweg offen steht.

Artikel 111.

Der Boden samt seinen Kräften und Schätzen ist unter ein Recht zu stellen, das jeden Mißbrauch verhütet und jeder Familie der Freien Stadt die Möglichkeit erschließt, eine Wohnheimstätte oder bei beruflicher Vorbildung eine Wirtschaftsheimstätte zu gewinnen, die ihrem Zweck dauernd gesichert ist. Kinderreiche Familien, Kriegsbeschädigte und Invaliden der Arbeit sind bei dem zu schaffenden Heimstättenrecht ganz besonders zu berücksichtigen.

Der unverdiente Wertzuwachs, der ohne eine Arbeits- oder Kapitalaufwendung auf das Grundstück entsteht, ist für die Gesamtheit nutzbar zu machen.

Artikel 112.

Durch besondere Gesetze können gegen Entschädigung private wirtschaftliche Unternehmungen in öffentliches Eigentum übergeführt werden, sofern das Allgemeinwohl dieses erfordert.

Artikel 113.

Die Vereinigungsfreiheit zur Wahrung und Förderung der Arbeits- und Wirtschaftsbedingungen ist für jedermann und für alle Berufe gewährleistet. Alle Abreden und Maßnahmen, die diese Freiheit einzuschränken oder zu behindern suchen, sind rechtswidrig.

Artikel 114.

Zur Erhaltung der Gesundheit und Arbeitsfähigkeit, zum Schutze der Mutterschaft und zur Vorsorge gegen die wirtschaftlichen Folgen von Alter, Schwäche und Wechselfällen des Lebens einschließlich Erwerbslosigkeit schafft der Staat ein umfassendes Versicherungswesen unter maßgebender Mitwirkung der Versicherten.

Artikel 115.

Die Arbeiter und Angestellten bilden aus ihrer Mitte, für Arbeiter und Angestellte getrennt, Betriebsausschüsse, die berufen sind, gleichberechtigt in Gemeinschaft mit den Unternehmern an der Regelung der Lohn- und Arbeitsbedingungen mitzuwirken. Das Nähere regelt ein Gesetz.

Die beiderseitigen Organisationen und ihre Vereinbarungen werden anerkannt.

Für Arbeiter und Angestellte wird zur Wahrnehmung ihrer sozialen und wirtschaftlichen Interessen und zwecks Förderung der gesamten wirtschaftlichen Entwicklung der produktiven Kräfte eine Kammer der Arbeit gemäß Artikel 46 Absatz 2 gebildet.

Schluß- und Übergangsbestimmungen.

Artikel 116.

Die Verfassung des Deutschen Reiches vom 11. August 1919 wird aufgehoben.

Alle beim Inkrafttreten dieser Verfassung[1)] im Gebiete der Freien Stadt Danzig geltenden Gesetze und Verordnungen bleiben in Kraft, soweit sie nicht durch diese Verfassung oder durch Gesetz aufgehoben werden.

Der Volkstag ist verpflichtet, sofort nach seinem Zusammentreten einen Ausschuß einzusetzen, der sämtliche seit dem 10. Januar 1920 erlassenen Verordnungen zu prüfen hat.

Danzig, den 4. Juli 1930.

Der Senat der Freien Stadt Danzig.

Dr. Sahm.   Arczynski.

Wiedervereinigung 1939

8. Verordnung betreffend das Staatsoberhaupt der Freien Stadt Danzig vom 23. August 1939[*]

Auf Grund des Abschnittes I und des § 2 des Gesetzes zur Behebung der Not von Volk und Staat vom 23. 6. 1933 (GBl. S. 273) und des Gesetzes zur Verlängerung dieses Gesetzes vom 5. 5. 1937 (GBl. S. 358a) wird folgendes mit Gesetzeskraft verordnet:

Art. I
Der Gauleiter von Danzig ist das Staatsoberhaupt der Freien Stadt Danzig.

Art. II
Die Verordnung tritt am 23. August 1939 in Kraft.

---

[*] DzGBl 1939 S.413.

9. *Aufruf des Oberbefehlshabers des Heeres des Deutschen Reiches v.Brauchitsch vom 1. September 1939 (Militärische Besetzung der Freien Stadt Danzig; Auszug*[*])*

Deutsche Volksgenossen!

Die Stunde der Heimkehr ins Großdeutsche Vaterland ist gekommen. Deutsche Truppen haben Euer Land in Schutz und die Oberhoheit des Reiches übernommen. Der Führer und Oberste Befehlshaber hat mir vollziehende Gewalt im Gebiet des ehemaligen Freistaates Danzig übertragen. Ich habe mit dieser Ausübung den Oberbefehlshaber der ostpreußischen Truppen beauftragt und unterstelle ihm den Gauleiter Forster als Chef der Zivilverwaltung ...

Der Oberbefehlshaber des Heeres
gez. v. Brauchitsch

---

[*] Text: Schwarz S.38.

10. Staatsgrundgesetz vom 1. September 1939*

An die Bevölkerung von Danzig!

Volksgenossinnen und Volksgenossen!

Als Staatsoberhaupt der Freien Stadt Danzig und als Gauleiter der NSDAP, Gau Danzig, gebe ich hiermit folgendes bekannt:

Die unerhörte Vergewaltigung, deren Opfer Ihr nunmehr seit 20 Jahren durch Vorenthaltung Eurer freien Entscheidung über die Zugehörigkeit zum Deutschen Reich, unserer großen völkischen Heimat, gewesen seid, hat das Ende erreicht. Ich habe im engsten Einvernehmen mit Euch, in Anwendung der gesetzlichen Bestimmungen und in Erfüllung Eures lebensrechtlichen unabdingbaren Anspruches folgendes Staatsgrundgesetz der Freien Stadt Danzig erlassen:

Staatsgrundgesetz

der Freien Stadt Danzig, die Wiedervereinigung Danzigs mit dem Deutschen Reich betreffend, vom 1. Sept. 1939.

Zur Behebung der dringenden Not von Volk und Staat der Freien Stadt Danzig erlasse ich folgendes Staatsgrundgesetz:

Art. I

Die Verfassung der Freien Stadt Danzig ist mit sofortiger Wirkung aufgehoben.

Art. II

Alle gesetzgebende und vollziehende Gewalt wird ausschließlich vom Staatsoberhaupt ausgeübt.

Art. III

Die Freie Stadt Danzig bildet mit sofortiger Wirkung mit ihrem Gebiet und ihrem Volk einen Bestandteil des Deutschen Reiches.

Art. IV

Bis zur endgültigen Bestimmung über die Einführung des deutschen Reichsrechts durch den Führer bleiben die gesamten gesetzlichen Bestimmungen außer der Verfassung, wie sie im Augenblick des Erlasses dieses Staatsgrundgesetzes gelten, in Kraft.

Danzig, den 1. September 1939

Albert Forster
Gauleiter

---

* DzGBl 1939 S.435.

11. Telegramm des "Staatsoberhauptes" der Freien Stadt Danzig an den "Führer" des Deutschen Reiches vom 1. September 1939 und Antworttelegramm vom gleichen Tage (Auszug[*])*

1. Forster an Hitler:

Mein Führer! Ich habe soeben folgendes Staatsgrundgesetz, die Wiedervereinigung Danzigs mit dem Deutschen Reich betreffend, unterzeichnet und damit in Kraft gesetzt:
...
Ich bitte Sie, mein Führer, im Namen Danzigs und seiner Bevölkerung diesem „Staatsgrundgesetz" Ihre Zustimmung zu geben und durch Reichsgesetz die Wiedereingliederung in das Deutsche Reich zu vollziehen.

In Ergebenheit gelobt Ihnen, mein Führer, Danzig unvergängliche Dankbarkeit und ewige Treue ...

2. Hitler an Forster:

Ich nehme die Proklamation der Freien Stadt Danzig über die Rückkehr zum Deutschen Reich entgegen. Ich danke Ihnen, Gauleiter Forster, allen Danziger Männern und Frauen, für die unentwegte Treue, die Sie durch so lange Jahre gehalten haben. Großdeutschland begrüßt Sie aus übervollem Herzen. Das Gesetz über die Wiedervereinigung wird sofort vollzogen. Ich ernenne Sie zum Chef der Zivilverwaltung für das Gebiet Danzig.

---

[*] Text: Schwarz S.36

12. Gesetz über die Wiedervereinigung der Freien Stadt Danzig mit dem Deutschen Reich vom 1. September 1939[*]

Der Reichstag hat einstimmig das folgende Gesetz beschlossen, das hiermit verkündet wird:

§ 1

Das vom Staatsoberhaupt der Freien Stadt Danzig erlassene Staatsgrundgesetz über die Wiedervereinigung Danzigs mit dem Deutschen Reich wird hiermit Reichsgesetz. Es hat folgenden Wortlaut:

[Es folgt der Wortlaut des als Dok. Nr. 3 auf S. 173 abgedruckten Gesetzes.]

§ 2

Die Staatsangehörigen der bisherigen Freien Stadt Danzig sind deutsche Staatsangehörige nach Maßgabe näherer Vorschriften.

§ 3

Im Gebiet der Freien Stadt Danzig bleibt das bisher geltende Recht mit Ausnahme der Verfassung der Freien Stadt Danzig bis auf weiteres in Kraft.

§ 4

In der bisherigen Freien Stadt Danzig tritt am ersten Januar 1940 das gesamte Reichsrecht und preußische Landesrecht in Kraft.

Der zuständige Reichsminister kann im Einvernehmen mit dem Reichsminister des Innern bestimmen, daß Reichsrecht oder preußisches Landesrecht in der bisherigen Freien Stadt Danzig nicht oder zu einem späteren Zeitpunkt oder mit besonderen Maßgaben in Kraft tritt. Eine solche Bestimmung bedarf der Bekanntmachung im Reichsgesetzblatt.

Bis zum 31. Dezember 1939 kann der Reichsminister des Innern im Einvernehmen mit den zuständigen Reichsministern Reichsrecht und preußisches Landesrecht durch Verordnung einführen.

§ 5

Zentralstelle für die Wiedervereinigung Danzigs mit dem Deutschen Reich ist der Reichsminister des Innern.

Der Reichsminister des Innern wird ermächtigt, die zur Durchführung und Ergänzung dieses Gesetzes erforderlichen Rechts- und Verwaltungsvorschriften zu erlassen.

§ 6

Dieses Gesetz tritt am 1. September 1939 in Kraft.

---

[*] RGBl 1939 I S. 1547

Polnische Verwaltungsbesetzung 1945

13. Stalin-Geheimbeschluß vom 20. Februar 1945
– Beschluß des Staatskomitees für Verteidigung der UdSSR N. 7558
(Auszug)[*]

1. Bis zur endgültigen Festlegung der West- und Nordgrenze Polens auf der künftigen Friedenskonferenz soll als Westgrenze Polens eine westlich von Swinemünde bis zum Fluß Oder verlaufende Linie, wobei die Stadt Stettin auf polnischer Seite verbleibt, weiter entlang des Flußlaufs Oder bis zur Mündung des Flusses Neiße (westliche), und von hier entlang des Flusses Neiße (westliche) bis zur tschechoslowakischen Grenze, betrachtet werden. Der nördliche Teil von Ostpreußen, entlang der Linie von der sowjetischen Grenze, nördlich von dem Ort Wizajny, weiter nördlich von Goldap in Richtung Nordenburg, Preußisch Eylau, nördlich von Braunsberg mit der Stadt und dem Hafen Königsberg ist als in den Grenzen der UdSSR, und der ganze übrige Teil von Ostpreußen, sowie der Danziger Bezirk mit der Stadt und dem Hafen Danzig, – als in den Grenzen Polens gelegen zu betrachten.
2. Auf der Grundlage des Abkommens vom 26. Juli 1944 wird auf dem gesamten durch die Rote Armee von den deutsch-faschistischen Eroberern befreiten Territorium Polens die polnische Verwaltung eingesetzt.
In den Beziehungen mit der polnischen Verwaltung sind die Front- und Armeekommandeure auf dem Gebiet Polens darauf zu verpflichten, daß folgende Richtlinien zu beachten sind:
a) Die Polnische Provisorische Regierung durch ihre Verwaltungsorgane gewährleistet auf dem Territorium Polens die öffentliche Sicherheit und Ordnung; den Kampf gegen die deutschen Spionage- und Diversionsagenturen sowie örtliche Nachrichtenstellen unter dem deutschen Kommando; den Kampf gegen das Bandenunwesen, die feindliche bewaffnete Tätigkeit und schädliche Aktionen von Elementen, die gegen die Polnische Provisorische Regierung sowie gegen die Befreiungsmaßnahmen der Roten Armee gerichtet sind.
b) In der Frontzone mit 60 bis 100 km Breite von der Frontlinie, in der die Verantwortung für die öffentliche Sicherheit und Ordnung die sowjetischen Frontkommandeure und Vertreter des Volkskommissariats des Innern (NKWD) tragen, hat die polnische Verwaltung dort die allseitige Mitwirkung zu erweisen und die notwendige Hilfe dem Kommando der Roten Armee und den Organen des NKWD bei der Ergreifung von Maßnahmen, die mit der militärischen Tätigkeit verbunden sind, zu leisten.
3) Es wird als zweckmäßig angesehen, bei den Kriegsräten der Frontarmeen auf dem Territorium Polens die Vertreter der Polnischen Provisorischen Regierung zum Zwecke der Hilfeleistung den Front- und Armeekommandeuren bei der Durchführung unterschiedlicher Aufgaben, die mit der Versorgung der Roten Armee zusammenhängen sowie zum Zweck der Aufrechterhaltung der Verbindung mit den polnischen Verwaltungsorganen, zu berufen.
6. Die sowjetischen Militärorgane werden darauf verpflichtet, daß sie sich von folgenden Richtlinien bei der Entscheidung von Angelegenheiten, die mit der Verwendung von Industrieunternehmen, Einrichtungen und Rohstoffen sowie aller Beutearten auf dem Territorium Polens für die Kriegsführung zusammenhängen, leiten lassen:

---

[*] Dt. Text: Uschakow, bei Böttcher, Materialien 1988/89 S.475 ff.

a) Betriebe, Fabriken und andere Unternehmen sind unverzüglich den polnischen Behörden zu übergeben, damit einige für die Kriegsführung notwendige Unternehmen auf der Grundlage von Verträgen mit den polnischen Behörden an die Bedürfnisse der Roten Armee und des Polnischen Militärs angepaßt werden.

b) Nach Abstimmung mit der Polnischen Regierung unterliegen der Ausfuhr in die Sowjetunion nur die für die Kriegsführung notwendigen Einrichtungen, Rohstoffe und Fertigwaren aus deutschen Unternehmen und aus den während des Krieges von den Deutschen in Polen ausgebauten Unternehmen, darunter auch von Unternehmen auf deutschem Territorium, das an Polen übergeht.

c) Der Rückgabe an die UdSSR unterliegen die von den Deutschen aus der UdSSR ausgeführten Einrichtungen und das übrige Vermögen, unabhängig davon, ob sich diese Einrichtungen gegenwärtig in den Unternehmen auf dem Gebiet Deutschlands oder Polens befinden.

d) Den örtlichen Organen der polnischen Behörden werden alle von den Deutschen erlangten Lager mit Mehl, Getreide und alle Arten von Fertigwaren zur Verfügung gestellt, wenn sie nicht direkt für den Bedarf der Roten Armee oder des Polnischen Militärs benötigt werden.

Vorsitzender des
Staatskomitees für Verteidigung
J. Stalin

14. Polnisches Dekret vom 30. März 1945 über die Bildung der Wojewodschaft Danzig

57

DEKRET

z dnia 30 marca 1945 r.

o utworzeniu województwa gdańskiego.

Na podstawie ustawy z dnia 3 stycznia 1945 r. o trybie wydawania dekretów z mocą ustawy (Dz. U. R. P. Nr 1, poz. 1) — Rada Ministrów postanawia a Prezydium Krajowej Rady Narodowej zatwierdza, co następuje:

Art. 1. Tworzy się województwo gdańskie.

Art. 2. W skład województwa gdańskiego wchodzi w całości terytorium byłego Wolnego Miasta Gdańska oraz powiaty: gdyńsko-grodzki, kartuzki, morski, starogardzki, kościerski i tczewski, które to powiaty wyłącza się jednocześnie z województwa pomorskiego.

Art. 3. Na obszarach byłego Wolnego Miasta Gdańska z dniem wejścia w życie niniejszego dekretu tracą moc wszystkie przepisy dotychczas obowiązującego ustawodawstwa, jako sprzeczne z ustrojem Demokratycznego Państwa Polskiego.

Równocześnie na obszar ten rozciąga się ustawodawstwo obowiązujące na pozostałej części województwa gdańskiego.

Art. 4. Wykonanie niniejszego dekretu porucza się: Prezesowi Rady Ministrów, Ministrowi Administracji Publicznej, Ministrowi Sprawiedliwości i innym interesowanym Ministrom, każdemu w zakresie jego działania.

Art. 5. Dekret niniejszy wchodzi w życie z dniem ogłoszenia.

Prezydent Krajowej Rady Narodowej:
Bolesław Bierut

Prezes Rady Ministrów:
Edward Osóbka-Morawski

w/z Minister Administracji Publicznej:
Edward Ochab

w/z Minister Sprawiedliwości:
Leon Chajn

---

* Dz.U.1945 Nr.11 Pos.57; Originaltext auch bei Böttcher, Die völkerrechtliche Lage, nach S.128, dt. Üb. in Dok. dV I/3 Nr. 15 S.49 und bei Böttcher aaO S.176.

Deutscher Text:

Art. 1. Es wird die Wojewodschaft Danzig gebildet.

Art. 2. In den Bestand der Wojewodschaft Danzig geht das ganze Gebiet der ehemaligen Freien Stadt Danzig über sowie die Kreise: Gdingen Stadt, Karthaus, Seekreis, Stargard, Berend und Dirschau, welche gleichzeitig aus der Wojewodschaft Pommerellen ausgeschlossen werden.

Art. 3. Im Gebiet der ehemaligen Freien Stadt Danzig verlieren mit dem Inkrafttreten des vorliegenden Dekrets alle Vorschriften der bisher gültigen Gesetzgebung, als mit der Verfassung des Polnischen Demokratischen Staates unvereinbar, ihre Kraft.
Gleichzeitig wird auf dieses Gebiet die im übrigen Teil der Wojewodschaft Danzig gültige Gesetzgebung ausgedehnt.

Art. 4. Die Durchführung des vorliegenden Dekretes wird übertragen:
Dem Präses des Ministerrates,
dem Minister der öffentlichen Verwaltung,
dem Minister für Justiz und
anderen interessierten Ministern, jeweils in ihrem Tätigkeitsbereich.

Art. 5. Das vorliegende Dekret tritt mit dem Tag seiner Verkündigung in Kraft.

*15. "Potsdamer Abkommen" vom 2. August 1945 (Auszug aus dem Abschlußbericht der Berliner Dreimächtekonferenz vom 17.7.-2.8.1945)**

IX. Poland

The Conference considered questions relating to the Polish Provisional Government and the western boundary of Poland.

...

b) The following agreement was reached on the western frontier of Poland.

In conformity with the agreement on Poland reached at the Crimea Conference the three Heads of Government have sought the opinion of the Polish Provisional Government of National Unity in regard to the north and west which Poland should receive. The President of the National Council of Poland and members of the Polish Provisional Government of National Unity have been received at the Conference and have fully presented their views. The three Heads of Government reaffirm their opinion that the final delimitation of the western frontier of Poland should await the peace settlement.

The three Heads of Government agree that, pending the final determination of Poland's western frontier, the former German territories east of a line running from the Baltic Sea immediately west of Swinemunde, and thence along the Oder River to the confluence of the western Neisse River and along the western Neisse to the Czechoslovak frontier, including that portion of East Prussia not placed under the administration of the Union of Soviet Socialist Republics in accordance with the understanding reached at this Conference and including the area of the former free city of Danzig, shall be under the administration of the Polish State and for such purposes should not be considered as part of the Soviet Zone of occupation in Germany.

---

* Abl. Erg Bl 1 S.13 ff.; siehe oben S.160 ff.; engl. Text und dt. Üb. bei Kraus, Der völkerrechtliche Status, S.21 f., 120 f.

Deutscher Text:

„In Übereinstimmung mit dem bei der Krimkonferenz erzielten Abkommen haben die Häupter der drei Regierungen die Meinung der Polnischen Provisorischen Regierung der Nationalen Einheit hinsichtlich des Territoriums im Norden und Westen geprüft, das Polen erhalten soll. Der Präsident des Nationalrates Polens und die Mitglieder der Polnischen Provisorischen Regierung der Nationalen Einheit sind auf der Konferenz empfangen worden und haben ihre Auffassungen in vollem Umfange dargelegt. Die Häupter der drei Regierungen bekräftigen ihre Auffassung, daß die endgültige Festlegung der Westgrenze Polens bis zu der Friedenskonferenz zurückgestellt werden sollte.
Die Häupter der drei Regierungen stimmen darin überein, daß bis zu der endgültigen Festlegung der Westgrenze Polens die früher deutschen Gebiete östlich der Linie, die von der Ostsee unmittelbar westlich von Swinemünde und von dort die Oder entlang bis zur Einmündung der westlichen Neiße und die westliche Neiße entlang bis zur tschechoslowakischen Grenze verläuft, einschließlich des Teils Ostpreußens, der nicht unter die Verwaltung der Union der Sozialistischen Sowjetrepubliken in Übereinstimmung mit den auf dieser Konferenz erzielten Vereinbarungen gestellt wird, und einschließlich des Gebiets der früheren freien Stadt Danzig, unter die Verwaltung des polnischen Staates kommen und in dieser Hinsicht nicht als Teil der sowjetischen Besatzungszone in Deutschland betrachtet werden sollten..."

Exilorgane des Danziger Staatsvolkes

16. Errichtungsurkunde vom 10. Mai 1947 zur Bildung des "Rates der Danziger"*

Der evangelische Bischof z. Zt. Lübeck, den 10. 5. 1947
von Danzig Moislinger Allee 96

Betr. Bildung eines „Rates der Danziger"

In Wahrnehmung der mir übertragenen Vollmachten verordne ich hiermit die Bildung eines

„Rates der Danziger",

dem die Erwägung und Beratung aller die Freie Stadt Danzig und ihre Staatsangehörigen betreffenden Angelegenheiten obliegen soll. Bis zur Wiederherstellung der Freien Stadt und dem Dienstantritt einer ordentlichen Regierung wird es Aufgabe des Rates der Danziger sein, alle geeigneten und notwendigen Schritte für das Wohl unser Staatsbürgerschaft und unseres, wenigstens dem Rechte nach, noch bestehenden Staatswesens zu unternehmen.

Dem Rat der Danziger gehören an:

1. auf Grund ihres früheren Amtes sämtliche noch lebenden früheren Senatspräsidenten und Senatoren ohne Rücksicht auf ihre Parteizugehörigkeit mit Ausnahme derjenigen, die nationalsozialistische Senatsmitglieder gewesen sind;
2. die noch lebenden und erreichbaren Führer der Fraktionen der Oppositionsparteien im Danziger Volkstag;
3. namhafte Männer aus dem Kreis der Danziger Staatsbürger, die auf Vorschlag berufen werden.

Der Rat der Danziger tritt je nach Bedarf unter dem Vorsitz eines von ihm gewählten Präsidenten zusammen. Zur Wahrnehmung der laufenden Geschäfte bestellt der Rat der Danziger einen Exekutivausschuß (Aktions-Ausschuß) mit dem Sitz in Hamburg, er ist dem Rat für seine Arbeit verantwortlich.

gez. Gerhard M. Gülzow

---

* Nicht veröffentlicht; vgl. Böttcher, Die völkerrechtliche Lage, S.177 Dok. 8.2.

17. Wahlordnung vom 1. Februar 1970 zur Wahl des Rates der Danziger (identisch mit der Wahlordnung vom 10. Februar 1980)* und Präambel der Wahlordnung vom 1. Mai 1992**

```
Der Rat der Danziger, der bis zur Wiedergewinnung der Heimat und
der Wiederherstellung der staatlichen Ordnung in der Freien Stadt
Danzig als die frei gewählte Vertretung der Danziger die Aufgaben
des Danziger Volkstages wahrnimmt, soweit unter den gegebenen
Verhältnissen ein Tätigwerden möglich ist, hat in seiner Sitzung
vom 22./23.3.1969 festgestellt, daß sein Mandat, das er durch
unmittelbare geheime Wahlen nach der Wahlordnung vom 15. April
1961 erhalten hat, am 16. März 1970 erlischt. Der Rat hat durch
Beschluß vom 22./23.3.69 dieses Mandat bis zum ersten
Zusammentreten des auf Grund der folgenden Wahlordnung zu
wählenden neuen Rats, spätestens aber bis zum 30. September 1970,
verlängert, da eine Neuwahl zu einem früheren Zeitpunkt technisch
nicht durchführbar ist. In der durch die Vertreibung entstandenen
Notlage werden die Ratsmitglieder für die nächste Wahlordnung, die
demokratischen Grundregeln entspricht, gewählt.Diese Wahlordnung
trägt der Zielsetzung Rechnung, daß möglichst viele Danziger an
der Wahl beteiligt werden.
                              § 1
                       Bestellung des Rats
      Die Bestellung des Rats der Danziger erfolgt durch Wahlen.

                              § 2
                       Wahlberechtigung
   1. Wahlberechtigt sind alle Danziger, die das 18. Lebensjahr
      vollendet haben.
   2. Nicht wahlberechtigt ist,
      a) wer entmündigt ist oder unter vorläufiger Vormundschaft steht
         oder sich in Fürsorgeerziehung befindet;
      b) wer infolge eines rechtskräftigen Urteils der bürgerlichen
         Ehrenrechte ermangelt.
      c) Gehindert in der Ausübung des Wahlrechts sind Personen, die
         wegen Geisteskrankheit oder Geistesschwäche unter Pflegschaft
         stehen oder in einer Heil- und Pflegeanstalt untergebracht
         sind, ferner Straf- und Untersuchungsgefangene sowie Personen,
         die infolge gerichtlicher oder polizeilicher Anordnung in
         Verwahrung gehalten werden.
```

---

* Text: Unser Danzig 16/70 S.5 f.
** Nicht veröffentlicht, von der Vertretung der Freien Stadt Danzig zur Verfügung gestellt. Der vollständige Text dieser Wahlordnung ist abg. im Nachtrag Dok. 6.

§ 3
Zusammensetzung des Rats
Der Rat der Danziger besteht aus 24 Mitgliedern. 14 Mitglieder werden unmittelbar von den wahlberechtigten Danzigern gewählt. Die anderen 10 Mitgliedern werden von den 14 unmittelbar gewählten Mitgliedern bestimmt, wobei fachlichen und überregionalen Gesichtspunkten Rechnung getragen werden soll.

Nach dem gleichen Verfahren werden mindestens 24 Stellvertreter gewählt. Die Reihenfolge der Stellvertreter bestimmt sich nach der Zahl der erhaltenen Stimmen. Bei Stimmengleichheit entscheidet das Los.

§ 4
Wahlperiode
Die Wahlperiode des Rats beginnt an dem Tage, an dem der Bundeswahlleiter (§ 10) die erfolgte Wahl aller Ratsmitglieder (§ 3) festgestellt hat. Sie endet 10 Jahre nach diesem Tage.
In der ersten Sitzung nach Ablauf der Hälfte der Wahlperiode kann der Rat mit den Stimmen der Mehrheit seiner Mitglieder beschließen, daß die Mitglieder des Rats und ihre Stellvertreter neu gewählt werden. Für dieses Wahlverfahren finden ebenfalls die Bestimmungen der §§ 5-7 Anwendung.

§ 5
Verfahrensvorschriften
Die Wahl der 14 in unmittelbarer Wahl zu bestimmenden Ratsmitglieder erfolgt durch die am Tag der Danziger im Jahre 1970 erschienenen stimmberechtigten Danziger in nach Bundesländern getrennten 11 Wahllokalen. Die Berechtigung zur Wahl und der Wohnsitz in dem betreffenden Bundesland sind bei der Abgabe der Stimme glaubhaft zu machen. Außerhalb des Bundesgebiets wohnende Danziger können in einem der 11 Wahllokale wählen.

Gewählt ist, wer in dieser Abstimmung und einer evtl. ergänzenden Abstimmung in den Ortsstellen des jeweiligen Bundeslandes (§ 7) die größte Zahl der Stimmen erhält.

§ 6
Wahlvorschläge
Die Landesbeauftragten des Bundes der Danziger stellen im Einvernehmen mit den Leitern der Ortsstellen ihres Bereichs eine Vorschlagsliste der für ihren Bereich zu wählenden Ratsmitglieder sowie deren Stellvertreter auf. Die Liste der vorgeschlagenen Ratsmitglieder wie auch deren Stellvertreter muß mindestens die doppelte Zahl der nach § 8 dem Bundesland zustehenden Ratsmitglieder sowie deren Stellvertreter enthalten.

Die Kandidaten der Vorschlagsliste für die unmittelbar zu wählenden Ratsmitglieder und ihre Stellvertreter werden durch Abstimmung der Leiter der Ortsstellen unter Vorsitz des Landesbeauftragten ermittelt. Der Landesbeauftragte und jeder Ortstellenleiter haben eine Stimme. Hat die Ortsstelle mehr als 100 zahlende Mitglieder, so hat der Leiter für jedes weitere Hundert zahlender Mitglieder eine zusätzliche Stimme.

Wahlvorschläge können auch von mindestens 50 Danzigern aus einem Landeswahlbezirk dem Wahlleiter (§10) bis 2 Wochen vor dem Wahltermin unmittelbar eingereicht werden.

Der Wahlleiter faßt die eingegangenen Wahlvorschläge in einer nach dem Alphabet geordneten Wahlvorschlgsliste für jedes Bundesland zusammen. Die Stimmabgabe erfolgt durch Ankreuzen von höchstens sovielen Namen, wie Ratssitze dem Bundesland zustehen. Sind mehr Namen angekreuzt, so ist der Stimmzettel ungültig. Das gleiche gilt, wenn andere Namen als in der Vorschlagsliste vorgesehen hinzugesetzt werden.

§ 7
Ergänzungswahl in den Ortsstellen

Die Ortsstellen können eine zusätzliche Stimmabgabe zu der übersandten Vorschlagsliste durchführen. Zu diesem Zweck werden vom Bundeswahlleiter die Wahlvorschläge nach Abgabe der Stimmen beim Tag der Danziger unter Mitteilung des Stimmergebnisses dem Landesbeauftragten übersandt, der unverzüglich die Ortsstellen seines Landeswahlbezirks unterrichtet. An der zusätzlichen Stimmabgabe in den Ortsstellen können sich wahlberechtigte Danziger unabhängig von ihrer Zugehörigkeit zu einer Danziger Organisation beteiligen. Danziger, die schon beim Tag der Danziger ihre Stimme abgegeben haben, können nicht noch einmal wählen. Das Ergebnis einer zusätzlichen Stimmabgabe in den Ortsstellen ist innerhalb einer vom Bundeswahlleiter zu bestimmenden Frist diesem mitzuteilen. Er faßt die beim Tag der Danziger und die in den Ortsstellen abgegebenen Stimmen für einen Kandidaten zusammen und stellt fest, wer auf Grund dieser Ergebnisse als unmittelbar zu wählendes Ratsmitglied gewählt ist. Das gleiche gilt für die gewählten Stellvertreter.

§ 8
Sitzverteilung

Die in jedem Bundesland wohnenden Danziger erhalten mindestens einen Sitz im Rat. Die dann verbleibenden Sitze der zu wählenden Ratsmitglieder werden nach der Zahl der in einem Bundesland ansässigen Danziger verteilt, so daß die 3 Länder mit der größten Zahl von Danzigern je einen zusätzlichen Sitz erhalten. Die Feststellung der Zahl der Danziger in den einzelnen Bundesländern erfolgt auf Grund der amtlichen Unterlagen des Statistischen Bundesamts.

§ 9
Bekanntmachungen

Die Wahl (§ 5), der Wahltermin und die Wahllokale sind in "Unser Danzig" und durch Rundschreiben an die Ortsstellen bekanntzumachen. Die Ortsstellen sollen in geeigneter Weise die Danziger ihres Bezirks unterrichten.

Zusätzliche Wahlen in den Ortsstellen (§ 7) sind in der in den einzelnen Ortsstellen üblichen Form, z.B. durch Rundschreiben oder Pressemitteilung, bekanntzumachen.

§ 10
Wahlleiter

Der zur Zeit amtierende Rat bestimmt den Bundeswahlleiter. Ihm zur Seite stehen 2 vom Ältestenausschuß des z.Zt. amtierenden Rats bestellte Beisitzer. Sie bilden zusammen mit dem Bundeswahlleiter die Wahlleitung und sind für die technische und organisatorische Durchführung, insbesondere für die ordnungsgemäße Auszählung der Stimmen, verantwortlich. Die Wahlleitung erläßt, falls erforderlich, Durchführungsbestimmungen zu dieser Wahlordnung.

§ 11
Übergangsbestimmung
Der Präsident des zur Zeit amtierenden Rats beruft und leitet die Sitzung der 14 unmittelbar gewählten Ratsmitglieder, in der die anderen 10 Mitglieder (§ 3) von diesen gewählt werden.

Er beruft und leitet die erste Sitzung des neugewählten Rats bis zur Wahl des neuen Ratspräsidenten.

§ 12
Inkrafttreten
Diese Wahlordnung tritt sofort in Kraft.

W a h l o r d n u n g

zur Wahl des Rates der Danziger

vom 1. Mai 1992

Der Rat der Danziger,
der bis zur Erreichung einer die Menschenrechte und das Heimatrecht der deutschen Danziger in einem freien Europa gewährleistenden Friedensordnung
als die gewählte Vertretung der Danziger die Aufgaben des Danziger Volkstages wahrnimmt, soweit unter den gegebenen Verhältnissen ein Tätigwerden möglich ist,
hat in seiner Sitzung am 1. Mai 1992 in Lübeck die folgende Wahlordnung für die Wahlperioden ab 1993 beschlossen:

Dokumentenanhang zum Nachtrag

*1. Gemeinsame Erklärung der Vertretung der Freien Stadt Danzig und der Landsmannschaft Westpreußen vom 20. Juni 1949**

Die Vertretung der Freien Stadt Danzig und die Landsmannschaft Westpreußen geben hiermit folgende gemeinsame Erklärung ab:

Es besteht Übereinstimmung darüber, daß die Freie Stadt Danzig und ihre Angehörigen auf Grund ihrer völkerrechtlichen und staatsrechtlichen Lage außerhalb der Landsmannschaft Westpreußen eine Sonderstellung einnehmen und ihre eigene Vertretung besitzen.

Es besteht Einigkeit darüber, daß die Angehörigen der Freien Stadt Danzig und die in der Landsmannschaft Westpreußen vereinigten Personen in den allgemeinen Fragen des Flüchtlingsschicksals grundsätzlich dieselben Ziele verfolgen. Im Hinblick auf die enge nachbarliche Verbundenheit besteht der besondere Wunsch, miteinander auf diesem Gebiet zusammenzuarbeiten.

F. d. Vertretung der Freien Stadt Danzig
gez. Sternfeld, Langguth

F. d. Landsmannschaft Westpreußen
gez. Walter Kühn, Claus Neubert, Kurt v. Maercker
Hamburg, den 20. 6.1949

---

* Zur Verfügung gestellt von der Vertretung der Freien Stadt Danzig, Lübeck.; vgl. auch Unser Danzig 5/1949 S.2, 12/1953 S.4.

2. Patenschaftsurkunde der Landeshauptstadt Düsseldorf für die Freie Stadt Danzig vom 7. August 1954*

Nach dem beispiellosen Chaos des Zusammenbruchs wurde ein großer Teil unseres Volkes unter Mißachtung seines natürlichen und geschichtlich begründeten Lebensrechtes aus seiner Heimat vertrieben. Die Not dieser Menschen macht brüderliches Zusammenhalten zu einer hohen Pflicht. Ihnen und ihrem schweren Schicksal verbunden, hat deshalb der Rat der Landeshauptstadt Düsseldorf im Juni des Jahres 1952 beschlossen, die Patenschaft für die Freie Stadt Danzig zu übernehmen. Er bringt damit seine Hochachtung vor der kulturellen Leistung des deutschen Ostens und vor allem der alten deutschen Hansestadt Danzig zum Ausdruck und bekennt sich zu dem ehrenvollen, geschichtlichen Auftrag, das geistige Erbe dieser Stadt zu wahren. Aus der Patenschaft soll sich eine menschliche und kulturelle Gemeinschaft ergeben, welche zur Vertiefung der Beziehungen zwischen Heimatvertriebenen und Einheimischen beiträgt. Das zu bekräftigen, wurde diese Urkunde ausgefertigt und heute den Vertretern der Freien Stadt Danzig übergeben.

Der Rat der Landeshauptstadt Düsseldorf
Düsseldorf, den 7. August 1954
Gockeln
Oberbürgermeister

---

* Nicht veröffentlicht; zur Verfügung gestellt von der Vertretung der Freien Stadt Danzig.

3. Partnerschaftsvereinbarung der Freien Hansestadt Bremen mit der Stadt Danzig vom 12.4.1976*

Rahmenvereinbarung für die Zusammenarbeit zwischen der Stadt Gdansk in der Volksrepublik Polen und der Freien Hansestadt Bremen (Stadtgemeinde) in der Bundesrepublik Deutschland.

Der Präsident des Senats und Bürgermeister der Freien Hansestadt Bremen (Stadtgemeinde) in der Bundesrepublik Deutschland und der Präsident der Stadt Gdansk in der Volksrepublik Polen
- gestützt auf die bisherigen Kontakte und Erfahrungen und auf ähnliche Kommunal- und Entwicklungsprobleme beider Städte;
- bemüht um die Leistung eines Beitrages beider Städte zur weiteren Verbesserung der Beziehungen zwischen der Bundesrepublik Deutschland und der Volksrepublik Polen;
- überzeugt, daß die Zusammenarbeit zwischen Bremen und Gdansk der Bereicherung des kulturellen Lebens beider Städte dienen wird; haben beschlossen, die folgende Vereinbarung zu unterzeichnen.

§ 1

Beide Seiten werden die Zusammenarbeit auf dem Gebiet der kommunalen Wirtschaft und des Umweltschutzes unterstützen und weiter entwickeln, die direkten Kontakte und den Erfahrungsaustausch zwischen den entsprechenden Organisationen, Institutionen und Unternehmen wie auch im Bereich der Wissenschaft, der Bildung, der Kunst der Presse, des Rundfunks, des Fernsehens, des Sports und des Fremdenverkehrs erweitern.

§ 2

Beide Seiten werden vor allem die Zusmmenarbeit beider Städte auf dem Gebiet der Kommunalpolitik unterstützen unter besonderer Berücksichtigung
- der Lösung der innerstädtischen Verkehrsprobleme
- des Umweltschutzes, insbesondere der Sammlung, Verarbeitung und Verwertung von Abfällen
- der Raumordnungsplanung und des Städtebaues
- der modernen Stadtplanung
- der Hafenwirtschaft
- der Kontakte zwischen Industrie, Handel und Dienstleistung.

§ 3

Auf kulturellem Gebiet werden beide Seiten unterstützen:
- Musik- und Theateraufführungen
- Kunstausstellungen
- die Tätigkeit der kulturtragenden Institutionen
- die Zusammenarbeit und den Austausch von Fachleuten und Gruppen im Bereich der Literatur, des Theaters, der Musik, der bildenden Künste, des Museumswesens und des Denkmalschutzes.

---

* Unser Danzig 19/1976 S.3

§ 4

Beide Seiten werden Erfahrungsaustausch auf dem Gebiet der Wissenschaft, der Bildung, des Hochschulwesens, der Berufsbildung, besonders der auf die Seefahrt spezialisierten Berufsbildung, und im Zusammenhang damit den koordinierten Personenaustausch unterstützen.

§ 5

Von dem Bestreben geleitet, den Bürgern beider Städte gegenseitige zuverlässige Informationen über die sozialen und ökonomischen Probleme zu liefern, werden beide Seiten bei der Zusammenarbeit von Presse, Rundfunk und Fernsehen beider Städte Hilfe und Unterstützung leisten, insbesondere beim Austausch von Funk- und Fernsehprogrammen.

§ 6

Beide Seiten werden Formen des Sportaustausches und des Fremdenverkehrs unterstützen, die die Intensivierung der Zusammenarbeit beider Städte und die Anknüpfung von direkten Kontakten in den in dieser Rahmenvereinbarung erwähnten Bereichen zum Ziel haben.

§ 7

Zur Realisierung dieser Rahmenvereinbarung werden die interessierten Institutionen, Organisationen und Unternehmen im Einvernehmen mit den Unterzeichnenden direkte Vereinbarungen treffen und detaillierte Programme der Zusammenarbeit entwerfen.

§ 8

Beide Seiten werden sich allseitige Hilfe bei der praktischen Verwirklichung dieser Rahmenvereinbarung erweisen und die Koordinierungsfunktion erfüllen.

§ 9

Diese Rahmenvereinbarung gilt für die Dauer von fünf Jahren. Die Gültigkeit der Vereinbarung verlängert sich jeweils um weitere fünf Jahre, wenn sie von keiner der beiden Seiten sechs Monate vor ihrem Ablauf gekündigt wird.

Geschehen zu Gdansk, am 12. April 1976, in je zwei Urschriften in deutscher und polnischer Sprache, wobei jeder Wortlaut gleichermaßen verbindlich ist.

| Präsident des Senats der Freien Hansestadt Bremen gez. Hans Koschnick (Bürgermeister) | Präsident der Stadt Gdansk gez. Andrzej Kaznowski |

*4. Partnerschaftsvertrag zwischen dem Landesmuseum Haus Hansestadt Danzig und dem Museum für Geschichte der Stadt Danzig vom 6. September 1997**

In ihrem Bestreben, bei der Erhaltung und Pflege des europäischen kulturellen Erbes zusammenzuarbeiten und sich für die Denkmalpflege einzusetzen, haben

das
Muzeum Historii Miasta Gdanska
Oddzial DOM UPHAGENA
in Danzig
und das
Landesmuseum
HAUS HANSESTADT DANZIG
in Lübeck
folgenden
Partnerschaftsvertrag geschlossen:

Die Vertragspartner stimmen in ihrem Wunsche überein, daß die zwischen beiden Museen seit 1990 bestehenden guten und erfolgreichen Beziehungen aufgrund ihrer sehr ähnlichen Interessengebiete in Zukunft durch stärkere Zusammenarbeit gefördert werden sollen.

Die Zusammenarbeit soll sich insbesondere auf folgende Gebiete erstrecken:
- Ausstellungen, die im Austausch gezeigt werden,
- Wissens- und Erfahrungsaustausch auf wissenschaftlichen Gebieten,
- Wissens- und Erfahrungsaustausch in Restaurierungs- und Rekonstruktionsarbeiten,
- Sammlung und Austausch historischer und statistischer Unterlagen und Materialien,
- Vorträge, Tagungen und sonstige Veranstaltungen im Wechsel in Danzig und in Lübeck.

Danzig, den 6. September 1997

gez. Adam Koperkiewicz
Adam Koperkiewicz
Direktor des Museums für Geschichte der Stadt Danzig

gez. Werner Hewelt
Werner Hewelt
Direktor des Landesmuseums HAUS HANSESTADT DANZIG; Lübeck

---

* Nicht veröffentlicht, vom Direktor des Landesmuseums Haus Hansestadt Danzig zur Verfügung gestellt.

5. Vereinbarung des Historischen Museums der Stadt Danzig und der Vier Banken des Danziger Artushofes zu Lübeck vom 14. Mai 1999[*]

Vereinbarung

zwischen

dem Historischen Museum der Stadt Danzig

vertreten durch die Herren
mgr ADAM KOPERKIEWCZ
Direktor des Museums

mgr EDWARD SLEDZ
Kustos des Danziger Artushofes

und den

Vier Banken des Danziger Artushofes zu Lübeck

vertreten durch Dipl.-Ing. MARTIN GERIKE, Hamburg
Vorsitzender des Ausschusses der Vier Banken

Dipl.-Volkswirt GÜNTER DOWIG, Altenholz
Mitglied des Ausschusses der Vier Banken

vom 14. Mai 1999

Präambel

Die Vier Banken des Danziger Artushofes zu Lübeck, die ihren Ursprung im Danziger Artushof haben, nachfolgend namentlich aufgeführt:

1. die St. Reinholda-Bank, bestehend seit dem 02.12.1481
2. die St. Christophorus-Bank ehemals Lübische Bank, bestehend seit 1482
3. die Heilige-Drei-Könige-Bank, bestehend seit 1483
4. die Marienbürger-Bank zu unserer lieben Frauen Rosenkranz, bestehend seit 1487

und das Historische Museum der Stadt Danzig

wollen eine enge Verbindung untereinander und zwischen ihren jeweiligen Hansestädten Lübeck und Danzig eingehen.

Von dem Wunsche geleitet, gutnachbarliche und freundschaftliche Beziehungen zwischen Polen und Deutschen zu fördern und zu pflegen, vereinbaren die Partner folgendes:

Artikel 1

Das Historische Museum der Stadt Danzig und die Vier Banken des Danziger Artushofes zu Lübeck wollen gemeinsam freundschaftliche Beziehungen aufbauen und bewah-

---

[*] Nicht veröffentlicht, vom Ausschuß der Vier Banken des Artushofes zur Verfügung gestellt.

ren. Sie setzen sich auch für den Erhalt und die Pflege Hansischen Kultur- und Gedankengutes ein.

Artikel 2

Die Banken als einer der Träger der „Stiftung Kulturgut hansischer Städte" gewähren der Leitung des Historischen Museums der Stadt Danzig freien Zugang zu und jedwede Information über die Sammlungen dieser Stiftung.

Artikel 3

Die Banken erhalten im Danziger Artushof ein Forum, um auch dort Gedanken auszutauschen und die gemeinsamen Ziele zu verfolgen. Nach vorheriger Abstimmung steht der Artushof den Banken für Veranstaltungen und Treffen zur Verfügung.

Artikel 4

Das Historische Museum und die Banken werden sich über Ereignisse und Veranstaltungen, die dem Zweck und der Zielsetzung dieser Vereinbarung dienen, gegenseitig austauschen und informieren.

Artikel 5

Diese Vereinbarung wird unterzeichnet mit Zustimmung des Trägers des Historischen Museums der Stadt Danzig sowie des Ausschusses der Vier Bankenbruderschaften des Danziger Artushofes zu Lübeck. Sie ist jeweils in zwei offiziellen Ausfertigungen in polnischer und in deutscher Sprache abgefaßt. Jeder Wortlaut ist gleichermaßen verbindlich. Die Partner erhalten je eine Ausfertigung in polnischer und in deutscher Sprache.

Artikel 6

Diese Veranstaltung tritt mit dem Tage der Unterzeichnung in Kraft und ist auf unbegrenzte Zeit abgeschlossen. Sie kann auf Wunsch eines Partners ergänzt oder geändert werden. Jeder der Partner hat jedoch das Recht zu einer Kündigung; die Kündigungsfrist beträgt zwölf Monate.

Danzig, den 14. Mai 1999   Unterschriften

6. *Wahlordnung zur Wahl des Rates der Danziger vom 1. Mai 1992**

Der Rat der Danziger,
der bis zur Erreichung einer die Menschenrechte und das Heimatrecht der deutschen Danziger in einem freien Europa gewährleistenden Friedensordnung als die gewählte Vertretung der Danziger die Aufgaben des Danziger Volkstages wahrnimmt, soweit unter den gegebenen Verhältnissen ein Tätigwerden möglich ist, hat in seiner Sitzung am 1. Mai 1992 in Lübeck die folgende Wahlordnung für die Wahlperioden ab 1993 beschlossen:

§ 1

Bestellung des Rates

(1) Die Bestellung des Rates der Danziger erfolgt durch Wahlen.

(2) Wahlkörperschaft ist die Delegiertenversammlung des Bundes der Danziger, der nach seiner Satzung für jeden Danziger deutscher Volkstumszugehörigkeit offen ist und in der durch die Vertreibung entstandenen Lage die Interessen der Danziger vertritt.

(3) Wählbar sind Personen, die das 18. Lebensjahr vollendet haben und
    a) in der Freien Stadt Danzig geboren sind oder
    b) am 31. August 1939 die Danziger Staatsangehörigkeit besessen haben oder
    c) Abkömmlinge oder Ehegatten dieser Personen sind oder
    d) als Amtsträger des Bundes der Danziger Aufgaben wahrnehmen.

§ 2

Zusammensetzung des Rates

(1) Der Rat der Danziger besteht aus fünfzehn Mitgliedern. Die Danziger Frauen und die Danziger Jugend sollen im Rat angemessen vertreten sein.
(2) Zehn Ratsmitglieder und ihre Nachfolger werden von der Delegiertenversammlung aus ihrer Mitte mit den Stimmen der Mehrheit ihrer Mitglieder gewählt.
(3) Die anderen fünf Ratsmitglieder und ihre Nachfolger werden von den im ersten Wahlgang gewählten zehn Ratsmitgliedern mit der Mehrheit der abgegebenen Stimmen gewählt. Sie sollen fachlichen und überregionalen Anforderungen entsprechen.
(4) Wahlvorschläge für die Wahl der Ratsmitglieder nach Absatz 3 können von jedem der zehn bereits gewählten Ratsmitglieder oder von jeweils fünfundzwanzig Personen gemäß § 1 Abs.3 beim Bundeswahlvorstand eingereicht werden.

---

* Mit Ausnahme einer geringfügigen Änderung des Wortlauts der Präambel identisch mit der Wahlordnung vom 19. April 1991. Die Fassung von 1991 lautet: "der bis zur Herstellung der Lebensgrundlagen der deutschen Danziger und der Errichtung einer die Menschen- und Freiheitsrechte der Danziger in einem freien Europa gewährleistenden Friedensordnung". Nicht veröffentlicht, zur Verfügung gestellt von der Vertretung der Freien Stadt Danzig.

§ 3

Verfahrensvorschriften

(1) Gewählt ist, wer die größte Zahl der Stimmen erhält. Die Stimmabgabe erfolgt im ersten Wahlgang gem. § 2 Abs.2 durch Ankreuzen von höchstens zehn Namen und im zweiten Wahlgang gemäß § 2 Abs.3 von höchstens fünf Namen. Diese Vorschriften gelten für die Wahl der Nachfolger sinngemäß.

(2) Die Reihenfolge der Nachfolger bestimmt sich nach der Zahl der Stimmen. Bei Stimmengleichheit entscheidet das Los.

§ 4

Wahlperiode

(1) -Die Wahlperiode des Rates der Danziger entspricht der Wahlperiode der Delegiertenversammlung des Bundes der Danziger.

(2) Der bisherige Präsident des Rates der Danziger beruft die erste Sitzung des Rates unverzüglich nach der Wahl der Ratssmitglieder ein.

§5

Interessenvertretung

Zwei Ratsmitglieder werden vom Rat der Danziger beauftragt, die Interessen der im Bund der Danziger nicht organisierten Danziger wahrzuhnemnen. Sie erstatten dem Rat bei dessen Sitzungen Bericht.

§ 6

Bekanntmachungen

Der Zeitpunkt der Wahl ist im Mitteilungsblatt des Bundes der Danziger „Unser Danzig" und durch Rundschreiben in den Ortsstellen bekanntzugeben.

§ 7

Bundeswahlvorstand

Das amtierende Präsidium des Rates der Danziger ist der Bundeswahlvorstand. Er erläßt die zu dieser Wahlordnung notwendigen Durchführungsbestimmungen.

§ 8

Inkrafttreten

Diese Wahlordnung tritt sofort in Kraft.

Lübeck, den 1. Mai 1992

Prof. Dr. Karl-Heinz Mattern
Präsident des Rates der Danziger

Gerd Schwegmann   Margot Freifrau von Tettau
Vizepräsidenten des Rates der Danziger

Karten

Karte 1: **Die Freie Stadt Danzig**[*]

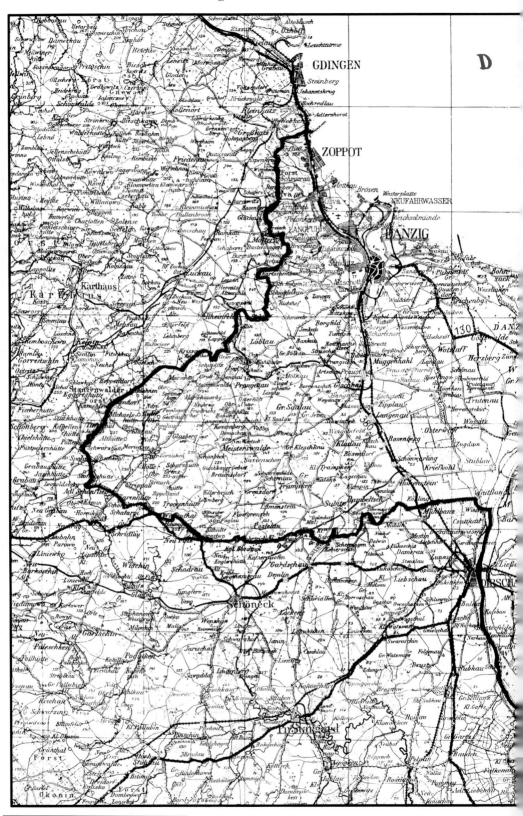

Ausschnitt aus dem 1955 von der amtlichen Anstalt für Kartographie und Kartendruck herausgegebenen und 1961 vom Amt für Geodäsie neugedruckten Zusammendruck von Mitteleuropa.

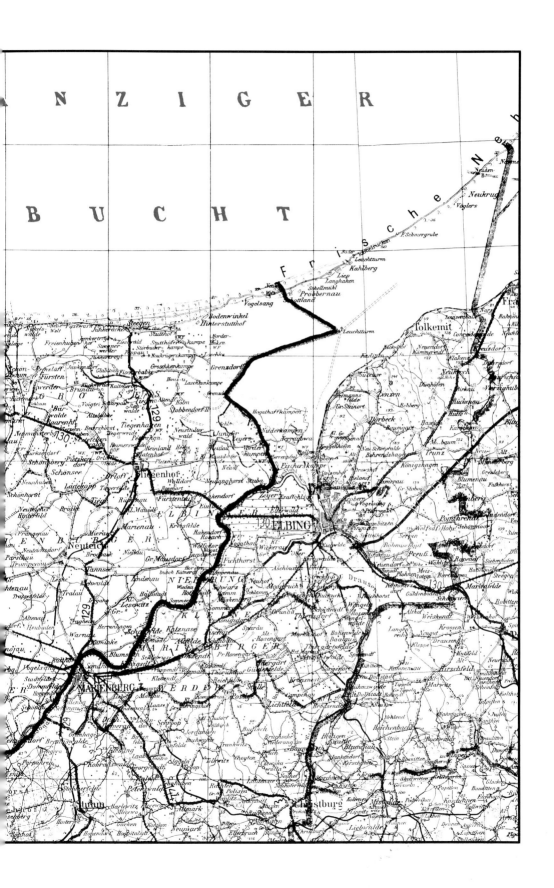

*Karte 2:   Danzig – Siedlungsplatz skandinavischer Völker
            (ca 1800 v.Chr. bis 6. Jahrh.n.Chr.)
            Vorgeschichte im Oder-Weichselgebiet*

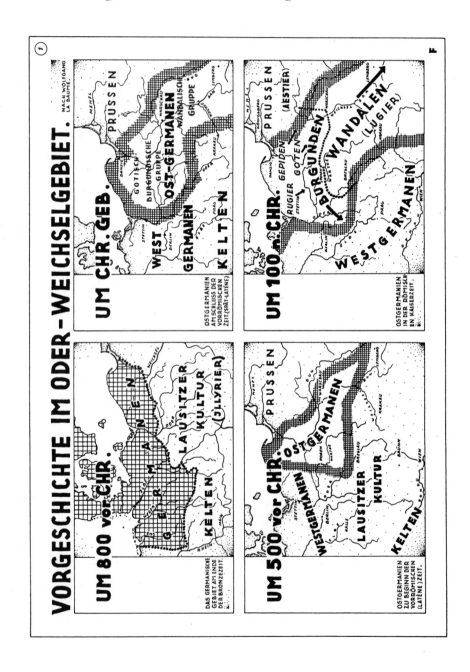

Karte 3: Danzig in Pommerellen
  (Gründung der deutschen Stadt Danzig 1224/25)
  Ost-Mitteleuropa um das Jahr 1000

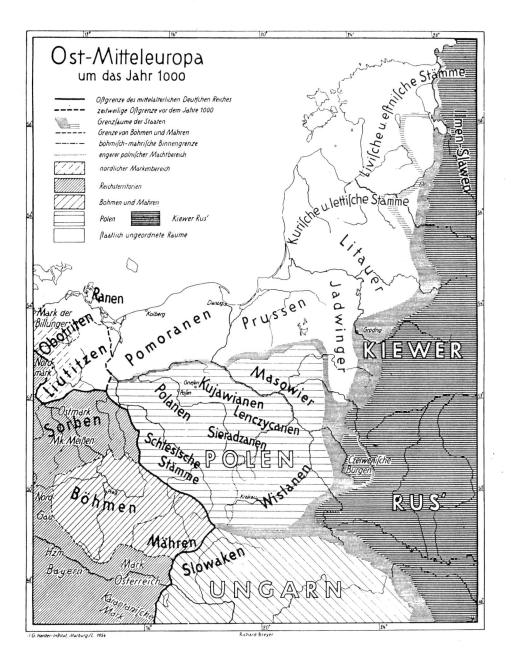

Karte 4: Danzig unter der Herrschaft des Deutschen Ordens
(1309-1454)
Ost-Mitteleuropa in der 2. Hälfte des 14. Jahrhunderts

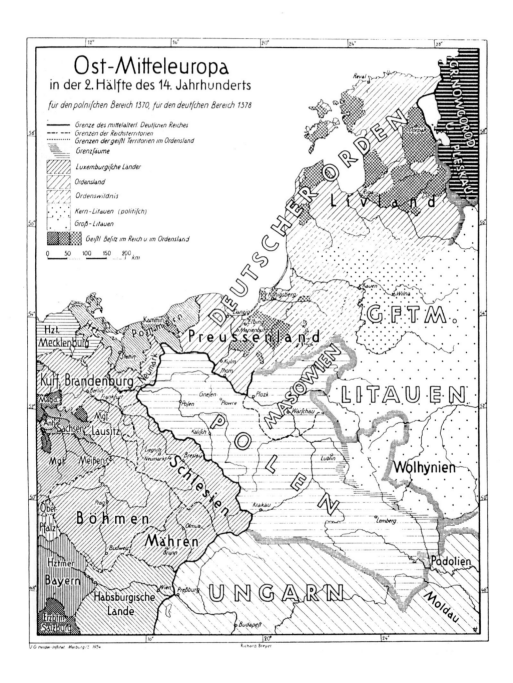

Karte 5: Danzig als deutsche Stadtrepublik in Schutzbeziehung mit der Krone Polen (1454-1793)

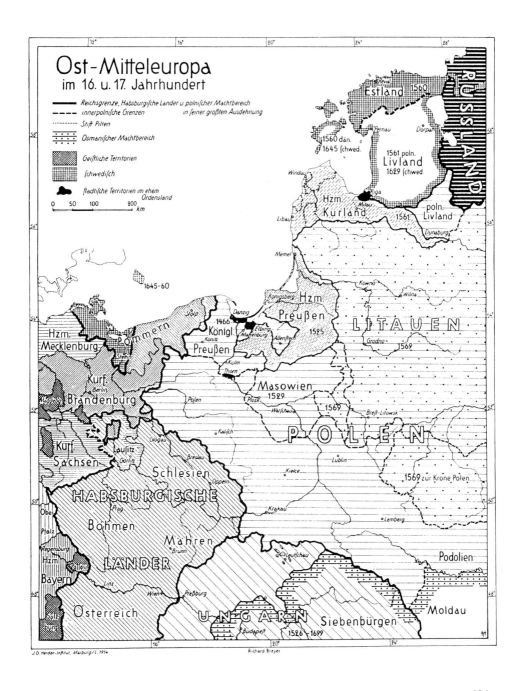

Karte 6: Danzig in Preußen/ Deutsches Reich (seit 1793)

Karte 7: Danzig als deutscher Staat "Freie Stadt Danzig" (seit 1920) [*]

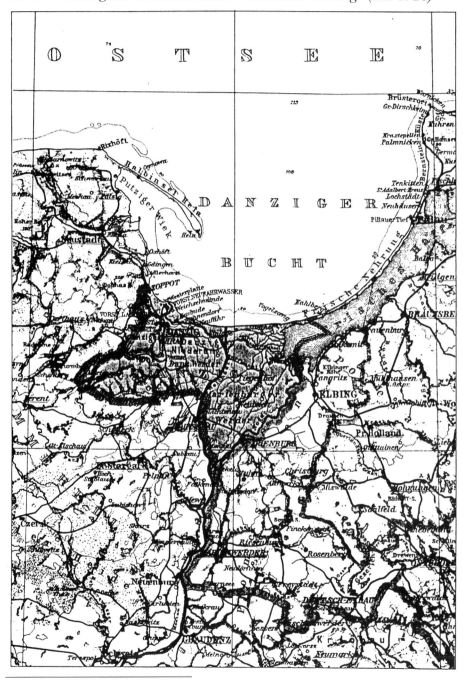

[*] Aus Werner Hewelt, Danzig. Ein europäisches Kulturdenkmal, Lübeck 1988, S. 103.

Karte 8: Danzig unter polnischer Verwaltungsbesetzung (seit 1945)

VERWALTUNGSGRENZEN IN POLEN UND OSTDEUTSCHLAND 1946   Entwurf: H. Schwalm

Abbildung

Ansicht von Danzig, 1632[*]

[*] Blick über die Weichsel auf die Stadt. Aus Johann Ludwig Gottfrieds 1632 erschienenem *'Inventarium Sveciae'* abgedruckt in: Hans Wenig, Danzig – Gdańsk. Betrachtung der Stadt in vier Jahrhunderten, Hamburg 1980, S. 33.

Literaturverzeichnis

Abendroth, Wolfgang: Die völkerrechtliche Stellung der B- und C-Mandate, Breslau 1936.

Abendroth, Wolfgang: Die gegenwärtige völkerrechtliche Bedeutung des Potsdamer Abkommens vom 2.8.1945. EA 1952, S.4943

Akten zur deutschen auswärtigen Politik 1918-1945 aus dem Archiv des deutschen Auswärtigen Amtes, Serie D/1937-1945, hrsg. von den Regierungen der Vereinigten Staaten von Amerika, England und Frankreich

- Bd.V: Polen, Südosteuropa, Lateinamerika, Klein- und Mittelstaaten, Juni 1927-1939, Baden-Baden 1953
- Bd.VI: Die letzten Monate vor Kriegsausbruch, März bis August 1939, Baden-Baden 1956 und Serie C/1933-1937

Alvarez, Alejandro: Sondervotum zum IGH-Gutachten vom 11.7.1950, ICJ Reports 1950, S.182

Andrzejewski, Marek: Opposition und Widerstand in Danzig 1933 bis 1939, Bonn 1994

Anschütz, Gerhard: Die Verfassung des Deutschen Reiches vom 11.8.1919, 2 Bde, 13. Aufl. Heidelberg 1930

Anzilotti, Dionisio: Lehrbuch des Völkerrechts. Bd.1 Einführung - Allgemeine Lehren, dt.Üb. nach der 3.ital.Aufl. von Cornelia Bruns und Karl Schmid, Berlin und Leipzig 1929

Arangio-Ruiz, Gaetano: The Declaration on Friendly Relations and the System of the Sources of International Law, Alphen aan den Rijn, 1979

Arndt, Claus: Deutschlands rechtliche Lage. Die Wandlung, 1947, S.106

Arndt, Claus: Der deutsche Staat als Rechtsproblem, Berlin 1960

Arnold, Udo: Der Deutsche Orden. Von seinem Ursprung bis zur Gegenwart, 5. Aufl. Bad Münstereifel 1992

Bagiński, H.: Zagadnienie dostępu Polski do morza (Das Problem des Zugangs Polens zum Meere), Warschau 1927

Bahr, Ernst: Das nördliche Westpreußen und Danzig nach 1945. Ostdeutschland unter fremder Verwaltung (Hrsg. Johann Gottfried Herder-Forschungsrat) Bd.II, Frankfurt/M., Berlin 1960

Bail, Otto: Die völkerrechtliche Lage der Freien Stadt Danzig. Diss. Berlin 1939

Balekjian, Wahé Hagop: Die Effektivität und die Stellung nichtanerkannter Staaten im Völkerrecht, Den Haag 1970

Barandon, Paul: Die Vereinten Nationen und der Völkerbund in ihrem rechtsgeschichtlichen Zusammenhang, Hamburg 1948

Barandon, Paul: Der Vertrag von Versailles in seiner Bedeutung für Deutschlands Osten und die Nachbarstaaten, in: Göttinger Arbeitskreis (Hrsg.), Das östliche Deutschland. Ein Handbuch, 1959, S.429 ff.

Beck, Raimund: Die Internationalisierung von Territorien. Darstellung und rechtliche Analyse, Stuttgart 1962

Becker, Hans-Joachim: Nochmals: Zur Frage der Staatsangehörigkeit der Volksdeutschen aus Polen. DÖV 1955, S.47

Beckmann, Gerhard: Die rechtliche Stellung des Freistaates Danzig. Diss. Königsberg 1921

Behrend, Gerhard: Der Bestand der Freien Stadt Danzig als rechtliches Problem. Diss. Breslau 1933

Berber, Friedrich: Das Diktat von Versailles. Entstehung, Inhalt und Zerfall. Eine Darstellung in Dokumenten, Essen 1939

Berber, Friedrich: Lehrbuch des Völkerrechts 2.Aufl, I.Bd. Allgemeines Friedensrecht, München 1975, II.Bd. Kriegsrecht, München 1969, III.Bd. Streiterledigung, Kriegsverhütung, Integration, München 1977

Berber, Friedrich: Das Staatsideal im Wandel der Weltgeschichte, 2.Aufl.München 1978

Bergmann, Wilfried/ Korth, Jürgen: Deutsches Staatsangehörigkeits- und Paßrecht, 2.erw. Aufl. Köln 1989

Bingen, Dieter: Innenpolitik und Außenpolitik, in: Länderbericht Polen, hrsg. von Wilhelm Wöhlke, Bundeszentrale für politische Bildung, Bd.296, Bonn 1991

Blomeyer-Bartenstein, Horst: Die Besetzung eines Gebietes zur Verwaltung auf vertraglicher Grundlage. Diss. München 1955

Blumenwitz, Dieter: Die vermögensrechtlichen Folgen der Ostverträge, in: JOR 1972, 180

Blumenwitz, Dieter: Die deutsche Staatsangehörigkeit und die Schutzpflicht der Bundesrepublik Deutschland, in: FS Murad Ferid, 1978, S. 439 ff.

Blumenwitz, Dieter: Deutschlandfrage und Selbstbestimmungsrecht, in: Blumenwitz/ Meissner (Hrsg.), Das Selbstbestimmungsrecht der Völker und die deutsche Frage. Staats- und völkerrechtliche Abhandlungen Bd.2, 1984, S.139 ff.

Blumenwitz, Dieter: "ex factis ius oritur - ex iniuria ius non oritur", in: Blumenwitz/ Meissner (Hrsg.), Staatliche und nationale Einheit Deutschlands - ihre Effektivität; Staats- und völkerrechtliche Abhandlungen der Studiengruppe für Politik und Völkerrecht, Bd.3/1984, S. 43 ff.

Blumenwitz, Dieter (Hrsg.): in Staudinger, Kommentar zum Bürgerlichen Gesetzbuch, Einführungsgesetz zum BGB, Art.5, 6 n.F., 12. Aufl. Berlin 1988

Blumenwitz, Dieter: Was ist Deutschland? Staats- und völkerrechtliche Grundsätze zur deutschen Frage und ihre Konsequenzen für die deutschen Ostgebiete, 3. Aufl. Bonn 1989

Blumenwitz, Dieter: Denk ich an Deutschland. Antworten auf die deutsche Frage, Hrsg.: Bayerische Landeszentrale für politische Bildungsarbeit, München 1989

Blumenwitz, Dieter: Zusammenfassung von: 40 Jahre Bundesrepublik Deutschland — Verantwortung für Deutschland. Staats- und völkerrechtliche Abhandlungen der Studiengruppe für Politik und Völkerrecht, Bd. 8, Köln 1989, S. 89 ff.

Blumenwitz, Dieter: Der Vertrag vom 12.9.1990 über die abschließende Regelung in bezug auf Deutschland, in: NJW 48/1990, 3041

Blumenwitz, Dieter: Wie offen ist die Verfassungsfrage nach der Herstellung der staatlichen Einheit Deutschlands?, Das Parlament, B 49/1991, S.3 ff.

Blumenwitz, Dieter: Das vereinigte Deutschland und die europäische Friedensordnung, in: Neubestätigung und Weiterentwicklung von Menschenrechten und Volksguppenrechten in Mitteleuropa. Staats- und völkerrechtliche Abhandlungen der Studiengr. für Poltik und Völkerrecht, Bd.10, Köln 1991, S.17 ff.

Blumenwitz, Dieter: Das Offenhalten der Vermögensfrage in den deutsch-polnischen Beziehungen. Forschungsergebnisse der Studiengruppe für Politik und Völkerrecht, Band 13, Bonn 1992

Blumenwitz, Dieter: Minderheiten und Volksgruppenrecht. Aktuelle Entwicklung. Forschungsergebnisse der Studiengruppe für Politik und Völkerrecht Bd.15, Bonn 1992

Blumenwitz, Dieter: Volksgruppen und Minderheiten - Politische Vertretung und Kulturautonomie -. Forschungsergebnisse der Studiengruppe für Politik und Völkerrecht Bd.20, Berlin 1995

Blumenwitz, Dieter: Das Recht auf die Heimat, in: Blumenwitz (Hrsg.), Das Recht auf die Heimat im zusammenwachsenden Europa - Ein Grundrecht für nationale Minderheiten und Volksgruppen, Frankfurt/M. 1995, S.41 ff.

Bode, Gerhard: Rechtsgutachten über die Lebensversicherungsanstalt Westpreußen (Arbeitskreis des Instituts für Internationales Recht an der Universität Kiel, 1948), als Handschrift gedr., Pinneberg 1948

Bode, Gerhard: Rechtswirksamkeit der Kollektiveinbürgerungen. Staatszeitung für Rh.-Pfalz 1952, Nr.24

Böhmer, Otto/ Duden, Konrad/ Jansen, Hermann: Deutsches Vermögen im Ausland. Internationale Vereinbarungen und ausländische Gesetzgebung, unter Mitarbeit der Studiengesellschaft für privatrechtliche Auslandsinteressen, hrsg. vom Bundesministerium für Justiz, 3 Bde, Köln 1951-1955

Böhmert, Viktor: Die Rechtsgrundlagen der Beziehungen zwischen Danzig und Polen. ZfVR Bd.15/1930, S.694 und Nachtrag S.749

Böhmert, Viktor: Zur Garantie der Verfassung. DJM 33, 99

Böhmert, Viktor: Der Art.19 der Völkerbundsatzung, Kiel 1934

Böttcher, Hans Viktor: Die völkerrechtliche Lage der Freien Stadt Danzig seit 1945, Göttingen 1958

Böttcher, Hans Viktor Böttcher: Johann Rist und die Stadt Danzig. "Zuschrift" der Dichtung Neues Musikalisches Seelenparadies - zweiter Teil - an die Stadt Danzig im Jahre 1662, Lübeck 1991

Böttcher, Hans Viktor (Bearb.): Materialien zu Deutschlandfragen. Politiker und Wissenschaftler nehmen Stellung 1988/89 und 1989-91, Bonn 1989 und 1991

Böttcher, Hans Viktor/ Dahm, Christof (Bearb.): Materialen zu Deutschlandfragen. Politiker und Wissenschaftler nehmen Stellung 1991/92. Die deutschen Nachbarschaftsverträge, Bonn 1993

Böttcher, Hans Viktor: 773 Jahre Stadt Danzig (1224-1997), in: Kulturwerk Danzig (Hrsg.): 25 Jahre Kulturwerk Danzig (1972-1997), Sonderheft zum Gedächtnis von Dr. Heinz Goehrtz, Düsseldorf 1998, S.20-35

Boguslawskij, Mark M.: Gutachten vom 26. Juni 1992 für die Europäische Kommission für Menschenrechte zur Frage der Rechtsstellung der Bürger der Freien Stadt Danzig. Institut für Staat und Recht der Akademie der Wissenschaften, Moskau (nicht veröffentlicht, vom Verfasser z. Vfg. gestellt)

Bohmann, Alfred: Menschen und Grenzen, Bd.1, Strukturwandel der deutschen Bevölkerung im polnischen Staats- und Verwaltungsbereich, Köln 1969

Boike, Erika: Die landsmannschaftliche Arbeit, nicht veröffentlichter schriftlicher Bericht (Vortrag), Lübeck, 23.11.1991 (aus den Akten des Bundes der Danziger)

Bonner Kommentar. Kommentar zum Bonner Grundgesetz von Abraham Bühler, Bodo Dennewitz u.a., Hamburg 1950 ff.

Boockmann, Hartmut: Der Deutsche Orden, Zwölf Kapitel aus seiner Geschichte, München 1981, 4. Aufl. 1994

Boockmann, Hartmut: Ostpreußen und Westpreußen, Deutsche Geschichte im Osten Europas, Berlin 1992

Bouchereau, Abel: Le statut de Dantzig, thèse Poitiers 1924

Bourthoumieux, Ch.: La politique et le régime interalliés d'occupation de l'Allemagne de 1945 à 1949. RGDI Bd. 54/1950, S.675

Brauns, Hans-Joachim: Anmerkung zu Diether Posser, Die deutsche Frage, in: Böttcher, Materialien 1989-91, S. 434 ff.

Breyer, Richard: Das Deutsche Reich und Polen 1932-1937. Außenpolitik und Volksgruppenfragen, Würzburg 1955

Breyer, Richard: Probleme einer Volksabstimmung in Westpreußen/Pommerellen 1919/ 1920/1939, in: Breyer (Hrsg.), Deutschland und das Recht auf Selbstbestimmung nach dem Ersten Weltkrieg. Probleme der Volksabstimmungen im Osten 1918-1922, 1985, S.56 ff.

Brierly, J.L.: The law of nations, an introduction to the international law of peace, 4th ed Oxford 1949

Broszat, Martin: Zweihundert Jahre deutsche Polenpolitik, Neuausgabe, Frankfurt a.M. 1972

Brüel, Erik: Militärische Besetzung. ZfÖR 21/1941, 145

Brunner, Georg: Bericht der unabhängigen Wissenschaftlerkommission "Menschenrechte in den Staaten des Warschauer Paktes". BT-Drs 11/1344 (1987)

Bruns, Carl Georg: Staatsangehörigkeitswechsel und Option im Friedensvertrag von Versailles, Berlin und Leipzig 1921

Bullard, Sir Julian: Die Deutschlandfrage gestern und heute aus der Sicht der Alliierten, in: Wagenlehner, Günther (Hrsg.), Die deutsche Frage und die internationale Sicherheit, Koblenz 1988, S.129 ff.; azw.abg.bei Böttcher, Materialien aaO 1988/89, S.550 ff.

Bullitt, William Christian: The Great Globe Itself, New York 1946

Burckhardt, Carl Jacob: Rapport de M. Carl J.Burckhardt, Haut Commissaire de la Société des Nations à Dantzig, Genève. 19 mars 1940, sur la période du mandat de M. Burckhardt 1937-1939 à Dantzig. In Série de Publications de la Société des Nations, VII, Questions politiques 1940, VII,1

Burckhardt, Carl Jacob: Sullys Plan einer Europaordnung, in: Burckhardt, Vier historische Betrachtungen, Zürich 1953, S.14 ff.

Burckhardt, Carl Jacob: Begegnungen, Zürich 1958.

Burckhardt, Carl Jacob: Meine Danziger Mission 1937-1839, 1960, 3.überarb.Aufl., München 1980

Burckhardt, Carl Jacob: Memorabilien. Erinnerungen und Begegnungen, München 1977

Buy, Frans Hendrik Evert Wendel du: Das Recht auf die Heimat im historisch-politischen Prozeß, Euskirchen 1974

Buy, Frans H.E.W. du: Das Recht auf die Heimat, Köln 1975

Buy, Frans H.E.W. du: Gutachten über die Rechtslage Danzigs, vom 26. Februar 1993 (nicht veröffentlicht)

Byrnes, James F.: Speeking frankly, New York, London 1947

Cavaré, Louis: Le droit international public positif, 2 Bde, Paris 1951

Caulaincourt, Armand Augustin Louis, Graf von: Unter vier Augen mit Napoleon. Denkwürdigkeiten des Generals Caulaincourt, Herzog von Vicenza, Großstallmeister des Kaisers; autorisierte Übersetzung, Auswahl und Bearbeitung von Friedrich Matthaesius, Bielefeld und Leipzig 1937 (1933 in Paris veröffentlicht)

Choloniewski, Antoni: Dantzig, ville polonaise, Paris 1919

Churchill, Winston: The Dawn of Liberation. War speeches 5th vol., London, Toronto, Melbourne, Sidney 1944

Churchill, Winston: Reden, 6 Bde, Zürich 1946-1950

Churchill, Winston: Der Zweite Weltkrieg, 6 Bde, Bern 1948-1954

Ciechanowski, Jan: Defeat in Victory, New York 1947; deutsche Ausgabe: Vergeblicher Sieg, Zürich 1948

Cieślak, Edmund/ Biernat, Czesław: History of Gdańsk, translated by Bożenna Blaim and George M.Hyde, Gdańsk 1988

Clauss, Manfred: Der Danziger Bischof Carl Maria Splett als Apostolischer Administrator des Bistums Kulm, in: Zeitschrift für die Geschichte und Altertumskunde Ermlands 39/1978

Colliard, Claude-Albert: Droit international et histoire diplomatique de la Sainte Alliance au Pacte Atlantique 1815-1950, Paris 1950

Cornides, Wilhelm C./ Volle, Hermann: Um den Frieden mit Deutschland. Dokumente und Berichte des Europa-Archivs, Bd.6, Oberursel 1948

Coulondre, Robert: De Stalin à Hitler, souvenirs du deux ambassades. Moscou, oct.36-oct.39, Berlin oct.38-sept.39; Paris 1950

Crusen, Georg: Versailler Frieden, p) Danzig, in: Karl Strupp, Wörterbuch des Völkerrechts und der Diplomatie, Berlin und Leipzig 1929, S.134 ff.

Crusen, Georg: Danzig und Polen, DRZ 33, 34

Crusen, Georg: Anmerkung zum Urteil 2 R 7/49 des LG Tübingen vom 2.3.1949, DRZ 49, 499

Crusen, Georg: Das Staatsangehörigkeitsrecht der Freien Stadt Danzig, Crusen-Maas-Siedler, S.307

Crusen/Maas/Siedler (Hrsg.): Das Recht der Staatsangehörigkeit der europäischen Staaten. Rechtsverfolgung im internationalen Verkehr, Bd.7, Berlin 1934

Crusen, Georg / Lewinsky, Hermann (Hrsg.): Danziger Staats- und Völkerrecht, Bd.II (Danziger Rechtsbibliothek 11a), Danzig 1935 (siehe auch Bd.I, Lewinsky/Wagner)

Cybichowski, Siegmund: Das völkerrechtliche Okkupationsrecht, ZfVR Bd.XVIII, 1934, S.295

Czaplinski, Wladyslaw: Vermögensrechtliche Probleme in den Beziehungen VRP-BRD, in: Polnische Weststudien, Bd.VII/1, 1988, S.95 f.

Däubler, H.: Die Funktionsnachfolge - ein neuer Rechtsbegriff, NJW 1954, 5

Dahm, Georg: Völkerrecht, 3 Bde, Stuttgart 1958-1961

Damme, Paul: Die Freiheit der "Freien Stadt" Danzig, in: Festausgabe für Otto Liebmann, Berlin 1920, S.53 ff.

Danziger Grünbuch, Amtliche Urkunden zur Konvention zwischen Danzig und Polen vom 15.11.1920, Danzig 1920

Dassel v.: Die Frage nach dem deutschen Staat von heute, Recht und Zeit, Bleckede a.d. Elbe, o.D.

Davy, Richard: Die deutsche Frage aus britischer Sicht, in: Blumenwitz/Zieger (Hrsg.), Staats- und völkerrechtliche Abhandlungen Bd.8, S.43 ff.

Decker, Günter: Das Selbsstbestimmungsrecht der Nationen, Göttingen 1955

Delbrück, Jost/ Wolfrum, Rüdiger: Völkerrecht, Bd.I/1, Die Grundlagen. Die Völkerrechtssubjekte, Berlin, New York 1989

Denne, Ludwig: Das Danzig-Problem in der deutschen Außenpolitik 1934-39, Bonn 1959

Dennewitz, Bodo: Volk und Staat in Lehre, Geschichte und Gegenwart (Staatslehre), Wien 1943

Dertz, Siegfried: Bund der Bevölkerung deutscher Volkszugehörigkeit, nicht veröffentlichter schriftlicher Bericht (Vortrag), Lübeck, 23.11. 1991 (aus den Akten des Bundes der Danziger)

Deutsche Informationsstelle: 100 Dokumente zur Vorgeschichte des Krieges. Auswahl aus dem amtlichen deutschen Weißbuch, Berlin 1940

Deutsches Büro für Friedensfragen: Vergleiche der französischen Vorschläge bezüglich der Saar mit dem Statut der ehemals Freien Stadt Danzig, Stuttgart 1947

Deutsches Büro für Friedensfragen: Auslandsstimmen über die deutschen Ostgebiete unter polnischer Verwaltung (Az.V/3449/47 -Stuttgart, 10.12.1947)

Deutsches Büro für Friedensfragen: Die polnische wissenschaftliche Arbeit 1945-1948 über die deutschen Ostgebiete (Dienstliche Übersetzungen aus dem Polnischen, Stuttgart 1948)

Deutsches Büro für Friedensfragen: Die völkerrechtliche lage der deutschen Ostgebiete. Osthandbuch (Vorabdruck), Heft 15, Stuttgart 1949

Deutsches Büro für Friedensfragen: Ausländische Dokumente zur Oder-Neiße-Linie. Osthandbuch, Heft 6, Stuttgart 1949

Deutsches Institut für außenpolitische Forschung: Europäische Politik 1933-1939 im Spiegel der Prager Akten, Bd.8, Essen 1941

Djonovich, Dusan J. (Hrsg.): United Nations Resolutions, Series I, Resolutions adopted by the General Assembly, Vol.VIII (1960-1962) New York 1974, Vol.XII (1968-1969), New York 1975

Documents on British Foreign Policy 1919-1939, Third Series, edited by E.L.Woodward and Rohan Butler, Vol.I-VII, London 1949-1954

Doehring, Karl: Das Selbstbestimmungsrecht der Völker als Grundsatz des Völkerrechts. Berichte der Deutschen Gesellschaft für Völkerrecht, Heft 14, Karlsruhe 1974, S.7 ff.

Doehring, Karl: Die Pflicht des Staates zur Gewährung diplomatischen Schutzes, 1959

Doehring, Karl: Das Selbstbestimmungsrecht der deutschen Nation, in: Recht und Staat im sozialen Wandel. Festschrift für Hans Ulrich Scupin, Berlin 1983, S.555 ff.

Doehring, Karl: Formen und Methoden der Anwendung des Selbstbestimmungsrechts, in: Blumenwitz/Meissner (Hrsg.), Das Selbstbestimmungsrecht und die deutsche Frage, Staats- und völkerrechtliche Abhandlungen der Studiengruppe für Politik und Völkerrecht, Bd.2, Köln 1984, S.61 ff.

Dokumente und Materialien: Dokumente und Materialien aus der Vorgeschichte des zweiten Weltkrieges aus dem Archiv des Auswärtigen Amtes, Bd.1-2, hrsg. vom Ministerium für Auswärtige Angelegenheiten der UdSSR, Moskau 1948-1949

Dollinger, Philippe: Die Hanse, 5.erw.Aufl., Stuttgart 1998

Dolzer, Rudolf: Eigentum, Enteignung und Entschädigung im geltenden Völkerrecht, 1985

Donath, Herbert: Die auswärtigen Angelegenheiten der Freien Stadt Danzig. Diss. Würzburg 1923

Drzycinski, Andrzej/ Gornikiewicz, Stanislawa: Der Zweite Weltkrieg begann auf Westerplatte, aus dem Polnischen übersetzt von Brygida Czepulkowska, Danzig 1980

Dünisch, Heidi: Der Mundatwald. Zur Bereinigung letzter Kriegsfolgenprobleme zwischen Deutschland und Frankreich, Bern 1989

Dürig, Günter: Einführung zum Grundgesetz, in: Grundgesetz mit Zwei-plus-Vier-Vertrag, Beck-Texte im dtv, 26. Aufl. München 1990, S.7 ff.

Eckhardt: Bericht zur Frage der Neutralität Danzigs in der 6. Sitzung des Studienausschusses Kriegsrecht des Reichskriegsministeriums vom 23.4.1936 (nicht veröff. Wiedergabe; aus den Akten der Danziger Exilorgane)

Ehrlich, Ludwik: Gdańsk, Lemberg 1926

Eisenhover, Dwight D.: Crusade in Europe, 3.Aufl.London, Toronto, Melbourne 1949

Elbe, Joachim von: Unter Preußenadler und Sternenbanner. Ein Leben für Deutschland und Amerika, München 1983

English Blue Book. Documents concerning German-Polish Relations and the Outbreak of Hostilities between Great Britain and Germany on September 3, 1939. His Majesty's Stationary Office, Miscellanous No.9, London 1939

Entscheidungen des Hohen Kommissars des Völkerbundes in der Freien Stadt Danzig, Bd.1-12, Danzig 1921-1933

Entscheidungen des Ständigen Internationalen Gerichtshofes, hrsg. vom Institut für Internationales Recht in Kiel, Bd.1-9, Leiden 1922 ff.

Ermacora, Felix: Namibia. Südwestafrika, hrsg.von der Bayrischen Landeszentrale für Politische Bildungsarbeit, München 1981

Ermacora, Felix: Rechtsgutachten über die Sudetendeutschen Fragen, München 1991; azw.abg.bei Böttcher/Dahm, Materialien 1991/92, S.347 ff.

Espiell, Hector Gros: Der Begriff des Selbstbestimmungsrechts der Völker in heutiger Sicht, in: Vereinte Nationen 1982, S.54 ff.

Espiell, Hector Gros: Das Selbstbestimmungsrecht des Volkes Südtirols aufgrund des Völkerrechts, in: Seiffert: Die Verträge zwischen Deutschland und seinen östlichen Nachbarn, Forschungsergebnisse der Studiengruppe für Politik und Völkerrecht, Bd.18, Köln 1994, Dok.Nr.6, S.68 ff.

Fauchille, Paul: Traité de droit international public, 8. Aufl. Bd.I 1, Paris 1922, Bd.I 2, Paris 1925

Faust Fritz: Das Potsdamer Abkommen und seine völkerrechtliche Bedeutung, 4. neubearb. Aufl. Frankfurt a.M., Berlin 1969

Fenwick, Charles G.: International Law, 3.Aufl. New York 1948

Ferid, Murad: Der Neubürger im Internationalen Privatrecht, 1. Teil: Allgemeine Grundlagen, Berlin und Tübingen 1949

Fiedler, Wilfried: Das völkerrechtliche Kontinuitätsproblem und die besonderen Fragen der Rechtslage Deutschlands, in: Meissner/Zieger (Hrsg.), Staatliche Kontinuität unter besonderer Berücksichtigung der Rechtslage Deutschlands, Staats- und völkerrechtliche Abhandlungen der Studiengruppe für Politik und Völkerrecht Bd.1, Köln 1983

Fiedler, Wilfried (Hrsg.): Internationaler Kulturgüterschutz und deutsche Frage, Forschungsergebnisse der Studiengruppe für Politik und Völkerrecht, Bd.7, Berlin 1991

Fiedler, Wilfried: Die Wiedererlangung der Souveränität Deutschlands und die Einigung Europas. Zum Zwei-plus-Vier-Vertrag, JZ 14/1991, 685, Auszug bei Böttcher/ Dahm, Materialien, 1991/92, S.294 ff.

Fiedler, Wilfried: Selbstbestimmung und deutsche Einigung - Thesen, in: Politische Studien, Sonderheft 6/1993, Selbstbestimmungsrecht und Frieden, Hrsg.: Hanns-Seidel-Stiftung, München 1993

Fiedler, Wilfried: Soundly based in international law. Die Erklärung der Westmächte vom 14. und 16. Februar 1996 zum "Potsdamer Abkommen" und die Reform der Völkerrechtsordnung, in: Kick/Weingartz/Bartosch (Hrsg.); Wandel durch Beständigkeit. Studien zur deutschen und internationalen Politik. Jens Hacker zum 65. Geburtstag, Berlin 1998, S. 455-475

Firstenberg, Julian: Port Gdański że stanowiska prawnego (Der Danziger Hafen in rechtlicher Sicht), Warschau 1927

Fitzmaurice, Sir Gerald: The Law and Procedure of the International Court of Justice, General principles and substantive law, in: BYIL 27/1950, S.1 ff.

Fitzmaurice, Sir Gerald: The Law and Procedure of the ICJ, Treaty interpretation and certain other treaty points, in: BYIL 28/1951, S.1 ff.

Fitzmaurice, Sir Gerald: The Law and Procedure of the ICJ: Internatiional Organizations and Tribunals, in: BYIL 29/1952, S.1 ff.

Fitzmaurice, Sir Gerald: Second Report on the Law of treaties, in: Yearbook of the International Law Commission 1960 Bd.II, OVN-Dok.A/CN.4/Ser. A/1960

Flory, Maurice: Le statut international des gouvernements refugiés et le cas de la France libre 1939-1945. Thèse, Paris 1950

Foerster, Lothar: Die Abtrennung Danzigs von Preußen und dem Deutschen Reich, in: Danziger Schriften für Politik und Wirtschaft, Hrsg.: Rudolph, Heft 4/1930, S.25 ff.

Forg, W.: Die militärischen Rechte Polens in der Freien Stadt Danzig. Diss. Würzburg, 1926

Foschepoth, Josef: Potsdam und danach: Die Westmächte, Adenauer und die Vertriebenen, in: Die Vertreibung der Deutschen aus dem Osten - Ursachen, Ereignisse, Folgen, S.70 ff., Frankfurt/M. 1985

Freund, Michael: Deutsche Geschichte, München 1985

Friedrich, W.: Der Hohe Kommissar des Völkerbundes in Danzig. Diss. Leipzig 1932

Frowein, Jochen Abr.: Die Verpflichtungen erga omnes im Völkerrecht und ihre Durchsetzung, in: Festschrift für Hermann Mosler, 1983, S. 241 ff.

Frowein, Jochen Abr./ Peukert, Wolfgang: Europäische Menschenrechtskonvention, 1985

Frowein, Jochen Abr.: Die Verfassungslage Deutschlands im Rahmen des Völkerrechts, in VVDStRL 49/1990, 7

Frowein, Jochen Abr./ Hofmann, Rainer/ Oeter, Stefan (Hrsg.): Das Minderheitenrecht europäischer Staaten, Teil 1, Heidelberg 1993. Beiträge zum ausländischen öffentlichen Recht und Völkerrecht

Füsslein, Rudolf Werner: Die unwandelbaren Fundamente des Staates, Grundzüge einer wertgesetzlichen Staatslehre; Hamburg 1947

Gagel, Georg: Die völkerrechtliche Stellung Danzigs, insbesondere der Völkerbundskommissar. Diss. Würzburg 1927

Gall, Ernst: Danzig und das Land an der Weichsel, München 1953

Gamm, Rudolf: Hakenkreuz über Danzig; ins Polnische übersetzt von Mieczyslaw Tomala, Warschau 1960, ins Deutsche rückübersetzt von Wolf Runge, Braunschweig

Garner, James Wilford: Questions of State Succession raised by the German Annexation of Austria, in: AJIL Bd.32/1938, S.421

Garner, James Wilford: Non-Recognition of Illegal Territorial Annexations and Claims to Sovereignty, in: AJIL Bd.30/1936, S.679

Garnier, Jean Paul: La Tragédie de Dantzig, Paris 1935

Geck, Wilhelm Karl: Die Ausweitung von Individualrechten durch völkerrechtliche Verträge und der Diplomatische Schutz, in: Festsdchrift für Karl Carstens, Bd.1/1984, S.339 ff.

Geib, Ekkehard: Verhältnis der Völkerbundssatzung zum Kellogg-Pakt. Diss. Kiel 1934

Geiger, Willi: Die Entstehung der Präambel des Grundgesetzes und deren Bindungswirkung, in: Haack, Hoppe, Lintner, Seiffert (Hrsg.), Das Wiedervereinigungsgebot des Grundgesetzes, Köln 1989, S.121 ff.

Geiger, Willi: Wohin Extratouren auf dem Wege des Artikels 23 GG führen. Zum Beschluß des Bundesverfassungsgerichtes vom 18. September 1990 (2 BvE-2/90), in: Ratza, Odo, Kulturstiftung der deutschen Vertriebenen (Hrsg.), Forum für Kultur und Politik, Heft 4, Bonn 1990, S.22 ff.

Geiger, Willi: Grundgesetzänderungen durch zwischenstaatlichen Vertrag?, DRiZ 1991, 131

Geiger, Willi: Vierzig Jahre Bundesverfassungsgerichtsbarkeit in der Bundesrepublik Deutschland, DRiZ 1991, 357

Geiler, Karl: Die gegenwärtige völkerrechtliche Lage Deutschlands, Bremen 1947

Geilke, Georg: Die Staatsangehörigkeit der Volksdeutschen, DRiZ 51, 210

Geilke, Georg: Das Staatsangehörigkeitsrecht von Polen, Bd.9 der Sammlung geltender StAng Gesetze, hrsg. von der Forschungsstelle für VR und a.ö.R. der Universität Hamburg; Hamburg, Frankfurt/M., Berlin 1952

Geilke, Georg: Zur Frage der Enteignung des deutschen Danziger Vermögens durch Polen nach 1944 (nicht veröffentlichtes, von der Forsch.St.f.VR und aöR. z.Vfg. gestelltes Gutachten), Hamburg 1953

Geilke, Georg: Die Lösung der "Deutschen Frage" im Lichte polnischer Gesetze (als Manuskript vervielfältigt), Hamburg 1954

Geilke, Georg: Die Staatsangehörigkeit der Volkdeutschen aus Polen, DÖV 54, 545

Geilke, Georg: Die Ausschlagung der Staatsangehörigkeit gesetzestechnisch betrachtet, DÖV 55, 714

Geilke, Georg: Die gesetzgeberischen Maßnahmen Polens zur Besiedlung der deutschen Ostgebiete, in: Rabl. (Hrsg.), Das Recht auf die Heimat, Bd.4, 1960, S.113 f.

Geilke, Georg: Rechtsfragen der Rückkehr zwangsumgesiedelter Bevölkerungen in den Ländern des Ostblocks, in: Rabl (Hrsg.), Das Recht auf die Heimat, Sammel- und Ergänzungsband, 1965, S.191 f.

Gelberg, Ludwik: Die Umsiedlung der deutschen Bevölkerung nach dem gegenwärtigen Völkerrecht, in: Osteuropa-Recht, 1968, S. 86 f.

Gerber, Hans: Die Führung der auswärtigen Angelegenheiten Danzigs durch Polen, DJZ 10/1929, 669

Giese, Friedrich: Verfassung des Deutschen Reiches vom 11. August 1919, 6. Aufl. Berlin 1925

Giese, Friedrich: Grundgesetz für die Bundesrepublik Deutschland vom 23. Mai 1949, Kommentar, 4. Aufl. Frankfurt/M. 1955

Giese, Friedrich: Staatsrecht, Wiesbaden 1956

Görlitz, Walter: Der Zweite Weltkrieg 1939-1945, Stuttgart 1951

Göttinger Arbeitskreis (Hrsg): Ost-Deutschland. Ein Hand- und Nachschlagebuch für die Ostgebiete ostwärts von Oder und Neiße, Kitzingen/M. 1950, 3. Aufl. 1953

Gonsiorowski, Miroslaw: Société des Nations et Problème de la Paix, 2 Bde, Paris 1927

Gornig, Gilbert Hanno: Der Hitler-Stalin-Pakt. Eine rechtliche Würdigung, in: ROW 7/1989, 395

Gornig, Gilbert Hanno: Der Hitler-Stalin-Pakt. Eine völkerrechtliche Studie, Frankfurt/M. 1990

Gornig, Gilbert Hanno: Rechtliche Würdigung von Vertreibung und Enteignung, dargestellt am Schicksal der Donauschwaben Jugoslawiens, AWR Bulletin 1991, S.72 ff.

Gornig, Gilbert Hanno: Das Memelland - Gestern und heute. Eine historische und rechtliche Betrachtung, Bonn 1991

Gornig, Gilbert Hanno: Der Zwei-plus-Vier-Vertrag unter besonderer Berücksichtigung grenzbezogener Regelungen, ROW 4/1991, 97

Gornig, Gilbert Hanno: Die deutsch-polnische Grenzregelung, Studien zur Deutschlandfrage, Bd.11, Deutschland im weltpolitischen Umbruch, Berlin 1993, S.163 ff.

Gornig, Gilbert Hanno: Der Inhalt des Selbstbestimmungsrechts, Politische Studien, Sonderheft 6/1993: Selbstbestimmungsrecht und Frieden, S.11 ff.

Gornig, Gilbert Hanno: Der Rechtsstatus des nördlichen Ostpreußen, in: Spieler/Jähnig, Kulturstiftung der deutschen Vertriebenen (Hrsg): Das Königsberger Gebiet im Schnittpunkt deutscher Geschichte und in seinen europäischen Bezügen, Bonn 1993, S.137 ff.

Gornig, Gilbert Hanno: Das nördliche Ostpreußen gestern und heute, eine historische und rechtliche Betrachtung, 2. Aufl. Bonn 1996

Gornig, Gilbert Hanno: Das rechtliche Schicksal der Danziger Kulturgüter seit 1939/45 am Beispiel der Naturforschenden Gesellschaft zu Danzig. Ein Rechtsgutachten, Köln 1998 (Mittel- und Osteuropawissenschaften, Reihe Recht, 1)

Gottschalk: Die völkerrechtlichen Hauptprobleme des Mandschureikonfliktes, ZfVR 17/1933, 215

Grabendorff, Walter: Die Einflußnahme des Art.116 GG auf das Staatsangehörigkeitsrecht, DÖV 51, 268

Greiner, Helmuth: Die oberste Wehrmachtführung 1939-1945, Wiesbaden 1951

Grewe, Wilhelm G.: Ein Besatzungsstatut für Deutschland. Die Rechtsformen der Besatzung, Stuttgart 1948

Grewe, Wilhelm G.: Fontes Iuris Gentium, Bd.2 (1493-1815), 1988

Gross, Ernst: Politisches Handbuch der Freien Stadt Danzig, Danzig 1924

Gülzow, Gerhard: Die Zahlung von Versorgungsbezügen an ehemalige Angehörige des öffentlichen Dienstes unter besonderer Berücksichtigung der Flüchtlingspensionäre, nicht veröffentlichtes Gutachten des Ausschusses der verdrängten Ostkirchen, Lübeck vom 7.9.1948; aus den Akten der Danziger Exilorgane

Guggenheim, Paul: Beiträge zur völkerrechtlichen Lehre vom Staatenwechsel (Staatensukzession), Berlin 1925

Guggenheim, Paul: Lehrbuch des Völkerrechts, 2 Bde, Basel 1948 und 1951

Gundrum, Hans: Das Gesetz vom 22.2.1955, Werdegang und Aufbau, StAZ 1955, 76

Gunst, Dietrich: Der Begriff der Souveränität im modernen Völkerrecht, Berlin 1953

Hacker, Jens: Das Potsdamer Abkommen. Kein Ersatz für einen Friedensvertrag mit Deutschland, in: Internationales Recht und Diplomatie 1970 I, S.23 ff.

Hacker, Jens: Einführung in die Problematik des Potsdamer Abkommens, in: Friedrich Klein/ Meissner (Hrsg.), Das Potsdamer Abkommen und die Deutschlandfrage, I.Teil: Geschichte und rechtliche Grundlagen, 1977, S.5 ff.

Hacker, Jens: Die rechtliche und politische Funktion eines Friedensvertrages mit Deutschland, in: Das Parlament, B50/87, S.3 ff.

Hacker, Jens: Deutsche Irrtümer - Schönfärber und Helfershelfer der SED-Diktatur im Westen, Berlin, Frankfurt/M. 1992

Hacker, Jens: Integration und Verantwortung. Deutschland als europäischer Sicherheitspartner, Bonn 1995

Hackworth, Green Hywood: A Digest of International Law, 8 Bde, Washington 1940-1944

Hänel, Wolfgang: Hermann Rauschning, Gespräche mit Hitler. Eine Geschichtsfälschung, Ingolstadt 1984

Hagens, Ursula von: Artikel "Danzig" in: Strupp-Schlochauer, Wörterbuch des Völkerrechts, 2. Aufl. Bd.1, Berlin 1960, S.307 ff.

Hahlweg, Werner: Das Danziger Militärwesen 1808-1814, in: Westpreußen-Jahrbuch 34/1984, S.139 ff.

Hahn, Hugo J.: Deutsche Rechtsprechung 1945-1950 ZaöR 14/1951, 252

Hahn, Hugo J.: Continuity in the Law of International Organization, in: ÖZ XIII, Wien 1964, S.167 ff.

Hailbronner, Kay/ Renner, Günter: Staatsangehörigkeitsrecht, Kommentar, München 1991

Hall, William Edward: International Law, 1917

Hall, Hessel Duncan: Mandates, Dependencies and Trusteeship, London, Washington D.C. 1948

Hamann, Andreas: Das Grundgesetz für die Bundesrepublik Deutschland vom 23. Mai 1949. Ein Kommentar für Wissenschaft und Praxis, Oldenburg 1956

Harder, Hans Adolf: Danzig, Polen und der Völkerbund. Eine politische Studie, Berlin 1928

Harder, Uwe: Die Annexion während des Krieges. Diss. Kiel 1952

Hatschek, Julius: Deutsches und Preußisches Staatsrecht, Bd.1 und 2, Berlin 1922 und 1923

Hatschek, Julius: Völkerrecht als System rechtlich bedeutsamer Staatsakte, Leipzig 1923

Haug, Hans: Neutralität und Völkergemeinschaft, Zürich, St Gallen 1962

Hawranke, Leo Alexander: Das Verfassungsrecht der Freien Stadt Danzig. Diss. Leipzig, Bromberg 1931

Hecker, Hellmuth: Praktische Fragen des Staatsangehörigkeitsrechts. Gutachten 1947-1957, Hamburg 1958

Heffter, August Wilhelm: Das Europäische Völkerrecht der Gegenwart auf den bisherigen Grundlagen, 4. Aufl. Berlin 1861

Heidelmeyer, Wolfgang: Das Selbstbestimmungsrecht der Völker. Zur Geschichte und Bedeutung eines internationalen Prinzips in Praxis und Lehre von den Anfängen bis zu den Menschenrechtspakten der Vereinten Nationen, Paderborn 1973

Heilborn, Paul: Grundbegriffe des Völkerrechts, HBVR Bd.1 Abt.2, Berlin 1912

Heinl, Alfred: Das österreichische Staatsbürgerschaftsrecht, 3. Aufl. Wien 1950

Heinrich, Gerd: Geschichte Preußens. Staat und Dynastie, Frankfurt a.M., Berlin, Wien 1981

Helbig, Louis Ferdinand: Der ungeheure Verlust. Flucht und Vertreibung in der deutschsprachigen Belletristik der Nachkriegszeit. Studien der Forschungsstelle Ostmitteleuropa an der Universität Dortmund, Hrsg.: Hoffmann, Johannes, Bd.3, Wiesbaden 1988

Helfritz, Hans: Allgemeines Staatsrecht, 5. Aufl. 1949

Heller, Hermann: Staatslehre, Leiden 1934

Herold, Horst: Der fehlerhafte rechtsgeschäftliche Staatsakt im Völkerrecht. Diss. Erlangen 1951

Herrfahrdt, Heinrich: Revolution und Rechtswissenschaft. Untersuchungen über die juristische Erfaßbarkeit von Revolutionsvorgängen und ihre Bedeutung für die allgemeine Rechtslehre, Greifswald 1930

Herzog, Roman: Allgemeine Staatslehre, Frankfurt a.M. 1971.

Hewelt, Werner: 30 Jahre Bund der Danziger, in: Unser Danzig 2/1978, S.2 f.

Hewelt, Werner: Danzig ein europäisches Kulturdenkmal, Lübeck 1988

Heydte, Friedrich August Freiherr von: Völkerrecht. Ein Lehrbuch Bd.I: Die Verfassung der Staatengemeinschaft, Köln 1958, Bd.II: Streit und Streiterledigung im Völkerrecht, Köln, Berlin 1960

Hölzle, Erwin: Die Freie Stadt Danzig. Ein Kapitel Geschichte der Pariser Friedenskonferenz, Stuttgart 1935

Hofer, Walther: Die Entfesselung des Zweiten Weltkrieges. Eine Studie über die internationalen Beziehungen im Sommer 1939, Stuttgart 1954 - Veröffentlichung des Instituts für Zeitgeschichte München

Hoffmann, Friedrich: Die Oder-Neiße-Linie. Politische Entwicklung und völkerrechtliche Lage. Göttinger Arbeitskreis 1949, mit Nachtrag 1950

Hoffmann, Werner: Probleme des deutschen Staatsangehörigkeitsrechts und der Stand ihrer Lösung, DVBl 55, 412

Hoffmann, Werner: Gesetz zur Regelung von Fragen der Staatsangehörigkeit vom 22.2.1955, Kommentar, Stuttgart 1955

Holborn, Louise Wilhelmine (Hrsg.): War and Peace Aims of the United Nations, 2 Bde, Boston 1943 und 1948

Hold-Ferneck, Alexander: Lehrbuch des Völkerrechts, 1. Teil, Leipzig 1930, 2. Teil, Leipzig 1932

Horneffer, Reinhold: Die Entstehung des Staates. Eine staatstheoretische Untersuchung. Beiträge zum öff. Recht der Gegenwart, Heft 4, Tübingen 1933

Hostie, Jean: Questions de principe relatives au statut international de Dantzig, in: Revue de droit international et de législation comparée, 1933, S.572 f. und 1934, S.77 ff.

House of Seymour: What really happened at Paris. The story of the Peace Conference 1918/19 by American Delegates, London 1921

Hubatsch, Walther: Die Teilung der evangelischen Kirchenprovinz Westpreußen 1920 und deren Folgen. Beiträge zur Geschichte Westpreußens, 3/1970, S.49 ff.

Huber, Ernst Rudolf: Verfassungsrecht des Großdeutschen Reiches, 2.Aufl. Hamburg 1939

Huber, Max: Die Staatensuccession. Völkerrechtliche und staatsrechtliche Praxis im XIX. Jahrhundert, Leipzig 1898

Hudson, Manley O.: The twenty-ninth year of the World Court, AJIL 45/1951, 1

Hüfner, Klaus: Die Vereinten Nationen und ihre Sonderorganisationen. Strukturen, Aufgaben, Dokumente, Teil 1, Die Haupt- und Spezialorgane, Bonn 1991, Teil 2, Die Sonderorganisationen, 1992

Hull, Cordell: The memoirs of Cordell Hull, 2 Bde, London 1948

Hupp, Otto: Die Wappen und Siegel der deutschen Städte, 3. Aufl.1989, (Königreich Preußen. Provinz Westpreußen), S.39

Internationaler Militärgerichtshof: Der Prozeß gegen die Hauptkriegsverbrecher vor dem Internationalen Militärgerichtshof Nürnberg 14. 11.1945 - 1.10.1946, Band I-XLII, Nürnberg 1947-1949

Ipsen, Hans-Peter: Deutsche Gerichtsbarkeit unter Besatzungshoheit, JIR 1/1948, 87

Ipsen, Knut: Völkerrecht. Ein Studienbuch, begr. von Eberhard Menzel, 3. völlig neu bearb. Aufl. München 1990

Isay, Ernst: Kommentar zum Reichs- und Staatsangehörigkeitsgesetz und zu den deutschen Staatsangehörigkeitsverträgen, Berlin 1929

Jablonowski, Horst: Die Danziger Frage, in: Senatskommission für das Studium des Deutschtums im Osten an der Rheinischen Friedrich-Wilhelm-Universität Bonn (Hrsg.). Studium zum Deutschtum im Osten. Die deutschen Ostgebiete zur Zeit der Weimarer Republik, Bonn 1966, S.65 ff.

Jähnig, Bernhart/ Biewer, Ludwig: Kleiner Atlas zur deutschen Territorialgeschichte, Bonn 1990, 2. Aufl. 1993

Jahrreiß, Hermann: Der Revisionskampf um Europa. Die Krise des Völkerbundes, Leipzig 1934

Jasica, Roman: Polish-German Treaties of 1990 and 1991 on the confirmation of their mutual border and on good neighbourliness and friendly co-operation, in: 19 Polish Yearbook of International Law, 1991-1992

Jellinek, Georg: Allgemeine Staatslehre, 2. Aufl. Berlin 1903, 3. Aufl. (erg. von Walter Jellinek) Berlin 1904

Jellinek, Hans-Jörg: Der automatische Erwerb und Verlust der Staatsangehörigkeit durch völkerrechtliche Vorgänge. Zugleich ein Beitrag zur Lehre von der Staatensukzession. Beiträge zum ausländischen öffentlichen Recht und Völkerrecht, Heft 27, Berlin, Detmold, Köln 1951

Jessup, Philip C.: A Modern Law of Nations, dt.Üb. Wien 1950

Kafran: Staatsrechtliche Stellung der Freien Stadt Danzig in der Gegenwart und Vergangenheit, Danzig um 1924

Kahn, Ellison: The International Court's advisory opinion on the international status of South-West Africa, in: The International Law Quarterly 4/1951, S.78 ff.

Kaufmann, Erich: Deutschlands Rechtslage unter der Besatzung, Stuttgart 1948

Kaufmann, Erich: Der rechtliche Status der Freien Stadt Danzig, Gutachten vom 17.5.1950

Kaufmann, Karl-Josef: Das staatsrechtliche Verhältnis Danzigs zu Polen von 1454-1793 und 1807-14, Schriftenreihe der Stadt Danzig, Heft 5, Danzig 1920

Kaufmann, Karl-Josef: Westpreußen und Polen zwischen 1454 und 1772, in: Der Kampf um die Weichsel, Danzig 1926, S.69 ff.

Keesing's Archiv der Gegenwart, Wien 1931 ff.

Keller, Ludwig: Die nichtkriegerische militärische Gewaltmaßnahme, Völkerrechtliche Monographien 11, Berlin 1934

Keller, Fritz/ Trautmann, Paul: Kommentar zum Reichs- und Staatsangehörigkeitsgesetz vom 22. Juli 1913, München 1914

Kelsen, Hans: Allgemeine Staatslehre, Berlin 1925

Kelsen, Hans: The old and the new League: The Covenant and the Dumbarton Oaks proposals, AJIL 39/1945, 45

Kelsen, Hans: The Law of the United Nations. A critical analysis of its fundamental Problems, London 1951

Kempens, Bernhard: Grundgesetz oder neue deutsche Verfasssung?, NJW 15/1991, 964

Kempski Jürgen von: Deutschland als Völkerrechtsproblem, in: Merkur Bd.1/1947, S.188

Kennan, George F.: Memoirs 1925-1950, Boston 1967 dt.Üb. Memoiren eines Diplomaten, Stuttgart 1968

Kessel, Heinz: Danziger Staatsangehörigkeit. Diss. Hamburg 1922

Keyser, Erich: Danzigs Geschichte, 2. verbesserte und vermehrte Aufl. Danzig 1928, Originalnachdruck vom Verlag Paul Rosenberg Hamburg

Keyser, Erich: Geschichte der Stadt Danzig, Schriftenreihe des Göttinger Arbeitskreises Heft 11, 2.Aufl. Würzburg 1960

Keyser, Erich: Danzig, in: Handbuch der historischen Stätten. Ost- und Westpreußen, Stuttgart 1966, S.29 ff.

Keyser, Erich: Die Baugeschichte der Stadt Danzig, hrsg.von Ernst Bahr, Ostmitteleuropa in Vergangenheit und Gegenwart, Bd.14, Köln, Wien 1972

Kimmich, Christoph M.: The Free City, Danzig and German Foreign Policy 1919-1934, New Haven and London 1968

Kimminich, Otto: Deutsche Verfassungsgeschichte, 1970

Kimminich, Otto: Rechtscharakter und Inhalt des Selbstbestimmungsrechts, in: Blumenwitz/Meissner (Hrsg.), Das Selbstbestimmungsrecht der Völker und die deutsche Frage, Staats- und völkerrechtliche Abhandlungen der Studiengruppe für Politik und Völkerrecht, Bd.2 1984, S.37 ff.

Kimminich, Otto: Die Renaissance des Selbstbestimmungsrechts nach dem Ende des Kolonialismus. Eine Festschrift für Boris Meissner, S.601 ff., 1985

Kimminich, Otto: Das Vertreibungsverbot in der völkerrechtlichen Entwicklung, in: Blumenwitz (Hrsg.), Flucht und Vertreibung, 1987, S.95 ff.

Kimminich, Otto: Das Recht auf die Heimat, 3. neubearb.u.erw.Aufl. Bonn 1989

Kimminich, Otto: Einführung in das Völkerrecht, 4. Aufl. 1990

Kimminich, Otto: Die Menschenrechte in der Friedensregelung nach dem Zweiten Weltkrieg, Forschungsergebnisse der Studiengruppe für Politik und Völkerrecht, Bd.6, Berlin 1990

Kimminich, Otto: Die Vereinten Nationen und die Menschenrechte, in: Das Parlament, B36/1991, S.25 ff.

Kimminich, Otto: Die abschließende Regelung mit Polen, ZfP 4/1991, 361

Kiss, Alexandre-Charles: Quelques aspects de la substitution d'une organisation internationale à une autre, in: Annuaire français, 1961, S.463 ff.

Kissinger, Henry A.: Die Vernunft der Nationen. Über das Wesen der Außenpolitik, Berlin 1994. Titel der englischen Originalausgabe: Diplomacy, New York 1994

Klafkowski, Alphonse: Podstawy prawne granicy Odra-Nysa (Die rechtlichen Grundlagen der Oder-Neiße-Linie), Instytut Zachodni, Poznań (Westinstitut Posen) 1947

Klafkowski, Alphonse: Die Rechtsgrundlagen der Oder-Neiße-Grenze. in: Die polnischen Westgebiete, Hrsg.: Instytut Zachodni, Poznań 1960 (Westinstitut Posen, dt. Ausgabe), S.86 ff.

Klein, Eckart: Statusverträge im Völkerrecht. Rechtsfragen territorialer Sonderregime, Berlin, Heidelberg, New York 1980. Beiträge zum ausl.ö.R.und Völkerrecht, hrsg. von Mosler, Hermann/ Bernhardt, Rudolf, Bd.76

Klein, Eckart: Die territoriale Reichweite des Wiedervereinigungsgebotes, 2.Aufl. Bonn 1984

Klein, Eckart: Vereinte Nationen und Selbstbestimmungsrecht, in: Blumenwitz/Meissner (Hrsg.), Das Selbstbestimmungsrecht der Völker und die deutsche Frage, Staats- und völkerrechtlche Abhandlungen der Studiengruppe für Politik und Völkerrecht, Bd.2 1984 S.107 ff.

Klein, Eckart: Bundesverfassungsgericht und Ostverträge, 2. Aufl. Bonn 1985

Klein, Eckart: Die völkerrechtliche Lage, in: Bericht der unabhängigen Wissenschaftlerkommission "Menschenrechte in den Staaten des Warschauer Paktes", BT-Drs 11/1344 (1987), S.9 ff.

Klein, Eckart: Free Cities, in Bernhardt, Rudolf (Hrsg.), EPIL, Bd.10 1987, S.189 ff.

Klein, Eckart: Das Selbstbestimmungsrecht der Völker und die deutsche Frage, Forschungsergebnisse der Studiengruppe für Politik und Völkerrecht, Band 4, Berlin 1990

Klein, Eckart: Namibia, in Bernhardt, Rudolf (Hrsg.), EPIL, Bd.12. 1990, S.232 ff.

Klein, Eckart, unter Mitwirkung von Krekel, Andreas: Diplomatischer Schutz im Hinblick auf die Konfiskationen deutschen Vermögens durch Polen, Forschungsergebnisse der Studiengruppe für Politik und Völkerrecht, Band 12, Bonn 1992

Klein, Friedrich: Gutachten zur Frage: Sind Verantwortlichkeiten des Genfer Völkerbundes hinsichtlich der Freien Stadt Danzig auf die Organisation der Vereinten Nationen übergegangen?, Münster i.Westf. 1970

Kloss, Heinz: Das Selbstbestimmungsrecht vertriebener ethnischer Gruppen, in: Beiträge zu einem System des Selbstbestimmungsrechts. Völkerrechtliche Abhandlungen, Bd.2, Wien 1970, S.205 ff.

Koellreutter, Otto: Staatslehre im Umriß, Göttingen 1955

Köppen, Werner: Das Danziger Staatsangehörigkeitsrecht. Text und Erläuterungen. (Danziger Rechtsbibliothek 13), Danzig, Berlin 1929

Köppen, Werner: Triest - Danzig. Ein völkerrechtlicher Vergleich. Diss. Hamburg 1949

Koerber, Hans Joachim von: Die Bevölkerung der deutschen Ostgebiete unter polnischer Verwaltung, Wirtschaftswiss. Veröff. Bd. 6, Berlin 1958

Kokot, Józef: Logica Poczdamu, abg. in: Polen, Deutschland und die Oder-Neiße-Grenze, 1959, S.421 ff.; engl. Üb.: The Logic of the Oder-Neiße Frontier, 2. Aufl. Poznań, Warszawa 1959

Komarnicki, Tytus: La définition de l'agresseur dans le droit international moderne. RdC 1949 II S.1

Komarnicki, Tytus: Rebirth of the Polish Republic, A Study in the Diplomatic History of Europe 1914-1920, London 1957

Korte, Heinrich: Grundrechte der Staaten im Völkerrecht der Gegenwart. Festschrift für Herbert Kraus, 1954, S.244 ff.

Kowalski, Włodzimierz T.: Polityka Zagraniczna RP 1944-1947 (Die polnische Außenpolitik 1944-1947), Warszawa 1971

Krannhals, Hans von: Westpreußen und die Weichsel, Hrsg.: Göttinger Arbeitskreis, Kitzingen/M. 1954

Krannhals, Detlev von.: Danzig und der Weichselhandel in seiner Blütezeit vom 16. zum 17. Jahrhundert, Leipzig 1942

Kraus, Herbert/ Rödiger Gustav (Hrsg.): Urkunden zum Friedensvertrage von Versailles vom 28. Juni 1919, 2.Teil, Berlin 1921, S.868 ff.

Kraus, Herbert: Die Stellung des Völkerbundskommisssars in Danzig, DJZ 1926, 985

Kraus, Herbert: Die Oder-Neiße-Linie. Eine völkerrechtliche Studie, Osteuropa und der deutsche Osten, Reihe I, Universität Bonn, Köln-Braunsfeld 1954

Kraus, Herbert: Der völkerrechtliche Status der deutschen Ostgebiete innerhalb der Reichsgrenzen nach dem Stande vom 31. Dezember 1937, 2.Aufl. Göttingen 1966

Kraus, Herbert/ Heinze, Kurt (Hrsg.): Völkerrechtliche Urkunden zur europäischen Friedensordnung seit 1945, Institut für Völkerrecht an der Universität Göttingen, Bonn 1953

Krüger, Peter: Die Außenpolitik der Republik von Weimar, Darmstadt 1985

Krülle, Siegrid: Die völkerrechtlichen Aspekte des Oder-Neiße-Problems, Schriften zum Völkerrecht, Bd. 10, Berlin 1970

Krülle, Siegrid: Vertreibung im Völkerrecht - Deportation, Flucht, Ausweisung und Umsiedlungsverträge, in: Zieger/Meissner/Blumenwitz (Hrsg.), Deutschland als Ganzes. Rechtliche und historische Überlegungen, Köln 1985, S.43 ff.

Krülle, Siegrid: Options- und Umsiedlungsverträge, in: Blumenwitz (Hrsg.), Flucht und Vertreibung, Köln, Berlin, Bonn, München 1987, S.131 ff.

Krülle, Siegrid: Eigentumsfragen im Zusammenhang mit dem umfassenden deutsch-polnischen Vertrag, in: Staats- und völkerrechtliche Abhandlungen der Studiengruppe für Politik und Völkerrecht, Bd.10, Bonn 1991, S. 77 ff.

Krülle, Siegrid: Die Konfiskation deutschen Vermögens durch Polen, Teil I Die Enteignungsmaßnahmen. Forschungsergebnisse der Studiengruppe für Politik und Völkerrecht, Bd. 16, Bonn 1993

Küchenhoff, Günther/ Küchenhoff, Erich: Allgemeine Staatslehre, 8. überarb. und erg. Aufl. Stuttgart, Berlin, Köln, Mainz 1977

Kunz, Josef L.: Die Anerkennung von Staaten und Regierungen im Völkerrecht, HBVR 1928, Bd.2 Abt.4, S.65

Kunz, Josef L.: Die Revision der Pariser Friedensverträge. Eine völkerrechtliche Untersuchung, Wien 1932

Kutrzeba, Stanislaw: Gdańsk i jego stosunek do Polski prawo polityczne, Cz.II (Danzig und sein Verhältnis zu Polen, Polnisches politisches Recht, Teil II), Krakau 1923

Lalive, Jean Flavier: Cour international de Justice, Bulletin de jurisprudence...1950, in: Journal du droit international 77/1950, S.1228 ff.

Lammich, S.: Die Verfassungs- und Rechtsentwicklung Polens seit den Änderungen in der Parteiführung von 1970, in: Polen heute. Abhandlungen des Göttinger Arbeitskreises, Bd.1 1979, S.25 f.

Lane, Arthur Bliss: I saw Poland betrayed, Indianapolis, New York 1948

Langer, Robert: Seizure of Territory. The Stimson Doctrine and Related Principles in Legal Theory and Diplomatic Practice, Princeton 1947

Langguth, Heinz: Die Staatsangehörigkeit der Danziger. Gutachten, Hamburg 1947 (nicht veröffentlicht, aus den Akten der Danziger Exilorgane)

Langguth, Heinz: Stellungnahme zum Gutachten von Bode, Hamburg 1948 (nicht veröffentlicht, wie ebenda)

Langguth, Heinz: Gutachten über die Frage des Erwerbs der deutschen Staatsangehörigkeit durch die Danziger auf Grund des Reichsgesetzes vom 1.9.1939, Hamburg 1948 (nicht veröffentlicht, wie ebenda)

Langguth, Heinz: Die Rechtsstellung der Danziger seit ihrer Vertreibung, Unser Danzig 8/50, S.5

Lansing, Robert: Die Versailler Friedensverhandlungen, dt.Üb., Berlin 1921

Lansing, Robert: The big Four and Others of the Peace Conference, London 1922

Laun, Rudolf: Volk und Nation, Selbstbestimmung, nationale Minderheiten, HBDStR, Bd. 1/1930, S.244

Laun, Rudolf: Der Wandel der Ideen Volk und Staat, Barcelona 1933

Laun, Rudolf: Der gegenwärtige Rechtszustand Deutschlands, JIR 1/1948, 9

Laun, Rudolf: Studienbehelf zur Allgemeinen Staatslehre, 6. Aufl. Hamburg 1948

Laun, Rudolf: Die Haager Landkriegsordnung, 4. Aufl. Textausgabe mit einer Einführung. Wolfenbüttel und Hannover 1948

Laun, Rudolf: Die Rechtslage Danzigs. Gutachtliche Äußerung vom 11.3.1948 (nicht veröffentlicht, von der Forschungsstselle für VR und a.ö.R. der Universität Hamburg z.Vfg. gestellt)

Laun, Rudolf: Gutachten über verschiedene Anstalten des Ostens bezüglich ihrer Rechte bei Fortbestand im Westen, u.a. Lebensversicherungsanstalt Westpreußen, vom 8.2.1948 (nicht veröffentlicht, wie ebenda)

Lauterpacht, Sir Hersch: Annual Digest of Public International Cases, London ab 1919

Lauterpacht, Sir Hersch: Recognition in International Law, Cambridge 1948

Lauterpacht, Sir Hersch: International Law, Oppenheim-Lauterpacht 8. Aufl. London 1955

Lauterpacht, Sir Hersch: Sondervotum zum IGH-Gutachten vom 1.7.1956, ICJ Reports 1956, S.48

Lauterpacht, Sir Hersch: The Development of International Law by the International Court, New York 1958

League of Nations: Board of Liquidation: Final Report, Geneva 1947

Leahy, William Daniel: I was There. The personal story of the Chief of Staff to Presidents Roosevelt and Truman, based on his notes and diaries, New York, London 1950

Lehfeldt, Kurt: Die Anwendung des Rechtssatzes "venire contra factum proprium" im Völkerrecht in besonderem Hinblick auf den Friedensvertrag von Versailles. Diss. Hamburg 1939

Leisner, Walter: Das Bodenreform-Urteil des Bundesverfassungsgerichts, NJW 1991, 1569 ff.

Lenz, Arthur: Die Besetzung Danzigs, in: Unser Danzig 3/1995, S.5 f. und Danziger Hauskalender 1952

Leonhardt, Hans Leo: The Nazi Conquest of Danzig, Chicago 1942

Lesniewski, Andrzej: Die Oder-Neiße-Grenze und das peace settlement für Deutschland, Zachodnia Agencja Prasowa, 29/1958, Auszug in: Polen, Deutschland und die Oder-Neiße-Grenze, S.425 ff.

Letkemann, Peter: Danzigs Geschichte im Spiegel der neueren Geschichtsschreibung. Ein Forschungsbericht, in: Danzig in acht Jahrhunderten, Beiträge zur Geschichte eines hansischen und preußischen Mittelpunktes, hrsg. von Bernhart Jähnig und Peter Letkemann, Münster/Westf. 1985, S.9 ff.

Levesque, Geneviève: La situation internationale de Dantzig, Paris 1924

Levine, Herbert, S.: Local Authority and the SS State; The Conflict over Population Policy in Danzig-West Prussia, 1939-1945, in: Central European History, Vol.II Number 4, State University of New York at Buffalo, Dec.1969

Levine, Herbert, S.: Hitler's Free City. A History of the Nazi Party in Danzig, 1925-39, Chicago, London 1973

Lewinsky, Hermann/ Wagner, Richard (Hrsg.): Danziger Staats- und Völkerrecht, Bd.I (Danziger Rechtsbibliothek 11), Danzig, Berlin 1927 (siehe auch Bd.II, Crusen/ Lewinsky)

Lewis, Malcolm M.: The Free City of Danzig, in: BY 5/1924, 89

Lichtenstein, Erwin: Bericht an meine Familie. Ein Leben zwischen Danzig und Israel, Darmstadt und Neuwied 1985

Lichter, Matthias/ Knost, Friedrich A.: Deutsches und ausländisches Staatsangehörigkeitsrecht mit Anhang "Reichsbürgergesetz", Berlin 1935

Lichter, Matthias: Das Staatsangehörigkeitsrecht im Großdeutschen Reich, Zusammenstellung und Durchführungsanweisungen mit Erläuterungen, Berlin 1943

Lichter, Matthias: Die Staatsangehörigkeit nach deutschem und ausländischem Recht. Geltendes und früheres Recht nebst Rechtsvergleichung, 2.Aufl. Berlin und Köln 1955

Lichter: Die Staatsangehörigkeit der Heimatvertriebenen, DÖV 55, 427

Lichter, Matthias: Gesetz zur Regelung von Fragen der Staatsangehörigkeit vom 22.2.1955, Kom. 2. Aufl., Berlin, Köln 1955

Lichter, Matthias/ Hoffmann, Werner: Staatsangehörigkeitsrecht, 3. Aufl. 1966

Lingenberg, Heinz: Die Anfänge des Klosters Oliva und die Entstehung der deutschen Stadt Danzig. Die frühe Geschichte der beiden Gemeinwesen bis 1308/10, Kieler historische Studien Bd.30, Stuttgart 1982

Lingenberg, Heinz: Pommerellen und Polen 1282-1308. Ursprung, Inhalt und Folgen der Kempener Abmachung vor 700 Jahren (1282), in: Westpreußen-Jahrbuch, Bd.32 1982, S.21 ff.

Lingenberg, Heinz: Das topographische Problem der deutschrechtlichen Stadt Danzig im 13.Jahrhundert, in: Jähnig/Letkemann (Hrsg), Danzig in acht Jahrhunderten, Beiträge zur Geschichte eines hansischen und preußischen Mittelpunktes, Münster 1985, S.23 ff.

Lingenberg, Heinz: Oliva 800 Jahre, Lübeck 1987

Lingenberg, Heinz: Danzig wird wieder preußisch, in: Ostdeutsche Gedenktage 1989, hrsg. v. d. Kulturstiftung der deutschen Vertriebenen, Bonn 1988, S.249 ff.

Lingenberg, Heinz: Handfeste des Deutschen Ordens für Danzig 1343, in: Ostdeutsche Gedenktage 1993, hrsg. v. d. Kulturstiftung der deutschen Vertriebenen, Bonn 1992, S.213 ff.

Lingenberg, Heinz: Das Aussterben des pommerellischen Herzoghauses und seine Folgen, in: Ostdeutsche Gedenktage 1994, hrsg. v. d. Kulturstiftung der deutschen Vertriebenen, Bonn 1993, S.221 ff.

Lingenberg, Heinz: Die älteste Olivaer Geschichtsschreibung (bis etwa 1350) und die Gründung des Klosters Oliva, Lübeck 1994

Lingenberg, Heinz: Die Gründung der Freien Stadt Danzig 1920. in: Ostdeutsche Gedenktage 1995, hrsg. v. d. Kulturstiftung der deutschen Vertriebenen, Bonn 1994, S.313 ff.

Lingenberg, Heinz: Das pommerellische Herzogtum vom Ende des 12. Jahrhunderts bis zum Aussterben des Herrscherhauses 1294 und dessen Folgen, in: Westpreußen-Jahrbuch Bd. 45, Münster 1995, S.136 ff.

Lippky, Reinhold: Die Danziger in der Zerstreuung, in: Danziger Hauskalender 1949, Lübeck, S.28

Liszt, Franz v./ Fleischmann, Max: Das Völkerrecht, 12. Aufl. Berlin 1925

Livre, Jaune Français. Documents diplomatiques 1938-1939, Ministère des Affaires Étrangères

Loening, Otto: Die völkerrechtliche Stellung nach dem Versailler Friedensvertrag. Recht und Wirtschaft, Bd.9, S.39

Loening, Otto: Die rechtlichen Grundlagen der Freien Stadt Danzig, Danzig 1920

Loening, Otto: Danzig, sein Verhältnis zu Polen und seine Verfassung, mit Anhang: Der Danzig-polnische Vertrag vom 9.11.1920, Berlin 1921

Loening, Otto: Völkerbund und Danzig, in: Deutsche Liga für Völkerbund (Hrsg.), Deutschland und der Völkerbund, 1926 S.92

Loening, Otto: Die Rechtslage der Freien Stadt Danzig, Heft 22 der Völkerrechtsfragen, hrsg. von Heinrich Pohl und Max Wenzel, Berlin 1928

Löschin, Gotthilf: Geschichte Danzigs von der ältesten bis zur neuesten Zeit, Bd.1: Danzig 1822, Bd.2: Danzig 1823; unveränderter Nachdruck durch Danziger Verlagsgesellschaft Paul Rosenberg Klausdorf

Lohse, Egon: Das Gesetz zur Regelung von Fragen der Staatsangehörigkeit. Beitrag zum nichtamtlichen Teil des BAnz 1954 Nr.250, S.5

Lotze, Herbert: Das territoriale Erbe des Völkerbundes, Diss. Dortmund 1970

Ludwig, Michael: Polen und die deutsche Frage, mit einer Dokumentation zum deutschpolnischen Vertrag vom 17. Juni 1991. Arbeitspapiere zur internationalen Politik 60, 2. erw. Aufl. Bonn 1991

Major Peace Treaties of Modern History 1648-1967, with an Introductory essay by Toynbee, Arnold, Vol.III, New York, Toronto, London, Sydney 1967

Makarov, Alexander N.: Allgemeine Lehren des Staatsangehörigkeitsrechts, Stuttgart 1947

Makarov, Alexander N.: Gesetze über Fragen der Staatsangehörigkeit seit 1939. ZaöR Bd.11/1942, S.175

Makarov, Alexander N.: Rechtsgutachten des Max-Planck-Instituts für ausl. u. int. Privatrecht vom 14.12.1951 zur Frage des Erwerbs der deutschen Staatsangehörigkeit durch frühere tschechoslowakische Staatsangehörige deutscher Volkszugehörigkeit (nicht veröffentlicht, von der Forschungsstelle für VR und a.ö.R. der Universität Hamburg z. Vfg. gestellt)

Makarov, Alexander N.: Zur Behandlung von deutschen Zwangseinbürgerungen 1938-1945, JZ 52, 403

Makarov, Alexander N.: Das Polnische Staatsangehörigkeitsgesetz vom 8.1.1951, RabelsZ. Bd.17/1952, S.407

Makarov, Alexander N.: Das Bundesgesetz zur Regelung von Staatsangehörigkeitsfragen vom 22. Februar 1955, JZ 55, 659

Makowski, Julian: Prawno-państwowe położenie Wolnego Miasta Gdańska (Die staatsrechtliche Lage der Freien Stadt Danzig), Warschau 1923

Makowski, Julian: La situation juridique du territoire de la Ville Libre de Dantzig. RGDI Bd.30/1923, S.169

Makowski, Julian: La Situation juridique de la Ville Libre de Dantzig, Paris 1925

Makowski, Julian: Le caractère étatique de la Ville Libre de Dantzig, Varsovie 1933

Malcomess, Hans: Der Erwerb und Verlust der Danziger Staatsangehörigkeit auf Grund des Gesetzes vom 30. Mai 1922. Diss. Breslau 1932

Mallaby, Sir Christopher: Der britische Standpunkt zur europäischen Sicherheit und zur deutschen Frage; Vortrag am 12. April 1989 in Bonn; azw. abg. bei Böttcher, Materialien aaO 1988/89, S.555 ff.

Mangoldt, Hermann von: Kriegsdokumente über Bündnisgrundlagen, Kriegsziele und Friedenspolitik der Vereinten Nationen. Veröffentlichungen des Instituts für Internationales Recht an der Universität Kiel, Heft 1, Hamburg 1946

Mangoldt, Hermann von: Grundsätzliches zum Neuafbau einer deutschen Staatsgewalt, Hamburg 1947

Mangoldt, Hermann von: San-Franzisko-Charta der Vereinten Nationen. Potsdamer Erklärungen und andere Dokumente, Hamburg 1948

Mangoldt, Hermann von: Stellungnahme zum Gutachten von Bode (nicht veröffentlicht, aus den Akten der Danziger Exilorgane), Kiel 1948

Mangoldt, Hans von: Nottebohm Case, in: Bernhardt (ed.), EPIL 2/1981, 213

Mangoldt, Hans von: Die Staatsangehörigkeitsfrage in bezug auf die Deutschen in der Republik Polen. Staats- und völkerrechtliche Abhandlungen der Studiengruppe für Politik und Völkerrecht, Bd.10, Neubestätigung und Weiterentwicklung von Menschenrechten und Volksgruppenrechten in Mitteleuropa, Köln 1991, S.61 ff.

Marzian, Herbert: Zeittafel und Dokumente zur Oder-Neiße-Linie 1939-1952/53, Kitzingen/M. 1953

Marzian, Herbert: Großbritannien und die polnische Territorialfrage von 1939 bis zur Moskauer Konferenz 1943. Eine Studie zur internationalen Politik. Festschrift für Herbert Kraus, Kitzingen/M. 1954, S.375

Mason, John Brown: The Danzig Dilemma, California 1946

Maßfeller, Franz: Deutsches Staatsangehörigkeitsrecht von 1870 bis zur Gegenwart, Bd.9 der Sammlung geltender Staatsangehörigkeitsgesetze, 1953, 2.Aufl. Frankfurt/M., Berlin 1955

Mast, Peter: Zweite Teilung Polens 1793, in: Ostdeutsche Gedenktage 1993, hrsg. v. d. Kulturstiftung der deutschen Vertriebenen, Bonn 1992, S.243 ff.

Mast, Peter: Kleine Geschichte West- und Ostpreußens, in: Kulturelle Arbeitshefte 32, Hrsg.: Bund der Vertriebenen, Bonn 1992

Matison, Ingrid: Die Lehnsexemption des Deutschen Ordens und dessen strafrechtliche Stellung in Preußen, in: Deutsches Archiv, Bd. 21/1965, S. 194 ff.

Matschke, Herbert: Die Grundlagen des Internationalen Status von Danzig. Diss. Berlin 1936

Mattern, Karl-Heinz: Die Exilregierung, Tübingen 1953

Mattern, Karl-Heinz: Die Obhut für die Deutschen - zum Dreiklang Heimat, Vaterland, Mutterland, in: KK 692/1988, S.3 ff.

Mattern, Karl-Heinz: Artikel "Exilregierung", in: Lexikon des Rechts 47, 4/270, Sept.1990

Maunz, Theodor: Deutsches Staatsrecht, 5. Aufl. München und Berlin 1956

May: Danzigs Recht auf Eigenstaatlichkeit 1945/46 (nicht veröff. Aufsatz, aus den Akten der Danziger Exilorgane)

McNair, Sir Arnold Duncan: The functions and differing legal character of treaties, in; BYIL XI/1930, S.100 ff.

McNair, Sir Arnold Duncan: Separate Opinion of Sir Arnold McNair, ICJ Reports 1950, S.159

Meder, Walter: Das Staatsangehörigkeitsrecht der UdSSR und der baltischen Staaten. Sammlung geltender Staatsangehörigkeitsgesetze, Bd.3, Frankfurt/M. 1950

Mehnert, Klaus (Hrsg.): Deutschland-Jahrbuch, Hamburg 1949

Meissner, Boris: Die sowjetische Deutschlandpolitik von Stalingrad bis Potsdam 1943-1945, EA 1951 S.4525, 1952 S.4683, 1952 S.4907

Meissner, Boris: Rußland, die Westmächte und Deutschland. Die sowjetische Deutschlandpolitik 1943-1953, Hamburg 1953

Meissner, Boris: Die Sowjetunion, die baltischen Staaten und das Völkerrecht, Köln 1956

Meissner, Boris: Die staatliche Kontinuität der baltischen Länder, in Meissner/Zieger (Hrsg.): Staatliche Kontinuität unter besonderer Berücksichtigung der Rechtslage Deutschlands, Staats- und völkerrechtliche Abhandlungen der Studiengruppe für Politik und Völkerrecht, Bd.1 Köln 1983, S.73 ff.

Meissner, Boris: Die marxistisch-leninistische Auffassung vom Selbstbestimmungsrecht, in: Blumenwitz/Meissner (Hrsg.), Das Selbstbestimmungsrecht der Völker und die deutsche Frage, Staats- und völkerrechtliche Abhandlungen der Studiengruppe für Politik und Völkerrecht, Bd.2 Köln 1984, S. 89 ff.

Meissner, Boris: Die Frage des Friedensvertrages mit Deutschland vom Potsdamer Abkommen bis zu den Ostverträgen, in Meissner/Veiter (Hrsg.): Das Potsdamer Abkommen und die Deutschlandfrage, II.Teil: Berliner Deklaration und Sonderfragen, Wien 1987, S.25 ff.

Meissner, Boris: Die staatliche Kontinuität und völkerrechtliche Stellung der baltischen Länder, in: Meissner (Hrsg.), Die baltischen Nationen Estland-Lettland-Litauen, Köln 1990, S.192 ff.

Meissner, Boris: Die Frage der Einheit Deutschlands auf den alliierten Kriegs- und Nachkriegskonferenzen, in: Die Deutschlandfrage von Jalta und Potsdam bis zur staatlichen Teilung Deutschlands 1949. Studien zur Deutschlandfrage, Hrsg.: Göttinger Arbeitskreis, Bd.12, 1993

Menzel, Eberhard: Zur völkerrechtlichen Lage Deutschlands. Ein Zwischenbericht über den gegenwärtigen Stand der wissenschaftlichen Auseinandersetzungen, EA 1947, 1009

Menzel, Eberhard: Deutschland – Ein Kondominium oder Koimperium? JIR Bd.1/1948, S.43

Menzel, Eberhard: Die Friedensverträge von 1947 mit Italien, Ungarn, Bulgarien, Rumänien und Finnland; Hamburg 1948

Menzel, Eberhard: Völkerrecht und internationale Ordnung. Deutsche Grenzfragen in völkerrechtlicher Sicht, EA 1949, 1889

Menzel, Eberhard: Zur Frage der Danziger Staatsangehörigkeit, JIR Bd.1/2, 1948/49, S.886

Menzel, Eberhard: Gutachten über die Staatsangehörigkeit der im Bundesgebiet ansässigen ehemaligen österreichischen Staatsangehörigen, Hamburg 1953 (nicht veröffentlicht, vom Verfasser zur Verfügung gestellt)

Menzel, Eberhard: Das Selbstbestimmungsrecht der Völker und das Annexionsverbot, Jahrbuch der Albertus-Universität zu Königsberg, Bd.5/1954, S.173 ff.

Menzel, Eberhard: Deutschland nach 1945. Das Problem der völkerrechtlichen und staatsrechtlichen Kontinuität, Jahrbuch der Ranke-Gesellschaft 1955, S.59 ff.(1956)

Menzel, Eberhard: Das Annexionsverbot des modernen Völkerrechts und das Schicksal der deutschen Ostgebiete, in: Der Göttinger Arbeitskreis (Hrsg.), Das östliche Deutschland, ein Handbuch, Würzburg 1959, S.3 ff.

Menzel, Eberhard: Artikel "Mandate", in: Strupp/Schlochauer, Wörterbuch des Völkerrechts, 2. Aufl. Bd.2, Berlin 1961, S.460 ff.

Menzel, Eberhard: Völkerrecht. Ein Studienbuch, München und Berlin 1962

Menzel, Eberhard: Verfassungswidrigkeit der Ostverträge von 1970?, DÖV 1971, 361

Meyer, Enno: Grundzüge der Geschichte Polens, 3. erw. Aufl. Darmstadt 1990

Mikolajczyk, Stanislaw: The Rape of Poland: Pattern of Soviet Agression, 1947

Mikolajczyk, Stanislaw: Der Krieg gegen die Freiheit, Berlin 1948

Mikos, Stanisław: Wolne Miasto Gdańsk a Liga Narodów 1920-1939 (Die Freie Stadt Danzig und der Völkerbund), Danzig 1979

Mikos, Stanisław: Die Rechte Polens in der Freien Stadt Danzig. Deutsch-Polnisches Jahrbuch der Deutsch-Polnischen Gesellschaft Bremen/ Bremerhaven e.V., 1979/ 1980, S.73 ff.

Miller, Ignaz: Neigung zu großen Verhältnissen. Carl J.Burckhardt in neuem Licht. Rezension von Stauffer aaO in Neue Züricher Zeitung vom 11.10.1991 - Politische Literatur

Ministry of Foreign Affairs, Republic of Poland: Official Documents concerning Polish-German and Polish-Soviet relations 1933-1939, Paris 1940

Moessner, Jörg Manfred: Einführung in das Völkerrecht, München 1977

Moritz, Erich: Der Völkerbund und die Freie Stadt Danzig in staats- und völkerrechtlicher Beziehung. Diss. Jena 1922

Moritz, Günther: Die deutsche Besatzungsgerichtsbarkeit während des zweiten Weltkrieges. Studie Nr.2 des Instituts für Besatzungsfragen in Tübingen zu den deutschen Besetzungen im zweiten Weltkrieg, Tübingen 1953

Moritz, Günther: Gerichtsbarkeit in den von Deutschland besetzten Gebieten 1939-1945. Studie Nr.7 des Instituts für Besatzungsfragen in Tübingen zu den deutschen Besetzungen im zweiten Weltkrieg, Tübingen 1955

Morrow, Jan Fritzherbert Despard/ Sieveking, Louise Marie: The Peace Settlement in the German Polish Borderlands. A Study of Conditions To-day in the pre-War Prussian Provinces of East and West Prussia, London 1936

Morrow, Jan F.D.: The international status of the Free City of Danzig, in: BY 18/ 1937, S.114 ff.

Moser, Johann Jacob.: Beyträge zu dem neuesten Europäischen Völckerrecht in Friedens-Zeiten, 1. Teil 1778

Mosheim, Berthold: Die völkerrechtliche Lage Deutschlands, Bayrische Rundschau 1948, S.220

Mosler, Hermann: Die Intervention im Völkerrecht, Berlin 1937

Mosler, Hermann: Potsdamer Abkommen, in: Görres-Gesellschaft (Hrsg.), Staatslexikon Bd.VI, 6. Aufl. 1961, Sp.431 ff.

Mrose, Eberhard: Die Danziger Staatsanghörigkeit. Diss. Tübingen 1951

Müller, Berthold: Danzigs auswärtige Angelegenheiten, ZaöRV 4/1934, 339

Müller, Berthold: Zur Rechtslage in Danzig, ZaöRV 1935, 149

Müller, Jörg P.: Vertrauensschutz im Völkerrecht, Köln, Berlin 1971. Max-Planck-Institut für ausl.öffentl. Recht und Völkerrecht, Bd.56

Münch, Fritz: Die Freie Stadt, in: Friedenswarte 55/1959-60, S.26 ff.

Münch, Ingo von: Dokumente des geteilten Deutschland, Bd.I, 2.Aufl., Stuttgart 1976, Bd.II, seit 1968, Stuttgart 1974

Münch, Ingo von: Deutschland: gestern, heute - morgen. Verfassungsrechtliche und völkerrechtliche Probleme der deutschen Teilung und Vereinigung, in: NJW 15/1991, 865

Murswiek, Dietrich: Offensives und defensives Selbstbestimmungsrecht. Zum Subjekt des Selbstestimmungsrechts der Völker, in: Der Staat, Bd.23 1984, S.523 ff.

Murswiek, Dietrich: Systematische Überlegungen zum Selbstbestimmungsrecht des deutschen Volkes, in: Zieger/ Meissner/ Blumenwitz (Hrsg.), Deutschland als Ganzes. Rechtliche und historische Überlegungen, Köln 1985, S.233 ff.

Murswiek, Dietrich: Das Staatsziel der Einheit Deutschlands nach 40 Jahren Grundgesetz, Carl Friedrich von Siemens Stiftung, Heft 45, München 1989

Murswiek, Dietrich: Minderheitenschutz - für welche Minderheiten? Zur Debatte um die Einfügung eines Minderheitenartikels ins Grundgesetz, Forum für Kultur und Politik, Heft 8, Hrsg.: Kulturstiftung der deutschen Vertriebenen, Bonn 1994

Myers, Denys P.: Liquidation of League of Nations functions, in: AJIL 42/1948, S.320 ff.

Nawiasky, Hans: Allgemeine Staatslehre, 1.Teil: Grundlegung, Einsiedeln, Köln 1945; 3.Teil: Staatsrechtslehre, Einsiedeln, Zürich, Köln 1956

Neitmann, Klaus: Die Staatsverträge des Deutschen Ordens in Preußen 1230-1449, Köln, Wien 1986

Neitmann, Klaus: Zweiter Thorner Frieden, in: Ostdeutsche Gedenktage 1991, hrsg. v. d. Kulturstiftung der deutschen Vertriebenen, Bonn 1990, S.243 ff.

Nether, Bernhard: Die Danzig-Frage in der europäischen Politik 1914-1919. Diss. Hamburg 1952

Neuffer: Staatsangehörigkeit und Beamtenernennung, StAZ 1954, 103

Neumeyer, Heinz: Die staatsrechtliche Stellung Westpreußens zur Zeit der polnischen Oberhoheit 1454-1772, Schriftenreihe des Göttinger Arbeitskreises, Göttingen 1953

Neumeyer, Heinz: Kirchengeschichte von Danzig und Westpreußen in evangelischer Sicht, 2 Bde, Leer 1972 und 1977

Neumeyer, Heinz: Westpreußen. Geschichte und Schicksal, München 1993

Niehuus: Grundsätzliches zum Danzig-Problem. Aufsatz vom 20.12.1946 (nicht veröffentlicht, aus den Akten der Danziger Exilorgane)

Noël, Néon: Der deutsche Angriff auf Polen, Paris 1948

Nostiz-Wallwitz, Oswalt von: Die Annexion Abessiniens und die Liquidation des abessinischen Konflikts, ZaöR 7/1937, 38

Olzog, Günter: Die occupatio bellica und der Schutz des privaten Eigentums. Diss. München 1949/50

Oppenheim, Lassa/ Roxburgh, Ronald F.: International Law, 3. ed. by Roxburgh, London 1920

Oppenheim, Lassa/ Lauterpacht, Hersch: International Law. A Treatise, 2 Bde, London, New York, Toronto, 1949 und 1952 (vol I, 8.ed 1955, vol II, 7.ed 1952)

Pfeuffer, Rudolf: Die völkerrechtliche Stellung der Freien Stadt Danzig, Heft 2 der Danziger staats- und völkerrechtlichen Schriften, Danzig 1921

Piccioni, Camille: Le statut international de Dantzig, RGDI Bd.28/1921, S.84

Plehwe, Friedrich-Karl von: Völkerrechtliche Probleme der Staatsangehörigkeit unter besonderer Berücksichtigung der Auswirkung mehrfacher Staatsangehörigkeiten auf Drittstaaten. Diss. Göttingen 1949

Poetzsch, Fritz: Handausgabe der Reichsverfassung vom 11.8.1919, Berlin 1919

Polskie Towarzystwo Krajoznawcze: Gdańsk Gateway of Poland, 1949

Ponczek, Horst: Spurensuche. Die Wahrheit über den Untergang Danzigs 1945, 2. Aufl. Helmstedt 1996

Poralla, Peter: Unvergänglicher Schmerz. Ein Protokoll der Geschichte. Danzigs Schicksalsjahr 1945, 2. Aufl. Freiburg 1987

Pospieszalski, K.M.: Das NS-Okkupationsrecht in Polen, Teil I, Die eingegliederten Gebiete, Serie: Documenta Occupationis, Bd.5, Posen 1952

Posser, Diether: Die deutsche Frage, in: Böttcher, Materialien 1989-91, S.420 ff.

Potjomkin, W. P.: Histoire de la Diplomatie, Bd.3, 1919-1939; frz.Üb. aus dem Russischen, Paris 1947; Geschichte der Diplomatie, 3 Bde, Berlin 1948

Pragier: Polish Peace Aims, London 1945

Raape, Leo: Internationales Privatrecht, 3. Aufl. Hamburg 1950, 5. Aufl. 1961

Rabl, Kurt: Das Selbstbestimmungsrecht der Völker, München 1963, 2.Aufl. Köln, Wien 1973

Rabl, Kurt (Hrsg.): Das Recht auf die Heimat- Vorträge und Aussprachen, 5 Bde, München 1958-1965

Rabl, Kurt: Das Selbstbestimmungsrecht der Völker in neuester Praxis, in: Blumenwitz/Meissner (Hrsg.), Das Selbstbestimmungsrecht der Völker und die deutsche Frage. Staats- und völkerrechtliche Abhandlungen Bd.2, Köln 1984, S.123 ff.

Radke, Klaus: Der Staatsnotstand im modernen Friedensvölkerrecht. Ein Beitrag zur Diskussion über die Grenzen der Verbindlichkeit völkerrechtlicher Normen. Völkerrecht und Außenpolitik, Bd.39, Baden-Baden 1988

Ramonat, Wolfgang: Der Völkerbund und die Freie Stadt Danzig 1920-1934. Studien zur Militärgeschichte, Militärwissenschaft und Konfliktforschung, Bd.18, Osnabrück 1979

Ranzinger, Konrad: Zur Lehre von der Staatennachfolge. Gebietsabtretungen in den Friedensverträgen von Versailles und St. Germain-en-Laye im Vergleich zum Friedensvertrag mit Italien vom 10. Februar 1947. Diss. München 1949

Rasche, Georg: Zur Frage der deutschen Staatsangehörigkeit der in Deutschland befindlichen Angehörigen der vor oder im Kriege in das Deutsche Reich einverleibten Gebiete, StAZ 1949, 127

Rasche, Georg: Das deutsche Staatsangehörigkeitsrecht, Münster 1948, 2. Aufl. Münster 1956

Raschhofer, Hermann: Selbstbestimmungsrecht und Völkerbund. Das Juristengutachten im Aalandstreit vom 5. September 1920, 1969

Raschhofer, Hermann: Die Vermögenskonfiskationen der Ostblockstaaten. Zur völkerrechtlichen Natur der ostdeutschen und volksdeutschen Vermögensverluste, Frankfurt/M., Berlin 1956

Rasmus, Hugo: Pommerellen Westpreußen 1919-1939; München, Berlin 1989

Rauschning, Dietrich: Die Gesamtverfassung Deutschlands. Nationale und internationale Texte zur Rechtslage Deutschlands, 1962

Rauschning, Dietrich: Beendigung der Nachkriegszeit mit dem Vertrag über die abschließende Regelung in bezug auf Deutschland, in: DVBl 1990, 1281

Rauschning, Dietrich: Die Wiedervereinigung vor dem Hintergrund der Rechtslage Deutschlands, JuS 12/1991, 977, Auszug bei Böttcher/Dahm, Materialien, S.301 ff.

Rauschning, Hermann: Die Entdeutschung Westpreußens und Posens. Zehn Jahre polnischer Politik, 1930; im Neudruck hrsg. von Wolfgang Kessler unter dem Titel: Die Abwanderung der deutschen Bevölkerung aus Westpreußen und Posen nach dem Ersten Weltkrieg. Ein Beitrag zu den deutsch-polnischen Beziehungen 1919-1929, Essen 1988

Rauschning, Hermann: Die Revolution des Nihilismus, Kulisse und Wirklichkeit im Dritten Reich, Zürich 1938

Rauschning, Hermann: Hitler m'a dit. Conférences du Führer sur son Plan du conquête du monde, Paris 1939

Rauschning, Hermann: The Conservative Revolution. Englische Ausgabe von La domination nationalsocialiste à Danzig 33/34, New York, Putnam 1941

Recke, Walther: Die Wiederaufrichtung Polens in Versailles, Berlin 1927 (S.5 ff. ist Abdruck der Seiten 323-354 aus W. Recke: Die polnische Frage als Problem der europäischen Politik, Berlin 1927). Unveränderter Nachdruck durch Kulturwerk Danzig e.V., Düsseldorf 1991

Recke, Walther: Die gegnerischen Gebietsforderungen und ihre Vorgeschichte, in: Zehn Jahre Versailles, Bd.3, S.42, Berlin 1930

Recke, Walther: Der diplomatische Kampf um Danzig vor und in Versailles. Danziger Schriften für Politik und Wirtschaft, Heft 4, S.9, Danzig 1930

Recke, Walther: Danzig auf der Pariser Friedenskonferenz. Danziger Fragen und Ereignisse. Kurze Darstellungen Nr.1, Danziger Heimatdienst e.V., Danzig 1937

Redslob, Robert: Le statut international de Dantzig, Revue de droit international et de législation comparée, sér.III tome VII/1926, S.126 ff.

Reichling, Gerhard: Die deutschen Vertriebenen in Zahlen, Teil I: Umsiedler, Verschleppte, Vertriebene, Aussiedler 1940-1985, Bonn 1968; Teil II: 40 Jahre Eingliederung in der Bundesrepublik Deutschland, Bonn 1989

Republic of Poland, Ministry for Foreign Affairs: Official Documents concerning Polish-German and Polish-Sowjet relations 1933-1939, Paris 1940

Ress, Georg: Mangelhafte diplomatische Protektion und Staatshaftung, in: ZaöRV 32/1972, 420

Ress, Georg: Germany, Legal Status after World war II, in: Bernhardt, Rudolf (Hrsg.), Bd.10 1987, S.191 ff.

Ress, Georg: Diplomatischer Schutz, Lexikon des Rechts, Völkerrecht, 2. Aufl. 1992, S.57

Rhode, Gotthold: Die Entstehung der Curzon-Linie, in: Osteuropa 5/1955 Heft 2, S.81 ff.

Rhode, Gotthold: Staatliche Entwicklung und Grenzziehungen, in: Rhode (Hrsg.), Die Ostgebiete des Deutschen Reiches, 3. Aufl. 1956, S.96 ff.

Rhode, Gotthold/ Wagner, Wolfgang (Hrsg.): Quellen zur Entstehung der Oder-Neiße-Linie in den diplomatischen Verhandlungen während des Zweiten Weltkriegs, 2. und 3. Aufl. Stuttgart 1959/1964

Rhode, Gotthold: Geschichte Polens. Ein Überblick, 3. verb. Aufl. Darmstadt 1980

Rhode, Gotthold: Ohne Polens Freiheit keine deutsche Freiheit. Zur deutsch-polnischen Nachbarschaft in tausend Jahren, in: Frankfurter Allgemeine Zeitung vom 26. Februar 1990, Nr.48, S.14

Rhode, Gotthold: Deutsch-polnische Nachbarschaft in der Geschichte, in: Kulturelle Arbeitshefte, Bd.30/1991, S.8 f.

Rhode, Gotthold: Die Freie Stadt Danzig 1920 - 1939, in: Theodor Schieder (Hrsg.), Handbuch der Euopäischen Geschichte, Bd.7.1., 2. Aufl. Stuttgart 1992, S.605 - 618

Riezler, Erwin: "Venire Contra Factum Proprium", Leipzig, München 1912

Roos, Hans: Polen und Europa. Studien zur polnischen Außenpolitik 1931-1939, Tübinger Studien zur Geschichte und Politik, Tübingen 1957

Roser, Hans-Jürgen: Die Wandlung des völkerrechtlichen Souveränitätsbegriffes. Diss. Tübingen 1946

Ross, Alf: Lehrbuch des Völkerrechts, Stuttgart, Köln 1951

Rostow, Eugene V.: Palestinian Self-Determination. Possible Futures for the Unallocated Territories of the Palestine Mandate; Yale Studies in World Public Order V. 2/1979, S.147 ff.

Rousseau, Charles: Droit international public, Paris 1953, 2. Aufl. 1954

Ruby, Maurice: L'évolution de la nationalité allemande d'après des textes (1842 à 1953), Baden-Baden 1954

Rudolph, Theodor: Die Rechtslage im Danzig-Polnischen Gdingenkonflikt. Material zum Problem Danzig, hrsg. von Th. Rudolph, Heft 2, Danzig 1931

Ruge, Friedrich: Die Minensuchwaffe im Kampf gegen Polen 1939, Berlin 1941

Ruhnau, Rüdiger: Danzig. Geschichte einer deutschen Stadt, 1971

Ruhnau, Rüdiger: Die Freie Stadt Danzig 1919-1939, Berg am See 1979

Ruhnau, Rüdiger: Westerplatte. Zum 1. September 1939, in: Unser Danzig 8/1995, S. 8 ff.

Rumpf, Helmut: Das Subjekt des Selbstbestimmungsrechts, in: Blumenwitz/Meissner (Hrsg.), Das Selbstbestimmungsrecht der Völker und die deutsche Frage, Staats- und völkerrechtliche Abhandlungen Bd.2, Köln 1984, S.47 ff.

Sahm, Heinrich: Erinnerungen aus meinen Danziger Jahren 1919-1930, als Manuskript gedr. vom J.G.Herder-Institut, Marburg/L. 1955

Sakson, Andrzej: Die deutsche Minderheit in Polen, in: IFLA 2/1995, 13

Samerski, Stefan: Die Katholische Kirche in der Freien Stadt Danzig 1920-1933. Katholizismus zwischen Libertas und Irredenta, Köln, Weimar, Wien 1991

Sasse, G.: Die Vorgeschichte von Austreibungen und Oder-Neiße-Linie 1939-1945, in: Das östliche Deutschland. Ein Handbuch, Hrsg.: Göttinger Arbeitskreis, Würzburg 1959, S.527 ff.

Sauer, Ernst: Grundlehre des Völkerrechts, 2. Aufl. Köln 1948, 3. Aufl. Köln und Berlin 1955

Sauer, Ernst: System des Völkerrechts, Bonn 1952

Sauser-Hall, Georges: L'Occupation de l'Allemagne par les Puissances Alliées. Schw.Jb.f.int.R. Bd.3/1946, S.36

Scelle, Georges: Droit des Gens, Paris 1932/34

Scelle, Georges: Die Annexion Abessiniens durch Italien und der Völkerbund. Völkerbund und Völkerrecht, Bd.3/ 1936, S.167

Scembek: Journal 1933-1939, Paris 1952

Schaefer, Karl Heinz: Forderungen gegen die Bundesrepublik Deutschland aus dem Einigunsgsvertrag und wegen der deutsch-polnischen Veträge, in: IFLA 1991, 1

Schaefer, Karl Heinz: Die Hauptentschädigung im Lastenausgleich ist echte Vermögensentschädigung, in: IFLA 1991, 101

Schätzel, Walter: Die Annexion im Völkerrecht, Berlin 1920

Schätzel, Walter: Der Wechsel der Staatsangehörigkeit infolge der deutschen Gebietsabtretungen, Berlin 1921

Schätzel, Walter: Der Staatsangehörigkeitswechsel bei Gebietsveränderungen, in: ZfVR 12/1923, 86

Schätzel, Walter: Das Reich und das Memelland. Das politische und völkerrechtliche Schicksal des deutschen Memellandes bis zu seiner Heimkehr, Berlin 1943

Schätzel, Walter: Der heutige Stand des deutschen Staatsangehörigkeitsrechts in: ArchöR 74/1948, 273

Schätzel, Walter: Die Annexion im Völkerrecht, in: ArchVR 2/1950, 1

Schätzel, Walter: Der Friede mit dem Agressor. Festschrift für Rudolf Laun, S.327, Hamburg 1953

Schätzel, Walter: Staatsangehörigkeit, in: Neumann-Nipperdey-Scheuner, Die Grundrechte, Bd.2/1954, S.535

Schätzel, Walter: Das Gesetz zur Regelung von Fragen der Staatsangehörigkeit vom 22.2.1955, StAZ 1955, 73

Schätzel, Walter: Internationales Recht Bd.1: Das Recht des völkerrechtlichen Gebieterwerbs, 1959

Schaumann, Elly: Das Danziger Wappen, in: Rosenberg, Siegfried (Hrsg.), Danziger Hauskalender 1995, S.49

Schechtmann, Joseph B.: European Population Transfers 1939-1945. Studies of the Institute of World Affairs, New York und Oxford 1951

Scheuer, Gerhart: Die Rechtslage des geteilten Deutschland, Frankfurt/Main, Berlin 1960

Scheuer, Gerhart: Der deutsche Staat in rechtlicher Sicht, Bonn, Berlin 1964

Scheuner, Ulrich: Staatsangehörigkeit und Lastenausgleich, mit Anlage: Staatsangehörigkeit der Flüchtlinge in Deutschland, Hamburg, Okt.1949 (nicht veröff. Rechtsgutachten, von der Forschungsstelle für VR und a.ö.R. der Universität Hamburg zur Verfügung gestellt)

Scheuner, Ulrich: Die Annexion im modernen Völkerrecht, Friedens-Warte Bd.49/1949, S.81

Scheuner, Ulrich: Die staatsrechtliche Kontinuität in Deutschland, in: DVBl 1950, 481

Scheuner, Ulrich: Die Rechtsprechung des Bundesverfassungsgerichts und das Verfassungsrecht der Bundesrepublik, DVBl 1952, 645

Scheuner, Ulrich: Der fehlende Friede. Festschrift für Herbert Kraus, Kitzingen/M. 1954, S.190 ff.

Scheuner, Ulrich: Die Funktionsnachfolge und das Problem der staatsrechtlichen Kontinuität. Festschrift für Hans Nawiasky, München 1956, S.9

Scheuner, Ulrich: Artikel "Neutralisierung", in: Strupp/Schlochauer, Wörterbuch des Völkerrechts, 2. Aufl. 2. Bd. S.586 ff., Berlin 1961

Schieder, Theodor (Bearb.): Dokumentation der Vertreibung der Deutschen aus Ost-Mitteleuropa. Die Vertreibung der deutschen Bevölkerung aus den Gebieten östlich der Oder-Neiße, Hrsg.: Bundesministerium für Vertriebene, Flüchtlinge und Kriegsgeschädigte, Bd.I/1, I/2, I/3, Berlin 1955-1960

Schieder, Theodor: Hermann Rauschning, Gespräche mit Hitler als Geschichtsquelle, Köln und Opladen 1972

Schildknecht, Werner: Staatsangehörigkeit und Völkerrecht unter Berücksichtigung neuer europäischer Staatsangehörigkeitsbestimmungen. Diss. Hamburg 1951

Schlochauer, Hans-Jürgen: Deutschlands völkerrechtliche Stellung und die zukünftige Friedensregelung, DRZ 47, 119

Schmid, Karl: Die Rechtsprechung des Ständigen Internationalen Gerichtshofes in Rechtsätzen, Stuttgart 1932

Schönborn, Walter: Staatensukzessionen, HBVR Bd.2 Abt.2, Berlin, Stuttgart, Leipzig 1913

Schönborn, Walter: Das Wesen des Staates und der Begriff des Politischen in der neueren Staatslehre, in: Festgabe für Rudolf Smend, Tübingen 1962, S. 234 ff.

Schroeder, Hans: Staatsangehörigkeits- und Sukzessionsprobleme des Anschlusses und der Wiederverselbständigung Österreichs (1938/1945) in Beziehung auf die Rechtsordnung der Bundesrepublik Deutschland. Diss. Hamburg 1950

Schroeder, Karl Ludwig: Die völkerrechtliche Stellung Danzigs, ZfVR Bd.14, Ergänzungsheft 1/1927

Schroeder, Herbert: Die Rechtsverhältnisse des Danziger Seehafens. Diss. Königsberg 1938

Schücking, Walter/ Wehberg, Hans: Die Satzung des Völkerbundes, Berlin 1921, 3. Aufl. Berlin 1931

Schütze, Hermann (Bearb.): Das Recht der Ostgebiete. Einführung und Neuordnung für die eingegliederten Ostgebiete, für das Gebiet der ehemaligen Freien Stadt Danzig und das Generalgouvernement. Gesetzessammlung mit Einführungsvorschriften, Durchführungsverordnungen und Runderlassen nach dem Stande vom 31.12.1941, Berlin 1942

Schumacher, Bruno: Geschichte Ost- und Westpreußens, Hrsg.: Göttinger Arbeitskreis, 7. Aufl. Würzburg 1987

Schwarz, Karl (Hrsg.): Chronik des Krieges. Dokumente und Berichte, Bd.I/II: Der Krieg, seine Vorgeschichte und seine Entwicklung bis zum 1. Februar 1940, 3. Aufl. Berlin 1940

Schwarzenberger, Georg: Einführung in das Völkerrecht; dt.Üb. Tübingen 1951

Schwarzenberger, Georg: International Law, Bd.1, 3. Aufl. London 1957

Schwarzenberger, Georg: A Manual of International Law, 2 Bde, 4. Aufl. London, New York 1960

Schwarzenberger, Georg: Title to Territory. Response to a Challenge, in: AJIL vol. 51/1957, S.308 ff.

Schweisfurth, Theodor: Artikel "Danzig", in: EPIL, Bd.12, 1990, S.83 ff.

Seeler, Hans Joachim: Die Staatsangehörigkeit der Volksdeutschen, 1960

Seeler, Hans Joachim: Die Staatsangehörigkeit der deutschen Aussiedler aus Polen, NJW 1978, 924

Seidl-Hohenveldern, Ignaz: Die Staatsbürgerschaft der Volksdeutschen. ÖZ Bd.2/1949, S.305

Seidl-Hohenveldern, Ignaz: Völkerrecht, Köln, Berlin, Bonn, München 1965, 6.Aufl. 1987

Seidl-Hohenveldern, Ignaz/ Loibl, Gerhard: Das Recht der internationalen Organisationen einschließlich der supranationalen Gemeinschaften, 5. Aufl. 1992

Seiffert, Wolfgang: Das ganze Deutschland - Perspektiven der Wiedervereinigung, 1986, S.7 ff.

Seiffert, Wolfgang: Die beständige Aktualität der Präambel des Grundgesetzes, in: Die Deutschen und Gorbatschow, Erlangen, Bonn, Wien 1989, S.99 ff.

Seiffert, Wolfgang: Auf der Höhe der Zeit - Zur Entscheidung des Bundesverfassungsgerichts im sogenannten Teso-Fall, DA 4/1988, 375, abg. bei Böttcher, Materialien 1988/89, S.448 ff.

Seiffert, Wolfgang: Selbstbestimmungsrecht und deutsche Vereinigung, Das Selbstbestimmungsrecht einer geteilten Nation, Baden Baden 1992

Seiffert, Wolfgang: Die Verträge zwischen Deutschland und seinen östlichen Nachbarn unter dem Gesichtspunkt des Selbstbestimmungsrechts der Völker sowie des Fehlens gemeinsamer eindeutiger Willensbekundungen in den Vertragstexten, Forschungsergebnisse der Studiengruppe für Politik und Völkerrecht Bd.18, Köln 1994

Sherwood, Robert E.: Roosevelt and Hopkins: An Intimate History, New York 1948

Sibert, Marcel: Traiteé de droit international public, 2 Bde, Paris 1951

Silagi, Michael: Von Deutsch-Südwest zu Namibia. Wesen und Wandlungen des völkerrechtlichen Mandats, Ebelsbach a.M. 1977

Silagi, Michael: Zur Vertragssukzession internationaler Organisationen - Eine Fallstudie, in: South African Yearbook of International Law, 9/1983 [1985], S.13 ff.

Simma, Bruno: Das Reziprozitätselement im Zustandekommen völkerrechtlicher Verträge, Berlin 1972

Simma, Bruno: Charta der Vereinten Nationen, München 1991

Simson, Paul: Der Artushof in Danzig und seine Brüderschaften, die Banken, Danzig 1990, Neudruck Aalen 1969

Simson, Paul: Die Danziger Stadtverfassung im 16. und 17. Jahrhundert, Besonderer Abdruck aus dem Korrespondenzblatt des Gesaamtvereins der deutschen Geschichts- und Altertumsvereine, Danzig 1905

Simson, Paul: Geschichte der Stadt Danzig, Bd.I: Von den Anfängen bis 1517, Danzig 1913-1918 Neudr. Aalen 1967, Bd.II: 1517-1626, Danzig 1917, Bd.IV (Urkundenband), Danzig 1918

Skubiszewski, Krzysztof: Gdańsk w prawie międzynarodowym w latach 1919-1939 (Danzig im Völkerrecht in den Jahren 1919-1939), Juristisch-Historische Zeitschrift (polnisch) Bd. VIII, 1956, S.258 ff.

Skubiszewski, Krzysztof: La frontière polono-allemande en droit international, in RGDI 61/1957, S.242 ff.

Skubiszewski, Krzysztof: Le transfer de la population allemande était-il conforme au droit international?, in: Cahiers Pologne-Allemagne. Faits et documents, Heft 1, S.42 ff., Paris 1959

Skubiszewski, Krzysztof: Zachodnia Granica Polski (Die Westgrenze Polens), Danzig 1969

Skubiszewski, Krzysztof: Zachodnia Granica Polski w Świetle Traktatów (Die Westgrenze Polens im Lichte der Verträge), Posen 1975

Skubiszewski, Krzysztof: Administration of Territory and Souvereignty. A Comment in the Potsdam Agreement, ArchVR 23/1985, 31

Société des Nations: L'Avenir de la Ville Libre de Dantzig. Rapport au Conseil par son Excellence M.le Vicomte Ishii Représentant du Japon, Distribué aux membres du Conseil et Sécrétariat, Lausanne 1920

Sodeikat, Ernst: Der Nationalsozialismus und die Danziger Opposition, Vierteljahreshefte für Zeitgeschichte 2/1966, S.139 ff.

Soelling, Erich M.: Die Gebiete ohne Selbstregierung, in Sonderheit Südwestafrika unter der Obhut der Vereinten Nationen. Diss. Kiel 1962

Sonnenberger, Hans-Jürgen/ Mangoldt, Hans von: Anerkennung der Staatsangehörigkeit und effektive Staatsangehörigkeit natürlicher Personen im Völkerrecht und im internationalen Privatrecht. Berichte der Deutschen Gesellschaft für Völkerrecht, Bd.29, Heidelberg 1988

Spiegel: Grandiose Anpassung, Rezension des Buches von Paul Stauffer aaO, im Spiegel 39/1991, S.256, 257 f.

Spieler, Silke (Red.): Vertreibung und Vertreibungsverbrechen 1945-1948. Bericht des Bundesarchivs vom 28. Mai 1974. Archivalien und ausgewählte Erlebnisberichte, Hrsg.: Kulturstiftung der deutschen Vertriebenen, Bonn 1989

Spiropoulos, Jean: Die de facto-Regierung im Völkerrecht. Veröffentlichungen des Instituts für Internationales Recht an der Universität Kiel, Nr.29, Kiel 1926

Sprenger, Heinrich: Heinrich Sahm. Kommunalpolitiker und Staatsmann, Köln und Berlin 1969

Stachnik, Richard: Die Katholische Kirche in Danzig. Entwicklung und Geschichte, Münster 1959

Stachnik, Richard: Danziger Priesterbuch, Hildesheim 1965

Statistisches Bundesamt (Hrsg.): Die deutschen Vertreibungsverluste, Wiesbaden 1959

Stauffer, Paul: Zwischen Hofmannsthal und Hitler. Carl J.Burckhardt, Facetten einer außergewöhnlichen Existenz, Zürich 1991

Stauffer, Paul: "Sechs furchtbare Jahre .." Auf den Spuren Carl J. Burckhardts durch den Zweiten Weltkrieg, Zürich 1998

Steffens, Mechthild / Uschakow, Alexander: Die deutsche Frage in der juristischen und politikwissenschaftlichen Literatur des Auslandes seit 1980, Forschungsergebnisse der Studiengruppe für Politik und Völkerrecht, Bd.14, Bonn 1993

Steinberg, Heinz Günter: Die Bevölkerungsentwicklung in Deutschland im Zweiten Weltkrieg, mit einem Überblick über die Entwicklung von 1945 bis 1990, Hrsg.: Kulturstiftung der deutschen Vertriebenen, Bonn 1991

Steiniger, Peter-Alfons: Das Besatzungsstatut, NJ 47, 205

Steiniger, Peter-Alfons: Die Prinzipien des Potsdamer Abkommens und ihre aktuelle Bedeutung, in: Wissenschaftliche Zeitschrift der Humboldt-Universität zu Berlin. Gesellschafts- und sprachwissenschaftliche Reihen, 1966, S.55 ff.

Stern, Klaus: Staatsrecht der Bundesrepublik Deutschland, Bd.1, 2.Aufl. Köln 1984

Sternfeld, Norbert: Die Ersatzansprüche wegen Beschlagnahme der Danziger Vermögen durch die Polen, Lübeck 1947 (nicht veröff. Gutachten, aus den Akten der Danziger Exilorgane)

Sternfeld, Norbert: Gutachten an den Bundesminister des Innern betreffend die Frage der Rechtswirksamkeit der während des II. Weltkrieges vorgenommenen Kollektiveinbürgerung der Danziger Staatsangehörigen vom 22.7.1952 (nicht veröffentlicht, wie ebenda)

Sternfeld, Norbert: Gutachten an den Deutschen Bundestag vom 23.5.1953 bezüglich des Gesetzentwurfes zur Regelung von Fragen der Staatsanghörigkeit (nicht veröffentlicht, wie ebenda)

Stettinius, Eduard R.: Roosevelt and the Russians. The Yalta-Conference, New York 1949

Stjernfelt, Bertil/ Böhme, Klaus-Richard: Westerplatte 1939, Einzelschriften zur militärischen Geschichte des Zweiten Weltkrieges, Hrsg.; Militärgeschichtliches Forschungsamt, Band 23, Freiburg 1979

Stödter, Rolf: Deutschlands Rechtslage, Hamburg 1948

Stoll, Christian Th.: Das Recht Polens auf freien und sicheren Zugang zum Meer über Danzig. Ein Beitrag zur Geschichte des Völkerrechts, Hamburg 1960

Stoll, Christian Th.: Die Rechtsstellung der Deutschen in den polnisch verwalteten Gebieten, 1968

Stritzel, Klaus Peter: Die rechtliche Bedeutung der Eingliederung der Freien Stadt Danzig in das Deutsche Reich im Jahre 1939

Strupp, Karl: Wörterbuch des Völkerrechts und der Diplomatie, Berlin und Leipzig 1929

Strupp, Karl: Der Versailler Friedensvertrag, Berlin und Wien 1930

Strupp, Karl: Grundzüge des positiven Völkerrechts, 5. Aufl. Bonn 1932

Strupp, Karl/ Schlochauer, Hans Jürgen: Wörterbuch des Völkerrechts, 3 Bde, Berlin 1960-1962

Studnicki, Wladyslaw: Das östliche Polen; dt. Üb. von Harpe, Göttinger Arbeitskreis, Kitzingen/M. 1953

Supreme National Tribunal of Poland: Law Reports of Trials of war Criminals, Bd.XIII, S.70; Case No 74, Trial of Gauleiter Arthur Greiser, Supreme National Tribunal of Poland, 21st June-7th July, 1946

Teltschik, Horst: 329 Tage - Innenansichten der Einigung, Berlin 1991

The Diplomatic Press and Publishing: Poland's Western Territories. International Studies 10, London 1949

Thorwald, Jürgen: Es begann an der Weichsel, 6. Aufl. Stuttgart 1953

Thürer, Daniel: Selbstbestimmungsrecht der Völker, ArchVR 22/1984, 113

Thürer, Daniel: Das Selbstbestimmungsrecht der Völker, Bern 1986

Thürer, Daniel: Self Determination, EPIL, Bd.8/ 1986, 470

Thürer, Daniel: Das Subjekt des Selbstbestimmungsrechts, in: Selbstbestimmungsrecht und Frieden; Politische Studien, Sonderheft 6/1993, S.30 ff.

Tippelskirch, Kurt von: Geschichte des Zweiten Weltkrieges, Bonn 1951

Tobien, Hubertus von: Um das Oder-Neiße-Problem, in: Außenpolitik 2/1951, S.605 ff.

Tomuschat, Christian: Die Vereinten Nationen und die Menschenrechte, in: Das Parlament B49/88, S.14 ff.

Tomuschat, Christian: Staatsvolk ohne Staat? Festschrift für Karl Doehring, 1989, S. 985 - 1008

Tomuschat, Christian: Sudetendeutsche Fragen. Ein Rechtsgutachten Felix Ermacoras, FAZ vom 5.5.1992, S.11, abg. bei Böttcher/Dahm, Materialien 1991/92, S.353 ff.

Triepel, Heinrich: Völkerrecht und Landesrecht, Leipzig 1899

Tunkin, Grigorij Ivanovic: Das Völkerrecht der Gegenwart. Theorie und Praxis, 1963

Tunkin, Grigorij Ivanovic: Recht und Gewalt im internationalen System, Moskau 1983, dt. Üb. Elmar Rauch, Berlin 1986

Umiastowski, Roman: Poland, Russia and Great Britain, London 1946

Unser Danzig: Mitteilungsblatt des Bundes der Danziger seit Jahrgang 1950

Uschakow, Alexander: Das Erbe Stalins in den deutsch-polnischen Beziehungen. in: IRuD 1970 2.Halbband, S.9 ff.

Uschakow, Alexander: Das Potsdamer Abkommen in polnischer Sicht, in: Meissner/Veiter (Hrsg.), Das Potsdamer Abkommen und die Deutschlandfrage II. Teil. Völkerrechtliche Abhandlungen, Bd.4/ II.Teil, Bonn, Wien 1987, S.179 ff.

Uschakow, Alexander: Geheimdokumente der UdSSR und des Lubliner Komitees 1944/45 zur Oder-Neiße-Linie, in: Böttcher, Materialien 1988/89, S.473 ff.

Uschakow, Alexander: Die menschenrechtliche Lage der Deutschen in Polen, in: Staats- und völkerrechtliche Abhandlungen der Studiengruppe für Politik und Völkerrecht, Bd.9 - Menschen-rechtsverpflichtungen und ihre Verwirklichung im Alltag. Auswirkungen für die Deutschen, S.97 ff.

Uschakow, Alexander: Die Oder-Neiße-Linie/Grenze und der Hitler-Stalin-Pakt. Die historische Wirkung der östlichen Regionen des Reiches. Vorträge einer Tagung zum 40 jährigen Bestehen der Bundesrepublik Deutschland, im Oktober 1989, hrsg. von Hans Rothe, in: Studien zum Deutschtum im Osten, Heft 24, Köln, Weimar, Wien 1992, S.299 ff.

Uschakow, Alexander: Die Grenzregelung und die "ausgeklammerten" Fragen der deutschen Minderheit in Polen, in: Blumenwitz/Murswiek (Hrsg.), Staats- und völkerrechtliche Abhandlungen der Studiengruppe für Politik und Völkerrecht, Bd.13 - Aktuelle rechtliche und praktische Fragen des Volksgruppen- und Minderheitenschutzrechts -, Köln 1994, S.95 ff.

Veiter, Theodor: Die Entwicklung des Selbstbestimmungsrechts, in: Blumenwitz/Meissner (Hrsg.), Das Selbstbestimmungsrecht der Völker und die deutsche Frage. Staats- und völkerrechtliche Abhandlungen Bd.2, Köln 1984, S.9 ff.

Veiter, Theodor: Volksgruppenrecht und Selbstbestimmungsrecht als Menschenrecht in: Zieger/Meißner/Blumenwitz (Hrsg.), Deutschland als Ganzes, Bonn 1985, S.81 ff.

Veiter, Theodor: Potsdamer Abkommen und Vertreibung, in: Meissner/Veiter (Hrsg.), Das Potsdamer Abkommen und die Deutschlandfrage, II.Teil: Völkerrechtliche Abhandlungen, Bd.4/ II.Teil, Bonn, Wien 1987, S.55 ff.

Verdross-Drossberg, Alfred: Die völkerrechtliche Abgrenzung der Staatsangehörigkeit, JurBl 49, 197

Verdross, Alfred: Völkerrecht, 5.Aufl., Wien 1964

Verdross, Alfred/ Simma, Bruno: Universelles Völkerrecht. Theorie und Praxis, 3.Aufl., Berlin 1984

Verzijl, J.H.W.: Die Rechtslage der Freien Stadt Danzig, Ostrecht Bd.2, Berlin 1926, S.353 ff.

Verzijl, J.H.W.: De nationaliteit der Danzigers, in: NJurBl 1954, 785

Verzijl, J.H.W.: Territorial controversies before the International Court of Justice. A. The International Status of South-West Africa..., in: Ned Tijdschrift (NT) 1/1953/54, S.234 ff.

Verzijl, J.H.W.: The International Court of Justice. Three recent decisions, in: NT 3/1956, S.25 ff.

Verzijl, J.H.W.: The International Court of Justice. Admissibility of hearings of petitioners by the Committee on South West Africa, in: NT 3/1956, S.315 ff.

Villiger, Mark E.: Handbuch der Europäischen Menschenrechtskonvention (EMRK), Zürich 1993

Volkmann, Ernst: Äußerungen zum Gutachten von Bode, Hamburg 1948 (nicht veröffentlicht, aus den Akten der Danziger Exilorgane)

Volz, Gustav Berthold: Die Politischen Testamente Friedrichs des Großen, Politische Correspondenz Friedrichs des Großen, Ergänzungsband Berlin 1920

Wagner, Wolfgang: Die Entstehung der Oder-Neiße-Linie in den diplomatischen Verhandlungen während des Zweiten Weltkrieges, Johann-Gottfried-Herder-Forschungsrat, Bd.2, Stuttgart 1953

Waitz von Eschen, Friedrich: Die völkerrechtliche Kompetenz der Vier Mächte zur Gestaltung der Rechtslage Deutschlands nach dem Abschluß der Ostvertragspolitik, 1988

Waldock, Humphrey: Third Report on the Law of treaties, UN-Doc. A/CN.4/167 Add.1-3, Yearbook of the International Law Commission 1964

Walz, Gustav Adolf: Völkerrecht und staatliches Recht. Untersuchungen über die Einwirkungen des Völkerrechts auf das innerstaatliche Recht, Stuttgart 1933

Walz, Gustav Adolf: Das Verhältnis von Völkerrecht und staatlichem Recht nach der nationalsozialistischen Rechtsauffassung, ZfVR 18/1934, 145

Wehberg, Hans: Die Ächtung des Krieges, Berlin 1930

Wehberg, Hans: Krieg und Eroberung im Wandel des Völkerrechts. Völkerrecht und Politik, Bd.1, Frankfurt/M. und Berlin 1953

Weise, Erich (Hrsg.): Die Staatsverträge des Deutschen Ordens in Preußen im 15. Jahrhundert, Bd.1 1939, Bd.2, Marburg 1955

Weise, Erich: Die staatsrechtlichen Grundlagen des Zweiten Thorner Friedens und die Grenzen seiner Rechtmäßigkeit, ZfO 3/1954, 1

Weizsäcker, Ernst von: Erinnerungen, München, Leipzig, Freiburg i.Br. 1950

Welles, Sumner: The Time for Decision, New York, London 1944

Wengler, Wilhelm: Der Begriff des Politischen im internationalen Recht, Tübingen 1956

Wengler, Wilhelm: Völkerrecht, 2 Bde, Berlin, Göttingen, Heidelberg, 1964

Wermter, Ernst Manfred: Das Königliche Preußen (Preußen königlich-polnischen Anteils) 1454 bis 1569 mit dem Hochstift Ermland und den drei großen Städten Danzig, Elbing und Thorn. Innerer Aufbau und das Verhältnis zur Krone Polens, in: Baumgart, Peter (Hrsg), Ständetum und Staatsbildung in Brandenburg-Preußen, Veröffentlichungen der Historishen Kommission zu Berlin, Band 55, S.130-152, Berlin, New York 1983

Wermter, Ernst Manfred: Die politische Vorstellungswelt der Stände im Königlichen Preußen, insbesondere in Danzig um 1500, in: Acta Borussica Bd.II., Zentralarchiv für altpreußische Volkskunde und Landesforschung, Relationes der wissenschaftlichen Veranstaltungen und Beiträge zur Dokumentation der Ost- und Westpreußischen Landeskunde in München 1983/1984, hrsg. von der Ost- und Westpreußenstiftung in Bayern "Professor Dr.Ernst Ferdinand Müller" e.V., München 1984, S.102 ff.

Wermter, Ernst Manfred: Die Reichsacht gegen Danzig und Elbing (1497-1515), Städtische Handelspolitik im Spiel der Großmächte, in: Jähnig, Bernhart/ Schuch, Hans-Jürgen (Hrsg), Elbing 1237-1987, Quellen und Darstellungen zur Geschichte Westpreußens, Nr.25, S.75-107, Münster 1991

Westlake, John: International Law. Teil II: War, 2. Aufl. Cambridge 1913

Wheaton, Henry: Wheaton's elements of international law, rewritten by A. Berriedale Keith, 6. Aufl. London 1929

Wierutsch, Günther: Die Eigenart des Danziger Verfassungssystems im Vergleich mit dem Deutschen Reichs- und Landesstaatsrecht. Diss. Bonn 1931

Wiewióra, Boleslaw: The Polish-German Frontier from the Standpoint of International Law, mit einem Vorwort von Klafkowski, Posen, Warschau 1959

Wilmot, Chester: The Struggle for Europe, London 1952

Winiarski, Bohdan: Sondervotum zum IGH-Gutachten vom 1.6.1956, ICJ Reports 1956, S.33

Wiskemann, Elizabeth: Germany's Eastern Neighbours. Problems Relating to the Oder-Neisse Line and the Czech Frontier Regions, Royal Institute of International Affairs, London, New York, Toronto, Oxford 1956

Wothe, Franz Josef: Carl Maria Splett, Bischof von Danzig. Leben und Dokumente, Hildesheim 1965

Wothe, Franz Josef: Verwaltungsfragen oder mehr? Zur Neustrukturierung der Kirche Polens, in: Der Gemeinsame Weg, Heft 67/1992, S.6 ff.

Wolgast, Ernst: Völkerrecht, Berlin 1934

Wolgast, Ernst: Grundriß des Völkerrechts, Hannover 1950

Wright, John Quincy: The Law of the Nuremberg Trial, AJIL Bd.41/1947, 50

Wright, John Quincy: Book Review: Mandates, Dependencies and Trusteeship, by Duncan Hall; British rule in Palestine, by Bernard Joseph, in: Harvard Law Review, 62, 1948/49 Cambridge, The Harvard Law Review Association, 1949

Zayas, Alfred-Maurice de: Nemesis at Potsdam, 1977, 2. Aufl 1979

Zayas, Alfred-Maurice de: Population, Expulsion and Transfer, in: EPIL, Bd.8/1985, S.438 ff.

Zayas, Alfred-Maurice de: Anmerkungen zur Vertreibung der Deutschen aus dem Osten, Stuttgart, Berlin, Köln, Mainz 1986

Zayas, Alfred-Maurice de: Die Vertreibung in völkerrechtlicher Sicht, in: Blumenwitz (Hrsg.), Flucht und Vertreibung, Köln, Berlin, Bonn, München 1987, S.239 ff.

Zayas, Alfred-Maurice de: Die Anglo-Amerikaner und die Vertreibung der Deutschen, 10. Aufl. München 1998

Zieger, Gottfried: Die gesamtdeutsche Staatsangehörigkeit als rechtliches Band des deutschen Staatsvolks unter besonderer Berücksichtigung der Ostdeutschen, in: Kulturstiftung der deutschen Vertriebenen (Hrsg.), Die Auslegung der Ostverträge und Fragen der gesamtdeutschen Staatsangehörigkeit der Ostdeutschen, Bonn 1980

Zieger, Gottfried: Gebietsveränderungen und Selbstbestimmungsrecht, in: Blumenwitz/Meissner (Hrsg.), Das Selbstbestimmungsrecht der Völker und die deutsche Frage, Staats- und völkerrechtliche Abhandlungen, Bd.2/1984, S.73 ff.

Ziehm, Ernst: Die Verwaltung Danzigs durch die interalliierten Hauptmächte und die Konstituierung der Freien Stadt Danzig, Danziger Schriften für Politik und Wirtschaft, Heft 4, S.33, Danzig 1930

Ziehm, Ernst: Aus meiner politischen Arbeit in Danzig 1914-1939. Wissenschaftliche Beiträge zur Geschichte und Landeskunde Ost-Mitteleuropas, Hrsg.: Johann Gottfried Herder-Institut, Nr.25, Marburg 1957

Zinn, Georg August: Das staatsrechtliche Problem Deutschland, SJZ 47, 4

Zündorf, Benno: Die Ostverträge. Die Verträge von Moskau, Warschau, Prag, das Berlin-Abkommen und die Verträge mit der DDR, München 1979

Zur Mühlen, Manfred von: Artikel 25 des Grundgesetzes für die Bundesrepublik Deutschland vom 23. Mai 1949 im Vergleich zu Artikel 4 der Verfassung des Deutschen Reiches vom 11. August 1919. Diss. Hamburg 1951

Personenregister

Adalbert von Prag 28
Adenauer, Konrad 72
Albrecht, Erzherzog von Österreich 34
Alexander I., Zar von Rußland und König von Polen 49, 50
Annan, Kofi 329
Aragona, Giancarlo 333
Attolico, Bernado 90
August II., der Starke, König von Polen 44, 45
August III., König von Polen 45

Bafile, Corrado 208
Bail 80
Baker, Ray Stannard 78
Balfour, Arthur James, Earl of 77
Barcz, Jan 238, 346
Beck, Józef 52, 55, 64
Beermann, Johannes 122, 123
Behrendt, Anton 208
Benedikt XII., Papst 32
Bevin, Ernest 71, 205, 206
Bieler, Johannes 208
Bierut, Bolesław 161, 191
Blair, Tony 328
Bogusza 31
Bolesław III., Herzog von Polen 25
Bolesław IV., Herzog von Polen 25
Bolesław, Herzog von Großpolen 30
Bonin 89
Böttcher, Viktor 63
Bouteiller, Michael 345
Brauchitsch, Walter von 131
Brazaukas, Algirdas 333
Briand, Aristide 195
Bullard, Julian 206
Burchard, Burggraf von Magdeburg 28
Burckhardt, Carl Jacob 56, 60-63, 74, 90, 129-131, 199, 200
Buzek, Jerzy 330

Cambon, Jules 77, 89
Carter, James E. 73
Chamberlain, Neville 149, 205

Chirac, Jacques 328
Chodacki, Marjan 130
Christian, König von Dänemark 34
Churchill, Winston 71, 157, 158, 161, 229
Clemenceau, Georges 77-79
Clemens VI., Papst 32
Clinton. Bill 320, 328
Curzon of Kedleston, Lord George Marquess 53, 191
Cyrankiewicz, Józef 167

Davy, Richard 206
Derby 89
Dertz, Siegfried 75
Dmowski, Roman 77, 79
Dönitz, Karl 160
Dupont 86

Eberhard 64, 141
Eden, Anthony 59, 61, 157, 158

Foerster, Lothar 83, 84
Forster, Albert 57, 58, 61-63, 129-131, 133, 135-137, 139-142, 199, 210
Franz II., Kaiser 51
Friedrich August, König von Sachsen 49, 50
Friedrich I. (Barbarossa), Kaiser 25
Friedrich I. (Friedrich III., Kurfürst von Brandenburg), König "in" Preußen 44
Friedrich II., der Große, König von Preußen 45-47
Friedrich II., Kaiser 29
Friedrich II., König von Dänemark 41
Friedrich III., Kaiser 34, 35
Friedrich Wilhelm II., König von Preußen 48
Friedrich Wilhelm, Kurfürst von Brandenburg, der Große Kurfürst 30, 43
Furrer, Hans-Peter 326, 327

Genscher, Hans-Dietrich 214
Gero, Markgraf 25

Gil-Robles Gil-Delgado, José Maria 333
Girgensohn, Herbert 123
Glogau, Herzog von 32
Göbel, Werner 123
Gravina, Graf Manfredi 90
Gregor IX., Papst 29
Greiser, Arthur 58, 59, 62, 63, 129, 141, 210
Grübnau, Max 64
Gülzow, Gerhard 67, 70, 71, 123
Gustav Adolf, König von Schweden 43

Hänsch, Klaus 326

Haking, Sir Richard 83, 84, 87, 90
Halifax, Edward Frederick L.W. Lord 149, 205
Haller von Hallenburg, Józef 116
Hamel, Joost van 90
Heinrich IV., König von Frankreich 42
Heinrich VII, Kaiser 32
Heinrich, Prinz von Preußen 46
Hermann von Salza 29
Herzog, Roman 314, 345
Hitler, Adolf 55-57, 62-64, 129, 131, 133, 134, 137-139, 141, 142, 181, 211, 228
Höynck, Wilhelm 326
Homeier, Willy 342
Hoover, Herbert Clark, Präsident der USA 72

Ishii, Baron 87, 89, 107, 108, 114, 115

Jagiello, Władysław, Großfürst von Litauen und König von Polen 32, 33
Jodeck, Thomas 39
Johann Kasimir, König von Polen 29, 30, 43
Johann Sobieski, König von Polen 44
Johann XXII., Papst 32
Joyce, Lucy 343, 344

Kaczorowski, Ryszard 185
Kalähne, Anni 71

Kalckreuth, Friedrich Adolf Graf von 49
Kalweit, Paul 122
Kanaparius, Abt 28
Kanther, Manfred 325, 331
Karl X. Gustav, König von Schweden 43
Karl XII., König von Schweden 44
Kasimir III., König von Polen 32
Kasimir IV., König von Polen 35, 37, 39
Katharina I., Zarin von Rußland 45
Katharina II., Zarin von Rußland 45-47
Kellogg, Frank Billings 195
Kewning 67
Kinkel, Klaus 325, 331, 336
Kohl, Helmut 72, 73, 214, 325, 331
Könnemann, Rudolf 73
Konrad, Herzog von Masowien 28
Konrad, Markgraf von Brandenburg 30
Koschnick, Hans 73, 345
Krzak, Marian 342
Küchler, Georg von 131

Leitreiter, Herbert 342
Lansing, Robert 81, 82
Lengnich, Gottfried 41
Lenin, Wladimir Iljitsch 224
Leopold I., Kaiser 44
Lester, Seán 59, 60, 90
Letzkau, Konrad 33
Link, Dieter 345
Lipski, Józef 55, 59
Lloyd George, David Earl 52, 77-79, 206
Lord, R. H. 79
Ludolf König 29
Ludwig IV., Kaiser 32
Ludwig von Erlichshausen 39

MacDonnell, Marvyn Sorles 90, 101, 105
Mackensen, August von 83
Major, John
Majskij, Iwan 173, 191, 211
Mallaby, Christopher L. G. 206
Marshall, George F. 191
Mattern, Karl-Heinz 73
Maximilian I., Kaiser 39
Meri, Lennart 333

Mestwin I., Herzog von Pommerellen 27
Mestwin II., Herzog von Pommerellen 29, 30
Mieszko I., Herzog von Polen 25
Millers, Ivars 339
Mitterrand, François 216, 320
Möllemann, Jürgen W. 213, 214
Molotow, Wjatscheslaw 129, 191
Morgenthau, Henry 157
Napoleon I., Kaiser der Franzosen 49
Naumann, Klaus 344
Nikolaus V., Papst 35
Nowicki, Edmund 125, 208

Oberste-Berghaus, Günter 319, 327, 334, 336, 339
Oleksy, Józef 324, 330
Olter, Gerard 75
Orlando, Vittorio 77
O'Rourke, Graf Eduard 124, 207
Osóbka-Morawski, Edward 159, 191
Otto, Markgraf von Brandenburg 31

Paderewski, Ignaz, 77
Perkowski 64
Peter I., der Große, Zar von Rußland 44, 45, 47
Phillips, Ruth 341
Pickthorn 205
Piłsudski, Josef 52, 54, 191
Pius XI., Papst 124, 125
Przemysław II., König von Polen und Herzog von Pommerellen 28, 30

Rapp, Jean 50
Rauschning, Hermann 58
Reagan, Ronald 73
Ribbentrop, Joachim von 55, 59, 129
Roick, Helmut 71, 319, 327, 334, 339, 340
Rokossowski, Konstanty 152
Roosevelt, Franklin D. 157, 158, 229
Rosting, Helmer 90
Rottenburg, Franz Gottfried von 47
Rügen, Fürst von 32
Rundstedt, Gerd von 131

Sahm, Heinrich 56, 83, 86, 88, 90, 122
Santer, Jacques 325, 332, 334
Sawicki 125
Schily, Otto 213
Schön, Heinrich Theodor 51
Schopenhauer, Johanna 47
Schümmer, Wilhelm 88
Sigismund I., König von Polen 37, 39, 40
Sigismund II. August, König von Polen 41
Sigismund, Kaiser 32
Sikorski, Władysław 173, 191, 211
Skubiszewski, Krzysztow 273
Smuts, Jan 79
Solana Madariaga, Javier 333
Souza, Wilfrid de 73
Splett, Carl Maria 125, 207, 208
Stalin, Josef Wissarionowitsch 66, 129, 161, 191, 211
Stanislaus August Poniatowski, König von Polen 45
Stanislaus Leszczynski, König von Polen 44, 45
Stephan Bathory, König von Polen 34, 41
Sternfeld, Norbert 60, 67, 70, 71, 74, 338
Sternicki, Siegfried 75
Stimson, Henry Lewis 143, 195, 196, 202
Strutt 89, 90
Subislaw, Fürst von Pommerellen 26
Sully, Herzog von, Freiherr von Rosny (Maximilian von Béthune) 42, 314
Swantopolk, Herzog von Pommerellen 27, 28, 30
Swenza 31

Tarschys, Daniel 326, 332
Teltschik, Horst 214
Tepp, Jean 340
Tönniges, Georg 47
Tower, Sir Reginald 53, 83, 84, 86, 90, 116
Trestour, Jean 334
Trosiner, Christian Heinrich 47

Truman, Harry S. 71

Uckeley 122
Ulmanis, Guntis 333

Waigel, Theodor 303
Waldemar, Markgraf von Brandenburg 31, 32
Walesa, Lech 185
Walters, Frank P. 200
Wannow, Marianne 216
Warcisław, Herzog von Pomoranien 25, 30
Weizsäcker, Ernst von 60
Weizsäcker, Richard von 216, 345
Wenzel II., König von Böhmen und Polen 30
Wenzel III., König von Böhmen und Polen 30
Wiechmann, Hans 61
Wilecki 344
Wilson, Woodrow 76-82, 223-227, 240
Winrich von Kniprode 29
Wladislaus, König von Böhmen 34
Władysław Łokietek, Herzog von Kujawien und Großpolen, König von Polen 30, 32
Wothe, Franz-Josef 208
Wyszyński, Stefan Kardinal 208

Yeltsin, Boris N. 320, 328

Ziehm, Ernst 56, 70, 90
Zeller 203

Sachregister

Aalandinseln 109 ff., 228
Abessinien 196
Acht und Aberacht über Danzig 39, 41
Adel, polnischer 45
Adjudikation 150, 160, 165, 190
"Administration" 187
Ästier 25
Äthiopien 145
Albanien 145, 203
Alliierte des Ersten Weltkrieges
- Alliierte und Assoziierte Hauptmächte 76-90, 95, 99, 106, 114, 116, 119, 121, 126, 128, 138, 150, 171
- Botschafterkonferenz 86-88, 116
- Deutsche Gegenvorstellungen 79
- "Große Vier" ("Rat der Vier") 77 f.
- Ishii-Bericht 87, 107, 113 ff.
- Mantelnote Clémenceaus 79, 92, 99
- Militärische Gewalt in Danzig 84
- Noten 81
- Siegermächte 116, 119, 147, 149, 188
- Vertreter 83
- Verwaltung Danzigs 84
Alliierte des Zweiten Weltkrieges 144, 150, 157, 164, 187 ff., 196, 272, 312, 317 ff., 320 ff., 328 ff.
- Drei-Mächte 143, 151, 160, 161, 173, 186, 190
- Entscheidungen nach Kriegsschluß 159 ff.
- "Große Drei" 151, 158
- Kriegskonferenzen 157 ff., 188
- Siegermächte 147, 150, 152, 187, 193, 220
- Vier-Mächte 143, 151, 160, 193, 219 f., 306
- Sowjetunion 150 f., 158, 171
- West-Alliierte 74, 150, 151, 158, 161, 171
Anerkennung 137, 143 f.

Angriff 130
Angriffskrieg 142
Annexion/ Annektierung 48, 139, 140 ff., 150, 165, 188, 197
- Ablehnung durch Alliierte 160, 165, 188, 193, 252 f.
- Definition 140
- des Siegers 189
- durch Deutsches Reich 196 f.
- Durchsetzung 145 ff., 217 f.
- Einseitiger Gewaltakt 140 ff., 188
- Erklärung 136 f., 140, 179, 189
- Nichtanerkennung (siehe auch dort) 130, 143, 149, 195 ff.
- Nichtigkeit 82, 143, 194, 195
- Nichtkriegerische 140 ff., 148
- Verbot 140 ff., 148, 188 f., 195 ff.
- Verfrühte 144 ff., 148, 189, 194, 253
- Völkerrechtswidrigkeit 110 f., 142 ff., 184, 188 f., 224
- Wille 179
Autochthone 156, 265

Bad Kissingen 70
Balkan 223
Balten 24 f.
Baltischer Höhenrücken 24, 91
Baltische Staaten 197 f., 313, 333, 339 f.
- Kontinuität 197 f., 248 f., 252
- Repräsentationsorgane 198, 248
- Souveränität 197 f.
- Unabhängigkeitsidee 198
- Wiederherstellung 198, 248, 252
Belgien 258
Benelux-Staaten 100
Berchtesgaden 55 f., 64
Berent 153
Berlin 62, 63, 71, 77, 80, 84, 90, 130, 151, 155, 159, 160, 161
Böhmen 30, 34, 133, 196
Bornholm 24
Brandenburg 30, 32, 34, 43

Brandenburger 29-31, 43
Bremen 70, 72f., 345 f.
Britische Militärregierung 67
Bromberg 132
Budapest 142, 234, 235
Bütow 154
Bug 48, 212
Bulgaren 24
Bundesrepublik Deutschland 155, 175 ff., 197, 212 ff., 271, 310 ff., 325, 331f., 335ff., 345
Bundesverfassungsgericht 241, 261
Bundesvertriebenengesetz 215 f.
Burgunder 24

Charta der Deutschen Heimatvertriebenen 70
 - Bekenntnis der Danziger Vertriebenen 70
 - Gewaltverbot 281
China 73, 143
Christentum 25
Costa Rica 120
"Curzon-Linie" (siehe Grenze und Polen)

Dänemark 34, 41, 44, 113, 142
Dänische Flotte/ - Kriegsschiffe 41, 51
Danzig
 - Altstadt 32, 37
 - Anschluß an Preußen 47 ff.
 - Artushof 80
 - Bevölkerung (siehe auch Staat - Staatsvolk und Volk) 31 f., 37, 58, 62, 71, 73, 75, 78, 80 f., 90 f., 93, 115, 119, 131, 133, 136 f., 140 f., 149, 152, 155 f., 163 f., 166 f., 179, 181 ff., 187, 204, 207, 210, 218 f., 227 f., 239, 249, 253, 257 ff., 265, 267, 269 f., 275, 282 f., 285, 307 f., 310, 313
 - Bürgerschaft 28, 31, 33, 40, 45, 48, 80
 - Burg 27 f., 30 ff., 35 f.
 - Burggraf 38
 - "Civitas" 28
 - Deutsche Kaufmannssiedlung 26, 28
 - Deutsche Stadtgründung 27 ff.
 - Deutsche Stadtrepublik 38, 48
 - Deutscher Charakter 78 f., 90
 - Drei Ordnungen 33
 - Dritte Ordnung 33, 40
 - Exil (siehe Exilorgane)
 - Freie Stadt 78 f.
 - Freistaat 49 f, 96, 106, 118, 139, 205, 226, 255
 - Geschichte, 23 ff., 78, 307 f., 345 ff.
 - "Grodstadt " 27
 - Hansestadt 42, 79, 80
 - Jungstadt 32, 37
 - Katharinenkirche 27
 - Kaufmannschaft 80
 - Krone Polen (siehe auch dort) 34 ff., 39 ff., 43 ff., 48 ff.
 - Magistrat 80
 - Marienkirche 27, 122 f.
 - Name 28
 - Naturforschende Gesellschaft zu 345 ff.
 - Nikolaikirche 27
 - Oberbürgermeister 83, 86, 88
 - Preußische Bewegung 47
 - Privilegien 33, 35 f., 40 f., 45
 - Rat 33, 35 f., 38, 40 ff., 45, 47 ff.
 - Rechtstadt 28, 31 f.
 - Regierungsbezirk 51, 83, 132
 - Schöffen 33, 38
 - Senat 49, 50
 - Slawische Siedlung 27 f.
 - Stadtrecht
  - Lübecker 28
  - Magdeburger 28
  - Kulmer 29
 - "Suburbium" 27
 - Unabhängigkeit 37, 48, 49
 - Unterdrückung der protestantischen Lehre 40 f.
 - Verteidigung gegen König von Polen 41

- Wappen 37
- Zerstörung 31, 153

Danziger Bucht 25, 41 ff., 91
Danziger Hafenarbeiter 116
"Danziger Haupt" 43
Danziger Höhe 91
Danziger Niederung 91
Danziger Staatsangehörigkeit (siehe auch Staatsangehörigkeit) 92, 96, 241, 260
- Erlöschen 145, 146
- Ersterwerb 91
- Fortbestand 145 ff., 172, 203, 205 f., 207 ff., 213 f., 254 ff., 262 ff., 310
- Gesetz 91 f., 96, 254 ff.
- Verleihung an Polen 96 f.

Danziger Staatsgebiet (siehe auch Staat)
- Bevölkerung 91, 250
- Lage und Umfang 91

Danziger Staatsvolk (siehe auch Staat)
- Beteiligung 228
- Forderungen 221
- Gebliebene 75
  - Besserung nach der Wende 75
  - Organisation 75
  - Verfolgung 75
- Rechte 291, 308 ff.
- Zahlen 250

Danziger Werder 91
Danzig-Langfuhr 75
Danzig-Westpreußen 123, 132
De-facto-Anerkennung 196, 197
De-facto-Regierung 137
Dekrete
- Decretum Johannis III (1678) 44
- Lubliner Dekret (1569) 41
- Statuta Sigismundi (1526) 40
- Statuta Karnkowiana (1570) 41

"Delimitation" 187
Deutsche Demokratische Republik 67, 74, 155, 173, 175, 176 ff., 187, 214, 216, 250, 285

Deutsche Hanse 33 f., 37, 39, 42, 79 f., 180
Deutsche Staatsangehörigkeit 261 ff
- Anerkennung der Verleihung 178, 257 ff.
- Ausschlagungsrecht 259, 261 f.
- Deutsche Volksliste 254 ff.
- Erwerb 131 f., 254 ff.
- Mißbrauchsbereinigungen 259 f.
- Option für die deutsche Reichsangehörigkeit 92
- Rechtsstaatswidrige Regelungen 255 f., 259 f.
- und Selbstbestimmungsrecht 240 ff.
- Verbot des "venire contra factum proprium" 261 f.
- Verleihung 132, 145, 254 ff.
- Verlust der Reichsangehörigkeit 91

Deutscher Bund 51
Deutscher König 32
Deutscher Ritterorden 29 ff., 34 ff., 44, 46 f.
- Hochmeister 29, 35, 39
- Komtur 32
- Ordensstaat 33

Deutsches Generalkonsulat in Danzig 216
Deutsches Reich (siehe auch Deutschland) 50 ff., 65 f., 76 ff., 83, 129ff., 136 ff., 140 ff.
- Bedingungslose Kapitulation 66, 190
- Einmarsch in Polen 65, 131
- Fortexistenz nach 1945 159, 254, 259
- Hitlers "Weisung Nr.1 für die Kriegführung" 130
- Militärische Besetzung Danzigs 131, 138, 140 ff., 148 f.
- Regierungsgewalt 160, 170, 190
- Reichs- und Staatskommissar (siehe dort)
- Revisionspläne 63

- Revisionsvorschläge 55, 61
- Sammeleinbürgerung 132, 254 ff., 261 f., 264, 266
- Staatliche Regelungen der BRepD nach 1949 259 f.
  - Geltungsbereich (Vertriebene und Gebliebene) 259 ff., 264 f.
  - Gesetz 259 f.
  - Grundgesetz 259
  - Negative Option 259, 262
  - Rechtsgrund 261 f.
- Staatliche Regelungen im Zusammenhang mit der Wiedervereinigung 1939 254 ff.
- Vorbereitungen zur Besetzung Danzigs 63 ff., 141 f., 146
- Wiedervereinigungspläne 52 ff., 56 ff.
- Zehnjahrespakt 57

Deutsches Volk 250
Deutschland (siehe auch Deutsches Reich und Bundesrepublik Deutschland) 53, 76 f., 81, 113 ff., 117 f., 119, 128, 150, 158, 166 f., 183, 212 ff.
- "Ganz Deutschland" 168
- Grenzen vom 31.12.1937 159 f., 163 f., 166 ff., 175 f., 178 f., 184, 191 f., 202, 204, 207, 212 f., 251 f.

Diplomatischer Schutz 263, 265, 275 ff.
Dirschau 32, 41, 153
Diskriminierungsverbot 273
Dobriner Land 32
Drei-Mächte-Konferenz in Moskau 143
Düsseldorf 346

Effektivitätsgrundsatz 84, 109 ff., 144, 148, 195, 198, 218, 245 f., 253
Eigentum (siehe auch Vermögen) 267 ff.
Elbing 35, 37, 39 f., 41, 43, 78, 154, 239
Elbslawen 24
Elsaß 258

England 44, 46, 49 f., 54, 59 f., 61, 64, 72, 149, 160, 170, 197, 202, 204, 205
Erga omnes - Wirkung 110
Ermland 39, 46, 123
Eroberung 25, 40, 44, 46, 125, 142 f., 152, 155, 181, 185, 189, 192, 194, 196, 210, 247f., 265, 269, 274, 282, 286, 307
Ersitzung 217 ff., 270
Erster Weltkrieg 52, 76, 116, 142, 149 f., 170 f., 181 f., 193, 223, 239, 276, 291, 299, 305, 308
Estland 197 f., 215, 333, 339 f.
"Ethnische Säuberung" (siehe auch Vertreibung) 187, 196, 243, 245, 278 f., 282
Eupen 258
Europäische Friedensordnung (siehe auch Friedensordnung) 73, 115, 158, 177 f., 235, 237 f., 251, 278, 280, 304, 308, 311
Europäische Kommission 326, 333, 334 f.
Europäisches Parlament 326, 333
Europäische Staaten 314
Europäische Union 244, 265 f., 306, 312, 315
Europaordnung 42
Europa-Rat (Sully-Plan) 42, 314
Europarat 244, 315, 326 ff., 332
Evangelische Kirche 122 f.
"Ex factis ius oritur" 218
"Ex iniuria ius non oritur" 218
Exilorgane 70 f., 204, 275, 277, 286, 290 f., 306, 310 ff., 313, 317 ff., 346
- Bund der Danziger 66-69, 71 ff., 250
- Rat der Danziger 66, 69 ff., 72 ff., 214, 220, 248, 250 f., 310, 317 ff.
- Vertretung der Freien Stadt Danzig 66 f., 69 ff., 73 f., 175, 204 f., 208, 214, 216, 250 f., 281, 290, 310, 317 ff.

- Eingaben/ Aktivitäten 67 ff., 71 ff., 175, 300, 317 ff.
- "Grünbuch Die Freie Stadt Danzig " (1965) 72 f., 74
- "Grünbuch Die Freie Stadt Danzig" (1994) 74
- Legitimation 71
- Petitionen 1995 74, 317 ff.
- Petitionen 1998 328 ff.
- Tag der Danziger 68
- Wahlen 66, 71, 244, 250 f.
- Wahlordnung 71, 250 f.
- Wahlperiode 71

Exilregierung 70, 151, 158f., 161, 175, 185 f., 191, 197 f., 210 f., 221, 244, 247 f., 269, 291, 301
- Bedeutung 247 f.

Festung 48, 152, 168
Finnland 109 f., 196
Flucht 33, 132, 155 f., 203, 215, 249 f., 282
Frankfurt a.M. 70
Frankreich 42, 46, 50, 59 ff., 64, 76 f., 84, 88, 104, 116, 126, 128, 130, 143, 149, 160 f., 166, 170 f., 175, 193, 197, 200, 205, 206 f., 312, 317 f., 328 f. 342
Französische Besetzung Danzigs 49 f.
Französische Kriegsschiffe 51
Französischer Gouverneur 50
Freier Zugang zur Ostsee 54, 77-81, 87, 92, 100, 114, 118, 127 f., 163, 225 f., 239 f., 304 f.
Freie Stadt Danzig 52 ff., 76, 129, 149 ff., 287 ff., 307 ff.
- Abtretung vom Deutschen Reich 52, 76 ff., 79 - 81, 82 ff., 86, 93, 126, 128, 139, 149, 227
- Anlegehafen (port d'attache) 118
- Anlehnung an Deutschland 53, 184
- Annexion (siehe auch dort) 140 ff.
- Antragsbefugnis bei VN 291 f.
- Auflösung 136

- Auswärtige Angelegenheiten, "Führung" der 65, 92 f., 100 ff., 146
- Auswärtige Gewalt 88, 95 100 ff.
- Bindung an Versailler Vertragsgeflecht 139
- Danziger Landespolizei 131
- Dereliktion 189 f.
- Deutsche Amtssprache 93
- Deutscher Militärstützpunkt 140 ff., 144 ff., 163, 168
- Deutscher Kriegsschiffbesuch 59
- Deutschnationale Volkspartei 62, 89
- Eingliederung
  - (1939) 129 ff., 140 ff., 144 ff.
  - (seit 1945) 149 ff.
- Einverleibung 129 ff., 140 ff., 148 ff., 154, 217, 240, 245
- Einwohner 91
- Eisenbahnverwaltung 97
- Entstehung 76 ff.
- Ermächtigungsgesetze 135
- Eroberung durch Sowjetunion und Polen 151 ff.
- Errichtung 87 ff., 91 f., 138, 227
  - akt 88 ff., 91 f.
  - Bekanntmachung 89
  - prozeß 84 ff., 87 f.
  - urkunde 88 f., 113
  - vorgänge 87 ff,
- Exilorgane (siehe dort)
- Flagge 93
- Freier Zugang zur Ostsee (siehe dort)
- Freihafen 92 f.
- Garantie 85-87, 89, 107 f., 113 f., 119 f., 127 f., 148 f., 309
- Geschichte 23 ff., 78, 307 f.
- Grenzen, Grenzkommission 84, 86, 91
- Grünbuch "Die Freie Stadt Danzig" 72 ff.
- Hafen 56, 97 f., 118 f.
- Hafenausschuß 97 f.

489

- Hafenverordnung 119
- Innerstaatliche Bedingungen 56 ff.
- Internationaler Status 66, 108 ff., 112 ff., 128, 138 f., 144, 147 ff., 169, 194, 253, 291, 294, 299 f., 309 f.
- Jüdische Bevölkerung in Danzig 59, 62 f.
- Kirchen (siehe auch Ev. und Kath. Kirche) 59, 121 ff., 207 f.
- Koimperium 85, 126
- Kondominium 84 f., 126, 128
- Konstituierung 89
- KPD 62
- Kriegsschauplatz des Deutschen Reiches 163, 168
- Lage und Umfang des Staatsgebietes 91
- Langfuhr 65
- Militärhoheit 104
- Militärisches Mandat 88, 95, 104
- Neufahrwasser 47, 65
- Neustrukturierung der kath. Kirche (1992) 207 f.
- Neutralität 115 ff., 128
  - Antrag 116
  - Verpflichtungen 119 ff., 128
- NS Aggressionen 59, 61 ff.
- NSDAP 52 f., 57 ff.
- NS Entwicklung 57 ff.
- NS Gauleiter 57 f., 141 f.
  - Plan einer Anschlußerklärung 62 f., 141
  - Schattenregierung 141 f.
  - "SS-Heimwehr" 131
- NS Regierung 58 f., 122 ff.
- Obergericht 59, 93
- Okkupation 140 f., 148, 168 ff., 189 f.
- Opposition 57, 59, 61 f., 89, 124, 141, 228
- Parteien 57, 59, 62, 83 f., 124
- Polizeigewalt 93 f.
- Polnische Minderheit 58, 93
- Polnische bewaffnete Stützpunkte in Danzig 64 ff., 131
- Port d'attache 118
- Pontonbrücke 64
- Präsident des Senats/Regierungschef 56, 59, 87, 89 f., 93, 101, 122, 129, 135 f., 141 f.
- Presse 59
- Protektorat 94 f., 103, 107
  - Verwaltungs 94
  - Völkerrechtliches 95
- Protest gegen Abtrennung 52 f., 80 f., 227
- Rechtscharakter 93 ff., 108, 125 ff.
- Rechtsbeziehungen zu Polen 97 ff., 100 ff., 104, 105 f.
- Rechtseinheit mit dem Deutschen Reich 90
- Rechtslage (Zusammenfassung) 308 ff.
- Regierung 58 f., 62, 89, 93, 122 ff., 125, 141, 148
- Regierungserklärung (1920) 90
- Revisionsbestrebungen 53 f., 56 f., 113 f.
- Schutz 85- 87, 89, 104, 107 f., 113, 119, 127, 148
- Schutzbeziehung (siehe dort)
- Schutz der Staatsangehörigen im Ausland 93, 97, 103
- Senat 56, 63, 64, 66, 87, 89, 93, 96, 105, 129 f., 135, 207, 210, 310
- Sonderrechte Polens (siehe auch Polen) 92, 97 ff.
- Souveränität (siehe auch dort) 83 ff., 86, 94, 97, 99 f., 104 ff., 113, 126 f., 131, 146, 167, 174, 180, 189 f., 217, 243, 252, 258, 273, 310, 314
  - Eingeschränkte 94, 97 ff., 100
  - Gebietshoheit 83 ff., 126, 146, 154, 172, 249, 277
  - Halbsouveränität 99 f.
  - Personalhoheit 172

- Territorialsouveränität (siehe dort)
- Souveränitätsfreies Gebiet 127 f., 177 f., 180, 182 ff., 185, 189 f., 285 f., 310
- Spannungen zwischen Partei und Staat 62 f.
- SPD 62
- Staatliche Handlungsfähigkeit 69, 193
- Staatlicher Aufbau 93 f., 95 ff.
- Staatsangehörigkeit (siehe dort)
- Staatscharakter (siehe Staat)
- Staatsgebiet (siehe Staat und Danziger Staatsgebiet)
- Staatsgewalt (siehe Staat)
- Staatsoberhaupt 129, 135 f., 139 ff., 199
- Staatsrat 83 f., 86, 89, 92
- Staatsstreich-Pläne 62 f.
- Staat und Völkerrechtssubjekt 93 f., 97, 98 ff., 105 f., 108, 112 ff., 115, 121, 125, 127 f., 139, 182, 190, 213 ff., 218, 245
- Staatsvolk (siehe Staat und staatliche Kontinuität)
- Treuhandschaft 85 f.
- Verfassung (siehe auch dort) 85, 86 f., 89, 92, 93, 95 ff., 99, 104 - 107, 114, 120, 129, 130 f., 135, 139
- Verfassungsausschuß 86
- Verfassungsgebende Versammlung 86 - 89, 116
- Verfassungsorgane 136
- Versailler Regelung 52 ff., 61, 76 ff.
- Verteidigung 104
- Verteidigungszustand 63 ff.
- Verwaltung 83 f., 86 f., 93, 97 f., 151 ff., 167 ff., 272
- Verwaltungsbesetzung (siehe dort und polnische Verwaltungsbesetzung)
- Verzicht des Deutschen Reiches 83, 138
- Völkerrechtliche Verträge 101 - 103
- Volk (siehe auch dort) 217, 241 ff., 250 ff.
- Volkstag 56 - 59, 89, 93, 250 f.
- Volkszählung 91
- Währung, Danziger Gulden (Bank von Danzig) 93, 340
- Währungsgold 340 ff.
- Wahlen 57 - 60
- Wahlordnung 86
- Weichsel- und Hafenregelungen 92 f.
- Westerplatte (siehe dort)
- Wiedervereinigung (siehe dort)
- Wille der Danziger (siehe auch Wille des Volkes) 81, 93, 149, 190, 227
- Zentrum (Partei) 62, 89, 124
- Zerstörung 153
- Zollunion 92, 97, 100
- Zollverwaltung 97

Freihafen 79
Fremdenrecht 271, 272 f.
Friedenskonferenz 162 f., 270
- Friedenskonferenzvorbehalt 158, 160, 162 f., 172, 177, 186, 212

Friedensordnung in Europa (siehe auch Europäische Friedensordndung) 177 f., 185, 185, 235, 251, 278, 304
Friedensprozeß in Europa 278
Friedensregelung 165, 206, 221
Friedensvertrag 144, 150 ff., 171, 187, 190, 192, 197, 206 f., 214, 221, 224, 226, 240, 253, 270, 291, 301, 309, 312
- Friedensvertragsklausel 160, 186, 206, 220
- Friedensvertragsvorbehalt 152, 168 f., 173, 192
- Sowjetische Friedensvertragsentwürfe (1952 und 1959) 174 f.
- Wiedervereinigungspläne 174 f.

491

Friedensvertrag von Versailles (siehe auch Vertrag) 81, 82, 91, 95, 115
- Bestimmungen über Danzig 82
- Deutsche Delegation 78, 79
- Entwurf 78 f.
- Pariser Friedenskonferenz 76, 92
  - Polnische Erwerbungen ostdeutscher Gebiete 239
- Inkrafttreten 82, 91
- Mängel 82
- Notenwechsel 82, 92
- Revisionsbedürftigkeit 82, 138
- Sachverst.-Gutachten 79
- StAng-Regelung 91
- Verbindlichkeit 82, 138 f.
- Vorfriedensvertrag 81, 82, 138
Frische Nehrung 37
Frisches Haff 91
Führerhauptquartier 152

Gdingen 53, 54, 56, 81, 118 f., 152 f., 239
Gebietshoheit (siehe auch Freie Stadt Danzig) 177, 249
Generalkonsulat der BRepD in Danzig 216
Genf 56, 60, 61, 73, 88
Genfer Rotkreuzabkommen 142, 172, 272
Genocid 274, 286
Gepiden 24
Germanen 24
Germanisierung 78
Gewaltsame Gebietsveränderung 194
Gewaltverbot 142, 188, 219, 231, 238, 277, 281
Gewaltverzichtsverträge 175 f.
Gleichberechtigung 304
Gleichschaltung 58 f., 141
Goldene Bulle 29
Goten 24
Gotenhafen (siehe Gdingen)
Greifswald 34
Grenze 53, 77, 144
- Curzon-Linie 53, 151, 158, 173, 185, 191

- Deutsch-polnische Grenze 73, 151, 178, 208, 214, 268, 277
- Oder-Neiße-Linie/Gebiet 151, 155, 157, 160 f., 165, 167, 169, 174 f., 183, 185, 187, 225 f., 264, 270, 277
Grenzkommission 77 f.
Grodno 48
Groß-Berlin 258
Großbritannien (siehe auch England) 52, 67, 73, 77, 84, 126, 128, 130, 143, 149, 157 ff., 161, 170, 175, 186, 193, 204 - 206, 287, 292 f., 308, 312, 317 ff., 328 f., 340 ff.
Großherzogtum Posen 50
Grundgesetz der Bundesrepublik Deutschland
- Präambel 176, 237
- Wiedervereinigungsgebot 176

Haager Landkriegsordnung 145, 148, 152, 168 f., 172, 254, 268, 272 f.
- Anwendbarkeit auf Danzig 254
- Transformation in polnisches Recht 169, 272
Hafen von Gdingen 54, 56, 81, 118 f.
Hamburg 68, 70, 260
Hanse 33, 34, 37, 39, 42, 69, 79 f.
Hansetag 34
Heiliger Stuhl 25, 120 f., 123 - 125, 149, 207 f., 217
Heiliges Römisches Reich Deutscher Nation 29, 42, 51, 314
Heimat 68, 70, 75, 123, 155, 167, 215 - 217, 243 f., 250 f., 264, 266, 275, 278 - 286, 310 f.
Heisternest 37
Hela (Stadt und Halbinsel) 37, 41, 81, 91, 123, 131
Helsinki 232 ff., 234 f., 281, 284, 304, 314
Herzog / Fürst von Pommerellen 26 ff., 29 - 32, 308
Herzogtum Polen 25
Herzogtum Preußen 39, 43 f.
Herzogtum Warschau 50

492

Herzog von Polen 25, 30, 32
Hinterpommern 24, 154, 239
Holland 44
Hugenotten 42, 314

Inkorporationsprivileg 35 ff., 41
Inkorporationsvertrag (siehe Wiedervereinigung und Vertrag)
Internationale Friedensordnung 280
Internationaler Gerichtshof 109 ff., 114, 293 ff.
 - Gutachten zu Südwestafrika 293 ff.
Internationale Juristenkommission 109, 115
Internationaler Militärgerichtshof zu Nürnberg 138, 142 f., 202
Internationaler Status (siehe Freie Stadt Danzig)
Internationales Seerecht 240
Irland/ irisch 124
Israel 292
Italien 77, 84, 120, 126, 171, 193, 196, 227 f., 291
Ius ad bellum 142
Ius cogens 195, 218, 241, 245, 277

Jalta-Konferenz 150 f., 157, 158, 161, 163, 179, 191, 204
Japan 77, 84, 126, 143, 171, 193, 196
Jerusalem 292, 301
Jordanien 292
Jütland 24
Jugoslawien 227, 247, 258, 311, 313

Kärnten 258
Käsemark 64
Kaiser 25, 29, 32, 34 f., 38 f., 50 f.
Kalthof 64
Kapitulation 159 ff. 190
Karpaten 24
Karthaus 153
Kaschuben 25
Katholische Kirche 123 ff., 207 f.
Kiel 67
Kirchen in der Freien Stadt Danzig
 - Evangelische Kirche 121 ff.
  - Bischof von Danzig 122 f.
  - Hilfskomitee für die Evangelischen aus Danzig-Westpreußen 123
  - Kirchenprovinz Danzig 122
  - Konsistorium 122
  - Konvent der zerstreuten evangelischen Ostkirchen 123
  - Ostkirchenausschuß 123
  - Synodalverband Danzig 122
 - Katholische Kirche 123 ff.
  - Apostolische Administratur 124 f.
  - Bischof von Danzig 124 f.
  - Bistum Kulm 123 f.
  - Diözese Ermland 123
  - Konkordat 124 f
Kloster Oliva 26, 29, 41, 124
Königliches Preußen (Preußen königlich-polnischen Anteils) 40 f., 46
Königsberg 51, 63, 78 f., 151f., 164, 177, 212, 314
König von Polen 34 ff., 39, 43 ff., 50
König von Preußen 48 f.
König von Sachsen 49 f.
König von Schweden 42 ff.
Koimperium 85, 91, 109, 126, 171, 272
Kolbatz 26
Kolberg 239
Kollektivvertrag 108 ff., 114, 115, 121, 128, 148 f.
Kompensationsthese (siehe Polen) 171
Kondominium 84 f., 109, 126, 165, 308
Kontinentalsperre 49
Kopenhagen 233
"Korridor" 53, 57, 61, 81, 91, 141, 153, 216, 226, 239
Krakau 27, 35, 39, 50
Krieg 56, 65, 142, 145, 149f., 188, 205, 250
Krieg des polnischen Königs gegen Danzig 41, 43
Kriegsbesetzung 151 ff., 188

493

Kriegsbeuterecht 271
Kriegserklärung 149, 197, 206
Kriegsgegner 168
Kriegskonferenzen 150, 157 ff., 188
Kriegsmarine 141
Kriegsschauplatz (siehe auch Freie Stadt Danzig) 163, 168, 188, 269
Kriegsverbot 142, 148, 195
Kriegszustand 138, 221, 271
Krim-Konferenz (siehe Jalta-Konferenz)
Kroaten 24
Krone Polen 34 ff., 39 ff., 43 ff., 48 ff., 182, 210, 308
KSZE 178, 196, 232 ff., 346
KSZE-Umbenennung in OSZE 234
Kujawien 32
Kulm 123
Kulmer Handfeste 29
Kulmerland 29, 32, 39
Kulturgut-Bewahrung 68 f., 346 f.
- Artushof-Banken 347
- Haus Hansestadt Danzig, Danziger Landesmuseum 69, 347
- Danzig-Archiv 69
- Danziger Förderkreis e.V. 69, 347
- Danziger Naturforschende Gesellschaft 347
- Kulturwerk Danzig e.V. 69, 347
Kurland 197

Landsmannschaft Westpreußen 69, 75
Lastenausgleich 271
Lauenburg 154
Lausanne 77
Lausitzer (Illyrer) 24
Lehensbeziehung 25, 30, 39
Lettland 197 f., 333, 339
Litauen 33, 112, 197 f., 333
Livland 39, 44, 197
Lösungsmöglichkeiten 312 ff.
- Autonomie 315
- Danzig-polnische Nachbarschaft 325
- Europäische Friedensordnung als Zukunftsvision 313 ff.

- Grundbedingungen 313 f.
- Interessenlagen 314 f.
- Rat der Ostseestaaten 314
- Rechtserkenntnis und politischer Konsens 312
- Selbstverwaltungskörperschaft 314
- "Sonderwirtschaftszone" 314
- Sully-Modell 314
- Vertragliche Lösung 314 f.
- Vorteile der Betroffenen 314 f.
London 144, 157, 185
Lothringen 258
Lubliner Dekret 41
Lübeck 28, 67 - 69, 71, 123, 251, 345, 347
Luxemburg 100, 197, 258

Mähren 133, 196
Malmedy 258
Malta 120
Mandatsgebiet 109 ff.
Mandschureikonflikt 143, 196
Marienburg 33, 39, 41, 154
Marienburger Werder 91
Marienwerder 51, 132, 154
Masowien 29
Masuren 153
Mediatisierung des Bürgers im Völkerrecht 285 f.
Meißen 30
Memel 79, 83, 112
Memelkonvention 112 f.
Memelland 55, 83, 112 f., 133, 147, 227, 237
Memelstatut 112
Menschenrechte 172, 178, 222, 232, 251, 271 ff., 278, 280, 283 ff., 311
Merseburg 25
Militärische Besetzung (siehe auch Wiedervereinigung, Deutsches Reich und occupatio bellica) 145
Minderheit
- Danziger 282
- Minderheitenschutz 217, 281 f.
- polnische 80, 91

- Rechtliche Fortentwicklung 281
- Volksgruppenrechte 217, 281 f.

Modena 139
Moresnet 268
Moskau 120, 143, 157, 175 ff., 191, 196, 233 f., 269

Namibia 292, 293 ff.
Nation 249 f.
Nationale Minderheiten 234 f., 346
NATO 333
Netze 24, 46
Neumark 24
Neutralität/ Neutralisierung 115 ff.
Neusiedler 208, 267, 282, 286, 313
Neuteich 91, 94
Nichtanerkennung gewaltsamen Gebietserwerbs 143 f., 195 ff., 218
- Nichtanerkennung und Nichtigkeit 195 f.
- Staatenpraxis 196 ff.
- Verpflichtung 195 f.
- Wirkung 198

Nichtanerkennungen der Eingliederungen der Freien Stadt Danzig 1939 und 1945 199 ff., 217 f.
- Alliierte 144, 149, 159, 202, 217
- Bundesrepublik Deutschland 212 ff.
- Frankreich 149, 206 f., 217
- Großbritannien 149, 205 f., 217
- Heiliger Stuhl 149, 207 f., 217
- Polen 130, 149, 154, 184, 209 ff. 217
- Sowjetunion 211 f.
- USA 149, 159, 202 ff., 217
- Völkerbund und VBK 130, 144, 149, 199 ff., 217
- Weitere Staaten 144, 149, 208
- Westliche Besatzungszonen 209

Nichtigkeit gewaltsamen Gebietserwerbs 218
Nichtigkeit von Verstößen gegen das defensive Selbstbestimmungsrecht 241
Nichtstaatliche Organisationen 244

Niederschlesien 153
Nogat 91
Norddeutscher Bund 51
Nordischer Krieg 44
Nordschleswig 112 f., 147
"Normative Kraft des Faktischen" 145, 218
Norwegen 24
Notttebohm-Entscheidung 258
Nürnberg 138

Obersalzberg 56, 64
Oberschlesien 117, 153, 227
Occupatio bellica 145 f., 148, 168 - 170, 189, 194, 217, 252, 266
Oder 24
Österreich 45 f., 50, 120, 133, 139, 142 f., 145, 203
- Anschluß 143 f., 147, 196, 228
- Kontinuität 247, 252
- Unabhängigkeitserklärung 143
- Wiederherstellung 227, 247

Österreich-Ungarn 225
Oliva 26, 29, 41, 43, 124 f.
Ordensland/ -staat 33, 43, 46
"Ordre public" 277
Osten 250
Ostgermanen 24
Ostpolen 155
Ostpreußen 32, 42, 51, 64, 78, 91, 116, 123, 151, 154, 174, 227
- Nordostpreußen 152, 173, 177, 212
- Südostpreußen 151, 173

Ostsee 22, 34, 54, 77, 239
Ostseeanrainer-Staaten 234, 314
Ostseeküste 239
Ostsiedlungsbewegung 25
Ostverträge 175 f.
Ost-West-Gegensatz 150, 158, 161
OSZE 234, 244, 306, 315, 326, 333

Palästina 292 f., 301
- "Special regime" 301
- Teilungsplan 301

Papst 29, 38 f., 124 f., 196
Paris 77, 233

Parma 139
"Peaceful change" 175, 233
Pelplin 123
Personalunion 30, 37, 39, 47, 49, 51
Pillau 63, 141
Polanen 24
Polen 34 ff., 87, 92, 97 ff., 149 ff., 169 ff., 173, 175, 179 ff., 209 ff., 269 ff., 282 ff., 305, 324 f., 330 f., 340 ff.
- Aggressionsversuche gegen Deutschland 53 ff.
- Androhung militärischer Maßnahmen 64
- Angriffskrieg gegen Rußland (1920) 53, 116, 191
- Angriffspläne 54 ff., 116 ff.
- Argumentation (siehe polnische)
- Auslöschen der Spuren der "Germanisierung" 159
- "Befreite Gebiete" 151, 159
- Denkschrift 76 - 78
- Diplomatischer Vertreter in Danzig 65, 97, 130
- Einseitige Eingliederung Danzigs 194
- Einverleibung deutscher Gebiete 154
- Erwerb deutscher Ostgebiete (Korridor) 122
- Freier Zugang zur Ostsee (siehe dort)
- Grenzfestlegungen
  - Ostgrenze 151, 158, 185 f.
  - Westgrenze 151, 155, 158, 186, 194
- Haller-Armee 116
- Königreich 49
- Kompensationsthese 157, 186, 191 f.
- "Korridor" (siehe dort)
- Londoner Exilregierung 151, 158, 185 f., 191, 211, 269
- Lubliner Komitee 151, 158 f., 179, 185 f., 212, 270
- Mobilmachung 130

- Polnische Militärmission in Berlin 155
- Polnische Post, polnisches Postgebäude im Danziger Hafen 65
- Polnischer Adel 45
- Polnischer Nationalrat 159
- Polnisches Nationalkomitee 76 - 78
- Polnische Truppenlandung in Danzig 117 f.
- Polnische Wachmannschaft 131
- Protestantenverfolgungen 39 ff., 45
- Protestnote (1939) 130
- Provisorische Regierung der Nationalen Einheit 186
- Rechtsordnung 155
- Regierung 125, 130
- Reichstag 38
- "Revisionismus"-Vorwürfe 155
- "Rückkehr" Danzigs 128, 155
- "Rückkehr" der "Wiedergewonnenen Gebiete" 155
- Sonderrechte in der Freien Stadt Danzig 52 ff., 92 ff., 96 ff., 113, 118 f., 146, 163, 183
- Teilungen 46 ff., 224
- Truppen 155
- Untergang 49
- Verfassung vom 22.7.1952 155
- Verschmelzung mit Londoner Exilregierung 185 f.
- Vorbereitungen zur Besetzung Danzigs 141
- Wahlkönigtum 44, 45, 47
- Währungsgold der Freien Stadt Danzig 340 ff.
- "Westgrenze" 151, 155, 158, 186
- Westverlagerung (siehe auch Kompensationsthese) 55
- Wiedererstehung 49, 76, 128, 150, 158, 183, 226 f., 257
- "Wiedergewonnene Gebiete" 154 f., 159
- Wiedergutmachungspflicht 271

Polnische Argumentation 125 ff., 150, 179 ff., 221, 270 f.
- Annexion (siehe auch dort) 188 f.
- Bestrafungsaktion gegen Deutschland 192
- Historische Ansprüche ("Rückkehr Danzigs in die polnischen Grenzen") 180 ff., 269
  - Politische Gründe 180 ff., 192 ff.
  - Völkerrechtliche Beurteilung 182 ff.
- Kompensationsthese (siehe auch Polen) 191 f.
- Kontinuität und Staatsverständnis der 3. Republik 185 f., 247
- "Potsdamer Abkommen" als verbindliche Bestätigung 186 ff., 280 f.
- Sicherheitspolitische Gründe 192
- Souveränitätsfreies Gebiet 180, 182 ff.
  - "Staatsähnliche Korporation" ohne Souveränität 183, 190
  - Vollziehung des freien Zugangs zur Ostsee gemäß VV 183
- Wirtschaftliche Ansprüche 239 f.
- Zugriff auf herrenloses Gebiet (Dereliktion und Okkupation) 189 f.
- Zuweisung durch die Alliierten (Adjudikation) 190

Polnische Staatsangehörigkeit 264 ff.
- Autochthone 156, 265
- Verifizierungsverfahren 156, 265 f.

Polnische Verwaltungsbesetzung Danzigs 65, 169, 179, 315
- Anspruch auf Beendigung 252, 266, 281, 282
- Ausübungsrahmen 172 f.
- Bedenken und Proteste der Westalliierten 161
- Dekret vom 30.3.1945 über Eingliederung Danzigs 153, 178 f., 183
- Eingliederung 152 ff., 159, 194

- Erfordernis völkervertraglicher Lösung 281 f., 309
- Eroberung 66, 152 f., 155
- Friedensverwaltung 269
- Lösungsauftrag 172, 192, 266, 281 f., 302
- Militärische Besetzung (siehe auch "occupatio bellica") 155, 168 f., 194
- "Ministerium für die Wiedergewonnenen Gebiete" 154
- Neusiedler 173, 282 ff., 286, 313 ff.
- Präsidium des Landes-Nationalrates 153
- Rechtsgrundlage 100 ff., 104, 169 ff.
- Rechtsschranken 272
- Sonderstellung Danzigs 153 f.
- Treuhänderische Verpflichtung 172
- Übergabe durch die Sowjetunion 153 f.
- Übernahme der Verwaltung 159 f.
- Übertragung durch die Alliierten 159 f., 169 ff., 194
- Umsiedlung polnischer Bevölkerung 155
- Unterbevollmächtigter der Alliierten 169
- Unterstellung durch Alliierte 159 f., 194
- Unverletzlichkeit des Privateigentums 269 ff.
- Verifizierungsverfahren 156, 275
- Verwaltungsauftrag (Provisorium) 169
- Vorläufigkeitscharakter 169, 192, 194, 220, 254, 266, 285 f.
- Wojewodschaft Danzig 153
- Zweckbegrenzung 169, 172, 272

Polonisierungsversuche 53 ff., 180 ff., 184
Pommerellen 24 - 31, 39, 46, 116, 153
Pommern 46, 153

497

Pomoranen 24 f.
Portugal 60
Posen 50
"Potsdamer Abkommen" 150, 154 f., 159, 160 ff., 167 f., 170 f., 173 ff., 180, 192 f., 212, 216, 219 ff., 274
- Adjudikation (siehe dort)
- Ausweisungsregelung 165 ff., 274
- Beitritt Frankreichs 161
- Die Freie Stadt Danzig als Teil der Sowjetischen Besatzungszone 159, 161 ff., 167 f.
- Einbeziehung der Freien Stadt Danzig 161 ff., 167 ff.
- Friedenskonferenzklausel 162 f., 186 f., 192, 204, 213 f., 220 f., 253
- Klausel "früher deutsche Gebiete" 164
- Offenhalten der völkerrechtlichen Lage der Freien Stadt Danzig 163, 192
- Politische Lage 161
- Polnische Argumentation 163 ff., 167, 186 f., 191 ff.
- Sowjetisch-polnische Argumentation 163 f., 174 f., 191
- Verschiebung einer Vereinbarung über die Westgrenze Polens und über die Freie Stadt Danzig 162 ff.
- Verwaltungsregelung 153, 162 f., 167 ff.
- Zession (siehe dort)
Präventivkrieg 117
Prag 28, 63, 281
Preußen 24, 30, 38 ff., 43 f., 45 ff., 49 ff., 77, 132, 180 f., 184, 224, 308
Preußische Stände 41, 46
Preußischer Bund ("Bund vor Gewalt") 34 f., 40
Protestantenverfolgung (siehe Polen) 45
Proteste der USA gegen polnische Annexionsmaßnahmen 159, 203 f.
Provinz Westpreußen 51, 83, 122
Prussen (Pruzzen, Balten) 24 f., 29 f.
Putzig 43

Putziger Wiek 43
Rat der Vier ("Die großen Vier") 77 f.
Realunion 38
Recht auf die Heimat 278 - 281, 282 f.
- Abwehrrecht 279
- Friedenspflicht 280
- Geltendes Völkerrecht 280
- Individualrecht 279
- Nichtanwendbarkeit für Neusiedler 283
- Recht der Neusiedler auf angestammte Heimat 283
- Rechtssatz 279 ff.
- Rechtswidrigkeit der Neubesiedlung 282
- Rücksiedlung 278 f.
- Sammelrechtsbegriff 279 f.
- Schutz für Neusiedler 282 ff., 313 ff.
- Vererbbarkeit 244
- VN Äußerung 279
- Volksgruppenrecht 279
Rechtswahrung 221
Reformation 39
Reich 29, 38 f., 42, 62, 76, 80, 82, 91 ff., 119, 122 f., 132 f., 134, 197, 254 f., 257
Reichsacht über Danzig 39
Reichsgesetz 133 f.
Reichsgründung 51
Reichskriegsministerium 119
Reichstag 38, 48
Reichs- und Staatskommissar 83 f., 92
Repressalie 271
Rieti 30
Riga 124
Rimini 29
"Rote Armee" 155
Rotebude 64
Rugier 24
Ruhrgebiet 117
Rumänien 196
Rummelsburg 154
Rußland/ Russen 24, 44 ff., 50 f., 53, 76 f., 109, 116, 119 f., 123

Saargebiet 109, 111
Sachsen 45, 49, 50
Saloniki 116
Samland 24
Sandschak von Alexandrette 109, 111
Schlawe 154
Schlesien 77
"Schleswig-Holstein", Linienschiff 130 f., 140
Schutz der Danziger Staatsanghörigen im Ausland 92 f., 103
Schutzbeziehung für Danzig
- Krone Polen (1454) 34 ff., 38, 47 f.
- Könige von Preußen und Sachsen (1807) 49 f.
- Alliierte Hauptmächte (seit 1920) 52, 60 f., 89, 95, 106 ff., 113 f., 116 ff., 119, 121, 127 f., 132, 138 f., 140 f., 146 ff., 150, 169 - 171, 193 f., 219, 244, 253, 290 f., 300, 302, 315
  - Einbindung der Freien Stadt Danzig 171
  - Kollektivvertragliche Bindung 89, 106, 108, 114 f., 121, 128, 138 - 141, 144, 147 - 150, 171, 193 f., 253, 291, 303, 310 f.
  - Weiterbestehen der Schutzbeziehung 290 f., 300, 302
- Völkerbund 106 ff., 113 f., 116, 118 f., 121, 127 f., 132, 146, 150, 170 f., 244, 299 f., 309
Schwebezustand/ Zwischenzustand 263 f., 266
Schweden 42 ff., 60
Schwedisch-polnische Kriege 42 ff.
Schweiz 90, 120, 208, 281
Seekreis 153
Selbstbestimmungsrecht der Völker 63, 80 ff. 115, 133, 149, 157, 176, 184, 222 - 246, 283, 304
- Abwehrrecht gegen Eingriff in Territorialstatus 238, 242 f., 252
- auf das eigene angestammte Gebiet 245
- Bereinigung von Verletzungen 228
- Berücksichtigungspflicht 245
- Bewahrung des Staates mit identischem Staatsvolk 241 f.
- Defensives 238, 242 f., 252
- Demokratie 222
- Entwicklung 222 ff.
- Etappen der Normenbildung
  - Atlantik-Charta (1941) 228 f.
  - Charta der Vereinten Nationen (1945) 229
  - VN-Menschenrechtspakte (1966) 230
  - "Friendly Relations Declaration" (1970) 230 f.
  - KSZE-Schlußakte von Helsinki (1975) 232 f., 235, 304
  - KSZE - "Charta von Paris für ein neues Europa" (1990) 177, 233
  - KSZE-Dokument der Moskauer Konferenz über die Menschliche Dimension (1991) 233 f.
  - KSZE-Helsinki-Dokument (1992) 234
  - "Budapester Dokument" der KSZE (1994) mit "Erklärung zu Fragen der baltischen Region" 234 f.
  - Verträge im Zusammenhang mit der Vereinigung von BRepD und DDR (1990) 235 f.
  - Deutsche Nachbar- und Partnerschaftsverträge (1991-93) 236
  - Gemeinsame Erklärungen der BRepD und der Baltischen Staaten (1993) sowie der Republik Moldau (1995) 236
  - "Wiener Erklärung und Aktionsprogramm" der VN-Menschenrechtsweltkonferenz (1993) 232
  - "Friede ohne Sieg" - 14 Punkte Wilsons - 223, 225 ff.

- Gebietsveränderungen 157
- Geltungszeitpunkt 240
- Grundsatz des "friedlichen Wandels" (peaceful change) in Europa 175, 233
- Gruppenrecht 222, 240 ff., 281 f.
- Inhalt 236 ff.
- Ius cogens 241, 245
   - Verwirklichung in Ausgleichsbestreben 241
- Kolonialismus 223
- Maxime für den Frieden 157
- Menschenrechte (siehe auch dort) 222, 232, 283 ff.
- Mitbestimmung des Volkes bei Gebietsveränderungen 187 f., 190, 193, 219, 228, 236, 245, 254
- Neusiedlerproblematik 283
- Offensives 238, 243
- Politisches Mittel 223 f.
- Prinzip 223 f., 227 f.
- Recht auf Selbstregierung 228 f.
- Recht auf Rückkehr/ Rücksiedlung 238, 243
- Recht der Berufung auf das Gewaltverbot 231
- Recht für Neusiedler auf angestammte Heimat 283
- Recht seinen Staat zu behalten 236
- Recht zur Bestimmung des politischen, wirtschaftlichen, sozialen und kulturellen Systems 231
- Recht zur Einschaltung der VN 231
- Recht zur Entscheidung über politischen Status 230 f., 234, 238
- Souveränität und Selbstbestimmung 229, 237, 243
- Sowjetisches Dekret für den Frieden (1917) 224
- Sowjetisch-sozialistisches Kampfmittel 223
- Subjekt 243
- Territoriale Komponente des Selbstbestimmungsrechts 237

- Träger 241 ff.
   - Identität von Staat und Staatsvolk in Vertreibungslage 243
   - Staatsvolk als Träger (siehe auch Staat - Staatsvolk) 241 ff., 249 ff.
- Verbindliche Völkerrechtsnorm 231, 233, 236 f., 240 f., 245
- Vererbbarkeit 244
- Verhinderung des Staatsunterganges 243
- Verletzung 226, 28, 231, 239
- Verstärkung des Annexions- und Vertreibungsverbots 237, 245
- Verweigerung als Menschenrechtsverletzung 232
- Völkerrechtliche Lösungen (siehe auch dort) 245
- Volksgruppe (siehe auch Volk) 217, 279 f., 281 f., 311
- Wille des Volkes (siehe dort)
- Willensbekundung 243 ff.
   - Ermittlung der Berechtigten 243
   - Vertretungsberechtigung (siehe auch Exilorgane) 244
   - Volksabstimmung 243 f.
- Wilsons Botschaft 224 ff.
   - Ansprache vom 27.5.1916 225
   - Mitteilung vom 9.6.1917 225
   - Rede vom 22.1.1917 225
   - Botschaft an den US-Kongreß vom 8.1.1918 (14 Grundsätze für den allgemeinen Weltfrieden) 225
   - Botschaft an den Kongreß vom 11.2.1918 226 f.
   - Rede vom 27.9.1918 227
- Wirtschaftliches 239 f.

Serben 24

Siedlung (siehe auch Vertreibung) 24 ff., 27 f., 37, 279, 307
- Ansiedlung 218, 253, 267, 275, 282 f., 286, 311
- Aussiedlung 156 f.
- Besiedlung 78

- Neusiedlung 173, 218, 249, 253, 282 f., 286, 311
- Rücksiedlung 243, 275, 278 f., 282 ff.
- Umsiedlung 155, 165 ff., 179, 204, 210, 245
- Zwangsumsiedlung 167, 172, 279, 283 f.

Skandinavien 23-25
Slawen 24 f.
Slowaken 24
Slowenen 24
Sonderwirtschaftszone 314
Souveränität (siehe auch Freie Stadt Danzig und Territorialsouveränität) 29, 37, 43, 49, 73, 83 ff., 94, 97, 99 f., 104 ff., 109, 126 ff., 144, 146, 174, 180, 185, 189, 190, 193, 197f., 217, 222, 225, 229, 237, 243, 249, 252, 257 f., 283, 310, 314
Sowjetische Eroberungen 196
Sowjetische Friedensvertragsentwürfe 174 f.
Sowjetunion 57, 143, 150 ff., 161, 168, 191, 193, 196 f., 211 f., 252, 313
Staat
- Auslöschen 150, 249
- Charakter 93 ff., 98 ff., 100 ff., 104 ff., 125 ff., 183 f.
- Effektivität 144, 253
- Fiktion (siehe Staatliche Kontinuität)
- Fortbestehen 145, 148 f., 164, 189 f., 194, 221, 245, 253 f., 262, 266, 274, 291
- Identität 246
- Kontinuität (siehe Staatliche Kontinuität)
- Neugründung (siehe auch Fortbestehen) 227
- Staatsgebiet 91, 128, 148, 152, 155, 172
- Staatsgewalt 126, 135 f., 171

- Handlungsfähigkeit der Staatsorgane 165, 188, 242
- Regierungsgewalt 168, 170 f., 188, 190, 193, 219 f., 287, 300, 312
- Staatsstreich 62, 135 f., 140, 145, 148
- Staatsvolk (siehe auch Staatliche Kontinuität) 66, 69, 190, 217 ff., 220 f., 241 ff., 248 ff., 261, 281
- Souveränität (siehe dort und Territorialsouveränität)
- Sukzession 136, 268, 292 ff., 299
- Untergang 70, 144 f., 146 f., 149, 164, 243, 245 f., 249, 251 ff.
  - Adjudikation (siehe dort)
  - Annexion (siehe dort)
  - Ersitzung 217, 218 ff.
  - Obsoletität 218
  - Selbstaufgabe des Staatsvolkes 245
  - Verjährung 218
  - Verschweigen 69, 218, 220, 248, 253
  - Verwirkung 218
  - Wille des Staatsvolkes 245 f., 248 ff.
  - Zession (siehe dort)
- Wiederaufleben (post liminium) 252
Staatliche Kontinuität 246 ff.
- Effektivität und Kontinuität 246, 253
- Exilregierung (siehe auch dort) 247 f.
- Existenzfähigkeit des Staates 246
- Fiktion des Fortbestandes des Staates 246 f.
- Gewaltsame Trennung von Staatsvolk und Staatsgebiet 249 f.
- Nation 249 f.
- "Postliminium" 252
- Rechtswirklichkeit des Fortbestandes des Staates 246 f.
- Staatspolitisches Repräsentationsorgan der Danziger (siehe auch Exilorgane) 248, 250 f.

- Staatstragende Elemente 246 ff.
- Staatsvolk als Träger der Staatsgewalt (siehe auch Staat) 248 ff.
  - Gesamtheit der Danziger Staatsangehörigen 249
  - Staatsbewußte Einheit 249 f.
  - Rechte 281
  - Volk (siehe auch dort) 250
  - Wille des Staatsvolkes (siehe auch Wille des Volkes) 245 f.
- Weiterentwicklung des Völkerrechts 251

Staatsangehörigkeit
- Danziger (siehe auch dort) 91 f., 262 ff.
- Deutsche (siehe auch dort) 131 f., 254 ff.
- Doppelte 262 ff., 266
- Dreifache 266
- Effektive 263
- Inanspruchnahme der Staatsbürger 261
- Mehrfach 263
- Polnische 94, 156
  - Polnisches Gesetz (1951) 156
  - Sammeleinbürgerung/ Zwangseinbürgerung 156
  - Volkszugehörigkeit 156
- Übergang 91
- Unionsbürgerschaft der EU 265 f.
- Wechsel 91
- Wille der Staatsbürger 261

Staatsdienstbarkeit 100, 109, 114, 128, 146

Staatsgebiet (siehe Staat und Danziger Staatsgebiet)

Staatsgewalt (siehe Staat)

Staatsrat (siehe Freie Stadt Danzig)

Staatsstreich (siehe Freie Stadt Danzig und Staat)

Staatsvolk (siehe Staat)

Städte der Freien Stadt Danzig
  - Danzig, Neuteich, Tiegenhof, Zoppot 91, 94

Ständestaat 34

Ständiger Internationaler Gerichtshof 56, 59, 95, 103, 109, 118, 128, 138

Stargard 153

Stettin 26, 151, 239

Stimson-Doktrin 143, 195 f., 202

Stolp 154

St. Petersburg 48

Streik der Hafenarbeiter 116

Stuhm 42 f., 154

Sturzkampfflugzeuge 131

Sudetendeutsche 145

Sudetenland 227 f.

Südafrikanische Union 79, 111, 293 ff.

Südostschweden und Südschweden 24

Südslawen 24

Südtirol 227 f.

Südwestafrika 110 f., 292, 293 ff.

Sukzession (siehe Staat)

Swenza, pommerellische Familie 31

Swinemünde 151

Tallinn (Reval) 314

Tannenberg 33

Teilfürstentümer 25

Territorialsouveränität 54, 83 ff., 89, 112, 119, 126, 128, 146 f., 164 f., 167, 174, 177 f., 182 ff., 185, 187 - 190, 192 ff., 198, 218 - 220, 237, 249, 252 f., 258, 268 - 271, 277, 285, 302, 304, 308, 311
- Begriff 249
- Fortwirkung 170 ff., 189 f., 192, 194, 218 ff.
- Staatsvolk als Träger 248 f.
- Übertragung 83 ff.
  - Erwerber 84
  - Zeitpunkt 84

Testamente Friedrichs des Großen 46 f.

Thorn 35, 40, 45, 47 ff.

"Thorner Blutgericht" 45

Toskana 139

Treueidbeziehung 39

Treuhandgebiet 85 f., 111

Treuhandschaft 169, 172

Triest 301

- Internationaler, neutraler
  Status 301
- "Permanent statute for the Free
  Territory of Triest" 301
- VN-Verwaltung 301
- VN-Schutzverpflichtung 301

Tschechen 24
Tschechoslowakei 63, 142, 145, 165,
  167, 196, 203, 227, 247, 252
Türkei 111, 225

Ukraine 24, 258
Ungarn 165, 167, 203
Untersteiermark 258
US-Kongreß 77
US-Präsident, Executive Order (Sperre
  von Guthaben, 1941) 203

Vandalen 24
Vatikan 199
"Venire contra factum proprium" 219,
  252, 261, 266
Verantwortung für die Danziger 86 f., 89
- Alliierte 89, 146, 150, 170 f.,
  244, 302
  - Verpflichtung zum Vertrag über
    Danzig 281 f., 285, 291 f., 299,
    302, 304 ff., 311 f.
- Deutschland 147, 171, 303
  - Einbindung in Versailler
    Schutzgeflecht 303
  - Diplomatischer Schutz (siehe
    auch dort) 303
  - Individualansprüche 303
  - Schutz- und Obhutspflicht 303
  - Schutzbeziehung für die Freie
    Stadt Danzig 303
- Frankreich 170 f., 193
- Großbritannien 170 f., 193
- Polen 147, 170, 305
  - Haftung für rechtswidrige
    Verwaltungsausübung 305
  - Poln. Anspruch auf Wiederher-
    stellung der Freien Stadt Danzig
    305

- Überleitung der provisorischen
  Verwaltung in endgültige vert-
  ragliche Lösung 305
- Verpflichtung zur Erfüllung des
  Verwaltungsauftrages 305
- Vereinigte Staaten von Amerika
  170 f., 193
- Vier Mächte 302
- Völkerbund 89
- Vereinte Nationen 244, 301 f.

Verbot einseitiger Gebietsveränder-
  ungen 142 f.
Vereinbarungen der UdSSR, Polens
  und DDR 173 f.
Vereinigte Staaten von Amerika 70,
  74, 76, 84, 126, 143, 149, 157 f.,
  161, 171, 175, 186, 197, 202 ff., 287,
  313, 317 ff., 328 f., 341 f.
Vereinigung von BRepD und DDR
  (1990) 176 ff., 187, 250
Vereinte Nationen, 200 ff., 244, 287 ff.,
  292 ff., 301 f., 306, 311 f., 317 ff.
- Aufgaben 301 f.
  - Festigung des Weltfriedens 304
  - Friedliche Beilegung von Strei-
    tigkeiten 293
  - Originäre 299, 301 f.
- Aufgabenübergang 292 ff.
  - "Automatic succession" 297,
    299
  - Automatischer 292 ff.
  - "De facto" 297
  - Fortbestehen der Überwachungs-
    funktion 295
  - Fortbestehen der Überwachungs-
    pflicht 294
  - Funktionsnachfolge 297 f.
  - IGH-Gutachten zu den VB-Auf-
    gaben für SWA 293 ff., 299
  - "Ipso facto" 292, 295, 299
  - Rechtsnachfolge 294 ff.
  - VB-Mandate 302 ff.
  - VB-Mandatsüberwachung 293 f.
  - Völkergewohnheitsrecht 299

- Aufgabenübernahme 289 ff., 293, 299 ff.
  - Antrag 74, 290, 300
  - Antragsbefugnis 290 ff., 300
  - Übernahme auf Antrag 290 ff., 300
  - Übernahmebefugnis 289 f.
  - Übernahme-Resolution 289 f., 291, 298, 300
  - Verpflichtung 299 ff., 301 f.
- Charta 82, 188, 196, 229, 277, 292 f., 301 f., 306, 314
- "Executive Committee" 288
- "Feindstaatklausel" 292
- Generalversammlung 196, 293 f.
- Gründung 287 ff.
- Petitionen/Eingaben 74, 290, 300, 323 f., 326, 329 f.
- "Preparatory Commission" 288
- Treuhandsystem 229, 292 f.
- Verantwortung (siehe dort)
- Vorbereitungen zur Gründung 287 ff.

Verfassung der Freien Stadt Danzig 93, 95 ff., 104, 107 f., 120
- Inkrafttreten 86 f.
- Verfassungsänderung 135
- Verfassungsgesetz 95
- Verfassungskern 135

Vermögen (siehe auch Eigentum)
- Archivmaterial 269
- Beschlagnahme 267
- Enteignungen 156, 180, 267 ff.
  - Entschädigungspflicht 272 f., 274 ff.
  - Genocidcharakter 274
  - Naturalrestitutionspflicht 275
  - Rückgabepflicht 275
  - Verbrechen gegen die Menschlichkeit 273 f.
- Ersitzung (siehe auch dort) 270
- Geltendmachung der Ansprüche 274 ff.
  - Diplomatischer Schutz (siehe auch dort) 275 ff.
  - Individualschutz 275 ff.
  - Internationaler Schutz 276 f.
  - "Objekttheorie" 275
- Haftung der weiteren Täter 272, 275
- Haftung des polnischen Staates 271 f., 274 ff.
- Konfiskation 269 f., 274 ff.
- Kulturgüter 269
- Nichtverjährbarkeit von Vertreibungsverbrechen 277
- Polnische Ansprüche 274 f.
- Polnische Staatsakte 267 f., 269 f., 272 f.
- Privates 172, 180, 269 ff.
- Rechte und Pflichten der BRepD 275 ff.
- Staatliches/ Städtisches 268 f.
  - Fiskalisches Eigentum 268
  - Öffentliches Eigentum 172, 180, 268 f.
  - Verwaltungs- und Nutzungsrecht 268
- Verjährung 277
- Verwirkung 277
- Überleitungsvertrag (siehe auch Vertrag) 274
- Übertragung auf Alliierte 83
- Übertragung auf Neusiedler 270

Verträge/ Konferenzen/ Internationale Entscheidungen
- Frieden zu Kruschwitz (1230) 29
- Frieden zu Christburg (1249) 30
- Kempen (1282) 30
- Lindow (1307) 31
- Soldin (1309) 31 f.
- Kalisch (1343) 32
- Thorn
  - Erster Thorner Friede (1411) 33
  - Zweiter Thorner Friede (1466) 35, 38 f., 44
- Melno-See (1422) 33
- Brest ("Ewiger Friede", 1435) 32
- Krakau (1525) 39, 43

- Pfahlgeldvertrag (Danzig/ Krone Polen, 1585) 41
- Altmark (1629) 42
- Tiegenhof (1630) 43
- Stuhmsdorf (1635) 43
- Labiau (1656) 43
- Wehlau (1657) 29, 44
- Oliva (1660) 43 f.
- Geheimer Schutzvertrag Preußen/ Danzig (1704) 44
- Nystad (1721) 44
- Petersburger Konvention (1772) 46
- Petersburger Vertrag (1793) 48
- Russ.-österr. und preuß. Vertrag (1795) 49
- Tilsit (1807) 38, 49
- Wiener Kongreßakte (1815) 50 f.
- Wiener Schlußakte (1820) 51
- Olmütz (1850) 51
- Pariser Frieden (1856) 109
- Haager Neutralitätsabkommen (1907) 119
- "Dekret über den Frieden" der Sowjetregierung (1917) 224
- Friedensvertrag von Brest-Litowsk (1918) 224
- Vorfriedensvereinbarungen (1918) 81, 138, 227
- Versailles (1919, siehe auch Friedensvertrag) 52 f., 81, 82 ff., 87 ff., 91 ff., 95, 97, 99 ff., 105, 107 f., 112 ff., 117, 119 f., 122, 127 f., 138 f., 146 f., 167, 170, 183, 224, 239 f., 244, 249, 305, 308 f., 311 f.
- Minderheitenschutzvertrag mit Polen (1919) 54
- Deutsch-Danziger Optionsvertrag (1920) 92
- Übereinkommen von Paris (Alliierte/ Deutsches Reich, Jan. 1920) 83 f., 138
- Pariser Vertrag (Danzig /Polen, Nov. 1920) 84, 86-89, 92, 95, 102 f., 108, 112, 117, 128, 138, 147, 170, 240

- Zusatzprotokoll zum Pariser Vertrag (1920) 88
- Warschauer Abkommen (1921) 88, 96, 98 f.
- Polnisch-französischer Bündnisvertrag (1921) 53
- Riga (1921) 53
- Berlin (1921) 84
- Danzig-polnisches Abkommen (1921, über Anlegehafen) 118
- Danzig-polnische Vereinbarung (Streitfragen, 1923) 101
- Memelkonvention (1924) 112 f.
- Genfer Protokoll (1924) 142
- Briand-Kellogg-Pakt (1928) 101, 138, 142, 195
- Stimson-Doktrin (1932, siehe dort)
- Polnisch-sowjetischer Nichtangriffspakt (1932) 53
- Danzig-polnisches Abkommen (1932, über Anlegehafen) 118
- Deutsch-polnischer Zehnjahrespakt (1934) 57, 147
- Deutsch-litauischer Vertrag (Memelgebiet, 1939) 55
- Hitler-Stalin-Pakt (1939) 129, 191, 211
- Geheimabkommen (1939) 129
- Britisch-polnischer Beistandspakt (1939) 131
- Französisch-polnischer Beistandspakt (1939) 131
- Deutsch-Danziger Inkorporationsvertrag (1939) (siehe auch Wiedervereinigung) 112, 114, 136 ff., 139 f., 148
- Sowjetisch-finnischer Frieden (1940) 196
- Atlantik-Charta (1941) 157 f., 188, 196, 228
- Londoner Konferenz (1941) 157
- Sikorski-Majskij-Vertrag (1941) 173, 191, 211
- Moskauer Außenministerkonferenz (1943 157

505

- Teheran-Konferenz (1943) 151, 157
- Sowjetisch-polnisches Abkommen (Verwaltung auf polnischem Gebiet; 26.7.1944) 152, 212
- Sowjetisch-polnisches Geheimabkommen über Staatsgrenzen (27.7.1944) 151 f., 212
- 2. Konferenz von Quebec, (1944) 157
- Londoner Protokoll (1944) 144, 157, 159, 202
- Moskauer Konferenz (1944) 157
- Abkommen über die Kontrolleinrichtungen in Deutschland (1944) 159
- Dumbarton Oaks-Konferenz (1944) 288
- Jalta (Krim)-Konferenz (1945) 151, 157 - 159, 161-163, 173, 178, 191
- Stalin-Geheimbeschluß (1945) 152, 178 f., 187, 212
- Sowjetisch-polnischer Bündnisvertrag (1945) 173, 220
- Charta der Vereinten Nationen (Konferenz von San Fancisco, 1945) 229
- Berliner Erklärung (5.6.1945) 157, 159 f.
- "Potsdamer Abkommen" (Berliner Vier-Mächte-Konferenz 1945; siehe "Potsdamer Abkommen")
- Sowjetisch-polnisches Grenz-Übereinkommen (1945) 173, 191
- Friedensvertrag mit Italien (1947) 171, 301
- Moskauer Außenministerkonferenz (1947) 191
- Warschauer Komuniqué der Acht-Mächte-Konferenz (1948) 155
- IV.Genfer Abkommen über den Schutz von Privatpersonen in Kriegszeiten (1949) 172

- Warschauer Deklaration (1950) 173
- Görlitzer Vertrag (DDR/Polen, 1950) 155, 173, 204, 207, 216
- Friedensvertrag mit Japan (1951) 171
- Deutschlandvertrag (1952) 173
- Überleitungsvertrag (1952) 274
- Staatsvertrag (Vier-Mächte und Österreich, 1955) 143
- Wiener Übereinkommen über das Recht der Verträge (1969) 165, 195
- "Friendly Relations Declaration" (1970) 196, 230 f.
- Moskauer Vertrag (BRepD/UdSSR, 1970) 175 f.
- Warschauer Vertrag (BRepD/Polen, 1970) 175 f., 214
- Grundvertrag (BRepD/DDR, 1972) 176, 237 f.
- Einigungsvertrag (BRepD/DDR, 1990) 176, 247 f.
- Zwei-plus-Vier-Vertrag (1990) 144, 163, 176 f., 179, 217, 235, 237 f., 304
- Deutsch-sowjetischer Partnerschaftsvertrag (1990) 177 ff., 235
- Deutsch-polnischer Grenzbestätigungsvertrag (1990) 177 ff., 214 f., 217, 237 f., 277
- Deutsch-polnischer Nachbarschaftsvertrag (1991) 177 ff., 216, 236, 282

Vertrag zugunsten Dritter 191
Vertrag/ Entscheidung zulasten Dritter 163 ff., 191 ff.
Vertreibung 66, 67 ff., 71 ff., 75, 123, 125, 152, 155 f., 163, 165, 172, 187, 238, 269 f., 273 ff., 278 ff., 282 ff., 285 f., 309 ff.
- Aussperrung 66, 68, 167, 187, 238, 269, 272 f., 278 ff., 282, 285 f., 310 f.
- Gebliebene 75, 155 f., 250, 310

- Bund der Deutschen Minderheit in Danzig 75
- Inhaftierungen 155 f.
- Zwangsarbeit 156
- Eingaben der Danziger 68 ff., 71 ff.
- Ethnische Säuberung (siehe auch dort) 187, 278, 282, 310
- Exilorgane (siehe dort)
- Flucht 123, 155 f., 250
- Kriegs- und Vertreibungsverluste 155 f., 250
- Massen-Zwangsumsiedlung 66, 155 f.
- Massenneuansiedlung 173, 218, 269
- Verfolgungen 155 f., 273
- Verschleppungen 156, 250, 273
- Vertreibungsverbrechen 273 f.
- Völkermord 274
- Völkerrechtswidrigkeit 167, 172, 272 ff.
- Zahlen 155 f.

Vertreibungslage der Danziger 66 ff., 155 f., 250 ff., 277
- Arbeitsausschuß 67
- Bund der Danziger (siehe auch Exilorgane)
  - "Danziger Förderkreis e.V." in Lübeck 68 f.
  - "Haus Hansestadt Danzig" in Lübeck (Danziger Kulturstätte und Landesmuseum) 69
  - Kulturgut- und Heimatpflege 68 f.
  - "Kulturwerk Danzig e.V." in Düsseldorf 69
  - Tag der Danziger 68
  - "Wissenschaftliches Archiv der Freien und Hansestadt Danzig" in Stuttgart 69
- Danziger Bischofsamt 67
- Hilfsstelle beim evangelischen Konsistorium Danzig in Lübeck 67

- Meldestelle 67
- Rat der Danziger (siehe Exilorgane)
- Sammelstelle 67
- Vertretung der Freien Stadt Danzig (siehe dort)

Verwaltungsbesetzung 65 f., 149 ff.
- alliierte 83 f., 86 f., 89, 157, 167 ff.,
- Alliierter Kontrollrat 166, 168
- Aussiedlungsplan 157
  - Besatzungszonen für Deutschland von 1937 159
  - Militärische Besetzung/ kriegerische Besetzung (siehe auch "occupatio bellica") 168 f., 188 f., 252
  - Koimperium 272
  - Morgenthau-Plan 157
  - Regierungsgewalt (siehe Staat)
- deutsche 129 ff., 254 ff.
- polnische (siehe dort)
- sowjetische 151 ff., 159 ff.
- Sowjetische Besatzungszone mit der Freien Stadt Danzig 159 f., 161, 167 ff.

Verwaltungszession 169 ff.
Verwirkung 221, 277
Vierzehn Punkte Wilsons 77, 81
Völkerbund 52, 54, 56, 60, 73, 87, 89, 104 - 108, 112 ff., 116 ff., 128, 138 f., 144, 146 f., 149, 171, 193, 200 ff., 287 ff., 299 f., 309, 311
- Anerkennungspraxis bezüglich des Danziger Staates 199 ff.
- Aufgaben 111, 120
- Aufgabenüberleitung 200 ff., 287 ff.
  - Broschüren über alle bestehenden Aufgaben des VB aus internationalen Verträgen, einschl. Danzig 200 f.
  - Empfehlungen 287 ff.

507

- Politische Aufgaben 201 f., 287 ff.
- Studie des brit. Außenministeriums mit Vorschlägen 201, 287 f.
- VB-Ersuchen an VN zur Erleichterung der Übernahme 300
- Auflösung 146, 171, 193, 287 ff.
- Dreierkomitee 54, 60, 63
- Generalsekretär 288
- Hoher Kommissar in Danzig 53, 56 f., 59 f., 83, 86, 89 f., 93, 97, 105 ff., 113, 116, 130, 131, 141, 199, 288
  - Entscheidungen/ Erklärungen 62, 87, 89, 95, 97, 99, 100-102, 103, 105 f., 128, 199
  - Schlußbericht (1940) 199
  - Vetorecht bei Verträgen Polens 97, 103
- Rat 54, 56, 59f., 86f., 89, 95, 103f., 106, 117f., 128, 138, 170
- Satzung 120
- Schlußsitzung 289 f., 300
- Versammlung 143, 195, 289

Völkerrechtliche Lösungen 220, 266
Völkerrechtssubjekt 94, 108, 112, 115, 120, 123, 125, 127, 139, 145, 190, 207, 245, 277, 286, 299, 304, 308, 310
Volk (siehe auch Danzig - Bevölkerung und Staat - Staatsvolk) 135, 156, 176, 210, 216, 217, 225, 231, 237, 240 ff., 250, 252, 269, 280, 304, 312
Volksbefragung 143, 253 f.
Volksbegehren 133

Waffenstillstand 82
Wahlen (siehe auch Exilorgane) 57 ff., 66, 69 ff., 244, 250 f.
Warschau 50, 77, 153, 346
Warthe 24
Wegerecht 81
Weichsel 23 ff., 34, 54, 64, 239
Weichseldelta 24, 78, 91
Weichselland 23 ff.
Weichselmünde, Festung 41, 45

Weichselmündung 23, 47, 51, 54
Weimarer Regierung 53
Weimarer Reichsverfassung 93, 133 f.
Wende/ Öffnung des Ostens 74, 250
West-Berlin 250
Westdeutschland 250
Westerplatte 47, 54, 65 f., 117 f., 131, 344
Westgalizien 49
Westpreußen 24, 32, 44, 50 f., 75, 78, 83, 91, 216, 227, 239
- Kirchenprovinz 122
- Provinz 122
Westslawen 24
Wiedervereinigung (1939) 57, 65, 129 ff., 144, 148 f.
- Briefwechsel 129 f.
- Einverständnis des Danziger Staates 133 ff., 140 f.
- Inkorporationsvertrag 136 ff., 139 f., 146 f., 148 f.
- Militärische Besetzung (siehe auch Deutsches Reich) 63 ff., 140 ff., 144 ff., 148
- Staatsgrundgesetz 131 f., 135, 136
- Staatsoberhaupt-Verordnung 129 f.
- Staatsrechtliche Beurteilung 132 ff.
  - Deutsches Staatsrecht 133 ff.
  - Danziger Staatsrecht 135 f.
- Telegrammwechsel 131, 133, 137
- Transformation von Völkerrecht 134 f.
- Übertragung der vollziehenden Gewalt 131 f.
- Übertragung der Zivilverwaltung 131 f.
- Verwaltungsgliederung
  - Reichsgau Danzig-Westpreußen 132
  - Reichsgau Westpreußen 132
  - Regierungsbezirk Danzig 132
- Völkerrechtliche Beurteilung 132, 136 ff.

- Verfassungsrang von Völkerrecht 134 f.
- Verfassungswidrigkeit 134
- Wiedervereinigungsgesetz 131 ff., 145
- Zustimmung der Danziger Bevölkerung 136, 140

Wien 35, 39, 284
Wiener Kongreß 50 f.
Wiener Vertragsrechtsübereinkommen 165, 195, 241, 245
Wikinger 25
Wille des Volkes 81, 93, 137, 149, 157, 187 f., 190, 219, 227, 228, 243 ff. 245 f., 248 ff.
Wojewodschaft Danzig 75, 153 f.
Zarenreich 47
Zar/ -in 44 - 49, 223
Zehnerrat 77
Zession 84, 136, 146 f., 163 f., 169 f., 238
Zollinspektoren 64
Zoppot 91, 94, 125, 207
Zustimmung der Bevölkerung (siehe auch Wille des Volkes) 136 f., 140, 143, 149
Zuweisung fremder Gebiete (siehe auch Adjudikation) 227
Zweiter Weltkrieg 65 f., 143, 150, 153, 188, 193, 196, 208, 212 f., 215, 228, 239, 241, 244 f., 247, 253, 274, 305, 309
Zwischenzustand/ Schwebezustand 263 f., 266